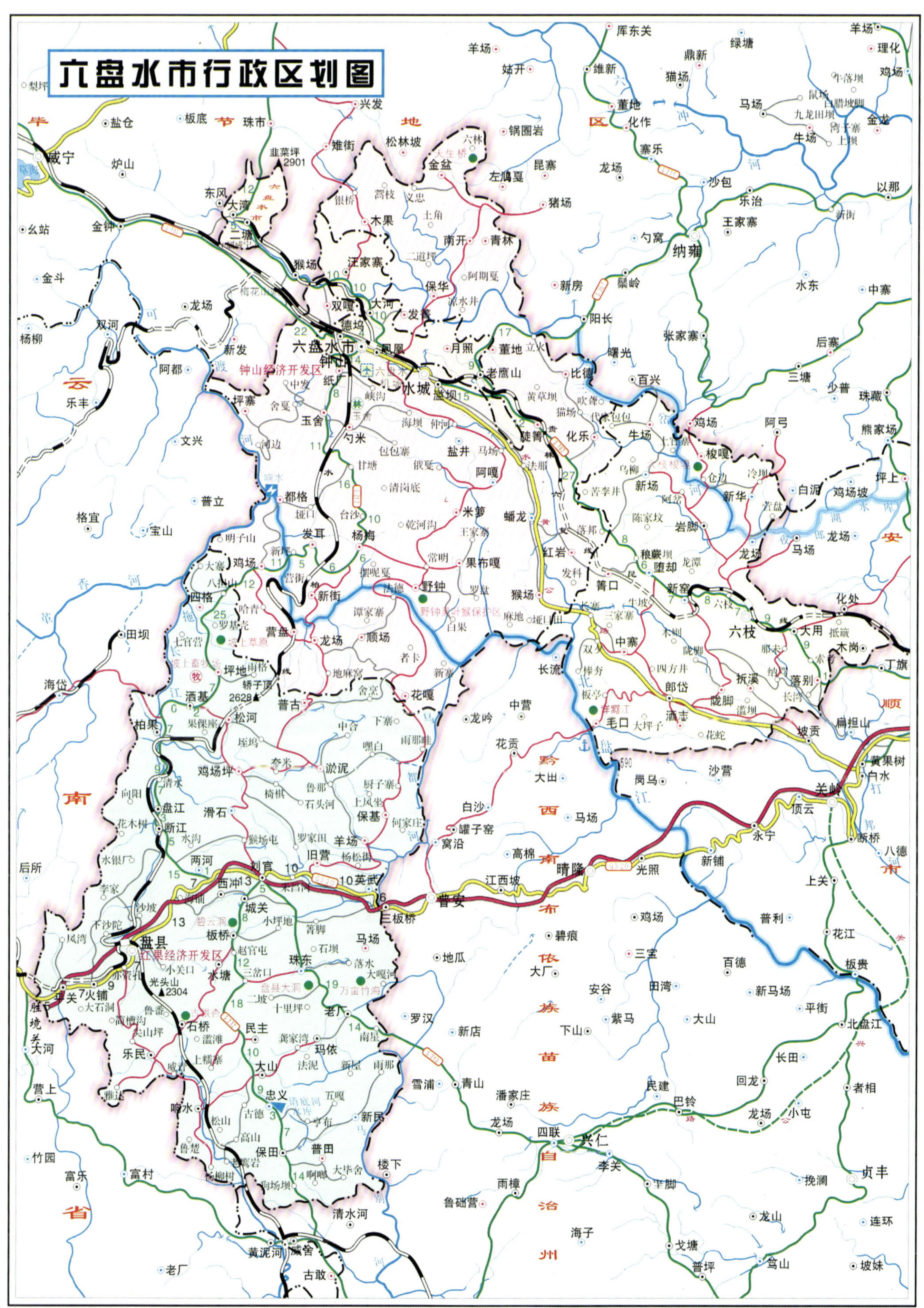

审图号：黔S(2008)020号

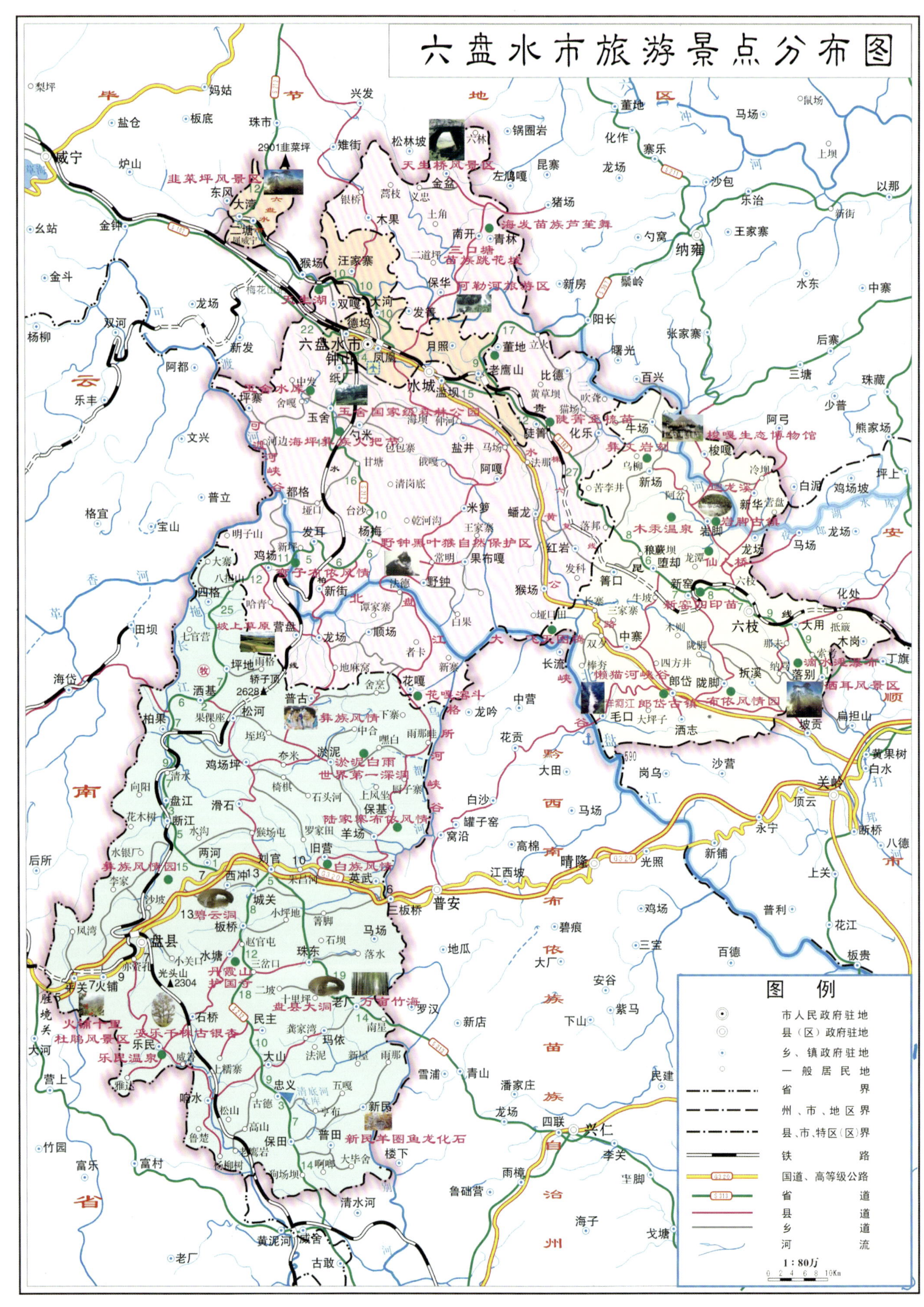
六盘水市旅游景点分布图
图例
市人民政府驻地
县（区）政府驻地
乡、镇政府驻地
一般居民地
省界
州、市、地区界
县、市、特区（区）界
铁路
国道、高等级公路
省道
县道
乡道
河流
1:80万
六盘水市
水城
盘县
六枝
韭菜坪风景区
天生桥风景区
海发苗族芦笙舞
三口塘苗族跳花坡
可勒河旅游区
玉舍水库
玉舍国家级森林公园
海坪彝族火把节
陡箐苗族苗
梭嘎生态博物馆
彝文岩刻
牂牁江郎岱古镇
布依风情园
野钟黑叶猴自然保护区
妥乐千株古银杏
碧云洞
丹霞山护国寺
盘县大洞
新民羊圈鱼龙化石
淤泥白雨世界第一深洞
陆家寨布依风情
白族风情
彝族风情园
乐民温泉
火铺十里杜鹃风景区
坡上草原
花嘎瀑斗
木耒温泉
岩脚古镇
仙人桥
新窑凹印苗
懒猫河峡谷
滴水滩瀑布
牂牁风景区
毕节地区
云南省
黔西南布依族苗族自治州
兴仁
晴隆
普安
威宁
纳雍

中共六盘水市委
六盘水市人民政府　主办

六盘水年鉴

LIU PAN SHUI YEARBOOK

2011

六盘水市地方志编纂委员会　编

方志出版社

图书在版编目（CIP）数据

六盘水年鉴.2011 / 六盘水市地方志编纂委员会办公室编.-北京：方志出版社，2012.11

ISBN 978-7-5144-0762-4

Ⅰ.①六… Ⅱ.①六… Ⅲ.①六盘水市—2011—年鉴 Ⅳ.①Z527.33

中国版本图书馆 CIP 数据核字（2012）第 300721 号

六盘水年鉴（2011）

编　　者：六盘水市地方志编纂委员会办公室

责任编辑：陈　菁

出　　版：方 志 出 版 社

（北京市东城区夕照寺 14 号院富瑞苑公寓 6 层）

邮编　100061

网址　http://www.fzph.org

发　　行：方志出版社发行部

（010）67120966-6008

经　　销：新华书店总店北京发行所

装帧设计：成都卓尔文化传媒有限公司

（028）87372221　13982009760

法律顾问：北京大禹律师事务所

印　　刷：四川川印印刷有限公司

开　　本：889mm×1194mm　1/16

印　　张：29.375

字　　数：624 千

版　　次：2012 年 11 月第 1 版　2012 年 11 月第 1 次印刷

印　　数：0001~1000 册

ISBN 978-7-5144-0762-4/K·816　定价：200.00 元

编 辑 说 明

一、《六盘水年鉴》是中共六盘水市委、六盘水市人民政府主办，六盘水市地方志编纂委员会编辑出版的地方综合性大型权威资料性文献，国内外公开发行。本年鉴2000年创刊；2003年编辑出版了2001～2003年合订本，登载2000～2002年的内容；2004年卷登载了2003年的内容；2006年鉴登载了2004～2005年的内容；2007年卷登载了2006年的内容；2008年卷登载了2007年的内容，2009年卷登载了2008年的内容，2010年卷登载了2009年的内容。本卷为2011年卷，登载2010年的内容，为了增强信息的时效性，保证资料的连续性和完整性，部分资料适当追溯或下延。

二、《六盘水年鉴》以马克思列宁主义、毛泽东思想、邓小平理论、"三个代表"重要思想和科学发展观为指导，坚持解放思想、实事求是、与时俱进的思想路线，坚持为人民服务、为社会主义服务、为富民兴市奔小康服务。内容着重反映全市2010年度在加强社会主义经济建设、政治建设、文化建设、社会建设和生态文明建设等方面的新举措、新进展、新成果、新经验、新问题，为社会各界了解和研究六盘水提供地情资料。

三、2011年卷分设32个部类：专文、文件选编、大事记、六盘水概况、领导人名录、中共六盘水市委、纪检·监察、六盘水市人大常委会、六盘水市人民政府、政协六盘水市委、民主党派与工商联、群众团体、军事、政法（综治）工作、经济管理与监督、财政·税务、金融·保险、农林水·畜牧·气象、工业·地勘、建设·环保、交通运输、信息产业、贸易、教育、科学技术、文化·艺术、卫生·体育·旅游、新闻·广播电视、社会民生、县区概况、开发区建设、社会经济发展统计资料，另设彩页和附录。

四、本年鉴资料主要由市直各部门，各县、特区、区政府，各经济开发区管委会和有关企事业单位提供。原始资料由供稿单位主要负责人担任主审，资料可靠。

五、本年鉴"社会经济发展统计资料"部类的数据由市统计局提供。由于各部门统计口径或数字资料来源不同，条目之间同一事项的统计数据有的不尽一致，使用时请以统计部门提供的数据为准。

六、《六盘水年鉴》在撰、编、印、发全过程中，得到各级党委政府、各有关部门和单位领导及社会各界人士的关心与支持，在此一并致谢！本年鉴由于篇幅较大，图文虽经多次审核、校对，仍难免有差错和疏漏之处，恳请各级领导和广大读者批评指正，并提出宝贵意见。

六盘水市地方志编纂委员会

六盘水年鉴编辑部

六盘水市第六届人民代表大会第五次会议会场　　市人大供稿

新当选的市人大常委会主任黄金在闭幕式上讲话

市长何刚作政府工作报告

市人大常委会副主任金成良作人大常委会工作报告

六盘水市第六届人民代表大会第五次会议补选领导人简历

黄金，男，汉族，1960年9月出生，贵州盘县人，1983年8月参加工作，1985年8月加入中国共产党，中央党校在职研究生学历。1979年9月至1983年8月，在贵州财经学院工业经济系计划统计专业学习；1983年8月至1987年9月，先后任贵州省六盘水市计划委员会财贸科工作员、科员；1987年9月至1988年10月，任贵州省六盘水市计划委员会财贸科副科长；1988年10月至1990年3月，任贵州省六盘水市计划委员会财贸科科长；1990年3月至1993年5月，任贵州省六盘水市计划委员会综合科科长；1993年5月至1996年8月，任贵州省六盘水市计划委员会副主任（其间：1994年9月至1995年1月，在省委党校中青班学习；1995年1月至1996年1月，挂职任盘县特区党委副书记）；1996年8月至2001年9月，任贵州省六盘水市计划委员会党组书记、主任（其间：1999年9月至2000年1月，在清华大学继续教育学院公共管理培训班学习）；2001年9月至2002年4月，任贵州省六盘水市发展计划委员会党组书记、主任（2000年3月至2003年1月，在中国人民大学国民经济管理专业研究生课程进修班学习）；2002年4月至2002年6月，任贵州省六盘水市政府副市长、党组成员，发展计划委员会党组书记、主任；2002年6月至2003年12月，任贵州省六盘水市政府副市长、党组成员（2000年9月至2003年7月，在中央党校研究生班政治经济学专业学习）；2003年12月至2004年1月，任贵州省六盘水市委常委，市政府副市长、党组成员；2004年1月至2010年1月，任贵州省六盘水市委常委，市政府常务副市长、党组副书记，市行政学院院长（其间：2008年4月至2008年9月挂职任国家环境保护部污染控制司副司长）；2010年1月至2010年2月，任贵州省六盘水市人大常委会党组书记；2010年2月起，任贵州省六盘水市人大常委会主任、党组书记。

中国人民政治协商会议第六届六盘水市委员会第四次会议　　高翀/摄

政协主席唐方信作政协工作报告　高翀/摄

听取报告的政协代表　　高翀/摄

省委书记、省人大常委会主任栗战书（左一）
到水矿集团汪家寨煤矿井下工作面检查安全工作
贵州黔桂发电有限责任公司供稿

省委副书记、省长赵克志（前左一）
到水矿集团煤化工基地调研
贵州黔桂发电有限责任公司供稿

时 事 要 闻

六盘水市人民政府和广西投资集团有限公司战略合作框架协议签约仪式　贵州黔桂发电有限责任公司供稿

副省长孙国强（中）到金佳矿视察
贵州盘江煤电（集团）有限责任公司供稿

消夏文化节开幕式　　市交通局供稿

市委书记刘一民，市委副书记、市长何刚等参加杭瑞高速公路六盘水境段开工典礼和水城至六枝高速公路开工动员大会
市交通局供稿

六盘水市第三届品牌强市战略论坛　　市工商联供稿

六盘水市促进非公有制经济发展形势报告会
市工商联供稿

2010年消夏文化节广场文化周活动盛况

2010中国凉都·六盘水消夏文化节广场文化周文艺演出

2010年全民健身展示健身秧歌

庆"八·一"警民联欢会

消夏文化节之健身项目大型展示活动

2010年全国十五煤城人大茶研讨会第三次会议文艺晚会

文体活动

市文体广电局供稿

消夏文化节之少儿艺术节

苗族风情

花场献舞（水城南开） 朱祖雄/摄

芦笙独奏（水城南开） 朱德贵/摄

花棍舞（六枝新窑） 张三都/摄

点评作品（水城陡箐） 高锡杰/摄

传授画蜡（六枝新窑） 张三都/摄

挑花（六枝梭戛） 朱德贵/摄

妆（钟山马坝）高锡杰/摄

赶场路上（六枝梭戛） 朱祖雄/摄

彝族风情

磨磨秋与观音秋（盘县淤泥）　朱德贵/摄

盘县彝族妇女　张三都/摄

钟山彝族妇女　张三都/摄

六枝彝族妇女　张三都/摄

彝族火把节（水城玉舍）　朱德贵/摄

牂牁江畔板凳舞（六枝茅口） 朱德贵/摄

布依族风情

悄悄话（水城野钟）

朱德贵/摄

布依新歌（六枝陇脚） 高锡杰/摄

新嫁娘（六枝陇脚）

高锡杰/摄

石龙编组站景色　　朱德贵/摄

凉都宫　　高锡杰/摄

水映荷城　　高锡杰/摄

凉都世纪广场 高锡杰/摄

广场一角 高锡杰/摄

魅力凉都

凉都城区中心区 朱祖雄/摄

山城凉都　　朱德贵/摄

世纪广场晨曦　　高锡杰/摄

都市仙境　　高锡杰/摄

凉都晨景

凉都胜景　朱德贵/摄

云浮新市　朱德贵/摄

凉都山城　张三都/摄

凉都夜景

市三中校园区　　高锡杰/摄

都市夜色　　高锡杰/摄

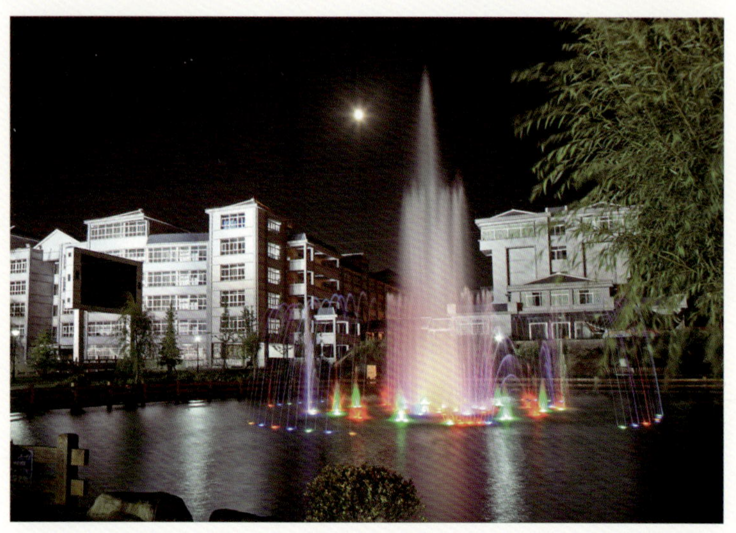

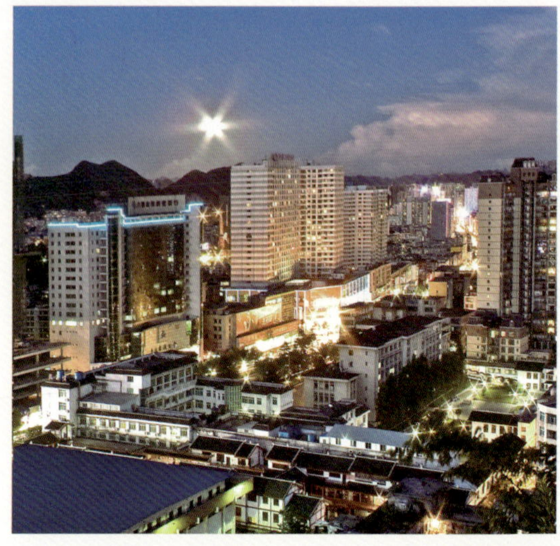

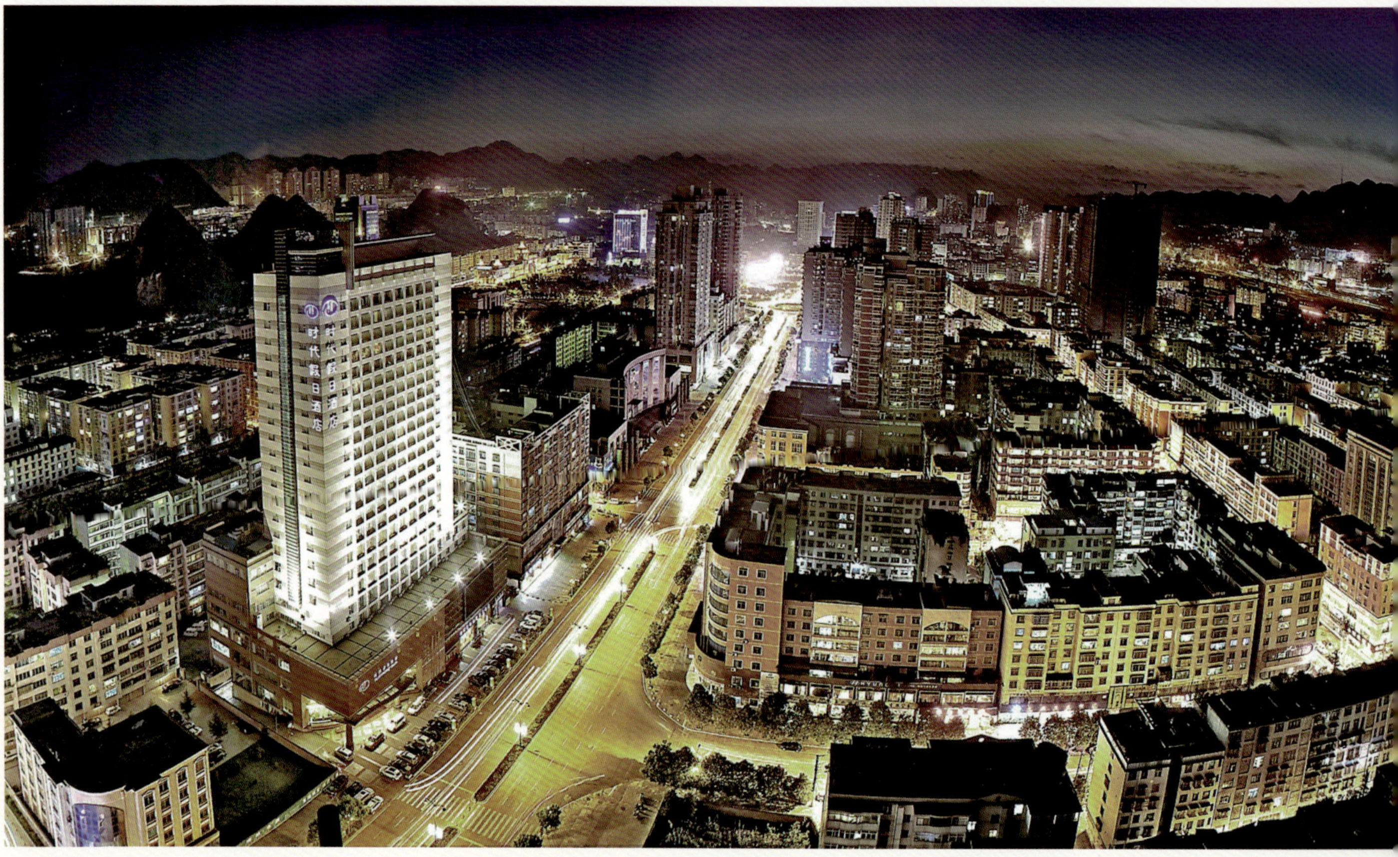

中心城区一角　　高锡杰/摄

荷城鸟瞰　　高锡杰/摄

水钢之夜　　朱德贵/摄

月映凤池园　　朱德贵/摄

天门雾景（水城花嘎） 高锡杰/摄

北盘江峡谷风貌（水城野钟） 朱德贵/摄

魅力凉都·山色

贵州之巅—韭菜坪远眺（钟山大湾）

高锡杰/摄

韭菜坪风光（钟山大湾） 高锡杰/摄

坡上新妆（盘县四格） 朱德贵/摄

四格风光（盘县四格） 朱德贵/摄

魅力凉都 ·

百车河生态园（水城蟠龙）　　高锡杰/摄

山寨春早（钟山大河）　　张三都/摄

水韵

山村秋景（盘县石桥）　高锡杰/摄

妥乐秋水（盘县石桥）　朱德贵/摄

哒啦仙谷（盘县滑石）　朱德贵/摄

碑刻石雕·

盘县红果小冲河张氏三层三重檐六角攒尖葫芦宝顶亭式雕花碑（清代）

六盘水古属远离中央政权中心的“西南夷”。明“洪武祖调北征南”实行军屯移民政策后，境内以汉文化为主要特点的中原文化影响逐渐加深，中原一带的先进石雕营造技艺得以引进和发展。特别是明清以来厚葬习俗在民间的盛行，更使境内各地茔地墓碑雕刻装饰成为时尚，留下了众多不同风格和形式的石雕艺术遗产，形成了六盘水古建筑中的一大特色部类，是六盘水市境内传统石雕艺术的主要代表。

汪龙舜摄影报道

盘县城关吴调元墓高起古狮抱鼓护座流苏挂耳单檐庑殿顶石雕碑（民国）

六盘水古建筑选萃

盘县民主糯寨龙氏四柱三门三檐庑殿仙人顶力狮抱鼓带明间须弥座牌楼式雕花碑（民国）

水城果布戛王姓黄氏合墓外列抱鼓单檐盖顶四柱左右葫芦形内嵌三面碑（清嘉庆二十五年）

水城勺米回龙山范氏墓狮坐鼓八字座四柱三面中空内嵌楼房式石雕碑（清代·残顶）

盘县保基天桥龙天佑单檐耳护墙四柱三门四重檐内起座前带廊台楼式石雕碑（清康熙三十年）

盘县响水鹦哥嘴墓群方顾氏墓雕花碑（民国）

碑刻石雕·六盘水古建筑选萃

水城盐井王家坟狮坐墙八字台三面三檐庑殿宝塔顶石雕碑（清代）

盘县响水邓氏墓雕花碑（民国）

六枝岩脚打米包田家坟两边狮抱鼓须弥座六联屏单檐牌楼式石雕碑（清代）

盘县板桥小海子郑廷翰方形四角起翘攒尖庑殿葫芦顶『五龙捧圣』雕花诰封碑 清代

钟山大河大地安家官坟残存狮抱鼓四柱三面镶券门石雕碑（民国）

朝阳村项目农户在人工草地中放牧黑山羊

百车河农业生态示意图

特色

茶园配套水窖建设

月亮河生态鸭蛋

岩脚镇坡改梯工程

农 业

摘自西部大开发十周年建设成果大型图片展

杨梅乡金秋梨

天使土豆片加工车间

苦荞系列产品荣获有机产品称号

鸡场乡种植的“红心”猕猴桃

新农村建设

实施西部大开发战略以来，六盘水市认真落实党和国家的各项强农惠农政策，夯实农业基础地位，不断加大农业投入，加强农业基础设施建设，开展农民技术培训，推广农业科学技术，优化农业产业结构，加快农业产业化步伐，深化农村综合改革，增强农业综合生产能力，发展现代农业，推进社会主义新农村建设，实现了农业生产稳步发展，农民收入持续增加，农村面貌明显改善。

摘自西部大开发十周年建设成果大型图片展

水城县沙坡村

钟山独山村水井组移民新村

盘县大山镇嘎拉河蔬菜基地

钟山区宏裕牧业全景

钟山区强健蛋鸡场

杂交玉米新品种和前进村种植的大南瓜

水城县纸厂乡温室大棚

发展中的煤炭产业

六盘水市是在“三线建设"时期发展起来的能源原材料工业城市，煤炭资源丰富，素有“江南煤海"之称。全市含煤面积4000平方公里，主要分布于六枝、盘县、水城三大煤田，共分2 1个储煤构造，80个井田或勘探区，全市煤炭资源远景储量844亿吨，已探明储量180亿吨，保有储量168亿吨，500米深的煤层气资源量约为14200亿立方米。

全市辖四个县(特区、区)均是国家重点产煤县，市境内现有煤矿309对，盘江煤电集团公司、水城矿业集团公司和六枝工矿集团公司三个大型煤炭省属国有企业，在市境内下属24对煤矿，设计能力3700万吨/年，2010年实际生产原煤为2665.03万吨，还有一批在建、拟建矿井；地方煤矿285对，设计能力5300万吨/年，2010年实际生产原煤为3335.67万吨。全市煤炭产能“十二五"期间预计达到11300万吨/年。其中：地方煤炭“十二五"内通过整合、技改扩能、新建后将形成6000万吨/年产能；国有大型煤炭形成5300万吨万吨/年产能，将形成大、中、小共同发展的格局。

六盘水市煤炭工业30年来的发展壮大，国有大矿基础好，发展比较快，地方呈现煤矿企业数量减少，煤矿企业质量提高，安全形势发展趋好的良好局面，煤矿生产安全管理逐步规范，煤矿基础设施、管理水平、矿井规模、生产能力、经济效益等不断提高，煤炭产品产量、煤焦税费、安全等一年一个新台阶稳步增长，全市煤炭产业对GDP的和工. qld：曾加值的贡献率占60%以上，拉动财政总收入不断增长，加上其对电力、钢铁、交通运输、机电销售、建材、商贸、服务等产业的带动，煤炭产业支撑起全市经济的“大半壁江山"，煤炭工业已成为我市支柱产业，是支撑我市电力、钢铁、建材等支柱行业发展的基础，对促进我市经济的快速、良性发展具有巨大作用，随着煤炭生产、加工企业的不断发展，解决了大量的农村剩余劳动力和城镇人口就业问题，据不完全统计近年平均约5.5万人在地方煤炭企业中就业，既解决了就业问题，又增加了农民的收入，显现出良好的社会、经济效益，为全省煤炭工业和经济社会的发展做出了较大贡献。

市长何刚（右二）陪同国家、省领导到地方煤矿调研

地方洗煤厂办公楼

井下综合采煤机组

地方洗煤厂和储煤场

煤焦专用货场

格目底煤矿

老鹰山煤化工基地

公路建设

市交通局供稿

2010年5月市委书记刘一民（前左五），市委副书记、市长何刚（前左六），省交通厅副厅长陈骏（前左三）等参加玉舍至马场桥二级公路通车仪式

2010年12月长寨至兴隆旅游公路开工典礼

已建成通车的红果至威舍公路

盘县马场至沙坡通乡油路

通村公路建设

盘县舍勒高速公路大桥

六 枝 特 区

"十一五"期间，六枝特区抢抓国家"扩内需、保增长"的重要历史机遇，把争取项目放在经济工作的重要位置，重点项目建设有序推进，基础设施建设取得新进展。建成污水处理厂，中心城区污水处理能力达到60%以上。建成垃圾填埋场，城区垃圾处理率达80%。建成东苑居住小区、前进路安居小区、东兴路廉租住房。坚持用规划指导城镇建设与发展。推进城镇扩容，做好"南扩、北改、东拓、西延"文章，相继建成正兴苑、连城国际等10个住宅小区。完成九头山文化公园一期工程，提升了城市品位。

中共六枝特区委员会宣传部供稿

建成的运煤公路长新公路

六枝牂牁湖

罗潜阳/摄

举办2010深圳·六盘水劳务专场招聘会

六枝城区全景

正在建设中的东方龙城鸟瞰图

六盘水“菜篮子”工程基地—郎岱镇

茅口晚霞　　罗潜阳/摄

贵州水城矿业（集

公司办公楼

四十周年文艺晚会

水矿集团公司2009年原煤产量突破1000万吨大关，迈入全国大型煤炭企业行列。2011年，水矿集团原煤产量将达到1200万吨，销售收入将突破100亿元。

“十二五”期间，水矿集团公司将加速发展、加快转型、快速跨越；突出主业，坚持以煤为主；发展非煤，打造相关多元产业，构建“1+5”的产业格局（“1”即煤炭生产及洗选加工1个主业；“5”即煤化工、电力、建筑建材及房地产、机械制修、物流5个相关多元产业），2015年煤炭产量达到3000万吨/年，“十三五”煤炭产量达到或超过5000万吨/年。

水矿集团老鹰山煤化工项目一期工程由一座年产30万吨甲醇的化工厂、一座年产240万吨的水泥厂和一座2×50兆瓦的煤泥矸石电厂组成，总投资33亿元。

“十二五”期间，水矿集团将开工建设老鹰山煤化工二期工程。规模为年产60万吨甲醇、36万吨聚丙烯；2×50兆瓦热电联产车间；5000吨/天熟料新型干法水泥生产线，预计总投资67亿元。目前项目可行性研究报告已编制完成，正在进行前期各项工作。

水矿集团目前有煤泥矸石电厂两座，瓦斯发电站7座，装机容量超过150兆瓦。“十二五”期间，水矿集团将和国电集团、广东粤电集团等合作，在矿区建设一批煤泥矸石电厂，总装机容量将超过1000兆瓦。

水矿集团所属的贵州新建业工程有限责任公司目前拥有

水矿集团大湾煤矿职工安全文化长廊

煤化工职工

团）有限责任公司

矿建一级、土建二级、安装二级、起重设备、机电设备安装工程专业承包二级以及房开、消防安装、勘察设计、工程检测、物业服务、城市房屋拆迁等专业资质，是贵州目前唯一取得矿山工程总承包一级资质的施工企业。预计该公司到“十二五”期末，年施工产值和房开投资突破20亿元。

黔丰商品混凝土公司为六盘水市最大的商混企业，年产混凝土60万立方。

大河煤矸石砖厂是贵州省首家全煤矸石、全硬塑真空制坯、一次码烧成型的现代化新型墙材生产企业，年生产能力为6000万块标砖。

目前正在进行技术改造，进一步扩大矸石砖厂规模，达到年产1.2亿块标砖，年消耗煤矸石在30万吨以上。

水矿集团现有新型干法回转窑水泥生产线两条，年生产能力为240万吨。

水矿集团于2007年7月制造出被誉为“贵州制造第一架”的综采液压支架，填补了贵州省煤机企业的空白。

水矿集团与中煤科工集团（均股）合作，在六盘水市红桥新区建立西南天地煤机成套设备制造基地，占地1170亩。一期工程总投资30亿元，产品规模为液压支架1.5万架/年、采煤机200台/年、掘进机400台/年、配套综采刮板运输机200台/年、其它刮板运输机500台/年、皮带机600台/年，建成后，将成为西南地区最大煤矿成套装备制造基地。

开展重温入党誓词活动

煤化工矸石电厂调度室

井下工作现场

煤化工一角

六盘水市环境保护局

摘自西部大开发十周年建设成果大型图片展

六盘水污水处理厂

六盘水市加强工业废水治理和循环利用，全市重点工业污染源污染排放得到有效控制，北盘江流域和三岔河流域主要环境问题得到一定程度的解决，水环境质量有了一定程度的改善。

“十一五”期间，市内各燃煤电厂全部运用安装烟气脱硫工艺及成套设备，通过安装烟气自动监控系统监控企业烟气排放情况以及对燃煤电厂脱硫设施运行情况的监管，减少了二氧化硫排放量，对六盘水市二氧化硫减排起到了重要作用。

六盘水市已建成了6座污水处理厂：市污水处理厂(5万吨/日)，六枝平寨污水处理厂(1.8万吨/日)、水城双水污水处理厂(1.0万吨/日)、盘县红果污水处理厂(1.5万吨/日)、钟山区德坞污水处理厂(1.5万吨/日)、盘县城关污水处理厂(1.0万吨/日)，设计处理能力达到1 1.8万吨/日，年设计处理城镇生活污水能力达到4307万吨。全市已建成垃圾填埋场1座，医疗废物集中处置中心1座，对市中心城区产生的生活垃圾、医疗废物进行集中处置。

黔桂电厂三脱硫工程

六盘水污水处理厂一角

盘南电厂12机组脱硫施工

环境污水取样

玉舍水库环境整治前

玉舍水库环境整治后

取缔土锌现场

员工团队

开展凉都消费卡活动

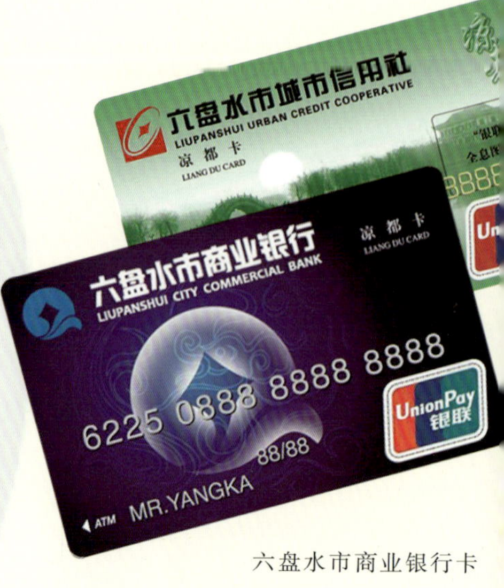

六盘水市商业银行卡

整洁的办公环境

六盘水市商业银行钢城分行

六盘水市商业银行是在原六盘水市城市信用社基础上改制而来，内设部门13个，下设分支机构15家，共有员工312人。服务范围覆盖市中心城区、六枝、盘县、红果、柏果、贵阳等地。是六盘水市历史上第一家股份制银行，贵州省第三家城市商业银行。

六盘水市商业银行始终坚持“立足地方经济、面向中小企业、服务城镇居民"的经营方向，把立足地方经济作为立行之道，生存之本，发展之基，努力为地方经济社会发展、建设和谐社会提供更有力的金融保障。六盘水市商业银行成立两年以来，业务经营快速发展，内部管理有序运行，资产规模、经营效益等得到了较快发展，盈利能力逐年提高，风险控制能力、经营管理水平不断增强，各项工作成效明显，呈现出持续、稳健、健康发展的良好趋势。截止2010年7月末，六盘水市商业银行资产总额达到66.84亿元，各项存款余额59亿元，各项贷款余额36.65亿元。

六盘水市地方税务局

2010年，六盘水市地税系统“抓住重点，突出特点；攻克难点，创造亮点"的基本工作思路，真抓实干，锐意进取，全年完成地税收入417740万元，增收105715万元，为任务的117.34%。营业税、企业所得税、个人所得税、资源税、城建税5个主题税收共收入占总收入的84%。完成涉外税收6045万元，占计划的107%，同比增收865万元，增长16.69%。2个基层分局被继续认定为“省级青年文明称号”；2名同志分别获省级、市级先进工作者称号。

省地税局局长季可（左五）到六盘水煤炭税源远程监控系统调研

市地税局局长任亚林（前左一）到六枝地税调研

召开机关整风活动动员大会

为水城县青林乡儿童发放学习用具

地方税务局成立税收宣传队

开展税收宣传进校活动

六盘水市人口和计划生育委员会

普及计生知识

女孩成才奖

流动人口计生宣传

表彰计划生育农户

目 录

专文

文件选编

大事记

六盘水概况

领导人名录

中共六盘水市委

纪检·监察

六盘水市人大常委会

六盘水市人民政府

政协六盘水市委员会

民主党派与工商联

群众团体

军　事

政法（综治）工作

经济管理与监督

财政・税务

金　融

农林水·畜牧·气象

工业·地勘

建设·环保

交通运输

信息产业

贸 易

教 育

科学技术

文化·体育·艺术

卫生·旅游

社会生活

县区概况

开发区建设

社会经济发展统计资料

附 录

彩页目录

专　文

在全市经济工作会议上的讲话

中共六盘水市委书记　刘一民

（2010 年 1 月 15 日）

这次会议的主要任务是，以邓小平理论和“三个代表”重要思想为指导，深入贯彻落实科学发展观，认真学习贯彻中央和全省经济工作会议精神，分析当前经济形势，总结 2009 年经济工作，部署 2010 年经济工作。下面，根据市委常委会研究的意见，我讲三个问题：

一、认清形势，统一思想，进一步增强做好 2010 年经济工作的信心

2009 年是六盘水市经济社会发展经受严峻考验、取得较好成绩的一年。一年来，在省委、省政府的坚强领导下，全市上下深入贯彻落实科学发展观，认真落实中央和省委、省政府的决策部署，按照“加速工业化、加快城镇化和推进农业现代化”的工作思路，深入研判形势，努力化危为机，科学决策应对，强化协调调度，着力破解难题，坚定信心、奋发进取、攻坚克难，全力做好保增长、保民生、保稳定的各项工作，全市呈现出经济回升向好、结构不断优化、民生持续改善、社会大局稳定的良好态势。一是经济平稳较快增长。预计全年完成生产总值 415 亿元，同比增长 11.5%左右；完成财政总收入 74.05 亿元，同比增长 20.55%，其中：一般预算收入完成 37.12 亿元，同比增 24.94%；完成固定资产投资 240 亿元，同比增长 20%；城镇居民人均可支配收入和农民人均纯收入分别达 13116 元和 3046 元，同比分别增长 8.02%和 10.53%。二是重点项目建设有序推进。老鹰山煤化工基地、三合水泥厂等一批项目建成投产，六沾铁路复线、水盘高速公路建设速度加快，盘县煤钢电一体化循环经济项目、恒鼎煤化工项目、盘北煤矸石电厂、黔中水利枢纽一期工程、六枝至镇宁高速公路、白河沟水库、六盘水月照机场试验段、水城发箐 500 千伏变电站等重大项目开工建设。二级公路、运煤公路、通乡油路和通村公路建设进展顺利，城乡电网改造力度加大。解决了农村 13.41 万人口的饮水安全，完成了 8.37 万亩烟水配套工程建设任务。三是结构调整力度加大。全年粮食总产量达到 86 万吨，增长 2.21%，再创历史新高。以畜牧业、马铃薯、蔬菜为重点的特色种养业规模化、集约化、商品化水平不断提高，对农民增收的贡献率进一步增大。煤矿整合、关闭淘汰落后产能工作取得新进展，煤化工、新型建材、装备制造业等发展加快。城乡市场繁荣，社会消费品零售总额完成110.88亿元，同比增长18.2%。四是改革开放实现新突破。国有企业、财税金融、集体林权、医疗卫生体制等改革不断深化。招商引资工作成效显著，实际到位资金74.52亿元，同比增长23.04%。五是生态文明建设扎实推进。大力转变发展方式，积极发展循环经济，生态建设和环境保护力度加大，节能减排工作不断加强。退耕还林成果进一步巩固，重点生态工程建设力度加大，共完成人工营造林17.85万亩，石漠化治理1.21万亩。六是社会各项事业进一步发展。“两基”工作通过国家验收，六盘水师范高等专科学校成功实现“专升本”，职业技术教育资源整合取得重大突破。新型农村合作医疗参合率达97.45%，参合人员受益率和资金使用率大幅提高。其他社会各项事业加快发展。七是民生工作不断得到加强。全年新增就业1.92万人，城镇登记失业率为4.12%。大力抓好以农村危房改造为重点的保障性住房建设，群众住房困难和安全问题正逐步得到解决。城乡低保工作进一步加强，农村低保受益人口达到28.85万人，社会保障体系进一步完善。安全生产形势持续好转，实现了事故起数、死亡人数和百万吨死亡率“三下降”。与此同时，政治建设、文化建设、社会建设和党的建设不断取得新的成绩，社会大局保持稳定。

在面临较大困难、经受严峻考验的情况下，六盘水市经济社会发展取得这样的成绩，的确来之不易。受国际金融危机影响，自2008年第四季度以来，全市主要工业产品价格持续低迷，企业增产不增收、效益大幅下滑，社会投资信心下降。面对上半年全市生产总值、固定资产投资、财政收入三项指标下滑的不利局面，各级各部门结合学习实践活动，围绕企业投资信心不足、生产经营困难，重大项目落地难、推进慢等问题，切实加强对经济运行和重点项目的调度，积极深入企业、深入农村、深入工地，帮助企业提振信心，化解难题，共克时艰，收到了明显效果。在全市上下的共同努力下，从第三季度起，全市工业止跌回升，逐月向好，到8月份，规模以上工业总产值和增加值单月指标接近上年同期水平，从11月份起，累计工业增加值增幅转负为正，确保了全年各项目标任务的完成。成绩的取得，是党中央、国务院和省委、省政府总揽全局、审时度势、坚强领导的结果；是市委、市政府深入研判形势，科学决策、充分准备、有力应对的结果；是全市各级各部门开展深入学习实践科学发展观活动，凝聚共识、迎难而上、团结拼搏的结果，同时也是我们多年来所打下的坚实基础的结果。实践证明，无论形势多么复杂、任务多么艰巨，只要我们坚定不移地贯彻落实科学发展观，坚定不移地按照中央和省的决策部署抓好落实，坚定不移地依靠广大干部群众，就一定能够克难制胜，不断开创各项事业发展的新局面。

2010年将是经济发展形势复杂多变的一年，既面临不少困难和挑战，也存在诸多有利条件和积极因素。从面临的困难和挑战看，一是我国经济发展的形势依然十分复杂，积极变化和不利影响同时显现，短期问题和长期问题相互交织，国际因素和国内因素相互影响，经济发展的不确定、不稳定因素较多。二是受国际金融危机的影响，我国经济回升的基础还不牢固，通胀预期增加，各方面对宏观政策走向较为敏感，而六盘水市的经济增长对国家投入的依赖程度大，经济发展的内生动力、内在活力不强。三是六盘水市产业结构较为单一、层次低，部分传统产业竞争压力加大，调整经济结构和转变发展方式的任务十分艰巨；受结构调整和政策性因素影响，制约发展的外部因素增多；城乡就业总量矛盾和结构性矛盾依然突出，就业压力加大，城乡居民持续增收困难较多；六盘水市正处于发展“黄金期”与矛盾“凸显期”并存的阶段，历史遗留问题多，解决难度大，再加上我们自身的工作还存在不少薄弱环节，维护社会稳定的任务仍然十分艰巨。从面临的有利条件和积极因素看，一是中央将继续实施积极的财政政策和适度宽松的货币政策，继续加大对民族地区和贫困地区的投入力度；国家正在研究制定今后十年深入推进西部大开发的政策措施，有利于六盘水市保持较大的投资规模；国务院将六盘水列为资源富集区循环经济区试点，并将出台具体指导意见，有利于发挥六盘水市优势，加速资源深度开发，推进可持续发展。二是省委、省政府从促进生产力合理布局和区域协调发展的高度，继续推进毕水兴经济带等特色经济区加快发展的区域总体发展战略，建设六兴煤化工基地、六盘水等区域性物流中心，同意将六盘水列为重大装备制造业基地，将为六盘水市加快形成贵州区域性增长极提供有力保障。三是六盘水市工业化、城市化已具备相当基础，结构调整势头较好，进入了快速发展阶段，为我们进一步发挥优势，主动承接东部产业转移创造了条件、扩大了空间。通过建市30多年的努力，六盘水市经济社会发展的基础条件不断改善，并且培育了一大批成长性较好的产业和经济增长点，随着这些产业的不断发展壮大，周边地区和城市对六盘水市产品的依赖增大，后发优势逐步显现，正在步入厚积薄发、加速腾飞的新阶段。我们完全有基础、有条件、有信心在保持一个较快发展速度的同时，不断提高发展质量和水平，把全市综合经济实力推向一个新的台阶。

总之，我们必须辩证地看待2010年经济发展面临的形势。既要看到有利条件和积极因素，进一步树立信心，振奋精神，又要充分估计困难，决不盲目乐观，进一步增强忧患意识、责任意识、全局意识，切实把思想统一到中央和省委、省政府对当前形势的科学判断上来，统一到科学发展观的要求上来，统一到全市又好又快发展的目标上来，始终保持清醒的头脑，坚定信心，立足更高起点、更大范围、更深层次谋划和推进六盘水的发展，以更加奋发有为的精神状态、求真务实的工作作风，聚精会神搞建设，一心一意谋发展，不断开创全市各项工作新局面。

二、明确目标，突出重点，努力推进全市经济社会又好又快发展

2010年是全面完成“十一五”规划、衔接“十二五”时期发展的关键之年。经济工作的总体要求是：全面贯彻党的十七大和十七届三中、四中全会以及中央、全省经济工作会议精神，坚持以邓小平理论和“三个代表”重要思想为指导，深入贯彻落实科学发展观，坚持以扩大投资为抓手，以调整产业结构和转变发展方式为主线，以深化改革、扩大开放为动力，以保障和改善民生为根本出发点和落脚点，以维护社会和谐稳定为保障，统筹做好各项工作，确保全市经济又好又快发展和社会全面进步，圆满完成“十一五”规划目标，为“十二五”时期发展打下良好基础。

市委、市政府已经确定，2010年全市经济增长预期目标为12%，财政总收入增长16%以上，全社会固定资产投资增长20%。提出经济增长预期目标高于全国、全省8%的水平，主要是基于两个方面的考虑：从必要性看，加快发展仍然是六盘水的当务之急，是解决六盘水问题的关键。尽管这几年我们在一些重要领域和关键环节取得了突破，但离实现全面跨越的目标为期尚远，群众生产生活条件相对较差、贫困面大、贫困程度深的基本市情没有根本改变，经济总量小、整体实力不强的总体格局没有根本改变，生产力水平不高、商品生产不发达的状况没有根本改变。从我们具备的基础、条件、市场需求和2010年面临的发展环境看，我们完全有可能发展得更好一些、更快一些。因此，必须坚持积极向上、好中求快、又好又快的工作基调，克服小富即安、小进即满的思想，始终保持一个较快的发展速度，才能迅速缩小与发达地区的差距。从可能性看，通过近年来的努力，六盘水市加快发展的基础已经具备，特别是随着一批重大交通、水利、工业项目的陆续开工，可望在2010年迎来新一轮投资高峰；产业结构逐渐优化合理，增长方式逐步转变，煤炭、煤化工、电力、建材、电解铝、装备制造等产能将进一步释放；随着全国和周边地区经济的复苏，对能源原材料的需求将会进一步增大，为六盘水市实现全年较快发展提供了持续动力。

完成全年经济增长的预期目标，关键是要抓好投资。在国际国内经济环境复杂多变的情况下，必须紧紧抓住中央继续实施积极的财政政策和适度宽松的货币政策给我们带来的机遇，正确处理当前发展与长远发展的关系，全力做好抓项目、打基础、调结构、增后劲、惠民生的各项工作，集中力量组织实施一批重大项目，千方百计扩大投资总量，用大项目带动大发展。2010 年，尽管国家宏观政策继续保持稳定，但不确定、不可预料的因素增多。能否保持全年投资规模的较快增长，上半年是关键。机遇稍纵即逝。为此，要坚持"上争、外引、内聚"的思路，突出基础设施、民生工程、生态工程和重大产业项目建设，在积极主动地争取国家和省投资的同时，下大力拓宽融资渠道，抓好招商引资，激活民间资本，加快形成投资主体多元化格局。各级各部门都要对在建、拟建项目逐一排出工期，明确专人负责，全面落实项目调度、提醒、问责机制，切实加大协调服务力度，力争形成更多的实物量，确保完成全年固定资产投资任务。同时，要结合"十二五"规划的编制，抓紧储备一批对经济社会长远发展有重大影响力、带动力的项目，牢牢把握发展的主动权。

根据 2010 年经济工作的总体要求和目标任务，要重点抓好以下六个方面的工作：

（一）着力抓好基础设施建设。抓好以交通、水利、电网为重点的基础设施建设，既是六盘水市经济社会发展的重大战略问题，又是扩大投资的有效手段。第一，必须突破交通这个根本制约，加快构建以快速铁路、高速公路、民用航空为重点的综合运输体系，不断改善六盘水市发展的物流条件。一是抓好六盘水市组织实施的项目。继续按照六盘水市交通建设三年攻坚目标，全面完成玉马公路建设，加快羊场经英武至大山公路建设进度，年内开工响水至瓦窑田公路；尽快完成第一批、第二批运煤公路扫尾工程，全面推进第三批 17 条 210 千米运煤公路建设；全力抓好剩下 12 个乡镇、50 个村的通乡油路、通村公路建设，确保 2011 年实现乡乡通油路、村村通公路的目标。二是加大对国家重点项目的协调服务力度。全面加快六沾铁路复线、水盘高速公路、六枝至镇宁高速公路建设进度的同时，水城至六枝高速公路二季度初要有实质性开工；杭瑞高速公路境内段要争取支持，力争上半年开工；加大与成都铁路局的协调力度，六盘水火车站改扩建和铁路货场整体搬迁工程争取一季度开工；抓紧完善相关手续，力争上半年月照机场主体工程实质性开工。三是继续抓好一批后续重大交通项目的前期工作。根据国家、省的交通建设规划，积极主动搞好对接，争取毕水兴快速铁路、水红复线等一批重大项目批准立项建设。通过统筹谋划、系统推进一批重大交通基础设施建设，不断提升六盘水市发展的区位优势，更快、更好地融入全省、全国经济大循环。第二，着眼于解决民生用水和确保工农业、城市的可持续发展，下大力解决工程性缺水问题。2010 年，要在积极支持和配合抓好黔中水利枢纽工程建设、加快推进白河沟水库建设的同时，争取把双桥水库、旧院水库、鱼洞坝水库、卡河水库列入"滋黔"二期工程项目，争取尽快开工建设；切实抓好六枝小型农田水利建设重点县项目，争取六盘水灌区续建配套与节水改造项目尽快实施；结合"十二五"规划的编制，把各类水利工程统筹起来考虑，坚持大中小结合，综合利用地下水和地表水，更加注重工程衔接配套，加大项目争取力度，力争再用五年时间基本解决工农业用水、城市用水和 152 万农村人口的饮水安全问题。第三，以满足工农业生产和生活用电需求为目标，加快城乡电网建设和改造步伐。在全面完成 2009 年扫尾工程的同时，确保完成 2010 年电网建设改造任务，尽快改变六盘水市供电设施建设滞后于经济发展的局面。

（二）着力加速工业化进程。六盘水市已进入工业化初期向中期过渡的阶段。把工业做得更大更强、产业结构更加优化、产品结构更加合理，是当前和今后一个时期必须考虑重视的重大战略问题。要以重大工业和循环经济项目建设为抓手，把推进经济结构战略性调整和转变发展方式作为经济工作的重大任务，不断增强工业发展后劲。特别是要加大协调服务力度，积极支持驻市国有大企业技改扩能、上市融资、多元发展、做大做强，充分发挥国有大企业在做大传统产业、调整经济结构、转变发展方式中的重要作用，巩固和发展六盘水市在区域经济发展格局中的优势地位。

第一，做大做强传统产业。2010 年，要重点抓好三个方面的工作：一是坚持高起点、规模化、集约化的发展方向，加快大型煤炭骨干矿井建设步伐。在尽快开工建设响水煤矿二期、玛依西、玛依东、化乐煤矿等国有重点煤矿的同时，地方煤矿资源整合工作 2010 年要力争全面完成，在煤矿标准化建设、技术装备水平和单井生产能力上实现新突破，在确保安全的前提下，力争全市原煤产量达到 6000 万吨。二是积极推进煤电联营的坑口电厂、热电和矸石等低热值燃料的电源点建设，开工建设水矿汪家寨矸石电厂、盘县四格风力发电厂，六枝电厂、盘南电厂 5# 和 6# 机组建设要争取立项。积极推进黔桂电厂“上大压小”项目，新开工一批水电、风电、瓦斯发电等清洁能源项目，提高六盘水市用电保障和对外输送能力。三是以市场为导向，认真研究建材产品的市场半径、市场容量，加快发展新型墙体材料、装饰材料等新型建材，促进建材产业上规模、上档次、上水平。

各级各有关部门要认真分析和研究市场走向，抓住当前国内和周边地区经济回升向好的有利时机，抓好六盘水市煤炭、电力、钢铁、水泥等大宗工业产品的产销衔接，确保有产能、有市场的产品满负荷生产。要加强对工业经济运行的监测和调度，搞好煤电运综合平衡和保障工作，及时为企业排忧解难，切实保障重点工业企业、大宗工业产品和有市场、有效益的产品运输。

第二，调整和优化产业产品结构。加快传统产业升级换代，延长产业链，增加附加值，同时注重培育新兴产业。一是把新型煤化工作为结构调整的重点，加快红果恒鼎煤化工项目建设进度；争取开工老鹰山煤化工二期，六枝、水城循环经济项目和黔桂天能焦化扩建工程；盘南煤化工循环经济项目要争取尽快立项，为开工创造条件。二是支持水钢 500 万吨钢配套项目建设，加快盘县煤钢电一体化循环经济项目建设进度，推进新产品研发与产业化项目建设，开发高技术含量、高附加值的“双高”产品。三是大力推进双牌铝、双元铝提高电解铝产能，启动铝加工项目，支持企业上市、做大做强，尽快把六盘水建成重要的电解铝、铝加工基地，使之成为六盘水市重要的支柱产业和新的增长点。四是依托水城矿业、盘江煤电、六枝工矿等国有大企业，以矿山机械机电产品制造、加工为重点，积极引进战略投资者，大力发展煤矿井下综合采掘、提升、运输设备和洗选设备，进一步丰富产品类型，不断提高产品竞争力和市场占有率。五是把握国家产业导向和发展动态，从推进资源型城市转型发展和可持续发展的高度，大力培育战略性新兴产业，在新能源、新材料、节能环保、食品加工、生物制药等方面，选准主攻方向，强化政策扶持，力争在新的产业分工中占据有利地位。特别是要注重发挥优势，大力发展农副产品加工业，培育壮大一批有特色、上规模、带动力强的地方农产品品牌。

第三，加快工业集中区建设。要坚持把工业集中区作为推进工业化的重要载体、承接产业转移的重要平台、城市扩容的增长点，统一规划、统一供地、统一完善基础设施、统一建设标准化厂房，积极推动企业向园区集中，降低企业生产运行成本。要结合城市建设，重点搞好园区内部交通网络和对外交通联接，提高园区物流效率，力争在基础设施建设、入驻企业数量和服务水平上实现大的突破。要以工业集中区为依托，大力实施“走出去、请进来”战略，打好“资源牌”、“凉都牌”和“试点牌”，强化与发达地区的对接，有计划、有针对性地组织开展大规模招商活动，不断提高引资的规模和质量，借时、借势、借力发展。

第四，大力转变发展方式。牢固树立生态文明理念，从调整优化结构、提高行业准入门槛、督促企业达标排放、抓好节能减排重点工程实施、加强环保宣传教育入手，从根本上依靠科技进步和技术创新，进一步完善政策导向、考核奖惩和政绩评价机制，推动生态文明建设取得实实在在的进展。一是抓住六盘水市被列为全国资源富集区循环经济区试点的机遇，把发展低碳经济和绿色经济作为战略取向，从全局高度及早加以谋划、加以推进，大力培育低碳产业、推广低碳生产、倡导低碳消费、建设低碳城市。要用足用活用好“试点”这块金字招牌，用“试点”争取政策支持、用“试点”包装推介项目、用“试点”吸引外来投资。二是强化节能降耗责任制，进一步落实固定资产投资项目节能评估和审查制度，扩大能耗监控范围，加快节能技术的推广应用，强化工业、建筑、交通、商业和公共领域的节能工作，确保完成“十一五”规划能耗降低20%的目标。三是根据省的统一规划，抓紧研究出台粉煤灰、煤矸石、矿山尾渣、冶炼废渣等促进固体废弃物资源综合利用的政策措施，狠抓企业治污设施正常运行，推进中水利用，加快取缔、改造低吨位燃煤供热装置，继续推进重点流域污染防治工作。四是继续巩固退耕还林成果，统筹抓好石漠化综合治理试点、重点林业生态工程建设和水土流失综合治理，确保全市森林覆盖率增加1个百分点以上。

（三）着力夯实“三农”发展基础。六盘水市城乡二元结构突出，“三农”工作始终是全部工作的重中之重。工业和农业、城市和农村，只有协调发展才能走稳、走快、走好。近年来，六盘水市在以工促农、以城带乡方面已经迈出了实质性的步伐，奠定了良好的基础，涌现出了一大批亮点和典型，下一步关键是要坚持“统筹城乡、跨越发展”的思路，进一步深化拓展、大力推进，把落脚点放在增加农民收入、改善农村生产生活条件、提高农民素质上来，逐步缩小城乡差距，不断改变农村面貌。

第一，加大工业反哺农业、城市支持农村力度。一是要落实好国家的各项惠农政策；二是各级财政要进一步加大投入。三是全社会都要关心支持。特别是企业的支持和反哺，不能只是出钱，而是要帮助出思路、定规划、调结构、找市场。要引导企业把帮扶重点放在帮助农民制定好发展规划、理清发展思路上，放在增加企业用工、就地解决好农民就业上，放在参与农村基础设施建设、发展商品生产基地、兴办农产品加工龙头企业上，形成制度长期坚持，并有部门专门指导，构建新型工农关系，实现互利双赢、共同发展。

第二，大力推进农业产业化经营，增加农民收入。在注重产业发展重点突破的同时实施整体推进，下大力在提升农产品规模、改善品质、提高商品率上取得新突破，带动千家万户增收致富。2010年，要重点抓好以下几个方面的工作：一是充分发挥六枝农业生产条件好、产业化经营起点高的优势，整合市区两级投入，不撒“胡椒面”，重点扶持一批有基础、有条件、有潜力的生产基地和加工企业，把六枝建成全市现代农业的示范点和全省的亮点。其他县区要突出特色，明确方向，找准定位，每年重点抓出1～2个拳头产品，一片一片地抓、一项一项地推，力争通过3～5年的努力，使全市农业产业化经营有质的飞跃和提升。二是坚持宜粮则粮、宜牧则牧、宜菜则菜、宜果则果的原则，因地制宜发展特色农产品，以县为单位统一规划，优化布局，集中连片，完善服务体系，建设区域性商品生产基地，做大规模、形成批量，为农产品进入市场创造条件。农业、科技、金融等部门要深入基层、深入农户，切实帮助群众解决良种、技术、资金等问题。三是以马铃薯、畜产品、商品蔬菜、茶叶、核桃、苦荞、生姜、中药材等为重点，努力提高农产品加工增值能力。各县区要按照培育壮大一批、引导转产一批、招商引资一批的思路，抓紧研究制定鼓励、扶持龙头企业发展的政策措施，对于带动能力强、对农民增收贡献大的企业要给予重奖。四是要按照市场需求，大力调整品种结构，引导农民生产适销对路的产品；引导龙头企业和境内大企业发展订单农业，与农民形成稳定的购销关系；要大力培育壮大农村经纪人队伍；干部要积极主动，为农产品进入市场提供帮助。各县区要结合大宗农产品的区域分布，在统一规划的前提下，加大农产品相对集中地区批发市场建设力度。充分发挥供销、商务、交通等职能部门的重要作用，畅通农产品进入市场的“绿色通道”。五是各县区在确保完成省市两级安排项目的同时，要认真研究，选准主攻方向，抓紧启动一批对农民增收有较强带动力的产业发展项目，特别是要抓好一批农产品加工龙头企业，确保取得实实在在的成效。

第三，切实抓好农民技术培训。要整合农业、劳动保障、党校、工青妇、组织人事等部门的培训资源，结合农业生产和结构调整项目的实施，加强对农民的技能、创业教育培训，确保培训质量，提高农民素质和创业就业能力。

第四，加强农村基础设施建设。要多争取项目，抓好农业综合开发、“烟水配套”工程、基本农田建设、小流域综合治理等项目的实施，不断提高农业综合生产能力，增强农业发展后劲。要结合新农村建设、扶贫开发整村推进、地质灾害搬迁、农村危房改造等项目的实施，强化村庄规划治理，大力加强道路、沼气、广播、电视、通信等基础设施建设，抓好村容村貌整治，不断改善农村生产生活条件。

第五，大力加强农村基层组织建设。关键是要选好带头人，真正把有能力、有文化、讲奉献、热心群众工作的人选入村支两委，尽快落实村干部的养老保险和村级办公经费，切实帮助解决实际困难，调动工作积极性，充分发挥农村基层组织和村干部在帮助群众增收致富、提高农民素质、发展生产、维护稳定中的重要作用。

（四）着力加快城镇化进程。国内外发展的历史表明，一个地方城镇化率达到30%以后，就会步入加速发展的阶段。目前，六盘水市城镇化率已经超过30%，同时随着工业化进程的加快，具备了加快发展的基础和条件。要抓住机遇，因势利导，把城镇化作为新的经济增长点，作为解决城乡二元结构的重要途径，大力推进市中心城区及卫星城镇，平寨、红果次中心城市和工业集中区建设，提高建设、管理和经营水平，把六盘水建成重要的区域性经济中心和物流中心，更好地发挥辐射带动作用，实现城乡统筹发展和区域协调发展。

第一，坚持大中小城市和小城镇协调发展的方针，高起点规划、高标准建设、高质量服务，切实发挥规划对城市产业布局、城市综合交通、房地产开发、历史文化保护、城镇特色塑造等城镇化发展重大问题的指导作用，加快形成具有六盘水特色的城镇体系。2010年，市中心城区要突出凤凰山片区开发、老城改造、水城河综合治理三个重点，进一步扩容提质，打造精品工程、亮点工程。水城县、钟山区和市直有关部门要在抓紧完善规划设计方案的基础上，组建专门机构，制定工作计划，大干快上、加快推进，掀起新一轮城市建设高潮。六枝、盘县要结合新一轮县城总体规划修编，结合工业集中区规划建设，找准扩容载体，增大产业容量，加快平寨、红果两个次中心城市建设速度，做大做强城市，向全省一流县城目标迈进。小城镇建设要结合大项目建设和旅游业发展，大力推进重大项目所在地、工矿区、重要交通沿线小城镇的规划建设，形成一批有特色、有潜力、带动力强的重点小城镇，加快提高全市城镇化水平。

第二，注重功能齐全和设施配套，进一步提

高城市综合承载能力。2010 年，要大力推进人民路东段和西段建设、水西路和麒麟路改造、市污水处理厂二期等工程的实施，进一步抓好城镇供电、供水、供气、交通、通信、绿化等基础设施建设，完善垃圾、污水处理设施，加快医院、学校、文化、体育等公共设施建设步伐，不断完善城市功能，让投资者进得来、住得下、能发展。认真贯彻落实国家关于放宽中小城市和城镇户籍限制的要求，改善农民工就业、居住、就医和子女就学等基本生活条件，让更多的农村人口享用城市的公共设施和社会保障。

第三，坚持建管并重、重在管理的原则，创新管理模式，健全长效机制，下大力提高城市管理水平。一是积极动员全社会共同参与，深入开展“整脏治乱”专项行动，下决心解决集贸市场混乱、垃圾乱倒、污水乱排、车辆乱停、广告乱贴等重点难点问题。二是加强社区建设和管理，全面落实门前“三包”，从机关、学校、企业抓起，从党员干部做起，增强市民的文明意识，提高城市文明程度。三是抓好交通管理，坚持硬件建设与加强管理相结合，加大市中心城区重要路段、重点时段的交通管制，下大力解决堵车问题，为市民创造良好的出行环境。

第四，把大力发展第三产业作为结构调整的重要方向和新的经济增长点，不断提高三产在经济总量中的比重。积极提升商贸流通、酒店餐饮、交通运输、邮政服务等传统服务业，加快发展金融、会展、物流、科技服务、信息服务等面向生产的服务业，积极培育休闲旅游、文化娱乐、体育健身、养老护理、家政服务、社区服务等面向民生的服务业，提高服务业的市场化、产业化和社会化水平。同时，要从统筹城乡发展的大局出发，积极发展农业科技、农村金融、市场信息、农家店、农产品运输和销售等面向农村生产生活的服务业，大力发展以农家乐为主的乡村旅游，不断发挥第三产业在增加农村就业、服务生产、改善民生中的重要作用。

（五）着力加快非公有制经济发展。公有制为主体、多种所有制经济共同发展，是我国社会主义初级阶段的基本经济制度；毫不动摇地巩固和发展公有制经济，毫不动摇地鼓励、支持和引导非公有制经济发展，是我们在社会主义现代化进程中必须长期坚持的基本方针。一个基本经济制度，一个基本方针，表明了非公有制经济在国民经济中的重要地位和作用。各级各部门要牢固树立“没有非公有制经济的大发展，就没有全市经济的大发展；只有加快发展非公有制经济，才能加快推进全市工业化、城镇化和农业现代化”的意识，真正把实现六盘水市跨越发展、全面建设小康社会的着力点，放到加快发展非公有制经济上来，充分调动民间资本的积极性，下大力解决六盘水市自我发展能力较弱、内生动力不足、内在活力不强的问题，形成投资、发展的强大合力。

第一，要激活创业主体。一方面，要支持现有非公有制企业做大做强。要认真分析研究六盘水市民间资金总量、构成和流动情况，制定民间资金参与地方经济发展的具体措施，及时向民间投资者宣传政策，提供完善的项目、信息、市场等方面的服务，正确引导民间资金投向，使更多民间资金用于本地发展。要积极引导广大非公有制经济人士爱国敬业、守法经营、诚信服务、奉献社会，把个人富裕与带动共同致富结合起来，为国家解忧、替社会解难、帮人民解困，承担更多更大的社会责任，在改革开放大潮中实现自身的价值、作出自己的贡献。另一方面，要大力推动全民创业。重点加大对大中专毕业生、下岗失业人员、返乡农民工、复员转业退伍军人、科技人员创业的政策扶持力度，把群众的创业热情充分调动起来、创业激情全部释放出来。各县区都要结合实际，建立创业辅导站或小企业创业基地，为实施全民创业计划提供优质高效服务。

第二，要坚持平等待遇。国有企业、非公有制企业都是市场主体，都是纳税人，在法律面前、政策面前一律平等。只要符合产业政策、对六盘水发展有利的非公有制企业，都要大力支持、放手发展，在市场准入、行政审批、融资担保、土地使用、水电价格等方面，做到与国有经济同等对待、一视同仁。

第三，要完善配套措施。当前，中央、省、市鼓励和支持非公有制经济发展的政策措施已经十分明确，关键是要结合实际，找准着力点，抓好落实。各级各部门要认真对照省委十届五次全会的要求和六盘水市的实施意见，抓紧研究出台具体落实措施，有关部门要将这些措施和服务承诺编印成册，发放到非公有制企业手中，并向社会公布，自觉接受社会监督。

第四，要优化发展环境。2010 年，要把环境建设放在重要位置，认真贯彻落实市委、市政府“1+8”文件精神，对涉及非公有制经济发展的行政审批、备案、核准、收费的项目进行全面清理，除国家政策、法律明文规定的外，该取消的坚决取消，该废止的坚决废止；对于需要保留的审批和收费项目，要明确办理时限和收费标准，并向社会集中公示、严格执行。要实行严格的限时办结制、严肃的服务承诺制、严厉的行政问责制，狠抓机关效能建设，为加快非公有制经济发展提供有力的制度保障。

（六）着力推进和谐社会建设。要强化民生、维稳工作“一把手”负责制，始终把解决好事关群众切身利益的问题放在首位，敢于把钱花在群众身上，深入实施重点民生工程，建立健全公平公正、惠及全民、水平适度、可持续发展的社会服务体系，完善维护社会和谐稳定的体制机制，最大限度地增加和谐因素、减少不和谐因素。

第一，大力保障和改善民生。民生是社会和谐的基础，是最大的公务。一是实行更加积极的就业政策，千方百计稳定和扩大就业岗位，大力帮扶城镇低收入家庭和失地农民就业，促进农民工稳定就业，确保新增就业 2 万人、城镇登记失业率控制在 4.5%以内。二是切实加强低保工作，对城乡居民最低生活保障实行动态管理，坚持分类施保、应保尽保、应退尽退，把工作做细、做实。三是抓好以农村危房改造为重点的保障性住房建设，确保全面完成任务。同时，继续抓好经济适用住房和廉租住房的建设，不断提高人均住房 15 平方米以下城镇低收入家庭的住房保障水平。四是大力推进社会保障体系建设。建立健全覆盖城乡的基本医疗卫生服务体系，提高城镇医保和新农合的保障水平。按照全省的统一部署，在扎实推进钟山区新型农村养老保险试点的基础上，认真总结完善，逐步在全市推开。继续抓好基本养老、医疗、失业、工伤、生育保险的征缴扩面工作，提高统筹层次，力争参保人数有较大增长。大力发展社会福利和慈善事业，切实落实农村五保供养政策。

第二，大力发展社会各项事业。坚持把教育放在优先发展的位置，大力推进社会各项事业协调发展。要健全教育投入保障机制，进一步改善办学条件，提高师资质量，统筹发展各级各类教育，大力实施科教兴市和人才强市战略。2010 年，教育方面要重点抓好四件事：一是在实现“两基”目标的基础上，继续抓好义务教育阶段标准化学校建设，推进城乡义务教育均衡发展。二是强化学校管理，将责任制落实到校长、班主任，抓好学生安全教育，彻底整治校园周边环境。三是抓好师德师风建设，大力营造教书育人的良好环境。四是结合职业教育资源整合，加大投入力度，抓好职业教育普及，力争在基础设施、办学质量上实现新突破，确保 2011 年全市所有初中毕业上不了高中、高中毕业上不了大学的农村学生都能接受职业技术教育，把六盘水市建成贵州乃至西部一流的职业教育培训基地和技术人才输出基地。与此同时，要大力推进卫生、计生、文化、体育等各项社会事业全面发展，不断满足人民群众日益增长的物质和精神文化需求。

第三，切实维护社会稳定。发展是第一要务，稳定是第一责任。各级各部门必须把维护社会稳定作为确保经济社会发展的重大问题，充分认清形势，深入查找问题和不足，采取切实有效措施，坚决扭转被动局面。一是坚持全社会齐抓共管。要切实加强基层基础工作，实行专群结合、重心下移、群防群治，真正把工作落实到机关、企业、社区、学校、农村，全力构建“大防控”格局。二是大力加强普法工作。结合“五五”普法依法治市工作的开展，强化对重点人群的法制宣传教育，深入开展“法律六进”活动和“七有七无”创建工作，使法制宣传教育进入千家万户、融入生产生活，提高全市人民的法律素质，不断强化维护社会稳定的群众基础。三是公检法司安要在政法委的统一领导下，认真履行应尽的职责，强化协调配合，本着什么犯罪突出就打击什么犯罪、什么问题严重就解决什么问题的原则，定期分析研判形势，提出“严打”专项整治重点，切实打出声威、打出成效，努力提高对犯罪分子的震慑力，不断提高群众的安全感和满意度。四是切实加强和改进信访工作，重点是要依法、及时、妥善解决群众的合理诉求，下大力解决好司法不公、执法不严的问题，维护社会公平正义，进一步密切党群干群关系。五是牢固树立安全发展理念，坚决克服侥幸心理和麻痹思想，切实抓好煤炭、交通、消防、危险化学品、非煤矿山和公共聚集场所等行业和领域的安全生产工作，坚决遏制重特大事故的发生。

三、切实加强和改进党对经济工作的领导，确保圆满完成全年各项目标任务

完成好2010年全市经济社会发展的各项目标任务，必须切实加强和改进党对经济工作的领导，在提高执行力上下功夫。各级党组织要牢牢坚持发展这个第一要务，抓好班子、带好队伍、用好干部、作好表率，集中精力谋全局、管大事、抓落实，为完成各项目标任务提供坚强保证。

第一，始终坚持解放思想，开拓创新谋发展。解放思想不能脱离科学发展，解放思想的过程就是贯彻落实科学发展观的过程。我们必须不断解放思想，进一步营造加快发展、科学发展、和谐发展的浓厚氛围。一是要倍加珍惜加快发展的大好局面，坚决反对空发议论、坐而论道，努力坚持贴紧中心不偏离、顾全大局不摇摆、合力发展不停步。二是要切实增强不进则退、慢进也是退的紧迫意识，坚决反对盲目自满、松劲懈怠，始终保持昂扬向上的斗志、奋发有为的干劲、追求跨越的气魄。三是要不断提高创新工作、创新发展、创新实践的本领，坚决反对言必寻据、行必问典、瞻前顾后，真正做到视野开阔、锐意创新、敢为人先。要教育引导干部群众从不合时宜的思想观念中解脱出来，从工作不在状态中解脱出来，从固有的思维模式中解脱出来。要创新发展理念和实践，善于从战略和全局的高度多层次多角度思考、分析和研究问题，用创新的思维、创新的措施，努力解决发展中的困难，使我们的工作始终把握规律性、体现时代性、富于创造性。

第二，加强干部队伍建设，凝心聚力抓落实。要突出针对性和实效性，采取多种形式加强对干部的教育和培训，全面提高干部的理论素养、政策水平和工作能力；要坚持正确的用人导向，把握德才兼备、以德为先的用人标准，引导广大干部把心思用到勤奋学习、扎实工作、干事创业上，坚决不让老实人吃亏，不让流血流汗的人再流泪；要注重在实践中考验、锻炼和选拔干部，推进机关、基层干部的双向交流，让干部在实践中锤炼作风、增长才干。各级领导干部要廉洁从政、干净干事、清白做人，筑牢思想道德的防线、党性原则的防线、法规纪律的防线；要把形象当作生命，把职务当作责任，把监督当作爱护，自觉遵守廉洁自律有关规定，让组织满意、群众信服，以勤政廉政的形象、务实高效的作风、实实在在的业绩回报社会。要坚持一切从事业出发，一切以人民利益为重，珍惜机遇、顾全大局、维护和谐，进一步增进各级领导班子和干部队伍的团结，心往一处想，劲往一处使，形成干事创业、加快发展的强大合力。

第三，切实提高执行力，转变作风求实效。提高执行力，关键是要在“干”字上下功夫，做到带头干、领着干、科学干、依法干。一是要确保政令畅通。对于市委、市政府确定的目标任务，必须不折不扣地完成，任何部门、任何个人都要做到接受任务不找借口、执行任务不讲困难、完成任务追求圆满，做一件成一件，件件落实到位。二是要提高办事效率。切实增强抓落实的时效性和紧迫性，健全工作机制，减少中间环节，提高工作水平。要珍惜每一天时间，抓住每一个机遇，完成每一个阶段的工作，坚决克服说而不做、议而不决、决而不行、抓而不紧的不良风气，努力做到看不准不动手，看准了不松手，干不成不放手。三是要务求工作实效。抓落实要切忌停留在一般的号召上，从具体工作、具体项目、具体环节抓起，以具体推进深入、以具体促进落实、以具体求得实效，坚决克服形式主义、官僚主义。

同志们，做好2010年的经济工作，意义重大，任务艰巨。让我们更加紧密地团结在以胡锦涛同志为总书记的党中央周围，高举中国特色社会主义伟大旗帜，全面贯彻落实科学发展观，在省委、省政府的坚强领导下，同心同德，奋发进取，开拓创新，埋头苦干，为全面完成“十一五”规划目标、推进全市经济社会发展的新跨越而努力奋斗！

政府工作报告

（2010年2月3日在市六届人大第五次会议上）

六盘水市人民政府市长　何　刚

各位代表：

现在，我代表市人民政府，向大会报告工作，请予审议，并请各位政协委员和列席的同志提出意见。

2009年政府工作回顾

受国际金融危机的严重影响，2009年是六盘水市发展进程中非常艰难的一年。面对严峻考验，在省委、省政府和市委的坚强领导下，在市人大、市政协的监督、支持和帮助下，我们坚持以邓小平理论、“三个代表”重要思想为指导，深入贯彻落实科学发展观，切实按照“保增长、保民生、保稳定”的要求，努力克服困难，狠抓工作落实，较好地完成了年初确定的各项目标任务，呈现出经济回暖、结构优化、民生改善、社会稳定的良好态势。

全市生产总值完成412.38亿元，增长11.5%。全社会固定资产投资完成244.78亿元，增长23.8%。财政总收入和地方财政收入分别完成74.04亿元和37.12亿元，增长20.55%和24.94%，一般预算支出82.15亿元，增长30.17%。社会消费品零售总额完成110.88亿元，增长18.2%。城镇居民人均可支配收入和农民人均纯收入分别为13116元和3083元，分别实际增长7.2%和12.7%。年末金融机构存、贷款余额分别为424.05亿元和308.25亿元，分别比年初增加82.17亿元和84.26亿元。

一年来，我们着重做了以下工作：

第一，沉着应对国际金融危机带来的不利影响，经济形势回升向好。紧紧抓住中央扩内需、保增长的政策机遇，积极争取到四批中央新增投资7.99亿元，一批多年来想办而又没有办成和久拖不决的重大项目获得国家批准并开工建设，为应对危机保增长提供了坚强支撑。面对4月份以来工业经济持续负增长、经济发展增速放缓的局面，以稳定煤炭、电力生产为核心，加强经济运行调节，从11月份起工业经济转为正增长，为保持经济平稳较快发展奠定了坚实基础。认真落实国家“家电下乡”等扩大消费政策措施，全面推进“万村千乡”和“双百”市场工程建设，积极扩大农村居民消费，有效促进了经济增长。

第二，坚持以农民增收为核心，农业农村经济加快发展。认真落实强农惠农政策，市县投入农业专项资金1.76亿元，增长28.22%，兑现农资综合补贴、种粮直补9504万元。加大“工业反哺农业、城市支持农村”力度，首批224户工矿企业与160个村结对，共投入各类资金2亿元。粮食生产连续7年实现丰收，总产量达86.02万吨，增长2.21%。马铃薯、蔬菜、畜牧养殖等产业的规模化、集约化、商品化水平进一步提高，马铃薯种植面积达183万亩，产量达229万吨，较上年增长30%；新增商品蔬菜基地2.16万亩；肉类总产量达到11.34万吨，同比增长18.41%，畜牧业产值占农业总产值的比重为38.6%，比上年提高1个百分点。农业产业化经营快速推进，土地流转加快。农民有组织进入市场的力度加大，新增农村专业合作社49个。开展各类农民培训44万余人（次）。建成沼气池2万口。

第三，加强基础设施建设，发展基础不断夯实。六沾铁路复线建设加快。长昆快速铁路、六盘水火车站改造及货场搬迁等工程前期工作进展顺利。公路建设取得重大突破，完成投资22.85亿元，其中市县财政投入4.3亿元，较上年增长34.4%。水盘高速公路全面施工，六枝至镇宁高速公路开工建设，水城至六枝高速公路、杭瑞高速公路境内段前期工作加速推进。建成红果至响水、羊场至柏果等一批二级公路293千米，开工建设大河至木果、响水河至三块田等一批运煤公路397千米，建成通乡油路182千米，开工建设通村公路1020千米。动工建设六盘水月照机场试验段，机场路路基建设基本完成。开工建设中寨、野钟码头，建成毛口码头一期工程；黔中水利枢纽一期工程和白河沟供水工程开工建设，双桥、旧院、鱼洞坝、卡河水库前期工作有序推进。完成8.37万亩烟水配套工程，治理病险水库6座，新增、改善和恢复有效灌溉面积4.5万亩，解决13.41万人农村饮水安全问题，治理水土流失面积107.8平方千米；开工建设1个500千伏和一批220千伏、110千伏输变电工程，完成投资12.7亿元。加大农村电网改造力度，在全省率先实现户户通电；3G通信网络建设加快推进，移动、联通、电信等通讯公司投入信息基础设施建设3.6亿元；凉都大道全线建成通车，人民路东、西段及龙井北路建设有序推进，麒麟公园建成开园，市中心城区第二气源输配系统一期工程建成投入使用，水城河两岸截污管网全线贯通，建成市中心城区医疗垃圾集中处置场，城市功能进一步完善。

第四，加快推进工业结构调整，工业发展水平不断提高。进一步做大做强煤炭、电力、钢铁、建材等支柱产业。骨干煤矿建设继续加快，煤矿机械化采煤、瓦斯监控系统等装备水平进一步提高，全市原煤产量达5126.58万吨，增长14.5%；发耳电厂3#机组建成，全市电力装机容量达600万千瓦；盘县煤（焦、化）钢电一体化循环经济工业基地项目开工建设，水钢技改稳步推进，完成钢产量319.21万吨，增长3.9%；盘县三合水泥厂等一批水泥生产项目建成，全市水泥年生产能力达500万吨；煤化工发展加快，老鹰山煤基气化替代燃料项目一期工程完成设备安装，盘南煤化工、水城玉舍循环经济型煤焦化等一批重大项目前期工作加快推进；矿山机械、机电产品等产业生产能力进一步提升。有色金属工业、轻工业发展步伐加快。全市规模以上工业增加值完成175.26亿元，增长4.8%。

第五，切实加强节能减排和生态环境建设，

可持续发展能力进一步增强。对23户年耗标准煤5000吨以上的重点企业开展节能降耗监控。继续加大落后产能淘汰工作，重点对煤炭洗选行业进行整治，取缔关闭77家洗煤厂。4个县级城镇污水处理厂建成投入试运行。积极推进煤层气综合利用，新增6.25万千瓦瓦斯发电装机容量。省下达六盘水市的节能减排目标基本完成。加强重点水域的保护和治理，玉舍水库库区环境整治取得初步效果，北盘江、三岔河出境断面水质达到水功能区Ⅲ类水质标准以上。加大生态建设和保护力度，完成石漠化综合治理56.2平方千米、营造林面积17.85万亩，全市森林覆盖率达到37%。继续推进国有重点煤矿采煤沉陷区综合治理。

第六，坚定不移地推进改革开放，经济发展活力不断增强。国有企业改革脱困工作有序推进，市水务有限公司组建完成，国有资本经营预算制度正式实施。金融改革步伐加快，邮政储蓄银行六盘水分行正式挂牌；投入4500万元新增41个农村金融服务网点，实现全市乡镇金融机构全覆盖。投融资体制改革取得新进展，运用BT、BOT模式建设了一批基础设施。农村综合改革继续深化，集体林权制度主体改革基本完成。政府机构改革进展顺利。非公有制经济加快发展，实现增加值158.24亿元，增长12.55%。与大连市及友好城市、周边地区的交往日益加深，区域经济合作不断深化。全年招商引资实际到位资金74.52亿元，同比增长23.04%。

第七，大力保障和改善民生，发展成果更多地惠及人民群众。各级财政共投入民生方面资金34亿元，较上年增加了11亿元。认真落实国家“五缓四减三补贴”等政策，全市就业形势稳定；市级财政投入1000万元建立了创业基金，全市新增城镇就业19237人，城镇登记失业率为4.12%。全面启动实施城镇居民基本医疗保险；城镇职工基本养老、基本医疗、失业、工伤、生育等保险扩面征缴任务超额完成；发放城乡低保资金3.3亿元，共保障7.9万名城镇困难人口和28.85万名农村贫困人口，城乡低保实现了应保尽保、分类施保；新建10所农村敬老院；成立了慈善总会；全市农村贫困家庭和城镇低保家庭的民用煤补助资金达1亿元以上；发放1498万元对1.16万名城乡困难群众实施了大病医疗救助。完成14973户农村危房改造和12万平方米的经济适用住房，发放廉租房租赁补贴1665万元，2.3万户煤矿棚户区改造前期工作进展顺利。加强扶贫开发工作，减少4.8万农村贫困人口。安全生产形势持续稳定好转，全年无重大以上事故，实现生产安全事故起数和死亡人数“双降”，全市煤矿百万吨死亡率为1.93。信访和维稳工作进一步加强，确保了新中国成立60周年等重大节庆活动期间的社会稳定。扎实推进“平安六盘水”建设，群众安全感有所提高。

第八，加快发展社会事业，经济社会发展的协调性不断增强。各级财政用于教育事业的投入进一步加大，共安排教育资金10亿元，较上年增加了3亿元。教育基础设施不断改善，完成农村义务教育阶段薄弱学校改造工程70所；“两基”巩固提高工作取得成效，六枝特区、水城县通过省政府“两基”复查和“普实”验收；市一中双水校区和市三中凤凰校区建成招生；整合地企职业技术教育资源取得实质性进展；高等教育实现重大突破，六盘水师范高等专科学校升格为六盘水师范学院；开工建设六盘水职业技术学院二期工程。启动医药卫生体制改革；城乡医疗条件进一步改善，市人民医院住院综合大楼主体工程基本完工，新建和改扩建14个乡镇卫生院、3个社区卫生服务中心和319所村卫生室；新型农村合作医疗参合率达97.45%；认真做好甲型H1N1流感防控工作；完成7.5万户地氟病防治炉灶改良任务；理顺了市级医疗机构管理体制。人口计生工作水平稳步提高，人口出生率为12.6‰，符合政策生育率达95.12%。科技、文化、体育、广播电视等社会事业继续发展。汽车应用压缩焦炉气（COG）技术取得成功并通过省级鉴定；完成13个乡镇综合文化站建设，保护了一批文物和非物质文化遗产；六盘水市培养输送的运动员在第十一届全国运动会上取得一金一银好成绩；建成855个20户以上自然村广播电视“村村通”工程，完成市中心城区数字电视整体转换平移工作。老龄、妇女儿童和残疾人事业取得新进步。国防建设进一步加强。民族、宗教、旅游、外事、侨务、对台、档案、气象、人防、青少年、工会、红十字等工作取得新进展。

过去一年，我们切实加强民主法制建设和政府自身建设。自觉接受人大的法律监督、工作监督和政协的民主监督。认真办理人大代表建议和政协提案。各类公开办事制度不断完善，政府决策科学化、民主化水平不断提高。“五五”普法依法治理工作深入开展，依法治市全面推进。扎实开展深入学习实践科学发展观活动。继续推进惩治和预防腐败体系建设，切实加强行政监察和审计工作。

各位代表！在历史罕见的挑战和风险面前，过去一年取得的成绩来之不易。成绩的取得，是党中央、国务院和省委、省政府总揽全局、审时度势、坚强领导的结果，是市委深入研判形势、科学决策、有力应对的结果，是全市各族干部群众凝聚共识、迎难而上、团结拼搏的结果。在此，我代表市人民政府，向全市工人、农民、知识分子、干部，向各民主党派、工商联、无党派人士、人民团体，向驻市人民解放军指战员、武警部队官兵、公安政法干警，向所有关心和支持六盘水市改革发展的各界人士，表示衷心的感谢并致以崇高的敬意！

在充分肯定成绩的同时，我们也清醒地看到，经济社会发展中还存在不少困难和问题，主要是：资源依赖型经济结构和粗放型发展方式尚未根本改变，资源综合利用水平不高，节能减排压力较大；城乡居民收入差距大，统筹城乡发展任务十分艰巨；经济与社会发展协调性还不够；政府自身建设还存在薄弱环节。对于这些问题，我们将高度重视、认真对待，采取有力措施加以解决。

2010年政府工作主要任务

2010年是全面完成“十一五”规划、衔接“十二五”时期发展的关键之年，也是经济形势复杂多变的一年，总体上机遇与挑战同在、希望与困难并存。政府工作的总体要求是：以邓小平理论和“三个代表”重要思想为指导，深入贯彻落实科学发展观，全面贯彻党的十七大和十七届三中、四中全会及中央、省经济工作会议精神，坚持“能快则快、又好又快”，以发展循环经济为统领，以扩大投资为抓手，以调整经济结构和转变发展方式为主线，以深化改革扩大开放为动力，以保障和改善民生为根本出发点和落脚点，以维护社会和谐稳定为保障，统筹做好各项工作，确保全市经济社会又好又快发展，圆满完成“十一五”规划目标，为“十二五”时期发展打下良好基础。

全市经济社会发展的主要预期目标是：生产总值增长12%；全社会固定资产投资增长20%；财政一般预算收入增长16%以上；社会消费品零售总额增长16%以上；城镇居民人均可支配收入增长6%，农民人均纯收入增长8%；城镇登记失业率控制在4.5%以内；人口出生率控制在12.85‰以内；完成省下达的节能减排指标。

做好2010年政府工作，我们将把握好以下原则：一是坚持扩大投资与扩大消费相结合。在继续推进重大项目建设、着力扩大投资规模、优化投资结构的同时，认真落实国家扩大消费需求的各项政策措施，不断增强群众消费能力，充分发挥消费对经济的拉动作用。二是坚持把当前发展与长远发展相结合。在保持经济平稳较快增长的同时，着眼长远，多做打基础、利长远的工作，把改善基础设施条件、调整经济结构和加快发展方式转变作为贯彻落实科学发展观的重要目标和战略举措，在发展中促转变，在转变中谋发展，为实现更高水平、更持久的发展创造条件。三是坚持加速工业化、加快城镇化与推进农业现代化相结合。把工业化作为壮大经济实力、提高生产水平的核心任务，把提高城镇化率作为统筹城乡发展、有效扩大内需的重要抓手，把农业现代化作为促进农民增收、建设社会主义新农村的根本途径，使之相互促进、协同发展。四是坚持加快发展与改善民生相结合，把加快发展作为解决民生问题的根本途径，把改善民生作为加快发展的出发点和落脚点，把公共资源配置更多地向民生领域倾斜，在加快发展中着力改善民生，在改善民生中实现科学发展。

围绕上述总体要求、主要预期目标和主要原则，我们将着力做好以下八个方面的工作。

（一）大力发展循环经济，努力推动经济发展方式的转变

紧紧抓住国务院将六盘水市纳入资源富集区开展循环经济区试点这一难得的重大历史机遇，把加快发展循环经济作为转变经济发展方式的重要抓手，以循环经济理念布局全市经济发展的推进方向、重点领域和重大项目，唱响循环经济发展的主旋律。

切实抓好循环经济总体规划编制工作。按照“减量化、再利用、资源化”的要求，以推进资源节约、资源综合利用和清洁生产为重点，加强循环经济发展专题研究，制定全市循环经济发展总体规划及煤炭、电力、钢铁、建材、化工等重点产业专项规划。在此基础上，确定年度推进计划，并建立循环经济项目库。同时做好与国家主体功能区规划的衔接工作。

深入开展循环经济试点示范。一是抓好企业层面的小循环。大力支持和鼓励境内企业积极发展循环经济，改进设备和工艺流程，推行清洁生产。重点在废渣、废水、废气、余热、余压的综合利用上下功夫，加快推进煤矸石发电、煤矸石制砖、粉煤灰生产建材及洗煤废水、矿井水的循环利用和煤矿瓦斯抽采、焦炉煤气的回收利用，积极推广尾矿回填充填新技术，培育一批循环经济试点示范企业。二是抓好集中区层面的中循环。选择一些特色产业集聚区或工业集中区开展循环经济试点，总结经验，推广实施。实行区内区外差别政策，引导区外企业向集中区搬迁集中，实现集中区土地集约使用、废物集中处理，搞好关联企业之间的资源链、加工链和产品链的对接延伸，培育一批生态型循环经济集中区或基地。建立健全组织机构，充分运用六盘水市城市总体规划第三轮修编成果，重点抓好红山石桥、老鹰山、红果以及发耳、黑塘、大用、木岗、盘东北、盘南等循环经济新型工业集中区建设。三是抓好社会层面的大循环。大力开展循环经济的知识普及和宣传教育，倡导健康、文明、节俭、适度的消费理念，提高全民发展循环经济的意识和公众参与度。

建立促进循环经济发展的鼓励政策。在积极争取国家政策支持的同时，认真清理和梳理循环经济发展的有关优惠政策和办事程序，并完善地方配套政策，形成促进循环经济发展的政策体系。切实落实好国家节约资源、开发绿色能源、可再生资源利用等优惠政策，积极利用清洁发展机制等国际资本、各种社会资金参与循环经济项目建设，促进循环经济产业发展。

坚持把发展循环经济同节能减排工作有机结合起来，通过发展循环经济实现节能减排，通过节能减排促进循环经济发展。一是抓好结构性节能减排。严格执行国家产业政策和行业准入标准，加快淘汰高耗能、高排放、低效益的落后生产力。加强固定资产投资项目节能评估和审查。二是抓好工程性节能减排。深入实施建筑节能、绿色照明、电机改造等“十大重点节能工程”。鼓励企业采用新技术、新工艺、新设备实施节能减排重大技术改造，努力实现能耗稳定下降和污染物稳定达标排放。三是抓好管理性节能减排。着力抓好电力、冶金、建材等重点领域、重点行业和年耗能5000吨标准煤以上企业的节能降耗监控。切实抓好污水处理厂、医疗垃圾处理场、垃圾填埋场和火电厂脱硫设施的运行管理。

在大力抓好循环经济和节能减排的同时，进一步加强生态环境建设和资源集约节约利用。把石漠化治理作为生态建设的首要任务，扎实推进4个县、特区、区石漠化综合治理，完成78.7平

方千米治理任务。继续推进林业重点工程和巩固退耕还林成果项目建设，完成营造林任务15万亩以上。加强森林防火工作，森林火灾受害率控制在0.67‰以内。加强玉舍水库等城镇和农村集中式饮用水源地保护与治理。加强地质灾害防治。全面完成国有重点煤矿采煤沉陷区综合治理。加强乌蒙山国家地质公园等自然遗产保护，并积极做好申报世界自然遗产的有关工作；坚持保障发展与保护资源并重，提高土地、矿产、水等资源的集约和节约利用水平。实施新一轮土地利用总体规划，重新划定永久性基本农田保护区。开展城乡用地增减挂钩工作，努力保障城市发展、产业发展和基础设施建设用地需求。切实落实国家和省关于加大资源综合利用的政策，进一步完善资源有偿使用制度。

（二）坚持以农民增收为纲，加快发展现代农业

切实按照“稳粮保供给、增收惠民生、统筹促发展、强基增后劲”的要求，把统筹城乡发展作为全面建设小康社会的根本要求，把增加农民收入作为农业农村工作的重中之重，把发展现代农业、提升农民素质作为全面推进农业跨越式发展的重要任务，把建设社会主义新农村作为农村经济社会全面发展的强大动力，充分利用六盘水市立体气候和生物多样性突出、可开发利用山地坡地较多、农民增收空间较大、特色农业发展前景广阔的优势和潜力，围绕“大种植、大养殖、大加工、大市场”目标，以“农业产业化、农业标准化、生产要素社会化、土地流转规范化”为抓手，努力促进六盘水市农业的跨越式发展。

农业产业化方面，因地制宜发展特色农产品，着力扩大农产品规模、改善品质、提高商品率。在稳定发展粮食生产、确保粮食增产2%以上的同时，大力发展畜牧养殖、马铃薯、蔬菜、干鲜果、茶叶、苦荞、生姜、中药材、烤烟等特色产业，完成马铃薯种植面积200万亩，建成30万亩马铃薯商品基地；新增1万亩商品蔬菜基地；实现畜牧业产值占农业总产值的比重提高1个百分点以上。切实加大对农业产业化龙头企业的政策、资金扶持力度，大力发展农村专业合作社。农业标准化方面，坚持以工业生产模式经营农业，把选育良种、种植养殖、贮存保鲜、加工销售等各个环节纳入标准化管理轨道。选择一些特色农产品或主导产业，制定无公害农产品的地方标准及生产技术操作规程，逐步提升农产品质量安全水平。积极推进农业机械化。生产要素社会化方面，切实调动全社会的资源和力量，引导和鼓励城市、企业、民间的技术、资金、人才等生产要素向农业和农村流转；研究制定“统筹城乡发展和工业反哺农业、城市支持农村”的政策措施，鼓励各种社会力量开展乡村结对帮扶，参与农业产业发展。土地流转规范化方面，把推动土地流转作为农业发展的重要环节，在确保不改变土地用途的前提下，按照“依法、自愿、有偿、规范”的原则，加强管理和服务，发展多种形式的适度规模经营，促进土地流转。

认真落实各项强农惠农政策，确保各项涉农补贴资金及时足额发放到农民手中。进一步加大市县财政对“三农”投入。提高农村金融服务质量和水平，引导更多信贷资金投向“三农”，切实解决农村融资难的问题。加强农民适用技术和转移就业培训，大力发展劳务经济，引导和鼓励农村富余劳动力向二、三产业和城镇转移。加强农村水电路气等基础设施及农村“五改”工程建设，在交通沿线、城镇周围、工矿附近建设一批具有地方特色和现代化气息的民居，不断改善农村生产生活条件和乡村面貌。加强农村基层组织建设，选好致富带头人。

（三）坚定不移地推进工业化，不断提升经济综合实力

以发展现代工业为方向，加快推进工业优化升级。按照“数量扩张与质量提升并重”的方针，改造提升煤炭、电力、钢铁、建材等传统产业。以建设现代化矿井为目标，科学开发、高效利用煤炭资源，做大做强国有煤炭企业，加快中小型煤矿资源整合和技术改造，积极推进大矿帮

扶小矿和小煤矿托管，加大对地方煤矿整合技改新建矿井的支持力度，进一步提高煤炭产业集中度和采煤机械化程度。重点开工建设化乐、黑拉嘎、发耳二矿、响水煤矿二期、玛依西、玛依东等大中型煤矿，力争全市原煤产量达6000万吨。继续抓好煤炭洗选行业治理整顿，加快建设一批大型高效环保洗煤厂。加强煤电油运等经济运行调节，保持工业生产稳定；开工建设六枝电厂、水矿汪家寨矸石电厂、盘县电厂“上大压小”、四格坡上牧场风力发电等一批电源点项目；围绕建成西南地区长材精品基地的目标，大力支持水钢500万吨钢配套项目和盘县煤（焦、化）钢电一体化循环经济工业基地建设，推进高技术含量、高附加值产品研发；加快建材产业扩能提质步伐，建成一批新型水泥生产线和建材厂。

按照“延长、配套、接续”的路径，培育壮大新兴产业。加快发展现代煤化工，延长产品增值链。力争开工老鹰山煤基气化替代燃料项目二期工程，加快推进盘县红果、水城玉舍循环经济型煤焦化和盘南煤化工等一批新型煤化工项目建设。有序关闭淘汰一批不符合产业政策的焦化企业；以矿山机械机电制造、加工为重点，加快煤矿井下综合采掘、提升、运输设备和洗选设备等产品的研发、生产和市场开拓，努力形成在全省乃至西南地区具有一定影响力的品牌产品和装备制造业产业群；高起点、高质量发展电解铝等有色金属工业，着力搞好精深加工，延长电力产业链，力争把六盘水建成重要的电解铝、铝加工基地；加快发展食品加工、农副产品加工、民族制药等产业，不断提高轻工业占工业经济的比重。

按照“市场导向、发挥优势、重点突破”的思路，加大承接东部地区产业转移力度，力争将六盘水市列为国家承接东部产业转移的试点城市。充分依托产业优势，主动承接关联配套产业转移；依托资源优势，主动承接深加工产业转移；依托成本优势，主动承接劳动密集型产业转移；依托区位优势，主动承接加工贸易和服务业产业转移。在做好资源依托型产业转移的同时，积极承接非资源型产业，避免出现产业结构单纯依靠资源发展的局面。

（四）加快以交通、水利、电网和信息为重点的基础设施建设，不断改善加快发展的基础条件

以构建现代综合运输体系为目标，加快推进铁路、公路、机场、航运等交通基础设施建设。继续配合抓好六沾铁路复线建设；实施六盘水火车站站房改造、货场搬迁工程；加快推进水红铁路预留站和铁路战略装车点的建设；争取开工建设长昆快速铁路境内段；积极做好水红铁路复线、毕水兴快速铁路、织金—水城—攀枝花城际铁路前期工作。强力推进水盘高速公路、六枝至镇宁高速公路建设；开工建设水城至六枝高速公路和杭瑞高速公路境内段，做好市境内“省高规划”其他路段及市中心城区外环高速公路前期工作；全面建成玉舍至马场桥公路，大力推进响水至瓦窑田、羊场经英武至大山二级公路建设；开工建设第四批运煤公路100千米；加快推进姬关营至龙场、鸡场至龙场、顺场至龙场等通乡油路建设；加强农村公路管理养护。推进六盘水月照机场建设。建成中寨、野钟水运码头。高度重视交通干线沿线的产业发展规划和布局。

以构建城乡水资源保障体系为目标，加快推进水利基础设施建设。配合抓好黔中水利枢纽一期工程建设，加快推进白河沟供水工程建设，开工建设双桥、渔洞坝水库，继续推进旧院、卡河水库前期工作，启动开展英武水库前期工作。积极争取实施六盘水灌区续建配套和节水改造、六枝中型灌区节水配套改造项目。大力实施农村饮水安全工程，新增解决5万人农村饮水安全问题。完成4.83万亩烟水配套工程。新增、改善和恢复有效灌溉面积4.5万亩。治理病险水库4座。治理水土流失面积13平方千米。大力实施以管代渠、长距离管道送水。加强对全市地下水资源的勘探，编制地下水开发利用规划。进一步完善城市供水管网，有序关闭市中心城区地下水开采。加强水利工程管理，促进水利工程持久发

挥作用。

以构建生产生活用电保障体系为目标，加快推进城乡电网建设。开工建设500千伏六盘水输变电二期工程和3个220千伏、16个110千伏输变电工程，力争完成投资20亿元以上。加大城市电网改造力度。进一步完善农村电网。着力完善地方煤矿双回路供电设施。积极争取国家和省的支持，推进用电大户直供电和自备电厂供电。

以构建现代信息网络体系为目标，加快推进信息基础设施建设。坚持共建共享和以需求促应用的原则，围绕打造“数字六盘水”，全力推进3G通信网络的建设与发展，开展全市数据处理交换中心、数据采集系统、基础数据库建设前期工作；积极推进电信网、互联网和数字电视网的“三网融合”以及各类信息平台的整合；深化信息技术在电子政务、电子商务、城市管理、社会治安综合治理、远程教育等行业和领域的应用，推进信息技术向农村延伸。

（五）加快推进城镇化进程，努力提高城镇发展水平

按照“完善城市功能、改善人居环境、规范城市管理、发展城市经济”的要求，着力加强城乡规划、建设、管理和城市产业支撑。

科学定位，高起点规划城市。切实发挥规划对城市产业布局、综合交通、土地利用、生态环境、历史文化保护、城镇特色塑造等重大问题的指导作用，加快形成具有六盘水特色的城镇体系。围绕打造“峰丛景观——山水园林城市”和“中国凉都”品牌，发挥城市特色，搞好城市设计，美化城市景观，提高城市品质，进一步做好市中心城区的控制性详细规划和修建性详细规划，同时结合工业集中区建设和新区拓展，着力解决城市南北过窄问题。高标准、高质量修编和实施平寨、红果两个次中心城市的规划。加快编制重点小城镇、工矿区和乡村的规划。认真执行城乡规划法，加大依法打击“两违”建筑力度，维护规划的严肃性。

创新发展方式，高标准建设城市。一是推进基础设施配套化。以城市路网和污水垃圾处理系统建设为重点，统筹考虑水、电、气、通信、绿化等城市基础设施和学校、医院等配套设施建设，扩大城市规模，完善城市功能，提升城市品位，不断增强城市综合承载能力。重点抓好凤凰山片区建设、水城河综合治理和老城改造；全面建成人民路东、西段；启动实施花园路北段工程建设，推进水钢南出口不畅问题的解决。加快完善城市公交基础设施。推进凉都体育中心建设。二是推进投资主体多元化。除公益性较强的公用事业坚持由政府主导或控股外，坚决放开一般性竞争领域，激活社会资本参与城市建设、经营和管理。加大商业设施建设力度，吸引社会资本投入，带动城市财富积累，形成城市投资、建设和发展的良性循环。三是推进土地供应规范化。按照先规划、再收储、后出让的程序，强化土地储备，做好征地拆迁安置工作，推进净地出让。四是推进城市建设风格精品化。着重提高城市绿化、道路、雕塑、楼宇的设计水平，形成风格和色彩协调统一的形象，突出城市特色和魅力。

创新管理手段，科学管理城市。坚持建管并重、重在管理的原则，实施科学化、精细化、人性化、柔性化城市管理，提升城市管理水平。加强社区标准化建设，推进城市管理重心下移，强化“门前三包”工作；加强宣传教育，提高市民素质，增强市民参与城市管理的主动性和积极性；深入开展“整脏治乱”工作；积极推行市场化卫生保洁机制；实行严管重罚，严厉处罚违反城市管理规定的行为；下大力解决市中心城区道路交通拥堵问题。

加快发展服务业，繁荣城市经济。一是围绕打造“凉都”品牌，积极发展旅游产业。加快开发北盘江大峡谷等重点景区景点，积极抓好以城郊农家乐为主的乡村旅游，加快建成城郊旅游休闲经济带。二是大力发展现代物流业。用现代信息技术改造提升物流业，降低全社会物流成本，缩短物流周期，加快建设区域物流中心，争取将六盘水市列入全国物流试点城市。积极规划并启

动建设一批大型物流园区。治理整顿市中心城区批发市场。三是加快发展房地产业。鼓励引导发展老年公寓、酒店式公寓等多元化房地产市场。强化房地产市场管理，规范房地产市场秩序。用好、用足、用活住房公积金。四是大力发展金融保险、邮政通信、交通运输、商贸流通、餐饮娱乐等产业，积极发展文化、体育、卫生、广播电视等产业。在抓好城市产业发展同时，认真贯彻落实国家和省促进消费的政策措施，有效扩大消费需求，积极调整经济增长的动力结构。继续实施国家“家电下乡”等政策，扎实推进“万村千乡”和“双百”市场工程，扩大农村居民消费。加强市场监管，努力营造便利、安全、放心的消费环境。

推进人口转移，加快城镇化进程。认真落实促进农村人口向城市转移户籍制度改革政策，解决好农民工就业、居住、就医、子女就学等方面的困难和问题，带动有条件的农民工特别是新生代农民工转变为城市居民，推动农村人口向城市合理有序转移，促进城镇化率的提高。

（六）继续深化改革开放，加快发展非公有制经济

坚持市场原则，加快国有企业产权多元化改革，优化企业股权结构，完善国有企业经营预算制度，稳步推进国有企业改革脱困工作，增强国有经济活力、控制力和影响力。按照“有进有退、优进劣退、有序进退、合理流动”的要求，进一步健全国有资产管理体系，加强国有资产监管，确保国有资产保值增值。加快供销合作社改革发展。继续深化农村综合改革，扎实推进集体林权制度配套改革，开展农村集体建设用地流转试点，启动宅基地确权登记发证工作。推进财税体制改革，强化财政刚性预算，科学、规范地加快财政支出，切实盘活各类沉淀资金，彻底清理“小金库”。推进投融资体制改革，继续把扩大投资规模作为推动六盘水市经济又好又快发展的基础性工作，认真解决项目建设中土地、环保、资金、施工组织、建设环境等问题，确保在建、续建项目的建设进度；强化项目前期工作，争取更多新建项目开工建设。切实做好“十二五”规划的编制工作。做大做强城市商业银行。做好农村信用社改制工作。建立健全政、银、企合作协调机制，加大信贷支持力度。支持、规范发展小额贷款公司。加快培育和规范发展各类民间商会、行业协会及金融服务中介机构和产权交易市场。做大做强投融资平台，提高政策性担保机构的融资担保能力。鼓励支持符合产业政策、成长性好、有上市意愿的企业上市或发行企业债券。进一步深化行政体制改革，全面完成市、县政府机构改革，重塑和优化工作流程，提高行政效能。

进一步扩大开放。认真学习借鉴外地先进经验，开阔眼界，拓宽思路，加快发展。认真贯彻落实市委最近出台的《关于全面加强机关效能建设进一步优化经济社会发展软环境的实施意见》等“1+8文件”精神，切实改善投资软环境，加大招商引资力度。推进区域经济合作与联动，加强与泛珠三角、东盟等经济区以及周边地区、友好城市的联系和往来，更好地在区域经济中履行职责和发挥作用，开拓产品的国际国内市场。

大力推进非公有制经济又好又快发展。坚持“非禁即允”和平等待遇的原则，凡是国家法律法规未明令禁入的行业和领域，非公有制经济都可以进入；切实帮助非公有制企业解决发展中资金、人才、技术、土地、管理等要素短缺的问题，指导非公有制企业建立健全现代企业制度，提升企业素质；做好项目和信息服务，引导非公有制企业结合六盘水市产业结构调整，积极进入轻工业、装备制造业、农产品加工业等重点领域发展。

（七）大力发展各项社会事业，加快推进公共服务均等化

努力办好人民满意的教育。加大教育投入，改善办学条件，提高教育质量，促进义务教育均衡发展、高中教育扩大发展、职业教育跨越发展、高等教育加快发展，推进教育公平进程。巩固提升“两基”成果，继续实施中小学校舍安全工程和农村义务教育阶段薄弱学校改造工程，完

善农村义务教育经费保障机制，切实解决家庭困难学生、农民工子女平等接受教育问题。推进市中心城区教育资源整合，努力解决教育资源短缺特别是大班额问题。加快推进“普及高中阶段教育”计划的实施。抓住国家大力发展职业教育机遇，发展一批中等职业学校，力争到2011年，未能升入普通高中的初中毕业生，都能接受中等职业技术教育。以建成西南地区重要的“职业技术教育培训基地”和“技能型人才输出基地”为目标，加快推进地方和企业的职业技术教育资源整合。加快六盘水职业技术学院二期工程建设。加强六盘水师范学院软硬件建设，切实做好迎接国家对本科院校办学条件进行评估的准备工作，并积极为申办“贵州理工学院”创造条件。加强民族教育，规范发展民办教育。加强教师队伍建设，强化师德师风，全面提升教学教育质量。

努力提高人民健康水平。坚持公共医疗卫生的公益性质，着力满足人民群众就医需求。完善公共卫生服务体系，加大重大传染病的防控，积极应对重大突发公共卫生事件。加强医药价格监管，切实减轻群众基本用药经济负担。进一步改善城乡医疗卫生条件，建成投入使用市人民医院住院综合大楼并做好门诊大楼开工建设的前期工作，启动实施市妇女儿童医院改扩建工程，加快水钢医院搬迁步伐；新建和改扩建一批乡镇卫生院、社区卫生服务中心、村级卫生室，加强基层医疗卫生人员培训。积极筹建市中医院，扶持中医药事业发展。进一步规范和整顿各级医疗机构。加强医德医风建设。加大统筹解决人口问题的力度，夯实基层基础，继续抓好流动人口管理，综合治理出生人口性别比失衡问题，稳定低生育水平。

努力满足人民精神文化需求。深化文化体制改革，完善城乡公共文化服务体系，加快推进县级公共图书馆和文化馆、乡镇综合文化站、社区文化活动室的建设改造或设备配置工作。切实推进影城院线建设。加强文化遗产保护和合理开发，积极申报联合国教科文卫组织“人类非物质文化遗产代表作名录和国家级文化遗产保护项目”。继续办好凉都消夏文化节。完成7033个20户以上自然村广播电视“村村通”工程；全面整合有线电视网络资源，完成六枝特区、盘县数字电视整体平移工作并向有条件的乡村延伸。强化国防建设，深入开展“双拥”创建活动。推进老龄、妇女儿童和残疾人事业的发展。加强精神文明建设，促进社会风气进一步好转。继续做好科技、体育、民族、宗教、侨务、对台、档案、地方志、青少年、工会、红十字等工作。

（八）大力保障和改善民生，切实解决人民群众最关心、最直接、最现实的利益问题

扎实做好就业和社会保障工作。实施更加积极的就业政策。继续对困难企业实行“五缓四减三补贴”政策，加强对农民工和下岗失业人员的技能培训，千方百计稳定和扩大就业。壮大创业基金规模，大力实施以创业带动就业工程，力争纳入省级创业试点城市。努力开发公益性岗位帮助困难就业对象实现就业，确保零就业家庭动态清零。统筹做好高校毕业生、复员退伍军人和城镇新增就业人员的就业工作。确保全市城镇新增就业2万人。以“全民社保”为目标，加快完善社会保障体系。继续扩大城镇职工基本养老、基本医疗、失业、工伤、生育等保险覆盖面，力争参保人数分别达6万人、58.14万人、8.6万人、17万人和5万人。启动钟山区新型农村社会养老保险试点工作。认真做好被征地农民的基本养老保障工作。全面推进城镇居民基本医疗保险，积极探索建立城镇职工基本医疗保险和生育保险市级统筹办法，稳步提高新型农村合作医疗参合率。加强城乡低保工作，切实做到动态管理下的应保尽保、分类施保。新建10个农村敬老院。大力发展以扶老、助残、救孤、济困为重点的社会福利和慈善事业。加强扶贫开发工作，减少农村贫困人口5万人。实施“温暖工程”，启动市中心城区集中供暖工程前期工作，继续做好农村民用煤供应和城市低收入家庭民用煤补贴工作。切实抓好保障性安居工程建设。完成省下达的农

村危房改造任务。采取租售并举等办法，搞好廉租住房建设，规范和加强经济适用住房建设，不断提高人均住房面积15平方米以下的城镇低收入家庭住房保障水平。启动2.3万户煤矿棚户区改造。在市中心城区和县城启动农民工公寓建设。

扎实做好安全生产工作。牢固树立“以人为本、安全发展”的理念，严格落实安全生产责任制，强化安全生产基层基础工作。正确处理好安全与生产的关系，切实做到不安全不生产、抓安全促生产。重点抓好煤矿、非煤矿山和道路交通等重点领域安全专项整治工作，加强安全隐患排查治理，坚决遏制重特大事故的发生。加强食品药品质量监管和市场监管，保障人民群众的健康安全。

扎实做好社会稳定工作。坚持发展是硬道理、稳定是硬任务，切实增进团结、维护稳定。加强信访工作，大力开展信访积案清理化解，通过“化积案”来“化积怨”；积极开展矛盾和纠纷的排查、调处，努力使矛盾化解于未萌、群体性事件化解于无形。切实加强对“虚拟社会”的管理，建立日常舆情分析机制和突发事件的新闻发布快速反应机制，防止“虚拟社会”对现实社会的不利影响和放大效应。加强应急管理工作，不断提高应对突发事件的快速反应和有效处置能力。全面完成“五五”普法。广泛开展“平安六盘水”创建活动，深入开展“打黑除恶”等严打整治专项行动，依法防范和打击各种违法犯罪活动，努力营造和谐安定的社会环境。

加强政府自身建设

做好2010年政府的各项工作，必须进一步加强政府自身建设，努力提高“五种能力”，切实增强广大干部的执行力，确保各项决策部署不折不扣地落到实处。

第一，加强学习、提升素质，不断提高政府执政能力。切实把加强学习作为一项重要任务来抓。通过学习，促进领导干部在思想上、政治上与党中央保持高度一致，正确把握上级动态，超前谋划，积极应对，不断提高执政能力；促进领导干部以系统的思维和统筹的办法谋划推动发展，切实解决实际工作中的重点、难点问题，实现科学决策、科学施政、科学管理。

第二，解放思想、与时俱进，不断提高政府创新能力。坚持把解放思想置于万事之先，教育引导各级干部从不合时宜的思想观念中解放出来、从固有的思维模式中解放出来，用创新的思维和措施来解决发展中的困难和问题。只要符合科学发展观、符合六盘水的实际、符合人民群众的根本利益，就要大胆闯、大胆干。坚决反对为不干事找借口、为干不成事找理由。

第三，转变职能、改进作风，不断提高政府服务能力。牢固树立服务为民的理念，带着深厚的感情为人民谋福祉，使改革发展成果更多地惠及人民群众。强化行政效能建设，坚决克服说而不做、议而不决、决而不行、抓而不实的不良作风。加强行政问责，切实解决好行政“不作为、慢作为、乱作为”现象。强化政府督察工作，确保政令畅通。从严管理干部，对违反党性原则的人和事不留情面，对工作不力和作风不正的干部不姑息迁就，对出了问题的干部不包庇袒护。

第四，依法行政、强化监督，不断提高政府依法治市能力。强化依法行政意识，提高依法行政能力，依靠法治化解社会矛盾、协调社会利益关系，保障社会公正和谐；依靠法治加强社会管理，加强法律援助和人民调解工作，保障社会安定有序；依靠法治深入整顿和规范市场经济秩序，保障经济平稳较快发展。自觉接受人大及其常委会的法律监督、工作监督和政协的民主监督，广泛听取民主党派、工商联、无党派人士和各人民团体的意见。认真接受新闻舆论和人民群众监督，集中各方智慧和力量共同做好政府工作。继续加强行政监察和审计监督。

第五，廉洁自律、率先垂范，不断提高政府勤政廉政能力。认真执行党风廉政建设责任制，落实“一岗双责”。扩大政务公开范围，以公开促公正，以开明保廉明，增强行政透明度，提高政府公信力。认真落实领导干部廉洁从政的各项规定，努力做到自身正、自身净、自身硬。树立艰苦奋斗、勤俭创业的思想，坚决反对讲排场、摆阔气，反对挥霍奢侈、铺张浪费，以廉洁的政府形象取信于民。

各位代表！做好 2010 年各项工作，任务艰巨，意义重大。让我们紧密团结在以胡锦涛同志为总书记的党中央周围，以更加坚定不移的信念、求真务实的干劲、昂扬向上的风貌，攻坚克难，锐意进取，齐心协力，扎实工作，奋力开创全市经济社会发展新局面！

文件选编

中共六盘水市委　六盘水市人民政府 关于市人民政府机构改革的实施意见

市发〔2010〕4号

根据《中共贵州省委贵州省人民政府关于市（自治州、地区）、县（市、区、特区）政府机构改革的指导意见》（黔党发〔2009〕8号）和《中共贵州省委办公厅贵州省人民政府办公厅关于印发〈六盘水市人民政府机构改革方案〉的通知》（黔委厅字〔2009〕73号）精神，现就市人民政府机构改革提出如下实施意见。

一、机构改革的指导思想、原则和主要任务

（一）指导思想

高举中国特色社会主义伟大旗帜，以邓小平理论和“三个代表”重要思想为指导，深入贯彻落实科学发展观，坚持以人为本、执政为民，把维护人民群众的根本利益作为改革的出发点和落脚点，着力解决制约六盘水市经济社会发展的突出矛盾和问题，着力解决人民群众最关心、最直接、最现实的利益问题，努力建设人民满意的政府。

（二）原则和主要任务

围绕深化行政管理体制改革的总体目标，以转变政府职能为核心，按照精简、统一、效能的原则。着力转变政府职能，理顺职责关系，明确和强化责任，优化政府组织结构，完善体制机制，推进依法行政，提高行政效能。

二、机构设置

市政府设置工作部门32个、部门管理机构2个、政府直属事业单位2个和其他机构1个。具体设置和调整如下：

（一）保留的机构

市人民政府办公室、市教育局、市财政局、市科学技术局（市知识产权局）、市公安局、市司法局、市监察局（与市纪委合署办公，不占政府机构个数）、市民政局、市水利局、市林业局、市卫生局、市审计局、市统计局、市环境保护局。

（二）组建、调整和更名的机构

1. 组建市农业委员会。将市农业局、市农业办公室、市畜牧兽医局、市农业机械服务中心职责和市乡镇企业局（市非公有制经济发展局）农产品加工行政管理职责，整合划入市农业委员会。不再保留市农业局、市农业办公室、市畜牧兽医局、市农业机械服务中心。市农业综合开发办公室职责由市财政局承担，不再保留市农业综合开发办公室。

2. 组建市经济和信息化委员会。将市发展和改革委员会信息化管理的有关职责、市中小企业局、市乡镇企业局（市非公有制经济发展局）除农产品加工行政管理职责、市经济贸易委员会除国有资产和能源管理职责，整合划入市经济和信息化委员会。不再保留市中小企业局、市乡镇企业局（市非公有制经济发展局）。

3. 组建市交通运输局。将市交通局的职责和市城市管理局（市城市综合执法局）指导和管理城市客运的职责，整合划入市交通运输局。不再保留市交通局。

4. 组建市住房和城乡建设局。将市建设局、市房产管理局的职责和市城市管理局（市城市综合执法局）除指导和管理城市客运以外的职责，整合划入市住房和城乡建设局。不再保留市建设局、市房产管理局、市城市管理局（市城市综合执法局）。

5. 组建市人力资源和社会保障局。将市人事局、市劳动和社会保障局职责，整合划入市人力资源和社会保障局。不再保留市人事局、市劳动和社会保障局。

6. 组建市国有资产监督管理委员会。将市经济贸易委员会国有资产管理职责划入市国有资产监督管理委员会。

7. 组建市能源局，挂市煤炭局牌子。将市发展和改革委员会、市经济贸易委员会能源管理职责和市煤炭管理局的职责，整合划入市能源局。不再保留市经济贸易委员会，不单独设置市煤炭管理局。

8. 组建市商务和粮食局。将市商务局、市粮食局职责和市招商引资局（市对外经济协作办公室）对外经济协作职责，整合划入市商务和粮食局。不再保留市商务局、市粮食局。

9. 组建市文化体育局，挂市新闻出版局、市版权局牌子。将市文化局（市新闻出版局、市版权局）、市体育事业局职责，整合划入市文化体育局。不再保留市文化局、市体育事业局。

10. 组建市外事侨务旅游局。将市外事侨务办公室、市旅游事业局职责，整合划入市外事侨务旅游局。不再保留市外事侨务办公室、市旅游事业局。

11. 市发展和改革委员会。划入市招商引资局（市对外经济协作办公室）除对外经济协作以外的职责。不再保留市招商引资局（市对外经济协作办公室）。

12. 市国土资源局不再挂市测绘管理办公室牌子。

13. 市扶贫开发办公室更名为市扶贫开发局。由市政府议事协调机构的常设办事机构调整为市政府工作部门。

14. 市广播电视局更名为市广播电影电视局。将市文化局指导电影发行、放映工作职责划入市广播电影电视局。

15. 市人口和计划生育局更名为市人口和计划生育委员会。

16. 市民族事务局（市宗教事务局）更名为市民族事务委员会，挂市宗教事务局牌子。

17. 市安全生产监督管理局由市政府直属事业单位调整为市政府工作部门。

18. 市食品药品监督管理局由省以下垂直管理机构调整为市政府工作部门。

19. 市人民防空办公室（市交通战备办公室）由议事协调机构的常设办事机构调整为市政府工作部门。

（三）部门管理机构

1. 市物价局由市政府工作部门调整为部门管理机构，划归市发展和改革委员会管理。不再保留市物价局所属市价格监督检查局，职责划入市物价局。

2. 市规划管理局更名为市城乡规划局，由市政府工作部门调整为部门管理机构，划归市住房和城乡建设局管理。

（四）组建、保留的市政府直属事业单位

1. 组建市水利水电工程移民局。

2. 保留市档案局（市档案馆）。

（五）其他机构

保留市供销合作社联合社，为政府管理的全市供销合作社的联合组织。

（六）清理和规范市政府议事协调机构的实体性办事机构

市人民防空办公室（市交通战备办公室）、市扶贫开发办公室由议事协调机构的常设办事机构调整为市政府工作部门。市农业办公室由议事协调机构的常设办事机构调整并入市农业委员会。市农业综合开发办公室等议事协调机构的实体性办事机构不再保留。市编委办在审核各部门“三定”规定时，要比照省有关部门的“三定”规定，认真清理和撤销市政府议事协调机构的实体性办事机构，将其日常工作交由相关职能部门承担。

（七）机构规格

市政府工作部门、市政府直属事业单位和其他机构机构规格为正县级建制；部门管理机构机构规格为副县级建制，其内设机构为正科级。

三、部门领导职数、内设机构领导职数限额及人员编制

（一）部门领导职数限额

市政府工作部门领导职数原则上设正职1名，副职2名。工作量大、编制相对较多的部门其副职可配备3名。具体配备如下：

1. 市政府工作部门领导职数。

配备1正3副的22个：市发展和改革委员会、市教育局、市经济和信息化委员会、市能源局（市煤炭局）、市民族事务委员会（市宗教事务局）、市监察局（正职由市纪委副书记兼任）、市公安局、市民政局、市财政局、市人力资源和社会保障局、市国土资源局、市环境保护局、市住房和城乡建设局、市交通运输局、市农业委员会、市商务和粮食局、市文化体育局（市新闻出版局市版权局）、市卫生局、市人口和计划生育委员会、市安全生产监督管理局、市食品药品监督管理局、市外事侨务旅游局。

配备1正2副的11个：市人民政府办公室、市科学技术局（市知识产权局）、市司法局、市水利局、市审计局、市林业局、市国有资产监督管理委员会、市广播电影电视局、市统计局、市扶贫开发局、市人民防空办公室（市交通战备办公室）。

另外，根据中组部、中央编办《关于规范地方政府助理和副秘书长配备问题的通知》（组通字〔2009〕3号）精神，设置市政府秘书长职数1名，副秘书长职数6名，其中市政府秘书长兼任市政府办公室主任，2名副秘书长兼任市政府办公室副主任。

市公安、司法部门配备政治部主任，按部门副职级别配备。

2. 市政府部门管理机构、直属事业单位和其他机构领导职数。

配备1正3副的1个：市供销合作社联合社。

配备1正2副的4个：市物价局、市城乡规划局、市水利水电工程移民局、市档案局（市档案馆）。

3. 结合市政府有关部门承担职能任务的实际，根据有关规定配备专业技术领导干部职数（总工程师、总经济师、总会计师、总审计师、总农艺师等），按部门副职级别配备，具体为：

市发展和改革委员会：总工程师1名、总经济师1名。

市财政局：总会计师1名，总经济师1名。

市农业委员会：总农艺师1名，总畜牧师1名。

市经济和信息化委员会、市商务和粮食局：各配备总经济师1名。

市能源局（市煤炭局）、市国土资源局、市环境保护局、市住房和城乡建设局、市交通运输局、市水利局、市林业局、市安全生产监督管理局：各配备总工程师1名。

市国有资产监督管理委员会：总会计师1名。

市审计局：总审计师1名。

市统计局：总统计师1名。

4. 市政府工作部门的机关党组织和纪检监察机构按规定设置。部门机关党委书记、纪委书记、纪工委书记、纪检组长、专职纪检监察员按有关规定配备，上述职务按部门副职级别配备。

5. 部门非领导职数的配备，按管理权限和程序报组织部门审核批准。

机构改革后，现有领导干部超过职数限额的，力争在3至5年内逐步调整到部门领导职数限额内。

（二）内设机构领导职数限额

市政府各工作部门内设科室本着综合、精干的原则设置，科室领导职数一般设1职；5至8人以上的科室可设1正1副；9人以上的科室可设1正2副。

科级非领导职数的配备，按管理权限和程序报人力资源部门审核批准。

（三）人员编制

1. 机关行政编制的核定。按照转变政府职能和大部门制的要求，在政府机构改革中，市机构编制部门按照人员编制总量控制、不突破现有行政编制总数的原则，统一收回市政府各工作部门的行政编制，并结合各工作部门所承担的职责任务，重新核定市政府各工作部门的行政编制。

2. 机关工勤人员编制的核定。市政府各工作部门原则上按行政编制数的10%～12%，并结合车辆编制计划，核定机关工勤人员编制或聘用工勤人员编制。

四、撤并整合部门下属机构管理关系的调整

市政府部门撤并、整合、重组后，部分下属机构撤销、合并、更名和调整隶属关系等事宜，由市机构编制部门另文确定。

五、方法步骤

按照省委、省政府的部署，这次政府机构改革在市委、市政府领导下，由市机构编制委员会办公室具体组织实施。

（一）认真做好“三定”规定的报批工作

鉴于2001年市政府机构改革后，市政府各工作部门的职责均发生了一些变化，对市政府各工作部门“三定”规定重新核定下发。

市机构编制委员会办公室要切实履行职责，认真指导市政府各工作部门拟定“三定”规定。市政府各工作部门要参照省政府对口部门“三定”规定，结合本部门实际，认真拟定本部门的“三定”规定，及时报送市机构编制委员会办公室审核，经市编委审议后，由市政府审批印发。

市政府各工作部门在“三定”规定中，凡涉及取消行政审批权、保留行政审批权有关事项的，要将相关法律法规依据作为附件一并报送。

在拟定和审核“三定”规定的过程中，对于部门之间职责交叉、重复需要协调的问题，由市机构编制委员会办公室组织相关部门进行协商，协商解决的问题列入部门的“三定”规定；经与部门协商仍不能解决的问题，报市编委或市委、市政府审定，审定结果列入部门“三定”规定。

（二）严格控制机构编制

市机构编制委员会办公室要认真贯彻《中共中央办公厅国务院办公厅关于进一步加强和完善机构编制管理严格控制机构编制的通知》（厅字〔2007〕2号）和《中共贵州省委办公厅贵州省人民政府办公厅关于进一步加强和完善机构编制管理严格控制机构编制的通知》（黔委厅字〔2007〕35号）精神，严格机构编制审批程序和备案制度，加强对机构编制规定执行情况的监督检查，对违反规定的要严肃查处，限期纠正。

（三）切实做好人员安置工作

这次市政府机构改革涉及职能调整划转的范围广，撤并整合的部门多，需要安置的人员数量大。对撤并、整合部门的工作人员，按照“人随事走和调剂安置”的原则进行安排，对超编的人员，逐步过渡，分步消化。对因职数、编制限制一时难以安排的干部，可采取暂时超职数安排、保留原职级待遇等灵活措施解决，逐步消化。相关部门要按照职责分工，加强对此项工作的指导。各部门要深入细致地做好机构改革中的思想政治工作，确保改革顺利推进；要严肃机构改革中的各项纪律，严禁突击提拔干部和突击进人，保持作风不散、工作不断、秩序不乱，保证各项工作运转正常，确保经济社会稳定。

（四）机构改革中的资产处置和档案移交问题

市人民政府办公室、市财政局要会同有关部门，严格按照机构改革中有关国有资产管理规定，认真做好相关部门经费、物资、房地产等资产的划转和处置工作，严防国有资产流失。市档案局要加强对机构变动部门的档案监督管理工作。撤并整合的部门要加强干部人事档案和其他文件档案资料的管理，认真做好清理、登记和移交工作，严防丢失、损坏和失泄密，严禁私自更改档案内容和随意抽取档案资料，确保各类档案及文件资料完整保存和移交。

（五）认真做好机构改革的检查验收和总结工作

市政府各部门的机构改革要严格按照市政府批准的“三定”规定组织实施，在规定的时限内完成。此项工作完成后，各工作部门要及时进行工作总结，向市机构编制委员会办公室报送书面总结，市机构编制委员会办公室对各工作部门进行检查验收，并向市委、市政府和省机构编制委员会办公室报告。

六、其他有关问题

（一）新机构印章启用问题

新设立、组建和改变名称的部门，新印章印模由市机构编制委员会办公室审核后，按有关规定、程序制作。新印章启用时，原印章立即作废并上交市人民政府办公室按规定销毁。

（二）机构挂牌问题

市政府新设立、组建和改变名称的部门，其机构牌子由各部门启用印章后按照有关规定自行制作。新设立和组建的部门应及时对外挂牌运转。

新组建的机构未运转之前，原各部门领导班子要恪尽职守，认真抓好各项工作。

（2010 年 2 月 26 日）

中共六盘水市委六盘水市人民政府关于开展“双创双建”工作的意见

市发〔2010〕9 号

（2010 年 4 月 27 日）

为进一步促进城市科学发展、和谐发展，提高城市综合承载能力和竞争力，市委、市政府决定在全市开展创国家卫生城市、全国文明城市，建全国循环经济城市、全国生态宜居城市工作（以下简称“双创双建”工作）。根据国家有关创建工作的基本指标要求，结合六盘水市实际，特提出如下意见。

一、指导思想

以邓小平理论和“三个代表”重要思想为指导，深入贯彻落实科学发展观，以物质文明、精神文明和生态文明建设为主线，按照“党政组织、部门负责、属地管理、社会参与、群众监督、讲求实效”的原则，以“布局合理、功能完善、环境友好、资源节约、管理创优”为主要工作内容，转变经济发展方式，创新城市建设和城市管理模式，改善城市生态环境，完善城市功能，提升城市承载资本、产业和人口的能力，提高城市建设和管理水平及效能，建设生态宜居的现代化城市，增加城市在区域经济中的综合实力和竞争力，努力增强市民对城市的认同感和归属感，进一步提高人民群众的满意度。

二、总体目标

（一）创建国家卫生城市总体目标

1. 市中心城区（含双水新区）：2011 年前完成申报国家卫生城市准备工作，2012 年正式申报"国家卫生城市"。

2. 六枝特区：2011 年前基本达到国家卫生县城标准，2012 年正式申报"国家卫生县城"。

3. 盘县、水城县：在 2011 年获得"省级卫生县城"称号，2013 年正式申报"国家卫生县城"。

（二）创建全国文明城市总体目标

按全面建设小康社会的要求，全面加强经济建设、政治建设、文化建设和社会建设，市民文明素质和社会文明程度得到全面提高。

1. 市中心城区（含双水新区）：按照《全国文明城市测评指标》要求，在 2013 年进入全省"创建全国文明城市先进城市"中间位置。在"十二五"规划期间，正式申报"全国文明城市"。

2. 六枝特区、盘县、水城县：按照《省级文明县城测评指标》要求，在 2015 年前建成"省级文明县城"。

（三）建设全国循环经济城市总体目标

大力培育以低碳排放为特征的生产和消费体系，按照"减量化、再利用、资源化"原则，采取有效措施，以最小的资源成本和环境成本，取得最大的经济效益，实现经济、环境和社会效益相统一，建设资源节约型和环境友好型城市。到"十二五"末，全市单位 GDP 能耗比"十一五"末的目标下降 20%左右，到 2020 年下降 30%；工业固体废弃物（煤矸石、粉煤灰、矿渣等）综合利用率"十二五"末提高到 40%以上，到 2020 年提高到 60%以上；工业用水重复利用率"十二五"末达到 60%以上，到 2020 年达 95%；矿产资源综合回收率"十二五"末提高 5%，到 2020 年提高 10%；形成一批资源综合利用率高、污染物排放低的清洁生产企业和基地。

（四）建设全国生态宜居城市总体目标

用 3 年左右的时间把六盘水市初步建设成为绿色、清洁、方便、安居、文明的生态宜居城市。用 5 到 10 年的时间，把六盘水市建成社会文明度、经济富裕度、环境优美度、资源承载度、生活便宜度、公共安全度较高的生态宜居城市。到 2020 年，全市城镇化率达 48%以上，森林覆盖率和绿地率达到并稳定在 45%以上，城市垃圾无害化处理率达 100%，城市污水处理率达 100%。

三、工作重点

（一）转变经济发展方式

紧紧抓住国家循环经济试点城市的机遇，推进资源优势向经济优势转化，走新型工业化道路，以循环经济发展模式优化产业布局，推进资源节约、资源综合利用和清洁生产，大力改造提升煤炭、电力、钢铁、建材等传统产业，延长产业链，提高附加值。大力发展新型制造业、现代服务业和战略性新兴产业，推动创新发展、转型发展和可持续发展。围绕"大种植、大养殖、大加工、大市场"的目标，大力推进农业现代化，增加农民收入，促进社会主义新农村建设。以建设城市、经营城市、管理城市为着力点，大力推进第三产业发展。到 2020 年，全市 GDP 达 2000 亿元左右，财政总收入达 360 亿元左右，城镇居民人均可支配收入达 4 万元，城镇登记失业率控制在 4%以内，社会保障实现全社会覆盖，为创建国家卫生城市、全国文明城市、全国循环经济城市、全国生态宜居城市奠定坚实的物质基础。

（二）加强基础设施建设

抓好以交通、水利、电网、地下管线、环卫设施、市场等为重点的基础设施建设，加快构建以快速铁路、高速公路、民用航空为重点的综合运输体系，不断改善六盘水市发展的物流条件。抓好运煤公路及通乡、通村油路建设。全面加快六沾铁路复线、毕水兴快速铁路、水红铁路复线、水盘高速公路、六枝至镇宁高速公路和杭瑞高速公路境内段、水城至六枝高速公路建设。加快市中心城区环城公路建设，抓紧完善城区道路路网。完成六盘水火车站改扩建和铁路货场整体搬迁工程。通过统筹规划、系统推进一批重大交通基础设施建设，不断提升六盘水市发展的区位优势，更快更好地融入全省全国经济大循环。抓好水利、生态、石漠化治理三位一体建设。着眼于解决民生用水和工程性缺水问题，加快水库、山塘、水窖等工程建设，到2015年基本解决工农业用水、城市用水和152万农村人口的饮水安全问题。加快城乡电网建设和改造步伐，完善供电设施。大力发展管道燃气，积极推进城市集中供热。优先发展城市公共交通，优化公交线路，加强城市停车场地建设，全面提高城市现代化交通运行效率。加大红桥新区和市中心城区德坞、凤凰、双水新区建设，建设生态、园林、人文的高品位住宅小区，提高市民生活质量。大力推进经济适用住房、廉租住房建设，着力解决低收入家庭的住房问题。始终把农村危房改造和改善五保户、极贫户的居住条件作为解决民生问题的头等大事，结合实施棚户区改造、地质灾害和移民搬迁项目，全面提高城乡困难群众住房保障水平。

（三）大力发展社会事业

加大投入，加快发展，努力使全市人民学有所教、劳有所得、病有所医、老有所养、住有所居，形成各尽其能、各得其所而又和谐相处的社会。巩固九年制义务教育成果，积极发展高等教育，大力加强职业教育，逐步普及高中阶段教育。进一步完善公共医疗卫生服务体系，推进县乡村三级医疗卫生机构达标建设，大力推进社区卫生服务体系建设，新型农村合作医疗和城镇居民医保参保率达98%以上。加快重点学校和图书馆、文化艺术中心、博物馆、体育馆、会展中心等教育、文化、体育设施的建设。

（四）强化社会公共安全

加强预防和应对自然及社会突发事件设施建设，制定完善应对煤矿安全生产、地震、防洪、水源保护、公共交通、供电、供排水、供热、供气、突发群体性事件等的应急预案，健全工作机制，增强应对能力，有效控制重大生产、建设、安全事故和社会群体事件发生。深入推进“平安六盘水”创建工程，进一步完善社会治安防控网络，加大防控体系建设，建立健全指挥调度、快速反应、警务运行、科学考评等机制，积极构建专群结合，人防物防技防结合，点线面结合的治安防控体系。促进司法公平、公正，提高执法规范化水平。推动平安建设提档升级，努力营造和谐稳定的社会环境。

（五）提高政务服务质量

实行科学民主决策，建立健全重大事项集体决策、专家咨询和评估、市民参与机制。建设阳光政府，完善新闻发言人等制度，强化社会监督和公众参与，实施阳光规划和公用事业价格听证，形成浓厚的民主氛围。加强政务大厅建设，推进政务公开，方便市民办事，提高行政效率。坚持依法行政，推行行政执法责任制，积极推进依法治市进程，加强政府诚信效能建设，创新工作机制，优化公平、公正、高效的政务环境，努力提高政务工作的透明度，增强政府公信力。

（六）加强城市绿化和环境保护

动员全社会深入开展大造林、大绿化，通过规划建绿增绿、拆迁透绿、见缝插绿和环城绿化带等工程，形成组织管理到位、规划设计科学、景观保护有力、绿地系统完整、市政设施配套的园林城市格局。提高环境综合治理水平，大力控制空气污染、水污染、噪声污染，加强固体废物、生活垃圾和污水处理能力，严格执行污染物排放标准，提高各项指标综合达标水平。大力开展生态建设，积极推进石漠化治理工作，确保城市森林覆盖率每年增加1个百分点以上。

（七）大力推进资源节约工作

在生产、建设、流通、消费等各领域节约资源，减少自然资源的消耗。全面推进清洁生产，从源头减少废物的产生，实现由末端治理向污染预防和生产全过程控制转变。大力开展资源综合利用，最大程度实现废弃物资源化和再生资源回收利用。大力发展环保产业，注重开发减量化、再利用和资源化技术与装备，为资源高效利用、循环利用和减少废弃物排放提供技术保障。

（八）全面开展“整脏治乱”专项行动

以整治车站码头脏、公共厕所脏、饮食摊点脏、集贸市场脏、街巷院落脏等“五脏”和乱吐乱扔、乱帖乱画、乱排乱倒、乱搭乱建、乱停乱行等“五乱”为重点，加大城市大街小巷、城乡结合部等重点部位的监管力度，做到经商归店、农贸归市、停车归位、垃圾归点、广告归栏、牌匾规范。加大主干道和小街小巷清扫力度，做到清扫不留死角，保洁不留盲区，清运不留痕迹。大力建设和完善城市交通、农贸市场、公共厕所、供排水及道路硬化等基础设施，加大环卫设施设备投入力度，提高环卫作业机械化水平。建立资源回收系统，逐步实行垃圾分类收集、运输，全面实行无害化处理。完善城区排水管网，逐步建设雨污分流的排水系统，城区生活污水全部送入污水处理厂处理。大力建设农村生活垃圾和污水处理工程，提升农村环境卫生水平。通过扎实开展“整脏治乱”和“满意在贵州”专项行动，提高人民群众的舒适度、满意度。

（九）提高城市管理水平

加强城市管理法律法规和政策的宣传，不断健全和完善城市管理地方性规章，全面实施“严管重罚”。加强城市管理执法人员的培训教育，提高执法人员的整体素质。制定和完善管理、考核办法。积极实施城市综合执法和精细化管理，规范城市管理执法行为，杜绝执法不力、不到位或野蛮执法、不文明执法现象。积极推行“数字化”城市管理，创新管理模式，提高城市管理质量和效率。

四、保障措施

（一）提高认识，加强领导

创建国家卫生城市、全国文明城市和全国循环经济城市、全国生态宜居城市是一项促进六盘水市可持续发展的系统工程。各级各部门一定要高度重视，加强领导，把思想和行动统一到市委、市政府的重大决策部署上来，明确责任，各司其职，各负其责，紧密配合，狠抓落实，确保“双创双建”工作有序推进。

（二）精心组织，统一部署

市委市政府成立“双创双建”工作领导小组及其办公室，具体负责创建工作的组织领导、统筹协调和督促检查等工作。按照属地管理原则，各县、特区、区和中央、省属驻市企事业单位也要成立相应机构。各级各有关单位要在市创建工作领导小组的领导下，真正把“双创双建”工作列入重要议事日程，结合实际制定具体的实施方案，确保机构、人员、经费到位，为创建工作提供有力保障。

（三）广泛宣传，营造氛围

要多渠道、多层次、多形式地开展宣传活动，让全市人民了解创建工作的必要性、重要性和紧迫性，使创建工作家喻户晓、深入人心，成为市民自觉行动，形成人人关心、支持、参与创建活动的浓厚氛围。新闻媒体要充分发挥积极的舆论导向作用，采取群众喜闻乐见、易于接受、富有成效的宣传形式，把文明、卫生、节约、生态的理念渗透到社会各个阶层、各行各业、各类人群，激发全社会了解创建、支持创建、参与创建、监督创建的热情。要大张旗鼓地宣传报道活动中涌现出来的好典型、好做法和好经验，对于日常生活中的各种不文明行为和创建工作不力、成效不明显的单位，要给予公开曝光。

（四）强化督察，狠抓落实

建立有效的督促检查机制，把推进创建工作纳入县、特区、区和市直有关单位的年度目标责任制考核内容，并作为考核领导班子和领导干部政绩的重要内容。要把“双创双建”工作与全面加强机关效能建设结合起来，进一步优化经济社会发展软环境。要强化监督检查，通过专项督察、工作暗访、人大政协视察、媒体曝光、群众监督等多种形式，发动社会各界积极参与，进一步强化动态管理。市“双创双建”办公室要加强对各县、特区、区的督查，县要督查到乡镇，发现问题要及时督促整改。全面落实“双创双建”工作责任制，对于措施不实、落实不力、成效不明显的地方和单位，要进行严肃问责。

中共六盘水市委关于坚持深入学习和长期实践科学发展观的实施意见

市发〔2010〕11号

（2010年8月25日）

为全面贯彻落实党的十七大和十七届四中全会精神，巩固和扩大学习实践活动成果，推动学习实践科学发展观向深度和广度发展，不断开创六盘水市“统筹城乡、跨越发展”新局面，根据《中共贵州省委关于坚持深入学习和长期实践科学发展观的实施意见》要求，结合六盘水市实际，特提出如下实施意见。

一、坚持深化认识，不断提高学习实践科学发展观的自觉性和坚定性

*（一）深刻认识坚持深入学习和长期实践科学发展观，是加强和改进新形势下党的建设的内在要求。*科学发展观是我国经济社会发展的重要指导方针，是发展中国特色社会主义必须坚持和贯彻的重大战略思想。深入贯彻落实科学发展观，要求我们切实加强和改进党的建设。党的十七届四中全会对加强和改进新形势下党的建设作出了战略部署。胡锦涛总书记在全党深入学习实践科学发展观活动总结大会上明确要求，要以改革创新精神加强党的建设，进一步加强思想理论建设，不断提高学习和运用科学发展观水平；进一步加强领导班子和干部队伍建设，不断提高各级领导班子和领导干部推动科学发展、促进社会和谐能力；进一步加强党的基层组织建设，努力把基层党组织建设成为贯彻落实科学发展观的坚强战斗堡垒；进一步加强党的作风建设，努力营造深入贯彻落实科学发展观的风清气正环境。各级党组织必须深入学习和长期实践科学发展观，全面推进党的思想建设、组织建设、作风建设、制度建设和反腐倡廉建设，不断提高党的执政能力，不断保持和发展党的先进性，为推动全市科学发展、跨越发展提供坚强保证。

*（二）深刻认识坚持深入学习和长期实践科学发展观，是巩固和扩大深入学习实践科学发展观活动成果的必然要求。*按照中央、省委部署，从2009年4月至2010年5月，全市扎实开展了深入学习实践科学发展观活动，基本实现了提高思想认识、解决突出问题、创新体制机制、促进科学发展和加强基层组织的目标，取得了一定的认识成果、实践成果和制度成果，为深入贯彻落实科学发展观打下了坚实基础。巩固和扩大学习实践活动成果，要求全市各级党组织扎实做好整改落实后续工作，建立健全学习实践科学发展观长效机制，认真结合“创先争优”活动和“忠实践行宗旨、勤政廉政为民”教育的开展，使学习实践活动成果在经常性工作中充分发挥作用。

*（三）深刻认识坚持深入学习和长期实践科学发展观，是加快推进六盘水市经济社会发展历史性跨越的现实需要。*长期以来，六盘水市坚持以科学发展观为指导，大力推进改革开放和社会主义现代化建设，经济社会发展不断迈上新台阶。同时也要清醒地看到，六盘水市还处于欠发达、欠开发阶段，经济发展方式仍然比较粗放，

经济社会发展与人口资源环境矛盾突出，体制机制还有待进一步完善等问题还不同程度地存在。要进一步解决好这些问题，必须坚持用科学发展观统领经济社会发展全局，把科学发展新要求和当前发展阶段新特征结合起来，继续紧紧围绕实现什么样的发展、怎么样科学发展等重大问题，把握发展规律、创新发展理念、转变发展方式、破解发展难题，切实把科学发展观贯彻落实到经济社会发展各个方面，牢牢把握发展主动权，推进经济社会又好又快发展。

二、坚持深入学习，不断提高推动科学发展的能力

深入贯彻落实科学发展观，基础在于用马克思主义中国化最新成果武装广大党员。各级党组织和广大党员、干部要坚持不懈地深入学习科学发展观，用科学发展观武装头脑，不断提高领导和推动科学发展的能力和水平。

（一）推进领导班子和党员领导干部对科学发展观的深入学习。各级党组（党委）要结合建设学习型党组织和学习型领导班子要求，把科学发展观作为中心组学习和党员领导干部教育培训的突出内容，采取个人自学、集体研讨、专题培训、调查研究等方式，系统学习马克思主义理论特别是中国特色社会主义理论体系，深入学习中央领导关于科学发展的重要论述，不断深化对科学发展观科学内涵、精神实质、根本要求的理解和认识，做到真学、真懂、真信、真用。一是市委常委会和各级党组（党委）每年至少组织开展一次科学发展观专题学习研讨，各级党组（党委）主要领导每年至少为本地区本单位干部职工作一次专题辅导报告。二是建立健全领导班子定期务虚制度，县级以上领导班子每年要组织召开一至两次务虚会，分析研究本地区本部门本单位和本行业科学发展的重点难点问题。三是坚持领导班子成员领题调研制度，县级以上领导班子成员每年要在广泛征求意见的基础上，针对影响和制约本地本单位的突出问题，集体研究确定调研课题，由领导班子成员个人或多人合作开展领题调研，认真研究解决问题的对策措施，形成调研报告，并切实推进调研成果的转化运用。各级党员领导干部要把学习科学发展观与自觉学习社会主义核心价值体系、党的路线方针政策和国家法律法规、现代化建设所需要的各方面知识、国内外关于发展的实践经验有机结合起来，不断提高战略思维、创新思维、辩证思维能力，不断提高理论素养和知识素养。要坚持学以致用、学用相长，引导广大党员、干部把学习科学发展观同解决人民群众最关心最直接最现实的利益问题、本地区本部门本单位改革发展稳定的重大问题、党的建设突出问题结合起来，把学习成果转化为推动科学发展的实际能力。

（二）推动科学发展观的教育培训和宣传普及。各级党校、行政学院（校）等培训机构要针对各类培训班次的特点和党员、干部集中轮训等要求，加强教学研究，组织编写教材，推动科学发展观进教材、进课堂、进头脑。同时，要充分发挥党校、讲师团、业余党校、现代远程教育网络等的作用，组织开展科学发展观的宣传和辅导；采取集中宣讲、播放光碟、印发资料、结对帮学、送学上门等形式以及文艺演出、编唱民谣山歌等群众喜闻乐见的方式，教育引导广大党员、群众不断深化对科学发展观的理解和认识。各级党组织要注重选取典型案例，开展剖析研讨，对照科学发展要求查找存在的问题和差距，总结经验教训，教育引导党员、干部和群众深入学习实践科学发展观。乡（镇、街道）党组织每年要组织农村、社区党员学习科学发展的先进典型经验。企事业单位、非公有制经济组织和社会组织中的党组织每年要针对本单位发展面临的主要问题，结合党员干部及员工思想、工作实际，组织开展科学发展专题讨论。教育行政主管部门要把科学发展观作为大中专院校和中小学思想政治教育的重要内容。

（三）促进学习的制度化、规范化。各级党组织和广大党员、干部要制定学习计划，确定学习内容，明确具体要求，切实增强学习的目的性

和针对性，不断提高学习质量和学习效果。加强学习培训的组织管理和学习效果的检查评估，建立健全考勤、档案、通报、督察等制度，探索建立党员干部特别是党员领导干部述学、评学、考学制度，建立完善学时学分登记制度。要把科学发展观的学习情况作为民主评议党员、考核评价领导班子和领导干部的重要内容，把党员领导干部的理论素养、学习态度和学习能力作为选拔任用干部的重要依据，大力营造重视学习、崇尚学习、坚持学习的浓厚氛围。建立健全学习成果转化制度，通过科学决策、集体交流、专刊简报、媒体宣传等多种形式，促进学习教育成果及时运用于贯彻落实科学发展观的实践中。

三、坚持科学决策，不断提高谋划科学发展的水平

深入贯彻落实科学发展观、推动科学发展，搞好科学决策至关重要。各级各部门要把科学发展观要求贯穿于决策全过程，不断提高科学决策、民主决策、依法决策水平。

（一）注重广集民智。各级各部门要探索推进问政于民、问需于民、问计于民的制度化、经常化。实行定期征求意见制度，结合工作例会、年度工作会议、民主生活会和工作总结等，广泛听取各方面的意见。作出重大决策特别是与群众利益密切相关的重大决策前，要广泛征求基层和群众的意见。鼓励干部职工和广大群众积极建言献策，集中各方面的智慧，使决策更加符合客观实际、更加符合群众愿望。县级以上党委、政府及其工作部门要建立完善听取群众意见的办法措施，畅通民意反映渠道，听民声、识民情、解民忧、聚民智。

（二）加强咨询论证。各级各部门要建立健全专家论证、技术咨询、公示听证和合法审查等制度，充分发挥咨询研究机构、专家学者等在重大决策过程中的作用，为推进决策科学化提供保障。各级党委、政府要积极探索建立统一管理、资源共享、运转协调、便捷高效的决策咨询系统。对涉及经济社会发展全局的重大决策事项，必须进行可行性论证，并作出社会稳定风险评估；对专业性、技术性较强的重大事项，必须进行专家论证、技术咨询；对与群众利益密切相关的重大事项，必须实行公示和听证，切实发挥社会听证的作用。党委、政府作出重大事项决策前，必须对决策主体、程序和内容进行合法性审查、论证，切实做到依法执政、依法行政。

（三）坚持重大决策集体研究决定。各级领导班子要严格实行集体领导制度，进一步明确决策内容、完善议事规则、严格决策程序和改革完善决策表决方式，确保决策内容合法、决策程序科学、决策过程民主。各级党委、政府要坚持按照集体领导、民主集中、个别酝酿、会议决定的原则，科学确定并严格执行集体决策的范围、议事规则和决策程序，研究决定重大事项，防止个人或少数人说了算。各级领导班子成员都必须自觉遵守组织原则，维护集体决策的权威性，以实际行动维护和执行集体决定；凡是集体作出的决策，领导班子所有成员都必须坚决服从，带头落实。要保持决策的连续性，杜绝重大决策朝令夕改，特别要防止因班子换届或人事变动随意更改重大决策；确有必要更改或终止执行的，必须按规定和程序集体研究决定。

（四）强化决策效果评估。各级各部门要建立完善重大决策追踪评估制度、决策失误纠错改正机制和责任追究制度。县级以上党委、政府要组织有关部门或委托有关机构对决策执行情况进行评估，及时跟踪调查、了解情况、发现问题；要引入社会评估，接受群众评议，定期收集整理信息，分析查找决策实施过程中存在的问题。强化评估结果运用，对错误决策和不适应形势发展的决策，要及时进行纠错、调整和完善；对违反重大事项决策有关规定造成决策失误的，要追究相关责任人的责任；对因决策失误造成重大损失和影响的，根据实际情况按规定进行组织处理和纪律处分。纪检、监察部门要抓紧制定和完善决策失误纠错改正机制和责任追究制度。

四、坚持狠抓落实，不断提高推进科学发展的执行力

深入贯彻落实科学发展观，重在实践，重在落实。各级各部门要坚持狠抓落实，以提高执行力为核心，完善工作机制，强化工作措施，推动决策部署和各项工作任务落到实处、取得实效。

（一）强化责任落实。各级各部门要对重大决策部署和重要工作任务进行科学分解，明确目标任务、工作要求、完成时限，确定责任单位和责任人，确保事事有人管、件件有着落。重大决策部署和重要工作任务的责任单位，都要建立主要领导负总责、分管领导直接抓、其他领导配合抓、承办人员具体抓的目标责任体系，建立工作台帐，制订具体的工作推进计划和时间安排表。对事关地方、部门发展的重大决策部署和涉及人民群众切身利益重大事项的任务分解情况，党委、政府督察机构及有关部门要采取适当方式及时向社会公布，接受群众监督。

（二）完善工作运行机制。重大决策部署和重要工作任务总体谋划、综合协调，做到有布置、有执行、有督察、有结果，确保有序推进、有效落实。重大决策部署和重要工作任务需要由多个地区、多个部门共同落实的，要明确各责任单位的职责，建立联席会议制度和专项调查制度，加强沟通，整合资源，协调解决存在的问题，防止各自为政、相互掣肘。建立健全工作落实情况报告制度，下级党委、政府要定期向上一级党委、政府报告落实上级重大决策和重要工作部署的进展情况。各级各部门要创新服务方式，减少办事环节，缩短办事时限，提高办事效率。各级党委、政府每半年至少要听取一次重大决策和重要工作部署进展情况汇报，同时按照目标责任，每年对职能部门和下一级党委、政府落实重大决策和重要工作部署的情况进行考核、评定，并建立激励约束机制。对因不负责任、不予配合、措施不当和效率低下等原因未完成工作任务的，要追究相关单位和有关人员的责任。

（三）认真查找解决突出问题。各级领导班子要把查找和解决突出问题作为推动工作落实的重要抓手，结合年度或阶段性工作总结和领导班子民主生活会，对本地区本部门本单位贯彻落实科学发展观情况进行分析检查。对查找出来的突出问题，要认真研究，深刻分析原因，制定整改落实方案，明确整改内容、要求、时限和责任单位、责任人，公开整改承诺，并采取有效措施切实加以解决。对涉及面广、需要多个地区或部门协调解决的突出问题，要采取上下联动、左右互动的方式加以解决。要把解决突出问题的情况纳入年度目标绩效管理，并采取适当方式，及时将查找和解决突出问题的情况在一定范围内公示。

（四）加强督促检查。各地要建立完善党政领导班子成员带队督促检查重大决策和重要工作部署落实情况制度。各级党委、政府督察机构每年要对各有关单位落实重大决策和重要工作部署情况进行一次全面督察，向本级党委常委会（委员会）汇报后，在一定范围内通报有关情况。各地要将上级和本级重大决策和重要工作部署的落实情况纳入“两代表一委员”视察的重要内容，每年组织“两代表一委员”对相关单位的工作落实情况进行评议。切实加强督察队伍建设，加强工作力量，创造工作条件，促进工作落实。各单位要建立完善督察制度，明确专门机构或专人负责本单位贯彻落实上级重大决策和重要工作部署的自查工作。各级各部门要建立重大决策和重要工作部署落实情况的群众意见反馈机制，通过设立意见箱、开通监督热线、建立网络监督平台、组织群众监督、主动公布有关情况等方式，接受各方面监督，切实把群众意见转化为改进工作的具体措施。

五、坚持正确导向，不断提高促进科学发展的积极性和创造性

树立正确导向、创新体制机制，是贯彻落实科学发展观、促进科学发展的内在动力。各级各部门要按照科学发展观要求，创新完善体制机制和政策制度，建立健全考核评价机制，培育推广先进典型，形成有利于深入学习实践科学发展观的政策导向、用人导向和舆论导向，为推动科学发展提供有力制度保障和持久推动力量。

（一）创新完善体制机制。各级各部门要积极推进制度的“废、改、立”，努力解决制度缺失和制度障碍问题，不断创新完善保障和促进科学发展的体制机制、推动科学发展的政策法规、体现科学发展要求的规章制度。及时总结学习实践科学发展观的成功经验，把有效做法制度化、管用经验长效化。对不符合科学发展观要求，针对性、实用性不强的制度规定，该废止的及时废止，该完善的及时修订完善。紧紧围绕贯彻落实科学发展观，抓住重点领域和关键环节，建立完善体制机制和政策法规，并切实抓好落实。各级各有关部门要按照科学发展观要求和国家政策标准，建立推动科学发展和业务工作的综合评价体系，为工作实践、考核评价和社会监督提供参照标准和重要依据。

（二）建立健全干部考核评价机制。各级党组（党委）要按照中央关于建立促进科学发展的党政领导班子和领导干部考核评价机制的要求，把学习实践科学发展观的实际成效作为考核评价干部的重要依据，注重经济社会发展综合评价与干部考核评价相结合，制定完善符合岗位特点的干部德才评价标准和实绩考核具体指标。各级各部门要根据中央精神和省委、市委要求，按照干部管理权限，抓紧建立完善符合本地区本单位实际的干部考核评价体系。改进考核方式，坚持以日常考核、年度考核为基础，以换届（任期）考察、任职考察为重点，增强考核方式的完整性和系统性，进一步完善民意调查、实际分析、群众满意度测评等方法，深入了解群众对领导班子和领导干部学习实践科学发展观情况的公认度，确保考核评价结果客观公正。强化考核评价结果应用，把考核评价与干部选拔任用、培养教育、管理监督、激励约束结合起来，引导各级领导干部牢固树立正确的政绩观，努力创造经得起实践、人民、历史检验的实绩。对坚持科学发展、善于领导科学发展、实绩突出、群众公认的领导班子和优秀领导干部，给予表彰奖励或提拔重用。要注重在完成重大任务、应对重大事件中考察干部，从条件艰苦、情况复杂、工作难度大的地方培养选拔干部；对打不开工作局面、完不成任务，急功近利、搞形式主义和形象工程，群众意见较大、不胜任现职岗位的干部，要批评教育、督促整改，该进行组织调整的要及时调整。

（三）深入总结和培育宣传先进典型。各级各部门要结合“创先争优”、“党员创业带富”等一系列活动的开展，积极发现、深入总结和注重培育各行业、各类型、各方面的科学发展先进典型，推广科学发展的成功模式和创新做法。要在党的基层组织和党员中广泛开展以学习实践科学发展观为主题的“创先争优”活动，引导基层党组织和广大党员创建先进基层党组织、争当优秀共产党员，努力形成学习先进、赶超先进的生动局面。各级各部门要充分利用报刊、广播电视和互联网等媒体，大力宣传学习实践科学发展观的理论成果、实践经验和先进典型，引导广大干部群众坚持深入学习和长期实践科学发展观，努力营造全社会关注科学发展、谋划科学发展、推动科学发展的良好氛围。

六、坚持加强领导，不断提高学习实践科学发展观的组织保障效能

深入贯彻落实科学发展观，必须紧紧抓住领导班子和领导干部这个关键，更好发挥组织领导和示范带动作用。要坚持用科学发展观统领经济社会发展的各项工作，切实加强组织领导和工作指导，为坚持深入学习和长期实践科学发展观提供有力保障。

（一）切实加强组织领导。要坚持按照科学发展观要求选干部、配班子、建队伍、聚人才，努力把各级领导班子建设成为贯彻落实科学发展观的坚强领导集体，把广大干部培养成为贯彻落实科学发展观的重要骨干。各级领导班子要紧紧围绕科学发展的重点领域和关键环节，建立健全强有力的组织领导体制和职责明确、指导有力、运转协调、落实到位的工作机制，加强督促指导，及时协调处理重点、难点问题，推动科学发展观的深入学习和长期实践。各级领导干部要率先垂范，带头深入学习、带头调查研究、带头解放思想、带头分析检查、带头整改落实。要把指导帮助基层单位学习实践科学发展观，作为联系基层、服务群众的重要内容。各级各部门要为坚持深入学习和长期实践科学发展观创造条件、提供保障，在推进科学发展的重点领域加大政策、资金、人才、技术等方面的支持力度，在学习调研、咨询论证、培育先进典型和加强基层组织等方面加大投入。要进一步精简会议和领导事务性活动，定期对各类检查评比、达标表彰项目进行清理，努力为广大党员、干部和群众投入更多时间和精力谋发展、抓发展、促发展创造条件。

（二）切实加强党性党风建设。各级党组织和广大党员要坚持把加强党性党风建设作为学习实践科学发展观的重要内容，切实加强党性修养，大兴密切联系群众之风、求真务实之风、艰苦奋斗之风、批评和自我批评之风，以坚强的党性和优良的作风保证科学发展观的贯彻落实。坚持重视践行党的宗旨、自觉勤政廉政为民，教育引导党员干部特别是党员领导干部始终做到为民、务实、清廉。建立完善党性定期分析制度，结合党员领导干部民主生活会和党员组织生活会，对照科学发展观要求，每年组织党员干部以作风状况为重点开展一次党性分析，把科学发展观要求内化为增强党性修养、提高思想觉悟的自觉行动。各级各部门要认真落实领导干部联系点制度、结对帮扶制度、定期接待群众来访制度，促进机关工作重心下移、领导干部深入基层。各级党委、政府要明确专门机构，设立投诉电话、投诉信箱和网络投诉平台，受理群众对机关工作作风的投诉，认真核实和处理基层和群众反映的问题。加强乡（镇、街道）、村（社区）便民利民党务政务综合服务中心（站、点）建设，充分发挥其推动发展、促进和谐、服务群众的作用。县级以上党委、政府每年要对重要职能部门和执法执纪部门依法办事、依纪办事以及工作作风、工作效率等方面的情况，进行群众满意度测评，并在一定范围内通报测评结果；对于满意度低的，要限期整改。

（三）切实加强基层党组织建设。各级党组织要认真落实抓基层党建工作责任制，党组织书记要切实履行第一责任人职责，推进基层党建工作创新，丰富基层党建工作内容，完善基层党建工作保障机制，扩大党的组织和党的工作覆盖面，改进基层党建领导体制和工作机制，充分发挥基层党组织在组织、教育、引导广大党员坚持深入学习和长期实践科学发展观中的重要作用，不断提高基层党组织的创造力、凝聚力和战斗力。要把学习实践科学发展观的情况，纳入党建目标管理考核，并作为各级党组织领导班子及其成员工作实绩考核评价和党组织主要负责人党建工作年度述职的重要内容。建立健全定期评议基层党的建设工作情况制度，对党组（党委）和党组织书记抓党建、基层党组织和党员发挥作用的情况进行公开评议，促进基层党组织和广大党员发挥积极作用，为深入学习和长期实践科学发展观，推动六盘水市统筹城乡、跨越发展提供坚强的组织保证。

各级各部门党组（党委）要根据本意见，结合实际，研究制定坚持深入学习和长期实践科学发展观的具体措施和方法。

中共六盘水市委关于制定六盘水市国民经济和社会发展第十二个五年规划的建议

（2010年12月9日中国共产党六盘水市第五届委员会第七次全体会议通过）

市发〔2010〕12号

根据党的十七届五中全会和省委十届十次全会精神，结合六盘水实际，中国共产党六盘水市第五届委员会第七次全体会议就制定六盘水市国民经济和社会发展第十二个五年规划（2011～2015）提出如下建议。

一、深入贯彻落实科学发展观，努力实现六盘水又好又快、更好更快发展

1.“十一五”时期经济社会发展情况。“十一五”时期是六盘水发展历程中极不平凡的五年，也是全市经济社会发展取得重大成就、人民群众获得较多实惠的五年。五年来，在党中央、国务院和省委、省政府的坚强领导下，市委团结带领全市各族人民，深入贯彻落实科学发展观，坚持“加速工业化、加快城镇化、推进农业产业化”和“统筹城乡、跨越发展”的思路，克服了百年不遇的雪凝灾害和特大干旱灾害等困难，积极应对国际金融危机的严重冲击，圆满完成了“十一五”规划的各项目标任务。预计全市生产总值由2005年的209亿元增加到2010年的530亿元，年均增长16%；全社会固定资产投资累计完成1080亿元，年均增长21.4%；财政总收入由2005年的27.39亿元增加到2010年的94亿元，年均增长28%。西部大开发各项战略重点加快推进，“五年打好基础、十年重点突破”的目标基本实现。产业结构调整步伐加快，煤炭、电力、冶金、建材、矿山机械、煤化工等重点产业加速发展。以交通、水利为重点的基础设施建设取得显著成效，发展的基础条件不断改善。城镇化稳步推进，城市辐射带动能力不断增强。大力发展循环经济，生态建设、环境保护、节能减排取得新进展，经济社会发展与人口资源环境的协调性逐步增强。统筹城乡发展力度进一步加大，农村产业结构调整和农业产业化经营实现新突破，新阶段扶贫开发取得新进展，城乡面貌发生可喜变化。教育、科技、文化、卫生、体育等各项社会事业全面发展，就业和再就业、社会保障等民生工作不断加强，人民生活水平、文明素质、健康素质显著提升。民主法制建设、精神文明建设和党的建设不断加强，民族团结、社会稳定的局面进一步巩固。这些成绩的取得，为“十二五”发展奠定了良好的基础。面向未来，我们站在了又好又快、更好更快发展的新起点上。

同时也要清醒地看到，六盘水市经济社会发展仍然面临许多不容忽视的困难和问题，主要是：经济总量小，人均水平低，发展速度不够快；城乡差距大，二元结构突出，实现全面小康的任务还很艰巨；交通、水利等基础设施建设相对滞后；产业结构单一，经济发展对资源的依赖性较强，发展方式较为粗放；资源开发与生态环境保护的矛盾仍较突出，可持续发展能力不强；劳动者素质亟待提高，就业和社会保障面临很大压力；社会事业发展相对滞后，解决民生问题的任务仍然十分繁重；改革开放力度还不够大，投资环境有待进一步改善；制约发展的体制机制问题亟待解决，社会利益关系的处理难度加大。对这些困难和问题，我们必须高度重视，认真研究并加以解决。

2. “十二五”时期经济社会发展面临的环境和条件。从国际上看，后金融危机时代全球经济逐步复苏，世界经济进入恢复性增长阶段。从国内来看，国家深入实施新一轮西部大开发战略，支持西部地区加快发展的力度加大，为六盘水市加快发展提供了有力的政策保障；中央企业加速扩张、东部产业加快转移，有利于我们争取更大支持、借力加速发展；国家将六盘水列为资源富集区循环经济试点城市，为六盘水市发挥资源优势，加快发展优势产业和大力发展循环经济提供了有利环境。省委、省政府要求，“十二五”期间，六盘水要在加速发展、加快转型、推动跨越上做得更好一些，为全省作出表率，并提出加快推进“毕水兴经济带”建设，为六盘水市加快发展增强了信心。从六盘水来看，经过长期艰苦奋斗，发展的基础条件明显改善，产业基础更加坚实，发展思路日益清晰，广大干部群众盼发展、谋发展的愿望十分强烈，为加快发展积蓄了重要力量。六盘水市的资源、区位、大企业集中等优势尚未充分释放，未来发展的空间和潜力巨大。特别是六盘水市已经进入工业化初期向中期过渡的重要阶段，为新兴产业的培育、传统产业的升级和经济发展方式的转变提供了强大支撑，六盘水市已进入厚积薄发、加速腾飞、全面跨越的新阶段。

3. “十二五”规划的指导思想、基本要求和奋斗目标。“十二五”时期是六盘水市全面建设小康社会承上启下的关键5年。必须科学判断形势，准确把握六盘水市经济社会发展的阶段性特征和历史任务，真正把思想统一到发展上，把心思集中到发展上，把力量凝聚到发展上，切实增强机遇意识、忧患意识和责任意识，不断缩小在“好”方面存在的差距，下大力解决好“慢”这个主要矛盾，推动全市经济社会又好又快、更好更快发展。

全市经济社会发展的指导思想是：高举中国特色社会主义伟大旗帜，以邓小平理论和“三个代表”重要思想为指导，深入贯彻落实科学发展观，解放思想，更新观念，抢抓中央深入实施西部大开发战略和国务院将六盘水列为资源富集区循环经济试点城市等机遇，以科学发展为主题，以转变经济发展方式为主线，以“加速发展、加快转型、推动跨越”为主基调，以加大投资和项目建设为抓手，大力实施工业强市和城镇化带动两大战略，发展壮大特色优势产业，进一步改善基础设施，加快社会事业发展，深入推进改革开放，切实保障和改善民生，大力促进社会和谐，把六盘水建成产业聚集、交通便捷、宜业宜居的现代工业城市，为实现到2020年与全国同步进入全面小康社会打下坚实基础。

全市经济社会发展的基本要求是：

——必须坚持加快发展。以加大投资为抓手，扩大总量，强市升位，确保发展速度高于全国、高于西部、高于全省同期平均水平，成为建市以来发展最好最快的时期，增强综合经济实力和核心竞争力，巩固和提升六盘水市在区域经济发展格局中的重要地位和作用。

——必须坚持可持续发展。以科学发展观为统领，更加注重发展方式转变、经济结构调整、产业优化升级，更加注重经济增长的质量和效益，更加注重发展的全面性、协调性和可持续性，走出一条符合六盘水实际的资源型城市可持续发展之路。

——必须坚持创新发展。以改革开放为动力，大力提高科技创新能力，全面深化各领域改革，加大招商引资力度，建立充满活力、富有效率、更加开放的体制机制。

——必须坚持绿色发展。以抓好节能减排为重点，大力发展低碳经济、循环经济、生态经济，加大绿色投入、倡导绿色消费、促进绿色增长，实现资源合理开发和有效利用，建设资源节约型、环境友好型社会。

——必须坚持共享发展。以保障和改善民生为根本出发点和落脚点，更加注重社会建设，推进社会管理创新，完善公共服务体系，促进社会公平正义，让全市人民共享改革发展成果。

全市经济社会发展的奋斗目标是：

——综合经济实力迈上新台阶。到2015年，全市生产总值达到1200亿元以上，在2010年的基础上翻一番以上。人均生产总值达到5500美元。全社会固定资产投资年均增长30%以上。财政总收入达220亿元以上，一般预算收入达110亿元以上。城镇化率达到50%以上。

——转变发展方式取得新进展。传统产业竞争力显著增强，新兴产业占生产总值的比重大幅提高。循环经济试点城市建设实现重大突破。单位生产总值能耗、物耗水平和主要污染物排放控制在国家规定的范围内。科技进步对经济发展的贡献率达到60%以上。

——基础设施建设实现新突破。形成较为完善的快速、便捷、现代的综合交通运输网络，六盘水机场建成通航，实现县县通高速公路。工程性缺水问题得到全面解决。城乡用电保障能力不断提高。“数字六盘水”建设力度加大。

——社会建设管理得到新加强。各级各类教育协调发展，城乡公共卫生和医疗服务水平显著提高，全民思想道德素质、科学文化素质和健康素质普遍提高。民主法制更加健全，社会管理机制更趋完善，人民权益得到切实保障，人民群众的安全感和满意度明显提高。

——人民生活水平实现新提高。城乡居民收入普遍较快增加，实现年人均纯收入低于1196元的农村贫困人口基本脱贫，农民人均纯收入和城镇居民人均可支配收入接近全国平均水平，城乡差距逐步缩小。社会就业更加充分，覆盖城乡居民的社会保障体系日益完善，人民群众实现学有所教、劳有所得、病有所医、老有所养、住有所居，幸福指数明显提升。

二、大力实施工业强市战略，走新型工业化发展道路

抓住国家实施新一轮西部大开发、国际国内产业加速转移和建设循环经济城市的机遇，大力调整结构，转变发展方式，把工业做得更大更强，使产业结构更加优化、产品结构更加合理，把六盘水市建成西南地区重要的能源、资源精深加工、机械制造基地，力争规模以上工业企业超过1000户，工业固定资产投资累计达到2500亿元，工业增加值年均增长22%以上，建成一批销售收入超过100亿元的大企业、大集团，培育一批上市公司。

4. 改造提升、做大做强传统产业。要坚持走规模化、集约化和集团化的发展路子，加快现代化大型煤炭基地建设，培育大型煤炭企业和企业集团，加快中小煤矿的整合、技改和扩能。支持境内外有实力的大中型企业参与煤炭资源开发，开展与煤系共伴生资源的综合利用。加快电力建设，优先发展一批大型高效环保火电机组，建成一批水电站和风电场，鼓励利用煤矸石等工业废弃物和生活垃圾发电，积极发展可再生能源。支持钢铁产业实施一体化、集团化、精品化、清洁化、高效化发展战略，加快技术改造，提高工艺水平，发展特钢、精品、新品和钢铁深加工。推进水泥行业技术改造，提高产业集中度和技术装备水平。以煤矸石、粉煤灰、煤泥、脱硫石膏、钢渣等工业废弃物为主要原料，积极开发新型建筑材料。加强铝土矿地质勘探，大力发展新型铝材加工。鼓励电解锌、铁合金、工业硅、单晶硅等产业规模化发展。

5. 大力发展煤化工产业。把发展煤化工作为产业结构调整的战略重点，按照“基地化、规模化、多联产、一体化”和发展循环经济的要求，依托境内大中型企业，积极引进投资者，运用高新技术，推进煤炭资源就地转化，延长产业链，增加附加值，最大限度地提高资源利用效率。加快现有焦化企业技术改造，利用炼焦副产品发展大型煤焦油加工及化工产品精深加工。统筹推进煤层气、焦炉煤气和过境天然气的综合开发利用。在因地制宜发展传统煤化工的基础上，重点按照“煤制烯烃、煤制乙二醇、煤制天然气、煤制二甲醚”的发展路线，大力发展现代煤化工，抓好资源的深度开发和加工利用，千方百计延长产业链和产品链。

6. 加快发展矿山装备制造业。积极支持境内企业优化重组，大力发展矿山机械和机电装备制造业，调整产品结构，丰富产品类型，提高市场占有率和竞争力。在做大做强井下综采、支护、提升和洗选等设备的同时，积极引进国内外战略投资者，大力推进煤矿成套装备、铸造加工、汽车零配件生产等项目，推进装备制造业向高端化、多元化发展，把六盘水市打造成西部重要的矿山装备制造业基地。

7. 大力培育特色产业。坚持规模化、集约化、标准化、产业化的原则，依托六盘水市优质农产品资源，加快资金、技术、人才等要素向农业领域流动，大力发展食品加工业，重点发展马铃薯、畜产品、蔬菜、烤烟、茶叶、果品、中药材、生姜、油料等产业，形成一批知名品牌、龙头企业和企业集群。加快发展日用消费品工业，不断满足日益扩大的城乡消费需求。因地制宜，突出重点，积极发展新能源、新材料、节能环保等战略性新兴产业，力争在一些重点行业和领域实现突破，促进产业多元化发展。

8. 合理布局产业园区。优化产业空间布局，推进产业集群、集约发展。大力扶持红桥、旧铺、水月、老鹰山、发耳、董地、玉舍、鸡场坪、柏果、响水、木岗、岩脚等重点产业园区，积极承接东部产业转移，强化产业配套，力争一个进入国家级重点工业园区行列，建成一批省级重点工业园区。优先保证重点产业园区用地指标，强化投入产出强度，提高土地集约利用水平，建立良好的基础设施保障平台、高效的管理服务平台，进行统一的规划环评和总体环评，有效解决企业入驻园区发展的各种前置条件。按照优化结构、合理承载的原则，围绕优势产业和重大项目，统筹配置土地、厂房、能源等要素资源。通过“十二五”的努力，实现产业园区销售收入占全部工业销售收入的40%左右，就业人数达到30万人以上。

三、大力实施城镇化带动战略，增强城镇对经济社会发展的辐射带动能力

把推进城镇化作为优化要素资源空间布局、转变经济发展方式、破解城乡二元结构难题的重要途径，加快构建以市中心城区为重点、以平寨和红果为支点、若干小城镇相配套的大中小城市和小城镇协调发展的城镇体系，深入推进“双创双建”活动，把六盘水建成区域性中心城市，实现城乡统筹发展和区域协调发展。

9. 强化城镇产业支撑。把强化产业支撑作为拉动城市发展的根本动力，通过加快二、三产业发展扩大就业容量，推动农村人口向城镇转移，不断提高城镇化率。按照布局集中、产业集聚、土地集约、生态环保的原则，完善城市功能分区，强化城市产业功能。在工业布局上，把工业园区作为城市扩容的新组团和新的增长点，重点发展加工业、制造业、轻工业、高科技产业等，同时大力发展交通运输、房地产、商贸会展、金融服务、现代物流、文化娱乐、休闲旅游等面向生产、生活的服务业。按照宜农则农、宜工则工、宜商则商、宜游则游的原则，突出自然、历史、文化和民族特色，努力建设一批交通枢纽型、旅游景点型、绿色产业型、工矿园区型、商贸集散型、移民安置型城镇。

10. 加快城镇扩容步伐。按照统筹规划、合理布局、完善功能、以大带小的原则，遵循城市发展规律，进一步完善城镇体系规划、总体规划、控制性规划、修建性详细规划，加快建设步伐。市中心城区要按照“东西延伸、南北拓展、组团开发、园区支撑”的发展思路，完成凤凰山开发、水城河治理、老城改造、红桥新区建设及城中村改造，加快形成“一城七片”的格局，大力推进大湾、汪家寨、玉舍、比德、大河五个卫星城镇建设，扩大城市发展空间，使市中心城区人口达到80万以上。盘县红果、六枝平寨要加速城市扩容，拉大框架，促进人口聚集，向全省一流县城迈进，形成县域增长极。小城镇建设要按照规划先行、突出个性、稳步推进的原则，加

强六枝郎岱、盘县城关等古镇保护，大力推进岩脚、木岗、柏果、鸡场坪、响水、发耳、野钟、南开、化乐、保华、汪家寨、大湾等重点小城镇建设，结合二、三产业发展，建设一批有产业支撑、特色鲜明、生活环境优美的小城镇。

11. 提升城镇综合承载能力。坚持城市综合交通引领城市发展，全面加强建成区给排水、供电、通讯、供气、排污管网的改造，积极推进城市垃圾分类处理，着力抓好新区建设中市政设施的高标准配套。增强城镇公共服务功能，加强教育、卫生、文化、体育、福利、环保等公共服务设施建设，推动社会服务资源向基层和社区转移。加强与残疾人日常生活密切相关的公共服务场所与设施的无障碍建设和改造。完善城市防洪、排涝、人防、消防等设施，建立健全应急安保体系，完善突发公共事件应急预案，保证城市正常有序运转。强化经营城镇理念，努力拓宽城镇建设融资渠道，盘活城镇资产，走以城养城、以城建城的城建市场化之路。

12. 创新城镇管理体制机制。坚持建管并重、重在管理的原则，创新管理模式，健全长效机制，提升城镇管理水平。积极运用信息化、现代化手段提高城市管理水平，统筹解决城镇化进程中的各种社会问题。按照重心下移、属地管理的原则，进一步理顺市、区、街道、社区之间的关系，明确责权利，形成全民参与、齐抓共管的城市管理格局。加大户籍改革力度，改善农民工就业、居住、就医和子女就学等基本生活条件，让更多的农村人口享用城市的公共设施和社会保障，加快农业人口向城镇梯度转移。

四、加快农业结构调整，深入推进社会主义新农村建设

坚持“统筹城乡、跨越发展”，健全完善“工业反哺农业、城市支持农村”的长效机制，以增加农民收入为核心，大力调整农村产业结构，改善农村生产生活条件，不断提高农民素质，逐步缩小城乡差距，建设农民幸福生活的美好家园。

13. 拓宽农民增收渠道。建立财政支农投入的稳定增长机制，采取综合措施，健全农业补贴等支持保护制度，完善农村社会保障制度，增加农民转移性收入。加快实施农民创业促进工程，完善农产品市场体系和价格形成机制，增加农民经营性收入。加强农村劳动力技能培训，大力发展劳务经济，保障农民工合法权益，增加农民工资性收入。探索农村集体和农户在当地资源开发中入股的模式，增加农民财产性收入。

14. 大力发展现代农业。坚持以科技进步为支撑，以市场需求为导向，以增加农民收入为核心，围绕“大种植、大养殖、大加工、大市场”的思路，按照“高产、优质、高效、生态、安全”的要求，在注重重点突破的同时实施整体推进，走规模化生产、产业化经营的路子，带动千家万户增收致富。马铃薯产业要在稳定现有种植面积的基础上，重点在脱毒种薯繁育基地建设、高产示范基地建设、加工和市场经营上实现新突破，把六盘水建成贵州重要的商品马铃薯生产基地及出口基地。畜牧业要立足六盘水市荒山荒坡面积大的特点，大力发展种草养畜，积极推进规模养殖场、养殖小区建设，扶持一批养殖大户，提高加工能力和外输能力，力争畜牧业产值占农业总产值的比重达到42%以上。蔬菜产业要以扩大城郊商品蔬菜基地规模为重点，在丰富品种、提高单产、改善品质、增加效益上下功夫，在实现大宗蔬菜自给有余的基础上积极开拓周边市场。要通过实行集中连片、规模发展，广泛推广订单生产，抓好产销地批发市场建设，大力培育各类农民专业合作经济组织，实行“农超对接”等方式，积极引导农民进入市场。在抓好农产品基地建设的同时，大力推进农产品精深加工，每个县、特区、区建成一批年销售收入超过1亿元的龙头企业，有更多的企业进入国家、省级重点龙头企业行列。

15. 扎实推进新阶段扶贫开发。坚持分类指导的原则，以重点贫困乡、贫困村为主战场，以贫困人口为主要对象，采取开发式扶贫、易地搬迁、长期救助等多种扶贫方式，抓住改善基本生产生活条件、拓宽基本增收门路、提高基本素质三个关键环节，认真抓好整村推进、产业化扶贫、劳动力就业培训和转移等工作。建立抑制因灾、因病返贫的长效机制。加大财政和信贷扶贫资金投入，继续做好对口帮扶、社会力量帮扶和定点扶贫等工作。完善扶贫开发的激励机制，认真落实“摘帽不摘政策”的政策措施，鼓励有条件的扶贫开发工作重点县加快脱贫致富步伐。

16. 大力改善农村生产生活条件。按照城乡经济社会发展一体化的要求，做好村庄规划，推进基础设施、公用服务向农村延伸，结合农村危房改造，大力实施水、电、路、气、房、优美环境“六到农家”工程，加快建设“美好家园”。提高土地综合生产能力，建成农村人口人均半亩基本口粮田。继续推进农村沼气建设，带动改水、改灶、改厕、改圈和村寨道路硬化，抓好村寨绿化，逐步改善村容村貌。增加农村教育、文化、卫生、体育事业投入，大力提高农村公共服务水平，不断提高农民素质，适应广大农村群众过上幸福美好生活的新期待。

五、大力发展服务业，努力培育新的经济增长点

把大力发展服务业作为产业结构优化升级的战略重点，不断拓展服务业领域，优化服务业结构，促进服务业发展提速、比重提高、结构优化，提高服务业的市场化、产业化和社会化水平，努力使服务业成为六盘水市新的经济增长点。

17. 大力发展生产性服务业。积极发展交通运输、邮政服务、科技服务、信息服务等面向生产的服务业。积极吸引境外、域外金融机构入驻，支持地方银行发展壮大，扩大直接融资，积极发展保险业，规范发展产权、风险投资等资本市场。拓展规范中介服务业和广告业，发展投资与资产管理等咨询服务业，推动商务服务业健康发展。完善公共物流信息平台，建设一批现代物流园区、大中型综合性现代物流中心，建立现代物流服务体系，推动现代物流业加快发展。

18. 积极发展生活性服务业。鼓励各类社会主体创办社区服务业，推动社区文化娱乐、体育健身、医疗保健、家政服务、养老托幼和残疾人托养等社区服务产业化、网络化和连锁化。支持商贸服务方式创新，加快连锁经营和代理经营及电子商务等现代营销方式发展，优化商业网点布局，建设各类专业市场，形成遍布城乡的服务网络。发挥“中国凉都”的品牌效应，加快旅游业发展，抓好牂牁江、玉舍森林公园、百车河等重点景区开发，大力发展以农家乐为重点的乡村旅游，加快老王山国家级综合体育训练基地建设，大力挖掘和展示独特的民族民间文化，推进市内外旅游资源的有机整合，使旅游业成为六盘水市一个重要的经济增长点。

19. 加快发展文化产业。坚持公益化与市场化、大众化与精品化相结合，深化文化体制改革，弘扬先进文化，提高文明素质，提升文化品位。以打造“中国凉都”文化产业圈为核心，建成一批文化产业公共服务平台，培养和引进一批文化产业领军人才，培育一批文化产品和服务知名品牌，扶植一批具有行业影响力的龙头和重点企业，建成一批特色产业园区和基地，全面提高文化产业对城市生活质量、城市美誉度和城市影响力的贡献率。着力在政策、资金、人才等方面为文化体制改革和文化产业发展构建必要的保障支持体系，推动新闻出版业、广播影视业、演艺娱乐业、体育健身业、节庆会展业、网络服务业、工艺美术业等加快发展。推进国有文化企业改革，创新国有文化资产经营管理体制，确保国有文化资产保值增值和国有文化企业职工得到妥善安置。加大文化基础设施建设力度，建成凉都体育中心、图书馆和博物馆。进一步加强文化遗产保护，实施民族民间文化遗产保护工程。

六、加快基础设施建设，不断改善经济社会发展的基础条件

把以交通、水利、信息为重点的基础设施建设作为经济社会发展的基础性工程，多渠道筹集资金，切实加快建设步伐，为全市经济社会发展的历史性跨越打下坚实基础。

20. 加快综合交通运输体系建设。铁路方面，积极争取国家支持，推进毕水兴、水城至攀枝花等一批对六盘水市经济社会发展有重要带动作用的铁路及货场建设。公路方面，着力推进杭瑞高速公路境内段、镇宁—六枝—水城—威宁高速公路、纳雍—六枝—晴隆高速公路建设，加快形成“两横两纵”的高速公路主骨架，实现县县通高速公路。加大农村公路建设力度，实现70%的村通油路、水泥路。建立健全公路管理养护体制机制，加大养护资金的投入，实现有路必养。加快推进六盘水市交通运输一级枢纽建设，构建现代物流运输体系。完善市中心城区和六枝、盘县汽车运输站场，稳步推进乡镇客货场站建设。水运方面，建成和完善中寨、格支、野钟等水运码头和光照库区毛口水上搜救中心，完善北盘江等重点流域航运基础设施。民航方面，加快六盘水支线机场建设，确保在“十二五”期间建成通航。

21. 下大力解决工程性缺水问题。坚持水利建设、生态建设、石漠化治理“三位一体”综合规划，以重大水利枢纽工程为龙头，以大中型水利工程为骨干，以小型水利工程为基础，以微型水利工程为补充，逐步建立生产、生活、生态用水安全保障体系。配合抓好黔中水利枢纽工程建设，建成一批中型、小型水库和“五小”水利工程。积极推进小型农田水利重点县、工程县和灌区续建配套及节水改造项目建设，大力改善农业生产条件，切实提高农业综合生产能力。合理开发利用地下水资源，增强季节性缺水的水源补给和综合抗旱能力。

22. 加快信息基础设施建设。大力推进“数字六盘水”建设，加快国民经济和社会信息化。积极改善信息化基础条件，扩大城乡有线和无线通信覆盖率。坚持资源共建共享，加强宽带通信网、数字电视网和下一代互联网等信息基础设施建设，推进“三网融合”，提高互联网普及率、电话普及率、广播电视人口覆盖率。加强信息服务能力建设，提升电子政务、电子商务、地理信息、远程教育、远程医疗等服务能力，明显提高全市经济社会运行的智能化程度。加快推进电子政务内网、“金税工程”、“金财工程”、“金信工程”、“金盾工程”、城市报警监控工程建设。

七、加强生态文明建设，推进经济社会可持续发展

牢固树立绿色、环保、低碳发展理念，不断提升全民环保意识，大力发展循环经济，努力实现经济效益、生态效益和社会效益的有机统一，加快建设资源节约型和环境友好型社会，增强可持续发展的能力。

23. 进一步加强生态建设。以退耕还林、石漠化综合治理为重点，继续实施天保、珠防等生态工程建设，提高森林覆盖率，建设“两江”上游重要生态屏障，森林覆盖率达到45%。加强重点流域综合治理，切实抓好水土保持工作。加强林业执法、森林防火和森林病虫害防治工作，切实保护好森林资源。按照谁开发谁保护、谁受益谁补偿的原则，加快建立生态补偿机制。推进城镇公共绿地、环城林带、交通沿线、景区景点绿化建设。按照多能并举的原则，加快推进大中型沼气池、户用沼气池、小水电代燃料、太阳能以及生物质能源建设，切实解决好农村燃料问题。对重要水源地实行严格的生态保护，严格控制生态脆弱地区的自然资源开发。

24. 加大环境保护力度。实施重点地区和重点产业环境污染综合防治工程，对传统工业和污染工业集中的地区和流域集中进行污染治理，严格控制污染物的新增量。坚持“谁污染、谁治理”的原则，引进新工艺、新技术，形成污染治理的多样化、多元化，坚决淘汰落后产能，提高行业准入门槛，切实加强节能减排，推进生产方式由粗放型向集约型转变。加强对工业废弃物的治理和利用，严格实行排污总量控制和排污许可制度，严格执行新、改、扩建项目环境影响评价制度和环保“三同时”制度。加强环境管理能力建设，提高环境监督管理的效率和水平，使地质环境、水环境、大气环境、声环境、辐射环境等进一步改善，主要污染物排放总量控制在省下达的指标范围内。加强农村污水和垃圾处理，加大农业面源污染防治力度。

25. 合理开发和保护资源。坚持“在保护中开发、在开发中保护”的原则，把节约放在首位，依法保护和开发土地、矿产、水、森林、生物、旅游等重要资源，努力提高资源综合利用水平。严格执行耕地占补基本平衡制度，严格控制非农建设用地，盘活存量土地，鼓励建设项目多用坡地、闲置地和非耕地。加强矿产资源的勘查、保护和开发管理，合理开采和有效保护矿产资源，大力整顿和规范矿产资源开发秩序，依法打击非法采矿行为。坚持“谁破坏、谁恢复”的原则，积极预防和治理采煤沉陷区的地质灾害。建立地质灾害应急预警机制，提高对突发性地质灾害的监控水平和处置能力。完善自然资源有偿使用制度和价格形成机制，促进资源节约。

26. 大力发展循环经济。按照“减量化、再利用、资源化”的原则，把加快发展循环经济作为转变经济发展方式的重要抓手，以优化资源利用方式为核心，以提高资源和废弃物利用率为目标，以技术创新和制度创新为动力，以煤炭、电力、钢铁、建材、煤化工、城市垃圾为重点，加快一批循环经济型生态工业园区建设，推进资源节约、资源综合利用，逐步形成低投入、低消耗、低排放和高效率的节约型增长方式。积极推广资源节约、替代和循环利用技术，加快企业节能降耗的技术改造。逐步建立有利于循环经济发展的政策体系和考核体系。

27. 统筹解决人口问题。制定和实施人口中长期发展规划，健全符合科学发展观的人口和计划生育工作机制。采取切实可行的工作措施，严格依法行政，千方百计稳定低生育水平，大力实施出生缺陷干预工程，高度重视和遏制出生人口性别比偏高问题，提高出生人口素质，改善人口结构。加强人口计生信息化和基层计生服务网络建设，提高技术装备水平和服务能力。加强流动人口计划生育管理与服务，促进人口的有序流动和迁移。积极应对人口老龄化问题，逐步建立以居家养老为基础、社区服务为依托、机构养老为补充的养老服务体系。

八、坚持科教兴市和人才强市，努力把人口压力转变为人力资源优势

按照全面建设小康社会和以人为本、促进人的全面发展的要求，把教育、科技、人才发展放到更加突出的位置，进一步加大投入，加速各类人才培养，全面提高劳动者素质，为经济社会发展提供重要人才支撑。

28. 坚持教育事业优先发展。全面贯彻党的教育方针，按照办好“人民满意的教育”要求，巩固提升义务教育，加快普及高中阶段教育，大力发展职业教育，积极发展高等教育，高度重视发展学前教育、民族教育、成人教育和特殊教育，加快建立适应经济社会发展需要的国民教育体系和人才培训体系。合理配置公共教育资源，提升农村教学质量，扩大城市办学规模，促进教育公平。加快六盘水师范学院发展步伐，积极申办贵州理工大学。推进六盘水技师学院建设，努力把六盘水建成西南地区职教实训基地。增加教育投入，积极探索多种所有制的办学模式，鼓励外来资金、民间资金投入教育事业，支持民办教育加快发展。

29. 加快科学技术进步。加快建立以企业为主体、政府为主导、市场为导向、产学研相结合的技术创新体系、多元化科技投入体系和社会化科技服务体系，提高科技对经济发展的贡献率。以解决优势资源开发和优势产业发展关键技术为重点，不断增强企业创新能力，发挥科技进步对经济发展的支撑、引领作用。加强与大专院校和科研单位的联系与合作，加快高新技术、先进技术的引进，提高科技创新成果转化应用水平。各级财政要加大对科技的投入，引导和支持企业增加科技研发和创新投入，形成多层次、多渠道的科技投融资体系，引导创新要素向企业集聚。大力引进和培养高层次科技人才和科技管理人才。加强科技社会化服务体系建设，大力发展技术咨询、技术转让等中介服务，建立技术、人才、信息交流平台与技术产权交易平台。加强科普公共设施建设，广泛开展科普工作，培育全社会的创新精神，提高全民科技素质。

30. 大力加强人才工作。紧紧抓住培养、吸引、使用三个环节，加强人才队伍建设，基本形成多元化的人才开发体系和有利于各类人才健康成长的机制和环境，为经济社会发展提供强大的智力支撑。结合六盘水市实际，加快培养和引进一批熟悉资本运作、煤化工、装备制造、循环经济、招商引资和城乡规划的高层次人才。着力抓好党政人才、专业技术人才和企业经营管理人才三支队伍建设，加强后备人才、高技能人才、农村适用人才、少数民族人才、妇女人才和党外人才队伍建设。坚持公开、平等、竞争、择优的原则，加快建立科学的人才评价、选拔任用和激励保障机制。充分发挥人才的积极性和创造性，在全社会形成尊重知识、尊重人才、鼓励创业的社会氛围。加强市县两级综合性人才市场建设，大力发展和规范职业中介服务，建立和完善统一规范的人才市场体系。优化人才资源配置，逐步消除人才流动的城乡、区域、部门、行业、身份、所有制等限制，疏通人才流动渠道，促进人才合理有序流动。

九、深化改革和扩大开放，努力营造良好的发展环境

采取更加扎实的措施推进各项改革，实行更加积极主动的开放带动战略，正确处理改革发展稳定的关系，加快建立健全有利于经济社会发展的体制机制和良好的发展环境。

31. 深化重点领域和关键环节体制改革。深化国有企业改革发展，促进企业向规模化、集团化方向发展。深化财政体制改革，完善预算编制和执行管理制度，推进预算绩效管理，完善事权财权相匹配的财政体制。深化金融体制改革，积极发展中小金融机构和小额贷款公司，推动政府投融资平台健康发展，推进产权交易市场建设，加强社会信用体系和担保体系建设，优化金融生态环境。深化投资体制改革，切实加强监管，提高投资效益。深化资源性产品价格和要素市场改革，促进资源合理配置。深化农村改革，推进农村土地承包经营权有序流转，发展多种形式的适度规模经营。深化行政管理体制改革，切实转变政府职能，强化社会管理和公共服务，提高经济调节和市场监管水平。深化行政审批制度改革，减少和规范行政许可和审批事项，提高行政运行效率。积极稳妥推进事业单位分类改革。进一步解放思想、更新观念、改革创新，研究制定土地、财税、金融、环保、技术、人才、审批等方面的优惠政策，不断优化政务环境、市场环境、法制环境和人文环境。

32. 扩大对内对外开放。研究制定优惠政策，大力引进高素质人才、先进技术和管理经验。创新开发区体制机制，发挥开发区对外开放的示范带动作用。构建有效平台，积极开展全方位、多层次区域合作，加快形成政府、企业、社会团体等共同参与、协作互动的区域合作机制。加强与对口帮扶城市、友好城市的交流与合作，主动融入“川滇黔十市地州”、“泛珠三角”、“中国——东盟国际贸易区”等区域，积极发展多种形式的对内对外贸易。

33. 着力抓好招商引资工作。充分利用六盘水市的资源优势，以产业园区为载体，抓住国际、国内产业梯度转移的有利时机，充实和完善招商引资项目库，切实改善发展环境，积极引进中央企业、东部沿海企业和世界500强、国内500强企业到六盘水投资，借力、借势、借梯发展。引导民间资金投向，推进产业结构调整。大力改善投资环境，为投资者营造良好的法制环境、信用环境和服务环境，切实保护投资者的合法权益。大力开展机关效能建设，进一步完善政府管理方式，建设服务型政府。积极创新招商引资方式，明确招商引资主体和责任，加强专业招商队伍建设，吸引更多企业来六盘水市投资，力争在资源深加工、农产品加工、制造业、高新技术产业和现代服务业等方面实现新突破。

34. 大力支持非公有制经济加快发展。坚持“两个毫不动摇”，认真贯彻落实中央、省、市鼓励非公有制经济发展的各项政策措施，为非公有制经济创造优良的发展环境，力争非公有制经济在国民经济中的比重提高到40%以上。坚持非禁即允，鼓励、支持和引导非公有制资本参与国有企业改革，进入基础设施、公用事业、教育、卫生、文化等领域。坚持各种所有制经济一视同仁，营造非公有制经济依法平等使用生产要素、公平参与市场竞争、同等受到法律保护的体制环境。支持和鼓励全民创业，壮大创业主体，鼓励科技人员、高校毕业生、退伍复员军人、返乡农民工等群体自主创业。

十、大力保障和改善民生，推进社会主义和谐社会建设

坚持以人为本，更加注重包容性增长和共享式发展，大力实施民生工程，逐步完善符合市情、比较完善、覆盖城乡、可持续的基本公共服务体系，推进基本公共服务均等化。

35. 千方百计扩大就业。统筹城乡就业，建立健全促进就业的长效机制。重视以社区建设、项目建设带动就业岗位开发，抓好公益性就业岗位开发管理，大力发展中小企业和劳动密集型企业，进一步拓宽劳务输出渠道，千方百计为下岗失业人员、大学毕业生、退役军人和农村富余劳动力创造就业机会。鼓励自主创业，促进充分就业。加快建立和完善以就业培训、职业介绍、就业援助为主要内容的就业服务体系。依法维护进城农民工的合法权益。

36. 建立健全社会保障体系。把健全社会保障体系作为实现社会公平、构建和谐社会的重要措施，进一步健全完善社会保险制度，加快建立覆盖城乡居民的社会保障体系。加快健全城镇居民医疗保险、新型农村合作医疗、工伤保险制度，促进农民工、灵活就业人员、大中小学生参加社会保险。完善城乡贫困人口最低生活保障和城镇养老保险制度，全面推行新型农村社会养老保险制度，逐步提高社会保障标准和水平。研究制定全市统一的社会保险关系转移接续办法，建立基本养老保险市级统筹制度。加大城镇廉租住房、公租房、农村危房改造等保障性住房建设力度，积极推进国有煤矿棚户区改造。

37. 促进卫生事业快速发展。以深化医药卫生体制改革统领卫生工作，逐步建立覆盖城乡居民的基本医疗卫生制度，为群众提供安全、有效、方便、价廉的医疗卫生服务。坚持公共医疗卫生公益性质，强化政府责任，加大卫生投入，充分利用和优化配置现有医疗卫生资源，建立高效规范的医药卫生机构运行机制，健全农村基层医疗卫生服务体系，把基本医疗卫生制度作为公共产品向全民提供。推进新型城市卫生服务体系建设，加快形成多元化办医格局，满足人民群众多样化医疗服务需求。

38. 切实加强社会建设。加强社会管理体制改革，健全党委领导、政府负责、社会协同、公众参与的社会管理格局。抓好便民利民政务综合服务中心（站、点）和综治工作中心（站、点）建设，创建一批和谐社区、和谐村镇示范点。加强基层党组织工作，发挥群众组织和社会组织作用，提高城乡社区自治和服务功能，形成社会管理和服务合力。畅通和规范群众诉求表达、利益协调、权益保障渠道，建立重大工程项目建设和重大政策制定的社会稳定风险评估机制，完善大调解工作格局和机制，正确处理人民内部矛盾，把各种不稳定因素化解在基层和萌芽状态。积极化解矿群矛盾，推进和谐矿区建设。加大公共安全投入，加强安全生产，健全对事故灾难、公共卫生事件、食品安全事件、社会安全事件的预防预警和应急处置体系。做好流动人口服务管理，加强特殊人群帮教管理和服务工作，加大社会管理薄弱环节整治力度。完善社会治安防控体系，加强城乡社区警务、群防群治等基层基础设施建设，加强社会治安综合治理，增强公共安全和社会治安保障能力，提高人民群众安全感。加强政法队伍建设，不断提高能力素质，严格公正廉洁执法，大力构建“平安六盘水”、“和谐六盘水”，创造公平正义的法治环境、优质高效的服务环境、和谐稳定的社会环境。

39. 加快民族地区发展。把推进民族地区扶贫开发作为新阶段扶贫开发的重点，摆在民族工作的突出位置，加快少数民族群众脱贫致富步伐。支持民族地区开发优势资源，优先安排促进少数民族和民族地区经济社会发展的重点建设项目，切实增强发展后劲。支持和帮助民族地区发展教育、科技、卫生、体育等社会事业，多渠道帮助民族地区培养经济社会发展急需的各类人才，积极培养选拔少数民族干部，支持少数民族优秀文化的发掘、保护、传承、发展和创新。加强对民族地区的政策扶持，加大财政对民族地区的支持力度。

十一、统一思想、集中心思、凝聚力量，为实现“十二五”规划而努力奋斗

40. 切实加强党的执政能力建设。以党的执政能力建设和先进性建设为重点，忠实践行宗旨，勤政廉政为民，把各级党组织建设成为团结带领全市各族人民为实现经济社会发展历史性跨越而奋力拼搏的坚强战斗堡垒。加大干部培训力度，全面提升干部队伍素质，努力营造支持改革者、鼓励创业者、鞭挞空谈者、追究诬告者的干事创业良好氛围。建立和完善以发展实绩为核心的干部考核评价体系，坚持激励与约束并重，认真实行个性化考核，把对工作有激情、对群众有感情、对发展有贡献，懂发展、敢发展、会发展的优秀干部选拔到各级重要领导岗位上来，努力营造想干事、能干事、干成事的浓厚氛围，建设团结、务实、勤奋、廉洁的领导班子。进一步转变作风，加强与人民群众的血肉联系，带着感情抓落实、带着激情抓落实、带着责任抓落实，在解决矛盾中抓落实。加强反腐倡廉建设，推进反腐倡廉制度创新，严格执行党风廉政建设责任制，深化党风党纪教育，严格权利运行制约和监督，加大查办违纪违法案件的力度，切实纠正损害群众利益的不正之风。完善决策执行机制和跟踪督办机制，确保各项工作部署执行到位，落到实处。

41. 着力加强社会主义精神文明建设。坚持以马克思列宁主义、毛泽东思想、邓小平理论和“三个代表”重要思想为指导，全面贯彻落实科学发展观，坚持正确的舆论导向，巩固各民族团结奋斗的共同思想基础。切实加强宣传思想工作，把社会主义核心价值体系融入国民教育和精神文明建设的全过程，转化为全市人民的自觉追求，形成热爱六盘水、建设六盘水、振兴六盘水的良好氛围，提高人民群众的思想道德素质和科学文化素质，培育有理想、有道德、有文化、有纪律的社会主义公民。引导广大干部和群众树立正确的世界观、人生观、价值观，大力弘扬以爱国主义为核心的民族精神和以改革创新为核心的时代精神，用社会主义荣辱观引领风尚，在全社会倡导爱国守法、明礼诚信、团结友善、勤俭自强、敬业奉献的基本道德规范。

42. 积极推进社会主义民主法治建设。坚持和完善人民代表大会制度、中国共产党领导的多党合作和政治协商制度，巩固和发展民主团结、生动活泼、安定和谐的政治局面，加强同民主党派合作共事，建立健全和落实科学决策、民主监督的程序和制度。推进政府工作法制化，推行执法责任制、评议考核制，强化行政执法监督，进一步提高依法行政、依法管理水平。加强城乡基层政权建设和群众性自治组织建设，进一步扩大基层民主，推行党务公开、政务公开、厂务公开、村务公开，拓宽反映社情民意的渠道，完善深入了解民情、充分反映民意、广泛集中民智、切实珍惜民力的决策机制，保障人民群众的选举权、知情权、参与权、监督权。深入开展国防教育，提高全民国防意识，切实加强民兵预备役工作，继续做好“双拥”工作，进一步密切军政、军民关系。

全市各级党组织和广大党员干部要紧密团结在以胡锦涛同志为总书记的党中央周围，在省委、省政府的坚强领导下，高举发展、团结、奋斗的旗帜，大力发扬“艰苦创业、开放包容、务实创新、和谐发展”的新时期六盘水精神，全力推进经济社会又好又快、更好更快发展，为实现六盘水市国民经济和社会发展第十二个五年规划目标和加快实现经济社会发展的历史性跨越而努力奋斗！

中共六盘水市委　六盘水市人民政府关于深入开展作风建设年、环境建设年、项目建设年的实施意见

市发〔2010〕13号

为贯彻落实《中共贵州省委贵州省人民政府关于开展作风建设年、环境建设年、项目建设年的决定》精神，结合六盘水实际，现提出六盘水市深入开展作风建设年、环境建设年、项目建设年（以下简称“三个建设年”）活动的实施意见。

一、统一思想，提高认识

开展“三个建设年”活动是省委、省政府在新时期、新阶段作出的重大战略部署，是实现“加速发展、加快转型、推动跨越”的重要举措，是解决影响发展的突出问题的重要抓手。全市各级各部门一定要把思想统一到省委、省政府的决策部署上来，充分认识到深入开展“三个建设年”活动是贯彻落实党的十七届五中全会和省委十届十次全会精神的迫切需要，是大力推进全市经济社会又好又快、更好更快发展的必然要求，是奋力完成“十二五”规划各项目标任务的重要保证。要充分认识到深入开展“三个建设年”活动，有利于营造奋力拼搏、“创先争优”的良好风气，有利于营造开放、诚信、高效、公平的发展环境，有利于发挥固定资产投资和重大项目建设在推动经济社会发展中的重要作用。各级各部门要切实加强领导，强化措施，健全机制，迅速行动，认真开展“三个建设年”活动，加快转变机关作风，不断优化发展环境，扎实推进项目建设，为全市经济社会又好又快、更好更快发展提供有力保障。

二、总体要求和工作目标

（一）总体要求

坚持以邓小平理论和“三个代表”重要思想为指导，深入贯彻落实科学发展观，按照党的十七届五中全会、省委十届十次全会、市委五届七次全会的部署，围绕“转变作风、提高效率、服务基层、推动跨越”主题，坚持服务发展、务求实效，突出重点、正面引导，标本兼治、重在治本，协调推动、总结完善的原则，把“三个建设年”活动与“创先争优”活动、“四帮四促”活动，实施“十大民生工程”有机结合起来，突出工作重点，采取有力措施，务求取得实效。

（二）工作目标

1. 在作风建设方面：服务群众、服务基层、服务发展的意识和能力显著增强，工作水平和办事效率明显提高，影响发展的作风问题得到有效解决，进一步形成干事创业、增比进位、“创先争优”的良好局面。

2. 在环境建设方面：各级干部推动发展的合力明显增强，行政权力运行进一步规范，工作作风明显转变，行政效率、服务质量明显提高，人民群众满意度明显提升，发展环境进一步优化，努力打造“创业最宽松、社会最文明、人居最安全，低交易成本、低生产成本、低行政成本、低社会成本”的创业宜业城市。

3. 在项目建设方面：2011年，实现全社会

固定资产投资增长30%以上，其中：工业投资占全社会固定资产投资的比重达50%左右；人均固定资产投资突破1.4万元。确保新开工项目40个以上，其中上半年新开工25个以上。招商引资到位资金额增长30%以上，力争达到35%。

三、工作重点及措施

（一）作风建设年。主要在全市各级机关中开展，重点是科级以上机关单位和领导干部。要通过实行公开办事和公开承诺，开展作风建设民主评议和满意度民意调查，开展“四帮四促”活动，实施严格的限时办结制、严肃的服务承诺制、严厉的问责制，切实加强督促检查和责任追究等措施，深入查找和整治作风建设方面存在的对群众感情不深、工作激情不高、执行力不强、落实力不够等突出问题，切实提高效能效率，提高服务发展的自觉性，为加快发展提供良好的作风保障。

（二）环境建设年。重点是改善投资环境，优化发展环境。将环境建设年活动与机关效能建设相结合，与“双创双建”工作相结合，与创建省级创业型城市相结合，与创建“平安六盘水”工程相结合，通过进一步深化行政审批制度改革、规范行政执法行为、清理整顿收费秩序、提高政务服务水平、促进行政权力公开透明运行、推进市场诚信体系建设、强化社会治安管理、加大案件查办力度和落实问责制度等措施，努力营造开放开明的政策环境、诚实守信的信用环境、优质高效的政务环境、公平正义的法治环境。

（三）项目建设年。重点在加大项目争取力度，加大招商引资力度，加快项目建设进度上。牢固树立抓项目就是抓经济、抓项目就是抓发展、抓大项目就是抓大发展的理念，积极主动谋划一批、千方百计争取一批、全力以赴建设一批、着眼长远储备一批，形成项目建设梯度推进的良好格局。大力推进投融资体制改革，通过争取银行支持、启动民间资金、盘活存量资产、抓好招商引资等方式，加快推进投资主体多元化、融资渠道多样化。坚持重点项目调度、提醒、督办和问责机制，按照“一个项目、一名联系领导、一个工作班子、一个责任单位、一个实施方案”的要求，推动项目管理工作常态化、规范化、科学化。制定重大项目推进任务考核及奖惩办法，把项目推进工作作为干部实绩考核的重要内容。通过强化项目建设，加快发展速度，转变发展方式，提升发展水平，形成发展支撑。

四、加强领导、精心组织

（一）加强领导，落实责任。为加强对“三个建设年”活动的组织领导，成立以市委书记刘一民，市委副书记、市长何刚为组长，市委副书记何冀，市委常委、市委组织部部长陈亮贵，市委常委、副市长徐毓贤，市委常委、市委秘书长周斯弼，市委常委、市纪委书记黎平为副组长，市纪委、市委办公室、市政府办公室、市委组织部、市委宣传部、市直机关工委、市发展改革委、市委督查室、市政府督查室等为成员单位的“三个建设年”活动领导小组。

领导小组下设办公室，负责统筹协调“三个建设年”活动的开展，确保顺利有效推进。办公室内设作风建设工作组、环境建设工作组、项目建设工作组、考核工作组和宣传工作组。

各县（特区、区）、市直机关各单位要结合实际，成立相应的组织领导机构，落实工作责任，确保“三个建设年”活动协调有力、扎实推进。

（二）精心组织，务求实效。领导小组要定期召开会议，听取工作情况汇报，协调解决相关重大问题，安排部署下一阶段工作。领导小组办公室要按照本实施意见和“三个建设年”的工作方案，加强工作指导，积极统筹协调，强化督促检查，抓好组织实施。各工作组要加强配合，通力协作，确保“三个建设年”活动取得实实在在的成效。市直机关各单位要在“三个建设年”中走前列、作表率，带头转变作风，改进工作方法，提高效率。各县（特区、区）要按照省、市的安排部署，认真组织实施。

（三）强化督察，严格问责。领导小组办公室将定期不定期采取联合督察、专项督察、明察暗访、下评上、群众满意度测评等方式，加强对各县（特区、区）、市直机关各单位贯彻落实本实施意见和“三个建设年”工作方案的督促检查，发现问题，督促整改。对搞形式、走过场、敷衍塞责、掩盖问题的要进行通报批评，限期整改。对群众和基层反映强烈、满意度测评结果差，干扰项目建设、项目建设进展迟缓，损害发展环境、影响地方形象的，要根据问题的严重程度采取取消单位年度评优、评奖资格，对单位负责人诫勉谈话，对领导班子进行组织调整等措施。对采取切实有力措施扎实推进“三个建设年”各项工作，年终考核全面完成各项目标任务的，要进行表彰奖励。

（四）广泛宣传，营造氛围。充分利用广播、电视、报刊、网络等新闻媒体和群众喜闻乐见的方式，大力宣传开展“三个建设年”活动的目的、意义和要求，特别要大力宣传“三个建设年”活动中涌现出的先进典型，宣传各级各部门的好经验好做法及取得的突出成效，大力营造干事创业、增比进位、奋勇争先的良好氛围，为促进六盘水市经济社会又好又快、更好更快发展提供坚强保证。

附：1. 六盘水市开展作风建设年工作方案
2. 六盘水市开展环境建设年工作方案
3. 六盘水市开展项目建设年工作方案

附件 1

六盘水市开展作风建设年工作方案

为深入贯彻落实党的十七届五中全会、省委十届十次全会和市委五届七次全会精神，教育广大党员干部特别是领导干部切实把思想统一到发展上、心思集中到发展上、力量凝聚到发展上，为推动全市经济社会又好又快、更好更快发展提供良好的作风保证，根据省委、省政府《关于开展作风建设年、环境建设年、项目建设年的决定》，结合六盘水市实际，提出如下工作方案。

一、工作目标

紧紧围绕“转变作风、提高效率、服务基层、推动跨越”主题，按照建设“团结、务实、勤奋、廉洁”领导班子的要求，深入查找和整治作风建设方面存在的突出问题，努力达到以下目标要求：

（一）加快发展意识明显增强。努力破除因循守旧、墨守成规的观念和小进则满、小富即安的自满心理，进一步解放思想、开拓创新，强化机遇意识、忧患意识和责任意识，不断增强加快发展、科学发展的责任感和紧迫感，用坐不住、慢不得、等不起的思想去破解难题、推动工作，敢于“创先争优”，敢于赶超进位。

（二）机关效能效率明显提高。按照“简政、放权、让利、开绿灯、出政策”的原则，全面推行首问首办责任制、限时办结制、服务承诺制等制度，加大市委、市政府《关于全面加强机关效能建设进一步优化经济社会发展软环境的实施意见》的贯彻落实力度，大力推进机关职能转变和效能建设，促进办事提速、增效，服务求好、创优。

（三）服务群众能力明显提升。进一步增强

群众观念，强化宗旨意识，下移工作重心，做到服务群众人对人、面对面、手拉手、心连心，提高服务基层和群众的能力和水平，为基层和群众创造高效快捷的办事环境。

（四）解决问题力度明显加大。深入基层、深入群众办实事、解难事，着力查找和解决影响和制约科学发展的突出问题，机关作风、服务和效能的满意度有新的提高。

（五）推动发展取得明显成效。紧紧围绕服务加速发展、加快转型、推动跨越，进一步理清发展思路，明确发展方向，制定发展措施，破解发展难题，大力营造干事创业、增比进位、“创先争优”的良好氛围，推动经济社会又好又快、更好更快发展。

二、任务、措施、方法、步骤

“作风建设年”主要在全市各级机关中开展，重点是科级以上机关单位和领导干部。

（一）动员部署阶段（2010 年 12 月下旬）

1. 各机关单位要加强对作风建设工作的领导，成立机构，明确责任，制定工作方案。动员部署会前，将机构成立和方案制定的有关资料报市“三个建设年”活动领导小组办公室。

2. 12 月 26 日前，各机关单位要召开动员部署大会，对工作进行安排部署。要迅速组织广大党员干部学习中央、省委、市委关于加强作风建设的有关精神和要求，重点学习省委、省政府《关于开展作风建设年、环境建设年、项目建设年的决定》、省委书记栗战书在省委第八十八次常委会议上关于开展“三个建设年”的讲话和市委“三个建设年”活动动员部署会议精神，使广大党员干部深入理解开展作风建设年的目的和意义，切实增强责任感和使命感，自觉投入到“作风建设年”活动中来。

3. 各机关单位要在干部中开展单位职能职责和个人岗位职责的教育培训，进一步明确本部门本单位服务和推动发展的职责任务，提高履职尽责的自觉性。同时，要紧紧围绕“加速发展、加快转型、推动跨越”要求，广泛开展机关单位干部职工解放思想大讨论活动，以新一轮思想大解放推动新一轮大发展。

4. 各机关单位要对干部特别是领导干部进行履行工作职责和遵守工作纪律教育。

5. 各机关单位每月都要对干部履职情况、办事效率、服务态度进行总结讲评，分析存在问题，提出改进措施。并将存在问题和整改措施于每月 20 日前报送市“三个建设年”活动领导小组办公室。

6. 活动开始后，市领导小组办公室定期不定期对领导干部履行岗位职责、执行规章制度、遵守工作纪律等情况进行抽查。

（二）组织实施阶段（2010 年 12 月下旬至 2011 年 12 月）

1. 征求意见、查找问题（2010 年 12 月下旬至 2011 年 1 月上旬）

（1）各机关单位要采取发放征求意见表、召开征求意见会、网上征求意见、个别访谈服务对象等方式，主动查找在服务态度、服务方式、服务时限、服务流程等方面存在的问题。

（2）各机关单位纪检监察部门要设立和公布投诉举报电话，每周对服务对象反映的作风方面问题进行一次梳理汇总。市、县“三个建设年”活动领导小组办公室设立和公布作风投诉举报电话，按照干部管理权限受理领导干部、领导班子的作风投诉。

（3）对基层单位和群众提出的意见建议及时进行梳理归纳和分析研究，分轻重缓急建立工作台账，明确解决的办法、措施、时限和责任人。

2. 深入整改（2011 年 1 月中旬至 2011 年 12 月）

重点抓好以下工作：

（1）要努力“创三高争三优”。紧密结合正在开展的“创先争优”活动，各机关单位要努力创高质量服务、创高效率服务、创高水平服务，争当优质服务单位、争做优质服务标兵、争抓优质服务项目。

（2）要实行公开办事和公开承诺。各机关单位要建立公开办事制度，明确办事内容、办理责任和办结时限，增强办事透明度，提高办事效率。要进一步细化领导班子和领导干部职能职责，单位和个人都要梳理提出转变作风、提高效率的具体工作事项和措施，并在一定范围内作出公开承诺，接受服务对象和人民群众监督。

公开承诺事项要通过适当方式向社会公布，各单位内设机构公开承诺事项要在一定范围内进行公布。每个季度，对各机关单位承诺办理的实事和办理结果，要进行公布。

（3）要深入开展“四帮四促”活动。把深入开展“四帮四促”（帮助学习领会精神、促进思想统一，帮助理清发展思路、促进科学发展，帮助解决实际问题、促进增比进位，帮助化解矛盾纠纷、促进和谐稳定）作为加强作风建设、做好新形势下群众工作的一项重大措施。各级领导干部要迅速行动，立即扑下身子，深入基层，到条件最艰苦、群众最需要、发展最迫切的地方去，帮助基层和群众办实事、排忧解难。

（4）要开展“服务地方、服务企业、服务项目”专项行动。各级机关特别是相关职能部门要成立联合工作服务小组，深入地方和企业，主动为推进重要工作、实施重大项目提供服务。要明确牵头单位、责任人和完成期限等，每月通报开展服务情况。各机关单位要按照职能职责，对地方、企业等基层单位反映的困难和问题，积极主动加以解决，办一批基层和群众急需解决的实事。对不认真办理和解决问题，基层和群众不满意的，要追究责任。

（5）要结合本地本单位“十二五”期间工作目标特别是2011年度工作目标任务，建立服务重大产业、重点项目专项工作制度。做到手续齐全立刻办、时间紧迫加班办、情况不熟帮助办、有利发展积极办，积极创造条件，尽最大可能为地方和企业提供便利。要建立服务重大产业、重点项目工作情况进度表，每月将工作进展情况向上级党委、政府报告一次。

（6）要建立对地方、企业、项目等服务对象的定点服务制度。明确定点服务责任，项目不落地不脱钩，问题不解决不撒手。

（7）要认真开展自查。各机关单位每季度对自身服务发展、解决问题的情况进行自查，认真分析存在问题的原因，对工作不负责任、造成重大损失和恶劣社会影响的，要进行组织处理。

（8）要开展作风建设民主评议。2011年3月、9月，上一级党组织根据作风建设年的主要任务，对所辖地区及部门领导班子和领导干部的作风建设情况，进行一次民主评议。对评议结果和收集到的意见建议反馈给评议对象，并提出整改要求。

（9）要开展作风建设满意度民意调查。2011年6月，采取随机抽样发放问卷调查表的方式对市、县机关中的窗口部门进行测评。2011年12月，委托第三方，通过电话了解、入户调查等方式，开展一次作风建设群众满意度民意调查。调查指标主要包括机关效能建设情况，重点了解市、县服务群众、服务基层、服务发展情况等。

（10）要建立评比排位机制。市、县各级都要建立评比排位机制，采取网上评比、群众评议、设立监督电话、明察暗访等方式，定期对作风建设的情况进行综合评比，区分高低、排出位次，并予以公布。

（11）要建立完善工作责任追究制度。对办事推拖扯转、吃拿卡要、不作为乱作为、工作不在状态等情况，根据情节轻重，采取批评教育、限期改正、诫勉谈话、调整工作岗位、免职等方式，进行严肃处理。

（三）考核总结阶段（2011年12月至2012年1月）

1. 市“三个建设年”活动领导小组办公室对各地各单位作风建设情况进行检查、考核，按照有关规定兑现奖惩。

2. 各地各单位对作风建设年工作进行总结、表彰。

三、组织领导

（一）加强组织领导。成立作风建设工作组，在市“三个建设年”活动领导小组及其办公室的领导下开展工作。各地各部门各单位在上级党组织的领导下，成立相应的领导机构和工作机构，形成上下协调、左右配合、齐抓共管的工作格局。

（二）加强舆论宣传。党委宣传部门要充分发挥导向作用，积极利用报刊、广播、电视、网络等新闻媒体和干部群众喜闻乐见的文艺宣传活动，广泛宣传开展作风建设年的重大意义、总体部署、工作步骤和具体要求。市有关新闻媒体要深入一线采访调查，充分挖掘先进典型和先进事迹，及时推广各级各部门的好做法、好经验。各级各部门各单位要因地制宜，充分利用单位宣传栏、发放宣传资料、召开作风教育宣讲会、辅导培训等多种方式做好动员宣传工作，努力确保机关干部熟知，人民群众知晓。

（三）加强督促检查。各级督导组要根据工作情况，定期不定期开展督促检查。督察中发现的问题，及时反馈被督察地区或单位。凡要求整改的问题，有关单位半月内必须上报整改方案，两月内必须上报整改情况。必要时，上级有关部门可对整改情况进行跟踪督察。对整改不力或弄虚作假的，追究相关人员责任。对不按要求开展活动或开展活动不到位、成效不明显、工作推进乏力的单位和个人及时进行通报。同一问题被通报2次的单位，对主要领导进行诫勉谈话或组织调整。各级党委、政府以及有关部门，要充分发挥职能作用，通过听取汇报、交流座谈、调研了解、深入基层指导工作等方式，加强对作风建设情况的监督检查，确保活动取得明显成效。

（四）加强结果运用。要把作风建设情况作为考核评价领导班子和领导干部的一项重要依据。排名靠前的，予以表彰奖励；排名靠后的，取消单位年度评优评奖资格，责令认真整改并予以通报批评；连续排名靠后及位次倒退的，要查明原因，追究责任，情节严重的要对领导班子进行组织调整。对满意度调查排名靠后的地区和单位，主要负责人要在有关会议上作出说明，并作出整改的公开承诺；组织部门要进行重点分析研究，提出组织处理的建议。

各地各部门各单位在作风建设年活动中，领导一定要重视，思想一定要解放，认识一定要到位，目标一定要清晰，任务一定要分解，责任一定要明确，措施一定要有力，工作一定要扎实，内容一定要丰富，形式一定要多样，督察一定要到位，推进一定要加快，成效一定要明显，要以作风的切实转变促进全市经济社会。

附件2

六盘水市开展环境建设年工作方案

根据省委、省政府《关于开展作风建设年、环境建设年、项目建设年的决定》和《贵州省开展环境建设年实施方案》要求，结合市委、市政府“1+8文件”精神，为切实解决六盘水市发展环境中存在的突出问题，进一步加强机关效能建设，优化发展环境，为全市又好又快、更好更快发展创造有利条件，特制定本工作方案。

一、总体要求和工作目标

（一）总体要求。紧紧围绕六盘水市经济社会发展大局和市委、市政府重大决策部署，按照

"转变作风、提高效率、服务基层、推动跨越"的要求，采取有力措施，努力营造开放开明的政策环境，诚实守信的信用环境，优质高效的政务环境，公平正义的法治环境。力争把六盘水市建设成为全省"创业最宽松、社会最文明、人居最安全和低交易成本、低生产成本、低行政成本、低社会成本"的创业宜业城市。

（二）工作目标。通过环境建设年活动，在全市上下形成把思想统一到发展上、心思集中到发展上、力量凝聚到发展上的良好氛围，全社会自觉维护发展环境的意识明显增强；政府职能进一步转变，行政权力运行进一步规范；国家机关工作人员工作作风、行政效率、服务质量明显转变；公众对国家机关及其工作部门、公共服务窗口单位的满意度明显提高；环境建设逐步制度化、规范化。

二、重点工作及措施

围绕环境建设年的总体要求和目标任务，重点从进一步深化行政审批制度改革、规范行政执法行为、清理整顿收费秩序、提高政务服务水平、促进行政权力公开透明运行、推进市场诚信体系建设、强化社会治安管理、加大案件查办力度和落实问责制度等九个方面，抓好27项具体任务（见《六盘水市环境建设年工作任务一览表》）。各牵头单位要按照《六盘水市环境建设年工作任务一览表》规定的具体要求，制定工作措施、明确责任人和完成时限，确保各项工作任务全面完成。

三、阶段目标及方法步骤

本次环境建设年为期一年左右，分四个阶段进行。

（一）动员部署阶段（2010年12月）。组织召开全市工作推进会，安排部署工作。12月15日前，公布市环境建设年的专项举报投诉电话。12月31日前，各县（特区、区）、市直各部门要在制定本地、本单位（本系统）工作方案的基础上，召开工作推进会议，由主要负责人进行安排部署，认真做好思想发动工作。各级政府有关职能部门要认真落实在当地新闻媒体作出加强机关效能建设优化发展环境的承诺，充分接受社会和群众的监督。各级各部门要采取集中学习、个人自学、专题辅导等多种形式，认真学习省、市会议精神和有关法律法规，深刻领会开展环境建设年的重要意义，明确努力方向。12月31日前，各县（特区、区）和市直各单位要将环境建设年工作方案报市领导小组办公室。

（二）排查问题阶段（2011年1月至3月）。各地各部门要根据市的统一部署和要求，结合各自实际，深入基层、深入企业、深入群众，通过召开座谈会、问卷调查等形式，听取企业和广大群众的意见和建议，认真查找影响经济社会发展的突出问题、重要领域、关键环节；查找群众反映强烈的突出问题；查找影响重点工作推进方面的突出问题；查找制约发展的体制机制问题；查找作风和效能方面的突出问题；查找损害发展环境的行为及案件线索。对查找出来的问题要边查边改，能够解决的要立即解决，同时研究提出有针对性的工作措施和方法。市领导小组办公室和各县（特区、区）要采取有效措施，组织企业、群众开展对机关作风建设、工作效率和服务态度的公认度和满意度测评活动，对群众满意度不高的单位及突出问题进行排查，掌握底数，并根据不同情况，研究提出有针对性的整改建议。

（三）落实整改阶段（2011年4月至9月）。各有关部门要根据本单位查摆出的突出问题，认真制定整改方案，明确责任分工，采取切实措施，有步骤、有计划地抓好整改工作任务的落实，统筹解决作风、效能和重点任务推进方面存在的问题。在整改工作中，要将环境建设年工作与惩治和预防腐败体系建设结合起来，围绕反腐败治本抓源头各项工作，围绕对权力的监督和制约权力，认真落实各项改革措施。整改工作基本结束后，要进行"回头看"，看一看干部职工是否普遍受到了教育，发展意识、服务意识和依法行政意识是否有所增强；损害发展环境行为是否得到了及时纠正和处理；是否找准了工作中的薄弱环节和漏洞，有没有采取有效措施加强和改进工作；对发现的案件线索是否及时移交，涉案人员有没有受到恰当处理；是否针对体制机制和制度存在的弊端，提出改革完善的意见。要认真梳理“回头看”情况，对虽已整改，但效果不明显的问题，要强化整改措施，进一步抓好落实；对尚未整改的问题，要进一步制定有效的整改措施，明确整改期限、责任单位和责任人员，确保按时按标准完成整改工作。整改工作结束后，要认真总结活动中积累的好经验、好办法，并把一些成功做法和经验固定下来，建立健全制度并完善监督制约机制。

（四）总结评估阶段（2011 年 10 月至 2012 年 1 月）。2011 年 10 月，市领导小组办公室制定考核评估的措施及标准，启动对各地各部门的考核评估工作。11 月 10 日前，各县（特区、区）、市直各部门将活动总结上报市领导小组办公室。11 月底前，市领导小组办公室结合活动期间督促检查情况、案件查处情况和各地各部门上报工作推进情况等，充分发挥人大法律监督、政协民主监督、新闻舆论监督、专门机关监督以及工商联等社会各界的监督作用，采取调查队调查统计、召开座谈会等形式，广泛听取各方意见，对各地各部门开展活动情况进行客观公正的考核评估，并将结果纳入党风廉政建设责任制和机关年度目标考核。在考核评估的基础上，市领导小组对全市工作进行总结，表彰先进典型，通报后进典型，为建立行政效能监察工作运行的长效机制，推动六盘水市优化发展环境工作的常态化奠定基础。

四、工作要求

（一）加强组织领导。市委、市政府成立“三个建设年”领导小组办公室，办公室内设环境建设工作组，具体负责环境建设年的组织实施工作。各级各部门要提供必要的人力、物力和财力保障。认真履行各自职责，加强合作，努力形成齐抓共管的局面。各级各部门要高度重视此项活动，按照市领导小组确定的工作任务和时限要求，建立专门机构，制定工作方案，组织开展工作。

（二）广泛宣传教育。全市各级新闻媒体要广泛深入宣传环境建设年的重要意义、政策措施和典型经验，及时曝光损害发展环境的典型案例和突出问题；各级纪检监察机关要建立健全新闻通报制度，定期不定期通报环境建设年工作、典型案件查办和领导干部被问责等情况，通过强有力的舆论引导、舆论监督和宣传报道，在全市营造“人人都是发展环境，事事关乎发展前景”的良好社会氛围。

（三）强化督促检查。市领导小组办公室要不定期对各级各部门工作推进情况开展督察指导，及时解决工作中存在的困难和问题。要广泛邀请各民主党派代表、党代表、人大代表、政协委员参与，采取明察暗访等形式，加强对环境建设年工作的监督。各级各部门要建立定期工作汇报制度，及时将各项工作的推进情况报送市领导小组办公室。通过建立健全督促检查机制，推动全市环境建设年工作取得实效。

附件 3

六盘水市开展项目建设年工作方案

强力推进项目建设和固定资产投资工作，是确保“十二五”目标任务完成的重要举措，是大力实施工业强市战略、促进、加快实现经济社会发展历史性跨越和全面建设小康社会奋斗目标的重要保障。根据市委、市政府关于开展好“三个建设年”活动的有关要求，为确保完成全年固定资产投资及重点项目建设工作目标任务，切实发挥项目带动、投资拉动在“加速发展、加快转型、推动跨越”中的重大作用，特制定本工作方案。

一、工作目标

贯彻落实市委、市政府推动投资快速增长的决策部署，把加快项目建设，促进投资快速增长作为全市经济工作的重中之重，突出重点领域，抓好薄弱环节，加强组织协调，完善工作机制，加快项目前期工作和施工进度，实现一批重大项目新开工，推进一批在建项目加快建设，确保一批收尾项目按期竣工投产。

2011年确保全社会固定资产投资增长30%以上，完成430亿元以上，其中：工业投资占全社会固定资产投资的比重达到50%左右；人均固定资产投资突破1.4万元。全市重大项目完成投资占全社会固定资产投资的比重达到50%左右。确保新开工项目40个以上，其中上半年新开工25个以上。抓好招商引资工作，营造良好的投资环境，2011年，确保招商引资到位资金额增长30%以上。

二、工作措施

（一）加强领导，明确职责。成立项目建设工作组（以下简称项目工作组），在“三个建设年”活动领导小组及其办公室的领导下开展工作，负责全市项目建设年各项工作的组织领导和统筹协调；分解下达全市固定资产投资及全市重大项目建设年度工作目标任务；定期督促检查各县（特区、区）、各部门完成全市固定资产投资及重大项目建设工作目标任务的情况；审议全市固定资产投资及重点项目建设工作的重大政策措施、重点实施计划、重要工作方案等；统筹协调解决全市项目建设中的重大问题。项目工作组办公室设在市发展改革委，承担日常工作。

各部门职责：1. 市发展改革委：牵头开展项目建设，承担项目工作组办公室的具体工作；拟订全市固定资产投资、重点项目建设工作和年度招商引资和利用外资工作目标任务，做好基本建设投资项目审批、核准、备案的各项工作；做好国家审批、核准项目的转报和跟踪落实工作，组织申报中央预算内投资项目，负责统筹推进全市利用外资工作。2. 市经济信息化委：做好更新改造项目审批、核准、备案的各项工作；做好国家审批、核准更新改造项目的跟踪落实工作；负责统筹推进全市工业项目的实施工作。3. 市财政局：努力增加用于项目建设的财政性资金；积极统筹财力，加大项目建设资金投入；加强对财政性投资的监督管理，确保资金使用安全，提高资金使用效益。4. 市住房和城乡建设局：督促各级住房和城乡建设、规划等部门做好项目规划选址、规划许可、拆迁许可、施工许可等相关手续的办理工作；负责统筹推进城建、保障性住房等项目的实施工作。5. 市国土资源局：加快土地利用总体规划修编，积极争取国家增加六盘水市建设用地和年度计划指标；衔接平衡项目建设用地总量，按政策规定确保项目建设用地供应；做好用地预审、正式用地、土地征用等办理的各项工作；做好国家和省审批用地事项的转报和跟踪落实工作；做好投资项目探矿权、采矿权等矿产资源利用手续办理的各项工作。6. 市环保局：做好环境影响评价审批手续办理的各项工作；做好国家和省审批环评事项的转报和跟踪落实工作。7. 市水利局：做好建设项目水资源论证、水源工程流域规划、水土保持方案、取水许可等涉水事项手续办理的各项工作；负责统筹推进水利项目实施工作。8. 市交通局：负责统筹推进公路、水运项目实施工作。9. 市能源局：负责统筹推进能源综合开发和利用项目实施工作。10. 市农委：负责统筹推进农业项目实施工作。11. 市教育局：负责统筹推进教育项目实施工作。12. 市卫生局：负责统筹推进卫生项目实施工作。13. 市监察局：负责对项目建设年中各部门简政放权、提高办事效率和行政效能的情况进行监督、检查。14. 市统计局：及时调查、收集、整理、统计全市固定资产投资完成情况，开展相关监测和分析。每月10日前，各县（特区、区）、市直各部门将上月固定资产投资及重大项目建设工作目标任务完成情况报项目工作组。其他各相关部门要根据国家相关政策和规定，加快办理涉及建设项目的相关手续，统筹推进本部门、本系统项目建设。金融机构要积极为项目建设提供信贷支持和金融服务。

各县（特区、区）政府职责：负责落实本地固定资产投资及重点项目建设、招商引资等工作目标任务；做好固定资产投资项目的谋划和储备工作，组织指导项目前期工作；做好项目建设的协调服务，落实资金、土地等建设条件，营造良好的投资环境；负责统筹推进本地固定资产投资和项目实施工作。

各县（特区、区）、市直各部门项目建设年工作任务另行下达。

（二）多渠道筹措项目建设资金。做好向国家、省有关部门的汇报衔接工作，争取国家和省更多的资金支持。市、县两级财政和有关部门、相关企业要加大项目前期工作经费投入，安排专项资金用于项目前期工作；要统筹安排财力，优化支出结构，并结合本级当年新增财力，重点用于基本公共服务领域和国家、市安排的项目建设，确保项目建设资金按时足额到位；各级政府资金要更多地采取资本金注入、投资补助、贷款贴息等方式，引导和带动社会资金投入。按照“搭建大平台，实现大融资”的原则，充分整合政府掌握的资源、资产、资金和资本，把融资平台做实做大，增强融资平台的赢利能力、融资能力和持续发展能力。加强政银企合作，定期发布项目融资需求信息和举办项目推介会，努力扩大信贷规模；做深、做细项目前期准备工作，使更多的项目达到金融机构放贷条件。认真落实《国务院关于鼓励和引导民间投资健康发展的若干意见》（国发〔2010〕13号），千方百计扩大民间投资。积极支持和帮助符合条件的企业通过发行企业债券、短期融资券、中期票据等直接融资方式，扩大债券融资规模。

（三）加强督促，严格考核。按照“三个建设年”活动领导小组制定的考核制度，对重大项目年度目标任务完成情况进行督促检查和考核。

三、实施步骤

（一）动员部署阶段（2010年12月）。(1) 市发展改革委牵头编制2011年全市全社会固定资产投资目标分解任务并由项目工作组按程序下达执行。(2) 市发展改革委牵头拟定2011年全市重大项目名单及年度目标任务并由项目工作组按程序下达执行。(3) 项目工作组完成对全市招商引资目标任务的分解并按程序由“三个建设年”活动领导小组下达执行。

（二）组织实施阶段（2011年1月至2011年12月）。1. 2011年2月28日前，将全市固定资产投资、重点项目建设及招商引资工作目标任务分解下达到具体项目。2. 定期召开项目工作组调度会和专题会。调度会原则上在每季度考核完成后召开一次，主要内容是通报项目建设年相关工作总体进展情况，分析固定资产投资形势，相关工作的检查落实情况；专题会根据工作需要随时召开，主要内容是研究协调解决项目建设中存在的突出问题和困难。

（三）总结考核阶段（2011年12月至2012年1月）。市“三个建设年”活动领导小组对项目完成情况进行总结考核，对成绩突出的给予表彰，对未完成任务的进行问责。

（2010年12月23日）

中共六盘水市委关于在全市领导干部中深入开展“四帮四促”活动进一步做好新形势下群众工作的实施意见

市发〔2010〕14号

为深入学习贯彻党的十七届五中全会、省委十届十次全会和市委五届七次全会精神，切实转变干部作风，形成各级党员干部服务基层、服务群众、服务发展的良好氛围，凝聚全市各族人民的意志和力量，推动全市经济社会又好又快、更好更快发展，根据《中共贵州省委关于在全省领导干部中开展“四帮四促”活动进一步做好新形势下群众工作的意见》（黔党发〔2010〕15号）要求，结合六盘水市实际，就在全市开展“四帮四促”活动（帮助学习领会精神，促进思想统一；帮助理清发展思路，促进科学发展；帮助解决实际问题，促进增比进位；帮助化解矛盾纠纷，促进和谐稳定）提出如下实施意见。

一、统一思想，提高认识，深刻领会开展“四帮四促”活动的重要意义

高度重视并认真做好群众工作，是我们党的政治优势和优良传统，也是我们党一贯坚持的方针政策。党的十七届五中全会深刻阐述了群众观点、群众立场、群众工作方法等重大问题，丰富和发展了党的群众路线，为做好新形势下群众工作指明了方向。中共中央总书记胡锦涛同志在党的十七届五中全会上指出：要切实做好新形势下的群众工作，这既是新形势党建工作的一项重要任务，又是进一步凝聚全党全国各族人民的意志和力量，同心协力完成“十二五”规划任务的根本。“十二五”时期，既是六盘水市可以紧紧抓住并且大有作为的战略机遇期，又是六盘水市实现经济社会历史性跨越、全面建设小康社会的加速期，更是六盘水市调整经济结构、转变发展方式的历史攻坚期，同时也面临着经济体制深刻变革、社会结构深刻变动、利益格局深刻调整、思想观念深刻变化、群众思想和行为的选择性和差异性进一步增强、统筹协调各方面利益关系难度增加等严峻现实，群众工作面临许多新情况、新问题、新挑战，这些新形势对做好这一时期群众工作提出了新的更高的要求。

全市各级党组织和广大党员干部特别是领导干部，一定要把思想统一到胡锦涛总书记关于做好新形势下群众工作的重要论述上来，统一到省委、市委的要求部署上来，深刻认识开展“四帮四促”活动，是贯彻落实科学发展观，加快推进经济社会发展历史性跨越的迫切需要；是巩固党的执政基础、提高执行能力、保持和发展党的先进性的必然要求；是践行党的根本宗旨，加强干部队伍作风建设的重要任务；是贯彻落实党的十七届五中全会、省委十届十次全会和市委五届七次全会精神、奋力完成“十二五”规划各项目标任务的重要保证，坚持把开展“四帮四促”活动作为加强和改进新形势下群众工作的重要载体，加强领导，强化措施，健全机制，迅速行动，把党的全心全意为人民服务根本宗旨落实在团结和依靠群众开展工作的实践中，动员全市上下以闯的魄力、抢的意识、争的劲头、比的智慧、拼的勇气，奋力推进六盘水市经济社会发展历史性跨越。

二、抓住关键，迅速行动，切实抓好“四帮四促”活动的落实

开展“四帮四促”活动，以市、县（特区、区）党政领导干部和市直部门主要领导为主，乡（镇、街道）和县直部门主要领导要积极参与，采取面上帮促和定点帮促相结合的办法，定人定点定时限帮企业、帮基层、帮项目、帮农户，带动全市各级领导干部深入基层、深入群众，帮助解决人民群众最关心最直接最现实的利益问题，尤其要到条件最艰苦、群众最需要、发展最迫切的地方去，真正在服务群众、服务发展中“创先争优”。

（一）帮助学习领会精神，促进思想统一。各级领导干部要迅速采取调研座谈、上党课、专题辅导、宣讲、作形势报告等方式，帮助基层认真学习、深刻领会党的十七届五中全会、省委十届十次全会、市委五届七次全会和省委书记栗战书、省长赵克志在六盘水市调研时的重要讲话精神，统一干部群众对过去五年工作、当前和今后一个时期形势、“十二五”时期经济社会发展的主题和主线的认识，准确理解和切实把握“十二五”时期的基本要求、主要任务和重大措施，尤其要把思想和认识统一到加速发展、加快转型、推动跨越的主基调上来，层层传递压力，增强紧迫感和责任感。市、县（特区、区）、乡（镇、街道）党政主要领导要带头并带动班子成员重点帮助基层全面总结以往工作，通过排位比较分析，查找差距不足，认清加快发展的比较优势，找准加快发展的着力点和突破口，坚定加快发展的信心。市、县（特区、区）直部门主要领导要带头并带动部门领导干部重点帮助基层熟悉掌握市委关于今后五年的发展战略、产业布局、重点项目等，共同谋划经济社会发展大局。

（二）帮助理清发展思路，促进科学发展。各级领导干部要通过帮助组织专题培训、邀请专家讲授先进理念等形式，促进基层解放思想、开拓视野，在更大范围、更高层次、更宽领域来谋划发展，促进基层真正把思想统一到发展上、把心思集中到发展上、把力量凝聚到发展上；要帮助基层围绕“十二五”时期的目标任务，尤其要围绕工业强市、城镇化带动战略，认真制定符合实际、突出特色的发展规划或发展目标。市、县（特区、区）和乡（镇、街道）党政主要领导要带头并带动班子成员通过组织现场观摩、召开工作调度会等方式，引导基层看发展、比进步，真正把全市经济社会发展重点工作及本地的中心工作落实到具体单位、具体人员，把规划设想落实到具体项目上，以项目推动发展。市、县（特区、区）直部门主要领导要带头并带动班子成员主动帮助基层把发展思路和措施统一到全市规划“大盘子”中来，形成全市“一盘棋”、共同推进发展的大格局。同时，指导、帮助和支持基层积极开拓创新，探索出更加符合本地本单位实际、更加符合科学发展要求的新路子。涉及项目管理的市、县（特区、区）直部门的领导干部，要督促本部门制定和完善各有关系统（行业）项目申报和建设指导意见，健全工作制度，落实工作措施，帮助基层提高项目储备、项目申报、项目落实的能力水平。

（三）帮助解决实际问题，促进增比进位。各级领导干部要深入调研了解实情，通过争取和运用好政策、项目、人才、资金、技术、信息等，帮助基层发挥比较优势，赢得发展先机，解决发展困难，加快发展速度，实现跨越发展。市、县（特区、区）和乡（镇、街道）党政主要领导要带头并带动班子成员充分发挥统筹协调作用，通过召开现场办公会、督办会及健全完善部门之间协调机制等方式，加强职能部门之间的协调配合，帮助基层解决产业培育、产业结构升级、园区规划和建设、城镇化建设、农业产业结构调整、统筹区域发展等工作中面临的难题；要强化保障和服务意识，建立重点企业、重点园区、重点项目建设行政责任制，实行一个企业

（园区、项目），一个推进小组，一套具体推进方案，逐一落实工作目标、措施和进度要求。市、县（特区、区）直部门主要领导要带头并带动部门领导干部通过实行“保姆式”、全程代理、“帮办式”服务，制定实施一企一策、一村一策、一居一策帮扶计划等，帮助基层解决发展中的困难和问题。对于重点企业、重点产业、重点园区、重点项目，主要责任部门要明确一名分管领导负责联系和指导，明确专人跟踪了解情况，切实提供服务。具有行政审批职能的市、县（特区、区）直部门的领导干部，要强化给基层和企业发展松绑、让利、开绿灯、出政策的意识，认真抓好精简行政审批事项工作，采取提前介入、主动上门、现场办公、开设快速通道等措施，快速办理重点项目、重点工程审批手续，坚决禁止“推、拖、扯、转”、“吃、拿、卡、要”等行为，坚决杜绝乱摊派、乱收费、乱检查、乱罚款等现象。

（四）帮助化解矛盾纠纷，促进和谐稳定。各级领导干部要着力促进社会公平，维护广大群众的切身利益，积极热情为群众服务，认真解决群众反映强烈的突出问题；要督促和指导基层加强民主建设，切实推进党务、政务、村（居）务、厂务公开；要深入群众排查了解矛盾纠纷，帮助反映和协调解决有关问题。市、县（特区、区）和乡（镇、街道）党政主要领导要带头并带动班子成员妥善处理关系社会稳定、关系群众切身利益的突出问题，处理信访集中的重点问题，尤其要注意总结和运用领导干部大接访、领导包案、干部下访等有效做法，及时化解企业改制重组、征地拆迁、矿群矛盾、地质灾害等带来的纠纷；要认真执行重大项目实施维稳风险评估制度，坚持每季度听取1次维稳形势分析报告。2010年底至明年初，市、县、乡三级党政主要领导要集中督办、处理一批重点信访案件，集中研究解决一批影响较大的突出问题。市、县（特区、区）直部门主要领导要带头并带动班子成员认真研究群众反映的矛盾和问题，对涉及本部门的问题，凡诉求合理合法、在政策允许范围内能够解决的，尽快解决；对涉及其他部门的问题，积极联系和协调有关部门处理；对不合理的要求，讲清政策法规，耐心做好疏导教育工作。要进一步严格和规范政策的制定和落实，充分考虑具体的和潜在的不稳定因素，避免引发矛盾纠纷。法院、检察院、信访、民政、公安、国土、城建等部门的领导干部要主动深入一线，通过走访群众、接待来访、召开群众代表会议和基层组织负责人会议等，深入排查和化解矛盾纠纷。

三、转变作风，真抓实干，着力提高“四帮四促”活动的针对性和实效性

各级领导干部尤其是主要领导，要按照市委的要求，切实转变作风，真抓实干，以勇于担当的责任感、时不我待的紧迫感、干事创业的使命感，紧急动员、马上行动，带着感情、带着激情，立即深入企业、项目、农村、社区，真心实意地为百姓着想，替百姓做事，着力解决基层发展中面临的实际困难，千方百计办顺民意、解民忧、惠民生的实事。

（一）广联系、真帮促。市、县（特区、区）、乡（镇、街道）党政领导班子成员和市、县（特区、区）直部门领导班子成员，要结合分工，明确1个重点企业、重点园区、重点项目、贫困乡村、贫困户建立联系点，帮助破解发展难题，牵头解决群众反映强烈的问题。各级机关、事业单位和国有企业，要结合党建扶贫、“双万”工程等，开展结对帮扶工作。各级领导干部要结合分管工作，有重点地深入本地本部门所属下级单位开展帮助工作，实现帮助工作在重点企业、重点园区、重点项目、贫困乡村、街道社区“全覆盖”。各级机关党员要对各联系点的贫困党员和群众实行“一对一”结对帮扶，每个帮扶单位要明确1名工作人员担任联络员，重点做好沟通联系、分析情况、解决问题等工作，每月驻点时间不少于5天。

（二）深调研、解难题。各级领导干部要制定和落实调研计划，到基层蹲点开展调查研究。

要坚持问政于民、问需于民、问计于民，尊重群众的首创精神，采取“书记信箱”、进村入户、“民情恳谈”、“民情日记”等方式，听取基层和群众意见，掌握第一手情况。通过蹲点调研总结当地的好做法好经验，了解当地群众的迫切需求，分析当地经济社会发展的优势和不足，找准制约当地经济社会发展的症结，帮助基层制定切实可行的发展措施，帮助解决基层发展中存在的困难和问题。全市各级领导干部每年要利用2个月以上的时间，深入基层宣传政策、调研指导工作和帮助解决问题。

（三）零距离、惠民生。各级领导干部要深入一线指导工作、掌握情况、解决问题，坚持零距离接触基层干部群众，与基层干部群众同吃同住同劳动，虚心向基层和群众学习请教，满腔热情解民困，真心实意帮民富，扎扎实实惠民生，帮助群众解决生产生活特别是就业、就学、就医遇到的实际困难，使群众得到更多实惠。春节前要开展一次“下基层、送温暖”活动，走访慰问老党员、贫困党员和生活困难群众。

（四）重实际、求实效。各级领导班子和领导干部，要结合年度工作实际，对服务基层的事项作出承诺，在一定范围公布，接受监督，抓好落实。各级领导干部深入基层要按标准支付食宿费用，不准层层陪同，铺张浪费；不准指手画脚瞎指挥，干扰基层工作；不准擅自缩短深入基层的时间，“蜻蜓点水”、敷衍应付；不准将帮扶任务推给基层，出工不出力。对那些增加基层负担、损害群众利益的行为，必须坚决制止和纠正。

四、加强领导，完善措施，把“四帮四促”活动不断引向深入

各级各部门要高度重视，加强领导，精心组织实施，全面推进“四帮四促”活动各项任务的落实，确保真正取得实效。

（一）强化组织领导。各级各部门要成立相应的工作机构，及时召开“四帮四促”活动动员大会，迅速制定方案，确定帮联对象、工作任务和办法措施，迅速开展工作。要建立工作台账，全面记录开展活动工作时间、所到单位、工作内容和实际效果等。

（二）强化责任落实。各级党委（党组）要认真履行职责，切实抓好各项任务落实。各级纪检监察机关和组织、督察、效能办、目标办等部门，要加强督导检查，确保工作有序推进；要设立举报监督电话，督促各级机关服务发展、提高办事效率；要对开展活动的成效进行评估，并把评估结果作为“创先争优”、考核奖惩的重要指标；要广泛开展民意调查，把基层和群众的满意度作为评价机关工作的重要指标。

（三）强化制度建设。建立领导干部联系重点项目（园区）制度、领导干部联系地质灾害防治点制度、领导干部联系企业制度、领导干部联系煤矿安全生产制度、市委常委挂帮县（特区、区）社会治安和维护社会稳定工作制度、党建扶贫联系点制度、市直机关党组织与钟山区社区党组织“互助共建”制度和千名优秀干部到村任职等制度。同时，要进一步建立和完善定期征求基层和群众意见、便民利民服务、为群众办好事办实事、矛盾纠纷排查调解等联系服务群众制度、信访制度和维护群众权益机制，不断完善执行机制、督办机制，抓好各项制度的落实。

（四）强化宣传引导。各级各部门要采取新闻媒体报道、宣传栏、简报等形式，宣传报道“四帮四促”活动开展情况，注意发现、跟踪报道活动中涌现出来的先进典型和先进事迹，宣传群众、引导群众，努力形成你追我赶、竞相发展的良好氛围。

各地各部门各单位收到本意见后，要抓紧研究制定工作方案，迅速召开动员大会，组织党员干部深入基层切实开展工作。各县（特区、区）和市直机关要在12月28日前向市“三个建设年”活动领导小组办公室报送一次工作情况。以后每月20日前报送一次工作情况。

（2010年12月23日）

大事记

1月

＊从1月1日起，六盘水市各级社会保险经办机构对全市2009年12月31日前按规定办理退休、退职手续的11533名企业退休、退职人员的基本养老金进行调整提高。

8日

＊省医学核心专家、省管专家西部行专家团一行到市人民医院举行学术报告会。

11日

＊11至15日，省安监局组织专家组对贵州湘能公司晋家冲煤矿45万吨/年系统安全设施及条件进行竣工验收。

15日

＊省总工会党组书记、副主席姚亚非到首钢水城钢铁（集团）公司、水城矿业（集团）公司、钟山区总工会等单位，对受金融危机影响严重的企业进行慰问。

18日

＊18至19日，由贵州省图书馆馆长高誉、文化资源共享工程贵州省中心主任张永环及省中心和广州铂亚公司的相关技术人员组成的验收组，对水城县和钟山区文化资源共享工程县级分中心进行检查验收。

28日

＊国家土地督查武汉局副专员张运动率督查组到六盘水市检查指导2009年新开工项目用地查处整改情况。

＊省委常委、副省长黄康生一行到六枝特区折溪乡慰问困难群众，并到陇脚乡调研。

是月

＊2010年中国数学奥林匹克竞赛举行，六盘水市第三中学学生闫峻参加并获银牌，被北京大学数学学院录取。为此，市三中奖励闫峻2万元。

＊是月全市降水量较常年偏少，其中：盘县较常年偏少九成以上，为六十年来同期气象记录最小值；六枝特区降水量较历史同期偏少九成以上，水城县、钟山区降水量较常年偏少六成以上。

2月

4日

＊钟山区新农保试点启动仪式在钟山区老鹰山镇举行。

5日

＊1时26分，正在建设中的位于六盘水市动物园后的六沾铁路复线六盘水双线隧道发生坍塌

事故，8名施工人员被困洞内，6日16时26分，8人全部获救。铁道部副部长卢春房，省安监局副局长叶文邦，六盘水市市领导刘一民、何刚、何冀、牟海松、陈少荣等到事故现场指挥抢险救援并看望、慰问抢险救援人员。

6日

＊上海宝钢集团考察组到六盘水市考察。

7日

＊六盘水市第六届人民代表大会第五次会议举行。会议选举黄金为六盘水市第六届人大常委会主任，补选刘睿（女）、沙劲松为市六届人大常委会委员。

10日

＊副省长孙国强在盘江煤电（集团）公司进行安全检查及慰问。

26日

＊贵州省防汛抗旱指挥部办公室主任赵云一行到盘县视察旱情。

是月

＊上年冬天以来，六盘水市平均降水量较历年同期偏少，气温偏高，日照偏多，持续干旱。至2月，全市有79.92万人发生临时饮水困难，农作物受旱面积达53960公顷，其中：重旱19010公顷，轻旱32220公顷，干枯2720公顷，因旱致79.92万人、31.25万头大牲畜发生临时饮水困难。

3月

2日

＊2010年第一期全市中青年干部培训班在市委党校开班。

3日

＊民政部救灾专员柳水法，国家减灾中心博士范春波、温齐一行到盘县检查灾情。

＊贵州省第一期救护队员培训班和第一期辅助救护队员培训班在六枝工矿（集团）公司矿山救护大队举办，来自全省各地州市的218名学员参加。

6日

＊国家电子政务外网办处长刘增明到六盘水市调研电子政务外网建设工作，陪同调研的有贵州省信息中心副主任陈加路等。

9日

＊9至10日，由省林业厅副厅长沈晓春任组长的省政府抗旱救灾和森林防火工作督查组，到六盘水市督导检查抗旱救灾和森林防火工作。

16日

＊省国土资源厅厅长朱立军率省国土资源厅有关处室负责人和省地矿局所属地质队伍相关技术人员到盘县指导、部署地下水勘查钻探工作。

17日

＊17至20日，省地矿局副总工程师王明音带领相关技术人员到六盘水市严重缺水的盘县民主镇杉树村钟山区月照乡金钟村，水城县玉舍乡甘塘村等17个村实施地下水勘查工作。

18日

＊盘县四格风电场一期工程形式建设。

＊由省科技厅荀渝新副厅长带队的省机电研究院和省农科院专家参加的考察组一行7人到六盘水市，实地考察申报省级科技成果推广项目。

＊18至20日，卫生部疾控局主任熊传龙、国家疾控中心地病中心所长高彦辉在省卫生厅及省疾控中心相关人员陪同下到六盘水市督导检查地氟病防治工作。

21日

＊21至22日，省地矿局局长李再文到六盘水市指导地下水勘查工作。

是月

＊教育部办公厅公布全国新型农民培训工作联系点名单，水城县名列其中（全国共61个县）。

＊六盘水首批运煤公路响水河至三块田项目通过有关部门验收。

4 月

3 日

*3 至 28 日，成都军区炮兵团到旱情严重的盘县支援抗旱救灾。

5 日

*六枝工矿（集团）公司化处煤矿发生煤与瓦斯突出事故，死亡 5 人。

7 日

*7 至 11 日，全市纪检监察干部培训班举办，来自全市纪检监察系统的 164 名干部参加。

13 日

*马来西亚星洲日报社爱心助学款发放仪式在市三中举行。市三中、市四中和市民族中学共 300 名（其中市三中 100 名）品学兼优的贫困高中生获得助学款 21 万元。

*省委常委、常务副省长王晓东率省发改委副主任李路、省民政厅厅长丁治学、省财政厅副厅长晏婉萍、省农委党组书记涂集、省林业厅部工聂朝俊等省直相关部门人员到六盘水市检查指导抗旱救灾工作。

*13 至 16 日，贵州省交通运输厅、贵州高速公路开发总公司组织杭瑞高速公路毕节至都格段水土保持方案与环境影响评价专家组到六盘水市现场考察该路段沿线。

19 日

*珠海市信息办李川华副主任一行 7 人到六盘水市考察电子政务工作。

*省安监局副局长叶文邦带队的省安委会第五督查组到六盘水市进行为期三周的安全生产督察。

21 日

*21 至 23 日，以国家民族事务委员会党组成员、中纪委驻国家民委纪检组组长杜鹃为组长的中央扩大内需促进经济增长政策落实暨工程建设领域突出问题第 14 检查组到六盘水市开展第四轮检查工作。

22 日

*市委、市政府在市政府机关大院内举行玉树地震灾区（14 日 7 时 49 分青海省藏族自治州玉树县发生 7.1 级地震）捐款仪式。市委办及相关部门、市政府办及相关部门等干部职工参加。第一批捐款金额为 200 万元。

24 日

*市委、市政府作出建设红桥新区的决定。红桥新区主要由水城县承建的红山工业集中区，钟山区承建的石桥工业集中区构成，总面积 55 平方千米，可建设用地 20 平方千米。

29 日

*省委常委、副省长黄康生一行到六枝特区戒毒所视察工作。

*六盘水市首家城市电影院——凉都影城开业。

是月

*贵州数字图书馆在六枝特区正式免费面向读者服务。

5 月

4 日

*至 4 日，市民政局共收到社会各界抗旱救灾捐赠款 11563990.1 元。

10 日

*省财政厅纪检组组长冯跃军带队的省督查组到六盘水市督导检查中央第 14 检查组在六盘水市 13 个扩大内需项目中查出问题的整改落实情况。

11 日

*玉舍至马场桥以及水盘东线马场桥至米箩油路全线贯通。

13 日

*13 至 14 日，受省综治委、公安厅、教育厅委托，贵州师范大学副校长刘肇军率队的省检查组对六枝特区、水城县、钟山区的学校、幼儿

园及周边安全保卫工作进行检查。

15 日

＊15 至 21 日，市劳动保障事务所所长培训班在市委党校开班。全市 98 个乡、镇、办的劳动保障事务所所长参加。

20 日

＊由水城矿业集团建业公司机械化项目部负责施工的人民西路延伸段一标段工程全线贯通。

25 日

＊25 至 27 日，国务院安委会第七督查组到六盘水市检查黔中水利枢纽工程及道路交通安全工作。省委常委、副省长王晓东，市委书记刘一民，市长何刚等领导在盘县红果大酒店参加督查组与省政府交换意见会。

26 日

＊由省科协副主席钱斌带队的省全民科学素质工作督查组到六盘水市，检查实施《全民科学素质行动计划纲要》工作情况。

28 日

＊全市加强机关效能建设动员大会召开。各县（特区、区）党政主要领导，市委各部委、市级国家机关各部门、水城军分区、各人民团体、各经济开发区、省属驻市有关单位、市属有关企事业单位负责人参加。

是月

＊盘县哮天龙水库工程经省、市有关专家及领导评审通过竣工验收。

＊由重庆市体育局、重庆市南岸区人民政府主办的“体彩杯”2010 年重庆南滨路半程马拉松邀请赛举办，六盘水市 10 名运动员参加，获得 8 个奖项。

6 月

7 日

＊国家调研组到六盘水市调研水利建设、生态建设、石漠化治理综合规划编制等工作。

10 日

＊六盘水市综合应急救援支队成立。市公安消防支队支队长罗文波任支队长。

＊钟山区省级信息化与工业化融合试验区授牌仪式举行。

11 日

＊云南省昭通市政协主席熊启怀一行到六盘水市考察殡葬改革情况。

18 日

＊省政府就盘县松河矿区 14 对复采单元建设生产有关事宜在省政府召开专题会议。副省长王晓东主持，六盘水市副市长陈少荣参会。

28 日

＊副省长蒙启良在水钢及水城矿业（集团）公司调研。市长何刚、副市长徐毓贤陪同。

30 日

＊6 月 30 日至 7 月 3 日，副省长谢庆生到六盘水市调研体育训练基地（“多梯度”训练基地）建设、民运会备战、“农家书屋”建设、非物质文化遗产保护等工作。

是月

＊市城乡居民最低生活保障办公室更名为市社会救助局，为财政全额预算管理的副县级事业单位，隶属市民政局。

＊2010 中国避暑旅游城市榜、全球避暑旅游名城榜、中国避暑名山榜以总榜名“第七届（2010）中外避暑名城名山口碑金榜”在香港发布，六盘水市再次入选年度“中国十大避暑旅游城市”，贵州韭菜坪再次入选年度“中国十大避暑名山”。

＊六盘水火车站改造工程修改初步设计获得铁道部批复。

7 月

1 日

＊1 至 2 日，副省长禄智明到六盘水市调研。

5 日

＊5 至 8 日，省人大代表专题调研组一行到六盘水市，就循环经济发展和水利基础设施建设情况进行调研。

6 日

＊6 至 8 日，副省长孙国强一行到六盘水市调研循环经济试点城市建设工作情况。市长何刚、副市长徐毓贤陪同调研。其间，应市委市政府邀请，孙国强在六盘水会议中心大会议室为全市领导干部作“大力发展循环经济，加快发展方式转变”专题讲座。

15 日

＊15 至 16 日，全省扶贫开发与农村低保两项制度有效衔接扩大试点工作培训暨现场会在六盘水市召开。50 个重点县、33 个省定重点县和 5 个非重点县同步启动实施扶贫开发与农村低保两项制度有效衔接工作。

17 日

＊17 至 27 日，2010 年上海世博会贵州馆六盘水市宣传活动周在上海世博园贵州馆举行。副市长徐毓贤率团参加启动仪式。期间，六盘水市除开展文艺演出外，还制作体现民族文化、自然风光的宣传册和光碟发放，推介六盘水。

20 日

＊20 至 21 日，由省人大常委会副主任陈华祥率队的省人大常委会执法检查组到六盘水市检查《中华人民共和国就业促进法》和《贵州省就业促进条例》的开展情况。

23 日

＊23 至 24 日，由贵州省网球协会、首钢水城钢铁（集团）公司、六盘水市文化体育局共同举办的 2010 年“水钢杯”网球邀球赛在水钢网球中心举行。

28 日

＊7 月 28 日至 8 月 18 日，2010 年“凉都·六盘水消夏文化节”举办。

29 日

＊六盘水市煤层气抽采利用总体规划征求意见会召开。

8 月

5 日

＊全省综合应急救援队伍建设现场会在六盘水市召开。会议由省委政法委巡视员、省公安厅党委委员程洪林主持，省委常委、副省长黄康生出席并讲话，省公安消防总队、省综合应急救援总队总队长吴玉根就如何抓好全省综合应急救援队伍建设工作提要求。期间，与会代表参观钟山区综合应急救援大队建设成果，六盘山市综合应急救援大队、战勤保障大队建设，观摩交通事故处置、危险化学品泄露处置、高空救人等综合应急救援演练。

6 日

＊历时三年多建设的柏果至火铺二级公路全线贯通正式通车。

7 日

＊全市第二届少儿艺术节在市青少年活动中心举办。

＊7 至 11 日，2010 中国凉都·六盘水市“商行杯”第七届全国桥牌邀请赛举办。

10 日

＊省建设厅工程质量安全督查组，到六盘水市督察第二季度建筑工程质量安全和执法情况。

＊六盘水市人民政府与省高速公路开发总公司关于水城至六枝高速公路建设方案协议签字仪式在省高速公路开发总公司举行。

11 日

＊11 至 12 日，全国政协副主席李金华到六盘水市视察指导工作。审计署有关负责人，省政协副主席左定超等领导陪同。

12 日

＊12 至 15 日，2010 中国凉都·六盘水“威龙地产杯”网球精英赛举办。来自全国各地的 16 位业余网球爱好者参加。

14 日

＊14 至 18 日，由亚洲排球联合会举办的第

三次大众排球节在六盘水市举行。比赛分少年男子组、少年女子组和少年混合组三个组进行。来自泰国、新加坡、澳大利亚等12个国家和地区的33支男女沙滩排球队参加。

17日

＊17至19日，由省人口计生委副主任廖昌晖带队的调研组一行到水城县、钟山区专项检查依法行政、奖励扶助、综合治理出生人口性别比三项工作。

＊17至21日，2010年贵州省业余男子足球邀请赛在市体育场举办，来自全省市、州、地的6个代表队145名足球爱好者参加。

20日

＊20至22日，2010年黑带精英跆拳道全国邀请赛在市体育馆举办。共有来自全国8个省、市51支参赛队1100余名选手参赛。比赛分儿童组、少儿组、少年组、青年组、成年组5个组别进行。

25日

＊全省九地州市四届四次老年书画联谊会（展）在六盘水市老年活动中心举办，共展出书法、绘画作品270幅，六盘水市有106幅书画作品参展。

30日

＊由钟山经济开发区管委会和贵州省长信德投资有限公司主办、贵州·六盘水西南国际家居装饰博览城承办的西南家居装饰博览城奠基典礼暨六盘水西南家居装饰广场十周年庆典活动在钟山经济开发区红桥工业园区举行。广东省经贸厅副厅长朱征宇；六盘水市党政领导何冀、陶兴锐，谢朝碧等出席。

31日

＊能源局副局长吴吟到六盘水市调研煤矿瓦斯防治工作。

9月

4日

＊水黄高等级公路入城段改造工程开工。

7日

＊滇黔桂三省区九市州地老年体育协作赛开幕式在市体育馆举行。

9日

＊昆明铁路局副局长商波一行到六盘水市洽谈发展合作、推进装车点建设有关事宜。

13日

＊国家土地督察武汉局六盘水市土地例行督察动员会议在六盘水召开。

14日

＊省第七届民运会闭幕，六盘水市运动员获5金3银1铜。

15日

＊由市政府委托深圳市人民政府发展研究中心、深圳市社会科学院文化研究所编制的《六盘水市十二五文化产业发展规划》评审会在六盘水明湖宾馆举行。

19日

＊19至25日，第五届全国特奥会在福州市举行，六盘水市参赛运动员获金牌1枚、银牌2枚，铜牌4枚，4个第四名。

20日

＊铁路部门2010年第三阶段调整列车运行图于20日零时起实施。六盘水火车站新增“蓝箭号”特快列车2对。

21日

＊第二届贵州省道德模范颁奖晚会在贵州电视台举行。六盘水市选送参加评选的贵州煜峰投资有限公司工程师周家德获“助人为乐”奖，贵州盘江精煤股份有限公司机电分公司工人彭天文获“敬业奉献”奖。

25日

＊25至27日，由省城乡建设与住房保障厅副厅长伍祥华率队的省委农村工作领导小组到六盘水市，对五年来全市实施新农村建设工作进行阶段性检查验收。

27日

＊27至29日，市文化体育局举办2010年全市戏剧创作、导演、表演培训班，来自各县、特

区、区、工矿企业、高校的戏剧创作表演骨干参加培训。

是月

＊六盘水月照机场有限责任公司上报的《关于贵州六盘水民用机场工程环境影响报告书审查的请示》获得环保部批复。

＊全市 2009 年 6 万户地氟病改炉改灶项目任务完成。

10 月

1 **日**

＊1 至 3 日，省委书记、省人大常委会主任栗战书率省委常务副秘书长王晓峰，省发改委主任刘远坤，省经信委主任班程农，省环保厅厅长郭猛，省委政研室副主任吴祖平，新华社贵州分社常务副总编辑何天文等到六盘水市盘南电厂、盘江煤电集团的响水煤矿、红桥新区、首钢水城钢铁（集团）公司等地调研。

9 **日**

＊全省重点水利工程、投资 3.4 亿元的六枝特区旧院水库工程举行开工典礼。

11 **日**

＊10 月 11 至 11 月 10 日，六盘水市在 30 个乡镇开展出生缺陷基本情况调查。

13 **日**

＊由市委宣传部、市文联主办，市发改委、市经信委、市商业银行等单位协办的中国·凉都聚焦六盘水——实施西部大开发 10 周年建设成果大型图片展在市人民广场开展，共展出 1500 余幅图片。

15 **日**

＊15 至 16 日，国家煤矿安全质量标准化交叉检查组到六盘水市检查工作。

21 **日**

＊体育总局华体中心设计人员及省体育局领导一行赴毛口乡老王山，就建设聚合型多梯度运动训练基地进行实地勘测。

22 **日**

＊由国家监察局事故调查司副司长史宝忠任组长的国务院安委办专项督查组，就盘县煤矿开展领导带班下井制度执行情况进行督察。

23 **日**

＊广西壮族自治区百色市市委常委、市委统战部部长黄运志率百色市工商联考察团到六盘水市考察开展统战工作及工商联工作。

29 **日**

＊由省人大财经委主任委员刘汉樵率队的省委基层党建第三督导组到六盘水市调研督导基层党建工作。

30 **日**

＊六盘水市商业银行贵阳分行在贵州饭店举行开业庆典。

31 **日**

＊市苗学会举行第四次会员代表大会，王贤周当选新一届苗学会会长。

是月

＊六盘水市第十三中学、六枝特区岩脚镇第一中学、盘县乐民镇第二中学、盘县盘江镇中心小学、盘县响水镇中心小学、六盘水市钟山区实验幼儿园名列第八批贵州省绿色学校。

＊《六盘水市志·人物志》由贵州人民出版社出版发行。

＊钟山区德坞白鹤农民信用协会成立。该协会为全省首家农民信用协会。

11 月

1 **日**

＊六盘水市电视台《新闻荟萃》电视频道开播。

＊1 至 3 日，省长赵克志一行到六盘水调研

安全生产、工业经济和产业园区建设、黔中水利枢纽一期工程建设及困难群众生产生活等方面情况，充分肯定了六盘水市在各方面取得的成绩。

*1至10日，六盘水市开展第六次人口普查入户登记工作。

4日

*四川商会副会长杨志顺向水城县金盆乡中学捐款78万元修建综合楼，捐款仪式暨该综合楼奠基仪式在水城县金盆乡中学举行。

5日

*康师傅饮品控股有限公司（TAB）投资六盘水钟山区顶津食品有限公司项目举行签约仪式。

10日

*总投资1.6亿元的花园路水钢隧道工程开工。

*铁道部专家到六盘水考察毕水铁路站点方案。

16日

*16至17日，全省涉法涉诉信访工作暨培训会在六盘水市召开。省委政法委常务副书记、省涉法涉诉信访问题工作小组组长王海萍出席会议。

*16至18日，省计生协会专职副会长周承洲率省人口计生目标考核巡视组一行到六盘水市，就人口计生工作进行目标考核。

17日

*由市委、市政府、省质量技术监督局、省工商行政管理局、中国人民银行贵阳支行、省社会科学界联合会、贵州省诚信建设促进会共同举办的第二届“诚信贵州”论坛在六盘水市举行。省政协副主席左定超，省政协原副主席、省诚信建设促进会会长李元栋，省政府原秘书长、省长助理、省诚信建设促进会执行会长张佩良等出席。

21日

*最高人民法院组织的“媒体眼中的人民法官”中央媒体采访团一行到六盘水市进行采访。参加采访活动的有《人民日报》、新华社、《光明日报》、中央电视台社会与法频道、《中国妇女报》《人民法院报》《京华时报》《南方都市报》《贵州日报》《贵州都市报》、贵州电视台11家中央及省内外媒体。

*由市委宣传部牵头筹拍，以“弘扬主旋律，宣传新农村”为主题电影故事片《山村风云》在盘县红果举行开机仪式。

22日

*浙江万丰奥特控股集团董事长陈爱莲一行应市政府邀请到六盘水市考察，就六盘水新蓝天科技有限公司研发的焦炉煤气作为汽车燃料项目寻求合作，初步达成共识。

*水城县纸厂乡振兴煤业公司发生一起冒顶事故，造成3人死亡。

*市二中发生部分学生因对食堂饭菜价格上涨不满而砸坏食堂设施的行为。事发后，市委书记刘一民、市长何刚就事件及时妥善处置作出批示，副市长范三川率有关部门主要负责人到现场组织调处。

24日

*全省检察机关量刑建议改革工作经验交流会在六盘水市召开，来自9个市、州、地人民检察院的60多名检察官参加。

*24至25日，国家煤矿安监局副局长、总工程师王树鹤率国家煤监局煤矿安全专题调研组一行，到六盘水市调研煤矿瓦斯防治和事故调查处理情况。省安监局党组书记、副局长李尚宽陪同调研。

29日

*六盘水市保险行业协会成立。

*贵州省“滋黔”二期项目中最大的重点项目——双桥水库供水工程在水城县保华乡岔河村开工。省人大常委会副主任傅传耀，省水利厅副厅长金康明出席典礼。双桥水库供水工程跨越水城县和钟山区，水库总蓄水量9140万立方米，工程总投资14.018亿元。

30日

*六盘水市第二个航运码头——西戛码头经省海事局，市、六枝特区有关部门负责人组成的验收组检查，初步通过验收。

是月

＊六盘水市明确政府财政对社会办非营利性养老服务机构给予补助。

12 月

1 日

＊1 至 3 日，由省人大常委会牵头，驻黔全国人大代表就六盘水市经济社会发展情况、“十一五”规划的主要目标完成情况、发展中的重大问题和人民群众关注的热点问题进行视察。

2 日

＊2 至 3 日，省广播电影电视局副局长、省文改文产办副主任秦川率省文化体制改革工作督查组到六盘水市督察文化体制改革工作及文化产业发展情况。

8 日

＊全市“村村响”调频广播工程启动。

10 日

＊10 至 12 日，北方重工集团有限公司党委书记王铁峰一行到六盘水市考察，就煤炭、装备制造等重点产业寻求合作项目。

12 日

＊市政府与广西投资集团有限公司在贵阳签订合作框架协议。明确在“十二五”期间，广投集团以在黔控股企业——贵州黔桂发电公司作为投资主体，投资 145.51 亿元在盘县建设循环经济工业基地。

13 日

＊省集体林权制度改革确权发证验收组到六盘水市检查工作，验收组对六盘水市林改工作取得的成绩给予充分肯定。

＊六盘水月照机场工程可行性研究报告获国家发改委以发改基础〔2010〕2893 号文件正式批复，项目进入正式建设阶段，建设工期为三年。

16 日

＊全省煤矿瓦斯治理工作现场会在六盘水市召开。

21 日

＊杭州至瑞丽高速公路六盘水境内段，水城至六枝高速公路开工仪式在水城县滥坝镇法都村鱼塘垭口举行。

25 日

＊市政府与中国煤炭科工集团有限公司在北京签订合作协议。规定中国煤炭科工集团有限公司利用煤炭科技万里行、技术培训、面对面技术对接等形式，提升六盘水市煤炭行业工程技术人员专业技术水平。六盘水市支持中国煤炭科工集团有限公司在钟山经济开发区筹建成套煤机装备制造、维修和示范性工程基地，整合区域内的煤炭机械制造业，打造覆盖贵州省及周边省区、年销售收入 50 亿元以上的大型煤机企业。

28 日

＊长寨至兴隆公路开工典礼在六枝特区中寨乡长寨村举行。路线全长 7.18 千米，公路等级为四级，设计速度 20 千米/小时；工程总投资 8839.89 万元，工期 1 年。

是月

＊由中国科协、国家发展和改革委、科技部和国资委联合召开的 2009 至 2010 年度全国“讲理想、比贡献”活动总结表彰大会在北京举行。水钢为贵州省唯一一个受到表彰的企业。

＊六枝特区 19 个乡镇全部建立司法所。

＊六盘水市获得 2010 年中央预算内投资补助资金 953 万元，受助企业包括贵州信友实业有限公司核桃乳厂异地搬迁技改项目、六盘水润泽药业有限责任公司中药饮片厂改扩建项目等 9 家中小企业。

六盘水概况

基本情况

【历史沿革】 六盘水市是中国三线建设的产物。根据毛泽东同志关于加强基础工业和战备的指导思想，把全国划分为一、二、三线战略布局，中共中央作出了建设“大三线”的战略决策，国务院决定在贵州西部煤炭资源丰富的六枝（原郎岱）、盘县、水城三个县境内建立煤炭基地，六盘水这个由县名第一个字组合而成的专用地名由此产生。

一、六盘水的历史变迁

六盘水市境内史前是古人类的重要发源地。贵州省目前发现的早期智人主要分布在六盘水市。盘县大洞出土的距今20多万年的人牙化石呈现直立人向早期智人过渡的特征，被命名为“大洞人”。水城硝灰洞出土的距今8万年的人牙化石具有早期智人的特征，被命名为“水城人”。六枝桃花洞出土的距今1万多年的人股骨化石也具有早期智人的特征，被命名为“桃花洞人”。

今六盘水市所辖境内春秋时期为牂牁国属地；战国时期，市境内为夜郎国属地，由于金属工具的使用，显示其已进入了农耕时代，并反映出奴隶制生产关系的特征；秦统一中国后，为巴郡汉阳县属地；汉代，中央王朝派使者通往六盘水境内，设立郡县，市境内分属牂牁郡、夜郎县、宛温县、平敉县和犍为郡汉阳县、鄢县，郡县设立后，驻军推行了屯田政策，这时，大批移民迁入夜郎地区，促进了当地政治经济文化社会的发展。东汉以后，屯田制逐渐被瓦解，许多毫民发展成为封建贵族，反映出了封建制生产关系的特征。

三国魏晋南北朝时期，彝族先民从滇东北向今市境内和黔西广大地区发展，逐步战胜了当地的濮人而占有其地，实行了封建领主制统治。三国时期，市境内分属“南中”的牂牁郡平夷县和兴左郡宛温县。魏仍分属牂牁郡平夷县和兴左郡宛温县；晋也属牂牁平夷县和兴左郡宛温县。隋时期，改郡为州，唐承隋制。唐代今市境内南为盘州地，北为汤望州地。中央王朝为了通过土官实施对其地的间接统治，将二州合并为羁縻州。唐后期至宋末，中央王朝对土酋封以王号，借助土酋力量对抗南诏和大理国。今市境内作为缓冲地带，南为于矢部地（自杞国），东北为牂牁国（后称罗殿国），北为罗氏鬼国，这三个藩国均为少数民族政权。

元代，于矢部地（自杞国）被命为于矢万户，后改为普安路总府；罗殿国被命为普定万户，后改为普定府；罗氏鬼国被命为八番顺元宣慰司。二府一司任用“蛮夷官”，实行土司制度。土司在其领土上仍然“世有其土，世长其民”。

明代，今市境内社会制度有了新的发展，中

央土朝改土官间接统治方式为任命流官直接统治的方式，即改土归流。明永乐十三年（1415），普安路总府改为普安州设流官知州，普定府改为西堡官司，八番顺元宣慰司改为贵州（水西）宣慰司。由于政治制度的变革，经济的发展，社会的进步，中原文化开始渗入。清雍正年间，今市境内改土归流基本结束，今市境内北设水城厅，东设郎岱厅，南设普安州。从此，中央政权实行了对县级政区的直接统治，延续千余年的领主制度被地主制度取而代之。地主制经济取代了过去领主制经济，实物地租取代了劳役地租，自耕农相对于农奴有较大的人身自由。民国时期，今市境内设水城县、盘县、郎岱县。

随着流官统治制度的进一步推行，今市境内自清代以后社会经济得到了较大的发展，交通状况得到改善，教育文化事业得到发展，农业生产方式大为改进，粮食产量大幅提高，手工业和商业显著发展，采掘业和冶炼业逐步兴起和发展。

由于大地主阶级对农民的残酷剥削和压迫，清朝中后期，贫苦百姓“数年不能更衣，终年不得盐”，不堪忍受苦难的各族人民群众进行无数次武装起义，与太平天国运动遥相呼应，一批有识之士走上革命道路，为推翻封建统治作出了贡献。在国民党的黑暗统治时期，市境内社会矛盾日益激化，人民反抗斗争未曾中断。中国工农红军一、三军团，九军团，二、六军团分别途经今市境内，得到各族儿女的热情拥护和支持，人民群众看到了光明。抗日战争时期，今市境内各县开展了声势浩大的抗日救亡运动，数千名爱国青年奔赴抗日前线，数百名将士为国捐躯，为中华民族的解放事业作出了伟大的贡献。

二、六盘水市建制沿革

中华人民共和国成立后，1949 年 12 月至 1950 年 2 月，今市境内的盘县、郎岱县、水城县相继解放。紧接着就顺利地完成了“清匪、反霸、征粮、减租、退押”的五大任务，并用两年左右的时间完成了土地改革。到 1956 年今市境内各县基本完成了“农业、手工业、资本主义工商业”的社会主义改造，社会主义制度得以建立。新中国成立初期，今市境内的水城县、盘县、郎岱县的建制没有什么变化。

1964 年初，根据中共中央工作会议的精神，经过国家计划委员会和煤炭工业部等部门反复调查对比，1964 年 5 月，中共中央作出关于建设“大三线”的战略决策，并决定在贵州西部煤藏丰富的六枝（时属安顺地区），盘县（时属安顺地区后属兴义地区），水城（时属毕节地区）三县境内建立三线建设的重点煤炭基地，设立三个相应的矿区分别进行管理，当时，这种管理体制具有比较政企合一的特点。1965 年 1 月，经国家经济委员会批准成立西南煤矿建设指挥部。3 月，中共贵州省委支援三线建设领导小组成立。1965 年 11 月 29 日，贵州省人民委员会决定设立六枝、盘县、水城三个矿区人民委员会，接受煤炭工业部和贵州省人民委员会双重领导，从贵州省的六枝、盘县、水城、威宁、普定、镇宁和云南省宣威划出部分区、社（队）归新成立的三个矿区，原六枝、盘县、水城三个县仍分别属安顺、兴义、毕节地区管辖。1966 年 2 月 22 日，三个矿区改为特区。4 月，经中共中央批准成立六盘水地区工业建设总指挥部。1967 年春，贵州省军区对六盘水实行军事管制，六盘水地区工业建设总指挥部的职能自然终止，其机构名存实亡。1967 年 10 月 29 日和 1968 年 4 月 18 日，经贵州省革命委员会、贵州省军区批准先后成立六盘水地区革命委员会筹备小组和六盘水地区革命委员会。1970 年 12 月 2 日，国务院、中央军委批准成立六盘水地区革命委员会，为地区一级政权机关，撤销西南煤矿建设指挥部；原六枝、盘县、水城三个特区分别与郎岱（六枝）、盘县、水城三个县合并为六枝特区、盘县特区、水城特区，行使县一级职权，归六盘水地区革命委员会领导。1978 年 12 月 18 日，即中共中央十一届三中全会召开的当天，国务院批准，六盘水地区改设为六盘水市（省辖市），下辖六枝特区、盘县特区、水城特区。1987 年 12 月 15 日，经国务院

批准，撤销水城特区，分设钟山区和水城县；1999年2月28日，经国务院批准，盘县特区更名为盘县。至此，六盘水市辖一特区两县一区，为六枝特区、盘县、水城县、钟山区。全市国土面积为9914平方千米，到目前为止全市人口约为310万人。

三、县、区、特区建制沿革

（一）六枝特区建制沿革

六枝特区，原为郎岱县，1950年1月14日解放后，成立县人民政府，隶属安顺专区。1960年5月27日撤销郎岱县，改设六枝市。1962年10月2日六枝市改为六枝县。1965年11月29日，在六枝境内设六枝矿区人民委员会，受煤炭工业部和贵州省人民委员会双重领导，六枝县仍属安顺专区。1966年2月22日，矿区改为特区，同时六枝县复名郎岱县。1970年12月2日，原六枝特区与郎岱县合并为六枝特区，归六盘水地区领导，行使县一级职权。1978年12月18日，六盘水地区改为六盘水市后，六枝特区归六盘水市领导。

（二）盘县建制沿革

盘县，1949年12月20日解放，1950年4月成立县人民政府，隶属兴仁专区。1952年12月4日兴仁专区改为兴义专区，盘县隶属关系改属为兴义专区。1956年7月18日，兴义专区撤销，与安顺专区合并，盘县归属安顺专区。1965年8月17日，恢复兴义专区，盘县复归属兴义专区。1965年11月29日，在盘县境内设立盘县矿区人民委员会，受煤炭工业部和贵州省人民委员会双重领导，盘县仍归属兴义专区。1966年2月22日，矿区改为特区。1970年12月2日，原盘县特区与盘县合并为盘县特区，归六盘水地区领导，行使县一级职权。1978年12月18日，六盘水地区改设为六盘水市后，盘县特区归六盘水市领导。1999年2月28日，盘县特区更名为盘县，隶属关系不变。

（三）水城县沿革

水城县，1950年2月13日解放后，成立县人民政府，隶属毕节专区。1965年11月29日，水城境内设立水城矿区人民委员会，受煤炭工业部和贵州省人民委员会双重领导，水城县仍属毕节专区。1966年2月22日，矿区改为特区。1970年12月2日，原水城特区与水城县合并为水城特区，归属六盘水地区领导，行使县一级职权。1978年12月18日，六盘水地区改设六盘水市后，水城特区归属六盘水市领导。1987年12月15日，撤销水城特区，分设水城县和钟山区，县和区都归六盘水市领导。

（四）钟山区建制沿革

1987年12月15日，钟山区设立，为县级区，归六盘水市领导。

（余朝林）

【自然地理】 六盘水市位于贵州省西部、云贵高原一、二级台地斜坡上，地跨北纬25°19′44″至26°55′33″、东经104°18′20″至105°42′50″，盘县4057平方千米，水城县3589平方千米，六枝特区1792平方千米，钟山区476平方千米。市境东邻安顺地区，南连黔西南布依族苗族自治州，西接云南省曲靖市，北毗毕节地区；钟山区的大湾镇、二塘乡、三合乡飞嵌于毕节地区西南部。

市境大地构造属扬子准地台上扬子台褶带。位于扬子准地台（Ⅰ级构造）上扬子台褶带（Ⅱ级构造）的威宁至水城迭陷断褶束、黔西南迭陷褶断束以及黔中早古拱褶断束和黔南古陷褶断束的极西边缘。地势西高东低，北高南低，中部因北盘江的强烈切割侵蚀，起伏剧烈。一般地区海拔在1400至1900米之间。地面最高点在钟山区二塘乡韭菜坪，海拔2900.3米，同时也是贵州省海拔最高点；最低点在六枝特区毛口乡北盘江河谷，海拔586米。相对高差2314.3米。地貌景观以山地、丘陵为主，还有盆地、山原、高原、台地等地貌类型。

土壤类型主要有黄壤土类、山地黄棕壤土类、山地灌木丛草甸土类、石灰土土类、紫色土土类、水稻土土类、潮土土类、沼泽土土类8

种，分为24个亚类，74个土属，141个土种。土壤面积933.03万亩，占土地总面积的62.74%。黄壤是境内地带性土类，面积422.32万亩，占土壤总面积的50.62%。

市境属北亚热带季风湿润气候区，受低纬度高海拔的影响，冬暖夏凉，气候宜人。年均温13至14℃，1月均温3至6.3℃，7月均温19.8至22℃。年降水量1200至1500毫米。无霜期200至300天。由于地形起伏较大，局部地区气候差异明显。全市总水量约142.18亿立方米，其中：地表水体平均年流量64亿立方米，地下水体年平均流量52.68亿立方米，过境地表水体（不计界河水）25.5亿立方米。

六盘水市地处长江水系和珠江水系的分水岭地区。分水线为乌蒙山脉东支岭脊和苗岭山脉西端岭脊，由水城的纸厂、城关、白腻、滥坝、陡箐、冷坝至六枝郎节坝老马地大山与苗岭相接，再延至六枝、木岗。分水线北为长江水系，以乌江上游三岔河为干流，展布于市境北部；南为珠江水系，以北盘江为干流，由西向东横贯市境中部，南盘江支流分布于市境南部边缘。境内长10千米以上的河流有43条，其中：长江水系9条，珠江水系34条。地表河网多呈现河谷深切、河床狭窄、水流急、落差大的特征。

境内地理环境复杂，植被种类多样，展布错杂，地理区域分异明显。天然植被有针叶林、阔叶林、竹林、灌丛及灌草丛、沼泽与水生五类植被；地带性植被为中亚热带常绿阔叶林。东部植被为湿润性中亚热带常绿阔叶林；南部植被为具有热带成分的河谷季雨林；西部植被为中亚热带半湿润常绿阔叶林。植被在水平分布上表现出南北过渡和东西过渡的特征。由于境内海拔差异大，植被垂直分开特征也很明显。境内原生植被破坏严重，现存植被多为次生植被。森林覆盖率37%。

（杨小康）

【自然资源】 市境土地由耕地、园地、林地、牧草地、水域、居民点及工矿用地、交通用地、未利用地所构成。耕地分为灌溉水田、望天田、水浇地、旱地、菜地5个二级类型；园地分为果园地、桑园地、茶园地、其他园地4个二级类型；林地分为林地、灌木林地、疏林地、未成林造林地、迹地、苗圃6个二级类型；牧草地分为牧草地、人工草地2个二级类型；水域分为河流水面、水库水面、坑塘水面、滩涂、沟渠、水工建筑物6个二级类型；居民点及工矿用地分为城镇用地、农村居民点用地、独立工矿用地、特殊用地4个二级类型；交通用地分为铁路用地、公路用地、农村道路占地3个二级类型；未利用地分为荒草地、沼泽地、沙地、裸土地、裸岩及石砾地、田坎6个二级类型。

六盘水矿产资源丰富。已发现矿种有煤、铁、铅、锌、铜、锑、镍、铀、银、钛、硫铁矿、硅、砂、石灰石、白云石、大理石、萤石、方解石、冰洲石、重晶石、海泡石（又称石棉）、锗、镉、镓、铈、镧、砷、水晶、油页石、石膏、水泥配料黏土等30余种。已探明储量的有煤、铁、铅、锌、铀、镍、银、锗、镉、镓、铟、硫铁矿、石灰石、白云石、萤、石、石膏等，其中以煤、铁、铅、锌储量为多。煤储量居全省之首。煤种齐全，煤质优良，埋藏浅。六盘水素有“西南煤海”、“江南煤都”之誉。

境内水资源主要源于天然降水。地表水与地下水相互补给，转化频繁。地下水循环交替强烈，化学类型简单，以低矿化度重碳酸盐类淡水为主。过境客水主要为北盘江及三岔河干流客水。由于河流切割深，农田灌溉难于利用。全市水能资源理论蕴藏量116.65万千瓦，平均每平方千米土地拥有水能资源理论蕴藏量117.66万千瓦。可开发水力资源70.68万千瓦，占理论蕴藏量的59.84%。

市内野生植物种类繁多。按用途可分为牧草类、药用类、果类及其他类4个类型。牧草类植物有40科192属514个种。药用植物略计700余种，主要品种195种。野生果类有刺梨、猕猴桃、棠梨、山楂、樱桃、葡萄、枇杷、杨梅、草

莓等。其他有用野生植物有毛栗、毛脉山栎、青冈子、蕨类、火棘、野生茶树、苦酊茶、八角、花椒、棕榈等。市境乔木树种及竹种223个，分属62种、140属。其中：有国家一级保护树种水杉、秃松，二级保护树种伞花木、香果树、银杏、杜仲、十齿花、光叶珙桐、鹅掌楸、红豆杉、野茶树，三级保护树种银雀树、黄杉、西康玉兰、三尖杉、檫木、厚朴、清香木、木荷等；有省、市珍稀树种木棉、紫树、复叶栾树、黄连木、香楠、毛黑壳楠、山桐子、黄牛奶树、火绳树、贵州紫薇、红花油茶、灯台树等。具观赏价值的树种有滇杨、杜鹃、大官杨、沙兰杨、水杉、垂柳、法桐、女贞、枫杨、冬青、雪松、玉兰、木槿、龙柏、凤尾柏、木芙蓉、郁李、桂花、夹竹桃、山茶、罗汉松等。粮食作物有玉米、稻、马铃薯、麦、大豆、荞子等。玉米产量居全市大田作物之首，次以稻产为大宗。经济作物有油菜、烟草、花生、茶、麻类、棉、糖料、蚕桑、芝麻及其他油料作物。所产水果分属12科22属计30余种。

六盘水市的动物。鱼类有35个品种，分属4目8科。其中：本地鱼21个品种，分属4目7科；省外和国外引进品种14个，分属3科。两栖类动物共18种，分属有尾和无尾2目7科。其中：大鲵（娃娃鱼）属国家三级保护动物，贵州疣螈、蓝尾蝾螈为稀有品种。爬行类动物分属龟鳖目、蜥蜴目、蛇目，有8科33种。野生鸟类品种繁多，数量不明，常见50余种，分属13目21科。稀有珍禽有国家一级保护动物白鹳、白冠长尾雉，二级保护动物白腹鸡，三级保护动物鸢、苍鹰、鹊鹞等。哺乳类野生动物有52种，分属8目23科。其中：珍稀种类有国家一级保护动物华南虎（现已绝迹）、黑叶猴、金钱豹（近年未发现）、云豹、斑羚、苏门羚；国家二级保护动物猕猴、穿山甲、林麝；国家三级保护动物西南黑熊、大灵猫、小灵猫、豹猫。

市境旅游资源独具特色。境内名山、喀斯特景观与洞穴、漂流峡谷河段、温泉、林木、草场、野生动物栖息地、人类文化遗址、古建筑、革命纪念地、特色村落与园林等各显风姿，加之地域特征明显、对旅游者颇具吸引力的少数民族节庆活动和冬无严寒、夏无酷暑的自然气候优势，为六盘水在不断完善现有风景区配套建设的同时，积极开发集休闲游览、避暑度假为一体的旅游项目奠定了良好的基础。开发价值较大的景点主要有牂牁江景区、古银杏景区、长海子湖、沙河龙滩口溶洞、老厂竹海、高山草原、大洞竹海、阿勒河景区、金盆干河天生桥、杨梅林场与茶园、滥坝黑松林、啰咪期度假区、玉舍森林公园，麒麟洞公园、荷城花园、白鹤旅游区、韭菜坪景区等。

（熊姜义）

【水资源量】 2010年，市境内降水较常年偏少1～4成。枯期降水总体比常年偏少1～6成，降雨总量最高出现在盘县土城水文站（枯期降水总量241毫米），降雨总量最低出现在盘县羊场雨量站（降水量为74毫米）。汛期降雨地区分布差异较大，降水总量在565～1367毫米之间，总体上比常年偏少；降雨主要集中在6～8月份（约占汛期降雨总量的78%）：其中：水城县果布戛雨量站汛期降水1367毫米（为最大），汛期降雨总量最少出现在钟山区向阳水文站，雨量为565毫米；汛期发生暴雨次数较少，并多为小范围降水，各站点出现暴雨次数大多未超过5次，江河水位水势平缓，各水文测站水位变幅偏少，汛期各站未出现超警戒水位的大洪水；与历年同期均值相比较，水城县比德，六枝特区落别，盘县羊场、十路、民主、忠义等降水量与常年持平，其余地区偏少。

（何　海）

【气候概况】 2010年六盘水年平均气温与常年相比略偏高；年总降水量偏少；年日照时数略偏多。年内出现特重干旱、低温雨雪冰冻、高森林火险、暴雨、大雾、大风、冰雹等气象灾害，冬季雪凝天气偏轻，夏季雨水集中期，多大到暴雨，局地有洪涝灾害。

（姚　敏）

【气象灾害】 初霜：六枝、盘县、水城的初霜分别出现于2009年11月22日、11月3日、11月3日。终霜：六枝为2010年2月22日，盘县为2月28日，水城为3月13日。

12月中旬末到下旬初，受北方冷空气南下的影响，全市出现低温阴雨天气，水城20日最低气温达到-0.2℃，地势较高地区出现小雨夹雪和凝冻。2月中旬全市出现1次（14～19日）雨雪天气过程，水城、盘县分别出现6天和2天的凝冻天气，给交通运输和人们的出行带来不便。

干旱：由于大气环流持续异常，2009年8月下旬到2010年6月上旬六盘水市出现秋冬连旱叠加春旱。冬季平均降水量17.7毫米，仅为常年同期的31.6%，偏少近7成，其中：六枝22.5毫米，偏少6成多，盘县4.3毫米，偏少9成多，水城26.2毫米，偏少5成多。1月各地降水量均突破历史极小值；2010年1月28日至2月11日，盘县连续15天无降水，水城县也仅在2月3号夜间出现过微量降水。3月份降水量是自有气象记录以来最少的年份，最长连续无降雨日数为19天（3月1～19日），玉米和洋芋播种、烤烟移栽受到严重影响。据市民政局统计，干旱共造成205.3万人受灾，123.7万人饮水困难，死亡牲畜597头，农作物受灾面积达13.81万公顷，成灾面积11.75万公顷，绝收面积8.03万公顷，造成直接经济损失19.27亿元，其中农业经济损失15.07亿元。

此次干旱造成全市森林火灾频发，尤其2月8日玉舍国家森林公园发生火灾，大火持续燃烧近30多个小时才被扑灭，造成死亡1人、重伤2人，近5000亩森林被毁，直接经济损失达1000多万元。

冰雹、大风、强对流天气：2010年3月出现的雷暴日数六枝为2天、盘县为3天、水城为1天，4月出现的雷暴日数六枝为3天、盘县为8天、水城为6天，5月出现的雷暴日数六枝为6天、盘县为6天、水城为5天。据民政局统计：2010年4月30日，全市水城县不同程度遭受风雹灾害，农作物受灾面积1092.8公顷，农作物绝收面积578.2公顷，造成直接经济损失1577.3万元，其中农作物受灾损失1350.5万元。

6月出现雷暴日数六枝为7天、盘县为6天、水城为5天；7月出现雷暴日数六枝为7天、盘县为12天、水城为10天；8月出现雷暴日数六枝为4天、盘县为9天、水城为10天。6月16日下午7时10分至20分水城县蟠龙乡发生冰雹灾，此次灾害持续10分钟，造成6128人受灾，农作物受灾面积331.7公顷，绝收120.7公顷，直接经济损失118.92万元。2010年6月27日盘县因雷击死亡1人。7月21日水城县红岩乡发生雷击灾害，造成1人死亡，1人重伤。

大雾：2009年冬季12月和1月大雾日数较多，其中：12月盘县、水城均出现6天大雾天气，六枝为4天；1月六枝、盘县、水城雾日分别为1天、4天、3天。水城9月25日、10月31日及11月份，盘县10月20、21、25日、出现大雾天气。大雾天气能见度低，对交通运输造成一定影响。

暴雨、洪涝及其引发的地质灾害：2010年共出现暴雨6站次，与常年相比偏少。据市民政局统计：2010年6月27～28日全市出现1次暴雨天气过程。据民政局统计：共造成盘县4564人受灾，紧急转移安置103人；农作物受灾面积926公顷，绝收246公顷；倒塌房屋89间，损坏房屋204间；直接经济损失532.5万元。水城县6个乡受灾，因灾导致公路垮塌2.42千米，受灾人口23343人，农作物受灾面积788公顷，直接经济损失690万元。其中农业经济损失318万元。

7月5～6日，六枝特区平寨镇、龙场乡等地发生洪涝灾害，共造成17500人受灾，农作物受灾面积478公顷，绝收10公顷，直接经济损失

116万元。7月12日水城县金盆、青林乡由于发生洪涝灾引起山体滑坡，共造成84人受灾，倒塌房屋38间，损坏房屋12间；直接经济损失12万元。7月13日盘县盘江镇，柏果镇，城关镇等遭受洪涝灾害，共造成8426人受灾，农作物受灾面积578公顷，直接经济损失278.9万元。21日盘县红果镇，断江镇，响水镇等洪涝共造成1248人受灾，因灾死亡1人，农作物受灾面积561公顷，直接经济损失277万元。

8月15日南开、玉舍、坪寨发生暴风雨灾，导致玉米、烤烟受灾，农户房屋受损。陡箐乡木果村、夹岩村、冷坝村、沙坝电站发生山体滑坡。共造成4701人受灾，紧急转移安置88人；农作物受灾面积250公顷，绝收30公顷；直接经济损失282.06万元。

9月7～10日，全市出现暴雨天气过程，局地出现大暴雨，据市民政局统计：水城县因暴雨引发山体滑坡和泥石流，造成1人死亡。

（姚　敏）

国民经济发展和社会发展情况

【工农业产值】　生产总值完成500.64亿元，同比增长15.8%，增速为全省第一，其中：第一产业完成30.25亿元，增长6.2%；第二产业完成303.22亿元，增长17.9%；第三产业完成167.17亿元，增长14%。

虽然遇到百年不遇的特大旱灾，农业仍然取得明显成效。1. 粮食作物播种面积18.04万公顷，产量77.78万吨，比上年减少9.6%。其中：夏粮产量10.46万吨，减少43.78%；秋粮产量67.32万吨，与上年基本持平。马铃薯完成播面208.31万亩（其中脱毒马铃薯166.65万亩），比上年增加26.21万亩。种植蔬菜45.89万亩，总产量60.26万吨。2. 大牲畜存栏46.73万头（匹），同比增长3.3%；禽存栏589.22万羽，增长10%。出栏牛、猪、羊、禽分别为7.54万头、117.79万头、15.12万只、646.45万羽，分别增长9.8%、12%、29%和12%。肉类总产量14.33万吨，增长15.5%；禽蛋产量9500吨，增长29.8%。3. 沼气池完工2673户，整修山塘45处，渠道防渗及维修58千米，新建水池水窖7587个，新增节水灌溉面积2.24万亩，新增恢复改善灌溉面积6.78万亩，治理水土流失面积50平方千米；完成省级土地出让金基本农田建设面积400亩。4. 全市新增重点龙头企业9个，新增农业产业化经营组织40个，农民专业合作经济组织30个，农业产业化经营组织发展到340个。5. 市、县两级财政共投入农业专项资金3.29亿元，增长33.44%。完成阳光工程培训8002人。农民人均纯收入达3600元，增长13.8%。

规模以上工业总产值完成636.52亿元，增加值完成230亿元，占全市GDP的45%。主要产品产量完成情况：原煤6001.15万吨，增长17.1%；水泥377.64万吨，增长33.8%；发电量319.67亿千瓦时，与上年持平；钢材321.44万吨，增长4.2%；洗煤2103.8万吨，增长16.6%；啤酒56828000升，同比增长22.8%，焦炭496.73万吨，下降11.7%；原铝（电解铝）18.1万吨，增长3.2%。累计产品产销率为95.83%，增长2.6个百分点。规模以上工业企业消费电力84.58亿度，增长5.55%。六盘水车务段和水红铁路公司累计货物发送2568.64万吨，同比增长10.34%，其中原煤外运量1674.75万吨，同比增长23.23%，占货物发送量的65.2%。累计到达货物998.7万吨，同比增长2.18%。淘汰产能338.72万吨，涉及4个行业32家企业，共节约标煤11.73万吨。化学需氧量、二氧化硫排放总量持续下降。

（高联祥）

【固定资产与财贸】　固定资产投资完成335亿元，增长34.4%。其中：50万元以上固定资产投资完成285.84亿元，同比增长28.9%；全市重点项目完成投资230亿元，为固定资产投资的69%。共争取到上级资金14.8亿元，同比增长52.5%。市级调度的重点项目共127个，总投资1476.94亿元，当年完成投资273亿元。

引进外来投资项目87个，实际到位资金85.68亿元，同比增长14.98%。签订招商引资项目20余项，签约投资总额1055亿元，其中：央企招商项目签约投资117亿元；与中煤科工、广东粤电集团、广西投资集团等优强企业签约投资总额938亿元。全市合同利用外资金额为2980万美元，增长41.9%；实际利用外资1841万美元，是上年的2.3倍。

财政总收入完成107.89亿元，增长28.34%，其中，地方财政收入完成49.3亿元，增长32.8%。一般预算支出累计完成111.11亿元，增长35.25%。年末金融机构存款余额达500.81亿元，比年初增加76.75亿元，其中：企业存款101.35亿元，增加0.52亿元；储蓄存款229.57亿元，增加42.71亿元。年末贷款余额361.68亿元，比年初增加53.43亿元，其中：短期贷款61.86亿元，增加9.14亿元；中长期贷款281.35亿元，增加44.45亿元。社会消费品零售总额完成131.34亿元，同比增长18.67%。城镇居民人均可支配收入达到14428元，增长6%。全市居民消费价格总水平为103.3%。

（高联祥）

【社会事业与民生】 教育、卫生、文化、体育、广播电视等事业快速发展。人口出生率为10.96‰，符合政策生育率95.98%；出生婴儿性别比为117.14，同比下降5.73%。新增城镇就业2.5万人；劳务输出4.8万人；农业劳动力技能就业培训9482人；创业培训1055人；城镇登记失业率控制在4.16%以内。开发公益性岗位1.46万个，安置就业困难人员1.02万人。基本养老保险、失业保险、城镇基本医疗保险、工伤保险、生育保险参保人数分别达到6.2万人、8.77万人、59.1万人、17.94万人和5.61万人。农村危房改造、廉租房项目建设进展顺利，各类安全事故起数、死亡人数和百万吨死亡率呈现“三下降”。

（高联祥）

对外经济协作

【抓好招商引资】 坚持“请进来”与“走出去”并举，大力改善投资环境，创新招商引资方式，全年招商引资实际到位资金85.68亿元，增长14%。9月18日，举办了“2010中国凉都·六盘水消夏文化节”投资贸易洽谈会，邀请了新加坡、中国香港地区、山东、广东、江苏、福建、重庆、云南等地的客商和新闻媒体记者等近120人参加，会上共签约30个合同类项目，投资总额为216.17亿元；项目涉及煤炭、电力、轻工、农业产业等领域。12月，市长何刚带队组团赴北京参加了贵州省与中央企业投资发展恳谈会，签订4个集体签约项目，总投资117亿元；自行确定签约项目10个，投资总额为564.7亿元。市政府与广西投资集团就火电、煤焦化及新型墙材项目合作等签订了战略合作框架协议；与中国煤炭科工集团有限公司签订了战略合作协议；北方重工就发展以煤机成套设备为主的装备制造业项目到市进行了考察洽谈。

（徐文清）

【开展项目库建设】 6月，从各县（特区、区）、开发区和市直相关部门收集了117个拟对外招商引资项目充实项目库，将65个对外招商项目编印成册，分为5类，投资总额545.27亿元。其中：农业与加工类项目16个，投资总额9.9亿元；工业类项目20个，投资总额394.13亿元；城建设施类项目6个，投资总额14.57亿元；交通运输类项目10个，投资总额97.41亿元；旅游服务类项

目13个，投资总额29.26亿元。

（徐文清）

六盘水行政区划

【概况】 2010年，六盘水市辖两县、一个特区、一个市区，共四个县级行政区，全市有64个乡（其中民族乡50个），30个镇，4个街道办，共计98个乡、镇（街道办）。1020个建制村，149个居委会（社区）。

其中：六枝特区5个乡，9个民族乡，5个镇，220个建制村，25个居委会（社区）；盘县6个乡，11个民族乡，20个镇，450个建制村，49个居委会（社区）；水城县3个乡，29个民族乡，1个镇，301个建制村，5个居委会（社区）；钟山区1个民族乡，4个镇，4个街道办事处，49个建制村，70个居委会（社区）。

六盘水市行政区划一览表（2010年）

县级行政区名称	所辖乡名称	所辖镇名称	所辖街道办名称
六枝特区	新窑乡、龙场乡、新华乡、梭戛苗族彝族回族乡、牛场苗族彝族乡、新场乡、堕却乡、箐口彝族仡佬族布依族乡、中寨布依族彝族苗族乡、毛口布依族苗族乡、洒志彝族布依族乡苗族乡、陇脚布依族乡、折溪彝族乡、落别布依族彝族乡	平寨镇、岩脚镇、郎岱镇、大用镇、木岗镇	
盘　县	忠义乡、新民乡、普田回族乡、珠东乡、两河乡、滑石乡、鸡场坪彝族乡、松河彝族乡、坪地彝族乡、四格彝族乡、淤泥彝族乡、普古彝族苗族乡、旧营白族彝族苗族乡、羊场布依族白族苗族乡、保基苗族彝族乡、英武乡、马场彝族苗族乡	水塘镇、乐民镇、石桥镇、板桥镇、马依镇、响水镇、民主镇、珠东乡、大山镇、老厂镇、保田镇、城关镇、刘官镇、西冲镇、红果镇、火铺镇、平关镇、断江镇、柏果镇、洒基镇	
水城县	玉舍彝族苗族乡、勺米彝族苗族乡、米箩布依族苗族彝族乡、蟠龙乡、猴场苗族布依族乡、红岩布依族彝族苗族乡、纸厂彝族乡、杨梅彝族苗族回族乡、顺场苗族彝族布依族乡、都格布依族苗族彝族乡、野钟苗族彝族布依族乡、果布戛彝族苗族布依族乡、新街彝族苗族布依族乡、发耳布依族苗族彝族乡、花戛苗族布依族彝族乡、盐井乡、阿嘎乡、金盆苗族彝族乡、南开苗族彝族乡、青林苗族彝族乡、保华苗族彝族乡、发箐苗族彝族乡、木果彝族苗族乡、双戛彝族乡、化乐苗族彝族乡、陡箐苗族彝族乡、比德苗族彝族乡、董地苗族彝族乡、龙场苗族白族彝族乡、营盘苗族彝族白族乡、鸡场布依族彝族苗族乡、坪寨彝族乡	滥坝镇	
钟山区	月照彝族回族苗族乡	大湾镇、老鹰山镇、大河镇、汪家寨镇	德坞道办事处、凤凰道办事处、荷城街道办事处、黄土坡街道办事处

（徐承勇）

领导人名录

. 本名录时限为2010年，姓名后面有*号的为2010年底去职，无*号的仍在职

中国共产党六盘水市委员会

书　记：刘一民
副书记：何　刚　何　冀
常　委：黄　金*　陈亮贵　徐毓贤
　　　　袁仁庆　牟海松*　周斯弼
　　　　魏树旺　黎　平　叶　佩
　　　　徐立平　蔡晓峰
秘书长：周斯弼
常务副秘书长：马　军（回族）*
副秘书长：马　勇（回族）
　　　　　张　洪（女，穿青人）*
　　　　　郑建国（彝族）　晋其勇
　　　　　李令波　赵　坤　王志禹

中国共产党六盘水市委员会各工作部门

市委办公室
主　任：周斯弼
副主任：马　军（回族）*
专职纪检员：赵宝玉
直属机关党委书记：黄承勇（苗族）*
市委组织部
部　长：陈亮贵
常务副部长：吴文祥
副部长：李秀英（女）　方志江*
部务委员：刘绍元　朱华祥
市远程教育办专职副主任：马　鑫（回族）
市委宣传部
部　长：袁仁庆
常务副部长：刘　静（女）
副部长：林书华（女，白族）　袁国中
专职纪检员：朱　彬
精神文明建设指导委员会办公室
主　任：林书华(女，白族)
副主任：姚远明（兼）
市委讲师团
团　长：王鹏升（彝族）
副团长：施基平
市委统战部
部　长：赵泽义
常务副部长：陈永红（女）
副部长：吕贵平　陈官林（苗族）
　　　　戴玉芬（女）
政策研究室
主　任：马　勇（回族）
副主任：赵　略　谭明福

市委督查室

主　任：郭　前（穿青人）

副主任：张鹏飞　刘发国

政法委员会

书　记：何　冀* 　徐立平

常务副书记：王树利

副书记：舒　勇　刘勇坤（回族）

纪委书记：左正海

政治部主任：徐　青（女）

综治办副主任：杨香琴（女）

维稳办副主任：谢　鹏

离退休干部工作局

局　长：李秀英（女）

副局长：蒙建华　刘亚非

直属机关工作委员会

书　记：王宜治

副书记：周新家　沈成秀（女，布依族）

纪工委书记：魏亚非

市委党校

校　长：朱　玉（兼）

常务副校长：马秀峰

副校长：陈　丽（女）　封　毅

教育长：周慧敏

纪检组长：郭绍全'

六盘水行政学院

院　长：黄　金（兼）

常务副院长：马秀峰

第一副院长：吴文祥（兼）

副院长：陈　丽（女）　封　毅

教育长：周慧敏

六盘水社会主义学院

院　长：张俊昌

常务副院长：马秀峰

副院长：陈　丽（女）　封　毅　吴永祥

教育长：周慧敏

六盘水日报社

社　长（党组书记）：高志新

总　编（副社长）：刘　黔

副社长：高仕贤　孔向文　彭绍良（穿青人）

副总编：刘嘉碧　谷　平

保密委员会办公室（国家保密局）

主　任（局长）：李　玮

机构编制委员会办公室

主　任：李　华（女）

副主任：喻　可

老年大学

校　长：何发建

副校长：周尚书

老龄工作委员会办公室

主　任：何　皋

副主任：韩绍美（女）

市委台湾工作办公室（市人民政府台湾事务办公室）

主　任：戴玉芬（女）

副主任：张　涛

市委机要局

局　长：郑海燕（女）

党史研究室

主　任：李　瑜

副主任：王　娟（女）

市信访局

局　长：张　洪（女，穿青人）*

　　　　郑建国（彝族）

副局长：何大云　郑建国（彝族）*

　　　　杜　荣（穿青人）

市政府信访督察专员：冷　尉　胡建新

中国共产党六盘水市纪律检查委员会

书　记：黎　平（女）

副书记：杨继亮　马　莉（女）　郭收年*

　　　　张　洪（女，穿青人）

常　委：孔跃辉（彝族）　张明常　王国宁

　　　　罗　敏（女，布依族）　赫光祥

秘书长：孔跃辉（彝族）

办公室

主　任：孔跃辉（彝族）

纪检监察一室

主　任：吴胜卫

纪检监察二室

主　任：周晓波

纪检监察三室

主　任：龙选芝（女，瑶族）

党风廉政室

主　任：吴　刚

干部室

主　任：任　浩（羌族）

宣传教育室

主　任：傅文友

调研法规室

主　任：雷邦元（苗族）

监察综合室

主　任：罗　敏（女，布依族）* 　唐克思

纠风办（室）

主　任：李继明

六盘水市第六届人大常委会

主　任：周庄生（土家族）*　黄　金

副主任：金成良（彝族）

杨兴光（白族）　靳　茹（女）

陈光明　朱绍伦　陶兴锐（白族）

秘书长：阳松林（壮族）

副秘书长：谢如宪（彝族）　杜　梅（女）

赵渝培（蒙古族）

常务委员：王树利　方　坤　邓兴贵

叶　佩　吕贵平　向　红（女）

刘国尧（苗族）　杨　虹（女）

杨孝平　李　珂（女）　李学朋

严永达（仡佬族）　吴文祥

吴德惠　何　鹏　何　黔（女）

陈　健（女）　陈永红（女）

陈华伟（黎族）　陈启文

陈金梅（女，满族）　胡中兴

赵　单　赵庆周（白族）

赵桂兰（女）　班福元（彝族）

蒋　玲（女）　普兆敏（女，彝族）

办公室

主　任：阳松林（壮族）

机关党委

书　记：阳松林（壮族）

专职副书记：朱文才（彝族）

专职纪检员：朱峻立（彝族）

信访办公室

主　任：明祥玉（女）

副主任：韩　敏（女，布依族）

研究室

主　任：詹　高

老干处

处　长：郑爱晶

六盘水市人大第六届专门委员会

内务司法委员会

主任委员：李学朋

副主任委员：杨　波

财经委员会

主任委员：吴德惠

副主任委员：丁晓宁　敖琴英（女）

教育科学文化卫生委员会

主任委员：胡中兴

副主任委员：王玉琼（女）

民族宗教侨务与农村经济委员会

主任委员：刘国尧（苗族）

副主任委员：张永忠

选举任免联络委员会
主任委员：杨　虹（女）
副主任委员：吴文祥　张　黔
环境与资源保护委员会
主任委员：陈启文
副主任委员：杨　华（白族）

六盘水市人民政府

市　长：何　刚
副市长：黄　金*　徐毓贤　陈少荣(穿青人)
　　　　杨明达（彝族）　范三川
　　　　谢朝碧（女，布依族）
市长助理：张洪亮　徐光毅
秘书长：龙秋芳（彝族）
副秘书长：程绪权　杨国彦（布依族）
　　　　　钟承智　蔡　军*　张先宇
　　　　　张　涛（彝族）　王际明
　　　　　李飞霜（女，彝族）　贺兴华
　　　　　任　舵　姚远明　谭跃健
办公室
主　任：龙秋芳（彝族）
副主任：杨国彦（布依族）
机关党委
书　记：何　楠（女）
纪检组长：曾启芬（女，土家族）
六盘水市人民政府驻外机构
市政府驻北京联络处、大连办事处主任：徐光毅
市政府驻上海联络处主任：曹晓静（女）
市政府驻广州办事处主任：龙　炬
市政府驻重庆办事处主任：王必钧
市政府驻昆明办事处主任：陈清发
市政府驻贵阳办事处负责人：孙鲁义

六盘水市人民政府工作部门及所属单位

市发展和改革委员会
主　任：付昭祥
副主任：黄志芳(女)　潘顺华　张　静(女)
　　　　高进文　张云长*　邢　华　帅毓新
总经济师：高进文*　杨道斌
专职党组成员：杨建成
纪检组长：陈　晶
市国有采煤沉陷区综治办主任：冯全云
市铁路建设办主任：王永诚
市政府研究室
主　任：程绪权
副主任：毛贞红
总经济师：吴　进
市委、市政府信息管理中心
主　任：孙立杰
市政府政务服务中心
主　任：王印春（女）
市经济和信息化委员会
主　任（党组书记）：李盘春
副主任：刘小平　王成俊　屠明国　郭丙生
总经济师：梅建南
纪检组长：谢丽娟（女）
市教育局
局　长（党委书记）：王时明
副局长：彭若平　朱大权　田本华
党委副书记：彭若平　许南平（女）
纪委书记：许南平（女）
正县级督学：龚永华　余龙江
副县级督学：彭大章　崔炳芳（女）
　　　　　　薛世国（回族）
考试中心主任：杨一飞（壮族）
市科学技术局（知识产权局）
局　长（党组书记）：刘开全（彝族）

副局长：蒲毅蕻

专职纪检员：邵建梅

市民族宗教事务局

局　长：陈官林（苗族）

党组书记：张远才（彝族）

副局长：张远才(彝族)* 杨诗超(布依族)

专职纪检员：张和昆（回族）

市公安局

局　长（党委书记）：赵忠祥* 徐立平

副局长：肖　锋（常务，彝族）雷　平
齐保平　陈际生（苗族）　李光绪
李晓忠

纪委书记：耿贵正

政治部主任：朱华俊

副主任（副县级侦察员）：黄河浪

机关党委书记：孔铃华（女，彝族）

局长助理：张林青

指挥中心指挥长：李　阳

特警支队支队长：林　源

政　委：孙乾刚

装备财务处副处长：龙阳保（苗族）

国保支队副支队长：邱学忠

刑侦支队政委：何　方*

经侦支队支队长：张压西

副政委：贺建华

治安支队支队长：邹　野

政　委：周德永

副政委：刘定兴

副支队长：杜健源（彝族）

禁毒支队支队长：马洪昌（回族）

政　委：杨再刚（土家族）

交警支队支队长：肖开荣

政　委：管　维（布依族）

市监察局

局　长：杨继亮

副局长：张明常　王国宁　胡学华（女）

市民政局

党组书记：何　皋

局　长：何　皋*　江东胜（苗族）

副局长：邹浩邦　覃　杰　徐　祥　覃才科

纪检组长：宋作丽（女）

双拥办主任：徐　祥（兼）

市司法局

局　长（党委书记）：方　化

副局长：舒筱德　吴道贤　韩建波　谢　凝

纪委书记：黄毕忠（白族）

政治处主任：周仕银（土家族）

市财政局

局　长（党组书记）：罗资湘

副局长：代云盘　宋　昕*　蒋泽川（白族）
李仕强

纪检组长：蔡云声

总会计师：彭纪星（女）

非税收入管理局局长：张　辉

市人力资源和社会保障局

党组书记：吕学锋

局　长：李　丽（女）

副局长：马龙华　张锡钢（苗族）　陈　静

纪检组长：黄　河（苗族）

市能源局（市煤炭局）

局　长（党组书记）：邓志宏（苗族）

副局长：胡鼎昌　陈　嵩（穿青人）
黎家良（苗族）

纪检组长：张　涛

市交通运输局

局　长（党组书记）：邹家进

副局长：杨世昌　李远林

机关党委书记：李德祥

纪检组长：吴　强

总工程师：孙建平

市公路处

处　长：郑晓燕（女）

水城汽车运输公司

经　理（党委副书记）：董力健

副经理（党委副书记）：万伦军（穿青人）

纪委书记：樊红军

六盘水路桥发展总公司

总经理：旷光洪* 王　宇

副经理：梁　李　朱华虎

水城公路管理局

局　长：桂希衡

党委书记：郭　元

纪委书记（工会主席）：陆魁林

副局长：郑　健

水城征费稽查处

书　记：袁金章（彝族）

处　长：唐　静

市住房与城乡建设局

党组书记：李连芳

局　长（党组副书记）：朱国民

党组成员：刘　丽（女）　李维忠
姜永凤(女)　马　宏*　彭启林
谢建平（壮族）　于鹏磊
林　恒　王　莉（女）
周学锋（布依族）

副局长：刘　丽（女）　姜永凤（女）
马　宏*　彭启林　于鹏磊
宋登远　贾应华（苗族）

机关党委书记：周学锋（布依族）

纪检组长：谢建平（壮族）

总工程师：李雄辉

市城乡规划局

局　长（党组书记）：李维忠

副局长：黄　浩（彝族）

专职纪检员：柳钟雯（女）

总工程师：沈　明

市规划设计研究院

院　长：刘　恒（苗族）

副院长：李庆宪（女）　陈　劲

总工程师：廖云志*　吴　焱

市燃气总公司

总经理：熊小林

党委书记：任　清

纪委书记：杨　林

副总经理：谢黔生　付九全

工会主席：李永昌

总工程师：陈建西

市住房公积金管理中心

主　任：许利霖

党组书记：王圣麟

副主任：李　进

纪检组长：韩嘉彦

市国土资源局

局　长（党组书记）：陈寿林

副局长：周红明（苗族）
覃莉蓉（女，壮族）　杨　鹏

总工程师：黄友清

纪检组长：吕　波（女）

机关党委书记：杨普胜

市环境保护局

局　长（党组书记）：李晓东

副局长：王尔彬*　李飞霜（女，彝族）
项　凯

纪检组长：刘　雄

总工程师：黄亚萍（女）

环境监察支队支队长：李　斌

市审计局

局　长（党组书记）：李　丽（女）*
赵　敏（女，布依族）

副局长：张勤荣（女）　李文旭（彝族）

专职纪检员：张传义

市统计局

局　长（党组书记）：李新益

副局长：淳廷勇　陈银芳（女）

专职纪检员：王海北（女）

市物价局

局　长（党组书记）：潘顺华

副局长：王宜明　刘　德

专职纪检员：陈贤英（女）

市农委

党组书记：鲍时举

主　任：唐明刚（侗族）

副主任：吴显龙　张同云　朱辉礼　许小由
　　　　胡光汝（白族）　蒋先福
　　　　胡书龙（布依族）　刘德彬　龙伟杰
　　　　王奇兵
党组成员：尚达忠
纪检组长：黄军育
机关党委书记：徐　莉（女）
总农艺师：黄光辉

市林业局

局　长（党组书记）：徐贤碧
副局长：李瑞霞（女）　况明刚
总工程师：聂玉林
纪检组长：袁荣林

市水利局

局　长：李文科（白族）
党组书记：陈本友
副局长：段　炼（白族）　何维申
纪检组长：田　沛
总工程师：周有柏

市商务局和粮食局

党组书记：司选权
局　长：李世雄（白族）
副局长：符志祥　张起亮　万昌思（苗族）
　　　　张　华（女）　史铭生
机关党委书记：杨　毅
纪检组长：史红伦（穿青人）
党组成员：王建军（女）　张应华（苗族）

市文化体育局

局　长：高荣光
党组书记：金之栋
副局长：寇杜波　王　静（女）
　　　　李幼曦（彝族）　邓绍华（仡佬族）
纪检组长：范云莉（女）
党组成员：杨洪斋

市广播电影电视局

局　长（党组书记）：傅亚频
副局长：周应寿（布依族）　储化年
　　　　张金黔　蒋　宇
纪检组长：秦海燕（女）

市电视台

台　长：周应寿（布依族）
副台长：王家平（穿青人）　谢笃芳（苗族）
　　　　王崇正
总编辑：奚宽军

市人民广播电台

台　长：张金黔

市卫生局

局　长（党组书记）：籍中苏*
　　　　　　　　　　马　军（回族）
副局长：黄良民　刘建华（女）*
　　　　孙海霞（女）　郑国伦
纪检组长：周治黄
机关党委书记：许　松

卫生监督所

所　长：陈辛幸
副所长：赵桂生　胡雍琦

市疾病控制中心

主　任：倪荣中
副主任：付文建　丛旭滋　张德武（彝族）
专职纪检员：王咏梅（女）

市中心血站

站　长：夏凤君（女）

六盘水市人民医院

院　长：张新芝（女）
党委书记（副院长）：张丽莎（女）
副院长：吕建一　钟元康　郎庆华（布依族）
纪委书记：蒋先国（彝族）

市紧急救援指挥中心

主　任：林　海

市妇女儿童医院

院　长：刘春萍（女）
党委书记（副院长）：张兴槐（穿青人）
副院长：范青梅（女）　田　艳（女）
纪委书记：马永荣

市第二人民医院

院　长：胡长福

党委书记：周福良

副院长：侯玉彩　王世其

　　　　陇文菊（女，彝族）

市传染病医院

院　长：吕　武

市第四人民医院

院　长：王震宇（回族）

党委书记：朱桉瑛（女）

副院长：李　毅　陈　勇

市地方志编纂委员会办公室（年鉴编辑部）

主　任：余朝林（蒙古族）

副主任：汪龙舞　戴宇霖

市人口计生委

主　任（党组书记）：籍中苏

副主任：郭静怡（女）　罗兴全　付应林

　　　　刘昌芸(女)　李文瑛(女，白族)

纪检组长：陈大贤

计生协会专职副会长：袁　美（女，彝族）

市人防交通战备办公室

主　任：郑建华

副主任：谢应友　张汉礼

市外事侨务旅游局

局　长：郑学群（女）

党组书记：杨京华（女）

副局长：朱德贵（彝族）　樊　勇　杨谦麟

市供销合作社联合社

主　任（党组书记）：曹泽坤

副主任：伍广秀（女）　黄万鹏

机关党委书记：邓　平（女）

纪检组长：陈　胜

机关事务管理局（机关事务服务中心）

局　长（主任）：张万顺

副局长（副主任）：赵启波　张才忠（彝族）

　　　　　　　　　朱建祥

市档案局

局　长：陈盛德

副局长：刘　燕（女）　王留德（彝族）

市扶贫开发局

局　长：唐明刚（侗族）*　江胜东（苗族）

党组书记：江胜东（苗族）*　郭收年

副局长：黄流赋（苗族）　夏厚军

市地方电力局

局　长（董事长经理）：余华若（彝族）

副局长：陈本超

六盘水市无线电管理局

局　长：熊国清

副局长：黄　劲

监测站站长：姜顺涛

市安全生产监查管理局

局　长（党组书记）：周文武*　蔡　军

副局长：范存文　王圣刚　吴学刚

纪检组组长：李建辉（女）

市政府副县级督察员：杨　林(侗族)

　　　　　　　　　　余洪胜

　　　　　　　　　　韦正洪（布依族）

六盘水市商业银行

董事长：肖慈发

总经理：李克勇

副总经理：丁伟恒

政协六盘水市第六届委员会

主　席：唐方信

副主席：王兴建　田满华　张俊昌　聂志权

　　　　邓　刚（苗族）　石明全（彝族）

　　　　赵泽义　滕树红（女）

秘书长：龚远鹏（回族）

常务委员（按姓氏笔画排列）

丁成珍(女，回族)　王　霞(女)　王永芳

邓修生　左金刚　卢书林（布依族）

伍　军　刘　波　刘洪章　杨　忠　杨明祥

李用凯　李秀丽(女)　肖来香　吴洪昌

何丽娜(女)　宋淑珍(女)　张　慧(女)

张世伦　陆俊杰　陈长江　陈声波　陈官林
范仲云　范启祥　欧阳明　金　芬（女）
周　正　周焕品　郑用谋　胡丰宪　施昌武
骆汉民　徐仁义　高　平　陶兴锐（白族）
黄　燕(女)　黄胜林　曹晓静(女)
龚顺良　阎焕卫　梁　嵩　韩德坤　彭　跃
彭永学　舒　勇　熊德尧　潘　柯　魏兴周
方志江　禄　祎（女）　周国新　卿宪华
副秘书长：安开华（彝族）　赵福江
　　　　　文向东（彝族）

机关党委
书　记：穆　燕（女）
专职纪检员：马　玲（女）

研究室
主　任：吴文方

老干处
处　长：任溪霞

智力支边扶贫办公室
副主任：朱启华*

政协六盘水市第六届委员会专门委员会

提案委员会
主任委员：胡丰宪
副主任委员：谢明东（女）

经济委员会
主任委员：彭永学（穿青人）
副主任委员：孔垂平（彝族）

社会法制委员会
主任委员：魏兴周
副主任委员：马　力

科教文卫体委员会
主任委员：肖来香
副主任委员：刘　华（女）

学习文史和联谊委员会
主任委员：黄　燕（女）*

人口资源环境委员会
主任委员：邓修生
副主任委员：韩贵平

法院　检察院

市中级人民法院
院　长：唐　林
常务副院长：何　勇（穿青人）
副院长：钟　铮（女）　李学伟
政治部主任：焦玉明（女）
机关党委书记：张新朝
审委会专职委员：陈代艳（女）　谢沁玮
执行局局长：张进军
法警支队支队长：胡金华

市人民检察院
检察长：王贵喜
常务副检察长：熊光敏（女）
副检察长：王永刚　黄勤励　孙志勇
纪检组长：张跃东
政治部主任：吕万萍（女）
机关党委书记：王丽娜（女）

军区　部队

中国人民解放军水城军分区
司令员：沙劲松
政治委员：叶　佩
参谋长：许况良
政治部主任：周国新
后勤部部长：赵仁怀

中国人民武装警察部队六盘水市支队
支队长：尹德华*　吕红星
第一政治委员：赵忠祥*　徐立平

政治委员：杨绍武
副支队长：罗建平　吴英俊
副政治委员：刘　军
参谋长：祝怀利
政治处主任：罗红强
后勤处处长：代仁和

中国人民武装警察部队六盘水市消防支队

支队长：罗文波
政治委员：张　旭*　杨　彬
副支队长：龙胜刚　何长武
副政委：陈福刚
参谋长：彭树宏
政治处主任：王　劲
后勤处处长：王瑞举
防火监督处处长：郑兴彬

民主党派与工商联

中国民主同盟会六盘水市第五届委员会

主任委员：范三川
副主任委员：李用凯　吴永祥　何兴贵
　　　　　　向　红（女）

中国民主促进会六盘水市第三届委员会

主任委员：田满华
副主任委员：宋淑珍（女）　张建生
　　　　　　何　黔（女）　李铁芬（女）

中国民主建国会六盘水市第三届委员会

主任委员：滕树红（女）
副主任委员：杨孝平　王　霞（女）
　　　　　　张　倞　王友梅（女）

九三学社六盘水市第五届委员会

主任委员：张俊昌
副主任委员：普兆敏（女，彝族）　刘洪章
　　　　　　高克贤　卢　瑶（女）

市工商业联合会（六盘水市总商会）

会　长：陶兴锐（白族）
党组书记：吕贵平
副会长：邱传海（兼秘书长）　王守会

群众团体

市总工会

主　席：陈光明（兼）
党组书记（副主席）：赵桂兰（女）
副主席：周焕品　张雅萍（女）
纪检组长：刘正庭
经审委员会主任：王　军（穿青人）

共青团六盘水市委员会

书　记：何　鹏
副书记：禄　祎（女）*　李佳军（彝族）
　　　　李　睿（穿青人）

市妇女联合会

主　席：刘　睿（女）
副主席：丁成珍（女，回族）
　　　　黎明棣（女）

市残疾人联合会

理事长：尹德贵
副理事长：柏学德（回族）　贾　兵

市文学艺术界联合会

主　席：徐永俊
副主席：吴学良　方　坤　石忠华

市社科联

主　席：袁仁庆（兼）
专职副主席：高守亚
秘书长：黄　笠

市科学技术协会

主　席（党组书记）：李　珂（女）
副主席：杨　莉（女）*　欧阳崇筑　阳晓军

市归侨侨眷联合会

主　席：晏　虹（女）

市红十字会

会　长：范三川（兼）

常务副会长：孙乾卫（布依族）
秘书长：籍中丽

中央有关部门在市单位

市国家税务局
局　长（党组书记）：周光辉
副局长：毛世华
纪检组长：刘洪静
总经济师：官　平
总会计师：陈　斌
中国人民银行六盘水市中心支行
行　长（党委书记）：王凯明
副行长：江　虹　李明乾*　张华明
纪委书记：孙为民
工会主任：张永东
农业发展银行六盘水分行
副行长（副党委书记）：林　卫（主持工作）
副行长：杨秀翔　钟　健　王　进
工商银行六盘水分行
行　长（党委书记）：蒋云志
副行长：肖淙仁　袁珍凡　邱世元　陈　宇
农业银行六盘水分行
行　长（党委书记）：张宗浩
党委副书记：周贵昌
副行长：杨　嵩　周贵昌　谢　勇　王应林
纪委书记：谢　勇
行长助理：项承刚
中国建设银行六盘水分行
行　长（党委书记）：孙　羽
纪委书记：熊光艳
风险主管：米世超
行长助理：李艳秋　高文俊
中国银行六盘水分行
行　长（党委书记）：李中玲（女）*
李　红
副行长：何劲松　王　强*　万朝志
中国银行业监督管理委员会六盘水监管分局
局　长（党委书记）：罗道远
副局长（纪委书记）：张永刚
副局长：罗德琼（女）
中国人民财产保险股份有限公司六盘水分公司
总经理：杨光华
副总经理：奚宽伟　邓　濛
中国人寿保险股份有限公司六盘水分公司
总经理：汤　剑
中国平安人寿保险股份有限公司六盘水中心支公司
总经理：王泳波*　谢雨廷
中国太平洋财产保险股份有限公司六盘水中心支公司
总经理（党组书记）：谌鞍宁
副经理：陈　智
中国太平洋人寿保险股份有限公司六盘水中心支公司
总经理：彭　斌
国家统计局六盘水调查队
队　长：胡志景
副队长：李发举　赵　兴

省有关部门在市单位

市地方税务局
局　长（党组书记）：张社会*　任亚林
副局长：时素敏（女）　赵光立
纪检组长：王梅林
总会计师：张家荣
总经济师：姜　华
市工商行政管理局
局　长（党组书记）：房国剑
副局长：唐　平　王汉标
纪检组长：何兴琴（女）

市质量技术监督局

局　长（党组书记）：张汉刚（苗族）

副局长：朱慧鹏　王美玉（女）

纪检组长：朱慧鹏

市食品药品监督管理局

局　长（党组书记）：谢培康（白族）

副局长：卢　俊（布依族）　牟绍璞

纪检组长：廖亚玲（女）

稽查局局长：雷　青（女）

六盘水市水文水资源局

局　长（党工委书记）：杜培禄

副局长：何朝东

总工程师：张晓聪

贵州省地矿局113地质大队

副队长（主持工作）：卢启富（穿青人）

副队长：刘　军

副书记（主持工作纪委书记工会主席）：史洪桥

总工程师：孟昌忠

贵州有色地质勘查局二总队

党委书记：向贤礼

队　长：向贤礼*　刘政远

副书记：刘政远　陈永华

副队长（总工）：余未来

副队长：肖世明

贵州煤田地质局142队

队　长：雷忠林

党委书记：王　波

副队长：杨　权　王　捷

总工程师：刘祥先

贵州煤田地质局159队

队　长：沈加申

党委书记：王柏勇

副队长（总工程师）：段晓鹏

党委副书记（副队长纪委书记）：周嘉仁

贵州煤田地质局水源队

队　长：黄琨靖

党委副书记：刘建平

总工程师：王　建

省、市双重领导单位

中国石化六盘水分公司

经　理：罗洪战

党委副书记：杨清白（苗族）

副经理：张　琦（布依族）　李　胜

中国石油六盘水市分公司

党支部书记：徐　路

经　理：陈永亮

副经理：张发富

总会计师：蔡维志

南方电网六盘水供电局

局　长：徐　铭

党委书记：王乐幸

副局长：王瑞祥　谢　兵　王　祥

纪委书记（工会主席）：何俊华

总会计师：余仁贵

六盘水市邮政局

局　长：崔　磊*

局长（党组书记）：唐　涌

副局长（工会主席）：龚教波

六盘水市电信公司

总经理（党委书记）：黄涌泉*

副总经理：李　健　吴文红（女）

财务总监：龙宪春（女）*　彭　毅

贵州移动通信有限责任公司六盘水分公司

总经理（党组书记）：何景贵

副总经理（工会主席）：刘　烜

副总经理（纪检组长）：杨　涛

中国联合通信有限公司六盘水分公司

总经理（党委书记）：邱万军

副总经理：张财富　胡兆海　阎　春

中国铁通集团有限公司六盘水分公司

总经理（党委书记）：王铁生

副总经理：李　刚　石　坚　周　健

工会主席：周　健

中国网络通信集团公司六盘水市分公司

总经理：彭　力

六盘水市气象局
局　长：罗增强
副局长：张普宇（回族）　赵群剑
纪检组长：张普宇（回族）
六盘水市烟草专卖局（分公司）
局　长（经理）：张拥军
副局长：韩晓勇
副经理：张　毅　何建华　王丹林
纪委书记：马　翼
贵州盐业（集团）六盘水有限责任公司
党委书记：周　颖
执行董事、总经理：胡绍久
副经理：熊　刚　王　玲（女）*
贵州省广播电影电视局 896 台
台　长：谢国山
副台长：刘开俊
贵州省农村信用社联合社六盘水办事处
主　任：申时全

大、中专及成人学校

六盘水师范高等专科学校
党委书记：李培仁
校　长：田应洲
副书记：董明建
副校长：陈怒涛　彭望书（女）　陈声波
纪委副书记：伍友琴（女）
宣传部部长：卢香宇（布依族）
机关党总支书记：吕选周
人事处处长：赵　芳（女）
学生处处长：张　武
总务处处长：卢　伟
计划处处长：张贤昌
教务处处长：左经会
成教处处长：崔有昌
科研处处长：林长松
附中校长：何友江
数学系主任：张忠群
物理系主任：张太荣
化学系主任：吴有刚
生地系主任：李　松
办公室主任：孔德明
中文系主任：费虹（女）
外语系主任：罗天玮
艺术系主任：王星治
文科总支书记：蒋　芳（女）
政教系主任：肖兴燕（女）
历史系主任：刘青秀（女）
六盘水职业技术学院
党委书记：杨兴祥
院　长：李葆青
副院长：王铭志　张加一
纪委书记：黄筑卫
工会主席：王铭志
贵州广播电视大学六盘水市分校
副校长：张和平（主持工作）（回族）
副校长：肖莉群（女）*
市民族职业学校
校　长（党总支书记）：王廷云
副校长：庄德红（女）
市一中
校　长：周昭华（女）
副校长：刘朝发　杨云和
市二中
校　长：樊国庆
党总支书记：王光祥
副校长：应旺安　刘　蓉（女）
市三中
校长（党委书记）：桂　斌（回族）
副校长：周扬平　朱放鸣　朱家彦
市实验一中
校　长：李　植

钟山区

中共钟山区委
书　记：牟海松*　魏树旺
副书记：高玉林　王宜治*
常　委：梁　建　郭　华(女)　曾晓芳(女)
　　　　蔡　斌　黄崇文　蔡永忠　骆科用
区委办主任：李明勇
区组织部
部　长：郭　华（女）
区宣传部
部　长：蔡永忠
区纪委
书　记：曾晓芳（女）
区政法委
书　记：黄崇文
副书记（综治办主任）：杨友荃
副书记（维稳办主任）：顾树鸣
统战部
部　长：杨　丹（女）
信访局
局　长：张伯泙（女）
机要局
局　长：李　刚（水族）　王丽珠（女）
区武装部
政　委：骆科用
部　长：梁洪波
编　办
主　任：方金怀（女，彝族）
机关党委
书　记：石亚雄
老干局
局　长：齐运梅（女）
总工会
副主席（党组书记）：张群芳（女，彝族）
团　委
书记（党组书记）：朱　莉（女）
妇　联
主席（党组书记）：安　芳（女，彝族）
残　联
理事长（党组书记）：王红雷（蒙古族）
科协
党组书记：张有儒（白族）
主　席：欧阳蓓蓓（女）
红十字会
副会长：刘　云（女，主持工作）
党校
副校长：季　忠　吴昌海
史志办
主　任：马永超
区人大常委会
主　任：牟海松
副主任：陶贵萍（女）　詹　琴（女）
　　　　陈尚学（彝族）　杨　溢　谌洪举
人大内司委
主　任：陈大智*　李朝建
人大环资委
主　任：邱　敏（女）
人大民宗委
主　任：李汝莉（女，彝族）
人大选联委
主　任：李永红
人大信访办
主　任：罗学平
人大教科文卫委
主　任：徐兴云*
人大财经委
主　任：刘元敏（女）
区人民政府
区　长：高玉林
常务副区长：梁　建
副区长：蔡　斌　肖　一　李　明
　　　　陆秀薇（女）　方裕谦

区长助理：林　宏

政府办主任（党组书记）：赵　泽

区政协

主　席：陈友模（彝族）

副主席：王　伟（女）　谷海居　潘　柯
　　　　杨　丹（女）　宋淑珍（女）

秘书长（办公室主任）：潘耀红*　卢文涛

政协提案委主任：陈安全

政协社会发展委主任：朱孝林

政协学习与文史委主任：陈素芳（女）

政协经科委主任：吴安奎

区检察院

检察长：黄群力（彝族）

区法院

院　长：李姿云（穿青人）*

国教办

主　任：龙怀琳（女）

人防办

主　任：罗爱红

外事办

主　任：周　卉（女）

法制办

主　任：周显尧*

拆迁办

主　任：张宏斌

森林公园管理处

主　任：杨　磊

发改局

局长（党组书记）：罗绍瑜

经贸局

局长（党组书记）：阳智明

安监局

局长（党组副书记）：吴　洪

民宗局

局长（党组书记）：班丽梅（女，布依族）

民政局

局长（党组书记、老龄办主任）：刘崇厚

财政局

局长（党组书记）：刘伟民（蒙古族）

建设局

局长（党组书记）：胡宝钢

城管局

局长（党组书记）：李华珍*（女）　王文仕

交通局

局长（党组书记）：卢凤学（穿青人）

运管所

所　长：张选池（仡佬族）

文广局

局长（党组书记）：王　劭

人社局

局长（党组书记）：龙选芝（女，瑶族）

卫生局

副局长：朱桉瑛（女）

卫生监督所

所　长：赵　平*

计生局

局　长（党组书记）：宋文雄*（穿青人）
　　　　　　　　　　周　胜（彝族）

妇保站

站　长：李洋龙

煤炭局

局　长（党组书记）：邹立宏

审计局

局　长（党组书记）：姜璧文

统计局

局　长（党组书记）：苏荣仙（女）

环保局

局　长（党组书记）：刘海膺

粮食局

局　长（党组书记）：沈庆碧（苗族）

乡企局

局　长（党组书记）：刘应明*（苗族）　陈　普

物价局

局　长（党组书记）：李毕杭

农业局
局　长（党组书记）：施辉贤
农机中心
主　任：周　平
农办
主　任（党组书记）：施辉贤
扶贫办
主　任：蒋承成
供销社
主　任：杨友发
公安分局
党委书记：黄崇文*
局长（党委书记）：卢成祝
水利局
局　长（党组书记）：敖顺安
副局长：汪圣福
司法局
局　长（党组书记）：孙学武
教育局
党委书记：管家林
局长（党委副书记）：彭　健*
局　长：宋淑珍（女）
四中
校　长：杨明才
五中
校　长：左常安
科技局
局　长（党组书记）：洪　兵
旅游局
局　长（党组书记）：张国燕（女）
黄土坡街道办
党工委书记（人大工委主任）：孙　鹏
办事处主任：吴　勇
荷城街道办
党工委书记（人大工委主任）：柏学德（回族）*
赵庆强
主　任：赵庆强*　陈林庆
凤凰街道办
党工委书记（人大工委主任）：敖永红
主　任：王文仕*　刘子华
德坞街道办
党工委书记（人大工委主任）：王　平*
王厚源
主　任：王厚源*　周元智
大河镇
党委书记（人大主席）：赵泽智*（白族）
唐宏伟
镇　长：杜　琼（女，彝族）
汪家寨镇
党委书记（人大主席）：王成刚*　宋文雄
镇　长：唐宏伟*　李　茂
老鹰山镇
党委书记（人大主席）：潘继华
镇　长：吕荣军
大湾镇
党委书记（人大主席）：蒋朝明
镇　长：周　胜*　陈　涛
月照乡
党委书记（人大主席）：肖俊良（彝族）
乡　长：熊礼渊（女，苗族）
杉树林社区管理服务局
局　长：钱文舟
离退休人员服务中心
主　任：郑传忠
凤安公司
经　理：刘　庸
荷城花园公司
经　理：田景彪
国信拆迁公司
经　理：陈正贤
杨柳公司
经　理：刘　端
开发区监察室
主　任：李　伟

开发区国土局
局　长：李更生
开发区规划分局
局　长：吴夏华
开发区财政局
局　长：施锦辉
开发区经发局
局　长：饶富学

六枝特区

中共特区区委
书　记：蒋承云
副书记：舒　勇　王朝荣
常　委：王广文　肖建军（彝族）
　　　　胡学华（女）*　黎明棣（女）
　　　　陈　石（穿青人）　鲁玉龙
　　　　王文明（彝族）　周文跃*
　　　　盛向阳　陈　松
办公室主任：王文明（彝族）
特区人大常委会
主　任：严永达（仡佬族）
副主任：王朝荣*　陆儒平　黄秋英（女）
　　　　李德兴　龚鸿文　吴开发　何益贵
办公室主任：赵　勇
特区人民政府
区　长：舒　勇
常务副区长：肖建军（彝族）
副区长：陈　石（穿青人）　李用凯
　　　　邢　华*　王礼琴（女，彝族）
　　　　陈　松*　周金平
区长助理：安长辅　邹凤玲（女）
办公室主任：卢启达
特区政协
主　席：夏　明
副主席：余红亚　王关恒（女，布依族）*
　　　　梁适生*　金　芬（女）　黄世杰
　　　　吴文英　赵孝和　叶发伦
办公室主任：谭有奇
特区纪委
书　记：胡学华（女）*　黎明棣（女）
特区组织部
部　长：鲁玉龙
特区宣传部
部　长：陈　松
特区组统战部
部　长：余红亚
特区法院
院　长：马敏龙（回族）
特区检察院
检察长：蒋金安
特区公安局
局　长：沙征凯*　宿　刚（满族）
政　委：宿　刚（满族）
特区监察局
局　长：钱国富
特区工商联
主　席：金　芬（女）
特区编委办
主　任：刘安富
直属机关党委
书　记：陶思贤（彝族）
特区信访局
局　长：侯东何
特区离退局
局　长：肖启芬（女）*　陈　方
特区党校
常务副校长：武正龙（布依族）*
特区史志办公室
主　任：杜应良
特区老年大学
校　长：叶　华（彝族）*
特区发改局
局　长：刘安学（苗族）

特区经信局
局　长：张顺贵*
特区教育局
局　长：邓仁委
特区民宗局
局　长：刘廷和（回族）
特区民政局
局　长：郭显元（彝族）
特区司法局
局　长：龙尚国（穿青人）
特区财政局
局　长：王　箐（女，布依族）
特区人资社局
局　长：郭旭照*
特区住建局
局　长：宋邦维*
特区水利局
局　长：陈焕敏*
特区农业局
局　长：吕万力
特区林业局
局　长：徐　洪
特区环保局
局　长：何启筠（彝族）
特区交通局
局　长：刘孟祥（回族）
特区卫食药监局
局　长：郭永贤*
特区计生局
局　长：肖忠学（彝族）
特区审计局
局　长：蒋世国*　左永洪
特区统计局
局　长：李孟林*　刘　义（彝族）
特区旅游局
局　长：李清洋（苗族）*
特区煤炭局
局　长：喻　林*　禹中华（苗族）
特区国土局
局　长：连家华
特区安监局
局　长：李广生*
特区档案局
局　长：蔡兴忠
特区水利水电移民局
局　长：陶玉国*
特区供销社
主　任：王　毅（彝族）
特区社区局
局　长：韩学智
特区社保局
局　长：韦思刚
特区草地中心（农业产业办）
副主任：王明祥（主持工作）
特区疾控中心
主　任：吴永平（女）
特区卫监所
所　长：夏昌隆
六枝梭戛生态博物馆
馆　长：牟辉绪
特区人民医院
院　长：杨　芳（女）
特区海事处
处　长：吕选才（苗族）
花德河林场
场　长：马　勇
特区总工会
主　席：吴文英
特区团委
书　记：李志军
特区妇联
主　席：向忠花（女）*　肖启芬（女）
特区科协
主　席：谭　枫（苗族）*
副主席（主持工作）：甘孝兵

特区文联

主　席：黄微波

特区残联

理事长：张　辉（仡佬族）

特区红十字会

会　长：邱学军

特区职校

校　长：高　源

特区一中

校　长：王尚江

特区二中

校　长：撒玉怀（回族）

特区三中

校　长：郑启荣（彝族）

特区四中

校　长：刘大宇

特区五中

校　长：陈　鸿

实验中学

校　长：刘耀辉*

平寨镇

书　记（人大主席）：何益贵

镇　长：幸曾梅（女）*

郎岱镇

书　记（人大主席）：安长辅

镇　长：王士福

岩脚镇

书　记：陈焕敏*　幸雪梅（女）

镇　长：金　剑*　谭有跃

大用镇

书　记（人大主席）：石灿敏（女）

镇　长：喻　勇

木岗镇

书　记（人大主席）：宋邦维*

杨明兰（女，黎族）

镇　长：杨明兰(女，黎族)*　胡　平(彝族)

落别乡

书　记（人大主席）：王道洪

乡　长：韦如电（布依族）

折溪乡

书　记（人大主席）：路　林（彝族）

乡　长：柴　健（彝族）

新窑乡

书　记（人大主席）：陈家富

乡　长：胡　庆（穿青人）*　宋绍高

堕却乡

书　记（人大主席）：陈俊松（壮族）

乡　长：任官科（仡佬族）

陇脚乡

书记（人大主席）：龙　挺（穿青人）

乡　长：卢　艳（女，布依族）

毛口乡

书　记（人大主席）：王　华（布依族）

乡　长：王　华(布依族)*　杨　强(苗族)

洒志乡

书　记（人大主席）：禹中华（苗族）*

胡　庆（穿青人）

乡　长：王明秀（女，布依族）*

李　林（彝族）

中寨乡

书　记（人大主席）：杨文光（苗族）

乡　长：丁朝栋（彝族）

新场乡

书　记（人大主席）：刘永林（回族）

乡　长：汪　浩

牛场乡

书　记（人大主席）：龙　醒（彝族）

乡　长：阮光祥（彝族）

梭戛乡

书　记（人大主席）：马敏龙（回族）

乡　长：吕阳光（苗族）

新华乡

书　记（人大主席）：喻　勇

乡　长：黄微波*　杨枝兴

箐口乡

书　记（人大主席）：杨　彬

乡　长：卢运勇（布依族）

龙场乡

书　记（人大主席）：谭有跃

乡　长：安　庆

盘　县

中共盘县县委

书　记：刘　剑

副书记：王　刚　谢承厚（彝族）

常　委：汤金云（女）　吴仕泽（彝族）

谢笃云（苗族）*　李晓忠　叶晓尧

周应寿(布依族)*　马跃东*

支成平（彝族）　方奇政

张　勇（彝族）

县委办主任：刘虎生

直属机关党委书记：孙刚阳

县信访局长：陈春华

保密局局长：余之文

机要局局长：陈荣志

党史研究室副主任：王庆平

老年大学第一副校长：王顺建

离退休干部工作局局长：王德林

组织部部长：周应寿（布依族）*

张　勇（彝族）

副部长：姚平方　王龙江（黎族）

县委组织员办主任：姚平方

县远程教育办公室主任：王龙江（黎族）

政法委书记：谢笃云（苗族）*　李晓忠

副书记：马　骏　洪贤文（彝族）　杨连忠

宣传部部长：叶晓尧

副部长：陈春涛（常务）　邹兴林

谭　波

统战部部长：支成平（彝族）

副部长：王学平　周应忠

县人大常委会

主　任：班福元（彝族）

副主任：孔令寿（彝族）　唐国淑（女）

张普高（回族）　李仕学　张大跃

陈兆人

办公室主任：邓永清（苗族）

信访办主任：张祥舟

财委主任：蒋　虹（女，布依族）

教科文委主任：张发凤（彝族）

选任联委主任：张宗凯（彝族）

法委主任：蒋泽伟（白族）

民委主任：张双平（彝族）

县人民政府

县　长：王　刚

常务副县长：吴仕泽（彝族）

副县长：薛月琼（女，回族）　张忠阳

易政衡　杜国辉（彝族）　张　毅

县政府办公室主任：欧阳廷宏

县政协

主　席：张礼各

副主席：邓　文（彝族）　缪晓亮

曹　丽（女，白族）　陈长江（黎族）

王文峰　张进忠

秘书长（办公室主任）：黄建勋

社法委主任：汤树林

提案委主任：张培基

经济委主任：韩德俊

科教文体委主任：汤　霞（女，回族）

学习与文史委主任：马忠益

智力支边办主任：邱光粉（女）

县纪委

书　记：汤金云（女）

副书记：赵六云　严翔宇

县法院

院　长：韩伟兴

县检察院

检察长：王　勇

反贪局局长：蒙朝政（布依族）

县公安局

局　长（党委书记）：谢笃云（苗族）*
　　　　　　　　　　李晓忠

政　委：黄红松

县监察局

局　长：蒋先国*　赵六云

县委县政府督查室

主　任：张　健

县编委办

主　任：黎启衡（白族）

县事业单位登记管理局

局　长：黎启衡（白族）

县政府事务中心（采购中心）

主　任：任　山*　蒋丽萍

县水利水电工程移民局

主　任：赵兴俊

党组书记：陈正雄（彝族）

世行办

主　任：姚祥林

县发改局

局　长：陈再仁

党组书记：鲁文永

县经济发展局

局　长：莫庆华

县教育局

局　长：薛世国（回族）*　黄初俊

党组书记：王德志*　顾有元

县经济信息化局

局　长：段　芳（女，白族）

党组书记：李大连

县煤炭局

局　长：徐　聪（苗族）

党组书记：蒋先赞

县民宗局

局　长：牛光龙（彝族）

党组书记：张学富（回族）

县民政局

局　长：陈正鹰（彝族）

党组书记：袁华金

县司法局

局　长：李延勇

党组书记：邓德芳

县财政局

局　长：徐卫星

党组书记：吴彦忠

县人力资源和社会保障局

局　长：胡开然

党组书记：吴忠幸（女）

县国土局

局　长（党组书记）：朱文俊

县环境保护局

局　长：张兴坤

党组书记：李德思（白族）

县住房和城乡建设局

局　长：杨九生

党组书记：陈社才

县交通运输局

局　长：黄书华

党组书记：胡荣成（彝族）

县农业局

局　长：桂希统（回族）

党组书记：石　勇

县林业局

局　长：刘茂福

党组书记：易正忠

县水利局

局　长：毛光能（彝族）

党组书记：范仕云

县卫生和食品药品监督管理局

局　长：王建华

党组书记：封嘉菊（女）

县卫生监督所

所　长：张仕杰

县疾控中心

主　任：王　飞

县计生局

局　长（党组书记）：朱家应

县审计局

局　长（党组书记）：唐仁飞

县文体广电旅游局

局　长：邹兴林

党组书记：刘　英（女）

县信息中心：潘忠平

县电视台：林昌媛

县安全生产监督局

局　长（安委办主任）：张先贵（彝族）

党组书记：刘书异

县统计局

局　长：王德熙（彝族）

党组书记：王兴林（布依族）

县档案局（地方志办公室）

局　长：张登蓝

党组书记：陈文昌

县供销社

主　任（党组书记）：尹　虎

县党校

第一副校长：王　平

县一中

校　长：唐永惠

党支部书记：刘经宇

县二中

校　长（党支部书记）：黄初俊（彝族）

县三中

校　长：赵德芳

县四中

副校长：余　泓

县五中

校　长：赵金稳

县六中

校　长（党支部书记）：许大超

县华夏中学

校　长：朱恩芙（女）

党支部书记：叶二宽

县八中

校　长：薛　平

党支部书记：顾有元

县职业中学

校　长：段学成（白族）

党支部书记：康永林（彝族）

县教师进修学校

校　长（党支部书记）：吴泽刚（彝族）

县人民医院

院　长：赵金祥

县第二人民医院

院　长：何水清（彝族）

县中医院

院　长：王文峰

党支部书记：杨　诚

县安宁医院

副院长：高明凯（彝族）

县总工会

主　席：张大跃

党组书记：李群多

县团委

书　记（党组书记）：徐　丽（女）

县妇联

主　席（党组书记）：郑林春（女）

县工商联

商会会长：陈长江（黎族）

党组书记：周应忠

县残联

理事长（党组书记）：支太生

县文联

主席（党组书记）：陈维象

县科协

主　席（党组书记）：蒋仕琼（女，白族）

保田镇

书　记（人大主席）：廖招财

镇　长：张　蔚

忠义乡

书　记（人大主席）：金良武（白族）

镇　长：谢　烜（彝族）

大山镇

书　记（人大主席）：龙剑锋

镇　长：秦明高

民主镇

书　记：李　欣

镇　长：孔维锐（彝族）

马依镇

书　记（人大主席）：张朝伟

镇　长：卜　顺

老厂镇

书　记：苏　俊

纪委书记：汤治诺

刘官镇

书　记：张智标（白族）

镇　长：陆凤萍（女，水族）

洒基镇

书　记（人大主席）：敖学智

镇　长：刘昌华

柏果镇

书　记（人大主席）：鲍吉克（布依族）

镇　长：赵　文

盘江镇

书　记（人大主席）：丁武培

镇　长：肖执方

断江镇

书　记（人大主席）：黄昌达（彝族）

镇　长：何希丽（女）

红果镇

书　记（人大主席）：舒小本（彝族）

镇　长：许忠阳（白族）

火铺镇

书　记（人大主席）：丁武柱（回族）

镇　长：郑春萍（女）

平关镇

书　记（人大主席）：司　灏

镇　长：张云沛

西冲镇

书　记：顾　平

镇　长：肖启龙

城关镇

书　记：朱映泉

镇　长：祝天华

板桥镇

书　记：章先兆

镇　长：金世玺（彝族）

水塘镇

书　记（人大主席）：肖　明（白族）

镇　长：李　丰

石桥镇

书　记（人大主席）：顾　勇

乐民镇

镇　长：丁全宇（彝族）

响水镇

书　记：邹　能

纪委书记：王时繁

新民乡

书　记：王　赟（苗族）

乡　长：李宗培

普田乡

书　记（人大主席）：桂宝斌（回族）

乡　长：张安赋（回族）

珠东乡

书　记（人大主席）：瞿春元

乡　长：蒋家梁

马场乡

书　记：杨显龙（水族）

乡　长：邓寿长（苗族）

英武乡

书　记：郭诗贵（苗族）

乡　长：支太斌

旧营乡

书　记：任　水

乡　长：李华甫

羊场乡

书　记：高　新（白族）

乡　长：芩天雷

保基乡

书　记：邓文专（苗族）

乡　长：陈万能（彝族）

普古乡

书　记（人大主席）：付　迁

乡　长：万和平（彝族）

淤泥乡

书　记：廖光卫（彝族）

松河乡：龙　兴（彝族）

书　记（人大主席）：钱正文（彝族）

乡　长：龙朝亮（彝族）

坪地乡

书　记：敖成秋

乡　长：张付才（彝族）

四格乡

书　记（人大主席）：杨晓荣（苗族）

乡　长：黄河彦（彝族）

鸡场坪乡

书　记（人大主席）：杜国辉（兼）

乡　长：高　空（彝族）

滑石乡

副书记：唐　霞

乡　长：洪光祥（彝族）

两河乡

书　记：李晓昌（彝族）

乡　长：胡召航

水城县

中共水城县委

书　记：杨龙政（白族）

副书记：付国祥　刘　纯（水族）

县委常委：闫秀春（女）　张云长　王亚军
包崇刚　杨昌显（苗族）
龚申雄（苗族）　禄　祎（女）
张士现　徐永俊*

办公室主任：廖明芳

纪委书记：王亚军

政法委书记：包崇刚

县维稳办主任：周厚元

组织部部长：闫秀青（女）

宣传部部长：徐永俊*　禄　祎（女）

统战部部长：龚申雄（苗族）

县人大常委会

主　任：赵庆周（白族）

副主任：张国田*　樊章学　张善周（彝族）
王庆明　徐青青（女）　严金光

办公室主任：朱书文

选联委主任：张泰智

财经委主任：明汉阳

科教文卫主任：段荣明

法工委主任：席立新

民族委主任：班国昭

信访室主任：蒋学亮

环资委主任：龙冶锝

县人民政府

县　长：付国祥

常务副县长：张云长（常务）

副县长：杨昌显（苗族）　陈依良
李　勇*　肖　明

县长助理：周　睿

办公室主任：肖　明*　蔡盛周

县政协

主　席：颜昌友

副主席：张建生　王友梅（女）　陈泰斌
杨喜书（布依族）　蒋先中（苗族）

秘书长：狄春波

办公室主任：郑　治

提案委主任：周训荣

经济委主任：张禹祥

科教文卫委主任：林本娟

社发委主任：余　霖

水城县法院

院　长：马永相（回族）

县检察院

检察长：韩贵安

县人武部

武装部长：张士现

政　委：尹俊辉

县督查室

主　任：陈安卫

县信访局

局　长：李　明

县监察局

局　长：马永荣

县保密局

局　长：王　群（女）

县机要局

局　长：张美荣（女）

县发改局

局　长：张　霖（穿青人）

县经贸局

局　长：何希考

县教育局

局　长：陈雪梅

县科技局

局　长：马明安

县财政局

局　长：黄光启

县编办

主　任：罗德政

县机关党委

书　记：梁军锋

县工会

常务副主席：杨淑琴

县团委

书　记：余天志

县妇联

主　席：戴　燕（女）*

县文联

主　席：王鹏翔

县科协

主　席：徐永新

县工商联（总商会）

会　长：邓　辉

县残联

理事长：王鹏华

县公安局

局　长：李晓忠*

政　委：马从容（回族）

县消防中队

队　长：欧阳春东

县司法局

局　长：安　海

县农办

主　任：蔡盛周*

县农业局

局　长：刘学武

县畜牧局

局　长：黄初胜

县林业局

局　长：金　里

县水利局

局　长：胡兴阳

县粮食局

局　长：黄佑学

县科技局

局　长：马明安

县扶贫办

主　任：陈芳贵

县农综办

主　任：简正隆*

县移民办

主　任：许云峰

县国教办

主　任：刘德群

县法制办
主　任：金春雨
县政务服务中心
主　任：龙迎洪
县卫生监督所
所　长：周　俊
发耳产业办
副主任：宋志祥（主持工作）
东部产业办
副主任：周贤德（主持工作）
县旅游局
局　长：段昌友
县农机中心
主　任：范允杰
县国税局
局　长：陈　斌
县地税局
局　长：刘金城
县工商局
局　长：邓敏灵
县人社局
局　长：齐强华
县民政局
局　长：谢开亮
县国土局
副局长：安　胜（主持工作）
县卫生局
局　长：王家奎
县教育局
局　长：陈雪梅（女）
县审计局
局　长：李成培
县建设局
局　长：肖利国
县房管局
局　长：潘志明
县老干局
局　长：张燕艳（女）

县物价局
局　长：刘昆华
县文广局
局　长：冯　伟
县统计局
局　长：严碧超
县民宗局
局　长：周顺昌
县煤炭局
副局长：朱宪武（主持工作）
县计生局
局　长：刘渡凯
县计生协会
专职副会长：罗明生
县档案局
局　长：李连君
县技监局
局　长：杜明庆
县药监局
局　长：周凯林
县环保局
局　长：严金光*　简工隆
县电信局
局　长：黄向东
邮政局
局　长：陈永华
县气象局
局　长：刘书华
县人防办
主　任：陈祖琼
县史志办
主　任：李正龙
县安监局
局　长：陈安卫
县供销社
主　任：张天常
县交通局
局　长：周　霖

县运管所

所　长：李贵东

县玉舍林场

主　任：杨昌华

县双水新区

负责人：杨礼建

县文化中心

主　任：肖建华

滥坝镇

书　记（人大主席）：龚申雄（苗族）

镇　长：郭振东（女，穿青人）

董地乡

书　记：段昌友（白族）

乡　长：范存伟

陡箐乡

书　记：车秀荣

乡　长：苏　明（彝族）

比德乡

书　记（人大主席）：马玉勇（彝族）

乡　长：吴学海（彝族）

化乐乡

书　记（人大主席）：张　莊（苗族）

乡　长：邓泽跃

发箐乡

书　记（人大主席）：朱如才（苗族）

乡　长：张　瑜（彝族）

保华乡

书　记（人大主席）：高龙俊*（彝）
邓泽正（苗族）

乡　长：王　垚

南开乡

书　记（人大主席）：王国宏*　吴学海

乡　长：杨　豪

金盆乡

书　记（人大主席）：易基恒（苗族）

乡　长：陆隆富（彝族）

玉舍乡

书　记（人大主席）：唐小国

乡　长：龙治得*　黎永胜（彝族）

勺米乡

书　记（人大主席）：金　星

乡　长：金开流（彝族）

坪寨乡

书　记（人大主席）：邓刚森（苗族）

乡　长：张仕兵

杨梅乡

书　记（人大主席）：黄兴文

乡　长：罗登官（苗族）

新街乡

书　记（人大主席）：陆胜新

乡　长：邓爱辛（苗族）

野钟乡

书　记（人大主席）：李显平（彝族）

乡　长：陆大明（布依）

果布戛乡

书　记：赵玉彬（布依族）

乡　长：陈顺福

发耳乡

书　记（人大主席）：王　鹏（彝族）

镇　长：蒋　彪

都格乡

书　记（人大主席）：杨　彬（苗族）

副乡长：陈胜荣（主持工作）

鸡场乡

书　记（人大主席）：罗忠国（彝族）

乡　长：李　刚（苗族）

蟠龙乡

书　记（人大主席）：李　勇（水族）

乡　长：朱志鹏

阿戛乡

书　记（人大主席）：黄佑刚

乡　长：朱春鹏

米箩乡

书　记（人大主席）：赵玉雄（布依族）

乡　长：陆朝平

双戛乡

书　记（人大主席）：陈志文（彝族）

乡　长：高登权（彝族）

木果乡

书　记（人大主席）：李昌富（苗族）

乡　长：谢盛国*（苗族）　蒋尚明（苗族）

纸厂乡

书　记（人大主席）：龚　茜（女）

乡　长：张善俊（彝族）

红岩乡

书　记（人大主席）：张　凌（彝族）

乡　长：杨　锦（布依族）

猴场乡

书　记（人大主席）：赵传刚

乡　长：赵　奇（布依族）

龙场乡

书　记（人大主席）：李洪喜（苗族）

乡　长：邓世学（苗族）

营盘乡

书　记（人大主席）：张禹查（苗族）

乡　长：何泳熙

顺场乡

书　记（人大主席）：李京祥（白族）

乡　长：陈德俊（苗族）

花戛乡

书　记（人大主席）：杨兴慧（苗族）

乡　长：杨昌恒（苗族）

青林乡

书　记（人大主席）：戴顺龙*（苗族）

余天志（蒙）

乡　长：谢盛祥（穿青人）

盐井乡

书　记：邓泽正*（苗族）　翁毅飞

乡　长：李恒刚（穿青人）

经济开发区

钟山经济开发区管委会

工委书记：张志祥

管委会主任：马　宏

常务副主任：王尔彬

副主任：李　勇　邹振伟

红果经济开发区管委会

工委书记：刘　剑

主　任：王　刚

纪工委书记：张保双

副主任：余榕江（彝族）

主任助理：赵　咏

开发区国土分局

局　长：夏开忠

开发区城管局

局　长：顾友政

开发区财政局

副局长：吴建国（主持工作）

开发区房管局

局　长：陈社才

开发区建设局

局　长：何　航

工矿企业

水城钢铁（集团）有限责任公司

董事长：朱继民

党委书记（副董事长）：王黎明

总经理（党委副书记）：张槐祥

党委副书记（纪委书记）：潘明祥

副总经理：张新建　吴　伟　郅鹤生

常　进

工会主席：赵　单
总工程师：王琳松
总会计师：高　军（女）

贵州省首黔资源开发有限公司

党委书记、董事长：霍光来
党委副书记、总经理：王黎明
党委委员、副总经理：陶仲毅
党委委员、副总经理：仇雅鸣
党委委员、副总经理：康延生
党委委员、副总经理：曹建军
党委委员、财务总监：龙治安
总经理助理：杨安时
总经理助理：何友德

六枝工矿（集团）有限责任公司

董事长（党委书记）：赵仲春
副董事长（总经理）：施文刚
党委副书记（纪委书记）：李英俊
工会主席：陈兴汶
副总经理：周　东　龙海岑(侗族)　迟恩波
　　　　　白启树
总工程师：高世俊
财务总监：代淑华（女，蒙古族）

盘江煤电集团公司

董事长（党委书记）：张仕和
副董事长：杨家纯　周炳军
总经理：周炳军
党委副书记：任碧初
纪委书记：李宗喜
副总经理：尹　立　孙朝芦　尹志华
　　　　　易国晶
工会主席：辛　华
总会计师：尹新全
总工程师：黄寿卿
总经理助理：邢祖禹

水城矿业（集团）有限责任公司

董事长（党委书记）：魏永柱
副董事长（总经理）：倪德飞
党委副书记（工会主席）：刘振涛
纪委书记：苏国泽
副总经理：蔡　毅　肖才忠　张思明
总工程师：阎昭铸
总会计师：黄时晴（苗族）

贵州乌蒙山发展有限公司

党委书记：李文田
董事长（总经理、党委副书记）：刘小平
副总经理：陈志国　黄克隆　蒋立新
　　　　　路言琼　刘家华
工会主席：陈志国
总会计师：路言琼

水城瑞安水泥有限公司

董事长：薛金华
总经理：李华胜
党委书记：李文田
副总经理：刘小平（常务）
销售副总监：徐维杰
生产经理：牟　波
财务总监：李　玲
人力资源经理：李安宁

盘江六盘水装备制造有限公司

党委书记：祝华敬
总经理：王建生
副总经理：栗照民
副书记（纪委书记）：李玉林
总工程师：杨洪波
工会主席：马继彬
总会计师：邹山彪

贵州黔桂发电有限公司

董事长：管跃庆
副董事长：周和生
总经理（党委书记）：詹玉华
副总经理：郭满志　麻朝海（彝族）
党委副书记（纪委书记工会主席）：田四清
总工程师：官正兴
总经济师：沈　健
总会计师：方德亚（白族）

盘南电厂
总经理：黎中涛
党委书记：王　夔
副总经理：方　阳　李东麟　陈　艳
　　　　　罗德海

水城野马寨电厂
厂　长：王　军
副厂长：张鸿福　彭台方　付卫平
党委书记：陈迎民
工会主席：傅海生
总工程师：冉怒吟　梁春泉

六盘水车务段
段　长：贾　平
党委书记：彭　智
副段长：覃如相　曹建学　张　剑　廖文君
纪委书记：毛　云
工会主席：钟　啸

六盘水机务段
段　长：刘学龙
党委书记：言桂林
党委副书记：吴文洪
纪委书记：田荣弟
副段长：江　涛　郑红宁　李　岗
总工程师：谢　荣
工会主席：李正贵

六盘水工务段
段　长：蒋世辉
党委书记：何　斌*　曾健康
副段长：曾　勇　刘盛德*　刘逢春*
印义全：傅后龙　黄彩明
纪委书记：刘和林*　李　红
工会主席：李大强
总工程师：张　扬
段长助理：徐林华

贵州水红铁路有限责任公司
总经理：刘强力
常务副总经理：杨凤翔
副总经理：杨顺全

重庆啤酒集团六盘水啤酒有限责任公司
总经理：刘仁发
党委副书记：盘祖林
副总经理：罗礼贵　聂　伟　张恩富
财务总监：方　针（女）

六盘水市开发投资有限公司
董事长（总经理）：张朝军
副董事长（副总经理）：卢征东
副总经理（总工程师）：王成洪
副总经理（总经济师）：唐性芬
副总经理（总会计师）：陈志雄

六盘水市公共交通总公司
副总经理：曾　利（主持工作）
副总经理：翟　辉　谢　健　李　刚
　　　　　沈承云　陈　文

六盘水市水务公司
董事长（总经理）：李志明
党委书记：张瑞国
副经理：张强开　黄模刚
总工程师：王光鹏
纪委书记：钟　海

中央储备粮库六盘水直属库
主　任：潘　岳

贵州发耳煤业有限公司
董事长（党委书记、工会主席）：于世叶
总经理：孟昭君
副总经理：颜士华　崔相杰
总工程师：张贵山
总会计师：沈贵亮

六盘水市月照机场公司
总经理：付昭祥
副总经理：申　浩
总经济师：蒋仕文

中共六盘水市委

2010 年市委常委会议

【五届市委第 76 次常委会议】

1 月 14 日上午，市委书记刘一民在六盘水会议中心一会议室主持召开五届市委第 76 次常委会议。

一、传达全省经济工作会议精神并研究贯彻意见。议定：

1. 2010 年全市经济发展主要预期目标为：生产总值增长 12%，全社会固定资产投资增长 20%，财政总收入增长 16%以上。

2. 原则同意《刘一民同志在全市经济工作会议上的讲话》（稿）和《何刚同志在全市经济工作会议上的讲话》（稿），分别由市委办公室、市政府办公室按照常委会议讨论意见修改完善。

3. 定于 2010 年 1 月 15 日召开全市经济工作会议，总结 2009 年经济工作，安排部署 2010 年经济工作，会期一天。

二、研究 2010 年“两节”期间慰问方案。议定：

1. 原则同意 2010 年“两节”期间慰问方案。慰问活动要统筹兼顾，合理安排，不重不漏。

2. 高度重视民生，认真安排好困难群众的生活，确保 2010 年 1 月底前将救灾救济款物发放到受灾群众和困难群众手中。

3. 钟山区和市直有关部门要加强协调配合，认真组织开展社会治安严打专项整治行动和丰富多彩、形式多样、群众喜闻乐见的文化娱乐活动，搞好环境卫生，营造节日氛围，确保全市人民度过一个欢乐祥和的春节。

4. 由市委宣传部牵头，市委办、市政府办协助，认真筹办好 2010 年春节团拜会。

三、传达全国全省政法工作会议精神并研究贯彻意见。议定：

1. 加强基层基础工作，实行专群结合、重心下移、群防群治、齐抓共管，充分发挥社区、村级组织和基层调解员的重要作用，真正把工作落实到机关、企业、学校、农村，形成“大防控”格局，提高群众的安全感和满意度。

2. 大力加强普法工作，使法制宣传教育进入千家万户，不断强化维护社会稳定的群众基础。结合“五五”普法依法治市活动的开展，有针对性地招募一批普法志愿者，推动普法工作深入开展。

3. 切实抓好校园的安全管理工作，把安全责任制落实到校长、班主任，彻底整治校园周边环境。

4. 进一步加强对公安协勤人员的培训和管理，切实提高他们的素质，解决好养老保险等问题。

5. 由组织部门牵头，政法、信访部门配合，从公安机关推荐考察一名干部到市政府驻北京联络处任副主任，负责做好进京上访群众的劝返工作。

6. 建立市委常委挂帮县（特区、区）社会治安和维护稳定工作制度。

7. 把提高人民群众安全感和满意率列入对各县（特区、区）综治工作目标考核内容，把破案绝对数、案件调撤率等工作量化指标列入对政法机关执法工作考核内容。

8. 扎实开展对敌斗争，注意苗头，提高警惕，时刻绷紧国家安全这根弦，不断提升维护国家安全和政治稳定的能力和水平。

9. 加强对刑释解教人员的衔接、帮教和管控。

10. 尽快启动市中心城区和六枝特区、盘县二期视频监控系统建设。

11. 根据省委要求，全市没有单设综治办的35个二类乡镇须在2010年3月底前恢复或单设综治办，做到有地方办事、有人管事。

12. 同意招募1100名巡防队员，其中：六枝特区100人，盘县300人，水城县100人，钟山区600人。先训练再上岗。

13. 为各乡（镇、街道）综治工作中心配备一辆6至8万元的工作用车，所需费用由市、县（特区、区）两级各承担50%。

14. 根据《省综治委关于责令对关岭县、盘县、威宁县社会治安综合治理工作实行黄牌警告的通知》要求，对盘县社会治安综合治理工作实行黄牌警告。由何冀、陈亮贵、黎平对盘县党政主要领导和分管副县长、政法委书记、公安局局长进行谈话，并提出整改要求。

四、听取全市2009年度党风廉政建设责任制执行情况检查考核情况汇报。议定：

1. 同意全市2009年度党风廉政建设责任制执行情况检查考核结果。

2. 纪检监察机关要加强与市委组织部、市委督查室和市政府督查室的配合，围绕中心，服务大局，把年终考核与日常监督结合起来，客观、全面、准确反映被考核单位的工作状况。

3. 进一步细化、实化检查考核指标，突出作风、绩效、廉政等工作重点，把党风廉政建设寓于具体工作、具体过程之中，形成反腐倡廉建设的长效机制。

五、传达全省组织部长会议及贯彻落实干部人事制度改革规划纲要座谈会、干部人事档案工作会议精神并研究贯彻意见。议定：

1. 同意近期召开全市组织部长会议，传达学习全省组织部长会议精神，安排部署有关工作。市委组织部要结合省的安排和六盘水市实际，认真分析研究，提出解决问题的具体方案。

2. 进一步加大培养选拔干部力度。干部工作要与中心工作紧密结合，坚持正确的用人导向，注重多岗位锻炼干部，从条件艰苦地方选拔干部，不断完善全面评价、选拔、任用干部的体制机制。

3. 大力加强党的基层组织建设，特别是要高度重视村、社区的党组织建设，不断提高党员队伍的能力素质，充分发挥党的基层组织在整脏治乱、社会治安、服务群众中的重要作用。进一步抓好非公经济党组织建设。

4. 把落实好村干部的养老保险和解决好农村基层组织工作经费问题作为学习实践科学发展观活动的一项重要内容，真正体现各级党委、政府对农村基层组织和干部的关心和爱护。

5. 切实加强组织部门自身建设。教育广大组工干部做老实人、办老实事，敢于为干部说话，努力为干部解决困难和问题，树立组织部门和组工干部的良好形象。

（市委办）

【五届市委第77次常委会议】

1月28日下午，市委书记刘一民在六盘水会议中心一会议室主持召开五届市委第77次常委会议。

一、研究拟提交2010年市“两会”讨论、审议的有关工作报告稿。议定：

原则同意市人大常委会工作报告、市人民政府工作报告、市政协常委会工作报告、市中级人民法院工作报告、市人民检察院工作报告、计划报告和财政报告稿，根据本次会议讨论的意见修改后提交市六届人大五次会议、市政协六届四次会议讨论和审议。

二、研究市人大常委会党组《关于召开市六届人大常委会第十九次会议的报告》和《关于市六届人大五次会议有关事项的请示》。议定：

1. 原则同意《市人大常委会党组关于召开市六届人大常委会第十九次会议的报告》。

2. 同意2010年2月3日至7日召开六盘水市第六届人民代表大会第五次会议，会期5天。

3. 原则同意六盘水市第六届人民代表大会第五次会议建议议程、主席团和秘书长建议名单、主席团常务主席建议名单、副秘书长建议名单、工作日程、主席团执行主席建议分组名单、列席人员名单和选举办法，由市人大常委会党组按本次会议讨论的意见修改完善。对于具体操作中把握不准的问题，要及时向省人大常委会请示。

4. 鉴于2010年市“两会”筹备工作时间紧、任务重，不再举行市“两会”少数民族代表委员联欢会。

5. 市人大常委会党组要切实加强领导，周密部署，精心组织，市直有关部门要全力支持配合，确保大会安全、有序进行，圆满成功。

三、研究《市政协党组关于召开市政协六届四次会议有关事项的请示》。议定：

1. 同意2010年2月2日至6日召开政协第六届六盘水市委员会第四次会议，会期5天。

2. 原则同意市政协六届四次会议议程、会议日程、执行主席和秘书长名单、决议起草委员会名单、副秘书长名单、小组划分办法及召集人名单和列席人员名单。

四、听取市直机关2009年度目标考核情况汇报。议定：

1. 由市目标办牵头，对考核情况作进一步复核，确保考核结果客观、全面、准确反映被考核单位的工作状况，更好地发挥年度目标考核工作在服务发展、推动落实方面的重要作用。

2. 2009年度市直机关目标考核奖金按编制每分每人50元的标准计发，涉及扣分的按每分每人35元扣减；离退休人员按人均2000元的标准计发；考核分数排名前十位的单位按人均600元兑现领导班子奖。

3. 实施目标管理单位中事业编制人员目标考核奖问题，由市目标办商有关部门提出具体方案报市政府研究。

五、传达第十七届中央纪委五次全会和省纪委十届五次全会精神并研究贯彻意见。议定：

1. 同意2010年2月下旬召开市纪委五次全会，传达贯彻第十七届中央纪委五次全会和第十届省纪委五次全会精神，安排部署全市2010年党风廉政建设和反腐败工作。

2. 由市纪委监察局牵头，市委督查室、市政府督查室、市委组织部、市目标办等单位配合，本着“注重预防、廉洁从政、高效履职、精简规范”的原则制定《勤政廉政责任书》，以市委、市政府的名义在市纪委五次全会上与各县（特区、区）和市直各部门签订。

3. 同意近期向民主党派、工商联、无党派代表人士通报2009年全市党风廉政建设和反腐败工作情况。

4. 坚持高标准、严要求，切实加强纪检监察干部队伍建设。一要严格教育，以“毛娅红违纪案件”为教材，吸取教训，引以为戒，避免同类事件再次发生；二要加强党性修养，努力建设一支政治坚强、公正清廉、纪律严明、业务精通、作风优良的纪检干部队伍；三要恪尽职守、秉公执纪、敢于碰硬，坚决同各种腐败现象和腐败分子作斗争，维护党纪政纪的严肃性；四要严格遵守各项纪律特别是办案纪律和保密纪律，坚决清除“害群之马”，对不适合做纪检监察工作的人员要坚决调出纪检监察部门，对滥用职权、

以案谋私的纪检监察干部要严肃处理。

六、研究案件和干部工作。

（市委办）

【五届市委第78次常委会议】

2月23日下午，市委书记刘一民在六盘水会议中心一会议室主持召开五届市委第78次常委会议。

一、研究《中共六盘水市委六盘水市人民政府关于加大统筹城乡发展力度进一步夯实农业农村发展基础的实施意见》。议定：

原则同意《中共六盘水市委六盘水市人民政府关于加大统筹城乡发展力度进一步夯实农业农村发展基础的实施意见（讨论稿）》，根据突出重点、突出特色、求真务实的原则和会议讨论的意见认真修改后作为2010年市委1号文件下发。

二、研究关于召开市委五届六次全体（扩大）会议有关问题。议定：

1. 同意于2010年2月26日召开市委五届六次全体（扩大）会议，市委常委会向全委会报告工作，开展“一报告两评议”，推荐县委书记、县长后备干部，审议《中共六盘水市委关于围绕统筹城乡跨越发展建设高素质干部队伍的意见》。

2. 原则同意《刘一民同志在市委五届六次全体（扩大）会议第一次全体会议上的讲话》（稿）、《中共六盘水市委关于围绕统筹城乡跨越发展建设高素质干部队伍的意见（讨论稿）》和《刘一民同志在市委五届六次全体（扩大）会议第二次全体会议上的讲话》（稿），由市委办公室根据会议讨论意见，作进一步修改和完善。

三、研究《六盘水市关于建立乡镇（街道）、村（社区）便民利民党务政务综合服务中心（站、点）工作实施方案》。议定：

1. 原则同意《六盘水市关于建立乡镇（街道）、村（社区）便民利民党务政务综合服务中心（站、点）工作实施方案》，由市委学习实践活动办公室根据会议讨论意见修改后以市委办、市政府办文件下发。

2. 原则同意“六盘水市便民利民党务政务综合服务中心”标识牌方案一，由市委学习实践活动办公室统一制作。

3. 同意对全市一类贫困乡和一类贫困村开展便民利民服务工作给予补助，6个一类贫困乡每乡补助2万元，301个一类贫困村每村补助2000元，共计72.2万元，由市财政核拨。

4. 要通过开展便民利民综合服务，促进基层公共服务、社会管理能力的提高和党组织作用的充分发挥，更好地满足群众需求，进一步密切党同人民群众的血肉联系，促进社会和谐稳定，为“统筹城乡、跨越发展”夯实基层工作基础。

四、研究《水城至六枝高速公路建设方案》。议定：

1. 加大项目前期工作力度，力争尽快开工建设水城至六枝高速公路。

2. 同意由六盘水全额承担资金12.65亿元，其中：市级出资50%，六枝特区、水城县和钟山区出资50%（按千米数分担）。

3. 若2018年以后省级补助项目总投资的15%（7.59亿元）到位，同意分配给贵州省高速公路开发总公司三分之二，即5.06亿元。

五、研究《关于对2007～2009年度市级文明单位、精神文明建设先进单位、文明村镇、创建文明村镇工作先进村镇及精神文明建设先进工作者进行表彰的报告》。议定：

1. 原则同意市级文明单位、市级精神文明建设工作先进单位、市级文明村镇、市级创建文明村镇工作先进村镇和市级精神文明建设先进工作者名单。

2. 增补市三中为市级文明单位。

六、讨论《市委市政府关于市人民政府机构改革的实施意见》和《各县、特区、区人民政府机构改革方案》。议定：

1. 原则同意《市委市政府关于市人民政府机构改革的实施意见》，按会议讨论意见修改后抓紧组织实施。

2. 原则同意《六枝特区人民政府机构改革

方案》《盘县人民政府机构改革方案》《水城县人民政府机构改革方案》《钟山区人民政府机构改革方案》，按会议讨论意见修改后报省编委办审核，抓紧批复实施。

七、讨论《中共六盘水市委常委工作分工》。议定：

原则同意《中共六盘水市委常委工作分工》，按会议讨论意见修改后由市委办公室行文。

八、研究干部工作。

（市委办）

【五届市委第79次常委会议】

2月28日上午，市委书记刘一民在六盘水会议中心一会议室主持召开五届市委第79次常委会议。

一、讨论《中共六盘水市委常委会2010年工作要点》。议定：

原则同意《中共六盘水市委常委会2010年工作要点（讨论稿）》，根据会议讨论的意见认真修改后下发。

二、传达全省宣传部长会议精神并研究贯彻意见。议定：

1. 同意2010年3月中旬召开全市宣传思想文化工作会议，传达全国、全省宣传部长会议精神，总结2009年全市宣传思想文化工作，安排部署2010年工作。会期一天。

2. 要围绕中心，服务大局，突出重点，进一步加大理论武装、舆论引导、整脏治乱、文化体制改革、对外宣传、农村精神文明建设等工作力度，不断增强工作的针对性和实效性，努力提升宣传思想文化工作的科学化水平。

3. 创新对外宣传工作的理念、思路和方法，找准工作切入点，整合媒体资源，精心策划方案，完善激励措施，进一步提高六盘水市的知名度和影响力，激发全市广大干部群众的自豪感和干事创业的热情。

三、研究干部和案件工作。

（市委办）

【五届市委第80次常委会议】

3月26日上午，市委书记刘一民在六盘水会议中心一会议室主持召开五届市委第80次常委会议。

一、研究2010年全国、省、市劳动模范和先进工作者评选推荐有关事宜。议定：

1. 同意彭天文、王光华、宋全海、李碧峰为全国劳动模范推荐人选，葛发权为全国先进工作者推荐人选。

2. 原则同意2010年贵州省、六盘水市劳动模范、先进工作者评选推荐名额分配方案，按本次会议讨论意见作适当调整后抓紧开展相关工作。

3. 劳动模范和先进工作者的评选推荐要体现先进性和代表性，向基层和一线倾斜，控制县处级干部名额比例。

二、传达全省深入学习实践科学发展观活动总结大会精神并研究贯彻意见。议定：

同意3月29日下午召开全市深入学习实践科学发展观活动总结大会，贯彻落实全省深入学习实践科学发展观活动总结大会精神，认真总结全市学习实践活动，研究部署巩固扩大学习实践活动成果工作，努力开创全市科学发展、跨越发展新局面。

三、传达全国、全省组织系统深入推进“讲党性、重品行、作表率”活动视频会议精神并研究贯彻意见。议定：

1. 同意近期召开动员会议，部署2010年全市组织系统深入推进“讲党性、重品行、作表率”活动。

2. 同意2010年面向全市公开选拔10名左右副县级干部。

3. 市、县两级每年要拿出一定数量的副县级、乡科级领导职位面向基层定向推荐选拔。注重从优秀村干部中选拔乡镇领导班子成员和考聘事业单位工作人员。

4. 由市委组织部制定市管干部任前公示办法，提交市委常委会议研究同意后实施。

5. 市纪委、市委组织部、市委督查室、市政府督查室、市目标办要整合力量，按季度加强对各级各部门各单位工作进展情况的督促检查，推动工作落实。

6. 从市、县、乡三级选派1000名干部到村级组织挂职。由市委组织部牵头，尽快拟定方案，于4月底前提交市委常委会议研究。

7. 市委组织部要尽快完善《关于开展村（社区、居委会）党组织书记、村（居）委会主任养老保险工作的实施方案》，尽早启动实施。

8. 市委督查室、市政府督查室要紧紧围绕市委、市政府决策部署开展督察工作。今后，凡是市委、市政府作出的决策部署，要及时跟踪督办。对落实不力的，再次督办，约谈责任单位主要负责人，并由责任单位书面说明情况。约谈后，工作仍无明显进展，落实不到位的，进行第三次督办，并向市委、市政府提出处理责任单位负责人的建议。

四、传达全省统战部长会议精神并研究贯彻意见。议定：

1. 同意由市委统战部召开各民主党派、工商联、无党派人士座谈会，传达贯彻全省统战部长会议精神，不再召开全市统战工作会议。

2. 市委统战部和市委组织部要密切配合，切实抓好非公有制企业党建工作，探索建立非公有制企业党建工作长效机制，努力扩大党组织和党的工作的覆盖面。

五、传达省委农村工作会议精神并研究贯彻意见。议定：

1. 4月1日上午召开市委农村工作会议，贯彻落实省委农村工作会议精神，总结2009年全市农业农村工作，安排部署2010年农业农村工作。

2. 市农委、市水利局、市林业局和市扶贫开发局等部门在会上就农业产业、水利、林业和扶贫开发等工作作表态性发言。

六、传达全省扶贫开发工作会议精神并研究贯彻意见。议定：

1. 同意召开全市扶贫开发工作会议，传达贯彻全省扶贫开发工作会议精神，安排部署2010年全市扶贫开发工作。

2. 积极争取省编办的支持，在六枝特区、盘县、水城县政府部门中增设扶贫开发局。

3. 按照实行集团帮扶的要求，结合六盘水市机构改革的实际，对党建扶贫工作队作适当调整。市委常委、市政府副市长的党建扶贫联系点确定后，要保持相对稳定。

4. 按照统筹安排、打捆使用、各记其功的原则，整合农口各部门的项目资金、培训经费等资源，做到不重复、不浪费、不撒“胡椒面”，努力实现效益最大化。

5. 要大力扶持龙头企业，通过龙头企业带动农民增收致富。支农资金、扶贫资金不能直接投放给企业，只能通过贷款贴息等方式予以扶持。支农资金、扶贫资金主要用于扶持农民发展生产，着力提高自我发展能力。

七、听取全市抗旱救灾暨森林防火工作情况汇报。

会议认为，在党中央国务院、省委省政府的关心和中央、省有关部门及社会各界的支持下，通过全市上下的共同努力，六盘水市抗旱救灾工作有力、有序开展，取得了阶段性成效。

会议指出，在百年不遇的严重旱灾面前，全市干部群众上下一心，团结一致，不等不靠，做了大量卓有成效的工作，取得了显著的成效。灾区群众生活平稳、情绪稳定、秩序井然，干群关系密切，全社会关心、支持抗旱救灾的工作格局和良好氛围正在形成。

会议要求：

1. 做好抗大旱、抗长旱、救大灾的充分准备，按照“先生活、后生产”的原则，坚定战胜困难的信心和决心，发扬连续作战精神，在中央、省的关心支持下，举全市之力夺取抗旱救灾的全面胜利。

2. 在抓好现有水源的统一管理、调配的同时，要努力增加抗旱水源，积极组织群众找水、引水、运水、分水，千方百计保证人畜饮水。

3. 扎实抓好春耕备耕。要备足良种、农药、化肥等农用物资；要调整种植结构，根据水源情况适时抢种、改种农作物；要因地制宜，在农技部门的指导下，组织集中育苗、育秧；气象部门要加强天气预测预报，适时开展人工增雨作业。

4. 坚持种植业损失养殖业补，大力发展畜牧业，千方百计保圈舍不空，存栏数不减少。

5. 针对水利基础设施存在的薄弱环节，立足长远，全面规划，争取项目，加大投入，从根本上解决工程性缺水问题和增强抗御旱灾、洪灾等自然灾害的能力。

6. 切实保障蔬菜等农产品供应，搞好群众生产生活物资调运，加强市场监测，防止物价大幅上涨，保持市场稳定。

7. 广大干部要深入千家万户，认真做好群众生活的调查摸底工作。对生活困难的，要加大救助力度，确保不让一人断粮。

8. 大力加强受灾地区的社会治安综合治理，防止因抢水、争水、争物等引发的纠纷和群体性事件，维护正常的生产生活秩序，保持社会稳定。

9. 进一步加强森林防火工作。一是大力宣传《森林防火条例》，做到家喻户晓。二是重点抓好防火隔离带建设、林下枯枝落叶清除、火源管理等工作。三是制定并认真落实森林防火封禁方案，严格控制清明节前后上山烧纸、燃放烟花爆竹等，倡导绿色祭奠、环保祭奠、安全祭奠。

10. 加大宣传报道力度。各级新闻媒体要深入灾区一线，宣传各地抗旱救灾的好做法、好措施、好典型，报道干部群众中涌现出来的先进事迹和先进人物，大力营造抗旱救灾的良好舆论氛围。

八、研究《六盘水市红桥新区建设方案》。议定：

1. 原则同意红桥新区建设方案，由市委、市政府委派钟山经济开发区对红桥新区进行开发、建设和管理。

2. 在方案提出的新区范围基础上把南编组站片区也列入新区范围。钟山经济开发区现有范围的开发、一切债权债务及遗留问题由钟山区负责接收和管理。钟山经济开发区平移到红桥新区，同时增设市公安局钟山经济开发区（红桥新区）分局。

3. 市委组织部要按照精简、精干、高效的原则，抓紧提出红桥新区班子人选方案，提交市委常委会议研究。

4. 红桥新区班子组建后，在 4 月 20 日前完成机构设置、人员选调、资产划转、资料交接、档案移交等工作。4 月 20 日后开始正常运转，并及时提出《红桥新区发展规划》报市委、市政府研究。

5. 市直各部门和水城县、钟山区要全力支持红桥新区的建设、发展，努力将红桥新区建成产业聚集区、创业就业新载体和城市新组团，确保 3 年大见成效。市财政借 5000 万元给红桥新区作为启动资金，钟山区每年补贴红桥新区 2000 万元（补贴年限另行确定）。

九、传达全省人口和计划生育工作会议精神，听取全市 2009 年度人口计生责任目标考核情况和 2010 年度人口计生责任目标设置的汇报。议定：

1. 4 月 1 日下午召开全市人口和计划生育工作会议，贯彻落实全省人口和计划生育工作会议精神，总结 2009 年全市人口计生工作，安排部署 2010 年全市人口计生工作。会上兑现 2009 年度人口计生责任目标考核奖，签订 2010 年度人口计生目标责任书。

2. 同意各县、特区、区 2009 年度人口计生责任目标考核结果：盘县、钟山区为党政线一等奖，六枝特区、水城县为党政线二等奖；盘县、钟山区、六枝特区、水城县为人口计生部门线一等奖。

3. 同意市直综合治理部门和四大企业 2009 年度人口计生责任目标考核结果、评定等次和奖励金额。

4. 同意《各县、特区、区2010年度人口和计划生育责任目标》。

5. 按照省的要求，各乡（镇、街道）要明确1名主要领导分管人口和计划生育工作。

十、听取2009年度市党政领导班子满意度测评及省管干部年度考核情况汇报。议定：

1. 同意市委和市人民政府作为“好班子”上报省委。

2. 同意刘一民、黄金、唐方信、周斯弼、金成良在2009年度省管干部考核中评定为优秀等次，按相关规定上报省委。

十一、研究案件工作。

（市委办）

【五届市委第81次常委（扩大）会议】

4月12日上午，市委书记刘一民在六盘水会议中心一会议室主持召开五届市委第81次常委（扩大）会议，传达中共中央政治局常委、国务院总理温家宝视察贵州时的重要讲话精神和省委常委（扩大）会议精神，研究全市抗旱救灾和农牧业生产工作。

会议认为，温家宝总理视察贵州时的重要讲话，情真意切，求真务实，为打赢抗旱救灾这场硬仗指明了方向。石宗源的讲话，客观分析了当前面临的形势，对抗旱救灾工作进行了再动员、再部署，具有很强的针对性、指导性和可操作性。

会议指出，全市各级各部门和广大党员干部坚决贯彻党中央、国务院和省委、省政府的指示精神，在这场百年不遇的特大旱灾面前，形成了全社会关注农村、关心农业、关爱农民的共识，全市上下团结一心，众志成城，抗旱救灾工作取得了阶段性成效。灾区人心安定、社会稳定、生产生活秩序正常，党群干群关系进一步密切，形成了上下齐心抗旱的良好局面。

会议强调，要认真学习、深刻领会、全面贯彻落实温家宝总理重要讲话精神和省委常委（扩大）会议精神，进一步把思想和行动统一到中央的要求和省委的部署上来，切实增强夺取抗旱救灾全面胜利的信心和决心，全力以赴打好打赢抗旱救灾这场硬仗，确保完成全年经济社会发展各项目标任务。

会议议定：

一、继续把保障人畜饮水作为抗旱救灾的首要任务。把解决城乡居民生活用水尤其是农村人畜饮水放在当前抗旱救灾工作的首位，想尽一切办法，动员一切力量，不惜一切代价，在巩固成果的基础上进一步完善和提高，绝不能让一个群众没有水喝。在保证群众生活用水的同时，还要千方百计保证牲畜吃水问题。同时，强化饮水安全，对每一处新水源都要进行水质化验，做到不达标不饮用。要加强节水宣传，提倡计划用水、节约用水，及时处理水事纠纷，管理好水源，维护好用水秩序。

二、切实解决好困难群众的吃粮问题。小季作物基本绝收，“粮荒”问题势必凸显。各级各有关部门要以户为单位对缺粮问题进行全面排查，摸清缺粮的数量和时间。在此基础上，通过积极争取上级支持和自主调剂，切实解决缺粮问题，绝不能让一个群众没有饭吃。市财政立即安排200万元调进一批粮食，增加储备，以应急需。

三、不失时机地抓好春耕生产。要切实抓住土壤墒情有所改善的时机，加快春耕生产进度。积极调整种植结构，因地制宜抢种、补种、改种，加强抗旱技术推广服务，保障种子、化肥、农药、农膜的农资供应，力争小季损失大季补、粮食作物损失经济作物补，千方百计减轻旱灾对农业生产的影响，绝不能让一亩地撂荒。当前，要在水源有保障的地方，抓紧开展集中育苗、育秧，为大田移栽作好充分准备。对农业生产的补贴问题，由何冀会同市政府分管领导商定。

四、切实稳定和繁荣市场。做好蔬菜、肉类等城乡居民生活必需品的生产和供应，确保市场供需基本平衡和物价的基本稳定。扩大蔬菜种植面积，尤其要抓紧抢种一季速生蔬菜，缓解蔬菜市场供应紧张、群众吃菜困难等问题。针对猪价下跌、饲料涨价等问题，由市财政补助300万元，各县、特区、区财政补差，购买仔猪发放给贫困户饲养；对饲养能繁母猪的农户，按每头50元的标准给予补贴，所需资金由市县两级财政共同承担；对规模养殖场，金融部门要积极给予贷款支持，财政给予适当贴息。通过采取这些措施，稳定生猪生产能力，确保圈舍不空、存栏数不减，确保大灾之年所有农户都能杀一头年猪。要加强市场监管，严厉打击哄抬物价、囤积居奇等行为。

五、大力抓好水利项目的实施。各级各有关部门要对农村人畜饮水情况进行一次全面排查摸底，针对存在的薄弱环节，积极争取抗旱救灾资金，切实加大投入，大力推进小水库、小水池、小山塘、小水窖、小水渠、水泵站等水利工程建设，加快水源点建设，通过打井、引蓄等方式，千方百计确保明年上半年之前全面解决全市农村人畜饮水困难问题。要立足长远，超前谋划，紧紧抓住国家加大对贵州水利建设、生态建设和石漠化治理"三位一体"投入的机遇，组织专人做好项目申报工作，大力争取中央和省的支持，抓紧启动实施一批重大项目，尽快从根本上解决工程性缺水问题，切实增强抵御自然灾害的能力。

六、加强对抗旱救灾资金和物资的监管。高度重视救灾资金和物资使用的有效性、及时性和安全性，按照保重点、保急需的要求，统筹安排好各类抗旱救灾资金和物资，并及时足额拨付和发放到位，使救灾资金和物资真正用在刀刃上、用出效益来。各县、特区、区要尽快对抗旱救灾资金的到位和使用情况开展一次自查，将情况报市委、市政府及有关部门。各级纪检监察、审计、财政等部门要切实加强对抗旱救灾资金和物资的监管，对贪污、截留、挪用抗旱救灾款物的，无论数额大小、数量多少，都要依法依纪坚决查处。

七、进一步加强对抗旱救灾工作的领导。各级领导干部要深入基层，靠前指挥，对抗旱救灾实施强有力的领导。各职能部门要密切配合，形成合力，争取上级支持，抓好工作落实。农技干部要深入实地，指导基层和群众抓好农牧业生产。要把各级领导班子和领导干部在抗旱救灾工作中的表现作为考核干部的重要内容，把考核评价结果作为干部任用和奖惩的依据。加强对抗旱救灾工作的宣传，形成全民抗灾、共渡难关的良好氛围。坚持把劳务输出作为农民增收的重要途径，力争农业不减产，确保农民不减收。超前防范次生灾害，认真做好防汛和防范地质灾害工作，加强食品、疫情、公共卫生的监测，确保人民群众生命财产安全。全面加强社会治安综合治理，维护灾区正常的生产生活秩序，确保社会大局稳定。从市、县、乡三级选派千名干部到村任职的工作要抓紧到位。坚持统筹兼顾，一手抓抗旱救灾、一手抓经济社会发展，确保大灾之年全市经济社会发展目标全面实现。

（市委办）

【五届市委第82次常委会议】

4月15日下午，市委书记刘一民在六盘水会议中心一会议室主持召开五届市委第82次常委会议。

一、研究《市人大常委会党组关于承办全国煤城人大工作研讨会第三次会议的请示》。议定：

1. 同意市人大常委会于6月中下旬承办全国煤城人大工作研讨会第三次会议。

2. 市人大常委会要精心组织，认真筹备，确保会议质量和效果。

二、研究《市人大常委会党组关于报送〈六盘水市人大常委会2010年年度议题计划〉的请示》。议定：

1. 原则同意六盘水市人大常委会2010年度议题计划。

（1）听取和审议市人民政府关于市六届人大常委会第十七次会议审议意见通报落实情况的报告；

（2）听取和审议市人民政府关于《中华人民共和国招投标法》执行情况的报告；

（3）听取和审议市人民政府关于全市职业技术教育工作情况的报告；

（4）听取和审议市人民政府关于市六届人大常委会第十八次会议审议意见通报落实情况的报告；

（5）听取和审议市人民政府2009年市级财政决算草案的报告，审查和批准2009年市级财政决算；

（6）听取和审议市人民政府2009年市级财政预算执行和其他财政收支情况的审计报告；

（7）听取和审议市人民政府关于全市农业产业化发展情况的报告；

（8）听取和审议市人民政府关于“十二五”规划纲要基本思路的报告；

（9）听取和审议市人民政府关于凤凰山片区规划建设及拆迁安置方案的报告；

（10）听取和审议市人民政府关于市六届人大常委会第二十一次会议审议意见通报落实情况的报告；

（11）听取和审议市人民政府关于文化体育设施建设情况的报告；

（12）听取和审议市人民检察院关于开展诉讼监督工作情况的报告；

（13）听取和审议市人民政府关于2010年上半年国民经济和社会发展计划执行情况的报告；

（14）听取和审议市人民政府关于2010年上半年财政预算执行情况的报告；

（15）听取和审议市人民政府关于代表建议、批评和意见办理情况的报告；

（16）听取和审议市人民政府关于市六届人大常委会第二十二次会议审议意见通报落实情况的报告；

（17）听取和审议市人民政府关于开展资源富集区循环经济试点工作情况的报告；

（18）再次听取和审议市人民政府关于《中华人民共和国城乡规划法》执行情况的报告；

（19）听取和审议市人民政府关于市六届人大常委会第二十三次会议审议意见通报落实情况的报告；

（20）听取和审议市中级人民法院开展“人民法官为人民”主题实践活动工作情况的报告；

（21）听取和审议市人民政府关于全市工商工作情况的报告；

（22）听取和审议市人民政府关于《中华人民共和国食品安全法》贯彻实施情况的报告。

2. 按照本次会议确定的议题召开市人大常委会议，不再向市委报告；若增减或调整议题内容，须事前报市委研究。

三、研究干部工作。

（市委办）

【五届市委第83次常委会议】

4月24日上午，市委书记刘一民在六盘水会议中心一会议室主持召开五届市委第83次常委会议。

一、听取全市2010年一季度经济运行情况汇报。

会议认为，2010年以来，在省委、省政府的坚强领导下，全市上下紧紧围绕年初确定的目标任务，努力克服特大旱灾带来的不利影响，全市经济呈恢复性增长，运行正常平稳，总体向好。但是必须看到，下半年经济运行仍然存在许多不确定、不稳定因素，还不能盲目乐观。各级各部门要增强忧患意识，坚持以科学发展观为指导，进一步认清面临的形势，明确下一步工作重点，采取更加有力的措施，以更加求真务实的作风，下大力解决存在的困难和问题，为完成全年目标任务打下坚实基础。

会议议定：

1. 抓好经济运行调度。坚持保煤就是保电，保电就是保发展的思想，在确保安全的前提下，把电煤供应摆在十分重要的位置，加大协调力度，严格控制煤炭外运，千方百计保证六盘水市各大电厂的电煤供应。在确保各类财政专项资金、重大项目的银行贷款尽快到位的同时，下大力加强软环境建设，抓好招商引资工作，进一步调动民间资本投资的积极性。各级各部门要深入企业，切实搞好服务，保障有产能、有市场的企业满负荷生产。

2. 推进重大项目实施。要继续把项目建设作为当前和今后一个时期的工作重点，用大项目带动大发展。市发改委要根据市委、市政府年初的安排部署，对各类在建、拟建项目逐一排出工期，明确专人负责，加大督察力度，确保工程进度。

水利方面，要抓住国家加大对贵州水利、生态和石漠化治理投入的机遇，由市发改委、市水利局等部门组织专门力量，抓紧做好水利项目的申报工作，积极争取上级的支持。对争取到的项目，要抓紧实施，制定明确的推进计划，项目什么时候开工、什么时候建成都要有具体的时间表。

交通方面，要在加快水城至盘县、六枝至镇宁高速公路建设进度的同时，争取 6 月份开工水城至六枝高速公路，尽快开工杭瑞高速公路六盘水境内段。

工业方面，加大地方煤矿资源整合力度，确保年内全面完成，力争在生产规模、装备水平上实现重大突破；盘县首黔煤钢电一体化项目要在第二季度掀起大的投资建设高潮；水矿老鹰山煤化工二期工程、汪家寨煤矸石电厂、黔桂电厂“上大压小”项目要尽快开工；双牌铝业要加快上市进度，尽快启动铝加工项目；争取年底前开工建设六枝电厂。

城市建设方面，要加快重点项目推进速度，凤凰山片区建设要率先启动图书馆、博物馆和文化广场建设项目；老城片区改造要抓紧启动；水城河综合治理要在 6 月份以前开工。

3. 加快第三产业发展。合理规划布局，加大扶持力度，重点发展以“农家乐”为主的乡村旅游，不断满足城镇居民日益增长的物质文化需求，努力提高农民收入。

4. 高度重视“三农”工作。牢固树立抗灾夺丰收的思想，在继续抓好抗旱救灾工作的同时，掀起抢种高潮，抓好结构调整，确保全年农业有一个好的收成。市农委要加强调查研究，找准影响和制约农民增收的突出问题，尽快提出解决问题的方案，确保大灾之年农民不减收。要全面落实责任制，超前做好防汛工作，加强地质灾害危险点的监测，严防因塌方、滑坡、泥石流等灾害造成的伤亡事故。

5. 认真编制好“十二五”规划。准确把握国家政策导向，认真搞好调查研究，广泛征求意见，努力提高规划编制的针对性、指导性和前瞻性。正确处理当前与长远、整体与局部、需要与可能的关系，加强与国家、省级规划的衔接，力争有更多更好的项目进入国家和省的规划盘子，牢牢把握发展的主动权。

二、研究《市委市政府关于开展“双创双建”工作的意见》。议定：

1. 原则同意《市委市政府关于开展“双创双建”工作的意见》，按会议讨论意见修改后下发实施。各项创建目标能提前的要尽可能提前。

2. 抓紧召开全市“双创双建”工作动员大会，积极动员全社会参与，迅速掀起创建活动新高潮。

3. 要围绕创建工作的总体目标，进一步细化量化指标，明确工作责任，加强督促检查，确保三个月内取得明显成效。

三、听取全市劳动模范和先进工作者评选推荐和表彰大会有关情况汇报。议定：

1. 同意授予韦毓波等 186 人“六盘水市劳动模范”称号，授予刘盛奇等 73 人“六盘水市先进工作者”称号。

2. 4 月 26 日召开全市劳动模范和先进工作者表彰大会，会期半天。

3. 市级劳动模范和先进工作者的奖金从每人 2000 元提高到 3000 元。

四、听取豪龙水泥建设项目情况汇报。议定：

由市有关部门责令在水城县双戛乡境内建设的豪龙水泥项目停止施工。

（市委办）

【五届市委第 84 次常委会议】

5 月 21 日上午，市委书记刘一民在六盘水会议中心一会议室主持召开五届市委第 84 次常委会议。

一、传达全省信访工作经验交流现场会精神并研究贯彻意见。议定：

1. 同意启动市、县、乡三级联动视频接访工程，由市信访局牵头制定建设方案，组织专家论证后公开进行招投标。

2. 由市政府办公室负责，将市政府政务服务中心办公用房调剂给市信访局用于建设接访大厅，市政府政务服务中心办公用房另行安排。

3. 积极开展阳光信访工作，公开招聘“信访天使”5～8 名、网管员 2 名，工资待遇由市财政解决。

4. 由何冀负责协调，要求首钢水城钢铁（集团）公司、六枝工矿（集团）公司、盘江煤电（集团）公司和水城矿业（集团）公司各明确一名党委副书记抓信访工作，并分别安排一名处级干部到市信访局接访大厅参与接访，做好公司上访人员的劝返工作。

5. 政法、信访等部门要加强对法律法规、政策的研究和把握，进一步提高处置突发事件的能力和水平。在实际工作中，既要切实维护群众的合法权益，认真解决他们的合理诉求，又要严守政策和法律底线，对于冲击党政机关、阻断交通等违法犯罪行为，必须依法坚决打击。

6. 原则同意《六盘水市人民政府驻北京联络处履行信访工作职责暂行规定》，以市委办公室、市政府办公室文件印发。

二、听取全市“十二五”规划工作进展情况汇报。议定：

1. 按照国家的总体战略部署和产业政策要求，立足六盘水实际，紧紧围绕推进“三化”、统筹城乡发展、建设循环经济试点城市等事关全市全局和长期发展的重大问题，更加注重发展方式的转变、经济结构的调整、社会事业的发展、民生的改善，提高规划编制工作的前瞻性、针对性和可操作性，为“十二五”乃至更长远的发展打下基础。

2. 加强与国家和省的总体规划、部门专项规划、区域发展规划的有机衔接，注重与各县（特区、区）和各大企业规划的协调统筹，确保有更多的项目进入国家和省的规划盘子。

3. 积极邀请国家部委和省直部门的有关领导、专家作为规划咨询委员会委员。规划初稿形成后，要充分发扬民主，广泛征求各级各部门、驻市大企业、老同志、社会各界和“两代表一委员”的意见。

4. 各级各部门要加强对规划编制工作的组织领导，抽调精干人员组成专门工作班子，扎实做好有关工作，确保工作进度和质量。市直部门要加强对县、特区、区规划编制工作的指导。

三、听取全市 2010 年 1～4 月安全生产情况汇报。议定：

1. 牢固树立“以安全促生产、不安全不生产”的思想，坚决克服麻痹思想和侥幸心理，进一步抓好各项措施的落实，巩固和发展当前安全生产的好形势。

2. 突出工作重点，加强对煤矿、交通、烟花爆竹、食品药品等领域的安全监管，严格执法，从严处理各种违规违法行为。

3. 按照属地原则，加大对驻市国有大型企业的安全监管力度，坚决遏制重特大事故的发生。

四、讨论《2010 中国凉都・六盘水消夏文化节活动总体方案》。议定：

1. 原则同意《2010 中国凉都・六盘水消夏文化节活动总体方案》。活动安排要少而精、丰富多彩，提高群众的参与性。

2. 本年度的活动由市委、市政府主办，钟山区、水城县协办。同意成立 2010 年中国凉都・六盘水消夏文化节活动协调领导小组，分别明确 1 位市人大、1 位市政协领导作为领导小组副组长。

3. 领导小组办公室尽快提出邀请嘉宾建议

名单报市委、市政府领导审定，于6月底前发出邀请函。

4. 切实加强对活动的组织领导，周密部署、精心安排、加强协调，确保活动安全、有序开展，取得圆满成功。

五、原则通过《市委市政府关于推动旅游业加快发展的意见》。

六、研究《省直接管理县财政改革后市县财政共享收入缴库办法》。议定：

认真执行《省人民政府办公厅印发关于省直接管理县财政改革意见的通知》（黔府办发〔2009〕95号）和《省财政厅关于印发〈省直接管理县财政改革的实施意见〉的通知》（黔财办〔2009〕84号）精神，继续抓好《市人民政府关于新建扩建项目税收实行分级管理的意见》（市府发〔2002〕23号）的落实，不另行文。

七、听取关于全面加强机关效能建设工作的汇报和讨论《市委办市政府办关于印发〈六盘水市2010年机关效能建设实施方案〉的通知》。议定：

1. 原则同意《六盘水市2010年机关效能建设实施方案》，以市委办公室、市政府办公室文件印发。

2. 5月28日召开六盘水市加强机关效能建设动员大会，部署全面加强机关效能建设工作。

3. 将机关效能建设工作与“忠实践行宗旨，勤政廉政为民”教育活动和督察、干部选拔任用、目标考核等工作结合起来，进一步优化经济社会发展软环境。

八、原则同意《关于开展市直机关党组织与钟山区社区党组织“互助互建”活动的通知》，以市委办公室文件下发。

九、研究《市直机关工委关于召开市直机关纪念建党89周年暨“五好”基层党组织、优秀党务工作者、优秀共产党员经验交流表彰大会的请示》。议定：

同意召开市直机关纪念建党89周年暨“五好”基层党组织、优秀党务工作者、优秀共产党员经验交流表彰大会。市财政按有关规定核拨经费。

十、研究《市委组织部关于对2010年开展对领导干部任期经济责任审计的请示》。议定：

同意对钟山区人民政府区长高玉林、原扶贫办主任唐明刚、市三中校长桂斌、市人防办主任郑建华、市残联理事长尹德贵、市供销社主任曹泽坤开展领导干部任期经济责任审计。

十一、研究《市编委办关于中共贵州钟山经济开发区工作委员会贵州钟山经济开发区管理委员会机构编制方案的请示》。议定：

原则同意《中共贵州钟山经济开发区工作委员会贵州钟山经济开发区管理委员会机构编制方案》，由市编委办根据本次会议讨论意见修改后行文。

十二、同意《市政协党组关于六盘水市政协与新疆伊犁哈萨克自治州政协建立友好共建单位的请示》。

十三、传达全省对台工作会议精神并研究贯彻意见。议定：

1. 同意调整市委对台工作领导小组组成人员。

2. 同意6月召开全市对台工作会议，传达全省对台工作会议精神，部署全市对台工作。

3. 原则同意《六盘水市2010年对台工作计划》。

十四、传达全省干部监督工作会议精神，“科学规范和有效监督县（市）委书记用人行为”试点工作阶段总结暨扩大试点工作部署会议精神。议定：

1. 认真贯彻落实全省干部监督工作会议和“科学规范和有效监督县（市）委书记用人行为”试点工作阶段总结暨扩大试点工作部署会议精神，切实抓好“四项监督制度”的学习宣传贯彻。

2. 严格执行干部选拔任用工作责任追究制度、重大事项报告制度、“一报告两评议”制度，深入开展县委书记履行干部选拔任用工作职责离

任检查，坚决整治用人上不正之风。

3. 同意将钟山区和水城县列为开展“科学规范和有效监督县委书记用人行为”试点。

4. 由市委组织部制定《六盘水市管干部选拔任用工作纪实办法（试行）》，提交市委常委会议研究后实施。

十五、原则通过《六盘水市村（社区、居委会）干部养老保险试行办法》，以市委办公室、市政府办公室文件下发。

十六、研究《关于召开六盘水市第五届文学艺术界联合会代表大会的请示》。议定：

1. 同意2010年6月下旬召开六盘水市第五届文学艺术界联合会代表大会。

2. 委员的推荐要体现代表性，由市委组织部负责审核。

十七、研究案件和干部工作。

（市委办）

【五届市委第85次常委会议】

6月4日上午，市委书记刘一民在六盘水会议中心一会议室主持召开五届市委第85次常委会议，研究干部工作。

（市委办）

【五届市委第86次常委会议】

6月25日下午，市委书记刘一民在六盘水会议中心一会议室主持召开五届市委第86次常委会议。

一、传达全省市（州、地）和省直党（工）委书记抓党建工作述职暨践行宗旨教育汇报会精神并研究贯彻意见。议定：

1. 深入学习、全面贯彻会议精神，按照党委管党建、书记抓党建的要求，始终把抓好基层党建责任落实作为推进各项工作的重要保证，进一步强化措施、丰富载体、创新方法，不断增强基层党建工作的针对性和实效性。

2. 把践行宗旨教育同巩固扩大学习实践活动成果、“创先争优”活动结合起来，牢固树立执政为民理念，切实增强宗旨意识，进一步密切党同人民群众的血肉联系，建设勤政廉政为民的高素质党员干部队伍。

3. 结合纪念建党89周年的有关安排，组织广大党员在七一期间开展重温入党誓词、访贫问苦、为群众办实事等活动，在实践中加强党性锻炼，提高服务群众的能力。

4. 新闻媒体要加大对党的基层组织建设的宣传报道力度，特别是要结合促进农民增收、“双创双建”、改善民生等工作，深入挖掘一批先进典型和工作亮点，充分展示六盘水市抓基层党建工作取得的成果。

5. 同意于7月中旬召开全市“创先争优”和践行宗旨教育工作推进会，结合中央和省委的要求，对有关工作进行再安排、再部署，确保真正落到实处，取得实效。

二、研究《关于切实加强舆论监督工作的意见》。议定：

1. 原则同意《关于切实加强舆论监督工作的意见》，以市委办公室、市政府办公室文件印发。

2. 舆论监督工作要围绕中心、服务大局，坚持团结、稳定、鼓劲原则，牢牢把握正确导向，更加注重社会效果，促进改革发展稳定，维护人民群众的根本利益。

3. 切实加强新闻工作队伍建设，进一步提高新闻工作者的理论素养、政策水平、思想素质、业务能力，不断提高舆论监督工作的水平。

4. 市委宣传部要加强与省级驻市媒体的联系和沟通，切实帮助他们解决工作中存在的困难和问题，努力营造更加宽松的舆论监督环境。

5. 市级新闻媒体要进一步加强内部管理，完善工作制度，杜绝责任事故发生。

三、研究《中共六盘水市委宣传部关于命名第三批市级爱国主义教育基地的请示》。议定：

同意命名六盘水市档案馆、盘县旧营乡杨松烈士陵园、盘县档案馆为第三批市级爱国主义教育基地。

四、研究《六盘水市贯彻全民健身条例实施

意见》。议定：

原则同意《六盘水市贯彻全民健身条例实施意见》，按本次会议讨论意见修改完善后以市委办公室、市政府办公室文件印发。

五、听取市委党校大专体制迎评工作情况汇报。议定：

1. 同意成立市委党校大专体制迎评工作领导小组，增加蔡晓峰、赵泽义为领导小组副组长。

2. 迎评工作所需经费及市委党校旧楼改造经费由市财政按规定核拨。

3. 切实加强党校的“软件”建设，特别是要紧紧围绕市委、市政府中心工作，支持、鼓励教师通过岗位自学、进修学习、调查研究等途径，学习新知识，了解新情况，研究新问题，努力建设学习型教师队伍，不断提升教师队伍的整体素质。

六、研究《关于对市中心城区道路进行命名及更名的报告》。议定：

原则同意《关于对市中心城区道路进行命名及更名的报告》，根据本次会议讨论意见修改完善后抓紧实施。

七、研究《六盘水市司法局关于拟建六盘水监狱、六盘水强制隔离戒毒所的规划选址建议》。议定：

1. 同意在瑞安路以西水城河以北（原水城水泥厂养殖场）建设六盘水监狱和六盘水强制隔离戒毒所。市司法局要抓紧办理相关手续，争取尽快开工建设。

2. 积极争取省有关部门的支持，在盘县建设一个收容规模为2000人左右的强制隔离戒毒所。

八、听取明湖湿地公园建设进展情况汇报。议定：

同意成立六盘水市水城河治理开发建设有限公司，梁建兼任董事长、总经理，代云盘兼任副总经理。

九、研究干部工作。

（市委办）

【五届市委第87次常委（扩大）会议】

6月30日下午，市委书记刘一民在六盘水会议中心一会议室主持召开五届市委第87次常委（扩大）会议，传达学习中共中央政治局常委、国务院总理温家宝的重要指示，中共中央政治局委员、国务院副总理回良玉的重要讲话和省委常委（扩大）会议精神，对全市防汛工作进行再动员、再部署。

会议指出，目前六盘水市已进入主汛期，由于持续的强降雨天气过程，加之六盘水市山高坡陡的地形地貌，防范山洪、山体滑坡、泥石流等自然灾害的任务十分艰巨。各级各部门要结合“学习实践科学发展观整改落实后续工作”、“创先争优”、“忠实践行宗旨、勤政廉政为民”等专题活动的开展，认真汲取关岭县岗乌镇大寨村“6·28”特大山体滑坡事故的教训，进一步统一思想，提高认识，强化措施，狠抓落实，把中央领导的重要指示、省委的决策部署学习好、贯彻好、落实好，坚决杜绝重特大人员伤亡事故的发生。

会议议定：

一、进一步提高认识。全市各级各部门要认真传达学习、全面贯彻落实中央领导关于防汛抗灾工作的一系列指示精神和省委常委（扩大）会议的安排部署，从维护人民群众生命财产安全出发，把抓好防汛抗灾工作作为当前的首要任务，立足于防大汛、抗大洪、抢大险，坚持以人为本、科学防范、统一指挥、军民联防，把可能出现的问题估计得更充分一些，把应对措施考虑得更周全些，有力有序有效地做好各项工作，坚决打赢防汛抗灾这场硬仗。

二、加强监测预报预警。要把监测和防范工作作为重点，加强对汛情雨情的预报、会商和研判，及时发布防汛抗灾信息。加强对河流堤防、水库山塘、水电站等重点地方的巡查除险工作，对铁路、重要公路、村寨上游等地质灾害特别危险点要派专人职守，高度重视农村中小学等人员密集场所的安全问题，采取有效防护措施，做到险情早发现、早报告、早处置，确保安全度汛。

三、强化应急处置能力。成立由刘一民任组长、何刚任副组长的汛期防灾救灾领导小组，领导小组下设由陈少荣兼任指挥长的地质灾害防治指挥部，由杨明达任指挥长的防汛抗旱指挥部，两个指挥部办公室分别设在市国土资源局和市水利局。完善抢险救灾应急预案，加强抢险救灾队伍建设，作好帐篷、机械设备等各种抢险救灾物资储备。加大宣传力度，提高群众防灾、避灾、自救、互救的意识和能力，建立和完善群防群治工作机制。一旦发生险情，要确保各种救援力量能够迅速到位，把灾害造成的损失降到最低程度。切实做好地质灾害隐患区、洪涝灾害威胁区、存在安全隐患的堤坝、水库下游地区群众的避险转移工作。.民政等相关部门要做好救灾物资储备，并及时发放给受灾转移群众，做到灾区群众基本生活有保障、不发生疫情、社会稳定。

四、狠抓工作落实。要强化执行力，狠抓工作落实。严格落实领导带班制度、24 小时值班制度、信息上报制度、责任追究制度。特别是领导干部要在岗在位、恪尽职守。把防汛救灾各项工作做实、做细、做周全。对擅离职守、失职渎职造成严重后果的，将严肃追究有关领导和责任人员的责任。

五、形成工作合力。强化各级防汛指挥部的统一指挥、统筹协调、综合调度的重要作用，步调一致开展工作。有关部门要服从统一安排，各司其职，通力协作，形成合力。充分发挥基层党组织的战斗堡垒作用、党员干部的骨干带头作用和先锋模范作用，做到关键时刻顶得上、靠得住，真正成为人民群众的主心骨。要充分发挥人民解放军、武警部队、消防官兵、民兵预备役人员等在防汛救灾中的重要作用。新闻媒体要大力宣传抗灾救灾工作中涌现出来的先进集体和先进个人，为防汛抗灾工作提供强大的舆论支持和精神动力。

（市委办）

【五届市委第 88 次常委会议】

8 月 9 日下午，市委书记刘一民在六盘水会议中心一会议室主持召开五届市委第 88 次常委会议。

一、传达省委十届九次全体（扩大）会议精神并研究贯彻实施意见。

会议认为，省委十届九次全会是在国家深入实施西部大开发战略、科学编制“十二五”规划，全省基础设施不断改善、经济社会加快发展的新形势下，在贵州省城镇化处于关键时期召开的一次重要会议，为全省城镇化发展指明了方向，理清了思路，明确了主要目标任务和具体政策措施，对六盘水市加快城镇化具有很强的指导性、针对性和可操作性。

会议议定：

1. 各级各部门要切实加强学习，全面领会会议精神，把思想和行动统一到省委的要求和部署上来，增强紧迫感和责任感，切实抓好各项政策措施的落实。

2. 按照“统筹城乡、跨越发展”的工作思路，把加快城镇化与加速工业化、推进农业现代化紧密结合起来，重点在完善城市功能、强化产业支撑、发展循环经济、提高人口素质等方面下功夫，建设宜居宜业城市，走出一条有六盘水特色的绿色城镇化道路。

3. 定于 2010 年 8 月底或 9 月初召开市委五届七次全会，全面贯彻落实省委十届九次全会精神，研究制定六盘水市加快城镇化的具体实施意见。由市委办公室牵头，市政府办公室、市委政策研究室、市政府研究室、市发展改革委、市住房和城乡建设局等部门参与，抓紧做好文稿起草工作。

二、汇报省委中心组专题学习“深化文化体制改革促进文化事业文化产业发展”情况。议定：

1. 各级各部门要将胡锦涛总书记和省委书记石宗源的重要讲话列入中心组学习内容，认真学习，深刻领会，抓好落实。

2. 根据中央和省委有关精神，认真分析六盘水市文化事业、文化产业发展现状，进一步理清思路，明确发展方向和重点，尽快提出全市文化事业和文化产业发展的具体措施。

3. 抓紧制定全市文化事业和文化产业发展“十二五”专项规划。

三、听取全市 2010 年上半年经济运行情况汇报。

会议认为，全市上半年经济保持平稳较快发展，但是下半年不确定因素较多，要认清形势，加强调度，加大协调，强化督察，采取有力措施，确保全面完成全年目标任务。

会议议定：

1. 抓好项目。市发改委要将下半年拟开工的重点项目排列出来，逐一落实开工时间、竣工时间、责任单位和责任人。交通方面，在抓好在建项目的同时，要争取尽快开工建设水城至六枝高速公路、杭瑞高速公路境内段、六盘水铁路货场整体搬迁和六盘水火车站改扩建项目。水利方面，要抓住国家加大水利建设、生态建设、石漠化治理的“三位一体”项目投入机遇，积极争取国家更多的投入和份额。工业方面，要完善土地等相关手续，尽快开工建设水城循环经济煤化工项目、双元铝业铝加工项目、汪家寨煤矸石发电厂等项目；大力推进市食品厂土豆片加工、市啤酒厂异地改扩建等项目的实施；加快红桥工业集中区建设进度，尽快落地一批符合条件的项目。城市建设方面，按年初确定的工作重点，争取在 8、9 月份启动一批新项目。

2. 抓好生产。加强对地方煤矿整合、技改工作的督促检查，加快建设进度，力争多产多销。抓住当前有利时机，让境内电厂多储煤，确保电厂电煤供应。符合产业政策的焦化厂要开足马力生产，同时要尽快开工一批新的项目。要突出重点，大力抓好生猪生产、蔬菜生产和秋洋芋种植，加强农民技术培训，千方百计促进农民增收。

3. 转变作风。各级各部门要进一步增强发展意识、服务意识、责任意识，加强对干部的教育管理，下大力气解决机关作风不实、投资环境不佳和群众办事困难等问题，通过改进服务质量争取投资、促进发展。市纪委、市委组织部、市委督查室、市政府督查室要加大督察力度，及时发现和督促整改工作中存在的问题，下大力改善投资软环境。

四、听取全市 2010 年上半年安全生产情况汇报。议定：

1. 按照省委、省政府提出的“三个一律”的要求，进一步落实政府、部门、企业的责任，大力推进技术进步、管理进步、政策调整上的进步，不断提高全市安全生产工作的整体水平。

2. 坚持预防为主，把事前监管放在首位，加大对重点行业、重点领域的隐患排查力度，做到关口前移，坚决防止重特大事故发生。

3. 各级各部门要牢固树立服务意识，积极主动为煤炭企业解决好整合、技改和生产经营中遇到的困难和问题，促进煤炭企业为社会多作贡献。

五、传达全省人才工作会议精神，研究《六盘水市中长期人才发展规划纲要（2010～2020年）》。议定：

1. 同意 2010 年 8 月下旬召开全市人才工作会议，贯彻全省人才工作会议精神，安排部署六盘水市当前和今后一段时期的人才工作。

2. 原则同意《六盘水市中长期人才发展规划纲要（2010～2020 年）》，由市委组织部根据本次会议讨论意见修改后印发全市人才工作会议征求意见，再作进一步修改完善后按程序行文。

3. 同意调整全市人才工作领导小组（另行文）。

4. 同意开展市管专家评选工作。每三年评选一次，每次评选 20 人左右，按每人每月 800 元的标准发放专家津贴。

5. 人才工作所需资金由市财政列入年度预算。

6. 对急需、紧缺的人才，按“一事一议”

的方式研究解决。

六、听取六盘水市党委系统信息化建设工作汇报。议定：

1. 同意成立六盘水市党委系统信息化工作领导小组（另行文）。

2. 尽快启动六盘水市电子政务内网骨干传输网一期工程建设，纳入市级基本建设投资计划。

3. 尽快启动市委网页改版工作，所需资金由市财政局核拨。

4. 同意选调2名政治素质好、有计算机专长的工作人员到市委机要局工作，充实和加强全市党委系统信息化建设工作力量。

七、研究《关于推进全市学习型党组织建设的实施意见》。议定：

原则同意实施意见，由市委宣传部根据本次会议讨论意见修改后按程序行文。

八、研究《六盘水市“双创双建”工作领导干部联系点制度》。议定：

抓好“双创双建”工作，关键要动员全民参与，落实“门前三包”，严格执法，加强基层组织建设。不建立六盘水市“双创双建”工作领导干部联系点制度。

九、研究《关于深入推进社会矛盾化解、社会管理创新、公正廉洁执法的实施意见》。议定：

原则同意实施意见，由市委政法委根据本次会议讨论意见修改后，连同《实施意见责任分解方案》送市委办公室，以市委办公室、市政府办公室名义发文。

十、研究《关于开展岗位腐败风险防控管理工作的实施意见》。议定：

1. 原则同意实施意见，由市纪委根据本次会议讨论意见修改完善后以市委办公室、市政府办公室名义发文。

2. 同意成立全市岗位腐败风险防控管理工作领导小组（另行文）。

3. 同意近期召开全市岗位腐败风险防控管理工作动员大会，安排部署有关工作。

4. 同意将全市岗位腐败风险防控管理工作经费列入财政预算。

十一、研究《市妇联关于召开六盘水市妇女第六次代表大会的请示》。议定：

1. 原则同意《市妇联关于召开六盘水市妇女第六次代表大会的请示》。

2. 同意2010年9月召开六盘水市妇女第六次代表大会，会期3天。

3. 由市委组织部负责对代表构成、名额分配等予以审核把关。

十二、研究《六盘水市红十字会关于换届工作的请示》。议定：

1. 原则同意《六盘水市红十字会关于换届工作的请示》。

2. 同意2010年8月召开六盘水市红十字会第三次代表大会，会期2天。

3. 由市委组织部负责对代表名额分配予以审核把关。

十三、研究干部工作。

（市委办）

【五届市委第89次常委会议】

8月24日下午，市委书记刘一民在六盘水会议中心一会议室主持召开五届市委第89次常委会议。传达学习全省领导干部大会主要精神及栗战书和赵克志讲话精神。

（市委办）

【五届市委第90次常委会议】

8月30日下午，市委书记刘一民在六盘水会议中心一会议室主持召开五届市委第90次常委会议。

一、传达学习省委常委（扩大）会议精神并研究贯彻意见。

会议认为，省委书记栗战书，省委副书记、省政府党组书记赵克志在省委常委（扩大）会议上的重要讲话，是对贵州省情认识的进一步深化，抓住了贵州发展的主要矛盾，完全符合贵州实际，更符合六盘水实际。两位领导的重要讲话，对六盘水市抓好当前工作、加快发展具有很强的指导性和针对性。

会议议定：

1. 各级各部门要把学习省委常委（扩大）会议精神与学习全省领导干部大会精神结合起来，全面领会精神，坚决贯彻好、落实好、执行好，切实把思想统一到发展上，把心思集中到发展上，把力量凝聚到发展上，确保实现全市经济社会又好又快、更好更快发展，为“十一五”规划划上一个圆满的句号，为“十二五”时期的发展打下坚实的基础。

2. 市发展改革委抓紧将在建和拟建的重点项目排列出来，明确目标任务，责任到人，加强调度，加快进度，千方百计确保完成全年固定资产投资任务。

3. 坚持发展优先，在确保安全的前提下，抓紧抓好煤矿整改、验收、复产工作，把损失夺回来，确保完成全年任务。

4. 加强与国家和省“十二五”规划和有关专项规划的对接，高质量、高水平编制“十二五”规划。

二、传达全省深化干部人事制度改革座谈会精神。议定：

1. 适时召开全市干部人事制度改革座谈会，贯彻落实中央、全省深化干部人事制度改革座谈会精神，安排部署相关工作。

2. 将中央规划纲要和省委实施意见列入各级党委（党组）中心组学习内容和干部培训内容，由市委组织部草拟六盘水市落实中央规划纲要和省委实施意见的具体措施，提交常委会研究。

3. 同意建立全市干部人事制度改革工作联席会议制度。

三、传达全省社会治安综合治理工作会议等四个会议精神并研究贯彻意见。议定：

1. 适时召开全市社会治安综合治理工作会议、全市做好新疆少数民族群众在六盘水市务工经商管理工作会议、全市城市报警与监控系统建设工作会议和全市公安机关社会管理创新工作会议，传达贯彻省的会议精神，安排部署全市有关工作，强化社会治安综合治理，完善社会治安防控体系，依法打击各类违法犯罪活动，全力维护社会稳定，不断增强人民群众的安全感。

2. 由市编委办按省的有关要求，在乡镇机构改革方案中明确：全市乡（镇、街道）综治办主任由乡（镇、街道）党（工）委政法委书记兼任，配备专职副主任，不增加职数和编制。

3. 根据省有关文件要求，适时建立六盘水市做好新疆少数民族群众务工经商管理工作联席会议制度。把握好政策，注意工作方法，妥善化解涉及新疆少数民族群众的矛盾纠纷，依法处理违法犯罪人员。

4. 把启动城区报警与监控系统二期工程、巩固完善一期视频监控系统结合起来，确保正常运行，发挥应有作用。

5. 立足现有驾校，整合资源，避免重复建设，启动建设六盘水驾驶员考试中心。

6. 由市综治办牵头，市公安局、市卫生局、市疾控中心等单位配合，就艾滋病人、精神病或疑似精神病肇事肇祸人员的管理问题开展调研，提出处理方案报市政府研究。

7. 由市综治办牵头，市公安局、市城乡建设局等单位配合，就出租房和流动（暂住）人口管理问题开展调研，提出方案报市政府研究。

四、研究《关于强化公安特巡警和社区（农村）警务工作的意见》。议定：

1. 原则同意《关于强化公安特巡警和社区（农村）警务工作的意见》，由市委政法委、市公安局根据会议讨论意见修改后按程序行文。

2. 同意招聘2236名警务助理开展治安巡防和基层警务工作，其中：特巡警务助理1000名，社区（农村）警务助理1236名。第一批招聘1200名，其中：特巡警务助理1000名，社区警务助理200名。由市委政法委牵头，市公安局、市人力资源和社会保障局、市财政局等有关部门

配合，坚持公开、平等、竞争、择优的原则，严格工作纪律，认真组织实施，确保招聘人员质量。

3. 对特巡警务助理和社区（农村）警务助理队伍要从严管理。建立激励机制和约束机制，既让大家有干头、有奔头，又罚懒汰劣，畅通出口；先培训后上岗，岗前培训不少于3个月，其中：军训2个月，通过培训加强纪律性、增强责任心；建立学习制度，实行集中学习与个人自学相结合，不断提高队伍整体素质。

4. 对现有协警队伍进行整顿规范，组织报名参考，在同等条件下优先招聘一批，其余的在2011年底前消化完毕。

五、听取全市信访工作情况汇报并研究《六盘水市信访问题源头预防及过错处理暂行规定》《六盘水市非正常上访专项治理方案》《六盘水市信访工作督查督办暂行办法》。

会议指出，2010年以来六盘水市信访形势比较严峻，进京非访问题比较突出，各级各部门必须进一步强化信访工作责任制，采取有力措施，从源头上、机制上认真排查化解和妥善处理各类矛盾纠纷，确保全市信访工作在2010年9月有大的突破，切实规范信访秩序，扭转被动局面，全力维护社会稳定。

会议议定：

1. 坚持属地管理、分级负责。对排查出来的1262个影响全市稳定的突出问题，要按照“该谁解决、怎么解决、何时解决”的要求，进行责任分解，跟踪督察督办。对可能引起群体性事件的合理诉求，要尽快排查，明确责任，分解督办。

2. 坚持化积案、堵源头。对应该解决而未解决的合理诉求，由各县（特区、区）党委或政府主要负责人亲自接访，市信访联席会议要组织市信访局、市委督查室、市政府督查室等单位参与并督促各县（特区、区）逐一解决，化解社会矛盾，维护群众合法权益。对需市级解决的问题，由市信访联席会议提出方案，督促市有关单位解决到位。

3. 坚持两手抓。一手抓维护群众合法权益，解决合理诉求，同时做好教育、疏导、稳控、劝返工作。一手抓依法打击，以开展非正常上访专项治理为切入点，坚决依法处理信访活动中的违法行为。市信访局尽快提出无理取闹、长期非法上访人员名单，由市公安局收集证据，坚决、依法处理一批典型。

4. 近期，由市纪委、市委组织部安排人员对市人民政府驻北京联络处履行相关工作职责进行考核，考核情况向市委汇报。

5. 各县、特区、区党委要加强信访干部队伍建设，配强班子，充实力量。市委组织部要加强指导。

6. 鉴于钟山区和盘县2010年1～7月进京非访总量分别排名全省第一位和第二位，同意对钟山区和盘县进行通报批评，并责成钟山区委、区政府和盘县县委、县政府分别向市委、市政府作出书面检查。

7. 讨论通过《六盘水市信访问题源头预防及过错处理暂行规定》《六盘水市非正常上访专项治理方案》《六盘水市信访工作督查督办暂行办法》，以市委办公室、市人民政府办公室名义行文。

六、讨论通过《市委办公室市人民政府办公室关于进一步精简会议、文件和领导事务性活动的通知》。

七、研究干部工作。

（市委办）

【五届市委第91次常委会议】

9月20日下午，市委书记刘一民在六盘水会议中心一会议室主持召开五届市委第91次常委会议。

一、传达第五届贵州旅游产业发展大会精神。议定：

1. 认真贯彻落实好第五届贵州旅发大会精神，客观分析六盘水市旅游业发展的基础、条件和机遇，找准发展定位，明确发展重点，分清轻重缓急，抓紧编制好“十二五”旅游产业发展专项规划，切实把旅游业作为一个重要产业来抓，使之成为六盘水市一个重要的经济增长点。

2. 结合六盘水市实际，当前和今后一段时期，要把抓好以“农家乐”为重点的城郊旅游、乡村旅游作为旅游业发展的切入点和主攻方向，加快发展步伐。乡（镇）、村要树立参与意识、发展意识，旅游部门要加大指导和支持力度，使其尽快上规模、上档次、上水平。

3. 充分发挥六盘水市气候资源优势，把打造“中国凉都”城市品牌与抓好牂牁湖、北盘江、百车河等重点景区的开发结合起来，与挖掘和展示六盘水市独特的民族民间文化结合起来，与建设高原体育训练基地结合起来，与推进市内外旅游资源的有机整合结合起来，与完善各类基础设施结合起来，走出一条符合六盘水实际的旅游业发展路子。

二、研究《六盘水市第八届村（居）民委员会换届选举工作实施方案》。议定：

1. 原则同意《六盘水市第八届村（居）民委员会换届选举工作实施方案》。

2. 各级党委、政府要高度重视，市委组织部、市民政局要及时掌握全市面上工作情况，并组成指导督查组深入基层加强指导和督察工作，帮助基层解决好换届选举中出现的问题。

3. 加强对选举工作人员的培训，把充分发扬民主与严格按法律和政策办事紧密结合起来，真正把能为群众办事、能带领群众致富的人选出来。

4. 严格选举工作纪律，对于“黑恶势力”、家族势力、非法组织操纵选举和各种拉票、贿选行为，一经查实，要严肃处理。各县、特区、区要提前选择一些情况复杂、选举难度大的村作为试点，认真总结经验，指导面上工作。

5. 认真做好教育宣传工作，采取各种行之有效的形式，积极动员群众参与，切实把选举过程作为加强基层民主教育和普法教育的过程。

三、研究《市人大常委会党组关于召开市六届人大常委会第二十五次会议的报告》。议定：

同意10月26日至28日召开市六届人大常委会第二十五次会议。会议议程为：

1. 听取和审议市人民政府关于市六届人大常委会第二十三次会议审议意见通报落实情况的报告；

2. 听取和审议市人民政府关于开展资源富集区循环经济试点工作情况的报告；

3. 再次听取和审议市人民政府关于《中华人民共和国城乡规划法》执行情况的报告；

4. 听取和审议市人民检察院关于开展诉讼监督工作情况的报告；

5. 审议、表决《六盘水市人民代表大会常务委员会关于加强人民检察院对诉讼活动法律监督工作的决议》（草案）；

6. 其他。

四、讨论通过《中共六盘水市委办公室关于成立市委“十二五”规划建议起草工作领导小组的通知》。

五、研究中秋、国庆期间有关工作。议定：

认真做好中秋、国庆期间的保障民生、社会治安、维护稳定、安全生产、双创双建、节日值班等工作，确保通讯和信息畅通，让群众高高兴兴、平平安安过节。

六、研究干部工作。

（市委办）

【五届市委第92次常委（扩大）会议】

10月4日上午，市委书记刘一民在六盘水明湖宾馆二楼会议室主持召开五届市委第92次常委（扩大）会议，传达学习省委书记、省人大常委会主任栗战书在六盘水市工作汇报会上的讲话，对贯彻落实讲话精神，推进全市经济社会又好又快、更好更快发展进行安排部署。

会议认为，栗战书对六盘水的工作给予了充分肯定、较高评价，对六盘水的发展寄予了厚望，但这是对六盘水的殷切希望和鞭策鼓舞。六盘水市要以此作为加快发展的动力，看到差距、看到优势、看到潜力，攻坚克难，开拓进取，真抓实干，高举发展、团结、奋斗的旗帜，把思想统一到发展上，把心思集中到发展上，把力量凝聚到发展上，以做好各项工作的实际行动，努力推动全市又好又快、更好更快发展。

会议指出，栗战书对六盘水的发展提出了明确、具体的要求，具有很强的思想性、针对性、指导性和可操作性，为六盘水市加速发展、加快转型、推动跨越指明了方向，全市上下要认真学习，深刻领会，结合实际，抓好落实。

会议议定：

一、抓好学习贯彻。全市各级党组织和广大党员干部要认真传达学习、全面贯彻落实栗战书的重要讲话，结合工作实际开展讨论，深刻领会讲话精神，切实把思想和行动高度统一到讲话精神上来，统一到省委最近召开的一系列会议精神上来，深化对六盘水市情的认识，真正把握好加快发展的关键点和切入点，按照栗战书提出的“六项工作重点”和“位次前移，总量增加，速度加快”的要求，把六盘水市的各项工作提高到一个新水平。

二、推进重大项目建设。各县（特区、区）各部门要加强重大项目调度，把增加投资作为加快发展的关键。对在建项目，要抓紧工程进度，力争早完工、早投产、早见效。对拟建项目，要抓紧前期工作，加强跟踪，争取早日开工。六盘水铁路货场搬迁、六盘水火车站改扩建、水城至六枝高速公路、水城河综合治理、水城老城改造、凤凰山两馆建设等重大项目年底前必须开工。市委督查室、市政府督查室要加强督察，确保项目建设进一步提速，掀起大干快上的热潮。

三、确保完成全年目标任务。各县（特区、区）各部门各单位要把学习贯彻栗战书重要讲话精神与完成2010年目标任务结合起来，按照2010年“全市生产总值增长17%以上，固定资产投资增长30%以上，财政总收入增长28%以上”的要求，进一步研究和细化工作措施，对各项工作一一检查、一一督促、一一指导、一一落实，确保全面完成2010年各项目标任务，为“十一五”划上一个圆满的句号，为“十二五”发展打下坚实基础。同时，高标准、高质量编制好“十二五”规划。

四、切实加强招商引资工作。全市各级各部门要加大招商引资力度，特别是市四大班子领导和各县（特区、区）各部门主要领导要把招商引资作为一项重要工作来抓，带头跑项目，争取上级的关心、支持，千方百计争取更多的资金、项目，确保招商引资工作取得突破。要紧紧围绕六盘水市资源优势、产业发展及中央企业的要求，积极做好与中央企业和国家有关部委的汇报对接，强力推进央企扩大投资。确保项目引得进、落得下、发展好。

（市委办）

【五届市委第93次常委会议】

10月14日下午，市委书记刘一民在六盘水会议中心一会议室主持召开五届市委第93次常委会议，研究2009年度市管干部年度考核工作。

一、研究县（特区、区）党政领导班子2009年度群众满意度测评和市管干部年度考核等次事宜。

1. 根据满意度测评情况，同意水城县党委、政府班子评为“好班子”。

2. 按照考核对象15%的比例和民主测评优秀票、民意调查满意票之和从高到低取足优秀名额。同意：

六枝特区：蒋承云、王朝荣、夏明、舒勇、王文明为优秀等次。

盘县：刘剑、班福元、王刚、谢承厚、周应寿、吴仕泽为优秀等次。邓少学为基本称职等次。

水城县：杨龙政、赵庆周、付国祥、刘纯、闫秀春为优秀等次。

钟山区：高玉林、陈友模、王宜治、梁建、曾晓芳、蔡永忠为优秀等次。肖一为不定等次。

二、研究市直单位正职（含常务副职）2009年度考核等次事宜。

1. 优秀等次：按照考核对象人数15%的比例和民主测评优秀得票率不低于70%，且优秀和称职得票率不低于90%的条件，同意：马军、张洪、王树利、马勇、龙秋芳、李华、何勇、付昭祥、刘开全、陈官林、何皋、罗资湘、吕学锋、马宏、李维忠、王圣麟、邹家进、唐明刚、鲍时举、李文科、李世雄、高荣光、籍中苏、张志祥、李丽、徐贤碧、宋昕、傅亚频、江胜东、杨京华、郑建华、刘睿、尹德贵、何发建、桂斌、张新芝、刘春萍、夏凤君、陈辛幸、张万顺、吕贵平等41人2009年年度考核为优秀等次。

2. 基本称职等次：按照民主测评优秀和称职得票率达不到三分之二，且不称职票不高于三分之一的规定，结合干部平时表现，同意：倪荣中2009年度考核为基本称职等次。

3. 暂不定等次：因涉嫌违纪违法被立案调查尚未结案的和其他原因，同意：王建光、毛娅红、卢伟、廖云志2009年度考核为暂不定等次。

三、研究干部工作。

（市委办）

【五届市委第94次常委会议】

11月2日晚，市委书记刘一民在六盘水会议中心一会议室主持召开五届市委第94次常委会议，研究干部工作。

（市委办）

【五届市委第95次常委会议】

11月3日下午，市委书记刘一民在六盘水会议中心一会议室主持召开五届市委第95次常委会议，传达学习党的十七届五中全会精神、省委十届十次全体（扩大）会议精神和全省工业发展大会精神，安排部署有关工作。

（市委办）

【五届市委第96次常委会议】

11月5日上午，市委书记刘一民在六盘水会议中心一会议室主持召开五届市委第96次常委会议。

一、按照省委、省政府确定的“加速发展、加快转型、推动跨越”的主基调，进一步贯彻落实省委十届十次全体（扩大）会议和全省工业发展大会精神。议定：

（一）拟于5日下午召开六盘水市“加速发展、加快转型、推动跨越”工作部署会，安排部署有关工作。

（二）原则同意市机关效能建设领导小组对机关作风建设明察暗访情况作出的处理意见。

（三）六盘水市今后五年经济发展的主要预期目标为：到2015年，全市生产总值在2010年的基础上翻一番以上，达到1100亿元以上；人均生产总值达到5000美元以上；全社会固定资产投资累计完成5000亿元以上；财政总收入在2010年的基础上翻一番以上，达到200亿元以上；农民人均纯收入、城镇居民人均可支配收入接近全国平均水平。

（四）各级领导干部要深化对市情的认识，在肯定成绩的同时查找差距和不足，把思想统一到省委、市委的决策部署上，解放思想、坚定信心、振奋精神、真抓实干，唱响六盘水又好又快、更好更快发展的主旋律，千方百计完成全年的各项目标任务，力争“十二五”时期成为建市以来发展最好最快的时期。

（五）新闻媒体要加大宣传力度，大力宣传建市以来特别是“十一五”以来取得的巨大成就，大力宣传省委、省政府最近召开的一系列重要会议精神，切实把思想统一到省委、省政府的重大决策部署上来，统一到省委十届十次全会、全省工业发展大会的目标任务上来，统一到干事创业、增比进位、“创优争先”的良好氛围上来，形成全市上下万众一心、大干快上、加速发展的浓厚氛围。

二、研究干部工作。

（市委办）

【五届市委第97次常委会议】

12月6日下午，市委书记刘一民在六盘水迎

宾馆五楼多媒体会议室旁的小会议室主持召开五届市委第97次常委会议，研究干部工作。

（市委办）

【五届市委第98次常委会议】

12月6日下午，市委书记刘一民在六盘水迎宾馆五楼多媒体会议室主持召开五届市委第98次常委会议，研究关于召开市委五届七次全体（扩大）会议有关问题。议定：

一、同意于2010年12月8日至9日召开市委五届七次全体（扩大）会议，学习贯彻党的十七届五中全会和省委十届十次全会精神，市委常委会向全委会报告工作，审议《中共六盘水市委关于制定六盘水市国民经济和社会发展第十二个五年规划的建议》，讨论《中共六盘水市委六盘水市人民政府关于加快工业化进程的决定》《中共六盘水市委六盘水市人民政府关于加快城镇化进程的决定》和《中共六盘水市委六盘水市人民政府关于加快农业产业化进程的决定》。

二、原则同意《市委五届七次全会会议日程》。

三、原则同意《中共六盘水市委关于制定六盘水市国民经济和社会发展第十二个五年规划的建议（讨论稿）》，由市委办公室根据会议讨论意见，作进一步修改后提交市委五届七次全会审议。

四、“十二五”时期全市经济社会发展的主要奋斗目标为：2015年全市生产总值达到1200亿元以上，在2010年的基础上翻一番以上。人均生产总值达到5500美元。全社会固定资产投资年均增长30%以上。财政总收入达220亿元以上，一般预算收入达110亿元以上。城镇化率达到50%以上。力争工业固定资产投资累计达到2500亿元，工业增加值年均增长22%以上。

（市委办）

【五届市委第99次常委会议】

12月8日，市委书记刘一民在六盘水会议中心一会议室主持召开五届市委第99次常委会议。

一、讨论《关于六盘水市创建省级创业型城市的意见》。议定：

1. 原则同意《关于六盘水市创建省级创业型城市的意见》，由市委办公室、市政府办公室根据会议讨论意见修改后印发。

2. 同意成立六盘水市创建省级创业型城市领导小组，增加陈亮贵作为副组长，增加市委组织部作为成员单位。

3. 同意2010年12月中下旬召开六盘水市创建省级创业型城市动员大会，安排部署全市创建省级创业型城市工作。

二、研究《市编委办关于乡镇机构改革指导意见的请示》。议定：

1. 原则同意《六盘水市机构编制委员会关于乡镇机构改革的指导意见》，由市编委办根据会议讨论意见修改后按程序行文。

2. 同意设乡镇领导职数9名。其中：人大主席或专职副主席1名；政法委书记和人民武装部部长1名，即政法委书记和人民武装部部长由1人担任（同时兼任综治办主任）。

3. 原则同意乡镇事业单位的设置，其中乡镇煤炭管理站和乡镇安全生产监督管理站作为县（特区、区）政府部门设在乡镇的机构。

4. 统一战线工作的具体事务由乡镇党政办公室承担。

5. 各县（特区、区）要统筹协调，精心组织，力争2010年年底前完成乡镇机构改革工作。

三、研究《市委国安工作领导小组办公室关于在部分县区和国有企业开展国家安全工作（领导）小组办公室实体化工作的请示》。议定：

1. 同意在六枝特区、盘县、水城县、钟山区设置国家安全工作领导小组办公室，为正科级常设行政机构，设在县（特区、区）党委政法委内，接受县（特区、区）党委和市委国家安全工作领导小组办公室（市国家安全局）的双重领导。核定行政编制2名，由各县（特区、区）调剂解决。设主任1名，兼任县（特区、区）党委政法委副书记（不占政法委领导职数）；工作人员1名，享受政法委工作岗位待遇。

2. 各县（特区、区）国安办人员的选配，由各县（特区、区）组织、政法部门和市委国家安全工作领导小组办公室（市国家安全局）共同负责，严格把关，按有关规定考察任用。

3. 各县（特区、区）国安办工作经费，纳入同级财政预算。

4. 市委办公室、市政府办公室、市委政法委、市公安局、市国安局要加强信息沟通，健全联系机制。重大信息上报前须认真核实，统一口径，必要时由周斯弼审核把关后再分别上报。

四、研究《市政府党组关于授权市国资委履行第二批市属国有参股企业出资人职责的报告》。议定：

1. 同意授权市国资委对贵州乌蒙山发展有限公司和六盘水市食品总厂依法履行出资人职责。

2. 同意授权市国资委对重庆啤酒（集团）六盘水啤酒有限责任公司49%的股份依法履行出资人职责。

五、研究案件工作。

（市委办）

【五届市委第100次常委会议】

12月21日下午，市委书记刘一民在六盘水会议中心一会议室主持召开五届市委第100次常委会议，研究部署近期有关工作。议定：

一、加大重点项目推进力度。各级各部门要牢固树立抓项目、抓投资就是抓发展的理念，把强力推进项目建设、千方百计扩大投资作为实现又好又快、更好更快发展的重要抓手。由市发展改革委牵头，对明年一季度拟开工的重大项目列出清单，明确责任领导、责任单位、责任时限，加强统筹协调，加大督促检查力度，在全市上下尽快形成大抓项目、抓大项目的浓厚氛围，为实现明年一季度“开门红”打下坚实基础。

二、大力抓好产业园区建设。要按照全市一盘棋的思想，统筹规划、合理布局产业园区，避免重复建设和恶性竞争，提高园区土地、公共设施等资源的利用效率。要坚持一手抓基础设施建设，一手抓招商引资，推动重点园区加快发展，使园区成为实施工业强市战略的主战场。坚持招商与选商并重，以产业类项目为重点，提高行业准入门槛，积极引进高科技、高附加值、就业容量大和环境污染小的产业，不断提升六盘水市的产业层次和水平。要加强对拟入驻企业的审查，坚决防止企业的变相“圈地”行为。

三、积极向上争取支持。要把深入推进“三个建设年”活动与争取上级资金、项目等方面的支持结合起来。近期，由市委副书记何冀和市委常委、市委秘书长周斯弼采取适当方式与省直有关部门联系，征求其对市直部门和省属驻市有关部门的意见和建议，争取省直有关部门对六盘水市的进一步关心、支持和帮助。

四、抓好人才培养和使用。由市委组织部牵头制定方案，面向4个县（特区、区）、市直部门和省属驻市国有大企业，采取组织推荐和自荐相结合的方式，遴选一批有思路、有能力、有闯劲，敢抓敢管、敢于负责、敢于担当，熟悉产业园区、项目管理、工业经济、城市建设和招商引资工作的优秀干部进行集中培训，为实施工业强市和城镇化带动战略、加大投资和项目建设力度提供人才保障。所需经费由市财政核拨。

五、认真做好年末岁初的工作。要在确保全面完成2010年各项目标任务的同时，超前谋划好明年的工作。高度重视改善民生、市场监管、安全生产和社会稳定，确保全市人民过上一个平安、欢乐、祥和的节日。

六、拟定于2011年1月10日左右召开全市经济工作会议。各县、特区、区要按照全省经济工作会议精神，科学确定明年经济社会发展的预期目标，于2010年12月31日前上报市委、市政府。

（市委办）

【五届市委第101次常委会议】

12月22日上午，市委书记刘一民在六盘水会议中心一会议室主持召开五届市委第101次常委会议。

一、研究《市人大常委会党组关于召开六盘水市第六届人民代表大会第六次会议的请示》。议定：

1. 同意2011年2月21日至26日召开六盘水市第六届人民代表大会第六次会议，会期6天。

2. 六盘水市第六届人民代表大会第六次会议议程为：听取和审议《六盘水市人民政府工作报告》；审查和批准《六盘水市国民经济和社会发展第十二个五年规划纲要》；审查和批准《六盘水市2010年国民经济和社会发展计划执行情况与2011年国民经济和社会发展计划草案的报告》，批准《2011年国民经济和社会发展计划》；审查和批准《六盘水市2010年市本级和全市预算执行情况与2011年市本级和全市预算（草案）的报告》，批准《2011年市本级预算》；听取和审议《六盘水市人民代表大会常务委员会工作报告》；听取和审议《六盘水市中级人民法院工作报告》；听取和审议《六盘水市人民检察院工作报告》；其他。

二、研究《市政协党组关于召开市政协六届五次会议的请示》。议定：

1. 同意2011年2月20日至24日召开政协第六届六盘水市委员会第五次会议，会期5天。

2. 政协第六届六盘水市委员会第五次会议议程为：听取并审议《政协第六届六盘水市委员会常务委员会工作报告》；听取并审议《政协第六届六盘水市委员会常务委员会关于六届四次会议以来提案工作情况的报告》；列席六盘水市第六届人民代表大会第六次会议，听取并讨论六盘水市人民政府工作报告及其他有关报告；审议通过《政协第六届六盘水市委员会提案委员会关于六届五次会议提案审查情况的报告》；审议通过《政协第六届六盘水市委员会第五次会议决议》；其他。

三、研究《市人大常委会党组关于确定六盘水市代表团出席省十一届人大五次会议第一召集人、召集人和临时支部书记、副书记的请示》。议定：

1. 同意六盘水市代表团出席省十一届人大五次会议召集人人选：

第一召集人：黄金

召集人：何刚、陈光明、王黎明、张仕和

第一代表小组召集人：蒋承云、高玉林

第二代表小组召集人：刘剑、杨龙政

2. 同意六盘水市代表团临时党支部组成人员：

书记：黄金

副书记：何刚、陈光明

支委委员：王黎明、张仕和、蒋承云、刘剑、杨龙政、高玉林

四、传达全省“三个建设年”、“四帮四促”、“创先争优”和“十大民生工程”情况汇报会精神并研究《中共六盘水市委六盘水市人民政府关于深入开展作风建设年、环境建设年、项目建设年的实施意见》和《中共六盘水市委关于在全市领导干部中深入开展“四帮四促”活动进一步做好新形势下群众工作的实施意见》。议定：

1. 全市各级各部门要把思想统一到省委、省政府开展“三个建设年”和“四帮四促”活动的重大决策部署上来，认真贯彻落实全省“三个建设年”、“四帮四促”、“创先争优”和“十大民生工程”情况汇报会精神，加强领导、统筹安排、精心组织、强化宣传、严格考核，以作风建设保障发展，以环境建设促进发展，以项目建设带动发展，务求取得实实在在的效果。

2. 成立六盘水市“三个建设年”活动领导小组，组长：刘一民、何刚，副组长：何冀、陈亮贵、徐毓贤、周斯弼、黎平，由市纪委、市委办公室、市政府办公室、市委组织部、市委宣传部、市直机关工委、市发展改革委、市委督查室、市政府督查室等单位的有关负责人为成员。

领导小组下设办公室，负责统筹协调“三个建设年”活动的开展，并承担市委、市政府对县（特区、区）和市直部门的目标考核工作。张洪兼任办公室主任，吴文祥、袁国中、王宜治、付昭祥、胡学华、郭前、向萍兼任办公室副主任。办公室成员从市直有关部门抽调，集中办公。由市政府办公室负责协调办公用房，市财政局负责解决开展工作必要的经费。

3. 原则同意《中共六盘水市委六盘水市人民政府关于深入开展作风建设年、环境建设年、项目建设年的实施意见》和《中共六盘水市委关于在全市领导干部中深入开展“四帮四促”活动进一步做好新形势下群众工作的实施意见》，根据会议讨论意见修改后按程序行文。各级领导干部要带头开展“四帮四促”活动，在元旦、春节前后深入联系点，帮助基层和群众解决实际困难和问题，进一步密切党群干群关系。

五、讨论《六盘水市中长期教育改革和发展规划纲要（2010～2020年）》。议定：

原则同意《六盘水市中长期教育改革和发展规划纲要（2010～2020年）》，由市教育局根据会议讨论意见修改后提交全市教育工作会议征求意见。

六、传达全省党史工作会议精神。议定：

1. 同意近期召开全市党史工作会议，传达贯彻全国、全省党史工作会议精神，安排部署有关工作。

2. 市委党史研究室抓紧草拟《市委关于加强和改进新形势下党史工作的实施意见》并编制《六盘水市2011年至2015年党史工作规划）》，按程序审核后行文。

3. 同意增补市委党史研究室作为市委党的建设工作领导小组成员单位和市委中心组学习列席单位。

4. 市委党史研究室向市政府提交关于购买办公用车的请示，由市政府研究解决。

5. 由市委党史研究室购买《中国共产党党史》若干套，分送市有关领导。购书经费由市财政列支。

6. 由市委党史研究室牵头，收集六盘水市（地区）成立以来反映历届领导工作情况的图片、音像、文字等资料。

七、传达全省新闻发布工作会议精神并研究《关于建立党委新闻发言人制度的实施意见》。议定：

1. 认真贯彻落实全省新闻发布工作会议精神，完善新闻发布制度，配齐配强新闻发言人，确保党内信息传递更加准确、全面、及时、有效。

2. 明确袁仁庆、周斯弼、李令波、袁国中作为市委新闻发言人。

3. 原则同意《关于建立党委新闻发言人制度的实施意见》，由市委办公室商市委宣传部修改后按程序行文。

八、传达全省农村精神文明建设工作经验交流会议精神。议定：

1. 全市各级各有关部门要认真贯彻落实全省农村精神文明建设工作经验交流会议精神，坚持因地制宜、实事求是、实用实惠的原则，加大工作力度，努力推动全市农村精神文明建设和“美好家园”建设迈上新台阶。

2. 市文明办要创新工作方法，找准工作定位，加大协调、指导、督察力度，培育典型，宣传亮点，激励先进，鞭策后进，充分发挥在农村精神文明建设中的重要职能作用。

3. 由市文明办牵头，市城乡建设局、市农委等部门配合，尽快制定《六盘水市农村美好家园建设五年规划》。

九、传达全省未成年人思想道德建设经验交流会精神。议定：

1. 同意召开全市未成年人思想道德建设工作会议，传达贯彻全国、全省未成年人思想道德建设会议精神，安排部署相关工作。

2. 同意开展“乡村少年宫”建设工作，由市文明办会同市教育局等部门提出具体方案报市委、市政府研究。

十、研究《市文改工作领导小组关于市文工

团文化体制改革有关事项的请示》。议定：

1. 同意撤销市文工团建制，由政府主导，面向市场吸纳企业和民间资本，组建股份制文化演艺公司，打造一支高水平文艺演出团队。由市文改工作领导小组根据会议讨论意见提出方案报市委、市政府研究。

2. 按照中央文化体制改革的有关精神和“老人老办法，新人新办法”的原则，妥善分流安置市文工团现有在职人员。

十一、传达全省文化体制改革工作会议精神。议定：

1. 认真贯彻落实全国、全省文化体制改革工作会议精神，进一步解放思想，加大力度，切实做好六盘水日报社、六盘水电视台、六盘水人民广播电台、市文工团等单位的改革改制工作，进一步增强活力，推动文化事业和文化产业加快发展。

2. 同意把文化体制改革和文化产业发展的有关文件列入市委中心组学习内容，市委中心组成员要认真抓好自学。

（市委办）

【五届市委第102次常委会议】

12月24日，市委书记刘一民在六盘水会议中心一会议室主持召开五届市委第102次常委会议，研究干部工作。

（市委办）

【五届市委第103次常委会议】

12月28日，市委书记刘一民在六盘水会议中心一会议室主持召开五届市委第103次常委会议，研究干部工作。

（市委办）

中心工作

【概况】 2010年，六盘水市委按照“加速工业化、加快城镇化、推动农业产业化”和“统筹城乡、跨越发展”的思路，抢抓国家深入实施西部大开发等机遇，战胜百年不遇的特大干旱，政治建设、经济建设、文化建设、社会建设、生态文明建设和党的建设全面推进，各项工作取得较好成绩。

学习贯彻省委、省政府的重大决策部署，科学谋划全市经济社会发展思路 省委书记栗战书、省长赵克志到六盘水视察工作后，市委立即组织全市广大干部传达学习两位主要领导的讲话精神，要求全市各级各部门要以栗战书和赵克志到六盘水视察工作作为新的起点、新的动力，把心思集中到发展上，把力量凝聚到发展上，全力推动经济社会又好又快、更好更快发展，用实际行动和发展成效努力践行栗战书提出的“走前列、作表率”的要求。

党的十七届五中全会、省委十届十次全会召开后，市委及时召开市委五届七次全会，审议通过市委“十二五”发展规划建议。

积极应对前进道路上的机遇和挑战，全力推动经济社会又好又快更好更快发展 抢抓中央应对金融危机冲击、巩固经济回升向好趋势和国家深入实施西部大开发战略、国务院将六盘水市列为资源富集区循环经济区试点、中央企业加速扩张、东部地区产业加快向西部转移等机遇，克服百年不遇的特大旱灾和资金、土地、物资等要素供需矛盾带来的影响，团结和带领全市广大干部群众，实现经济平稳较快发展。

综合实力迈上新台阶。完成全市生产总值500.64亿元，增长15.8%左右；完成全社会固定资产投资335.5亿元，增长34.4%以上；完成财政总收入107.89亿元，增长28.34%以上，其中：一般预算收入49.3亿元，增长32.82%；城镇居民人均可支配收入和农民人均纯收入分别为14428元、3600元，实际分别增长6.5%、13.8%以上；全市金融机构存贷款余额分别为500.8亿元、361.7亿元，分别比年初增加76..75亿元和53.4亿元。其他各项工作全面超额完成全年目标任务，为“十一五”规划划上圆满句号，为“十二五”规划发展打下坚实基础。

抗旱救灾取得全面胜利。2009年8月至2010年5月，六盘水市遭受持续长达8个月的特大旱灾。市委按照“先生活、后生产”的原则，共投入各类抗旱资金1.01亿元，组织干部群众61.7万人，抓好应急水源点建设，开展找水、送水和春耕备耕工作，在保证群众生活用水的同时，保证大牲畜饮水，做到圈不空、存栏数不减少，解决135万人、50万头大牲畜的饮水困难。全市没有出现因灾断水现象，经济发展和人民生活的基本面未造成严重影响。

项目建设取得重大突破。开展“三个建设年”活动，大抓项目、抓大项目，一批事关全市长远发展的重大基础设施类、产业类和民生类项目相继开工建设。9月以后，按照省委、省政府提出的全年固定资产投资比2009年增长30%的要求，对投资任务进行调整，多次召开重大项目推进会，加强对127个市级重点项目的调度，逐一落实责任领导、单位、责任人、工期和进度，全年全社会固定资产投资首次突破300亿元大关。

结构调整步伐加快。一是稳步提升农业。在小季作物基本绝收的情况下，组织群众发展速生蔬菜、向贫困户免费提供仔猪、对饲养能繁母猪农户给予补贴、加强农村劳动力就业培训等方式，拓宽农民增收致富渠道，实现大灾之年农民减产不减收。粮食产量77.78万吨，马铃薯、蔬菜、生态畜牧等主要农业品规模不断扩大，商品率不断提高。二是做大做强工业。充分发挥资源优势、技术优势和人才优势，依托大企业、高等院校、科研院所，提升科技创新能力，走新型工业化道路。以发展循环经济为主攻方向，改造提升煤电钢材等传统产业，发展煤化工、装备加工制造、新型建材等特色产业，加快发展特色食品、生物制药、旅游商品等新兴产业，加强资源的深度开发和综合利用，进一步延长产业链和产品链，提高附加值。老鹰山煤化工一期项目建成投产，盘县煤钢电一体化、天能焦化二期、老鹰山煤化工二期、黔桂电厂“上大压小”、恒鼎煤化工、盘北煤矸石和汪家寨煤矸石发电等一批重大项目加快推进。按照“规划先行、产业集群、集约发展”的原则，抓好12个重点产业园区建设。完成钟山、红果经济开发区的调区工作。水月、老鹰山、董地、发耳、鸡场坪、盘南、木岗、岩脚等重点产业园区规划建设速度加快。调优调强第三产业，以打造“凉都”品牌为突破口，重点加大商贸、物流、金融、信息、文化产业和以农家乐为重点的旅游业的扶持力度，深入开展“家电、汽车、摩托车下乡”、“万村千乡市场”、“双百市场”、“农超对接”工程，城乡市场繁荣，第三产业成为新的经济增长点。完成社会消费品零售总额131.3亿元，同比增长18.66个百分点以上。

城镇建设管理力度加大。推动以“一山（凤凰山）一河（水城河）一城（水城老城）一园（红桥工业园）”为重点的市中心城区建设改造工程，人民路东段和西段、明湖湿地公园和凤凰山“一场两馆”等城市重点项目全面推进。水西路、麒麟路改造工程完成。坚持以创带建、以建促创，发挥社区的作用，不断调动市民的积极性和主动性，形成全民参与、齐抓共管的格局，“双创双建”活动取得新进展。

基础设施建设步伐加快。六沾复线、黔中水利枢纽、水盘高速、白河沟水库建设进展顺利，六盘水火车站改扩建和铁路货场搬迁，杭瑞高速境内段、六枝至水城高速公路，双桥水库、鱼洞坝水库、旧院水库开工建设。六盘水月照机场工可研报告获国家发改委批复。

生态文明建设取得新成绩。发展循环经济，开展节能减排攻坚，关闭淘汰落后产能。全年淘汰落后产能338.72万吨，万元GDP能耗降低3.31%，主要污染物减排指标完成年度目标计划，重点流域的环境质量进一步提升，5个县级污水处理厂全部投入运行。继续加强生态建设，石漠化、水土流失综合治理扎实推进。

招商引资工作成效明显。全年引进外来投资项目 87 个，实际到位资金 85.68 亿元，同比增长 14.98%。加强与中央企业、东部沿海地区企业的对接，市委、市政府主要领导带头到北京、广东等地开展招商引资工作，与中煤科工、广东博罗冠、广东粤电、广西投资集团签订战略合作框架协议。

大力加强社会主义政治文明建设，加快推进依法治市进程 坚持党的领导、人民当家作主和依法治市的有机统一，支持人大和政协按照法律和章程开展工作，充分调动各方面的积极性、主动性和创造性。完成市人大常委会领导班子的缺额补选和市政府机构改革工作。举办 14 煤城人大工作理论研讨会。组织市政协委员对全市重大项目建设、循环经济试点情况等 19 个课题进行视察调研。深化行政管理体制改革，大力推进依法行政，强化行政执法监督。“五五”普法通过省级验收。深化司法体制和工作机制改革，规范执法行为，强化执法监督。加强新时期统一战线工作，落实重大决策、重要情况、重要干部任免向民主党派人士通报制度，加强党外代表人士队伍建设和新社会阶层人士、党外知识分子工作。全面贯彻落实党的民族政策，加大对少数民族地区经济社会发展的扶持力度。做好工会、共青团、妇联、残联、宗教、侨务和对台工作。发展基层民主，党务公开、政务公开、村务公开、厂务分开得到全面落实。坚持党管武装工作，支持驻市部队和武警部队建设，做好全国双拥模范城“两连冠”迎检工作。

加强和改进宣传思想文化工作，促进文化大繁荣大发展 坚持正确的舆论导向。把学习贯彻党的十七届五中全会和省委十届十次全会、全省经济工作会议精神作为宣传思想工作的重中之重，开展宣讲活动，营造“加速发展、加快转型、推动跨越”的舆论氛围。加强与中央、省级媒体的合作，宣传抗旱救灾，共刊发稿件 600 余篇。加强和规范舆论监督工作。制定出台《关于加强舆论监督工作的意见》。

推进精神文明建设。开展“双创双建”活动，推进群众性精神文明创建活动。以建设美好家园为载体，实施“农民文化家园”、“农家书屋”、广播电视“村村通”、调频广播“村村响”工程。

推进文化体制改革。加快六盘水日报社、六盘水电视台、六盘水广播电台的改革发展。组建六盘水新视野有限公司，凉都宫影城一期工程投入运营。

加强外宣工作。承办“听多彩之声、说魅力贵州”中国凉都行和全国主流网络媒体中国凉都行大型采访报道活动，全国各地近 60 家广播电台对六盘水市经济社会发展情况进行全方位宣传报道。

进一步强化为民宗旨，扎实推进“和谐六盘水”建设 坚持以创业带动就业，启动“省级创业型城市”创建工作，通过开发公益性岗位等多种途径，帮助 9175 名就业困难人员实现就业，新增就业人口 25248 人，城镇登记失业率为 4.16%。推进职业技术教育工作，2011 年可实现初中毕业上不了高中、高中毕业上不了大学的学生都能接受职业教育的目标。全市 97 所乡镇卫生院全部完成改扩建，新型农村合作医疗参合率 97.71%。城乡居民最低生活保障实现应保尽保，受益人口分别为 7 万、43 万人。从 8 月起，市中心区城镇居民最低生活月保障标准从 180 元提高到 280 元，其余地区从 160 元提高到 260 元。市级财政共投入 2000 万元，对城乡困难群众生活用煤进行补贴。结合新农村建设实际，自筹资金安排 5200 户“美好家园”建设试点，每户补助 5000 元，市、县各承担 50%。国有煤矿采煤沉陷区综合治理工程年内全面完成，惠及 3 万多户 11 万余人。城镇廉租房、经济适用房建设和煤矿棚户区改造稳步推进。针对当前物价上涨过快的不利影响，采取价格干预措施，对困难群众发放临时价格补贴。坚持不安全不生产、抓安全促生产，安全生产形势持续好转，安全事故和死亡人数实现“双降”。加强信访工作，启动市县乡三级联动视频接访工程。推进平安和谐

"三区"建设，明确4名常委分别挂帮4个县区。集中开展"两抢一盗"、"打黑除恶"、命案侦破等专项行动。加强基层综治工作，全市98个乡镇办综治中心全部建成，工作用车全部到位。推进"平安六盘水"、"和谐六盘水"创建活动。发挥基层党组织在维护稳定中的作用，全社会群防群治、齐抓共管的格局逐步形成。

大力提高党的建设科学化水平，不断增强各级党组织的创造力、凝聚力和战斗力 坚持"围绕发展抓党建、抓好党建促发展"，按照"团结、务实、勤奋、廉洁"的要求，以加强党的执政能力和先进性建设为主线，以改革创新为动力，不断增强党建工作的针对性、实效性，努力营造"发展要快、风气要正、作风要实、干部要干"的良好政治生态环境。强化党建工作责任制的落实，将党建工作纳入年度目标管理，落实下级党组织书记向上级党组织述职、"一报告两评议"、党风廉政建设责任制等制度，形成党委管党建、书记抓党建，一级抓一级、层层抓落实的格局。强化干部人事制度改革创新，推进机关与基层、地方与企业干部双向交流，注重从基层和企业选拔干部。探索规范干部选拔任用提名制度，加大竞争性选拔干部力度。拿出27名副县级职位面向社会公开招考，根据报名情况实际开考17个职位，公开选拔17名优秀干部。强化党的基层工作基础，结合抗旱救灾，一次性选派1031名优秀机关干部到村任职，任期2年，帮助指导基层抓好党建和新农村建设。全面推行村（居）干部养老保险制度，解决他们的后顾之忧。抓好村居换届选举工作。强化干部作风建设，结合学习实践活动后续整改、"创先争优"、践行宗旨教育活动，在全市3523个基层党组织掀起争创"人民满意基层党组织"热潮。开展"四帮四促"活动，联系帮促重点企业、重点园区、重点项目、一类贫困乡、街道社区和地质灾害隐患点，帮助解决实际困难和问题。加强基层便民利民综合服务中心（站、点）建设，实现乡村两级"全覆盖"。推进机关效能建设，市级122个党政机关、企事业单位"一把手"均通过媒体向社会作出服务承诺，自觉接受社会监督。大力加强反腐倡廉建设，抓好《中国共产党党员领导干部廉政准则》的学习宣传和贯彻落实，对4个县区、市直21个部门的执行情况进行抽查。强化对中央新增项目的监督检查，对存在的问题进行整改，对有关案件线索进行调查核实。在全省率先启动岗位腐败风险防控管理工作。

（市委办）

机构编制工作

【推进市、县政府机构改革】 完成《六盘水市政府机构改革方案》的拟定、上报工作。拟定《六盘水市人民政府机构改革实施意见》《六盘水市人民政府工作部门编制方案》《六盘水市人民政府工作部门领导职数分配方案》。经调整，市政府设置工作部门32个、部门管理机构2个、政府直属事业单位2个和其他机构1个。共取消、弱化、转移、下放职责26项，增加职责21项，加强职责61项，梳理并明确部门间职责分工44项，明确和强化部门责任66项，部门内设机构由原来的502个减少为472个，减少30个，精简比例为5.97%，正县级领导职数由原来的575个减少为545个，减少30个，精简比例为5.22%。加强对县、特区、区政府机构改革的总体指导，县级政府由原有行政机构28个、议事协调办事机构1～2个、直属事业单位3～7个，调整设置为工作部门24个、政府直属事业单位2个（钟山区设置政府直属事业单位1个）和其他机构1个。

（余　华）

【加快推进消化超编人员】 会同市委组织部、市人资社保局、市财政局联合下发《关于加快推进全市行政机关消化超编人员工作的通知》

（市编办发〔2010〕54 号），除退休等自然减员外，主要采取以下渠道消化超编人员：在编制总量控制的原则下，盘活现有编制资源，将空余编制和领导职位统筹纳入消化行政机关超编人员范畴考虑；在市、县政府机构改革中，以竞争上岗等方式，实现定编定员定岗；从严控制行政机关新增工作人员，行政机关采取超编单位只出不进，满编单位先出后进的原则，严格按照编制使用计划、比例和程序办理调动手续；将超编人员调整到有空余编制的行政机关工作。行政机关有空余编制需补充人员的，要从超编部门的超编人员中调剂，不得再从其他渠道录（聘）用新增人员；县级行政机关超编人员可主要分流到乡镇机关及参公事业站（所）工作。采取组织推荐、竞争上岗、公开选拔等方式，优先将本县、特区、区行政机关超编人员分流到有空余编制的乡镇及事业站（所）任职。

（余　华）

【为加快城市建设提供机构编制保障】　根据市委、市政府决定建设红桥新区的意见，重新确定中共贵州钟山经济开发区工作委员会、贵州钟山经济开发区管理委员会机构编制方案，及时完成六盘水市公安局红桥分局的设立及有关单位机构编制相关工作。

（余　华）

【深化乡镇机构改革】　根据《中共贵州省委办公厅贵州省人民政府办公厅转发〈省机构编制委员会关于深化乡镇机构改革的指导意见〉的通知》（黔党发〔2010〕19 号）精神，草拟《六盘水市乡镇机构改革指导意见》。组织召开全市编办主任会议，安排部署乡镇机构改革工作，将原试点乡镇在内设机构、事业单位的设置上与省指导意见进行分析对比，合理设置乡镇党政办事机构和乡镇管理的事业机构，特别是在事业单位的设置上重点征求各县、特区、区党委、政府、编办以及相关部门建议、意见，并及时向市委、市政府领导汇报。

（余　华）

【加强事业单位机构编制管理和指导】　一、配合市政府机构改革，下发《关于政府工作部门重组后所属事业单位调整的意见》（市机编发〔2010〕7 号），对市政府工作部门重组后所属事业单位进行相应调整，撤销市财政局机关服务中心、市火车站广场管理处等 5 个事业机构，对市城乡居民最低生活保障办公室、市经济发展研究中心等 95 家事业单位进行更名和改变隶属关系。

二、理顺全市能源（煤炭）所属事业单位管理体制，组建六盘水市能源市场管理办公室。

三、指导和监督各县、特区、区开展城乡困难群众社会救助工作，将市城乡居民最低生活保障办公室更名为市社会救助局，重新明确宗旨和业务范围。

四、成立六盘水市农业科学研究所。

五、成立六盘水市安全生产应急救援指挥中心。

六、成立六盘水市地质灾害防治中心。

七、将市信息管理中心更名为市电子政务办公室。

八、在市机关事务服务中心增设“机关公共节能科”，并重新明确主要职责、内设机构、人员编制等事项。

（余　华）

【事业单位分类改革】　一、经过调研，下发《关于调整市交通运输局所属事业单位机构编制等事项的通知》《关于调整市住房和城乡建设局所属事业单位机构编制等事项的通知》《关于调整市经济和信息化委员会所属事业单位机构编制等事项的通知》《关于调整市农业委员会所属事业单位机构编制等事项的通知》《关于调整市文化体育局所属事业单位机构编制等事项的通知》《关于调整市商务和粮食局所属事业单位机构编制等事项的通知》《关于调整市人力资源和社会保障局所属事业单位机构编制等事项的通知》《关于调整市水利局所属事业单位机构编制等事项的通知》。

二、将市农业执法支队与市畜牧执法支队整合为市农业执法支队；将原市城建执法支队、市规划执法稽查队、市城市管理监察支队、市房屋拆迁安置管理办公室等机构整合后，成立市城建执法支队；保留加强市劳动保障监察支队、市国土资源执法监察支队、市殡葬稽查支队、市统计执法支队、市环境监察支队、市水政监察支队、市食品药品执法支队、市能源监察支队等机构，成立市安全生产执法支队。

三、成立“六盘水市理工职业技术学校”，与贵州水城矿业（集团）有限责任公司技工学校实行“两块牌子，一套人员”，为市一中、市二中增加事业编制，为市一中、市三中增设内设机构。

四、成立“中共六盘水市委当代六盘水杂志编辑部”，确定宗旨和业务范围、人员编制等有关事项。

五、理顺卫生服务体制，重新确定市人民医院的宗旨和业务范围、内设机构、人员编制等有关事宜，增加市中心血站事业编制。

（余　华）

【提高事业单位登记管理水平】　对市直22个事业单位办理设立登记，对68个事业单位名称、法定代表人、住所及经费来源进行变更登记，对19个事业单位进行注销登记，对146个事业单位进行年度检验，年检合格率100%。

（余　华）

组织工作

【完成市政府机构改革领导班子配备】　按照平稳过渡、党政分设（对合并机构）、出缺补充、人随事走、保留待遇、逐步消化的原则，组建了32个政府工作部门、2个部门管理机构、2个政府直属事业单位和1个其他机构的领导班子。组织召开市政府机构改革动员大会，宣布政府机构改革的部门（单位）正副县级147名干部的任职决定，平稳地完成市政府机构改革领导班子配备工作。

（余压坚）

【深化干部人事制度改革】　*探索规范干部选拔任用初始提名工作*　在市级层面上，实行县区党政正职、市直部门主要负责人职位征求市委、市政府领导班子成员、市人大、市政协主要负责人等方面意见，进行初始提名。在县级层面上，实行乡镇党政正职和县直综合部门正职职位由党委全委会、领导干部大会初始提名的做法。在部分市直机关采取“三公开一述职两推荐”的方式推荐干部，增强民主推荐的针对性。

加大竞争性选拔干部力度　将市委副秘书长、市财政局副局长等27个副县级领导职位面向全国、全市进行公开选拔，四个县（特区、区）共将53名科级领导职位面向全省、全区进行公开选拔。在公开选拔工作中，邀请“两代表一委员”全程监督各环节工作，积极探索实行“大评委”制。按照《党政机关竞争上岗工作暂行规定》精神，对市直机关中层干部出缺2名以上的和涉及机构改革的部门中层干部一律实行竞争上岗。积极推行差额推荐、差额考察、差额酝酿选配干部，通过“三差额”方式选配了出缺的盘县县委常委、组织部部长、水城县政府副县长人选。

加大面向基层选拔任用干部工作力度　把基层一线作为干部选拔任用的主阵地，全面推行面向基层公开考调、遴选市直机关工作人员制度，凡从县、乡申请调入市直机关工作的人员必须进行差额考调和遴选。启动从村干部中考聘乡镇事业单位工作人员工作，拟公开考聘事业单位人员17名。

完善干部考核评价机制　出台《六盘水市市

直单位市管干部年度考核试行办法》，采取述职述廉、民主测评、个别谈话征求意见等方式规范年度考核和届中考核，完成2009年度市管干部考核工作，共考核市直单位89个，考核县级干部638名，考核4个县（特区、区）143名县级干部。加强对干部在完成重大任务、应对重大事件中表现情况的考察，派出干部考察组先后对各级领导干部应对抗旱救灾工作进行专项考核，并把表现情况作为干部调整的重要依据。

加大干部交流力度 加强干部在市直部门之间、市直与企事业之间、市直与县区之间、县区与县区之间、地方与企业之间的干部交流力度，全年交流县级领导干部39名。

（余压坚）

【整治用人不正之风】 *开展买官卖官专项整治活动* 市、县两级分别成立买官卖官问题专项整治工作协调小组，对2008年5月以来受理存查的信访举报件进行全面梳理排查。开展治理拉票行为专项行动，严肃组织人事纪律和工作纪律，不断加大整治工作力度。

深化科学规范和有效监督县（市）委书记用人行为试点工作 对钟山区“科学规范和有效监督县（市）委书记用人行为”试点工作进行检查指导，同时确定水城县为新的试点工作县区。

切实加强对领导干部的监督和管理 出台《关于全面加强机关效能建设进一步优化经济社会发展软环境的实施意见》及8个配套文件，组织121名单位负责人员在六盘水电视台、《六盘水日报》等新闻媒体上作出公开服务承诺，公布单位投诉电话、投诉信箱，全面接受群众监督。认真落实《六盘水市领导干部勤政廉政公示制度（试行）》，对市交通局等三个单位的主要领导开展勤廉公示工作。

强化源头防范和治理，制定实施《六盘水市市管干部选拔任用工作纪实办法（试行）》《六盘水市市管干部任前公示暂行办法》，对干部选拔任用进行全过程监督。对36名市管干部在新闻媒体进行任前公示。

（余压坚）

【开展“创先争优”活动】 在认真落实“创先争优”活动“规定动作”的同时，结合实际积极创新“自选动作”，推动工作健康有序发展。采取抓住关键“针对评”、统筹兼顾“结合评”、分类指导“灵活评”的“三个评”基本方式，认真开展领导点评；建立组织、宣传、党校、社科、党史研究、高校、媒体等部门单位共同参与的“创先争优”理论研讨联系机制，深入开展“创先争优”理论研讨；坚持重设诺、真践诺、严评诺，广泛开展“创先争优”公开承诺，在推动经常性工作中“创先争优”、取信于民。

（余压坚）

【开展践行宗旨教育活动】 按照省委的部署和要求，市委把开展践行宗旨教育活动作为加强学习实践活动整改落实后续工作的有效载体，着力推进两项活动的有机衔接，确保教育活动健康发展、取得实效。认真开展党委（党组）中心组专题学习和党员集中学习，开展学习党章和重温入党誓词、领导干部作专题辅导报告和党员谈心得体会，进行典型教育和警示教育等“三项活动”，重点抓好整改措施、便民措施、勤政措施、廉政措施“四项措施”的落实。

（余压坚）

【开展基层组织建设“巩固提高年”活动】 坚持把抓党建责任制落实作为基层党建工作的切入点，认真落实党委（党组）特别是书记抓党建工作的责任。全年发展党员2511名。3000余名党组织书记通过会议述职、书面述职等方式进行述职，并接受党代表、群众代表的评议。选派4名副县级组织员分别进驻4个县（特区、区），对各地基层党建工作开展经常性、全方位、近距离督促检查。通过市、县财政加大投入，使村干部报酬提高到每月800元左右，村级每年1万元以上的工作经费全面落实。市县两级公开选拔副县级干部17名，科级干部50名，通过“公推直选”选拔乡镇党委书记2名。创新组织设置方式，结合实际组建“产业支部”。

（余压坚）

【试行“民情联络监督员”制度】 钟山区荷城街道主动适应社会管理创新的形势和任务需要，在街道各村（社区）全面推行“民情联络监督员”制度，聘请42名德高望重、热心公益事业的老党员、老村干担任“民情联络监督员”，每村（社区）3～4名。由街道、村（社区）党组织通过推荐、考察，并经村（居）民代表会议表决通过后聘用。

（余压坚）

【选派机关优秀干部到村任职】 从市、县、乡三级选派1031名优秀机关干部到村担任“第一支书”或主任助理，任期2年，全面参与新农村建设。同时制定相应的管理办法，对选派干部的培养、选拔、考核、激励等作出规定。

（余压坚）

【举办“两化”干部培训班】 配合工业强市和城镇化带动战略实施，在市委党校举办了为期4个半月的“提升干部推进工业强市和城镇化带动战略能力素质培训班”，对来自全市范围内的125名科级以上干部进行集中强化培训，内容涉及思想解放、工业经济、城镇化发展、园区建设4大板块和30多个专题。培训班实行“全封闭学习，军事化管理”，通过专家授课、观看录像、外出考察、集中调研、交流研讨等方式，让干部在培训中积累知识、锤炼作风、提升能力，为加速工业化、加快城镇化储备人才。

（余压坚）

【实施村（社区、居委会）干部养老保险】 出台《村（社区、居委会）干部养老保险试行办法》，启动开展村（社区、居委会）干部养老保险工作。将全市未参加城镇职工基本养老保险的现任行政村（社区、居委会）干部，按每个村（社区、居委会）5人名额纳入参保范围。根据办法规定，今后凡年满60周岁、参加养老保险的村（社区、居委会）干部，可以按月领取养老金。全市共有4000余名村（社区、居委会）干部参保。

（余压坚）

【建设基层党建工作示范体系】 启动基层党建示范点（带）建设，构建“四带百点”典型示范新格局。全市共部署示范点100个，包括农村、社区、机关、学校、国有企业、非公经济组织、新社会组织等类型。近期重点规划建设水（城）黄（果树）、镇（宁）胜（境关）两条高速（高等级）公路沿线党建“示范带”；远期重点规划在建中的水（城）盘（县）、水（城）镇（宁）两条高速公路沿线党建“示范带”。

（余压坚）

【推进农村党建信息化】 围绕建一个群众上网室、装一部固定电话、配一名信息化管理员、定一套信息服务制度、设一个电子邮箱、编一条固话被叫回铃声、做一个宣传网页、制一批实用课件、促一批“面对面”互动、育一批创业带富典型的“十个一”标准，打造农村基层党建工作信息化服务体系。

（余压坚）

【从村干部中招考乡镇事业单位工作人员】 启动从优秀村（居、社区）干部中招考乡镇事业单位工作人员工作。全市招考职位18个，涉及4个县区12个乡镇。

（余压坚）

【推进远程教育“进村入户”】 全市现有远程教育B、C级站点5个、乡镇党员活动室站点

5个、农村党员活动室站点476个（含升级站点和调整、自建播放点）、农村中小学站点988个、社区站点87个、非公企业站点14个，远程教育网络覆盖全市100%的乡镇、行政村和社区。现有“三支队伍”人员3213人。

（余压坚）

【抓好干部教育培训和人才队伍建设】 以提高科学发展的能力为导向，分类分层开展大规模干部培训工作。协调各级完成各类干部调训67期，186人次；自主培训干部7期353人次；安排落实第二批全省干部在线学习任务700余人。

抓好《六盘水市中长期人才发展规划纲要》编制工作 突出能源原材料和煤化工、城市建设和管理等六个重点领域的人才队伍建设。及时调整充实全市人才工作领导小组，将人才工作经费由每年20万元增加到100万元。开展市管专家评选工作。优化人才成长环境，坚持每年选派一批有进取精神、有培养前途、有一定专长的青年人才到全国各高等院校、科研院所进行深造培养。

（余压坚）

统战工作

【开展社会主义核心价值体系教育】 市委统战部进一步加强了与各民主党派市委、市工商联负责人和无党派代表人士联系，通过召开联席会和培训班等方式，引导和推动各民主党派市委深入开展社会主义核心价值体系主题学习教育活动。各民主党派市委结合中国特色社会主义主题教育活动，开展“三学两比”活动，教育引导各自组织成员进一步坚定走中国特色社会主义道路的信心和决心。

（张鸿秋）

【建言献策】 市委统战部协助市委、市政府召开协商会、座谈会、情况通报会5次，就涉及六盘水市发展的大政方针，重大政策措施的制定，全市国民经济、社会发展，重要人士变动，党风廉政建设等方面的情况征求各民主党派、工商联和无党派代表人士的意见和建议。全年各民主党派共提出议案117件，其中：民盟市委的《关于畅通东出口，对背阴坡路段进行彻底整治或重新规划改线的建议》、民进市委的《关于市十八中办学条件急需改善》、民建市委的《关于加快我市装备制造业发展的建议》、九三市委的《关于建立被征地农民社会保障制度的建议》等被评为重点提案。

（张鸿秋）

【民族宗教工作】 配合中央统战部和省委统战部开展了少数民族代表人士工作情况调研 完成了《关于六盘水市少数民族代表人士队伍建设的情况报告》。6月初，中央统战部二局副巡视员路晓峰与省委统战部副部长王茂爱一行，到六盘水市就少数民族代表人士队伍建设情况开展调研，对六盘水市多部门协调配合推进少数民族代表人士队伍建设给予了充分肯定，对六盘水市在选拔干部、评先选优中注重少数民族代表人士的做法给予了较高评价。

与市民宗局联合开展了全市少数民族团结进步创建活动情况调研。就全市6个民族团结进步示范村总体经济发展、基础设施建设、人民群众物质文化水平提高和民族关系融洽等方面进行了全面的调研，形成了调研报告。三是配合市民宗局完成了基督教两会、伊斯兰教协会领导班子换届成员候选人的考察工作。四是配合市宗教局举办了1期全市宗教教职人员政策法规培训班。

（张鸿秋）

【非公经济统战工作】 一是针对民间资金引导工作难度较大的情况，按照市委要求，在银监局六盘水分局、人行六盘水支行、市发展改革委、市经信委、市工商联等有关责任部门的支持与配合下，先后召开联席会议2次、建立了各单位目标任务落实制度，积极推进了工作任务的完成。二是下发了《六盘水市非公有制经济组织深入开展“‘创先争优’、促进发展”活动实施方案》，并切实加强了协调、调研力度。帮助企业理清发展思路，紧紧围绕加快全市经济发展中心，不断提升市场竞争力、抵御风险能力和可持续发展能力。三是通过开展党员责任区、党员示范岗、党员先锋岗等创建活动，企业党组织共提合理化建议196条、开展技术革新项目1个，创造经济效率100余万元；为群众和社会做实事好事210件，完成急难险重任务40余件。在全市抗旱救灾中，全市非公经济企业和职工向灾区捐款（物）230余万元。四是树立典型，做好宣传引导，形成良好的舆论氛围。10月份，市委统战部会同市工商联、市委宣传部、市委组织部、市工商局等16家单位，举办六盘水市“恒远杯”促进非公有制经济发展综合知识竞赛，全市共有145个单位和企业组队参加竞赛。市委常委、市纪委书记黎平向110名非公有制经济人士作了题为“六盘水市促进非公有制经济发展形势报告会”，在凉都总商会网站上开辟了“六盘水市非公有制经济组织‘创先争优’专栏网页”，组织非公人士参加第二届黔商论坛活动。

针对全市非公经济组织变动大的特点，5月下旬至6月中旬，深入到各县、特区、区开展非公有制经济组织党的建设工作情况专题调研，在摸底调查的基础上，下发《关于进一步扩大六盘水市规模以上非公有制经济组织中党组织和党的工作覆盖面工作方案》，要求将“扩覆”工作情况纳入各县区党建工作目标考核的内容。全市432个规模以上非公有制企业党组织数由原来的66个增加到99个，形成了“有党员抓组建、无党员抓发展、有组织抓规范、无组织抓指导”的工作格局，有效推进了非公经济党建工作。

（张鸿秋）

【党外代表人士队伍建设】 一是加强教育培训，市委统战部以六盘水社会主义学院为依托，不断完善和的拓宽培训渠道，分别举办了1期党外代表人士培训班和1期非公经济代表人士培训班，培训党外代表人士、非公经济代表人士109人。选送了24名学员参加了省委统战部、省社会主义学院统一战线主体班次的学习，安排了23名党外代表人士参加市委组织部主体班次的学习，进一步提高了统战成员的素质。二是继续对已作政治安排和拟作政治安排的非公有制经济代表人士进行综合评价，提前为市工商联换届做准备。三是与市委组织部积极配合，加大了在司法机关培养选拔党外干部工作力度，在市法院领导班子中配备了一名党外副院长，填补了六盘水市在司法机关中配备党外领导干部的空白。四是落实了《中共六盘水市委关于巩固和壮大新世纪新阶段统一战线的实施意见》（市发〔2007〕18号）文件中，对“在民主党派市委任副主委（含兼职）、市工商联任专职副会长（非中共党员）职务满7年，经考察符合提拔条件的，可以明确为正县级干部”的规定，明确5名干部为正县级干部。

（张鸿秋）

【信息报送】 一是向省报送信息16篇，被采用6篇，并按省要求向中央非公经济活动指导小组报送了东泰矿业集团有限公司党支部活动情况的专题调研信息。二是进一步加强了全市统战工作信息报送工作。向省委统战部推荐调研文章5篇；编发六盘水市统战工作信息47篇，向省委统战部《统一战线·凝聚力》推荐论文2篇；向市委办公室报送信息26条；编发《六盘水统战工作》12期；完成2010年度统一战线先进典型人物新闻线索推荐材料。

（张鸿秋）

【统战交流协调】 8月19日至21日，市委副书记何冀率各民主党派、工商联负责人和无党

派代表人士组成市委统一战线学习考察组到大连考察。先后考察了大连高新技术开发区留学人员报国基地、大连佳姆信息安全软件技术有限公司、大连进丰电机有限公司；两市的各民主党派、工商联负责人和无党派代表人士还就如何做好统一战线工作，加强自身建设，切实做到围绕中心、服务大局等进行了交流。

认真落实《贵州省关于加强特约人员工作的意见》，全年向市检察机关推荐4名民主党派成员担任特约检察员，向市技术监督局推荐民主党派成员和工商联成员5名担任行风监督员，协助市政法委在各民主党派成员中推荐评议员，积极参与“凉都好警察、好法官、好检察官”评选活动。

指导、协调、服务30个市政府职能部门与民主党派市委、市工商联开展对口联系工作。

在全市抗旱救灾中，确保中央统战部下拨的80万元救灾款，全部用于解决受灾群众急需的生活、生产用水和灾区水利设施建设。

（张鸿秋）

对台工作

【概述】 2010年，是全市历年来对台交流力度最大的一年，市委常委会专门研究了如何加强对台交流的问题，决定组织5个经贸考察团赴台湾考察，学习、借鉴台湾在经济发展方面的经验和做法。2010年也是台资对六盘水市投资愿望最强、效果最明显的一年，台湾知名企业台湾康师傅集团公司、台湾润泰集团（大润发超市）及一些台资企业先后到六盘水市考察，准备在六盘水市投资。其中：康师傅集团已与钟山区签定了建厂协议，大润发超市与恒远房地产公司也就建一超过25000平方米的超市达成了协议。

（陈龙远）

【召开全市对台工作会议】 6月8日，市委市政府召开全市对台工作会议，会议传达了全省对台工作会议精神，总结了2009年的对台工作，部署了2010年的工作。会议由市政府秘书长龙秋芳主持，市委副书记何冀出席并作了重要讲话。

（陈龙远）

【组织5个经贸考察团赴台湾考察】 按照市委常委会的决定，全年全市共组织5个经贸考察团赴台湾考察，当年共成行4个团，分别由市委、市人大、市政协领导带队，对台湾的经济、旅游、城市管理等进行了考察。考察促进了两岸的交流，加强了两岸的血肉联系。

（陈龙远）

【台湾康师傅集团公司到六盘水市考察投资】 台湾著名食品企业台湾康师傅集团公司西南地区总厂到六盘水市考察，拟在市区建一矿物质水厂。在市台办的联系下，康师傅集团分别与钟山经济开发区、钟山区政府进行了洽谈，最后选定在钟山区德坞街道办事处投资建厂，项目总投资420万美元，由钟山区负责修建厂房。

（陈龙远）

【台商王长富投资1000万美元在盘县建厂】 台商王长富投资1000万美元，由盘县职中提供场地，王长富提供资金、技术和管理，成立了盘县富耀科技制衣有限公司。

（陈龙远）

政策研究

【开展各类调研】 1月，市委政策研究室组织联合调研组到贵阳、遵义、毕节调研，形成《加快红山石桥工业集中区建设的对策建议》，经市委、市政府研究，形成决策。红桥新区于2010

年5月启动建设。

3月，开展调研，5月完成研究文稿《六盘水市“十二五”期间维护稳定工作研究》，8月份通过评审，作为全市“十二五”规划决策参考件。

4月，开展调研，7月完成《六盘水市“十二五”期间科技发展战略研究》，并通过评审，作为全市“十二五”规划决策参考件。

6月，深入水城县调研，形成《在科学发展中壮大县域经济——水城县推进经济社会又好又快发展调研报告》。

7月，与市扶贫办联合到县（特区、区）调研，形成《对市直机关党建扶贫工作的思考》调研报告，提交市委、市政府决策参考。

8月，组成专题调研组深入四个县（特区、区）开展调研，形成《六盘水市推进城镇化进程的调研报告》，为省委十届十次全会文稿起草提供参考依据材料。

9月，组织开展六盘水市基层组织建设调研活动，完成《六盘水市基层组织建设研究》报告。

10月，与省委政策研究室共同深入县（特区、区）、部分省属企业及市属国有、私营企业开展省委重大问题课题调研，11月完成调研报告《六盘水市工业反哺农业城市支持农村发展研究》报省委政研室，通过省委重大问题课题调研组组织专家评审，获省委重大问题课题调研三等奖。

开展经济强县建设工作调研。认真贯彻落实全省经济强县建设工作会议精神，深入钟山区、盘县调查了解经济强县建设情况，适时指导，并要求各相关县区按要求落实建强工作要求。

开展农村改革试验试点工作调研。进一步探索城市支持农村、工业反哺农业的有效途径，进一步总结了全市农村改革试验试点工作经验，为市委提供决策服务。

（马文忠）

【政务服务】 4月，广泛征求市直有关部门和各县（特区、区）意见，确定了涉及全市经济社会发展重点、热点、难点问题的39个课题，起草了《关于认真做好2010年重点调研课题调研工作的通知》，经市委办公室、市政府办公室批准下发了（市办通字〔2010〕25号）文件，并督促各承担课题单位在11月30日前全部完成。并陆续将比较好的调研报告选择14篇以《调研报告》内部刊物形式报送市四大班子领导参阅。

11月，起草和参与起草修改了市委主要领导的讲话稿以及《中共六盘水市委、六盘水市人民政府关于加快城镇化进程的决定》《六盘水市中长期人才规划纲要2010～2020》等15篇重要文稿。

（马文忠）

【调研成果】 在《贵州调研》《六盘水日报》《当代六盘水》《六盘水经济发展研究》《凉都》等省、市报刊杂志上发表文章12篇。向省委政研室报送信息126篇。

4月，将2009年度的调研课题报告收集整理后，汇编成《调研报告汇编》。

（马文忠）

党史研究

【概况】 2010年，市委党史研究室认真贯彻落实全国、全省党史工作会议精神，按照《中共中央关于加强和改进新形势下党史工作的意见》（中发〔2010〕10号）和《中共贵州省委贯彻落实〈中共中央关于加强和改进新形势下党史工作的意见〉的实施意见》（黔党发〔2010〕10号）的要求，开展党史资料的征集、研究，党史宣传教育，革命遗址普查等工作。

补充、完善《中国共产党六盘水市历史大事记》（1991～2005年），编印、出版《六盘水党史

通讯》刊物一期。

征编《六盘水地区在徘徊中前进的两年》《六盘水市教育事业的发展》《六盘水市党风廉政建设》《六盘水市的交通建设》《“三个代表”重要思想在六盘水的学习实践活动》《六盘水市新农村建设口述历史资料》6 个党史专题资料。

开展地方党史宣传和教育工作。为纪念抗日战争胜利 65 周年，收集整理地下党员在郎岱、盘县宣传抗日的资料，在《六盘水日报》连载；为市社科联主办的《中国凉都》刊物提供了 4 位六盘水籍烈士的资料；派业务人员到钟山区财政局和钟山区东风东路社区上党课，介绍六盘水党史知识，进行党史宣传和教育。

开展全市革命遗址普查工作。按照全国、全省革命遗址普查工作会议的要求，市委党史研究室在全市范围内开展了革命遗址普查工作。2010 年底，面上的普查工作已基本结束，全市共查出革命遗址 66 处。

为贯彻落实《中共中央关于加强和改进新形势下党史工作的意见》（中发〔2010〕10 号）和《中共贵州省委贯彻落实〈中共中央关于加强和改进新形势下党史工作的意见〉的实施意见》（黔党发〔2010〕10 号）和全国、全省党史工作会议精神，市委党史研究室为市委草拟了《中共六盘水市委关于加强和改进新形势下党史工作的实施意见》（后以市发〔2011〕5 号文件下发）。

按照冀鲁豫党史联络组要求，组织召开冀鲁豫南下老干部座谈会两次，做好冀鲁豫党史工作经费的申报及管理等工作。

按照省委党史研究室关于《修订再版〈中国共产党贵州历史（第一卷）〉征求意见的通知》要求，对有关六盘水市的内容进行了认真的审阅，将修改补充意见报省委党史研究室。

根据省委党史研究室关于编纂《贵州革命烈士传（第三辑）》的通知要求，收集整理了 12 位六盘水籍烈士资料。

统计 2009 年六盘水市党史工作成果并报送省委党史研究室，评选全省党史系统先进集体和先进工作者，报省委党史研究室表彰。

（洪　溢）

宣传教育

【抓好抗旱救灾宣传】　2010 年抗旱救灾期间，市委宣传部主动发现典型为记者提供采访素材，主动引导舆论，把抗旱救灾的现场变成展示六盘水践行“不怕困难、艰苦奋斗、攻坚克难、永不退缩”的贵州精神的大舞台，提升六盘水的良好形象。组织市级媒体全力以赴、深入一线宣传报道抗旱救灾各方面情况。配合中央和省级媒体积极宣传反映六盘水在抗旱救灾中的部署安排、典型人物、感人事迹等。抗旱期间，中央级主流媒体共刊播抗旱救灾稿件 80 条。其中：中央电视台各档新闻栏目累计播发抗旱新闻 20 余条，央视二套《经济半小时》《中国财经报道》和七套《聚焦三农》栏目，分别制作播出了 3 个专题节目，由央视主播康辉带队《直击抗旱第一线》特别报道组来六盘水市采制的新闻，分别在央视《新闻联播》和《午间新闻》栏目播出。抗旱采访高峰期，同一天聚集在六盘水市采访的各媒体记者达 40 余人，央视 2 台卫星直播车和 3 架航模拍摄直升机同时在六盘水市工作。

（李朝晖）

【开展理论研讨】　围绕西部大开发 10 周年，结合六盘水市经济社会发展的重点领域、重大问题组织召开理论研讨会，征集理论文章 100 余篇并进行了评审和奖励。

（李朝晖）

【加强舆论监督】　在广泛调查研究和征求各方面意见基础上代市委起草《关于切实加强舆论监督工作的意见》，并在全市召开加强舆论监督工作大会。全市各部办委局尤其是窗口行业、职能服务部门和各媒体分别在会上发言表态。建立舆论监督工作机制，把“舆论监督”和“监督舆论”结合起来，建立舆论监督热线，准确把好关把好度，在新闻媒体上开设《舆论监督亮剑行》、《舆论监督曝光台》等栏目，把职能部门推到“聚光灯”下，把公务人员推向“舆论焦点”，把领导干部勤政情况向社会“曝光”。先后对52个单位100余名工作人员上班违规违纪情况公开曝光，对重大项目建设情况进行报道，进一步增强各级干部的执行力和政府的公信力。

（李朝晖）

【掀起“双创双建”热潮】 结合“整脏治乱”和“满意在六盘水”主题活动，提出“双创双建”（创全国文明城市、创国家卫生城市，建循环经济城市、建生态宜居城市）的思路，得到市委的重视和采纳，在全市深入开展“双创双建”工作，形成了自上而下，全市动员、全民参与的强大工作态势。四大班子主要领导亲自参加动员大会并经常部署工作，有力促进了“整脏治乱”和“满意在六盘水”活动的开展。

（李朝晖）

【加强未成年人思想道德建设】 结合国情、省情、乡情教育，结合学校德育教育，结合未成年人思想道德建设教育网络的建立，市委宣传部牵头，市文明办、市教育局、团市委、市妇联、市关工委6部门精心策划和组织了“祖国好·家乡美”主题实践活动的“五个一工程”，即“做一件礼物感恩父母”、“想一句感言献给老师”、“发一条短信激励同学”、“写一篇诗文赞美家乡”、“诵一章经典歌颂中华”，全市62万中小学生参与。

（李朝晖）

【促进公民道德建设】 积极开展全省第二届“道德模范”评选推荐学习活动。推荐15名候选人上报省文明办，共有3人获全省道德模范奖项。召开六盘水市2010年道德模范表彰会，将周家德等12名候选人作为市级道德模范予以表彰。并组织12名道德模范在学校、机关、企业进行了7场宣讲活动，听众达4000余人。

（李朝晖）

【搞好对外宣传】 承办“听多彩之声，说魅力贵州”全国50家广播电台主持人凉都行活动，来自全国50家电台“名嘴”在六盘水的6天时间里，向本地电台发回现场连线230次共2650分钟，台湾《美丽宝岛》杂志刊发了16个专版。

策划组织“全国主流网络媒体凉都行”大型采访报道活动。全国23家知名网站的27名记者，对六盘水进行热情洋溢的正面宣传，累计播发新闻、图片等文稿200篇幅，稿件转载量1000余条，有8家网站制作悬挂了“全国主流网络媒体走进六盘水”专题网页，中国经济网视频直播了“全国网络媒体中国凉都媒体推介会”。

策划完成“凉都百问”。历时半年，整合30多个部门资源，就六盘水经济、文化、历史、地理、民俗、旅游、美食等各个方面情况，整理出120多个问答，分别在在“中国凉都·六盘水”门户网站、新华网六盘水网站、中国六盘水网、六盘水视窗等网站，开设《“中国凉都·六盘水”百问》专题，向广大网友推介六盘水市方方面面情况。

（李朝晖）

【繁荣文化事业】 推动文艺精品创作。修订完善《六盘水市精神文明“五个一”工程基金管理办法》，支持优秀文艺作品出版。2010年，报告文学《品味茅台》、反映贵州抗旱典型事迹的广播剧《金银花开》等作品获省高端平台文艺作品奖励。联合贵州大爱文化传播有限公司拍摄完成了新农村建设、工业反哺农业题材电影《山村风云》组织2010年“多彩贵州”小品大赛工作。六盘水市选送的《春哥与秋妹》《旱井》两件作品进入全省总决赛，并分别获得原生态组、

戏曲类非职业组铜鼓奖。小品《旱井》《哭坟》还分别获得该次大赛优秀创作奖，市组委会获小品大赛团体奖三等奖。

（李朝晖）

【推进文化产业发展和文化体制改革】 市属新闻媒体宣传经营两分开和制播分离改革顺利完成。六盘水日报社改革取得明显成效，电台、电视台的新闻宣传等公益性职能与广告等经营性业务剥离。市图书馆、群艺馆等公益性文化事业单位改革顺利完成。

组建市县两级文化市场综合执法机构，开始履行文化、广电、新闻出版领域的文化市场综合执法职能。

完成“十二五”文化产业发展规划编制，确定在“十二五”期间实施“中国凉都文化会展中心”等一批兼具社会效益和经济效益的重点文化产业项目。

（李朝晖）

市委讲师团

【概述】 2010年，完成全团参照公务员法管理的各项工作任务，制定上报并完成了公务员的“三定”方案，在原有3个室（办公室、一教研室、二教研室）的基础上，新增设了综合教研室、网络教育科。

按期印发省委讲师团《中心组学习参考资料》，努力为各级党委中心组学习提供最新、最重要、最有用的信息，2010年总计印发了6期，从政治、经济、文化生态建设上为各级党委中心学习组提供了决策信息参考。

（王鹏升　马韶光）

【深入基层开展宣讲工作】 将理论宣讲紧紧围绕中央、省、市的中心工作，深入宣讲科学发展观、宣讲中国特色社会主义理论体系，宣讲建设学习型党组织的重要性和必要性，宣讲党的十七届五中全会和省委十届十次全会精神，市委市政府重大精神以及“十二五”期间六盘水市经济社会发展的巨大成就，宣传省委、省政府、市委、市政府重大决策部署。深入基层尤其是乡（镇）厂矿抓好宣讲，全团完成16场宣讲工作任务。

（王鹏升　马韶光）

【干部理论教育考试】 与市委宣传部、市委组织部联合下发《全市2010年全市在职党员、干部和职工政治理论学习考试的通知》，组织编写《2010年政治理论学习读本》。学习读本下发到市直各部门、4个县区（特区）、乡（镇）和大中型厂矿企业，基本普及到全市各级各部门的副科级领导干部进行学习、掌握。11月30日组织完成了2010年六盘水市在职党员、干部和职工政治理论学习考试工作，全市共组织56000人考试。市委讲师团完成了市直机关8860人的阅卷、登分等工作。

（王鹏升　马韶光）

【理论研究】 完成《突出特色推进西部大开发战略实施》《转变发展方式，走生态文明之路——盘县四格乡“可持续发展战略”的实践及经验启示》等调研文章7篇。有6篇论文获奖，其中：《对网络时代推进学习型党组织建设的思考》获省委宣传部主办的全省推进学习型党组织建设征文一等奖，《六盘水市优化发展环境问题研究》获市委市政府表彰的2010年度重点调研课题优秀奖。

（王鹏升　马韶光）

【创新教学新模式】 一是抓好“情景式”教学试点。二是培育干部理论教学基地。为了弘扬社会主义核心价值体系，使党员继承老一辈的光荣革命传统，7月1日，市委讲师团牵头收集编写水城县龙场乡碗厂村“红军烈士墓园”暨“革命活动陈列室”及盘县淤泥乡“老红军张其生故居”革命传统史实的基础上，与市党史办、市志办联合下文，将以上三个地方作为史志及党建教研基地。8月，市委讲师团与水钢党委宣传部、水钢职教中心及钟山电力公司联系，初步确立两个干部理论教学基地，把“水钢职教中心”、“钟山电力公司”作为市委讲师团教学点。

（王鹏升　马韶光）

市委党校

【概述】 中共六盘水市委党校、六盘水行政学院和六盘水社会主义学院合署办公，“三块牌子、一套人马”。校园占地面积约为52亩，建筑面积约为1.5万平方米，校园绿化率达53.6%。学校有室外网球场1个、篮球场2个；有16间教室；藏书近4万册；同时可容纳300人住宿、就餐。2010年学校有教职工72人（其中：行政、党务管理人员34人，工勤人员13人，专职教师25人），师资队伍中有研究生7人，副高职称17人。有科室16个，行政管理部门有办公室、人事科、总务科、保卫科、机关党委和监察室，教学部门（或为教学服务的部门）有教务科、图书资料室、学报编辑部、科研办、电教室和经济学、法学、行政管理学、理论、党建、综合教研室。学校实行校务委员会管理，常务副校长负责制。学校属大专体制办学，开设班次分五类：一是主体班次，包括县级、科级、乡镇干部、后备干部、少数民族干部和妇女干部培训班。二是公务员培训班，包括初任公务员培训和公务员轮训。三是非中共人士培训班，包括民主党派、无党派人士和统一战线其他方面的代表人士培训班。四是学历教育班。五是各系统、部门举办的具有专业性、针对的培训、轮训班。

（王　韬）

【大专体制迎评工作】 2010年6月1日至2日，省委党校副校长、省党校系统大专体制评审委员会办公室主任唐宗举一行对市委党校大专体制迎评工作进行了预评，通过听汇报、查阅资料和实地检查校园软硬件设施建设后，评审组在肯定成绩的同时，指出了工作中的不足，并为下一步工作提出了意见。

6月17日，常务副校长马秀峰向市委常委会汇报了大专体制迎评工作情况，建议市委正式向省大专体制评估委员会提交申请报告。市委于6月25日正式向贵州省党校系统大专体制评审委员会递交了市委党校申请大专体制规格评估工作的自查报告。

（王　韬）

【抗旱救灾捐款】 3月10日，市委党校根据市委办公室和市政府办公室《关于在全市开展“抗旱救灾”社会捐赠活动的通知》要求，组织教职工捐赠4100元，单位捐赠的1000元，共计5100元。于3月24日，将捐款送到市民政局。

（王　韬）

精神文明建设

【“公民道德建设宣传月”活动】 以“学习身边好人好事，推荐道德模范”为主题，开展“学雷锋、树新风”活动，先后组织青年志愿者到火车站、农贸市场、背街小巷、居民院落等开展清洁环境和义诊。在市直机关干部、职工中开展“助人为乐、爱岗敬业和人民满意机关、人民满意公务员”活动，宣传一批道德高尚、勇于奉献、成绩突出的先进人物。在三八妇女节期间，以“低碳家庭·时尚生活”为主题，宣传和普及低碳知识，倡导低能量、低消费、低开支、低代价的低碳生活方式。3月12～18日，团市委组织部分市直机关单位深入街道社区开展各类便民服务；3

月24日，市文明办组织市级媒体对市内初步推选出的部分道德模范、身边好人等进行访谈。

（文明办）

【促进“整脏治乱”】 为促进“整脏治乱”，开展各种督察活动100余次，2000余人（次）参加督察，下发整改通知书31份，督办通知书22份，对10余个类别、82个方面的具体问题进行分解、督办，涉及督办单位22个，被提请问责1件。成立市中心城区夜间巡查组，每晚出动50余人（次），对入夜后乱倒垃圾、乱停车辆等问题开展巡查，对乱倒垃圾的16个重点路段进行夜间蹲点。开展各县（特区、区）“整脏治乱”互检、互查、互学活动，组织了2次乡、镇以上单位互检、互查、互学活动。在省“整脏治乱”第二季度的考评中，六枝特区、水城县名次大幅提升，市综合排名从第9名升至第6名，第三季度市综合排名第4名。

（文明办）

【“满意在贵州”活动】 “满意在贵州”主题活动取得了阶段性成效，全市各机关、企事业单位的服务质量明显改观，对在贵州文明网收集到的不满意问题53条，及时下发督办通知，全部办结回复。在第一季度“满意在贵州”考核排名中，六盘水市位居全省第三，第二季度排名跃居第二，第三季度排名第七。

（文明办）

【“祖国好、家乡美”主题活动】 在全市开展“做一件礼物感恩父母、想一句感言献给老师、发一条短信激励同学、写一篇诗文赞美家乡、诵一章经典歌颂中华”为内容的“祖国好、家乡美”主题活动。5月4日，中小学生“诵一章经典歌颂中华”诵读活动比赛在市十二中举办，分中学组、小学组产生奖项。5月27日，团市委启动“想一句感言献给老师”和“发一条短信激励同学”活动。小学组征集到感言63篇、激励语49篇，中学组征集到感言69篇、激励语52篇。“让我们一起亲手做一件礼物感恩父母”活动开展后，市组委会评选出中小学生亲手做的礼物100件，于6月8日进行了作品展示。“写一篇诗文赞美家乡”活动收到诗歌、童谣或散文500多篇。

（文明办）

【敬老活动】 重阳节，老鹰山镇敬老院开展了“绿丝带志愿者重阳节慰问演出活动”，市委常委、宣传部部长袁仁庆率市民政局、市老龄办、团市委、市文明办等单位负责人先后到松坪北路社区的空巢老人郭红莉家、人民中路幸福家庭公寓、钟山区老鹰山镇中坡村百岁老人家和老鹰山敬老院看望慰问老人。

（文明办）

【传统节日活动】 清明节期间，市直与各县（特区、区）学校，纷纷开展祭奠革命先烈活动；民政局清明节前在媒体播出“平安清明、文明祭扫”公益性广告，通过宣传车，发放宣传单等形式引导群众文明祭奠；林业部门协同公安、交通、消防等部门对市中心城区环城林带实施防火封禁。端午节前夕，市委宣传部、市文明办等6家单位在人民广场举办“我们的节日·端午”中华经典诗文诵读会，348名师生演出的19个精彩节目，抒发了爱国主义情怀，弘扬了伟大民族精神，获得近3000名观众的阵阵掌声。

（文明办）

【道德模范推荐与表彰】 市文明办与市电视台联合制作了第二届全省道德模范推荐工作专题片，与“中国凉都·六盘水”政府门户网站联合制作了专栏，设置了投票系统，广泛动员群众推荐自己心目中的模范。共收到38名第二届全省道德模范候选人的推荐材料，分别征求了相关部门的意见后，在主要媒体上进行了公示，最终评选出12名六盘水市道德模范，同时推荐了10名候选人上报省文明办。在省道德模范评选中，六盘水市周家德获助人为乐模范奖、彭天文获敬业奉献模范奖、张永芝获全省道德模范提名奖。11月12日对12名市级道德模范给予表彰，11月29日至12月3日，市文明办组织道德模范到各县（特区、区）及水钢集团、盘江精煤集团公司做了7场报告，听众达4000余人。

（文明办）

【精神文明场所建设】 建设乡（镇）精神文明活动中心4个，每个由市资助10万元，县配套3万元，乡配套2万元；建文明村示范点20个，每个村由市资助3万元。省文明办批准全市农民文化家园36个（六枝特区8个，盘县10个，水城县10个，钟山区8个）。

（文明办）

机关工委工作

【理论学习】 2010年，市直机关各级党组织认真落实《关于推进全市学习型党组织建设的实施意见》，扎实开展学习，不断提高各级党组织和广大党员服务和推动科学发展的能力和水平。进一步完善了党委（党组）中心组学习制度，建立了以党总支、党支部为单位的普通党员学习制度，领导班子成员以普通党员身份参加支部的学习，在及时学习贯彻中央、省委、市委的重要文件、会议精神的同时，还结合单位、部门的工作实际，组织广大党员干部，按照“干什么学什么，缺什么补什么”的原则，灵活自主地开展学习。通过学习，广大党员干部能较好地运用马克思主义的立场、观点、方法正确分析和处理工作中遇到的困难和问题。机关工委利用“一刊一网一讯”（《凉都机关党建》、工委网站、《机关党讯》），对市直机关党的建设工作中好的做法、先进经验及先进典型进行了报道。全年共刊发《凉都机关党建》2期、《机关党讯》5期、工委网站刊发报道38篇。

（蒋中阳）

【“互助共建”活动】 “互助共建”活动启动伊始，就得到市委领导的重视和市直各部门的大力支持，以及社区基层党组织的积极响应；市直机关95个单位与社区共召开党建联席会104次，开展党员主题实践活动18次，投入资金57.35万元，为社区及社区居民办实事113件次。9月15日，在全省党建工作交流会上介绍了六盘水市开展“互助共建”工作经验；9月25日，市委办公室《六盘水信息（增刊）》第8期专刊以题为《探索“互助共建”新模式　拓展深化机关党建服务新领域》的文章，对市直机关各级党组织开展“互助共建”工作情况进行了总结；《六盘水日报》《贵州日报》也分别进行了报道；9月29日，省委办公厅《工作动态（增刊）》第44期专文刊登了《六盘水积极探索党建工作新机制》，介绍了“互助共建”工作开展情况，省委副书记王富玉在专刊上作了“请报社了解一下，予以总结”的重要批示。通过开展“互助共建”活动，机关党建工作扩大了覆盖面，拓展了新的工作领域，较好地发挥了机关党组织“走前头”的示范带动作用，使机关党建焕发出更加旺盛的生机和活力；同时，活动也强化了社区组织的服务功能，促进了社区建设，受到了社区党组织及群众的普遍欢迎。

（蒋中阳）

【“创先争优”活动】 市直机关各部门结合实际，精心设置活动载体，积极开展“创先争优”活动。涌现了一大批先进事迹和先进人物。市直机关工委表彰了65家“五好”基层党组织、13名重视党建工作的党组（党委）书记、32名优秀党务工作者、84名优秀共产党员，激发了基层党组织“创先争优”活力，营造了浓厚的学先进、赶先进、争当先进的氛围。

（蒋中阳）

【机关党建】 市直机关各级党组织以深入开展“机关效能建设”、“三个建设年”、“四帮四促”和“互助共建”等活动为契机，着力转变党员干部的作风，广大党员干部在落实市委、市政府工作部署、服务全市改革发展大局、完成单位工作任务等方面的能力普遍提高。市政府工作部门机构改革工作结束后，部分单位和部门基层党组织重新进行设置；全年换届改选基层党组织 22 个（含总支 1 个），补选基层党组织 15 个，新成立基层党委 5 个、党支部 7 个，基层党支部合并、关系转移 2 个，共发展预备党员 87 名，转正党员 140 名。9 月 15 日至 22 日，在山东省青岛市举办了为期 5 天的第六期市直机关党务干部培训班，对市直 54 名党务干部进行培训。4 月，集中举办了一期入党积极分子培训班，培训积极分子 265 人。市直各党组织的党组（党委）书记 51 人和市直机关工委直管的党组织书记 55 人分别作了书面述职，5 名党组书记作了会议述职。市直机关各级党组织严格落实党风廉政建设责任制，扎实开展党风廉政建设工作；市直机关纪工委还对市直 72 家党组织落实党风廉政建设和反腐败工作情况进行了督促检查；全年共查处违纪违法党员案件 2 起（涉及 3 名党员），对违纪的 3 名党员给予开除党籍处分。

（蒋中阳）

【发挥群团组织的作用】 通过举办工会干部、女职工干部培训班，创建青年文明号和多种文体活动等，形成了组织群众、宣传群众、服务群众的整体合力。对 83 人进行了工会业务培训；评选推荐出 1 名全国劳模，4 名省劳模和先进工作者，59 名市劳动模范和先进工作者。机关工委与市文体局联合举办了五一拔河、钓鱼、乒乓球比赛，市直机关 70 个工会组织 760 余名干部职工参加比赛。

（蒋中阳）

【目标管理】 完善了《2010 年度市直机关目标管理办法》，制定了《六盘水市市直机关创新工作评审办法》，促进了机关工作创新，进一步加大了业务目标工作的评审力度，将市委、市政府重点工作纳入各单位目标；定期或不定期对各目标实施单位进行督察指导。全年对 85 家目标管理实施单位的共性目标和 1391 项业务目标进行了全面督察。

（蒋中阳）

离退休干部工作

【落实离退休人员待遇】 组织老干部参加政治学习。一是坚持春节、国庆组织召开老干部工作情况通报会，向离退休干部通报六盘水市经济运行和社会发展情况和年度工作打算。二是以老干部党支部为平台，继续健全完善市局局机关党委下派在职党员联络员到各老干部党支部帮助工作机制。这两项措施确保了老干部及时了解中央、省、市的新政策、新举措。

组织老干部在重大节日和庆典活动时，观摩视察市经济运行和社会发展情况以及全市重点工程项目，为老干部们及时了解全市经济和社会发展情况创造条件。

针对部分老干部行动不便且无子女在身边的实际情况，市局干休所采取送报刊杂志上门，定期巡检，建立服务便捷卡，维护老干楼的水、电、下水道等多种服务方式，保障了老同志的正常生活。2010 年市局干休所的老干部就诊用药费用共 30 多万元。各县、区离退局也采取相应措施，主动上门服务，发放便捷联系卡，建立应急处理措施。

落实离休干部离休费和医药费，确保离休费按时足额发放，医药费按规定实报实销。

热情耐心地接待来信来访。2010 年市委离退局共接待老干部来信来访 13 件次，始终做到热情接待和耐心解答。在市直事业单位离休干部享受目标考核奖金的问题上，该局积极向市委反映，为15位事业单位离休干部解决了年终考核奖金30000元。

（张　嵬）

【深入开展慰问活动】 坚持在元旦、春节、国庆期间组织对离退休老干部和生病住院的老干部走访慰问活动。2010年共慰问了152名市直离休干部、438名副县以上退休干部及96名老干部遗孀，发放了慰问金260280元，看望生病住院老干部160余人次。

9月，2队工作组分赴山东、福建等地，共为12名老干部及遗孀发放了慰问金6000元和2000余元的慰问品。

在纪念中国人民抗日战争胜利65周年来临之际，六盘水市委组织部和市委离退休干部工作局联合召开座谈会，十余名抗日战争时期的老战士参加了会议。活动期间，离退局共向全市市直机关抗日战争时期的34名老战士发放了慰问金17000元。

（张　嵬）

【科学、合理设置各类老干部活动室】 9月投入资金10万余元，加强市老年（老干）活动中心建设，改善了活动场所环境，更新了部分电子设备和健身器材。12月2日，六枝特区老干部活动中心划拨规划用地，现有关前期工作已全部结束，预算146.92万元资金已经得到落实。2010年，水城县老干活动中心综合大楼建成，拟于2011年年初投入使用。盘县、钟山区老干活动中心按照年度工作安排正常运行。

市活动中心全年接待老干部（老年人）5五万人次。全年组织了棋牌、乒乓球、门球等比赛10余次，充实、活跃了老干部的生活。

（张　嵬）

【关心下一代工作有声有色受表彰】 市关心下一代工作委员会全年组织7次基层调研活动，形成两篇调研报告，并在全省新农村建设试点关工委工作经验交流会上进行了交流；市关工委牵头与市文明办、教育局等多家单位协同举办“祖国好·家乡美”主题教育活动、“和谐贵州三关爱”绿丝带志愿者服务活动、“让生命充满爱”青少年大型励志演讲活动；开展“关爱贫困学子、成就光明未来”公益活动，联系贵阳阳明眼科医院，免费为8名贫困学生做眼部康复手术；开展六一送温暖活动，慰问了5所幼儿园和小学；开办进城务工青年技能培训班；开展“共享书香，爱心传递”捐书助学活动，捐赠图书价值约5万余元；召开了全市关工委系统中小学法制教育工作座谈会。

6月底，市关工委组织离退休干部到北京参加全国关心下一代工作委员会、中央文明办召开的纪念中国关工委成立20周年暨全国关心下一代工作表彰大会，时念好等3名老同志获“全国关心下一代工作先进工作者”荣誉称号，市关工委获得“全国关心下一代工作先进集体”荣誉称号。

（张　嵬）

【组织市直机关离休干部体检】 8月23日至24日，市局组织市直机关137名离休干部在市人民医院体检中心进行健康体检。通过体检，及时掌握老干部的身体状况，利于老干部们有病早预防，早发现，早治疗。老干部们对这样的体检普遍表示满意。

（张　嵬）

【向定点扶贫村捐资助学】 5月，市委离退局开展了“城乡支部手挽手”和支学扶贫活动，向市局定点扶贫村——青林乡灰依村灰依村大土小学捐献2000元现金和近千册杂志图书，同时还协调移动公司捐赠了5000元的书包和文具。7月份组织职工向灰依村特困村民捐款3846元，局机关捐献3000元。11月再次向大土小学捐赠图书138册，价值7000余元。

（张　嵬）

纪检·监察

【概述】 2010年，市委、市政府主要领导分别与4个县（特区、区）党委、政府及64个市直部门主要领导签订了《2010年勤政廉政责任书》，并将落实情况作为平时督察和年终考核的重要内容；对反腐倡廉建设7个方面77项工作任务进行责任分解，将任务分解细化到29个部门。分别由市委常委带队，对各县（特区、区）、各部门惩治和预防腐败体系建设情况、执行党风廉政建设责任制情况进行检查考核。制定了《关于开展岗位腐败风险防控管理工作实施意见》《六盘水市政府性投资项目招标投标管理暂行办法》《六盘水市政府性投资项目招标投标联席会议制度》和《六盘水市推行农村集体资金资产资源委托代理服务工作意见》等制度。

发放《中国共产党党员领导干部廉洁从政若干准则》（以下简称《廉政准则》）系列书籍6000册，在新闻媒体开设专栏宣传《廉政准则》；组织全市31213名党员干部参加《廉政准则》知识测试，组队参加《廉政准则》知识竞赛。建成并组织77个单位的2474名党员职工参观了党风廉政建设教育基地。落实三项谈话制度，市纪委主要领导同下级党政主要负责人谈话50人（次），任前廉政谈话220人（次），诫勉谈话8人（次）。收到21名领导干部主动上缴礼金33.13万元。对8台公车私用行为进行处理。

纪检监察机关受理群众信访举报920件（次），初查核实184件，立案调查121件186人（其中县级干部7人），给予党政纪处分181人，其中：县级干部6人，乡（科）级干部47人；立案调查人数和受党政纪处分人数分别比上年同期上升10.7%和13.8%。通过执纪办案，挽回直接经济损失831.7万元。认真执行党风廉政建设责任追究制度，49名党员干部（其中县级2名）受到责任追究。对中央第十四检查组在六盘水市检查中指出的13个项目49个问题，认真整改落实，立案查处2件，给予党政纪处分3人，批评教育16人，诫勉谈话15人，收缴违规车辆2台、违纪资金174.78万元。受理工程建设领域举报35件，查实24件，立案22件，给予党纪政纪处分21人，移送司法机关5人。查处商业贿赂案件21件20人，涉案金额323.83万元，6名国家公职人员（其中县处级干部1人）受到党政纪处分。查处3名领导干部借子女升学之机请客收礼的行为。

选拔4名检监察干部到市纪委监察局机关跟班学习，竞争性提拔委局室主任3名，轮岗副主任2人，轮岗其他干部4人，考察调进干部1人，军转安置干部1人。

（李　晶）

【市纪委五届五次全会召开】 市纪委五届五次全会于2月27日召开，省纪委案件检查四室主任张霞、副处级纪检监察员安恩军到会指导，会议总结了2009年全市党风廉政建设和反腐败工作，部署2010年反腐倡廉建设任务，市委书记刘一民作了重要讲话，审议通过了市委常委、市纪委书记黎平代表市纪委常委会所作的报告。

（李　晶）

【行政监察情况】 调查较大安全事故6起，对29名相关责任人给予党（政）纪处分。发生森林火灾465起，死亡13人，15名党政干部和村干部受到党（政）纪处分。清退教育乱收费153万元，对有关学校及负责人进行了通报批评，其中4人受到处理。检查药品生产企业6家，涉药单位240家（次）；立案查处涉药案件19件，涉案金额15.3万元，罚款10万元，组织销毁假劣药品价值1.73万元；取缔违法药品广告61条；监督网上集中采购药品耗材23491.32万元、药品22640.63万元；医护人员拒收和退回“红包”44人（次），金额40910元。对5起违规举办的庆典活动，责令限期整改。检查公路收费站、煤焦验票站等78个（次），暗访司乘人员16人（次），纠正上路执法人员的不规范行为6起。发现涉农资金问题25个，其中：15个移交县（区）清查上报，5个列为案件线索查办。

市县两级400余个单位近27000多名干部结合本职工作，查找出各类风险点48000余个，制定防控措施47000余条。安排领导干部经济责任审计项目24个，查出违规资金2618万元。23宗国有建设用地使用权出让实行招拍挂。

121个市直部门和省属驻市单位主要负责人在六盘水电视台、六盘水日报、中国凉都六盘水门户网站向社会公开服务承诺。对32个单位的170个审批事项进行行政审批电子监察，受理行政审批申请2749件，办结2662件，其中当天办结1910件，占69.5%。监督重大项目127个（总投资1470亿元，年内预计完成180亿元），调度项目进度12次，发出提醒督办函17次，60余名干部受到问责处理。检查和规范9171.8万元抗旱救灾资金的使用。先后4次对市、县124个单位的工作纪律、服务态度、办事效率、依法行政等情况开展明察暗访，对存在问题的52个单位100余名工作人员进行了问责处理；对市县20余个部门一把手开展了勤政廉政公示。市县两级共建立各类软环境监测点200余个，先后召开监测点的监测员座谈会12次，走访监测点123次。建成乡（镇、街道）便民利民党务政务服务中心98个，其中：设立办事大厅91个，设置窗口680个，建立村（社区）便民利民服务站（点）1300余个，明确代办人员2400余人，接待群众36000余人，受理办理事项31000余件。

（李　晶）

六盘水市人大常委会

【六盘水市第六届人民代表大会第五次会议召开】 2010年1月30日至2月8日，六盘水市第六届人民代表大会第五次会议在市中心区召开，会议听取和审议了市人民政府工作报告、市人大常委会工作报告、市中级人民法院工作报告、市人民检察院工作报告，审查了计划报告、财政报告，审查和批准了六盘水市2010年国民经济和社会发展计划，六盘水市2010年市级财政预算，相应作出了6项决议。依法补选黄金为六盘水市第六届人民代表大会常务委员会主任，补选刘睿（女）、沙劲松为六盘水市第六届人民代表大会常务委员会委员。

（市人大办公室）

【依法行使重大事项决定权】 市六届人大常委会第23次会议听取和审议了市人民政府关于2009年市级财政决算草案的报告，作出了六盘水市人民代表大会常务委员会关于批准2009年市级财政决算的决议。强化对诉讼活动的法律监督，作出了《六盘水市人民代表大会常务委员会关于加强人民检察院对诉讼活动法律监督工作的决议》。

（市人大办公室）

【完成政府机构改革人事任免】 年初，根据市委部署和要求，依照法定程序，完成市人民政府机构改革的人事任免工作。全年共依法任免国家机关工作人员68人，其中：任职48人，免职19人，接受辞职请求1人。

（市人大办公室）

【监督工作成效明显】 2010年，六盘水市人大常委会紧紧抓住经济社会发展、群众切身利益和社会普遍关注的难点和热点问题作为监督的着力点，坚持决策与服务并重、监督与支持并举，积极探索创新监督工作新路子。

抓住重点，加强对经济工作的监督 密切关注全市经济发展态势，听取和审议市人民政府关于2010年上半年国民经济和社会发展计划执行情况的报告，农业产业化和资源富集区循环经济试点工作情况等报告。对调整农业产业结构，促进企业技术改造和技术创新，推进重大项目和基础设施建设等方面的工作，提出了积极的意见和建议。把握宏观经济的发展趋势，认真梳理“十一五”规划的执行情况，为“十一五”各项目标任务全面完成出谋划策。

为科学谋划“十二五”规划，常委会听取审议市人民政府关于“十二五”规划基本思路的报告。通过召开座谈会、视察，听取汇报等形式，认真开展对“十二五”规划编制工作的督察、调研。通过走访，专题了解规划编制启动情况和规划的基本思路、基本定位和基本原则。组织召开调研座谈会和征求意见会，听取人大代表和有关人士对“十二五”规划的建议，并及时反馈市人民政府。建议市人民政府和相关部门突出规划重点、科学设定指标、加强规划衔接，努力编制出切合六盘水实际、体现人民愿望的“十二五”规划。

加强预算监督。在充分调研的基础上，先后审议了上半年财政预算执行情况、2009年度财政决算和同级审计工作情况。在批准2009年度财政决算的同时，积极支持和督促审计部门依法加强对预算执行和其他财政收支的审计监督，督促审计中发现的问题及时整改落实。

关注民生，加强对社会发展的监督 一是积极组织参加抗旱救灾工作。针对历史罕见的特大旱灾，市人大常委会主任会议组成人员深入乡村、农户调查研究，了解社情民意，关心群众疾苦。组织市、县、乡三级人大代表投身于抗旱救灾最前沿。听取了市人民政府关于全市抗旱救灾工作专题报告，要求市人民政府进一步加强对抗旱救灾工作的领导，加大资金投入，保证群众生产生活用水需要。

二是听取审议市人民政府关于全市职业技术教育工作情况报告。要求市人民政府尽快制定发展职业技术教育的政策措施，加强对职业技术教育的统筹和规划；着力解决制约职业技术教育发展的瓶颈问题。目前，市人民政府已安排进行规划并将出台职业技术教育改革和发展的意见。

三是听取审议市人民政府关于文化体育设施建设情况的报告。通过审议，促进了文化体育设施建设，一批文化体育设施建设项目已上报上级有关部门，有的重点项目已开工建设。

四是听取审议市人民政府关于《中华人民共和国食品安全法》贯彻实施情况的报告。由于执法不够到位，食品安全问题突出，该报告在表决中未获通过。常委会将继续跟踪监督，适当时候，再次听取该专项工作报告。

有关专门委员会还对市场猪肉价格、石漠化治理、殡葬工作和消防工作等进行专题调研，提出了存在的问题和解决问题的措施；开展妇女权益保障法、农产品质量安全法、就业促进法和贵州省农产品质量安全条例执法检查，配合省人大执法检查组对农产品质量安全进行检查。开展了以“节能减排，促进生态宜居城市建设”为主题的环保行活动。主任会议先后听取了专题调研和执法检查情况的汇报，对存在问题的整改和下一步的工作提出了意见和要求。

促进公正，加强对司法工作的监督 常委会听取审议了市中级人民法院开展“人民法官为人民”主题实践活动工作情况的报告，要求进一步转变作风，制定措施，切实解决人民群众反映强烈的立案难、执行难等问题；完善内部监督制约机制，坚持错案责任追究制度，增强审判工作透明度。认真组织实施《六盘水市人民代表大会常务委员会关于加强人民检察院对诉讼活动法律监督工作的决议》，增强自觉接受监督的意识。市六届人大常委会第25次会议听取审议了市人民检察院关于开展诉讼监督工作情况的报告。肯定了检察机关开展诉讼监督所作的工作，要求检察机关进一步加大诉讼监督工作力度，增强诉讼监督的积极性、主动性和创造性，提高诉讼监督实效。

注重难点，加强对依法行政的监督 常委会坚持把推进民主法治建设，围绕依法治市实施监督作为工作重点，高度重视对政府部门依法行政，严格执法的监督。

连续两年听取审议市人民政府关于《中华人民共和国城乡规划法》执行情况的报告，强化对审议意见整改落实情况的监督，促进严格执法、依法行政。针对工程建设中存在的假招标、挂靠投标、串通投标、围标等问题，听取审议了市人民政府关于《中华人民共和国招标投标法》执行情况的报告，要求市人民政府积极探索综合利用公共资源，建立招投标新模式；建立健全投标人、中介机构的信誉备案制度和违法行为的惩戒制度，对假招标、挂靠投标、串通投标、围标、违法分包、转包等证据确凿的，坚决依法查处。同时，认真配合省人大常委会开展《中华人民共和国妇女权益保障法》《中华人民共和国农产品质量安全法》等法律法规在六盘水市贯彻实施情况的执法

检查，促进相关法律法规在六盘水市的贯彻实施。

此外，常委会将信访工作作为监督“一府两院”依法行政和公正司法、为群众排忧解难、化解社会矛盾的重要工作来抓。一年来，受理人民群众来信83件（次）、来访1154人（次），解决了一些涉法涉诉信访问题。

（市人大办公室）

【创新工作方式，改进代表工作】 *保障人大代表知情知政* 切实加强与人大代表的联系，为代表依法履职创造条件。向代表提供学习资料，为全市339名市人大代表订阅《中国人大》《人大论坛》，同时给代表寄送《六盘水人大》《人代会文件汇编》《人大常委会会刊》《六盘水市人民政府公报》《法院要情》《检察要况》等资料。

认真办理代表建议 常委会主任会议确定5件事关人民群众切身利益的建议作为重点督办件，交由市人大常委会各位副主任领题督办。通过督办，钟山大道水西南路、麒麟路环岛已拆除并安装了红绿灯；水城县豪龙水泥厂已改址建设；玉马公路已建成通车。至2010年年底，75件建议全部办理完毕。其中：已经解决或基本解决的共32件，正在解决的有43件；代表满意和基本满意率达98.67%。

认真组织闭会期间的代表活动 积极做好驻黔全国人大代表就六盘水市经济社会发展情况、“十一五”规划的主要目标完成情况，以及发展中的重大问题和人民群众普遍关注的热点问题进行视察的服务工作。根据省人大安排，把省人大代表专题调研、视察和市人大代表专题调研、视察相结合，组织省、市人大代表，对六盘水市循环经济发展、水利基础设施建设、茅草屋改造工程、旅游开发、社会突出矛盾、校园周边环境整治等情况进行专题调研。并就六盘水市国民经济和社会发展计划完成情况、“十一五”规划重点目标任务完成情况、“十二五”规划准备工作、新农村建设、美好家园建设、基础设施建设情况等开展视察。同时，坚持邀请部分省、市人大代表列席常委会，组织部分省、市人大代表参加市人民检察院反渎职视察活动，组织代表为制定“十二五”规划建言献策。

加强代表培训 组织部分驻市省人大代表赴兴义参加省人大代表履职培训班。组织市六届人大代表小组组长和市、县、乡人大干部共124名到上海培训。采取以会代训方式对全市人大代表小组组长进行学习培训，交流代表小组活动经验。召开全市人大代表工作座谈会、全市人大代表工作现场会，交流代表工作经验，增强代表工作的使命感和责任感。

（市人大办公室）

【加强机关作风建设】 *加强教育，建设学习型机关* 一是坚持每周五职工政治学习制度，学习理论、法律、经济工作和人大工作知识，增强做好人大工作的责任感和使命感。二是加大干部培训力度，根据要求选送机关干部到全国人大干部培训中心、清华大学、湖南大学等院校参加培训学习，支持机关干部职工参加在职教育。三是加大投入，不断优化机关的学习环境，为创建学习型机关创造必要的物质条件。四是成功举办全国部分煤炭城市人大工作理论研讨会，并积极参加西部地区部分城市人大工作座谈会、全省地方人大工作座谈会、全省人大常委会秘书长联席会等会议，通过学习和交流，借鉴先进经验，增强与全国、全省各兄弟城市人大的理论研讨，促进工作创新。五是组织干部职工学习讨论《中共六盘水市委关于制定六盘水市国民经济和社会发展第十二个五年规划的建议》，使全体干部职工真正把思想和行动统一到省委和市委的要求和部署上来。

改进作风，切实增强服务能力 一是超前谋划，制定好常委会工作计划。根据《中华人民共和国监督法》的要求，结合全市重点工作，综合分析各个途径反映的问题，提出年度工作计划方案，为常委会科学决策提供依据。二是以“三个建设年”和“四帮四促”活动为契机，切实加强机关效能建设。及时制定《市人大常委会机关

2010年机关效能建设实施方案》，认真开展“万名干部下基层”、“万个支部结对，万名党员帮扶”活动。在年初旱情严重的情况下，机关各党支部到帮扶的南开乡新发村实地调研受灾情况，积极捐钱捐物，帮助村民抗旱救灾。三是注重实际，加强调研。围绕常委会审议议题和主任会议决定的事项，认真开展调查研究，努力提高调研质量和水平，在了解掌握实情的基础上，提出初审意见，为常委会审议各项工作报告提供依据，为常委会讨论决定重大事项和开展监督服务奠定基础。四是强化服务，发挥保障作用。对“三会”服务和人大执法检查、视察、调研等重要活动的服务工作，做到超前谋划、提前协调、精心筹备、细致周到。五是加强督办，增强工作实效。建立和完善督办工作机制，加强对人代会和常委会决议决定执行情况、审议意见、执法检查意见贯彻落实情况的监督检查，使人大及其常委会各项决议、决定以及审议意见真正落到实处。

（市人大办公室）

六盘水市人民政府

2010年各月份主要经济发展指标

1至2月，全市规模以上工业增加值完成276745万元，同比增长18.2%；工业总产值完成813913.23万元，同比增长33.4%；工业销售产值完成781500万元，同比增长31.1%；工业产销率累计实现96.02%，同比下降1.6个百分点。

全市乡镇企业增加值完成20.2亿元，同比增长25.26%。

全市社会消费品零售总额20.69亿元，同比增长18.7%。

全市50万元以上固定资产投资完成15.33亿元，同比增长58.4%。其中：基建投资完成9.42亿元，更改投资完成2.16亿元，房地产开发投资完成2.04亿元，其他投资完成1.72亿元。

全市地方财政一般预算收入完成62334万元，同比增长12.20%；地方财政一般预算支出完成71455万元，同比增长28.79%。

2月末，全市金融机构各项存款余额本外币428.15亿元，各项贷款余额本外币321.37亿元。

1至3月，全市规模以上工业增加值完成463444万元，同比增长16.5%；工业总产值完成1334455.02万元，同比增长28%；工业销售产值完成1286300万元，同比增长27.3%；工业产销率累计实现96.39%，同比下降0.5个百分点。

全市非公有制企业增加值完成35.32亿元，同比增长29.15%。

全市社会消费品零售总额29.82亿元，同比增长19.08%。

全市50万元以上固定资产投资完成29.14亿元，同比增长25.6%。其中：基建投资完成16.34亿元，更改投资完成4.12亿元，房地产开发投资完成3.90亿元，其他投资完成4.78亿元。

全市地方财政一般预算收入完成102733万元，同比增长24.47%；地方财政一般预算支出完成116677万元，同比增长22.41%。

3月末，全市金融机构各项存款余额本外币443.13亿元，各项贷款余额本外币329.69亿元。

1至4月，全市规模以上工业增加值完成659160万元，同比增长20.7%；工业总产值完成1863533.61万元，同比增长35.9%；工业销售产值完成1797000万元，同比增长35.35%；工业产销率累计实现96.43%，同比下降0.4个百分点。

全市社会消费品零售总额39.43亿元，同比增长19.2%。

全市50万元以上固定资产投资完成44.89

亿元，同比增长 44.1%。其中：基建投资完成 26.44 亿元，更改投资完成 5.78 亿元，房地产开发投资完成 5.15 亿元，其他投资完成 7.52 亿元。

全市地方财政一般预算收入完成 152841 万元，同比增长 36.14%；地方财政一般预算支出完成 169971 万元，同比增长 14.74%。

4 月末，全市金融机构各项存款余额本外币 457.32 亿元，各项贷款余额本外币 335.76 亿元。

1 至 5 月，全市规模以上工业增加值同比增长 21.28%；工业总产值完成 2372704.9 万元，同比增长 37%；工业销售产值完成 2292600 万元，同比增长 37.52%；工业产销率累计实现 96.62%，同比增长 0.41 个百分点。

全市社会消费品零售总额 49.51 亿元，同比增长 19.2%。

全市 50 万元以上固定资产投资完成 54.7 亿元，同比增长 31.3%。其中：基建投资完成 36.37 亿元，更改投资完成 8.45 亿元，房地产开发投资完成 6.36 亿元，其他投资完成 10.96 亿元。

全市地方财政一般预算收入完成 186478 万元，同比增长 37.85%；地方财政一般预算支出完成 240216 万元，同比增长 24.78%。

5 月末，全市金融机构各项存款余额本外币 465.85 亿元，各项贷款余额本外币 338.98 亿元。

1 至 6 月，全市规模以上工业增加值同比增长 20.8%；工业总产值完成 2840902.84 万元，同比增长 34.1%；工业销售产值完成 2756300 万元，同比增长 36%；工业产销率累计实现 97.02%，同比增长 1.4 个百分点。

全市非公有制企业增加值完成 75.84 亿元，同比增长 18.61%。

全市社会消费品零售总额 59.86 亿元，同比增长 18.9%。

全市 50 万元以上固定资产投资完成 78.21 亿元，同比增长 35.4%。其中：基建投资完成 43.43 亿元，更改投资完成 10.14 亿元，房地产开发投资完成 8.15 亿元，其他投资完成 16.49 亿元。

全市地方财政一般预算收入完成 227537 万元，同比增长 32.81%；地方财政一般预算支出完成 333739 万元，同比增长 38.61%。

6 月末，全市金融机构各项存款余额本外币 466.30 亿元，各项贷款余额本外币 342.32 亿元。

1 至 7 月，全市规模以上工业增加值同比增长 18.1%；工业总产值完成 3291710.84 万元，同比增长 31.6%；工业销售产值完成 3203400 万元，同比增长 33.8%；工业产销率累计实现 97.32%，同比增长 1.6 个百分点。

全市社会消费品零售总额 69.77 亿元，同比增长 18.8%。

全市 50 万元以上固定资产投资完成 92.54 亿元，同比增长 30.4%。其中：基建投资完成 49.41 亿元，更改投资完成 13.15 亿元，房地产开发投资完成 10.79 亿元，其他投资完成 19.19 亿元。

全市地方财政一般预算收入完成 266105 万元，同比增长 33.32%；地方财政一般预算支出完成 401790 万元，同比增长 29.37%。

7 月末，全市金融机构各项存款余额本外币 471.27 亿元，各项贷款余额本外币 343.27 亿元。

1 至 8 月，全市规模以上工业增加值同比增长 15.7%；工业总产值完成 3746888.37 万元，同比增长 27.8%；工业销售产值完成 3648600 万元，同比增长 31%；工业产销率累计实现 97.38%，同比增长 2.4 个百分点。

全市非公有制企业增加值完成 105.99 亿元，同比增长 23.8%。

全市社会消费品零售总额 80.52 亿元，同比增长 18.6%。

全市 50 万元以上固定资产投资完成 114.28 亿元，同比增长 26.6%。其中：基建投资完成 60.46 亿元，更改投资完成 18.08 亿元，房地产开发投资完成 12.36 亿元，其他投资完成 23.38 亿元。

全市地方财政一般预算收入完成298096万元，同比增长33.63%；地方财政一般预算支出完成480251万元，同比增长38.28%。

8月末，全市金融机构各项存款余额本外币473.24亿元，各项贷款余额本外币346.45亿元。

1至9月，全市规模以上工业增加值同比增长16.2%；工业总产值完成4318163.26万元，同比增长28.5%；工业销售产值完成4161700万元，同比增长30.5%；工业产销率累计实现96.38%，同比增长1.5个百分点。

全市非公有制企业增加值完成126.09亿元，同比增长28.04%。

全市社会消费品零售总额91.86亿元，同比增长18.7%。

全市50万元以上固定资产投资完成179.51亿元，同比增长55.1%。其中：基建投资完成73.18亿元，更改投资完成23.19亿元，房地产开发投资完成14.47亿元，其他投资完成68.67亿元。

全市地方财政一般预算收入完成336206万元，同比增长27.60%；地方财政一般预算支出完成580556万元，同比增长37.80%。

9月末，全市金融机构各项存款余额本外币477.15亿元，各项贷款余额本外币348.51亿元。

1至10月，全市规模以上工业增加值同比增长16.6%；工业总产值完成4905024.3万元，同比增长28%；工业销售产值完成4728900万元，同比增长30.4%；工业产销率累计实现96.41%，同比增长1.7个百分点。

全市非公有制企业增加值完成140.09亿元，同比增长23.94%。

全市社会消费品零售总额103.38亿元，同比增长18.6%。

全市50万元以上固定资产投资完成205.32亿元，同比增长39.1%。其中：基建投资完成86.72亿元，更改投资完成29.14亿元，房地产开发投资完成18.68亿元，其他投资完成70.77亿元。

全市地方财政一般预算收入完成380446万元，同比增长24.47%；地方财政一般预算支出完成671288万元，同比增长40.34%。

10月末，全市金融机构各项存款余额本外币475.87亿元，各项贷款余额本外币352.98亿元。

1至11月，全市规模以上工业增加值同比增长17.8%；工业总产值完成5612826.13万元，同比增长28.1%；工业销售产值完成5394800万元，同比增长31.3%；工业产销率累计实现96.12%，同比增长2.4个百分点。

全市社会消费品零售总额116.98亿元，同比增长18.7%。

全市50万元以上固定资产投资完成244.15亿元，同比增长32.8%。其中：基建投资完成99.08亿元，更改投资完成34.58亿元，房地产开发投资完成23.24亿元，其他投资完成87.25亿元。

全市地方财政一般预算收入完成440476万元，同比增长31.44%；地方财政一般预算支出完成768620万元，同比增长39.32%。

11月末，全市金融机构各项存款余额本外币484.64亿元，各项贷款余额本外币357.15亿元。

1至12月，全市规模以上工业增加值同比增长18.5%；工业总产值完成6365212.92万元，同比增长27.6%；工业销售产值完成6099800万元，同比增长31.2%；工业产销率累计实现95.83%，同比增长2.6个百分点。

全市社会消费品零售总额131.34亿元，同比增长18.7%。

全市50万元以上固定资产投资完成285.84亿元，同比增长28.9%。其中：基建投资完成118.01亿元，更改投资完成47.81亿元，房地产开发投资完成26.25亿元，其他投资完成93.77亿元。

全市地方财政一般预算收入完成493083万元，同比增长32.82%；地方财政一般预算支出完成1111114万元，同比增长35.25%。

12月末，全市金融机构各项存款余额本外币500.81亿元；各项贷款余额本外币361.68亿元。

（吴定勇）

经济发展研究

【概述】 2010年，六盘水市经济社会发展研究工作立足于六盘水市经济社会现状和长远发展。市政府研究室紧扣市委市政府的工作思路，加强实效调研和战略研究，完成了《六盘水市公交发展调研报告》《六盘水市生态宜居城市实施意见》《市中心城区土地储备问题的调研报告》《贵州省各地州市工业园区发展情况的考察报告》《六盘水市民居风格研究》《加快红山石桥工业集中区建设的对策建议》《六盘水市实施普及高中阶段教育攻坚计划研究》7篇调研报告；完成了《关于加强殡葬管理治理乱埋乱葬的建议》《加快红山石桥工业集中区建设的对策建议》《关于把我市中心城区打造成为“峰丛景观——山水园林城市”的建议》《从战略的高度谋划市中心城区高速公路布局和走向的建议》等10篇决策建议；开展了《六盘水市大宗工业固体废弃物综合利用规划》和《六盘水市统筹城乡发展研究规划》两个“十二五”子规划的编制工作；配合市人大完成了《关于加快我市非公有制经济发展意见贯彻落实情况的调研报告》，以及市发改委编制《六盘水市经济社会发展“十二五”规划纲要》的调研，并承担了“城镇化”篇章的规划编制工作。

（李　玲　朱金成）

【继续开展基础数据库建设】 加大数据库建设力度，拓宽收集渠道，丰富数据库内容，保证了研究工作的深入开展。2010年，政府研究室共收集各类资料4560兆，并在此基础上积极探索，开展了相关的经济运行分析。

（李　玲　朱金成）

【完成重要文稿起草工作】 市政府研究室紧紧围绕市委、市政府的中心工作，把经济工作放在首位，按时完成了《政府工作报告》《市长在全市经济工作会上的讲话》《市长在全市“加速发展、加快转型、推动跨越”工作部署会上的讲话》《市人民政府关于加强殡葬改革促进殡葬事业科学发展的意见》、市人民政府副市长杨明达《在全市以工哺农以城带乡大会上的讲话》《关于推进攀西——六盘水经济区建设的倡议书》，以及香港大公报约稿等重要文稿、重大决策稿件的起草工作。

（李　玲　朱金成）

【编辑出版刊物】 全年编辑出版4期《六盘水市经济社会发展研究》、12期《六盘水市人民政府公报》和45期《经济快讯》。刊物从不同角度、不同层面充分反映了全市各行各业在经济社会建设中取得的成绩和面临的热点、难点问题，同时为六盘水市经济社会又好又快发展提出对策建议、指明方向、找出路子，确保了国家、省及市委、市政府重要决策和信息能够得到及时准确传达。

（李　玲　朱金成）

民　政

【应对严重旱灾】 2010年，全市大部分地区遭遇百年一遇的严重旱灾。旱灾造成农作物受灾面积13.8万公顷，基本达到小季作物100%受灾，成灾面积（4成以上）11.7万多公顷，占受灾面积的85%以上，绝收面积（8成以上）8万多公顷，占成灾面积的85%以上，受灾较为严重的盘县小季作物基本绝收；受灾人口215万多人，占全市乡村人口的87%以上，需救济人口113万多人，接近全市乡村人口的5成。因旱导致180多万人、71万多头大牲畜饮水困难，直接经济损失达19.2亿元。发生森林火灾462起，过火面积4729公顷。干旱对全市农作物生长、人畜饮水、水力发电、城镇供水、森林防火等社会发展和群众生产生活造成严重影响。

全市各级民政部门迅速落实中央、省、市关于抗灾救灾保民生的各项部署，做到八个及时：及时下发通知部署抗灾救灾工作、及时查灾核灾、及时启动应急响应、及时会商上报灾情、及时下拨资金物资、及时开展社会捐助活动、及时开展缺粮人口调查、及时转移安置受灾群众。市民政局争取到省级冬春救助资金1400多万元、棉被1800床、棉衣1000件并下拨各县区；组织开展社会捐助活动，接受捐赠款1885万多元、饮用水400多吨、大米40吨和大量取水用具；争取市级财政支持90万元，采购储备救灾物资；落实《贵州省灾区民房恢复重建管理制度》，加强督促检查，及时报告工作进度。因灾恢复重建工作在规定的时间内完成。全市全部修复因灾损坏房屋509户1842间，全市因灾倒塌房屋需重建规划484户1097间。

（罗　轲　吴学丹）

【社会救助】 健全完善农村低保制度，实现以县为单位的应保尽保　全市现有农村低保对象430550人，累计支出低保金22706.12万元，其中争取省下达资金18198.3万元。

完成城市低保提标工作　全市城市居民最低生活保障月标准由原执行的市中心城区180元、其余地区160元提高到市中心城区280元、其余地区260元。全市现有城市低保对象71612人，1~11月累计发放10383万元，人均获救助123元，争取省下达资金12190万元。

新建10所农村敬老院　年底全市建成敬老院总数85所，覆盖92个乡镇，床位总数将3000张，基本实现乡乡有敬老院的目标。全市有农村五保对象11430人，前三季度共发放农村五保供养金2281万元。

加大城乡医疗救助力度　农村医疗救助资助291244名农村低保对象、在乡优抚对象参加2010年新型农村合作医疗保险，支出资金475.5万元。1~12月份，参加“新农合”后二次救助累计15554人次，共发放医疗救助资金2473.4万元，人均获救助1590元。城市医疗救助资助55927名城市低保对象参加2010年城镇医疗保险，支出资金55.9万元。参加城镇医疗保险后二次救助累计989人次，发放医疗救助资金307.5万元，人均获救助3109元。

依法开展流浪乞讨救助管理工作　全市救助符合条件的流浪乞讨人员1700人。

加强低保工作能力建设　市级更名升格增编成立社会救助局；开发公益性岗位，为每村（社区）配备1名低保协管员。

（罗　轲　吴学丹）

【双拥创建、优抚安置】 开展“十进军营”系列活动和“十进农村”富民系列活动；社区双拥共建服务网络齐全；新经济组织拥军共建等活动在全省率先；完成申报全省双拥模范城考核验收；优抚医保“一站式”及时报销服务管理改革工作全省率先；优抚对象自然增长机制健全完善，优抚资金匹配到位，优抚对象定期生活补助及时足额发放；“三难问题”解决较好，全市共投入资金435万元解决1356户优抚对象“三难”问题；完成退役士兵安置任务。全市948名退役士兵，其中回农村安置561名，符合安置政策387名退役士兵按照自谋职业不低于75%的要求全部完成安置。

（罗　轲　吴学丹）

【完善基层民主政权】 印发《关于深入推进全市村务公开和民主管理工作促进农村基层党风廉政建设工作的安排意见》文件；对“难点村”的治理工作情况进行督促指导；印发《六盘

水市创建和谐社区的指导意见》《六盘水市城乡社区建设联席会议成员单位职责》《六盘水市和谐社区建设标准》，《关于转发〈关于申报全省农村社区建设实验县的通知〉的通知》文件，并要求县区积极申报省农村社区建设实验县。钟山区被民政部命名为“全国农村社区建设实验县”，水城县被确定为全省首批“省级农村社区建设实验县”。印发《关于在开展“双创双建”工作充分挥社区居委会积极作用的通知》文件，为“双创双建”提供强有力的基层组织保障。

召开全市第八届村居换届选举换届选举工作会议安排部署全市换届选举工作。组织市、县换届选举工作培训。落实换届选举工作经费 172.5 余万元。

（罗　轲　吴学丹）

【推进社会福利慈善事业】 加大老年服务工作力度　《六盘水市居家养老服务工作实施方案》和《六盘水市加快发展养老服务业的实施意见》市政府正式批复；各县、特区、区老龄办成立老年人法律维权援助站；全省首家在松坪南路社区建立老年人信息服务平台；在县区开展居家养老服务试点工作，在全市 59 个城市社区、农村 6 个敬老院开展居家养老服务工作；开展慰问老年人活动，走访慰问百岁、特困老人、老党员、老复员军人 1982 人次，发放慰问金 118.8 万元；开展农村家庭赡养协议书签订工作；加强基层老年人协会建设。争取省、市、县资金 31 万元，支持村（居）老年协会建设。

加大孤残儿童救助力度　各类社会福利院集中供养孤儿的生活养育和医疗救助得到进一步加强，市社会福利中心儿童福利孤残儿童、弃婴的农村合作医疗保险、低保、体检等问题得到落实；继续实施“明天计划”、“蓝天计划”、“重生计划”等项目；全市有 38 名社会福利机构中具有手续适应症的残疾孤儿实施“明天计划”康复矫治手术；开展“西部贫困家庭疝气儿童手术康复计划”调查摸底工作；实施“微笑列车”项目，为 55 名唇腭裂患者办理相关手续。

开展慈善工作，全年募集款物总计价值 624.01 万元，发放捐赠款 582.96 万元；捐赠物资价值 41.05 万元，受益困难群众近 5 万人。

福利彩票销售平稳增长　销售福利彩票 1.49 亿元，筹措福彩公益金 5215 万元。

（罗　轲　吴学丹）

【社会事务管理】 推进婚姻登记规范化建设，全市办理婚姻登记 13445 对。

加强民间组织管理工作　开展社会团体和民办非企业单位第三批实践科学发展观活动的总结工作；开展社会组织“小金库”治理工作；在社会组织中开展“创先争优”活动。

开展中心城区丧葬秩序整治工作　取缔非法碑石制作点 97 家，现场销毁墓石墓碑成品、半成品 500 余件，强制拆除 9 家抗拒搬迁的墓碑制作点。对无证经营丧葬用品的 27 家商铺及非法制作、销售棺材商铺 5 家依法予以取缔。制止违法修建坟墓行为 9 起、乱搭乱建治丧行为 14 起，查处动员土葬改火葬 2 例、二次装棺土葬 1 例。召开全市殡葬改革工作会议，各县区及时调整成立殡葬改革领导小组，把殡葬改革工作纳入到政府的重要议事日程。

拟定全市区划地名工作　做好乡镇地名标志设置和地名数据库建设工作；开展地名普查试点工作；做好国家地名数据库数据上报汇总工作；全市完成 98 个乡镇（办）政府所在地街路巷 515 条、小区 4 个、新村 3 个设置地名标牌 1289 块工作任务，累计投入经费 182 万余元。牵头对红桥新区界线的主要地段进行实地踏勘，并向市政府上报审定红桥新区界线的请示。开展市州地接边界线第二轮联检工作，与安顺市、毕节地区建立联检工作领导小组，会签联合检查的实施方案。

（罗　轲　吴学丹）

人 事

【机构改革概况】 2010年，市人力资源和社会保障局由原市人事局与市劳动和社会保障局整合而成，内设16个科室，下属6个事业单位。其中：社保局、就业局、劳动人事争议仲裁院、人事考试中心均为副县级机构。合并后的市人力资源和社会保障局共有干部职工169人（其中女职工61人），离退休人员22人；在职人员中，副县级以上领导干部8人，行政人员32人，参公管理工作人员116人，事业人员13人；50岁以上28人，30岁以下29人；干部职工中具有大专以上学历的158人，具有硕士研究生学历的5人（其中2人为领导班子成员）。

通过竞争上岗，局机关17名中层领导干部和23名非领导职务人员安排到新的岗位工作；通过民主测评并结合个人申报情况，明确了局属事业单位29名中层干部和48名非领导职务人员的工作岗位。

（李　瑜）

【人事工作】 一是做好2010年市、县、乡三级机关统一公开招考公务员（人民警察）工作，计划招收公务员（人民警察）205人；坚持“凡进必考”制度，做好市直事业单位人员考聘，计划招考293人。

二是顺利完成市直机关与事业单位2009年度年终考核工作，实际参加考核54533人，7322人被评为优秀等次，对市直机关310名考核为优秀的人员进行嘉奖，为82名连续三年考核优秀的人员记三等功，共兑现奖励经费371000元。

三是审批任免科级干部职务180人，代市政府拟文任免县处级干部149人。

四是开展了2010年度教育、工程、农业系列高、中、初级专业技术职务评审工作，共有1618人取得相应的专业技术资格。

五是完成对2009年新录用的80名公务员和308名事业单位人员的初任（初聘）培训；对新任科级干部70人进行了任职培训；组织市直各单位40名优秀干部到上海复旦大学进行能力提升培训。

（李　瑜）

【社会保险】 按照“保增长、促就业、保民生”的要求，贯彻落实“五缓四减”政策，促进各项社会保险基金征缴收入稳步增长。

基本养老保险　参保人数达62188人，同比增加9.1%；征缴养老保险基金27704万元，同比增收31.37%。

失业保险　参保人数达87710人，同比增加2.25%；征缴失业保险基金2144.26万元，同比减少2.79%。

城镇居民基本医疗保险　参保人数达590983人，为全年参保计划581400人的101.65%，比2009年增加20420人；城镇居民基本医疗保险基金征缴2534.29万元。

工伤保险　参保人数达179406人，比2009年增加8.07%；征缴工伤保险基金10679.12万元，为全年计划6200万元的172.24%，同比增加58%。

生育保险　参保人数达56097人，同比增加16.25%；征缴生育保险基金491万元，为全年计划450万元的109.11%，同比增收8.63%万元。

（李　瑜）

【城乡就业】 开发各类公益性岗位14607个，安置就业困难人员10239人，同比增长829.95%。及时足额兑现安置人员的岗位补贴和社保补贴5178.48万元。

创业培训学员1055人，其中成功创业158人，带动就业474人。全市失业人员创办各类经济实体达121家（其中创办经营企业11家），从事规模化种养殖 9 个，安置农村劳动力就近转移就业 1600 人。全年共发放下岗失业人员小额担保贷款 1127 万元，扶持 167 名下岗失业人员和返乡农民工成功创业，带动就业 461 人。

就业工作目标任务全面超额完成：全年新增城镇就业 25248 人，其中：下岗失业人员再就业 7644 人，就业困难人员就业 7340 人，大学生就业 5037 人；劳务输出 47846 人；农业劳动力技能就业培训 9482 人，下岗失业人员培训 1545 人；使用就业资金 14014.37 万元；就业转失业同比增幅控制在 12％以内；城镇登记失业率控制在 4.16％以内。

（李　瑜）

【劳动保障】　劳动保障监察立案 142 件，结案率达 100％。为 3555 名劳动者追回被拖欠的工资、押金、保证金 1120 万元。督促用人单位与 5604 人补签劳动合同。督促缴纳社会保险费 93 万元。累计收缴建筑企业务工人员工资支付保障金 457.71 万元。受理劳动争议案件 1425 件，法定期限内结案率达 93％。劳动用工备案 123 户 3040 人，发放劳动合同文本 10966 份，签订劳动合同 5483 人。共进行职业技能鉴定 3880 人，其中：初级 1280 人，中级 1915 人，高级 685 人。完成劳动能力鉴定 3110 人，作出工伤认定结论 2986 件。

（李　瑜）

【其他工作】　积极推进“金保工程”，实现了社保五险合一统一征缴系统在六盘水市上线运行。完成 19 家定点医疗机构和 30 家定点药店的年度考核工作；审批城镇职工基本医疗保险定点医疗机构 8 家、定点零售药店 9 家。

积极做好技工学校的招生组织工作，2010 年共注册新生 1760 人，办理发放助学金及免学费共 689 人，535950 元。

严格清理整顿劳动市场，打击非法中介职业介绍机构，完成 13 家民营培训机构和 10 户职业中介机构的年审工作。

组织农业、卫生与农村实用型人才的培训工作，参训人员 130 人。

完成人事档案达标工作，顺利通过省检查验收组对本局干部人事档案达标（一级）的检查验收。

（李　瑜）

信　访

【概述】　市信访局编制 32 名，其中：行政编制 8 名、参公管理事业编制 7 名、事业编制 7 名、工勤人员编制 10 名；在职人员 21 人，退休职工 8 人。新增办公用房 3 间；省财政厅、省信访局下达中央补助解决特殊疑难信访问题专项金费 177 万元。

全年信访 20738 件（人、次）。其中：来信 1873 件，来访 3057 批 16549 人（次），国家投诉办交办 25 件，省长信箱交办 46 件，市长信箱交办 633 件，市长专线电话交办 1612 件，市领导信访接待日督办的信访事项 2 件、阅批交办 252 件。承办省、市立案督办案件 29 件，其中省领导阅批、省信访局转办信访事项 27 件。

（邱　滨）

【制度建设】　*非正常上访处置制度*　市公安局、市法院、市检察院、市信访局、市司法局联合下发《关于依法处置非正常上访行为的意见（试行）》（市公通〔2010〕50 号），明确了非正常上访行为的认定、处置原则、管辖、处置措施和各有关部门的职责。

驻京信访工作履职制度　市委办、市政府办印发《六盘水市人民政府驻北京联络处履行信访工作职责暂行规定》（市办发〔2010〕11 号），进一步明确了全市进京上访人员接访劝返工作中市政府驻京联络处的第一主体责任和各级各部门

的协作责任，对劝返工作提出了详细的工作职责、要求、纪律和责任追究措施。

信访事项复查复核制度　市政府办印发《六盘水市信访事项复查复核暂行办法》（市府办发〔2010〕48号），明确了信访事项复查、复核的申请、受理、办理等工作程序和相关部门的责任。

信访事项督察督办制度　市委办、市政府办印发《六盘水市信访工作督查督办暂行办法》（市办通字〔2010〕76号），对信访决策和信访事项督察督办的原则、范围、程序、要求、结案标准和责任追究等作出了具体规定。

信访事项源头预防制度　市委办、市政府办印发《六盘水市信访问题源头预防及过错处理暂行规定》（市办通字〔2010〕75号），明确了源头预防不力或工作存在过错导致信访问题发生需要实行责任倒查的9种具体情形，规定了责任倒查及处理的6道程序。

（邱　滨）

【积案清理化解】　上半年，对2009年未化解的信访积案进行全力跟踪督办。截至5月30日，全市2009年集中清理排查出来的438件信访积案已化解307件，化解率为70.1％，特别是其中诉求合理或有一定道理的A、B、C三类积案200件已化解187件，化解率达到93.5％。下半年，开展了合理信访诉求集中化解工作，再次对全市信访突出问题进行清理排查，疏理出诉求合理或有一定道理而又久拖未决的信访事项70个，报请市委办、市政府办印发了《关于对当前信访突出问题进行分解督办的通知》（市办通字〔2010〕77号），对70个积案逐一明确了承办、协办责任单位和责任人。截止到12月15日，70件信访积案已化解45件，化解率为64.3％，未结的25件均已制定详细化解措施。

（邱　滨）

【非正常上访治理】　针对全市进京非正常上访持续攀升、在全省的排位日趋靠前的形势，在全市集中开展非正常上访治理活动。9月8日召开动员会议，对全市非正常上访专项治理活动进行了安排部署。9～12月非正常上访专项治理活动中，各级公安机关按照“态度坚决、措施审慎”的要求依法严肃处理非正常上访，全市共处理进京非正常上访62起，劳动教养4人次、治安拘留58人次、训诫62人次，维护了信访秩序。

（邱　滨）

【做好重点时期的信访工作】　在全国、全省“两会”期间，分别制定了驻京驻筑信访维稳工作方案和地方稳控工作方案，从市县有关部门抽派人员组建驻京驻筑工作组，及时妥善处置六盘水市群众赴省进京上访事项，确保了会议的顺利进行；抽派人员组建地方稳控工作组，尽最大努力把信访人稳定在当地。上海世博会期间，制定了《驻沪开展非涉沪上访人员稳控劝返的工作方案》，并从县有关部门抽派38人组成驻沪工作组，从4月1日至11月15日轮流驻沪工作230天，开展六盘水市非涉沪上访人员稳控劝返工作。广州亚运会、亚残会期间，市信访局、市公安局抽派4人驻穗工作，为赛事的顺利进行创造了条件。在“凉都消夏文化节”、“阳光946”走进六盘水等重要活动期间，积极制定信访工作方案，派员现场协调处置信访事项，确保了活动的顺利进行。

（邱　滨）

【领导接访和下访】　落实领导接访制度　报请市领导同意后印制了《市委市政府领导2010年度接待群众来访日程安排》，对12位市领导定期接待群众来访的18次接待日程进行了细化。全年市委、市政府领导56人次接待上访群众56批次371人次，协调解决了56个信访突出问题。各县（特区、区）党政领导84人次接待群众204批次1392人次，协调处理信访事项204个。

落实领导阅批来信制度　全年市委、市政府领导共阅批交市信访局办理群众来信 252 件，其中：市委书记 16 件、市长 39 件、市人大常委会主任 22 件、市政协主席信 1 件。

落实领导下访制度　全年市领导 35 人次下访群众 35 批次 1657 人次，协调处理信访事项 35 个，涉及群众 2827 人；各县（特区、区）党政领导 164 人次下访群众 192 批次 1737 人次，协调处理信访事项 162 个，涉及群众 6315 人。

落实责任追究制度　针对钟山区、盘县上半年进京非正常上访居高不下、在全省排位居前情况，8 月 30 日市委常委会议研究决定进行责任追究，市委办、市政府办下发了《关于钟山区、盘县进京非正常上访情况的通报》（市办发〔2010〕24 号），对钟山区、盘县进行全市通报批评，并责成其党委、政府主要负责人向市委、市政府作了书面检查。

（邱　滨）

【建设阳光信访系统】　市委办、市政府办印发《关于成立六盘水市三级视频联动接访系统建设领导小组的通知》，领导小组制定《六盘水市阳光信访综合服务系统建设方案》，解决系统建设经费 65.5 万元，增加聘用工勤编制 7 名，其中：电话接线员 6 名、网络管理员 1 名。落实工作场地，新增了阳光信访系统建设所需办公用房 3 间。系统建设涉及的软硬件采购、视频接访室装修、人员招聘等工作正在有序推进，各县区相关工作也在进行中，整个系统预计 2011 年 1 月可建成投入使用。

（邱　滨）

【其他工作】　举办办信、办访、办电、办案业务知识讲座 4 次，按要求开展了“创先争优”和“忠实践行宗旨、勤政廉政为民”等活动。开展了“抗旱救灾”、“向青海玉树地震灾区献爱心”捐助活动，共捐款 8100 元。省委宣传部、省依法治省工作领导小组办公室、省司法厅授予市信访局“学法用法示范机关”称号。

（邱　滨）

外事·侨务

【市侨联为归侨侨眷服务】　2010 年“两节”期间，六盘水市侨联在全市各地以走访、召开座谈会形式慰问归侨侨眷 150 余人，发放慰问金 75000 元。

市侨联主席晏虹、秘书长余平一行代表省侨联，走访慰问市区困难归侨户林连发一家，还分别前往水城矿业（集团）公司建业公司慰问困难归侨户李勇福一家，水钢小河铁厂因病困难归侨林瑶章一家，盘县 159 地勘队退休职工、困难归侨陈眷松一家。并分别送去省侨联扶贫济困金 1000 元；看望因病在家休养侨眷廖红峨，送去慰问金 200 元。

（余　平）

【对外联系】　2010 年“两节”前夕，向海外的华侨华人、归侨侨眷及省内外、市侨联组织（涉侨单位）寄送 154 份新年贺卡。

市侨联接待回市探亲德国籍华人晏松一家三人、美国籍华人余蜀梅一家五人、葡萄牙籍华人周同学一行、澳大利亚籍华人曾世宗一行、法国籍华人向婷一行二人。

市侨联秘书长余平在六盘水市参加希腊籍华人王琐婚礼。

市侨联主席晏虹、秘书长余平等人参加在贵阳召开的 2010 年泛珠三角省区“9＋2”侨联（社团）秘书长会议，与来自香港、广东、福建、湖南、海南、江西、四川、广西、云南、安徽侨联组织开展了交流研讨。同时，还参加了省侨联举办的贵州侨商企业联合会成立大会。贵州省盘县乐民镇杨梅树煤矿、贵州省盘县松河乡田坝煤矿、贵州金伟达机械制造有限公司、贵州省水城姜业发展有限公司4家侨资企业入会。

（余　平）

【联谊活动】　2010年，市侨联领导及相关归侨、侨眷代表等先后参加了由市政协和市委统战部举办的“国庆·中秋茶话会”、市春节团拜会。市外事侨务旅游局组织在“和谐谷”召开的“2010年市中心城区归侨侨眷‘国庆·中秋’座谈会”。贵阳召开的“印度尼西亚归侨回国50周年纪念大会”等，全省开展了广泛的联谊活动。

（余　平）

【捐资助学】　受省侨联委托，市侨联代表马来西亚《星洲日报》爱心助学在六盘水市三所学校发放仪式。三所学校分别是市三中、市四中（原水城县二中）、市民中品学兼优的农村贫困生（每所学校100名，每名700元），仪式上，发放助学金21万元。

市侨联、水城县教育局领导培同高金印代表中国侨联、台湾财团法人第二春文教基金会到水域县陡箐乡阿佐小学“美婷爱心小学”视察验收“美婷爱心小学”教学楼。

市侨联领导陪同浙江省新华爱心教育基金会秘书长姚霁光，施维雅（天津）制药有限公司高级全国经埋、公共事务部常宏霞等一行4人，与六盘水博竣鸿教育发展有限公司董事长刘洪章，市委统战部领导、市教育局领导、市第三中学领导，在六盘水市第三中学参加了“施维雅珍珠班”（每年每名学生获资2500元，共50名学生）的开班仪式。

（余　平）

【“送温暖　献爱心”捐助活动】　市侨联参与市委统战部党支部、市台办党支部前往钟山区大河镇裕民村结对帮扶建党扶贫点集中慰问帮扶困难党员，送去慰问金4400元。为病残困难党员周元勋家送去了慰问金480元。为水城县勺米乡2009年入秋以来发生严重干旱灾害的受灾侨眷杨文明一家送去募捐款200元。

葡萄牙籍华人周同学自愿捐款1000元，用于帮助因严重干旱灾害受灾侨眷解决生产生活困难。

（余　平）

无线电管理

【加强无线电监测】　完成国家局要求的10个频段的频率占用度监测，对频段内出现的信号进行监测监听和分析，完成无线电频谱监测月报，日常监测17978小时；做好元旦、春节、清明、五一、国庆等重大节日的监测值班工作，重点监测7个频段；完成2010年全国两会期间无线电监测值班；做好国家各类重要考试的无线电保障工作。

（王光南）

【召开六盘水无线电管理宣传工作座谈会】　2010年10月9日下午，组织召开六盘水无线电管理宣传工作座谈会，参会单位31个，参会人员82人。

（王光南）

【开展无线电管理宣传活动】　10月10日，在市中心城区体育馆广场开展无线电管理宣传活动。现场设置标有“贵州省无线电管理局六盘水分局无线电管理宣传活动”横幅的彩虹门，10个挂有宣传标语的空飘气球，64块展板，滚动播出六盘水人民广播电台录制的《中华人民共和国无线电管理条例》《中华人民共和国无线电管制规定》《贵州省无线电管理办法》。现场开展无线电管理知识有奖问答，发放宣传单4500份、宣传手册480本、宣传餐巾纸5000份、宣传纸杯4000个、宣传手袋200个。业余无线电台工作人员用手报密电码全程配合宣传活动。

（王光南）

【加强频率台站管理】 做好广播电视、铁路系统和微波传输站台站清理登记工作，4月27日召开专题座谈会，市广电系统、铁路系统、三大运营商和水矿集团宏通公司的负责人参加会议，会议传达省无线电管理工作会议精神，对频率台站清理登记工作作明确要求。会后，逐一走访相关单位，进一步落实频率台站清理登记工作。

（王光南）

【加强和改进监督检查】 把监督检查工作和频率台站管理工作结合起来，参与走访广电系统、铁路系统和设有微波传输站的单位，向设台单位宣传无线电法律、法规和相关管理制度。巩固“清理违法使用对讲机专项执法活动”取得的成果，回访部分上年清理检查对向，及时掌握设台变化情况。

（王光南）

【及时排除有害干扰】 9月29日上午11点20分，钟山消防大队指挥中心到六盘水无线电管理分局投诉：钟山消防大队出警调度专用通信网受到不明原因干扰，无法进行正常通信。接到投诉后，分局监测人员迅速出动及时查出干扰来自控制台上的一台笔记本电脑，关闭笔记本电源后干扰消失。

（王光南）

档　案

【开展档案事业发展综合评估工作】 2010年，省档案事业发展综合评估组对六盘水市“十五”规划以来档案事业发展情况进行综合评估，市档案局（馆）得分100.2分，获“贵州省档案事业发展综合评估先进单位”称号。

市档案局评估组对六枝特区、盘县、水城县、钟山区档案事业发展情况进行综合评估，六枝特区得分98.7分，盘县得分96.6分，水城县得分97.9分，钟山区得分98.2分。

（彭　欢）

【档案监督指导、开放、接收与利用】 加强业务指导　针对2010年机构改革工作制定了《六盘水市直机构改革中档案工作处置的意见》（市档发〔2010〕1号），对市粮食局等29个机构改革实施单位的档案处置情况进行检查和指导；对7个社会主义新农村建设档案工作示范点进行业务指导。

开展重大建设项目档案验收登记　市档案局参与省档案局完成对南方电网公司水城县、钟山区公司等34个重点建设项目档案管理的复查、验收、登记上报工作。

做好到期档案开放　根据贵州省档案局《关于进一步加强贵州省各级国家档案馆馆藏档案鉴定开放工作的意见》（黔档通〔2008〕113号）文件要求，市档案馆对馆藏满30年的71个全宗2615卷档案进行开放鉴定并报经贵州省档案局和市人民政府批准，向社会开放档案2241卷，延期开放374卷。

做好到期档案接收进馆和提供利用　市档案馆接收到期应进馆档案22个全宗1737卷，接待来电、来函、来人查阅155人次，提供利用档案684卷。

（彭　欢）

【档案信息化】 市现行文件阅览中心接收现行文件157份，录入条目157条，对收集到的509件现行文件进行全文扫描。市档案馆接收进馆档案同时接收电子目录8000余条。

（彭　欢）

【档案业务培训】 10月19日至23日，市档案局与市人力资源和劳动保障局联合开展档案业务培训，培训内容包括档案法律法规、档案理论基础知识及档案整理方法等，共培训市县乡档案人员109人，并为其中67人办理上岗证，对42人上岗证进行验证。

（彭　欢）

【国家重点档案抢救和保护】　2010年全市共获得国家重点档案抢救和保护补助费25万元，其中：市档案馆10万元，六枝特区档案馆10万元，水城县档案馆5万元。

对征集进馆的118本国家重点档案《彝文古籍》进行抢救，共修补裱糊破损彝文古籍2572张，誊抄167页。

水城县档案馆征集珍贵《彝文典籍》124册，现馆藏《彝文典籍》达428册。

盘县档案馆对1200卷民国盘县政府档案进行抢救，重新拟写卷内目录16500余条，修补裱糊12000余张。

（彭　欢）

【依法治档】　8月18日至9月8日，由市政府法制办、市档案局组成的联合检查组，依据《市人民政府办公室关于开展档案行政执法检查通知》（市府办发电〔2010〕2号）文件精神，对市直13个机构改革单位和28个到期档案应进馆单位的档案工作进行了行政执法检查。首次对3个档案工作管理混乱单位下发了档案行政执法限期改正通知书。

（彭　欢）

【档案馆建设】　六盘水市县级综合档案馆建设规划经省档案局上报国家档案局、国家发改委批准，四个县（特区、区）综合档案馆建设均被列入国家中西部地区县级综合档案馆建设项目规划。盘县档案馆建设中央预算内投资补助计划已获批准，总投资878万元，其中2010年中央预算内投资计划350万元已到位。

（彭　欢）

方志·年鉴

【方志编纂情况】　六盘水市修志工作始于1985年，首轮修志的规划志书为60部，其中：3部县志，57部专业志。2010年，《六盘水市志·人物志》《六盘水市志·国土资源志》《六盘水市志·行政司法志》相继出版发行。目前市志共完成55部，扫尾的5部志书3月已经市志办复审和省志办终审，经过完善修改后可付印出版。六盘水第一轮修志工作基本完成。

六盘水市第二轮续修志书始于2004年。2010年，四个县（特区、区）已基本完成资料长编的组稿工作，已进入编纂阶段。市直单位已有23家完成资料长编报送，其余单位、部门资料长编的编写工作正在进行中。

在市志办的指导下，各县（特区、区）地方志办（史志办）积极推进地方部门专志、乡镇志、村志、校志和企业志编修工作。2010年，盘县《盘县军事志》《盘县一中校志》《盘县五中校志》《盘县人民医院志》《洒基镇志》、水城县《水城县（特区）政协志》、钟山区《明湖村志》相继出版发行。

（汪龙舞）

【年鉴编纂情况】　《六盘水年鉴》是系统记述六盘水市区域自然、政治、经济、文化、社会等方面情况的年度资料性文献，2010年，切实做好全市年鉴工作的业务指导、协调、组稿、编辑、总纂、出版发行工作，使全市年鉴编纂工作不断规范化、制度化。付印2008年卷，2009年卷进入总纂。

各特区（县、区）县级年鉴中，《钟山年鉴》《六枝年鉴》创刊号已完成总纂，即将付印出版。

年初全市两会期间，通过向人大代表、政协委员发放志书、年鉴，拓宽市志办的影响力。通过向市委市政府有关领导及市直部门提供志书、年鉴等地情资料，为领导了解六盘水，提高决策能力服务。

（汪龙舞）

【《六盘水市志·人物志》出版发行】 8月，市志办主持编纂，熊姜义主编的《六盘水市志·人物志》由贵州人民出版社出版发行。全书计35万字，上限至元代，下限2005年，共印1700册。收录人物恪守“生不立传”与“实事求是”的原则，收录范围包括历史名人、农民起义领袖、参加旧民主主义革命具有一定影响的人物，参加过地下斗争革命战争反侵略战争的爱国志士，少数民族上层人物，具有较大影响的党政企业干部，有突出贡献的各界人士，能工巧匠，舍身救人或为保护国家财产而牺牲的英雄，对社会发展起阻碍作用具有一定影响的反面人物等。人物分类收入，入传人物203名，入录人物1438名，其中：革命烈士1149名，国民党军队抗日阵亡将士289名。

（汪龙舞）

【《六盘水市志·国土资源志》出版发行】 1月，市国土资源局承编的《六盘水市志·国土资源志》由贵州人民出版社出版发行。全书45.5万字，24彩图插页，计19章75节，另设概述、大事记要、附录及编后。该书上限不限，下限至2007年，客观详实地记述了六盘水市国土资源的历史与现状，记述内容含土地、地质、矿产、测绘等国土资源的自然状况及其保护开发、利用和管理等史实。

（汪龙舞）

【《六盘水市志·司法行政志》出版发行】 9月，市司法局承编的《六盘水市志·司法行政志》由贵州人民出版社出版发行。该书计29.8万字，彩图79幅，计8章26节，设有概述、大事记、附录和编后记，全面详细记载了民国29年（1940年）至2007年间六盘水市（地区）司法行政机构变化、法制宣传与普及法律常识、律师、公证、法律援助、人民调解、基层法律服务、安置帮教、劳动教养、司法鉴定等司法行政工作。

（汪龙舞）

【《水城县（特区）政协志》正式出版】 12月，《水城县（特区）政协志》正式出版发行，《水城县（特区）政协志》记述了水城县（特区）政协自1950年8月召开水城县第一次各界人民代表大会到2006年11月的发展历程，志书共分为11章30节32万字，收录图片98幅。是水城县（特区）的第一部专业志。

（罗兰慧）

电子政务

【概述】 2010年，根据国家对电子政务外网建设工作的相关要求，市电子政务办公室于3月份正式启动全市电子政务外网建设工作。一是开展项目可行性分析和设计，在对各县（特区、区）进行了需求调研后，于8月编制完成了《六盘水市电子政务外网建设工程初步设计方案》。二是积极向省、市发改部门申报项目，市发改委于9月批复了六盘水市电子政务外网二期建设工程初步设计，审定项目概算总投资为560万元，其中：市级工程建设390万元，各县（特区、区）工程建设各为30万元，其他费用50万元。项目资金构成为中央补助资金121万元，省补助资金216万元，地方经费223万元。已落实市级配套资金（175万元）和各县（特区、区）的配套资金。三是及时召开电子政务外网建设工作会议，与各县（特区、区）政府信息中心签订了外网建设责任书。四是完成了项目监理和城域网电信运营商的招标工作。根据第57次市长办公会议精神，市电子政务外网市级城域网建设采取由电信运营商负责光纤链路及核心层、汇聚层设备的建设，政府按年支付租用费的方式进行。在监理方的协助下，市级城域骨干网招标工作已于11月下旬完成，中国电信六盘水公司中标，取得市级城域骨干网建设权。预计在2010年12月31日前完成网络核心层、汇聚层设备及主要部门光纤链路的建设工作，在2011年1月31日前完成网络建设工作。市电子政务办公室组织技术力量会同项目监理方共同对电子政务外网安全、部门接入、外网应用系统及县区网络建设的技术方案进行深化设计，计划在12月下旬发出招标文件，采用公开招标的方式进行项目集成商的招标，预计在2011年1月底前完成该项工作。

开展全市重大信息化工程前期工作 (1) 数字化城市管理建设。为做好数字化城市管理工作，加快建设“数字六盘水”的步伐，10月底，由市长助理张洪亮任组长，市财政局、市发改委、市城乡建设局、市国土局、市公安局、市电子政务办公室、水城县、钟山区等部门负责人组成考察团赴陕西宝鸡、四川成都考察数字化城市管理建设工作。市电子政务办公室在考察结束后负责考察报告的撰写，并向市政府领导做了专门的汇报。政府已正式成立市数字化城市管理建设工作领导小组，领导小组下设办公室在市电子政务办公室，市电子政务办公室主任任办公室副主任。(2) 网络舆情系统建设。市电子政务办公室配合市委宣传部、市政府办，通过外出考察、与厂商交流等工作，完成了市网络舆情监控系统建设的可行性研究，待资金落实后即可建设。(3) 数据交换平台建设。市电子政务办公室负责数据交换及共享平台、基础数据库的项目可行性研究。市电子政务办公室一方面安排业务骨干赴宁波、成都等地进行考察，另一方面对市直各相关部门进行走访调研，完成了数据交换及共享平台项目可行性研究报告。

升级已有系统 挤出预算资金18.5万元安排数据中心服务器的虚拟化升级和公务邮件系统升级，对全市2000多个公务邮箱进行了清理。

（龙 怡）

【电子政务应用】 认真做好“中国凉都·六盘水”门户网站的信息保障与维护管理 一是做好“中国凉都·六盘水”政府门户网站的信息维护工作。在制定好运行维护机制的基础上，完成了“中国凉都·六盘水”政府门户网站的运行维护工作，全年更新维护信息14000多条，参加采访市领导和市内重大活动和会议近200次。二是加强专题制作，提升网站影响力。全年先后制作了市机关效能建设专题网、省电台阳光“94·6”政风行风热线节目走进六盘水、六盘水市双创双建活动、六盘水市“创先争优”暨践行宗旨教育活动、六盘水市第二届道德模范评选、六盘水抗旱救灾专题、中国凉都·六盘水百问专题、六盘水市2010年两会专题、六盘水市2010年经济工作会议专题、中国凉都·六盘水旅游风光全国摄影展10个专题，其中六盘水抗旱救灾专题在省内政府网站中首家制作发布，得到广大网民和社会的一致好评。三是在“中国凉都·六盘水”政府门户网站对第六次人口普查、推动全市经济社会又好又快更好更快发展活动、全省第八个公民道德日宣传活动、城市无车日活动、庆祝九三学社成立65周年活动、中国人民抗日战争胜利65周年活动等开展了专题定向宣传报道或专题链接。四是发挥政府网站互动交流平台的作用。全年网站工作的一个亮点是网上互动功能得到了充分发挥，共开展网上调查8次，网上民意征集16次，“市殡仪馆搬迁选址”、“沃尔玛过街通道方案”、“双创双建大家谈”、“市中心区交通拥堵调查”、“全市实现加速发展、加快转型意见征集”等选题，均是市民关注的热点，取得了良好的交流效果。还配合有关部门做好市长信箱、投诉咨询平台、行风政风热线的有关工作。“中国凉都·六盘水”政府门户网站在中国软件评测中心、人民网、腾讯网共同举办的“第九届(2010)中国政府网站绩效评估”中，取得了全国地级市排名第35名、全省排名第一的可喜成绩。

推进政府信息公开 一是完成2010年市政

府信息公开工作报告撰写，督促各县（特区、区）、市政府各工作部门上报年度信息公开报告。二是督促各有关部门做好政府信息公开发布工作。三是做好政府信息公开系统建设的前期准备工作。市电子政务办公室拟定了政府信息公开工作的相关制度建设和编码原则，提出了政府信息公开指南的修改意见和建议，拟定了政府信息公开相关基础表格，为进一步推进政府信息公开提供有力的支撑。

做好市办公业务专网门户网站维护 市办公业务资源网是公务员办公的集成平台，该平台集成了OA系统、公文交换、公文库、新华专网、经济论文库、法律法规库、地区经济发展报告等应用，加大了对专网门户的技术支撑力度，确保了系统的正常运行。安排专人负责市办公业务专网门户网站更新工作，全年共更新信息2000余条。

（龙 怡）

【电子政务系统服务和保障】 *开展OA应用推广工作* 年内市委办、国资委和计生委均申请使用办公业务资源网内的OA办公自动化系统，市电子政务办公室组织技术人员对其新增用户及进行OA使用的培训。

做好电子政务工程各系统的日常维护工作 主要包括各系统数据的日常备份、各系统运行情况检查、系统异常出错处理，保障电子政务各应用系统7×24小时不间断运行。全年共处理各项服务器故障50余次。

做好应用系统客户端维护工作 市电子政务办公室负责全市接入电子政务网的行政事业单位近200家单位的客户端软件维护工作，通过远程协助、电话咨询、上门服务等方式解决各单位在运行中出现的无法正常登陆、无法正常收文及无法正常发文等问题。全年共处理各类网络故障共500余次。

做好数据中心机房各系统的维护工作 市电子政务办公室负责数据中心机房内电力、监控、消防、空调及机房内各种服务器及网络设备的日常管理维护工作。全年共处理数据中心机房内各种故障20余次。

做好电子政务网络维护工作 市电子政务办公室负责全市200余家电子政务网接入单位的电子政务网络、VPN系统的日常维护工作；负责市委市政府大楼、市直机关三号办公楼、市人大、市政协、信息大楼、开投大厦楼、金钟办公楼内各单位电子政务网接入计算机的故障处理工作。全年共处理各类计算机及网络故障200余次。

（龙 怡）

【学习与其他工作】 市电子政务办公室坚持每月组织2次政治学习和2次业务学习，不断提高广大干部职工的政治理论和业务水平，根据工作需要，有计划地安排专业技术人员到其他地区考察学习电子政务建设，通过同行间的技术沟通和交流，为做好电子政务工作打基础。2010年职工外出学习、考察20余人次，学习的内容有网络、数据安全、数据库、网站内容管理、数字城管等。有1名职工取得电子政务规划管理师证书。

市电子政务办公室配合市政务服务中心到各单位检查，帮助各部门接入电子政务网；配合市政务服务中心开展了5期系统操作培训，共培训200人（次），各单位已正常使用该系统。省应急办10月份对市应急平台建设进行了为期4天的调研，市电子政务办公室参加会议并陪同调研，分别到了水城、钟山、公安局、地震局、教育局、市三中、市一中进行了调研，并按要求向省应急办填报了相关调研材料。配合市公安局做好网络安全调查等工作；配合市商务局做好世博贵州馆“六盘水活动周”的宣传报道工作；全年共向省政府网站上报信息800余条；全年共发《信息化工作简报》12期。

（龙 怡）

政务服务

【概述】 2010年，市政府政务服务中心认真贯彻落实国务院关于深入推进行政审批制度改革精神，以“减少和规范行政审批”、转变政府职能、提高行政效能、优化投资环境、高效便民为目标，以廉洁、规范、高效、透明、便民服务为宗旨，推动了行政审批制度改革和政务服务工作。全年市级34个分中心（窗口）共受理9471件，已办结9384件，87件仍在办理中。办件超过1000件的有市公安局、市林业局；超过500件的有市教育局、市工商局；超过100件的有市财政局、市规划局、市技监局、市农委、市气象局等。9月1日至12月13日，通过行政审批监察系统共受理办件2749件，涉及24个单位，当日办结1910件，平均办结时间为3个工作日，提前办结率为58%，没有出现超期办结的情况。

（董迎春）

【推进行政审批电子监察系统建设】 一是认真抓好市级行政审批监察系统建设。市政务服务中心系统硬件部分及系统集成工作于1月25日通过了专家组验收，系统的软件部分于12月1日通过了初步验收。二是扎实推进市级行政审批监察系统应用。对市级34个单位120余人进行了5期行政审批的应用集中培训，在政务中心办公室又对部分单位的领导和科室相关人员进行了14次培训，对市纪委监察局人员专门进行了电子监察应用培训，为系统的运行提供了保障。印发了《六盘水市市级行政审批电子管理暨电子监察系统使用和维护暂行办法》。行政审批监察系统于9月1日正式运行。三是推进县级行政审批电子监察系统建设。市政务服务中心编制了《六盘水市县级行政审批电子管理系统建设方案提要》，下发各县（特区、区）参考使用。

（董迎春）

【相关工作】 撤销了市级原单位的政务服务窗口，新组建了22个市级政务服务分中心，共有34个市级政务服务分中心。市交通局政务服务分中心下设市运管处政务服务窗口和市客管局政务服务窗口。

精简政务服务事项 按照“简政放权，便于基层和申请人办事，减少审批环节”的原则，采取取消、合并、下放等方式，对市级政务服务事项进行了2次调整，市级政务服务事项从438项精简为186项，精简率为57.5%；其中：行政许可事项161项、非行政许可审批事项7项、服务事项18项。

更新市级政务服务法律法规库 更新的法律法规等共51件，更新后法律法规库共有法律法规等479件，其中：法律58件、行政法规91件、国务院决定6件、部门规章132件、地方性法规46件、省政府规章15件、其他规范性文件131件。

完成了《六盘水市市级政务服务事项及操作规程汇编（2010）》的编印工作 该书收录了市行政审批制度改革领导小组公布的市级政务服务事项及其操作规程，为申请人办事提供了参考。

（董迎春）

机关事务

【加强公产管理】 2010年共完成固定资产新增投资登记51.55万元；7月至9月期间，按时完成固定资产管理信息系统数据录入、上报、审核工作；全年共完成市人大围墙等维修改造工程7项，共投入维修改造资金36.40万元；加强对办公设备设施的管理，完善《固定资产管理制度》；加强对房屋门面、场地的规范管理工作，向社会公开竞价出租，依法完善租赁手续，及时收缴租金上缴财政，充分发挥国有资产的效益。

（徐如禹）

【加强节能管理】 加强公共机构节能工作的信息沟通和工作协调，建立健全公共机构节能工作联络员制度，认真开展能耗调查和统计工作，及时上报相关数据。制定公共机构节能工作实施方案和本局节能措施，确保节能工作顺利开展。对“两院”办公楼亮化工作进行LED数码轮廓灯节能改造；更换节能灯1000只；加强对用水用电管理，定期维护，及时维修，随时巡检，防止跑、冒、滴、漏和长明灯、长流水等。

（徐如禹）

【加强安全管理】 以“双创双建”活动为契机，认真落实市机关“两院”管理规定，加强“两证”出入管理，制定整改措施，有效控制私车、无证车辆随意进出、乱停乱放及停车过夜的现象。以开展平安辖区、平安院落和无毒院落创建活动为抓手，与辖区有关部门签订《消防安全责任书》《综合治理责任书》《辖区禁毒责任书》等，加强普法和依法治理工作。依法制定安全工作应急预案，加强与公安、消防、信访、维稳和应急部门的密切配合，做到防患于未然。

（徐如禹）

【加强卫生管理】 开展大院环境卫生集中整治，加强日常保洁，确保大院卫生环境良好。开展爱国卫生运动，认真组织开展除“四害”活动。清理整治院内水池4次，有效改善水质环境。完成重大节日大院布置，摆放花卉2万余盆，营造重大活动和重要节日的浓厚氛围。定期对各种观赏类植物修剪、整形、美化和病虫害防治。适时给草坪修剪、施肥和清除杂草，改造草坪1665平方米，投入人力达1000多人次。改善卫生保洁工作，全年清运垃圾达约90立方米，清理卫生死角垃圾约12立方米，投入人力近5000人次，对机关职工反映的三号楼卫生问题进行及时整改。

（徐如禹）

【加强餐饮和客房的服务】 通过抓经营组合创收入，加强管理创利润，提升服务创形象，强化安全创稳定。截止到11月底，共完成营业收入579万元，其中：客房收入208万元，餐厅收入300万元，会议室出租收入22万元，对外食品销售49万元，上缴税金33万余元，客房平均入住率为53%。

（徐如禹）

【做好设备维修维护】 对锅炉和电梯按国家规定定期进行年检和维护保养，禁止带故障运行。对水、电、气管网和线路进行有计划的改造，以适应市直机关单位对供水、供电和供气的需要。认真进行日常巡查，对存在的问题和隐患及时采取措施进行处理。对市直机关单位反映的问题，及时派维修人员前往进行及时解决。根据天气变化灵活调整供暖时间，保证暖气供应尽可能的满足各单位的需求。全年完成维修任务1500多人次，确保水、电、锅炉和电梯的安全、正常运转。

（徐如禹）

【做好会议服务保障】 加强对会议服务人员的礼仪培训、保密教育和业务培训，提高服务人员服务质量和水平；认真做好会议准备工作，确保会议准时、顺利召开和结束；经常对会议音响设施进行检查维护，确保会议正常、安全；会后对会场进行认真清扫，平时进行日常保洁，确保会场干净、整洁、舒适。截止到12月15日共完成会议服务386场，参加会议人员41185余人次。

（徐如禹）

政协六盘水市委员会

【政协第六届六盘水市委员会常务委员会会议】 2010年，政协第六届六盘水市委员会常务委员会会议一共举行5次。

第六届常务委员会第十五次会议　于2010年1月28日在市政协七楼常委会议室举行。会议协商讨论了市人民政府工作报告（征求意见稿）；听取了市人民政府副市长谢朝碧所作的关于市政协六届三次会议以来提案办理情况的通报；审议通过了《政协第六届六盘水市委员会常务委员会工作报告》（草案），推举唐方信主席为常委会工作报告报告人；审议通过了《政协第六届六盘水市委员会常务委员会关于六届三次会议以来提案工作情况的报告》（草案），推举石明全副主席为提案工作报告报告人；审议原则通过了政协第六届六盘水市委员会第四次会议召开时间、建议议程、日程和有关文件。会议决定：政协第六届六盘水市委员会第四次会议，于2010年2月2日在六盘水召开；会议听取了市委统战部副部长卢书林关于市六届政协委员辞去职务的情况说明，协商同意陶兴锐、范启祥、陆俊杰、施昌武因工作变动等原因辞去市六届政协常委、委员职务，协商同意李增权、段林志因工作变动等原因辞去市六届政协委员职务；会议书面听取了市政协《关于2009年市政协委员视察工作情况的报告》及各专门委员会和支边办2009年度工作总结报告。

第六届常务委员会第十六次会议　在政协第六届六盘水市委员会第四次会议召开期间，于2010年2月6日至8日在市政协七楼常委会议室举行。会议听取了各小组召集人汇报讨论大会决议（草案）和提案审查情况报告（草案）情况。会议要求大会秘书处根据委员们的意见作好修改后提交市政协六届四次会议第三次全体会议通过。

第六届常务委员会第十七次会议　2010年4月27日至29日在市政协七楼常委会议室举行。会议听取并分组讨论了市人民政府关于全市抗旱救灾工作、城市管理工作、健全和完善农村低保制度情况的通报，提出了许多好的意见和建议。

第六届常务委员会第十八次会议　2010年7月28日至30日在市政协七楼常委会议室举行。会议听取并讨论了市发改委主任付昭祥代表市人民政府所作的关于2010年上半年经济运行情况的通报和关于国有重点煤矿采煤沉陷区治理情况的情况通报，常委们充分肯定了市政府所做的工作，同时也指出了存在的问题，提出了一些建设性的意见建议；会议听取并讨论了市教育局局长王时明代表市人民政府所作的关于全市职业教育工作情况的情况通报，常委们充分肯定了近年来六盘水市职业教育工作所取得的成绩，并针对当前工作中存在的问题和面临的困难，提出了解决的意见和建议；会议协商增补王守会、尹德贵、黄冬菊、陈明玲、何登明、李子颖、严子松、刘常仁为政协第六届六盘水市委员会委员。受唐方信主席的委托，王兴建副主席作了讲话，对六盘水市经济工作、职业教育及国有重点煤矿采煤沉陷区的治理工作提出了具体的意见建议。

第六届常务委员会第十九次会议　2010年10月27日至29日在市政协七楼常委会议室举行。会议分组学习了中共十七届五中全会精神；会议听取并讨论了市委政法委常务副书记、市综治办主任王树利代表市人民政府所作的关于全市社会治安综合治理情况的通报、市发展和改革委员会副主任张静代表市人民政府所作的关于全市循环经济试点项目建设情况的通报、市文化和体育事业局局长高荣光代表市人民政府所作的关于全市文化体育设施建设情况的通报；会议听取市委统战部副部长卢书林所作的关于市六届政协常委辞去职务和协商增补委员情况的说明和市委组织部委员刘绍元作的关于人事任免情况的说明；会议协商决定：增补吕选俊为市六届政协委员；同意黄燕辞去市六届政协常委及市政协学习文史和联谊委员会主任职务；任命安开华为市政协学习文史和联谊委员会主任委员，黄燕为市政协学习文史和联谊委员会副主任委员（保留正县级）；免去安开华市政协副秘书长职务，任命吕选俊为市政协副秘书长。会议结束前，主席唐方信在会上做了讲话，对市县两级政协组织、政协各参加单位和全体政协委员学习贯彻中共十七届五中全会精神提出了明确的要求，对社会治安综合治理、循环经济项目建设、文化体育设施建设提出了具体的意见和建议。

（市政协办公室）

【政协第六届六盘水市委员会委员会第四次会议召开】　中国人民政治协商会议第六届六盘水市委员会第四次会议于2010年2月2日至6日在市中心区召开。

会议审议并同意主席唐方信代表常务委员会所作的工作报告；会议期间，委员们列席了市六届人大五次会议，认真听取并协商讨论了代理市长何刚所作的《政府工作报告》和其他有关报告，对2009年政府工作取得的成绩给予了高度评价；会议充分肯定了市中级人民法院和市人民检察院2009年的工作，赞同“两院”工作报告对2010年的工作部署。

市党政军领导出席了此次会议的开幕式和闭幕式。市委、市政协领导分别参加了全体会议、主席会议和各组讨论，听取意见和建议，与参会人员面对面进行交流。

会议期间，政协委员、政协各参加单位认真贯彻落实中共十七大和十七届三中、四中全会精神，紧紧围绕市委、市政府的中心工作，以科学发展观为指导，为推进全市经济社会又好又快发展，构建和谐六盘水，提出意见建议近百条。市政协办公室将意见建议归纳整理后报送市委、市政府，市政府办公室印发市府办发〔2010〕28号文件，要求各有关单位对政协委员的意见建议在工作中吸纳办理或参阅。六盘水市中级人民法院就市政协六届四次会议期间，委员对法院工作报告提出的意见、建议办理落实情况向市政协作了专题报告。

（市政协办公室）

【认真履行职能】　2010年，市政协进一步完善协商格局，加强民主监督力度，积极参政议政，为促进六盘水市经济社会又好又快发展发挥了重要作用。

围绕发展大局，开展政治协商　围绕市委、市政府的工作中心和六盘水市的发展大局，就地方的大政方针进行协商。年底，对中共六盘水市委、六盘水市人民政府关于实施工业强市战略的决定、六盘水市工业八大产业振兴规划、中共六盘水市委关于制定六盘水市国民经济和社会发展第十二个五年规划的建议进行协商，对“大力实施工业强市战略，走新型工业化发展道路”、“大力发展煤化工产业”、“坚持教育事业优先发展”等工作提出了建议。

充分运用会议这一重要形式，认真进行重点协商。在年初召开的六届四次全体会议上，委员

认真听取了市人民政府工作报告及其他有关报告，就六盘水市经济社会科学发展的重要问题，进行分组讨论和大会发言，提出意见和建议。在已经召开的常委会上，就城市管理工作、全市社会治安综合治理工作、全市国有重点煤矿采煤沉陷区治理情况、全市食品安全工作情况、健全完善农村低保制度情况、2010年上半年国民经济和社会发展执行情况、文化体育设施建设情况、全市职业技术教育工作情况等专题进行了协商，提出具有较高参考价值和较强针对性的意见建议300余条，得到市委、市政府及有关部门的重视，收到良好的协商议政效果。各专委会分别就经济、社会法制、科教文卫体、旅游、环保、城市建设、社会保障体系建设等各项事业的发展，开展对口协商，既密切了各专委会与对口部门的沟通和交流，又对部门的重要工作提出了意见、建议。

探索有效形式，加强民主监督　开好例会，在协商议政中监督；视察调研，在知情问政中监督；督办提案，在跟踪落实中监督。运用反映社情民意、参加有关部门的会议和参与职能部门的行风评议等形式，积极探索民主监督的新途径，使政协履行民主监督职能的途径不断得到加强和拓展。例如：市政协六届四次会议期间和会后，民建市委及81名委员以高度的责任感，从维护市中心城区生态宜居环境，维护六盘水市城市形象的角度出发，提交了《关于尽快停止在市中心城区天生湖景区小斗官坪建设水泥厂的建议》《关于停建豪龙水泥厂的建议》《关于建议立即停建豪龙水泥厂》的提案。4月24日市委常委会议决定停建该项目，4月25日市发展改革委对贵州六盘水豪龙水泥有限公司下发停建通知，该公司接到通知后即停止建设，撤出了工程建设单位及大型机械。

此外，以参加相关部门的会议和活动为契机，充分发挥特邀监督员的作用，加强民主监督力度。先后对市法院、检察院、公安局、司法局和技术监督局执法执纪情况进行了民主监督。还参加了全市副县级干部公开选拔巡考、公务员考试、全国司法考试的监考工作，较好地发挥了政协的民主监督职能。

搞好调研视察，积极参政议政　2009年冬至2010年春，六盘水市遭受特大旱灾，市政协积极行动，一是在《六盘水日报》上刊发“致全市政协委员的倡议书”，号召全市各级政协委员和政协参加单位，弘扬“一方有难，八方支援”的传统美德，关注民生，关爱民众，关注灾情，伸出援手，出钱出力，自觉参与本地区、本单位组织的抗灾救灾行动，与灾区的同胞共度难关。政协各参加单位和委员以不同的方式及时向灾区群众伸出援手，有的筹措资金为灾情严重的地方修建蓄水池，有的为灾区群众送去生命之水，非公经济代表人士中的政协委员王永芳、杨忠、吴洪昌、何文生、徐仁义等纷纷慷慨解囊向灾区捐助。二是组织部分委员，赴灾区调研、视察，为抗旱救灾和灾后重建等出谋献策。三是市政协主要领导多次深入抗旱救灾最前沿，指导抗旱救灾工作，亲自带队为灾区群众送水、送物。

4月，中共六盘水市委作出“双创双建”的重大决策后，确定“如何进一步开展六盘水市‘双创双建’”工作为当年市政协领导与委员约谈会的议题。约谈会上，与会委员结合自身的工作，就如何提高“双创双建”工作效率，不断把“双创双建”工作引向深入提出意见和建议。

精心组织，选准课题，搞好调研视察。组织委员就六盘水市经济社会发展中的重点问题和人民群众普遍关注的热点、难点问题，开展了“关于建立和完善扶贫助困长效机制，进一步改善弱势群体生活状况”、“关于促进六盘水市煤炭产业健康较快发展”、“关于六盘水市高中阶段教育情况”、“人民检察院开展刑事法律监督情况”“六盘水市被征地农民就业培训和社会保障工作情况”、“关于市中心城区近郊和乡村旅游的发展现状”的调研，向市委、市政府报送了调研报告。对“关于促进六盘水市煤炭产业健康较快发展”的调研报告，市政府领导批示：请市法改委、市能源局在编制“十二五”规划和煤化工规划、循环经济发展等规划时，充分采纳市政协调研组的建议。开展了“钟山区新型农村社会养老保险试点工作”、“水城县农田水利基础设施”、“六盘水市中心城区餐饮服务环节食品安全情况”、“市中心城区大中型商场消防安全情况”、“水盘高速公路建设情况”、“市中心城区道路等基础设施建设情况”“零金融机构乡镇网点建设营运状况”、“循环经济试点项目建设情况”、“水城河治理情况”、“市中心城区社区卫生服务情况”、“全市文物保护情况”等13个课题进行了视察并形成视察报告。报告中提出的意见建议得到市委、市政府的重视，对《关于市中心城区大中型商场消防安全情况的视察报告》，市政府分管领导作了批示：要求钟山区人民政府、市消防联席会议各成员单位，针对视察报告提出的问题和建议，要高度重视，认真整改落实，及时消除火灾隐患，同时进一步健全完善各项工作措施，强化火灾防控能力，确保市中心城区大中型商场消防安全形势稳定。对《关于水城县农田水利基础设施视察情况的报告》，市政府分管领导批示：市政府在今后的水利工作安排中，会充分考虑此报告的建议。对2009年年底报送的《关于水城县重大建设项目进展情况的视察报告》《关于盘县国民经济和社会发展情况的视察报告》，市政府办公室印发市府办函〔2010〕2号、3号，就办理情况向市政协办公室给予了函告。

此外，配合省政协进行的“关于黔中水利枢纽工程建设情况”、“关于工业园区建设情况”的调研、“关于盘县培育和发展文化产业市场主体工作情况”的视察、对六盘水青少年科普教育场馆建设情况的考察，完成省政协港澳台侨与外事委员会交办的涉外星级酒店业发展情况的调研。

（市政协办公室）

【提高提案质量】 六届四次会议以来，收到提案188件。经审查，立案177件。市委、市政府高度重视提案办理工作，及时召开提案交办会，对提案办理工作提出了具体要求。各承办单位把办理政协提案与推动本单位工作紧密结合，统筹兼顾，制定办理工作方案，落实责任制，主要领导负总责，分管领导具体抓，有关科室具体办，把提案办理工作落到实处，力求办出实效。市政协为推动提案的办理落实，采取重点督办、协商督办、跟踪督办等形式，加大提案办理力度。经主席会议研究确定的6件重点提案，分别由市政协副主席负责，各专门委员会督办。通过重点督办，重点提案均得到较好的办理落实，如《关于加快落实东城区客货长途汽车站建设的提案》《畅通东出口，对背阴坡路段进行彻底整治或重新规划改线的建议》等提案，负责督办的专委会与承办单位进行座谈，了解办理情况，对加快建设提出建议，市政府已明确了双水站建设工作由水城县政府负责，市交通运输局积极配合水城县加快推进项目前期工作；水城公路局对背阴坡路段采取措施加以修复下沉地基，同时积极向省公路局争取资金进行彻底整治。

截至11月30日，全部提案办复完毕，办复率为100%。对六届四次会议以来提案的办理落实情况，委员们表示满意或基本满意。

（市政协办公室）

【巩固统一战线】 一是进一步健全了市政协秘书长与各县、区、特区政协秘书长、市级各民主党派、工商联办公室主任联席会议制度，及时沟通信息、交流情况，推进工作。

二是加强同各民主党派、工商联、无党派代表人士和各人民团体的联系和沟通，鼓励、支持他们发表意见、提出建议，开展联合调研、视察，为他们知情出力、参政议政创造条件。

三是开展各种形式的联谊联络活动。坚持每年利用传统节日，举办迎春团拜会、中秋茶话会等联谊会和纪念活动，邀请市委、市政府领导同各族各界人士欢聚一堂，畅谈形势和任务，增进与他们的联系和友谊。

四是充分发挥人民政协在党和政府与人民群

众之间的桥梁纽带作用，做好政协委员和人民群众的来信来访工作，理顺情绪，化解矛盾。

五是畅通民主渠道，了解社情民意，使之成为委员大会发言、撰写提案等履职活动的第一手资料，委员的履职活动更加贴近民生、民情。

六是密切与台胞和海外归侨的联系，并通过他们向自己的亲属传递党和国家的对台方针和政策，努力促进祖国统一大业早日实现。

（市政协办公室）

【搞好联谊活动】 先后接待省政协和省内外政协来六盘水的调研、视察和考察，来访团组30余批；出席了全省政协工作经验交流会、全省政协提案工作经验交流会、全省政协秘书长联系会、后勤工作联系会、川、滇、黔、赣四省十八市地州政协联系会议、长征沿线政协联席会议、北盘江流域政协联系会议、贵州省城市政协联系会议、贵州九市州地政协主席联席会议等，既增进了和兄弟政协的友谊，又交流了工作经验。

办好门户网站和《六盘水政协》期刊，加强与各新闻媒体的协调联系，对政协的重要会议和活动，做到网站迅速反应，刊物登载及时，各新闻媒体充分利用不同宣传载体，有图像、有声音、有文章，多层面、多角度的宣传政协工作，扩大了政协的社会影响。

（市政协办公室）

【加强理论学习】 学习内容丰富　组织委员和机关干部认真学习邓小平理论和“三个代表”重要思想，深入学习科学发展观、构建社会主义和谐社会等一系列科学理论，把推动科学发展贯穿于履行政协职能的各项工作之中，做科学发展的践行者、推动者。中共十七届五中全会召开后，及时在市政协六届九次常委会上进行学习贯彻，并对今后学习贯彻中共十七届五中全会精神作出部署和提出要求。认真学习贯彻中共贵州省委、六盘水市委振兴经济的一系列重要会议精神，认真学习胡锦涛总书记在人民政协成立60周年纪念大会上的重要讲话、《中共中央关于加强人民政协工作的意见》、修改后的宪法和政协章程，系统学习统一战线和人民政协的理论、方针、政策，学习当代经济、科技、法律和社会等方面的知识。为保证委员的学习效果，还结合国际、国内形势、时事政治及有关知识，编印学习资料寄送委员。

学习方式灵活　利用全体会议、常委会议、主席会议和专委会会议等形式，全面推动委员的整体学习。在学习中明确学习主题，制定学习措施，采取集中学习和自学相结合、举办专题座谈会、组织委员参观考察、观看影视教育片、外出学习进修等形式，运用集中讨论、会议交流、专题研讨等方法，使学习更加生动活泼。

学习效果明显　通过学习，不断增进参加政协的各党派、各团体和各族各界人士的思想共识，把广大委员和各族各界人士的思想与行动统一到十七大和十七届三中、四中、五中全会精神上来，把智慧和力量凝聚到落实十七大和十七届五中全会提出的重大战略部署和各项重大任务上来，为市政协工作的与时俱进提供了坚强的思想政治保证。

（市政协办公室）

【加强机关建设】 一是建立健全各种规章制度，坚持用制度管人管事。二是抓好机关政治业务学习和中心组学习，不断提高机关人员的综合素质。三是签订勤政廉政责任书，抓好“廉政准则”的学习落实。四是搞好“五五”普法工作，在有关部门的验收中，被评为“五五”普法依法治理先进单位。五是加强对年轻干部的培养力度，对部分科级干部进行了轮岗。六是以目标管理工作促进机关各项工作走向规范化、程序化，使机关工作规范有序。

（市政协办公室）

【为民办实事】 加强扶贫工作，积极响应市委号召，支持机关一名科级干部自愿报名，到扶贫乡任村党支部第一书记。特大旱灾期间，向水城县米箩乡赠送抗旱捐款20000余元，并协调部分民营企业向扶贫点群众送水近30天，解决了上千名受灾群众的缺水之急；同时，积极开展爱心捐赠，关注教育和弱势群体，积极支持农业科技带头人，发展特色农业。

在“两节”期间，开展“送温暖”活动，帮助贫困群众过好“两节”。

智力支边作积极主动　联系香港慈恩基金会和小平教育基金及六盘水市爱心人士，获得捐款100余万元，资助贫困学生922人就读，联系其他善款35万元，修建乡村卫生室、学校等。联系香港慈恩基金会捐助价值30多万元的衣物，分发给部分乡镇和学校。联系省支边办组织企业家到六盘水市开展“送温暖、献爱心”活动，捐助8万多元的款物。举办培训班，参与市军事职业技术学校举办退伍军人技能培训，配合水城县支边办在龙场乡举办果树蔬菜培训，联系湖北省咸宁市服装厂赠送32台缝纫机及其他设备，在双水办服装生产、缝纫技术培训班等。

（市政协办公室）

民主党派与工商联

中国民主同盟六盘水市委员会

【概述】 2010年民盟市委辖民盟六枝特区总支部委员会、水城县总支部委员会、钟山区支部委员会、市级机关支部委员会、市一中支部委员会、市师范学院支部委员会、市三中支部委员会和水钢小组8个基层组织，另有单独联系盟员3人。共有盟员304人，重点界别257人（教育界213人、占总数的70.1%，文化界4人、占1.3%，科技界40人、占13.2%），占总数的84.5%；非重点界别47人（人大、政府、政协、司法、党派机关38人、占12.5%，人民团体1人、占0.3%，公有制经济4人、占1.3%，新的社会阶层人士4人、占1.3%），占总数的15.5%。具有高级职称的盟员116人、占38.2%，具有中级职称盟员129人、占42.4%；中上层人士共有259人，占85.2%。具有行政副地级职务的盟员2人，县级职务的盟员2人、副县级职务的盟员8人，科级职务的盟员13人、副科级职务的盟员16人；男盟员141人，女盟员163人；平均年龄48.2岁。盟员中有省政协委员2人，市人大代表6人（常委2人）、市政协委员16人（常委1人），县（特区、区）人大代表3人（常委1人）、政协委员15人（常委6人）。民盟六盘水市委机关有国家公务员4人，工勤人员1人，内设机构为办公室。2010年盟市委共发展盟员16人，平均年龄39.8岁；有硕士学历2人，大学本科学历8人；有中级职称（或科级干部）12人，副高职称（或副县级以上干部）4人，有正县级干部1人（市水利水电工程移民局局长）；教育及科技界12人，占总数的75%。市人大代表1人、县（特区、区）人大代表1人，受交通运输部表彰的优秀人才1人。民盟市委推荐3名盟员分别担任市检察院特邀检察员、市质监系统行风监督员、市妇女儿童医院行风监督员，市级特约人员总数达8人，为六盘水民盟组织参政议政奠定了基础。还应民盟省委要求向其推荐社情民意信息员3人。

（颜亨凭）

【领导班子和机关建设】 根据《中共六盘水市委关于巩固和壮大新世纪新阶段统一战线的实施意见》市发〔2007〕18号文件精神，“对在民主党派市委任副主委（含兼职）职务满7年，经考察符合提拔条件的，可明确为正县级干部”的规定，中共六盘水市委明确民盟市委副主委（兼职）李用凯为正县级干部。全年共召开主委会15次，全委会3次，领导班子民主生活会1次。2010年民盟市委在市直机关目标考核中获得96.29分的好成绩；被民盟贵州省委表彰为“机关建设先进集体”，被市综治委、市创建平安六盘水工程领导小组授予“平安单位”称号。

（颜亨凭）

【思想建设】 利用三八节活动，组织全市女盟员观看《民盟历史影像资料 1941～1965》；组织民盟市委领导班子、盟员骨干、机关专职干部等16人专程赴遵义会址、重庆特园“中国民主党派历史陈列馆”进行革命和传统教育；与民盟重庆南岸区委等地方民盟组织交流工作经验，并与民盟南岸区委缔结为“友好地方组织”。部分基层组织也按照民盟市委的部署开展教育活动，如六枝特区总支三中支部以“三学两比”活动为主线，组织的教育活动有主题、有方案，内容丰富、效果好。

开展纪念费老诞辰100周年、纪念民盟市委老主委龚淳等为学典型题材，组织统一战线先进人物典型线索推荐、观看《民主之澜》和《黄炎培》等反映民盟先辈光辉形象的影片，组织盟员和机关专职干部参加省政协、中共贵州省委统战部、民盟省委组织的专题辅导报告会、讲座、论坛等活动。

（颜亨凭）

【宣传工作】 通过《六盘水日报》《贵州盟讯》《贵州政协报》，以及民盟贵州省委网站、六盘水市政协网站、六盘水电视台等媒体刊发民盟市委重要活动信息30余篇（次）。编辑自办刊物《民盟六盘水市委工作情况通报》5期。民盟市委坚持给每个基层组织订发《中央盟讯》《贵州盟讯》，鼓励各基层组织订阅《人民政协报》《贵州政协报》《群言》等报刊杂志。积极参与法治宣传活动，“12·4”法制宣传日之际，在闹市区设立法制宣传台，向过往群众发放法律宣传资料300余册，免费为群众提供法律咨询服务10余次。

（颜亨凭）

【参政议政】 向市政协六届四次全会提交了《关于加强我市职业教育工作的建议》《关于加强我市科技工作的建议》等16件党派提案，提交《依托文化与气候组合优势，打造凉都消夏文化节》的大会发言和《合理流动教师，促进义务教育均衡发展》《大力发展中职教育，加速人力资源开发》2篇书面发言。盟员中的市政协委员以个人名义向大会提交个人提案10余件。其中《畅通东出口，对背阴坡路段进行彻底整治或重新规划改线的建议》被列为市政协主席督办提案。在《加大移民搬迁后续管理的建议》办理过程中，民盟市委除听取办理情况汇报外，两度深入光照水电站库区移民安置现场视察督促提案办理。

（颜亨凭）

【智力支边与社会服务】 开展“农村教育烛光行动”。六枝特区陇脚布依族乡是民盟市委开展“农村教育烛光行动”实施地。先后两次邀请相关教学专家赴陇脚乡中学，通过示范课、点评、教学交流座谈等方式，有针对性地开展实验技能专题培训、新课改培训等，为陇脚乡及周边乡镇中学教师释疑解惑，解决教学实践中的难题。在六枝特区陇脚布依族乡开展“农村教育烛光行动”中，直接受益教师120余人，直接受益学生3000余人。协调资金帮助陇脚乡改善教育硬件环境，如图书室项目、“爱心一蛋”项目“落地”实施，利用自有经费为陇脚乡中心幼儿园添置消毒柜、洗衣机等。

“5·12”汶川大地震2周年之际，民盟市委携人民出版社、北京唐人易和文化传播有限公司走进校园，在市第四中学举行“大爱无疆、感恩常驻”赠书仪式，捐赠书籍《我是老师》《感恩的心》共2100册，价值近50000元。邀请《我是老师》《感恩的心》作者亲临现场作专题讲座，与师生互动交流。

年初，西南遭受百年不遇特大干旱，六盘水市周边农村地区旱情尤为严重，全市盟员捐款18000余元；青海玉树7.1级强烈地震时，盟员再次捐款 20450 元。

（颜亨凭）

【对口联系工作】 2010 年，与民盟市委对口联系的政府部门有市教育局、市科技局、市文化局（文体局）、市卫生局、市建设局（住房和城乡建设局）、市劳动和社会保障局（人资社保局）6 个。民盟市委应邀参加了 6 个政府部门的有关会议和开展了对口联系活动。应邀参加市科技局等举办的全市破坏性地震救灾演习活动。

（颜亨凭）

【调研与培训】 配合民盟省委开展调研，围绕《完善收入分配机制，促进和谐社会发展》调研课题，发放并收回调查问卷 300 余份，邀请市总工会、发改、经信委、人力资源等 10 余个相关部门召开课题调研专题座谈会，收集整理了翔实的基础资料。

开展《六盘水市农民工基本权利保障体系的建设与完善》课题调研。调研组人员深入建筑、餐饮等行业，发放并收回调查问卷 100 余份，形成调研报告报民盟省委。

各基层组织也根据自身情况开展调研。六枝总支完成《影响民主党派成员思想态势主要因素研究》调研报告，钟山支部联合钟山区政协完成《关于对钟山区开展“新型农村社会养老保险工作”的调研报告》。

5 月，组织领导班子成员、盟员骨干、机关干部赴重庆特园、遵义会址开展革命传统教育活动；10 月，联合市社会主义学院举办基层组织负责人暨新盟员培训班；10 名盟员（参政议政人员）参加市社会主义学院举办的第三期党外人士（后备干部）培训班；4 名盟员骨干分别参加省社院举办的“全省民主党派基层组织骨干培训班”。副主委向红参加省委党校为期 3 个月的“全省中青年领导干部培训班”学习，盟员何枢参加了北京社会主义学院的学习。

9 月 26 日至 28 日，民盟贵州省第十七次地方组织盟务研讨会在黔西南州兴义市举行。民盟六盘水市委主委范三川，副主委李用凯、何兴贵和机关干部参加了研讨会。

（颜亨凭）

中国民主建国会六盘水市委

【概述】 2010 年，中国民主建国会六盘水市委批准新会员入会 12 人，其中：大学本科 7 人，大专 5 人，中级职称 6 人，平均年龄 36 岁。至 2011 年年底，民建六盘水市委共有会员 219 人，产生县（区）级政协委员 10 名、常委 5 名，人大代表 4 名，常委 3 名，市政协委员 22 名，常委 3 名，市人大代表 3 名，常委 1 名。有 3 名会员分别被聘为特约监察员、检察员、审计员。

11 月，获民建省委授予的“先进集体”称号。

（余万发）

【提交提案 13 件】 在六届政协五次会议上，民建市委提交 13 个提案、2 件大会发言。内容涉及农村教育、农村基础设施、城市建设、城市服务业等领域。其中：《加大牂牁湖景区旅游资源过开发力度的建议》《加快我市装备制造业发展的建议》被列为市政协重点督办提案，《合并红山石桥工业园区的建议》的议案被市委市政府采纳。

（余万发）

【社会服务和智力支边工作】 对“四帮四促”联系点场坝菜园社区的 50 多户贫困居民进行慰问和帮扶；会同市环保局相关人员为比德乡黄草村村民送去 6000 元现金、20 多床棉被及部分肉、油等食品，为水城县青林乡、比德乡、米罗乡协调解决 20 多户“放心农家店”资金 8 万多元；协助市智力支边办引资助学。全年为市四中、市五中、市九中等学校贫困学生解决助学资金10万元，为钟山区凤凰小学捐献2000多册图书，价值2万余元，为钟山区汪家寨新华小学学生捐赠价值8000多元图书及200套衣服，为德坞镇杨肠小学捐赠5万元购买桌椅，为水城县陡箐乡中学捐赠862套校服，总价值47000多元；协调6万元资金帮助解决场坝菜园社区同心组100米道路硬化，协调3万元资金帮助杉树林村修建沟渠和连户道路；引资6万元为比德乡中心村岩上组36户146名村民修公路，资助老鹰山贫困党员3000元；举办50多场知心姐姐心理健康知识讲座；协助相关部门培训统战成员、职业经理人和农民兄弟近百人次。参与再就业工程和创业工程，促进解决数千人就业问题。

（余万发）

中国民主促进会六盘水市委员会

【参政议政成果喜人】 2010年2月，市六届人大四次会议和政协六届三次会议相继召开，民进六盘水市委在政协六届四次会议上共向大会提交了《关于加快市中心区红岩、丫口、东风东、东风西、青年路五个社区综合整治的建议》《关于加强我市环城林带建设和管护的建议》等10件提案。其中：《积极开展婴幼儿早期教育，推动人口素质全面提升》《关于加强我市环城林带建设和管护的建议》《六盘水市第十八中学办学条件亟待改善》《促进教育均衡发展，教育实现公平》4篇大会采纳发言。

（李家勇）

【做好社会服务工作】 编制2010年社会服务规划，制定文化、教育、医疗“三下乡”活动方案，使社会服务工作得以有序开展。

3月到水城县南开乡跳花场举行送文化、送医疗、送科技为内容的“三下乡”活动。组织了演员、医疗专家和农业技术专家为苗族同胞和当地农民服务。

4月22日，组织会员教师深入到六枝特区毛口乡开展送课下乡活动。

六一期间，民进水城支部在滥坝镇发齐小学开展“三下乡”暨爱心捐赠活动，组织支部会员为发齐小学的教师上示范课、向年轻妈妈讲解有关儿童早期教育的知识，为该校30名留守儿童捐赠了价值1500元的书包，为学校捐赠价值600元的体育用品。

6月29日，由民进六盘水市委主办，钟山区老体协、民进钟山总支、民进六盘水市委老年专委会、民进六盘水市委医疗专委会承办的中老年健康知识讲座在钟山区会展中心隆重举行，来自各行各业的离退休老干部、老职工共200多人到会参加了讲座。

（李家勇）

【宋淑珍参加民进中央骨干会员培训班学习】 9月16日至19日，由民进中央主办的骨干会员培训班在北京开班，来至全国28个省市的55名骨干会员参加了培训，民进六盘水市委副主委宋淑珍作为贵州省的骨干会员代表参加了培训。

（李家勇）

【各基层组织相继展开换届工作】 9月至12月，民进六盘水市委所属钟山总支、市直支部、六盘水师范学院支部、市一中支部、市三中支部相继展开换届工作。此次民进六盘水市委基层组织换届。一批工作务实、热爱会务、年轻有为的骨干会员被选入了基层组织领导班子，新班子的文化程度、年龄结构、男女职数均有了较大的改善。

（李家勇）

【信息工作成效明显】 2010年收到社情民意信息50余篇，《全省统筹打造夜郎文化品牌的建议》等3篇信息上报民进省委并被采纳。会员

黄远丽撰写的《全省统筹打造夜郎文化品牌的建议》还被中共省委统战部采纳，并报送所有副省级干部审阅，在全省范围内产生了较大的影响。上报市政协信息40余篇，上报市委统战部信息10篇。

（李家勇）

【召开庆祝中国民主促进会成立65周年纪念大会】 12月25日，民进六盘水市委召开民进成立六十五周年纪念大会，市政协主席唐方信应邀出席纪念大会。中共六盘水市委常委、市委秘书长周斯弼受中共六盘水市委副书记何冀委托出席纪念大会并讲话。张俊昌代表各民主党派市委、工商联致贺词；田满华代表民进六盘水市委致词。会上表彰了2010年先进集体及优秀会员。会员们还表演了精彩的文艺节目。

（李家勇）

【民进水城支部获“民进全国先进支部”称号】 民进水城支部在2009年至2010年度民进中央组织开展的“全国先进地方组织、先进基层组织”评选活动中，因工作成绩突出脱颖而出，被民进中央授予“民进全国先进支部”称号，成为贵州省获此殊荣的5个先进支部之一。

（李家勇）

【民进水城总支委员会成立大会召开】 12月20日，中国民主促进会水城总支委员会成立大会在市迎宾馆隆重举行，水城县44名民进会员参加了大会。市政协副主席、民进六盘水市委会主委田满华，水城县政协主席颜昌友、中共六盘水市委统战部副部长陈永红，民进六盘水市委副主委宋淑珍、张建生、何黔、李铁芬，中共水城县委统战部副部长周光学应邀出席了成立大会，应邀参加成立大会的嘉宾有民进市委原主委杨铮、原副主委申仲文和各兄弟支部负责人等。大会选举产生了民进水城总支委员会第一届总支员会，罗亚婴、刘章跃、符号、罗兴、周琼琳、张震坤、陆永碧、肖兰、陈美丹、叶红刚、张翼当选为民进水城总支第一届委员会委员，罗亚婴当选为主任委员、刘章跃、符号当选为副主任委员。

（李家勇）

【黄冬菊、张一雷分获省、市先进工作者称号】 4月26日，在市劳动模范和先进工作者表彰大会上，市委市政府表彰了186名市级劳动模范、73名市级先进工作者。民进会员、市特殊学校校长黄冬菊获省级先进工作者光荣称号，民进会员张一雷获市级先进工作者光荣称号。

（李家勇）

【林成荣出席全国民进民办教育研讨会】 7月5日，民进会员，钟山区双龙学校校长林成荣赴西安出席全国民进民办教育研讨会。全国人大副委员长、民进中央主席严隽琪、民进中央副主席罗富和、王佐书等民进中央领导亲临会议，并在会上作重要讲话。

（李家勇）

九三学社六盘水市委员会

【概述】 2010年，九三学社六盘水市委共建有10个基层组织，社员232名，平均年龄52岁，有高级职称的104人，占44.8%；绝大多数是所在单位的业务技术骨干和学科带头人，主要界别（科学技术、高等教育、医药卫生）人数178人，占76.7%，保持了社组织结构的特点和优势。社市委有主委1人，副主委4人（专职1人，兼职3人），下设办公室；基层组织有六枝支社、钟山支社、水城支社、市直支社、市医支社、农业支社、职院支社、师院支社、水矿支社、水钢小组。

全年新发展社员14名，平均年龄39.9岁，有高级职称的6人，占42.9%；对所属10个基层组织2009年参政议政及其他各项工作的开展情况进行考评；社市委主要领导带领机关工作人员先后赴九三学社黔南州委、铜仁地区工委等进行学习考察和工作交流。

2010年，1个基层组织被社中央评为“全国优秀基层组织”；1人被评为“全国参政议政先进个人”；1人被评为全国“社会服务工作先进个人”；1人被评为“全国优秀社员”；3人被社省委评为2006～2010年度“优秀社员”。

（王　锐）

【思想建设】　2010年，社市委以社市委委员、各支社班子成员及基层骨干社员为重点，以中心组为龙头，及时学习传达全国、省、市“两会”精神，中共十七届五中全会精神，中共贵州省委十届十次全会精神，省委书记栗战书到六盘水调研情况，社中央《关于基层组织建设的意见》，中共省委统战部、社省委关于开展树立和践行社会主义核心价值体系“三学两比”活动相关文件精神等，并下发学习资料和学习通知，在各基层组织深入贯彻学习。为各基层组织订阅了《民主与科学》《中国统一战线》《九三社讯》《九三黔讯》等刊物。

社市委机关全体专职干部分别参加了社省委委托中央社会主义学院举办的第一、二期中青年干部培训班学习；组织参观了北京科技馆和奥运场馆，并应邀到九三学社中央机关做客，得到社中央副主席邵鸿、副秘书长赵勇等热情接待；先后选派16名骨干社员分别参加省、市社会主义学院学习；配合社省委组织机关专职干部参加由秘书长带队，赴重庆统一战线传统教育基地特园以及九三学社成立旧址等参观学习，接受传统教育。社市委主委张俊昌撰写的《关于新时期参政党能力建设与履职的思考》论文，获九三学社中央政党理论研究论文奖（是贵州省唯一获奖论文）；市直支社撰写的《论树立和践行社会主义核心价值体系与参政党思想建设》，农业支社撰写的《社会主义核心价值观是九三学社思想建设的政治基础》被选入社省委《树立和践行社会主义核心价值体系专刊》。

10月，社市委参加了在毕节召开的全省第七次地方社务工作研讨会，并在会上作了题为《树立和践行社会主义核心价值体系，积极开展“三学两比”活动》的发言。

积极做好思想调研工作。在全市社员中开展社员思想态势调研工作，并对各基层组织反映的情况认真整理、分析，形成思想调研分析报告2篇上报社省委。

（王　锐）

【履行参政职能】　在市“两会”期间，社市委撰写了题为《加快创建贵州理工学院步伐，为全市经济社会发展提供人才支撑》的大会发言，并在政协全会上作大会发言交流，得到了市委、市政府的重视，并积极采纳了所提建议，当年投入资金8000余万元，在人才引进招聘工作上给予了特殊政策支持，有力地推动了学院的发展。

努力提高提案质量　社市委共收到各基层组织提供提案材料50余件，向市政协六届四次全会提交了《关于进一步加强文化软硬件建设，推动我市文化发展的建议》《关于推进市中心城区公交事业改革，加强基础设施建设的建议》等11件党派提案，其中《关于建立被征地农民社会保障制度的建议》被列为重点提案。6件提案被写入政协提案工作报告，占该报告所提的亮点办理提案的29%，其中《关于进一步加强全市安全监管工作的建议》促成市政府办下发了《六盘水市安委会及各成员单位安全生产工作职责》，对40个成员单位的安全生产监管职责进行了明确，将安全监管执法津贴纳入财政预算等；市农委采纳了《关于进一步加快全市农村土地流转的建议》的提案的意见和建议，从加强基层管理机构建设、建立土地流转中心或流转市场、规范流转合同、加大对农业产业龙头企业的扶持力度、不断

增加农业基础设施投入等措施加以落实；《关于加强乡镇卫生院工作的建议》得到市卫生局高度重视，采取积极措施解决医疗机构医务人员紧缺问题，落实并下拨乡镇卫生院补助资金 1669 万元；《关于进一步加强文化软硬件建设，推动我市文化发展的建议》所提意见和建议，得到市文化体育局积极采纳。

社员中的市级政协委员也积极履行职能，提出委员提案 42 件，较 2009 年增加 15 件。在钟山区政协全会上，评选出了近 10 年来的 10 件优秀提案，钟山支社社员提出的《关注民生，高度重视农产品质量安全问题》入选；六枝支社社员提出的提案《加强农村电网改造》被列为区政协主席督办提案。

重视提案办复工作　对《关于推进市中心城区公交事业改革，加强基础设施建设的建议》和《尽快落实市四中新增教学用地，消除校园安全隐患的建议》2 件提案答复提出不满意意见，及时向相关部门和市政协提案委反馈意见，并多次与提案承办单位座谈、协商、交换意见，督促政府对提案进行重新办理，促成市人民政府形成《关于优先发展城市公共交通的意见》，按照“政策扶持优先、资金安排优先、设施用地优先、路权分配优先”的要求，逐步开展建设。

开展调研工作　按照社省委要求，分别完成《九三学社六盘水市委机关建设情况调研报告》《组织建设有关问题的调研报告》及《九三学社六盘水市委在促进民主政治建设中发挥作用的情况简介》3 篇调研报告，上报社省委，受到社省委的好评。

开展对口联系　按照社中央第五届“九三论坛”的要求，组织撰写《加快产业结构调整　实现经济发展方式的转变》论文，被选入《转变经济发展方式论文集》。对市中心城区社区建设情况进行调研，形成《关于城中心区社区建设与发展的思考》调研报告。

一年来，社市委积极参加《政府工作报告》征求意见座谈会、全市党风廉政建设和反腐败工作通报会、省委统战部党外干部队伍建设情况座谈会等各类会议 10 余次；通过会议座谈或实地察看等形式，先后与市经信委、民政局、环保局、食品药品监督管理局、市农委、市住房和城乡建设局等单位进行对口联系。

（王　锐）

【开展社会服务】　社市委特邀请到国际国内著名神经外科专家、中国国际神经科学研究所常务副所长、首都医科大学宣武医院神经外科主任凌锋教授，首都医科大学宣武医院主任医师朱凤水教授到六盘水举办六盘水站“中国脑血管病教育计划 2010 巡讲活动”，为市直机关干部职工和广大市民讲授脑血管健康保健和脑血管病预防知识，增加了市直机关干部职工和广大市民对该类疾病的了解，扩大了社的社会影响。

按照九三学社中央和九三学社省委的部署，积极组织社员中的专家，在市中心城区钟山大街开展第 22 届“国际科学与和平周”宣传活动。围绕“绿色、低碳、健康、和谐”主题，制作了 20 米长的宣传展板，向市民宣传绿色健康的生活方式，开展义诊及妇儿科、外科、法律和农业科技等咨询活动，发放大量科技书籍和宣传资料，受到市民热烈欢迎和广泛赞誉。中共六盘水市委、市人大、市政府、市政协和市委统战部、宣传部的领导到活动现场，对该次宣传活动给予了高度评价。

各基层组织也结合自身实际，积极开展各类宣传、义诊、法律援助等社会服务活动。钟山支社组织走访年龄较大、不便参加组织生活的老同志，并根据需要刻制光碟丰富他们的老年生活；六枝、水城支社组织为生病老社员捐款，为他们送去社组织的关怀，进一步增强了社组织的凝聚力。

（王　锐）

【庆祝大会与座谈会】　2 月 8 日上午，九三学社六盘水市委召开 2010 年老同志迎新座谈会，社市委领导班子成员，社员中 70 岁以上老同志

代表、社市委历届领导参加了会议

9月3日，九三学社六盘水市委举行会议纪念九三学社成立65周年，市党政领导何冀、徐毓贤，金成良、王兴建、赵泽义、滕树红、陶兴锐等应邀出席大会。会上表彰了九三学社农业支社、钟山支社、市直支社、水矿支社4个先进基层组织和敖显能等23名优秀社员。

10月19日，九三学社六枝支社庆祝成立20周年座谈会在六枝宾馆举行。九三学社六盘水市委、六枝特区党委、人大、政府、政协、统战部，六枝支社对口联系单位、六枝特区民盟总支、六枝工商联及九三学社兄弟支社应邀出席座谈会。

（王　锐）

【救灾捐款】 2009年入秋到2010年春季，六盘水市遭遇百年一遇的秋冬春三季连旱。社市委号召社员骨干及机关全体职工开展捐款捐物活动，共捐款1720元。4月14日早上7时49分40秒，青海玉树藏族自治州玉树县发生了7.1级地震。社市委立即召开紧急会议，号召广大社员及机关全体职工捐款。共捐款14230元。

（王　锐）

六盘水市工商业联合会

【概述】 2010年，市工商联认真开展政务、会务、商务工作，为全市经济社会又好又快发展做出积极贡献。全市非公有制经济纳税64.93亿元；全年新发展会员455个，会员总数达8947个；市工商联被省工商联评为先进单位(连续7年)，被中共六盘水市委、市人民政府评为“2007～2009年度文明单位”，获得“全省工商联宣传暨中华工商时报发行先进单位”，“五五普法”合格；市工商联党组织被市委命名为“五好基层党组织”，被市直机关工委评为2008～2010年度“五好基层党组织”。编印了《岁月如歌》市工商联成立21年来的宣传画册，制作了《岁月如歌》电视专题片赠送有关单位宣传工商联工作；邀请作家为非公经济代表人士创作出版报告文学集《历经坎坷的岁月》。

（曾克勤）

【非公人员培训】 5月10日，市工商联在市社会主义学院举行“六盘水市2010年非公有制经济代表人士培训班”开班典礼。各县、特区、区工商联专干、部分非公有制经济代表人士56人参加了培训。

（曾克勤）

【知识竞赛】 10月18日，由市工商联、市委宣传部、市工商局等16家单位主办的六盘水市“恒远杯”促进非公有制经济发展综合知识竞赛在恒远·帝都新城展厅举行。全国工商联法律部、《人民政协报》《中华工商时报》等单位为该次大赛发来的贺信；六盘水电视台对此次大赛进行了现场直播。全市145个单位和企业组队参加竞赛，水城县地税局代表队获一等奖，六盘水市工商局钟山分局代表队、六盘水市司法局代表队获二等奖，六盘水恒远房地产开发有限公司代表队、盘县安监局代表队、盘县工商局代表队获三等奖。

《中华工商时报》将此活动推荐为全国工商联系统十大工作亮点候选单位。

（曾克勤）

【其他相关活动】 6月9日，市工商联（总商会）举行了网站成立五周年暨《六盘水商会》报发行100期庆典活动。

8月9日至12日，市工商联举办2010中国·凉都六盘水消夏文化节重头节目——中美泰拳王争霸赛，比赛共进行4天，中国、美国、泰国的参赛选手相聚凉都，为市民表演了“巅峰对决”。

11月8日，市工商联（总商会）与红桥新区

管委会举行项目招商签约仪式，分别与红桥开发区管委会签订了《市工商联和红桥新区项目招商框架协议》《六盘水煤炭交易中心项目招商协议》《红桥新区医院项目委托招商协议》《六盘水市总商会大厦项目框架协议》。

12 月 15 日，市工商联举行“促进非公有制经济发展形势报告会”，市委常委、市纪委书记黎平作“促进非公有制经济发展”形势报告，市、县、区工商联专干与部分非公经济代表 150 余人听取了报告会。

（曾克勤）

群众团体

六盘水市总工会

【概述】 2010年，全市各级工会开展建功立业大竞赛系列活动，在自身建设、协调劳动关系、困难职工帮扶、“双创双建”、“互助共建”等各个方面，均取得较好成绩。

开展“建功立业”大竞赛活动　全市参加竞赛活动的1090个企事业单位工会围绕生产经营中的急、难、险、重任务，开展以比产量、比质量、比安全、降成本、降能耗为主要内容的、形式灵活多样的竞赛活动，参赛职工达16.8万人次，创经济效益1.4亿元。其中：围绕重点工程、重点项目开展劳动竞赛36项；开展技术革新、项目改造270项；开展“五小”和节能降耗、双增双节等活动923项。

开展“两个普遍”工作　在企事业单位“普遍建立工会组织、普遍开展工资集体协商”。成立“百日建会集中行动”领导小组，在深入基层调研的基础上制订工作方案，两次召开专题会议研究部署“广普查、深组建、全覆盖”工作，采取措施督促未建会企业组建工会，整顿健全软弱涣散工会，推动企事业单位普遍开展工资集体协商，签工资专项集体合同工作。全年新建基层工会240个，涵盖法人单位898个，新发展会员58877名；签订工资专项集体合同866份，涵盖企业1317个，覆盖职工13.7万人；指导职工签订劳动合同28.4万份。

抓职工队伍素质提升　按照市总工会的统一部署，全市有931个企事业单位开展多种形式的技术练兵和职业技能比武活动，参与职工达17.7万余人次。其中：首钢水城钢铁公司开展27个工种的职业技能竞赛，参赛职工43500余人次，做到月月有赛事；贵州盘江精煤公司开展岗位练兵、技术比武活动156场次，涉及28个工种3200多名职工。激发了一线职工学技能、钻业务的激情。市总工会联合市人资社保局，连续5年举办全市职工职业技能大赛，300多名优秀选手参加5个片区、12个工种的决赛。2010年，首次举办全市服务行业职业技能竞赛。在全市开展职工职业道德建设“双十佳”活动，2名职工获全省职工职业道德模范称号。组队参加全省职工5人制足球赛，获第3名。落实全总“职工书屋”建设三年整体部署，建成全国示范性“职工书屋”1家、省级示范性“职工书屋”10家、市级示范性“职工书屋”13家。

搞好困难帮扶　2010年元旦、春节期间，全市工会筹集发放送温暖资金510万元，同比增长5%以上，慰问困难企业164家、困难职工和劳模代表14389户。全市各级工会通过招聘会、就业培训等形式促进就业和再就业工作，全年共培训9502人、帮助6138人实现就业再就业，超

额完成省总工会下达的培训与就业工作指标。六一期间，各级工会筹集发放慰问金 50 余万元，慰问儿童 16000 余名。筹集 176.3 万元资金开展“金秋助学”活动，资助困难职工子女上学 3361 人。开展专项资金管理使用暨帮扶系统操作培训，规范中央财政专项资金管理使用。2010 年利用中央财政专项资金集中帮扶困难职工 2845 名。建立健全上门求助职工应急帮扶机制。通过发放生活补助、返乡车费等，共资助 47 人次，资助金额 8154 元。

（张太恒）

【省总党组书记姚亚非到六盘水市慰问困难职工和指导抗旱救灾】 1 月 15 日，省总工会党组书记姚亚非率队到六盘水市慰问，先后到首钢水城钢铁（集团）公司、水城矿业集团公司，看望慰问受金融危机影响严重的企业困难职工和劳动模范，送来慰问金 20.4 万元。

4 月 9 日，省总党组书记姚亚非一行分别到盘县两河乡城关箐村、红果镇海子头村指导抗旱救灾，为两个村的灾民分别送去 10 吨饮用水，在了解到城关箐村 1300 人的受灾情况和两河乡采取的抗旱措施后，姚亚非现场决定给两河乡 5 万元抗旱资金，专门用于解决村民的饮水问题。拨给盘县总工会 10 万元抗旱资金，要求及时使用、集中使用，为灾民办几件看得见、摸得着的实事。

（张太恒）

【帮助党建扶贫点建成通村油路】 市总工会出资 6 万余元，商请市工商联协调老百姓大药房和筑华水泥厂捐赠水泥 100 吨，由当地村投民投工劳，在六枝特区牛场乡平寨村下坝组建成 2 千米通村油路，于 3 月 18 日竣工。由市总工会资助 2 万元、水泥 100 吨修建的牛场乡牛场村安家寨组、后坝组的文明便道竣工。

（张太恒）

【全面实施委托税务机关代收工会经费】 3 月初，省总工会、省地税局制定下发《贵州省地税机关统一代收工会经费和建会筹备金管理实施细则》（试行）以及相关文件。市总工会主动与市地税局、工行六盘水分行多次就相关工作进行磋商、探讨，在达成一致意见的基础上，于 3 月 30 日召开委托税务机关代收工会经费工作会议会，确保工会经费缴交正常运行。启动委托税务机关代收工会经费后，市总工会通过加强与税务和银行的工作协调，强化财务会计管理规范化建设，举办工会财会人员师资培训，做好新旧会计制度衔接等，大幅度提高了工会经费收缴率，完成工会经费收入预算和省总下达的经费上解任务。

（张太恒）

【劳模评选、表彰和管理】 2010 年是劳模评选表彰年，全市各级工会按照市委市政府的统一部署，按照规定的条件、程序，与市人资社保、市计划生育等部门配合，推荐出全国劳动模范和先进工作者 5 名，贵州省劳动模范和先进工作者 22 名；做好 259 名市级劳动模范和先进工作者的评选表彰工作。4 月 26 日，全市劳模表彰大会召开。推荐获省级表彰命名“工人先锋号”的单位 5 个，评选表彰市级“工人先锋号”20 个。市总工会在《六盘水日报》和六盘水电视台开辟《树行业形象、展劳模风采》专栏宣传劳模典型事迹，组织部分劳模代表外出疗休养，对困难劳模进行走访慰问。

（张太恒）

【开展创建星级困难职工帮扶中心活动】 6 月，按照省总《关于加强工会“四位一体”帮扶维权体系建设的通知》要求，制发文件对加强困难帮扶、农民工维权、法律援助和劳动争议调处“四位一体”帮扶维权体系建设和创建星级困难职工帮扶中心工作进行安排和部署。市、县两级总工会所属 5 个困难职工帮扶中心均实现有机构、有牌子、有场地、有人员等“九有”，全部建成一星级困难职工帮扶中心。

（张太恒）

【接管钟山宾馆，做好职工队伍稳定工作】 按照市人民政府的安排，市总工会于7月组成工作组进驻钟山宾馆，开展清产核资工作。11月正式接管钟山宾馆后，在逐个征求职工意见、全面摸清经营环节的基础上，成立临时领导班子，建立健全规章制度，理顺经营秩序。通过加强经营管理活动的监督，促进钟山宾馆经营活动的正常开展，初步扭转了严重亏损的局面，保证职工工资的正常发放和社会保险费用的缴纳，稳定了职工队伍。

（张太恒）

【派员参加乡情关爱工作组赴富士康慰问民工】 6月3至9日，市总派出1名中层干部参加贵州省赴深圳富士康乡情关爱行动工作组，代表省政府赴深圳富士康进行民工安抚和慰问。

（张太恒）

【劳动争议预防调解】 全市企事业单位建立健全劳动争议调解委员会443个，行业性劳动争议调解委员会37个，区域性劳动争议调解委员会88个。2010年，全市各级工会劳动争议调解委员会共受理劳动争议案件1964起，成功调解668起，预防劳动争议激化984起。

（张太恒）

【开展基层工会法人资格登记】 4月，市总工会制发《关于抓紧开展基层工会法人资格登记工作的通知》，对符合条件的基层工会开展法人资格登记，对领取组织机构代码证等事宜提出要求。至12月，全市基层工会领取法人资格证书2380家，登记率86%，同时领取组织机构代码证的有385家。

（张太恒）

【“五五”普法依法治理工作获全总表彰】 10月，全总发文表彰全国工会系统“五五”普法先进单位和先进个人，六枝特区总工会和钟山区总工会被评为先进单位，市总法律保障部部长张太恒被评为先进个人。

（张太恒）

共青团六盘水市委员会

【相关工作】 2010年，新建非公企业团组织120多家，覆盖团员青年6000多人。

六一儿童节安排1场精彩的文艺演出；“五四”开展“城市环境众人责，我为凉都出把力”志愿者体验行动；开辟了《我与你同行》青少年电台栏目，获团省委创新奖。

礼聘春晖使者606名，整合资金1050.122万元；播放春晖行动专题片350次，召开乡友座谈会78场、举行文体活动20多场，收集建议308条；“凉都春晖全国联络处”已覆盖市外大学生3000余名。

市级财政投入经费116.9万元，招募了100名六盘水市应往届大专及以上毕业生，到农村从事为期2年的教育志愿服务工作。筹集希望工程资金1000.74万元，“圆梦大学”爱心助学款48.9万元，资助了191名大学新生；捐赠图书17179册，建立《爱心书屋》27个；投资30万元的盘县马场乡求实希望小学基本竣工。

为86名大学生和农村青年搭建就业平台；礼聘“青年创业导师”26名；对3340名农村青年进行了科技培训；对王斌等12名农村青年致富带头人进行了表彰；各级团组织联系金融部门发放小额贷款658.2万元。

评选表彰了5个市级五四红旗团委，11个五四红旗团支部（总支），45名优秀团干部，53名优秀共青团员；40名全市“优秀少先队辅导员”、59名“优秀少先队员”。

（李　静）

【抗旱救灾】 在全市抗旱救灾期间，发出《致全市广大团员青年、青联委员、少先队员抗旱救灾的倡议书》；各级团组织成立志愿者突击队210支，送水54000人（次），20万吨；募集抗旱救灾资金300多万元，抗旱救灾物资价值300多万元（其中矿泉水777吨）。在“践行宗旨下基层暖民心”活动中，走访慰问群众70人（次），结队帮扶13人（次），为基层办实事2件，投入帮扶资金10.5万元，投入灾后重建物资74.7万元。

（李 静）

六盘水市妇女联合会

【召开六盘水市妇女第六次代表大会】 2010年9月27日至29日，六盘水市妇女第六次代表大会召开，来自全市各行各业的315名妇女代表出席会议，会议听取和审议了六盘水市妇女联合会第五届执行委员会工作报告；选举产生了六盘水市妇女联合会第六届执行委员会和六盘水市出席贵州省第十次妇女代表大会代表。刘睿当选市妇联主席、丁成珍当选市妇联副主席，付莉、刘静等12人当选市妇联第六届常务委员会委员。

（杨 静）

【开展三八国际妇女节活动】 举办纪念三八国际劳动妇女节100周年暨表彰大会，表彰了2个全国三八红旗集体、4个全国三八红旗手以及100个全市妇女发展先进集体和先进个人（10个三八红旗集体、10名三八红旗手、10名巾帼建功标兵、10名“双学双比”女状元、10名优秀妇干、10名春蕾计划使者、10个五好文明家庭、10名优秀女公务员、10名优秀女村官、10名女性创业之星）。

3月9日至11日，举办六盘水市“庆‘三八’100周年凉都女性风采展示大赛”。全市分为县区专场和市直专场，共计49支队伍参加了比赛。

（杨 静）

【开展三八维权周“三下乡”活动】 3月14日，市妇联牵头组织10余家单位赴水城县鸡场乡开展庆三八国际劳动妇女节100周年法律宣传咨询及义诊活动，受益群众达5000余人。据不完全统计，全市各级妇联在三八妇女维权周活动期间共开展宣传活动68余次，发放各类宣传资料10万余份，7万余名妇女群众接受教育。

（杨 静）

【举办各类培训活动】 6月15日至25日联合市人资社保局、千惠职业技术培训学校组织全市30名小企业创办妇女参加SIYB培训班。

7月29日，组织法律小分队赴水城县玉舍乡开展“千万妇女学法律，平安家庭促和谐信访维稳专题讲座”。

实施“巾帼素质提升工程”，开展妇女能力教育培训。2010年，组织六盘水市7名巾帼文明岗负责人参加“贵州省2010年‘巾帼文明岗’负责人培训班”学习，组织黄海燕等4名林业生态建设女能手、林业基层单位先进工作者参加贵州省林业生态建设研讨暨培训班。六盘水市的张瑞雪等8名乡村医生参加全国妇联中国妇女发展基金会与安利（中国）日用品有限公司共同举办的“母亲安馨工程”乡村医生培训班，并获得了由中国妇女发展基金会、中国女医师协会、北京市女医师协会联合颁发《母亲安馨工程乡村医生培训结业证书》。

（杨 静）

【激发妇女活力，促进妇女发展】 3月份市妇联及时下发文件号召全市妇女充分发挥“巾帼示范村”的先锋模范带头作用，积极投入抗旱救灾工作。全市妇联组织积极组织广大妇女调整产业结构、补植补种、生产自救和互助互救。在旱情连续数月、严重影响六盘水妇女生产生活之际，市妇联及时组织县区妇联将中国妇基会和全国儿基会分别下发的抗旱救灾资金5万元和7万元发放到旱情严重的妇女群体、巾帼示范村、妇字号基地和旱情严重的学校，解决了全市8000余名妇女、9个巾帼示范村和4个妇字号基地的生产和42所中小学的42685名儿童的生活用水困难。

（杨　静）

【开展家庭道德教育宣传活动】 扎实推动“家庭助廉”活动的开展。水城县妇联春节前召开县乡部分领导干部家属共54人参加的“家庭助廉”活动座谈会，市纪委和市妇联有关领导亲自为参会人员上课，促进了家庭促廉、保廉、助廉的良好风气的形成。

组织家庭参加形式多样的家庭文化艺术节活动，盘县的赵雪宏才艺家庭获第五届贵州省家庭文化艺术节活动才艺家庭称号。

关注家庭教育。水城县妇联在县二小举办家庭教育知识讲座，传播先进的家庭教育知识和科学的家庭教育方法，帮助和引导家长转变教育理念。

创办市妇联家长学校。7月14日，六盘水市妇联家长学校举行开班仪式，开班仪式邀请了国家级心理咨询师、贵州省普惠心理咨询签约咨询师、爸妈在线六盘水市心理中心主任、六盘水市第一实验中学团委书记、政教处副主任刘玉平为80名家长作了题为“今天我们如何做家长”的精彩讲座。钟山区妇联以“家庭教育进社区、家庭教育进流动人口家庭”为主题在红岩社区开展了系列家庭教育活动。

推荐市人民广场民族舞蹈健身点、盘县太极健身点参评全国妇女健身示范站点，现已命名授牌。

六盘水市妇联推荐的胡宪红等4户家庭获第七届贵州省五好文明家庭荣誉称号，盘县五好文明家庭创建活动协调小组获第七届贵州省五好文明家庭先进协调组织荣誉称号。盘县城关镇小观音寺社区、钟山区凤凰街道松坪南路社区获全国创建学习型家庭示范社区荣誉称号。

（杨　静）

【立足维权抓和谐】 市县妇联建立信访接待室，全市98个乡镇、1031个村、118个社区（居委会）全部建立妇女维权服务站，开通了“12338”妇女维权热线、反家暴热线。启用了全国妇联信访信息管理系统。2010年，全市共接待、处理群众来信来访570件，做到每件上访案件及时登记分类、归口转办处理、提供法律咨询或法律援助，有序有效地开展社会矛盾化解。向省妇联上报六盘水妇联系统优秀维权案例7例。

（杨　静）

【重点人群帮教】 为进一步做好妇联参与平安六盘水创建工作，探索有效的妇联帮教形式，增强妇联帮教实效，有效参与和开展预防犯罪工作。年初，市妇联制定了到云南省第一女子监狱对六盘水籍女服刑人员开展面对面帮教的计划。上半年，市妇联对书信帮教的六盘水籍女服刑人员情况进行认真梳理，核实了帮教人员家庭的详细地址，与县区乡镇妇联分别走访了23户女服刑人员家庭，并从女服刑人员的基本情况实施犯罪原由和心理状态等方面精心设制了《六盘水市妇联关于云南省第一女子监狱六盘水籍女服刑人员问卷调查表》。12月6日，市妇联主席刘睿、副主席丁成珍一行4人赴云南省第一女子监狱对58名六盘水籍女服刑人员开展面对面帮教和问卷调查。

（杨　静）

六盘水市科学技术协会

【科普宣传和学术研讨】 9月18日，市科协在凤池园门口组织开展了主题为“发展循环经济、走进低碳生活，倡导网络学习、提高科学素质”的2010年六盘水市全国科普日大型科普活动。各县（特区、区）、市级各学（协）会、市全民科学素质工作领导小组各成员单位，组织开展各种形式的科普宣传、科技培训、科普讲座、科普展览、科技咨询服务等活动共39次，市科协组织编印了发展循环经济和健康生活的科普读物，制作宣传发展循环经济和低碳经济的环保购物袋，发送给广大市民，并在市科协科普画廊和市委宣传部建在社区的宣传栏，刊出宣传循环经济、低碳经济、健康生活知识和《加速发展、加快转型、推动跨越》的科普专刊400余块；11月，组织开展了以“发展循环经济、走进低碳生活”为主题的全市性学术研讨活动，市级各学（协）会、各县（特区、区）科技人员踊跃参加。

（王胜利）

【科普惠农取得成效】 开展了全市先进农技协、科普示范基地、科普带头人的评选表彰工作 表彰了8个先进农技协、6个先进农村科普示范基地和8名先进农村科普带头人；并从中推荐4个农技协、2个科普示范基地、2名科普带头人参加全国的评选表彰，经评审，3个农技协、1个科普示范基地、1名科普带头人获中国科协、财政部表彰，共获奖补资金85万元。

继续组织开展“农函大”农村实用技术培训 全年共举办9期培训，培训533人。市农学会等涉农学会积极参与农村劳动力转移培训阳光工程，全年共培训8000人，其中：农民创业培训50人、农业服务体系从业人员培训4250人、地方特色职业农民培训3700人。举办其他形式的农村实用技术培训1271期，培训15.91万余人（次）。市畜牧兽医学会以“三推广三普及四提高”畜牧业综合配套技术为主要内容，广泛开展养殖实用技术培训，全年共举办畜牧水产养殖实用技术培训400余期，培训3.15万人（次）。市园艺学会为提高商品蔬菜的科技含量，采取集中培训与现场培训相结合的方式，注重实际操作，提高了种菜农户的科技素质和生产技能。实施科技致富“二传手”培训工程项目2个，培训科技致富“二传手”105人；实施省科协科技扶贫项目5个，分别为有关农技协、农村科普示范基地修建了科普宣传栏，购置了电脑、投影仪、打印机、传真机、科普图书等；盘县科协联合县农业局等单位在盘县电视台和《盘县快讯》上开辟农业科技专栏，传播最新科技动态和科技知识，解答群众生产生活中遇到的科技难题；动员和组织广大农业科技工作者参与“百日科技服务行动”。

（王胜利）

【开展“百万公众网络学习工程”】 市全民科学素质工作领导小组下发了《关于开展“百万公众网络学习工程”活动的通知》，制定活动方案，成立活动工作办公室。分别在钟山区人民中路社区、东风东路社区，松坪南路社区和花园路社区建立“百万公众网络学习工程”免费上网阅读站点。钟山区科协加强对免费上网阅读站点的管理和站点管理人员的培训，制作统一的站点管理制度。在社区服务便民卡上增加贵州数字图书馆上网方式，通过张贴海报、发放宣传单等形式，介绍和宣传“百万公众网络学习工程”活动及“贵州数字图书馆”，使更多的社区居民了解“贵州数字图书馆”，推动了网上学习风气的形成。市科协编印“百万公众网络学习工程”活动宣传单和印有宣传“百万公众网络学习工程”活动的环保购物袋，在免费上网阅读站点和各种宣传中发放给市民。

（王胜利）

【开展青少年科技教育活动】 组织青少年参加第二十五届贵州省青少年科技创新大赛 获竞赛类作品一等奖2项、二等奖2项、三等奖11项，获科技辅导员科教创新成果二等奖2项、三等奖1项，获实践活动二等奖1项、三等奖6项，获科幻画一等奖4幅、二等奖12幅、三等奖 24 幅。

组织第八届六盘水市青少年科技创新大赛 共收到参赛作品 949 件，比上年的 252 件，增加 697 件。经评审委专家评审，共评出竞赛类作品一等奖 9 项（上年 4 项），二等奖 16 项（上年 15 项），三等奖 48 项（上年 24 项）；展示类作品一等奖 14 项（上年 13 项），二等奖 46 项（上年 16 项），三等奖 68 项（上年 23 项），优秀科技辅导员 2 名。

开展市第二届生物学生实验操作技能大赛 市第三届“船模”比赛，市第四届“七巧科技系列”科普竞赛，市第四届物理实验操作技能大赛等竞赛活动；分别在市十中，六枝特区平寨镇中学、二小，水城县一小，市八中等学校开展了科普大篷车进校园活动，开展了“我的低碳生活——2010 年科学调查体验活动”。

盘县科协举办第二次盘县青少年科技创新大赛作品展示活动暨表彰大会 展出盘县历年来在参加国家、省、市大赛中的各类获奖作品及本县竞赛的优秀作品；水城县科协继续实施中国科协与联合国儿童基金会非正规教育项目第六周期（2006～2010 年），通过了总项目办的终审评估；六枝特区科协注重青少年科技创新大赛的参与面，乡镇学校参加大赛的学生逐年增加，分别在市二中、特区一小组织 6200 余名学生开展防震避险应急演练。

（王胜利）

【提高城镇人口科学素质行动】 开展了创建科普示范社区工作。钟山区荷城办花园路社区达到创建标准，被市科协、市文明办、市科技局命名为全市首家科普示范社区。

9 月中旬，邀请市医院糖尿病专家为二屯社区工作人员及辖区居民作了“预防疾病、健康生活”的健康教育讲座；11 月 6 日，联合贵州省医学会糖尿病分会、市医学会、市人民医院，在市人民广场举办了“联合国糖尿病日”大型义诊活动。

市级各学会积极参加“科技活动周”和“安全生产月”活动，充分利用世界气象日、世界环境日、世界防治结核病日、世界卫生日、“5·8”红十字日、全国高血压日、世界精神卫生日、联合国糖尿病日等纪念日开展科普讲座、义诊义疗、科普宣传等活动。钟山区科协积极参与创建科普示范社区工作，集合资源加大社区科普设施建设，将许多重点科普活动集中到社区开展；盘县科协在盘县电视台每天的天气预报节目中滚动播出宣传科协、科技工作者和科普知识图片，与盘县电视台办《科普大篷车》栏目，坚持每周播出 1 集。

（王胜利）

【各市级学（协）会学术交流】 2010 年，市级各学（协）会充分发挥学术交流主渠道作用，全年共举办学术会议 100 余次，交流学术论文 540 余篇。市气象学会全年发表论文 60 余篇（在中国科技核心期刊上发表专业论文 6 篇，在省级气象类刊物发表专业论文 30 篇），张润琼撰写的《贵州大暴雨的湿位涡诊断分析》获贵州省第三届自然科学优秀论文鼓励奖。市教育学会组织开展各学科的教学研究和教师培训，深化新课程改革，大面积提高广大教师的教学技能，有效提高课堂教学效率；组织编辑出版了《教育教学研究》论文集、《凉都雅韵》《凉都诗词》《师魂集》《烛光集》等；市农经学会组织会员就六盘水市发展现代农业进行专题研讨，通过办好《六盘水农村经济》，努力为广大会员、农业战线的工作人员提供交流平台。市医学会各分会广泛开展学术交流活动；妇产科分会举办“六盘水市妇科微创新进展学术讲座”，邀请全国政协委员、原卫生部副部长、中国医师协会会长殷大奎，北京协和医院丁兆京、赵健教授等到会指导；儿科分会针对《小儿哮喘的治疗规范》《小儿重症医学》，邀请贵阳医学院附院朱晓平教授，贵阳市妇女儿童医院主任陈建丽讲学；麻醉分会召开学术交流会，邀请遵医、贵医麻醉科主任前来讲座；市护理学会在全市范围开展“优质护理服务示范工程”活动，开展以基础护理为主的“三基”知识学习、考核和竞赛，为推动全市护理专业的发展做出了积极努力。市金融协会组织会员撰写论文和调查报告60余篇，其中：有4篇获得了省级报刊采用、6篇获得地市级报刊采用。市药学会充分利用市局网站中《六盘水药学会》栏目和《六盘水药事》杂志，积极传播药学科普知识、交流药学经验。市园艺学会在《中国园艺文摘》《农业科技通讯》《上海蔬菜》《植物医生》等杂志发表论文8篇，参与撰写市“十二五”蔬菜产业规划和市“十二五”农业产业规划。市农学会开展了“六盘水市农业现代化发展研讨”、“关于灾后抓好农业生产促进增产增收的研究”、“稻水象甲疫情普查及防控技术讨论”等学术研讨活动，对测土配方施肥、病虫害防治、农业新技术推广等进行了探讨和交流。市畜牧兽医学会举办年会暨学术交流活动，全年共发表学术论文46篇。

（王胜利）

【学会工作不断拓展】 市气象学会有效地把气象科研与农业生产有机地结合起来，完成了《马铃薯晚疫病病害时间及温度的研究》、《贵州西部地区马铃薯春季种植的气候适宜区划细化》等课题研究，为全市大力发展马铃薯产业提供了气候技术支撑。市教育学会启动特色学校建设工程，积极举办学生综合素质展示活动，促进学生全面发展。市农经学会积极探索工业反哺农业，城市带动农村的有效途径和方法，致力于改善农村生产生活条件，促进农民增收；完成了《关于转变我市农业发展方式的思考》《城乡经济统筹发展重在调结构增效益》《关于我市农村经济发展的调查预测分析报告》《关于推进农业现代化的意见》《关于全市农业产业化发展情况的报告》5项重点课题调研报告。市医学会积极做好医疗事故鉴定工作，全年共受理医疗事故纠纷案34例。市护理学会承担市社区护士培训等继续教育工作，2010年培训考核社区护士32人；完成了《产前教育对降低剖宫产率影响的研究》等课题。市金融协会通过建立信用协会、信用村、农民担保合作社“三位一体”新模式，探索解决全市“三农”贷款难问题；2010年累计发放信用贷款602笔、1907万元，信用贷款余额达1107万元，增长30多倍。市药学会不断加强药品不良反应、医疗器械不良事件和药物滥用监测工作，提高安全预警处置能力；对全市132名监测报告员进行培训，提高了监测报告水平；组织药品检验副高职称及以上人员13人（次），对六枝大华药业、贵州宏奇药业和贵州神奇明湖药业进行技术指导，为企业培训检验人员69人；分别在钟山区、六枝特区、盘县，举办了7期药学从业人员培训班，对1221余名药学从业人员进行培训；组织开展了“药品不良反应监测平台建设”、“药品不良反应与安全用药”等调研课题。市农学会积极开展农业技术培训、农业实用技术咨询服务和农业农村方面的调研工作，组织对农业新品种选育、农作物病虫害防治、制定马铃薯生产技术地方标准等。市安全生产技术协会广泛开展技术服务、技术咨询工作，组织有关专家深入水城县、钟山区的部分非煤矿山对企业的安全生产进行技术指导和技术咨询；组织对建设项目安全设施设计（评价）的审查工作，2010年共召开审查会23次，为企业的安全生产提供了有力的技术保障；加大对地方煤矿管理人员、特种作业人员、从业人员的培训力度，全年共培训42000余人（次）。

（王胜利）

【实施全民科学素质纲要】 根据省全民科学素质工作领导小组《关于对全民科学素质行动计划纲要进行督促检查的通知》，市全民科学素质工作领导小组及时安排部署，通过对各成员单位的自查报告及在实施纲要工作中形成的工作材料，进行整理汇总，形成了全市实施纲要的自查报告和规范的工作材料。5月下旬，省全民科学素质工作督查组到市督察纲要落实情况，对六盘水市实施纲要工作情况给予了充分肯定。

（王胜利）

【科协工作】 对县（特区、区）科协办公室人员进行财务、信息、统计等培训；参加了“全国中小科技馆发展战略研讨会暨业务培训班”培训、省科协系统科协主席培训和信息员培训；召开市级学会工作座谈会。完成了六盘水市科普工作“十二五”规划和市科协改革发展30年的撰稿工作。市农委草地站的葛发权获第四届贵州省优秀科技工作者表彰，市委组织部等4个单位、徐永新等7名个人获第二届贵州省科普工作先进集体和先进个人表彰。

（王胜利）

六盘水市社会科学界联合会

【社科联工作】 2010年，市社科联编制8人（含工勤编制1名），内设办公室和业务科。全年撰写和发表文章13篇，其中：省以上刊物发2篇，省级课题1项，编撰图书4本。编辑出版了《高原上的阳光》《六盘水市经济社会发展三十年研究》，与4个县（特区、区）宣传部，共同编辑出版《六盘水乡镇发展报告》，出版《2008～2009年度社科招投标课题汇编》。将《凉都》和《中国凉都》整合为《中国凉都》。在钟山区举办科普讲座，300余人听讲；盘县300余名股级以上干部聆听了省社科联副主席徐静的专题报告。

（刘　军）

【所属各学会活动】 市彝学会召开了第五次研讨会和六盘水市彝族企业家协会成立大会，收到论文25篇，配合举办“火把节”等活动。

市苗学学会指导苗族跳花节与芦笙艺术节等活动。

市老年大学组织舞蹈队、京剧表演队参加全省老年教育事业发展25周年文艺汇演和全省老龄委文艺调演，分获金、铜奖。

市布依学会出版《六盘水布依族》《布依族百年实名》《中国布依铜鼓论坛》等书。

二野军大校史研究会编成《情系乌蒙》第6集；市警察协会创刊《凉都公安调研》。

市监察学会编印《凉都监察》2期。

市教育学会编辑出版了《教育教学研究》论文集，《凉都雅韵》《凉都诗词》《师魂集》《烛光集》等诗集。

市金融学会会员撰写论文和调查报告60余篇，其中有4篇被省级报刊采用。

市公关协会被评为2010首届博鳌公关节公关创新示范单位。

（刘　军）

六盘水市残疾人联合会

【全市残疾人概况】 2010年，全市有各类残疾人204329人，占全市总人口的6.54%，其中：肢体残疾人56987人，占27.89%；视力残疾27687人，占13.55%；听力残疾59276人，占29.01%；言语残疾4005人，占1.96%；精神残疾13159人，占6.44%；智力残疾11442人占5.60%；多重残疾31773人，占15.5%。城乡分布情况为城镇31528人，占15.43%；农村172801人，占84.57%。抽调人员下到各县、区、乡（镇、街道)，共办理第二代“残疾人证”11039余个，切实解决了残疾人办证不便的问题。

（市残联）

【提高残疾人康复服务水平】 全年完成白内障手术1400例，为患者减免手续费23万元。为残疾人配用展低视力助视器35件，培训低视力家长11名。发放助听器38个，专项救助贫困聋儿19名，完成聋儿康复训练43例和聋儿家长培训43例。为45名截肢残疾人安装了假肢，发放轮椅车辆、拐杖等辅助器具1300余件。完成国家抢救性康复项目脑瘫康复训练8例，聋儿康复10名，智力残疾康复训练20例，投放国家补助经费38万元。

（市残联）

【扩大残疾人就业覆盖面】 全年协调解决772名残疾人就业；在特别困难的情况下，征收残疾人保障金1577万；举办城镇残疾人职业技能培训13期，715人。组织农业实用技术培训14期，1039人，选拔28名技术能手，参加贵州省第四届残疾人职业技能竞赛，获得了团体总分第三名和2金1银2铜及四个第四名的好成绩；组织培训盲人按摩师30名，其中：初级2名，中级28名，并实现全部就业。

（市残联）

【开展残疾人扶贫工作】 完成省残联2009年下达的120户残疾人事业专项彩票公益金农村贫困残疾人危房改造项目任务。整合资金485万，对366户贫困残疾人危房进行改造，让503名贫困残疾人受益。协调资金16.6万元，投向残疾人扶贫基地，60户农村贫困残疾人受益。引导扶持261名农村贫困残疾人参加生产劳动，使残疾人的生活条件得到一定程度的改善。

（市残联）

【丰富残疾人精神文化生活】 推选优秀残疾人参加特奥运动会，选送3名智力残疾少年参加第五届全国特奥运动会，获得1金2银3铜的好成绩；组织参加全省第四届残疾人运动会取得了金牌总数第三名、团体总分第四名和24金7银7铜的好成绩，是历届以来取得最好成绩的一届。

开展全国助残日、爱耳日、国际残疾人日、志愿者助残、法律助残等宣传活动，在“世界残疾人日”当天，邀请30余名残疾人参加座谈会，学习相关法律法规，增强残疾人的守法意识，引导残疾人依法表达利益诉求，维护残疾人合法权益。

开展文化下乡试点工作，共在7个村（居、社区）建立文化室，文化活动实现了“六有”即有组织、有活动场地、有服务项目、有服务措施、有牌子、有经费。认真做好“三个结合”，即把残疾人文化下乡（镇）、村（居、社区）工作与全市的科技下乡、卫生下乡、文化下乡、法律下乡等工作相结合；把残疾人文化进村（居、社区）与当地的民族文化、民族文艺相结合；把残疾人文化进村（居、社区）与“全国助残日”、“爱耳日”、“世界残疾人日”等节日相结合，发放各种宣传资料11500余份，丰富残疾人精神文化生活。

（市残联）

【推进残疾人教育】 基本普及残疾儿童少年义务教育，使适龄残疾儿童少年入学率达到86%，视力、听力、智力残疾儿童少年义务教育入学率达到78%。积极开展助学工程。继续实施“彩票公益金助学”工程，投入助学款3.75万元资助60名贫困少年儿童入学。争取到“通向明天——交通银行残疾青年助学计划”，投入2万元资助六盘水市10名大学生每人2000元。协调捐资3万元，帮助30名贫困残疾儿童入学，为市特教学校贫困学生进行生活资助1.2万元。

（市残联）

【畅通残疾人维权通道】 与市、县两级法律援助中心紧密配合，为42名残疾人提供法律援助，依法维护残疾人的合法权益。加大残疾人信访工作力度。共接待残疾人来信8件，来访269人次，把残疾人请到残联或深入到残疾人家中找残疾人或其亲属当面谈话，进行思想工作。举办培训班，开设法治课，增强残疾人学法、用法、守法的意识。及时准确地完成了盘县和水城县 2 个乡镇抽样监测小区的残疾人状况监测工作。

（市残联）

【加强残疾人无障碍设施建设】 市级和钟山区综合服务中心建设已纳入建设计划。在城区新建、扩建和改建工程项目中，按照残疾人无障碍设施建设的有关规定，逐步将电梯、盲道、缘石坡道、残疾人专用公厕等纳入新建、扩建和改建工程。

（市残联）

军 事

水城军分区

【概述】 圆满召开了军分区第九次党代表大会。修订完善了本级作战预案和各类非战争军事行动方案。制定《水城军分区军事训练问责制》等5个措施办法，促进了训练落实，提升了“双应”能力，在参加省军区组织的各类比武竞赛中，获得6个项目第一。选送20名干部参加军区昆明集训和省军区集训。投入资金20万元，对武器库、机要室、保密室进行信息化升级改造。帮助六枝特区人武部对多枚高危破甲弹进行销毁处理。

组织民兵预备役人员参与黔中水利枢纽工程建设、病险水库除险和旧水池改扩建等工作。协调资金近1000万元，建成了3个军史馆（荣誉室），启动、修建和改造了5座烈士陵园（纪念碑、纪念馆），编辑出版红色资源图文册和教育光碟。与9户烈士亲属后代结成帮扶对子。出资近2万元，为扶贫点学校购买了500余套办公座椅和价值1万元的图书。

被省军区评为安全稳定工作先进单位。1个单位、1名个人被省军区表彰为参加和支援西部大开发10周年先进单位和先进个人。

（李承键）

【救灾】 抗旱救灾期间，人武系统出动官兵、民兵预备役人员10万余人（次），组成112个抗旱救灾小组，结成帮扶对子2320个，动用车辆2300余台（次），积极为群众送水、铺设引水管线、寻找水源、浇灌农作物，解决了31.2万群众生产生活用水困难，在省级以上媒体发稿50余篇（条、幅），2个单位、5名个人受到军区和省军区表彰。组织民兵800余人（次），扑灭山火300余起，为灾区捐款5万余元。1月20日，水城县玉舍乡甘塘村发生火灾，致使玉舍国家森林公园发生大火，水城县人武部迅速组织火灾点附近的玉舍、勺米2乡300名民兵第一时间赶赴现场参与灭火，次日临晨2时左右，火势基本扑灭。

（李承键）

人民防空（交通战备）

【召开全市人民防空、交通战备办公室主任会议】 3月16日，召开全市人民防空、交通战备办公室主任会议。传达全省人民防空、交通战备办公室主任会议精神，总结六盘水市2009年度人防、交战工作，部署2010年人民防空、交通战备建设任务，表彰2009年度六盘水市人防（交战）目标考核单位和警报器维护管理先进单位。同各县、特区（区）人防（交战）办签订2010年人民防空、交通战备目标责任书。

（刘雨树）

【组织指挥和通信警报建设】 市政府责成规划部门落实人防应急指挥中心的选址，已有初步意向。

人防通信站体制得以落实，编制部门已批准两名事业编制。

强化人防指挥通信和警报系统建设。水城县、盘县、六枝特区省级人防重点城市安装7台电声警报器，超额175%完成任务。

加强对防空警报器维护管理，下拨7600元对全市26台警报器进行维护管理，对全市人防音响警报器的管理、维护和使用进行检查，人防音响警报器的完成率和鸣响率均达100%。

进行人防音响警报器试鸣演练，在六盘水电视台和《六盘水日报》播放刊登一周试鸣公告；在双水片区悬挂人防（交战）政策法规宣传横幅5幅；9月18日9进行警报试鸣，按照要求，完成各种信号的演练。

加强城市人口疏散地域（或基地）建设。选择水城县猴场乡新建1个人口疏散基地。

开展人防法规政策执行情况的检查，加强对《中华人民共和国防空法》和《国防交通条例》的宣传。

协调市国教办、市教育局结合国防知识教育开展人防知识教育，完成市中心城区12所学校3000余名的人防知识教育。

（刘雨树）

【人防工程建设和应急准备等工作】 抓好国家和省级人防重点城市2010年至2025年的人防重点城市规划编制工作。组织规划部门和有关人员到外省进行考察学习，规划正在编制中。

按规划区域人口和规划面积达到年平均标准。建立健全城市新建民用建筑防空地下室统一审批制度，依法落实结合民用建筑修建防空地下室，全年完成人防地下室8000平方米的项目审批。

抓好中心城区行政执法工作。坚持以建为主、以收促建的原则，落实结合民用建筑修建防空地下室的工作，做到应建必建、能建则建，防止以收代建或减建、免建及漏建的问题。确因地质条件等原因难以修建的，按规定收缴易地建设费，全年收取易地建设费1009000元。制止随意减免易地建设费的行为，及时向市政府汇报并纠正钟山区人防办随意减免易地建设费的行为。

加强和改进人防工程设计审查和质量监督管理工作，抓好人防工程建设、维护和开发利用的安全生产管理。

做好人防工程平战结合工作，发挥人防工程的战备效益、社会效益和经济效益，全年收取平战结合使用费12.4万元。

开展人防专业队伍的训练，下拨训练经费28000元，对人防4支专业队进行一次年度训练；

举办一期人防业务培训班，各县、特区（区）人防办主任、副主任，水城矿务局人武部部长，人防各专业队队长以及市办干部职工参加培训

支持协调六枝、盘县人防办启动结合民用建筑修建防空地下室的工作，六枝收取易地建设费60余万元。

与钟山区人防办完成中心城区废旧矿井的踏勘工作，写出可行性报告。

在市政务中心的指导下，完成市级行政电子管理暨电子监察系统的安装，按时投入使用。

（刘雨树）

【人防法制建设和宣传教育】 制定和完善防空地下室建设、人防易地建设费征缴、人防专业队伍组训等管理规定。加强人防法制机构和执法队伍建设，改进和规范人防行政执法工作，强化人防行政执法监督检查。规范统一人防行政执法文书，加强规范性文件合法性审查工作。

完善人防宣传工作网络，搞好通讯报道和信

息报送工作。根据省人防办关于印发《全省人防系统开展纪念新中国人民防空创立60周年宣传活动安排方案》要求，市办党组研究部署纪念新中国人民防空创立60周年宣传活动，成立市纪念新中国人民防空创立60周年宣传活动领导小组，下发《全市人防系统开展纪念新中国人民防空创立60周年宣传活动安排方案》的通知，收集图片、光盘资料，并于6月10前报送省办。

（刘雨树）

【交通战备工作】 7月21日举办全市人防交战系统人员业务知识培训，全市4个县（区）人防办主任、副主任和市人防办、和铁、交、信、公路等部门参加的交通战备专兼职干部培训。参加并指导水城公路管理局举办的交通战备应急抢修（5313册盘线K202+850米处）演练任务。组织战备勘察，结合省编制的“十二五”国防公路、水路、战备建设规划和本地区交通建设发展，完成对沪昆高速320线（六盘水境内）的勘察任务，对400米以上的隧道和200米以上的桥梁进行拍照。

（刘雨树）

【完成迎送赴市抗旱救灾部队交通保障任务】 3月31日，市交战办接到省交战办紧急通知：在3月31日晚或4月1～2日，两支部队赴贵州贵阳市、遵义市、安顺市、六盘水市、毕节地区、黔西南州抗旱救灾，需各地交战办负责行政区域内迎送部队的交通保障。接通知后，召开全办职工会议通报情况，并及时向市政府抗旱救灾指挥部领导和军分区首长作汇报，取得联系。同时，组织协调与交警、路政、各县（区）交战办，调集车辆4辆，派出10人集结，于4月2日按时到达迎送地点，完成任务。

（刘雨树）

【完善、更新“国防交通信息数据库”资料】 完成2009年度全市民用运力车辆的统计工作（主要是8吨以上货车和30座以上客车），将数据录入国防交通信息管理系统并上报省交战办汇总。

（刘雨树）

武警六盘水市支队

【概述】 2010年，中国人民武装警察部队六盘水市支队党委围绕保中心、保稳定、保生活，打造特色亮点，缩短建设差距，部队建设继续呈现出健康向上的发展态势。

加强政治建设　重点做好20名骨干集训未如愿、21名学技术未如愿、22名考学落榜、23名生病人员、26名家庭困难官兵的思想工作。设立5.8万元“解困”基金，给13名官兵发放1.9万元困难补助。思路明晰，措施得力。重点对教导队全面改造，配齐各类设施；开展“五好支部”和优秀共产党员评比活动，建立“创先争优”活动常态化机制；完成机关、水城县中队营区政治环境建设。

狠抓执勤处突　一是固定勤务规范安全，与市公安局和市监管支队召开协调会，确定《看守目标AB门建设方案》。投入经费70余万元安装5个看守目标防雷系统和避雷设施，升级三级网，安装更换摄像头50个，所有目标均无执勤事故发生。二是临时勤务完成出色，完成节日和重大活动城市武装巡逻、元宵焰火晚会、春运执勤、公捕公判现场警戒、市“两会”安全保卫、“凉都消夏文化节”、武装查缉等临时勤务150余起。

提升能力素质　一是领导和机关带好头，组织警官和士官集训，开展每月会操、创纪录竞赛和“五小练兵”活动。二是科学组织训练，5月至6月份在教导队组织了三期勤训轮换，投入经费7万余元购买训练器材，修建射击场和障碍场，10余万元购置反恐装备，20余万元购置抢险救灾器材。

严格管理堵漏洞　一是依法从严治警。在直属大队二中队召开正规化管理试点现场会，投入2.8万元统一制作战备包、杂物盒。坚持“三片两点”（机关和直属队、驻城部队、盘县片区为“三片”，一中队和六枝特区中队为“两点”）管理模式，重点解决干部精力外移、不当交往、工作标准不高问题，7名干部、3名战士受到处理。二是抓好安全防范。继续强化“五个宁可”安全防事故理念，制定《枪弹管理措施》《车辆安全管理规定》等。三是治理重点问题。抓住安全管理重点，3次开展安全隐患大排查，8次派出32个工作组对节日、“两会”、世博安保、“凉都消夏文化节”期间安全管理工作进行专项检查，收缴违规使用手机85部，排查治理安全隐患236处。

基础建设效果明显　一是建强党委（支部）班子。在机关、基层15个党支部中开展“五好”支部和优秀共产党员评比表彰活动，设立3万元表彰经费，每季度评比表彰一次。二是多渠道提高干部素质。组织75人参加总队“基层保卫工作骨干暨司法信访工作骨干”网上集训，选送11名干部到各类院校学习深造，21名干部参加总队基层主官纲要培训，第一期培训取得团体第二名。三是扎实搞好帮建。按照“三片两点”模式，支队党委成员担任“片长”、“点长”，机关各股室对口定点帮扶。

提高保障能力　一是加强战备建设。修订完善处突保障预案，抽组后勤机关和直属队组成应急保障分队，组织4次后勤应急保障演练，顺利完成扑灭山火、抗旱救灾、拉动演练等保障任务。二是规范后勤管理。举办2次后勤试点、3期司务长培训，1期炊事员和驾驶员培训，进行伙食管理专项检查，完成夏季服装预算及发放。三是搞好后勤保障。投入经费130万余元对支队机关、教导队和盘县中队营房进行维修整治，投入70万元对机关、三中队、水城县中队和钟山区中队警营政治文化环境进行建设，各项工程全部竣工。

（郑义建）

【总队种植养殖技术培训】　3月21日至27日，总队2010年度种养植（殖）技术骨干培训在六枝后勤基地进行蔬菜育苗栽培、常见病虫害防治、家禽和鱼类养殖以及蔬菜大棚、沼气池使用的相关知识培训，培训22名学员。

（郑义建）

【抗旱救灾】　2010年春季，六盘水市遭受特大旱灾，支队动用一切可以动用的人员、设备，发动和开展“节水抗旱献爱心”活动。出动兵力850人次，车辆60台次，扑灭山火13起，为灾区群众送水120余吨，浇灌田地30余亩。3月31日上午，支队机关举行“送温暖、献爱心”捐款活动，向遭受旱灾的地区捐款31670.6元。

（郑义建）

【抗旱抢耕】　4月21日，在支队部署下，所属各基层单位组织助民抗旱抓生产行动突击队。先后累计出动兵力近800人次、动用车辆80台次，送水约160吨，帮村民耕种和浇灌田地40多亩，筹集资金10万元为水城县米罗乡裸么村和铜场村修建25个蓄水池。（郑义建）

【车祸救援】　5月25日17时许，支队直属三中队梁玉波、何宾在执行押解任务返回途中遇到一辆私人面包车与市公安局的押钞车相撞，面包车里3名人员伤势严重，押钞车6名人员轻伤，造成路段堵塞。两名战士主动协助救护人员展开救援，协助公安现场警戒，将押钞箱安全转移。

9月8日晚19时许，六盘水火车站（水西北路）附近发生车祸，一辆公交车在撞倒路边3名行人后，司机离开现场，伤者无人施救，路过此地的支队战士祝福把重伤员背往水城矿务局医院紧急施救。

（郑义建）

【“警民心连心水窖工程”揭牌】　5月25

日，在水城县米箩乡倮么村举行“警民心连心水窖工程”揭牌仪式。25个约40立方米的蓄水窖正式启用，同时2000余米的水管全线贯通。支队积极协调10万余元经费铺设管道、修建蓄水窖，解决当地人畜饮水问题。

（郑义建）

【举办篮球联赛】 7月18日，市支队举办“卫士杯”篮球赛。各基层中队、直属队和机关队组成6个代表队，经比赛警通汽车勤务中队、直属大队三中队、钟山区中队分获一、二、三名。

（郑义建）

【直属大队一中队获记集体功】 10月18日，武警贵州省总队党委决定，给六盘水支队直属大队一中队记集体三等功。12月，直属一中队因抗旱救灾表现突出，被贵州省委省政府荣记集体一等功。

3月，六盘水支队直属大队一中队全力以赴投入到“抗大旱、保民生、保增收”的抗旱救灾专项攻坚战中来，官兵走村入寨，深入田间地头，洞口渠边，协助当地百姓开展提水浇灌工作，尽最大努力支援抗旱工作，把灾情降到最低程度。中队拿出经费1000余元，购买抽水机2台，解决了威宁县二塘镇产地村和曹家沟村60余户村民进洞担水困难的问题。同时，中队官兵争献爱心，向灾区群众捐款2230元。此外，中队还出动兵力100余人次，为灾区群众送水90余桶，浇灌田地20余亩。

（郑义建）

六盘水市公安消防支队

【火灾救援】 2010年全市发生火灾54起，死亡4人，受伤0人，直接财产损失806677元。与上年同期相比为“三降一升”（上年同期火灾75起，死亡0人，受伤3人，直接财产损失1047189元），火灾事故死亡人数在指标控制数之内。全年共接警出动379起，出动车辆662辆（次），出动官兵3757人（次），营救被困人员308人，抢救财产2695万元。参加森林火灾扑救83起；抗旱救灾送水9268吨，捐款4万余元，市人民政府为支队向省政府呈报“集体一等功”。

（张　鹏）

【消防建设】 市综合应急救援支队成立，4个（县、特区、区）成立综合应急救援大队；

全省综合应急救援队伍建设现场会在六盘水召开，省委常委、副省长黄康生出席会议并讲话。

市财政下达消防支队专项资金210万元。市发改委立项批复国防教育训练基地消防建设经费1150万元。支队投入1000余万元，购置了6辆执勤消防车辆和特勤消防装备，实现市中心城区执勤中队主战车辆均达到6台以上，县级中队主战车辆均达到4台以上，且每个大队都至少有1台大吨位消防车、1台抢险救援车、1台高喷消防车和1台举高车的目标。部队抢险救援装备、11项基本个人防护装备达标。

投入信息化建设经费42.5万元，完成了三级视频专网电路2兆扩容到4兆的升级改造工作和各级基础通信网络升级改造和应用。

组织基层通信员进行为期5天的集中培训。

市消防支队与市安监局主办唱响魅力凉都，展示警民风采《消防之声》文艺演出活动。

（张　鹏）

政法（综治）工作

社会治安综合治理

【政法工作会议】 2010年1月11日，召开全市政法工作会议，市委书记刘一民讲话，市政府与各县（特区、区）签订了“2010年度综治和维稳工作目标责任书”，命名了3个市级治安模范乡（镇）、6个市级平安乡（镇）、10个市级平安社区和17个市级平安单位。1月14日，市委第76次常委会，对政法综治工作进行研究，作出加强综治基层基础工作、提高群众安全感等14项决定。3月11日，市委召开常委会，建立市委常委挂帮4个县（特区、区）社会治安和维护稳定工作制度。3月25日，市综治委召开“五部委”联席会议，决定实施领导干部社会治安综合治理工作述职制度和市综治委成员单位综治工作联系点制度。5月6日，市委、市政府召开全市学校、幼儿园安全保卫工作电视电话会议，对校园安全保卫工作作了全面部署。7月21日，市委、市政府召开全市构建和谐矿区经验交流会，推广了盘县红果镇等8个乡（镇）、企业构建和谐矿区的典型经验，对构建和谐矿区工作进行了再次安排部署。11月10日，召开全市防范和处理邪教工作先进单位和先进个人表彰会，对评选出7个先进单位和20个先进个人进行了表彰。10月21日，全省涉法涉诉信访工作暨培训会在六盘水市召开，六盘水市案件评查工作在会上作了经验交流发言。

（市政法委）

【组织设施建设】 3月，全市没有单独设立综治办的35个二类乡（镇）全部恢复和单设了综治办，配备和配齐了专门人员；所有乡（镇、街道）全部建立了综治工作中心，所有村（社区）全部建立了社会治安综合治理工作站。4月12日，继续组织部分立功受奖干警到海南疗养。4月10日至24日，市委政法委对全市21个执法单位的执法档案规范化建设进行了检查。5月4日，省委决定，徐立平任中共六盘水市委常委、市委政法委书记、市公安局局长。6月10日，市综合应急救援支队成立。6月11日，市、县（特区、区）筹资近800万元，为全市98个乡（镇、街道）综治工作中心解决了工作用车。8月5日至10日，举办全市98个乡（镇、街道）政法委书记（综治办主任）培训班。11月初，市公安局招考特巡警助理和社区警务助理1200名。

（市政法委）

【治安排查】 2月24日，召开全市社会治安重点地区排查整治工作电视电话会议，成立了以市委分管领导任组长的领导小组，从市委政法委、市公安局、市司法局、市国家安全局抽调10

名干部到市综治办集中办公。坚持“五个不放过”、“四个强化”、“三个明确”、“两个不放松”、“一个及时”的“54321”排查措施，全面开展地毯式排查整治。

（市政法委）

【目标考核】 12月4日至8日，省政法委常务副书记王海萍率省综治委年度工作目标考核组，对六盘水市2010年度社会治安综合治理工作进行考核。18日至25日，市政法委、市综治办组织10个考核组，对全市142个副县级以上市直机关单位的社会治安综合治理工作进行年度考核。

（市政法委）

审　判

【概述】 2010年，全市两级法院全年共受理各类案件14573件，结案14243件。

干警培训工作成效显著 选派到省外培训16期次66人次，同比培训人数增加30人次，上升率为83.33％；选派到省级培训7期次76人次，同比培训人数增加55人次，上升率为261.90％；市级培训3期次102人次；114名干警参加了北京政法英杰为期6个月的司法考试培训，取得51.38％的通过率。

开展活动促进司法文明 全市法院系统开展了“人民法官为人民”“清理诉讼案件积案”、“国家赔偿积案专项治理”“法律文书质量年”“创建五无法院”“清理执行积案”“四帮四促”“百千万”等活动，对照、查找、整顿全市法院干警在思想、工作、生活等方面的问题，使干警从思想上树立“权从人民来、利为人民谋”的大局意识（服务意识）。

扎实开展“百千万”活动 即“百名院长下基层，千名法官进社区（村），万件案件听意见”活动。9月份以后，两级法院党组成员分头下到基层调研收集意见、指导工作，机关各业务部门法官带着案件1500余件下到案发地的社区、村民委员会、企业，征求社区（村组、企业）的意见。通过开展活动，收集到涉及公正廉洁司法、司法高效、司法作风、法制宣传、诉讼指导等意见建议100余条。

严格执行《党政领导干部选拔任用条例》和“四项监督制度” 市中级人民法院在推荐和任命的5名副县级干部中，首次采取“三公开一述职”（公开职位、公开报名、公开条件和参与职位竞争人员进行述职）和“双推”（投票推荐和谈话推荐）方式进行，省法院党组派员协助市委组织部进行重点考察，成效明显。

调解工作取得长足进步 全市法院民事一审调解、撤诉结案4402件，民事二审调解、撤诉结案133件。民事一审案件调撤率从原来的42.3％上升到现在的73.51％，行政案件协调结案率从原来的8％上升到现在的34.48％；刑事附带民事案件的调解力度加大，近3年调解并兑现400件刑事附带民事案件，兑现附带民事诉讼受害人赔偿金2400多万元。

积极开展“百万案件评查”活动 从2010年5月20日起有组织、有步骤地开展为期3年的案件质量评查活动。

建立防控风险点制度 按照中央、省委、市委和上级法院关于进一步健全和完善惩防体系的总体部署和要求，制定开展岗位腐败风险防控管理工作实施方案和实施细则，建立防控风险点，排查出风险点并进行定级，提出法院岗位腐败风险防范整改措施，促进审判管理与廉政监督的有机融合，确保人民法院严肃执法、公正裁判。

先进集体和个人表彰 近年来，2个集体和2名先进个人受全国表彰：钟山区法院获全国妇联颁发的“全国保护妇女儿童贡献奖”，水城县法院被司法部、最高法院评为“全国法院指导人民调解工作先进集体”，六盘水市中级人民法院监察室主任王事必被评为“全国法院纪检工作先

进个人”，盘县人民法院法警蒙跃进被评为“全国法院司法警察先进个人”。9个集体和12名个人受省级表彰，3个集体和2名个人荣立二等功，19个集体和50名个人荣立三等功，评选表彰调解先进集体19个、十佳办案能手30名，队伍建设成效明显。

抓好未成年人刑事审判试点工作　钟山区人民法院被六盘水市中级人民法院指定为未成年人刑事审判试点法院，将水城县未成年人刑事案件指定到钟山区人民法院审理。为推动试点工作，区人民法院继续推行“圆桌审判”，通过设立被告人心理感化室、邀请家长、学校老师到庭参与对未成年被告人的教育、感化、挽救等工作方式，使被告人自觉接受改造，主动预防重新犯罪。全年审结未成年人犯罪案件111件156人。

加强法院安全保卫工作。全市两级法院（五家）都购置了用于安全保卫的安检门和X光过包器，为保障法院干警的人身安全和法院正常的审判执行工作的开展打下基础。

（李学明）

【立案工作】　全年市法院共收案件1507件，其中：刑事472件（一审186件、二审286件），民事734件（一审78件、二审656件），行政104件（一审32件、二审72件），执行42件，再审案件31件，请示案件62件，申请撤销仲裁裁决案件4件，经复查驳回申诉案件20件，单独分给审监庭的案件18件。每件案件都按照法定时限登记或录入微机并及时移交相关业务庭，没有出现过超审限立案、推诿立案等违法情况。

（李学明）

【案件审判情况】　全年全市两级法院共受理各类案件14573件，同比上升1.88%，结案14243件，结案率为97.74%，同比上升2.36%。发回重审和改判率下降2.85个百分点，调撤结案率上升4.08个百分点。2010年全市法院发回重审率为7.76%，改判率为14.68%，与前一年相比，发回重审率下降了5.03%，改判率上升了2.51%。

（李学明）

【刑事审判工作】　全年全市法院审结“两抢一盗”案件765件1334人。坚决“打黑除恶”，确保政治稳定。全年审结“黑恶势力”案件15件198人；严惩毒品犯罪，确保人民群众身体健康。全年审结毒品案件302件350人；严惩重大恶性犯罪，确保社会稳定。审结故意杀人、故意伤害、绑架等重大恶性案件366件407人。上述犯罪人员中，判处5年以上直至死刑的767人，其中判处无期徒刑直至死刑的74人。注重未成年犯罪人员的教育感化和挽救，全年宣告未成年人缓刑39人，免予刑事处罚19人；严格把握罪与非罪标准，全年宣告无罪4人（自诉）；注重刑事附带民事案件的调解兑现，全年调解82件，兑现受害人或其亲属赔偿款173万元，调解结案数占刑附民案件的36.94%，同比上升6.1个百分点。

（李学明）

【依法审判张某某犯受贿罪一案】　2008年至2009年，六盘水市公安局经侦支队在办理晏某某涉嫌合同诈骗一案的过程中，晏某某为了在取保其父晏某某中得到被告人张某某的关照，通过其表兄余邦平分两次送给张某某人民币20万元，张某某将此款用于付其所欠金远来房地产公司的购房款。

被告人张某某在担任2009年“1·14”专案组组长期间，被骗方贵州佳顺矿业公司负责人何某某为了早日破案，尽快挽回经济损失，以办案经费的名义分四次送张某某共计人民币55万元，张某某将此款用于付其所欠金远来房地产公司的购房款及个人消费。

被告人张某某身为国家工作人员，利用职务上的便利，非法收受他人财物75万元，为他人谋取利益，其行为已构成受贿罪。被告人张某某在如实坦白已被侦查机关掌握的收受何某某贿赂的犯罪事实之外，又主动交代了其在办理晏某某的案件中收受20万元贿赂的事实，且庭审中自愿认罪，并积极退还全部赃款，可以酌情从轻处罚。据此，六盘水市中级人民法院以被告人张某某犯受贿罪，判处有期徒刑11年，剥夺政治权利2年，并处没收个人财产人民币5万元。

判决已生效，张某某现已投入监狱服刑。

（李学明）

【民事审判工作】 全年全市法院受理一、二审民事案件8953件，结案8759件，结案率为97.83%，解决争议金额13.27亿元。其中市法院受理一、二审民事案件766件，结案731件，结案率为95.43%。其中：妥善处理婚姻家庭、继承纠纷案件，全年审结3277件，维护了家庭和谐；妥善处理合同纠纷案件，全年审结合同纠纷案件3400件，推动市场经济有序发展；妥善处理权属侵权纠纷案件，全年审结侵权权属纠纷案件1425件，依法保护当事人的合法财产权益；坚持“调解优先、调判结合”的原则，努力实现案结事了，全年通过调解、撤诉审结民事案件5520件，占民事一审案件结案数的68.13%。

（李学明）

【民事诉讼审理调解案例】 六盘水某物资有限公司与广西有色某冶金有限公司一般买卖合同纠纷案。2010年，六盘水市中级人民法院在审理原告六盘水某物资有限公司诉被告广西有色某冶金有限公司一般买卖合同纠纷一案时，原告依法向人民法院申请对被告的财产进行诉讼保全。由于是异地保全，民二庭安排庭里最有经验的审判力量组成保全小组，驱车数千公里赶到被告住所地——广西壮族自治区龙州县进行保全及调查，及时将被告558万余元诉讼标的额全额保全。

随后，被告在到六盘水开庭及调解时十分配合，积极申请合议庭调解。最终，双方当事人在平等、自愿的前提下达成调解协议：被告向原告退还预付货款及其利息以及各项损失共计人民币365万元。

2010年12月14日，被告将上述款项汇到市中级人民法院指定账户。承办人迅速会同本院财务将该款项转至原告指定的账户。至此，该案成功调解并圆满履行。

（李学明）

【行政审判工作】 全市全年受理行政一、二审案件224件，结案222件，结案率为99.11%；其中市法院受理一、二审行政案件84件，结案83件，结案率为98.81%。

依法监督行政机关违法行政，全市法院判决撤销违法行政行为23件；加大行政争议协调处理力度，全年运用协调方式处理行政纠纷76件，占34.23%；切实延伸行政审判服务，法院向市政府提供《行政审判白皮书》，全面分析行政执法行为存在的问题，提出了改进行政执法的建议，为政府决策提供服务。

（李学明）

【依法审理苟某某与盘县人事劳动和社会保障局劳和社会保障行政不作为案】 苟某某系贵州省盘县红果镇包谷山煤矿采煤工人。2010年1月14日下午14时许，苟某某骑摩托车从家中去煤矿上班，路至断江镇与红果镇交界处时，发生交通事故，不慎摔成重伤。2月5日，苟某某向贵州省盘县人事劳动和社会保障局申请将其所受伤害认定为工伤。被告盘县人力资源和社会保障局收到申请后，经审查认为，申请人提出的申请中没有交通事故责任认定书，不符合受理条件，于2月19日作出不予受理的决定。原告不服被告作出的决定，遂向贵州省盘县人民法院提起行政诉讼，请求责令被告受理原告的工伤认定。

贵州省盘县人民法院受理该案后，经审查发现，被告作出的不予受理决定并未从程序上审查原告提出的申请，而是从实体上否定了原告申请工伤认定的请求。根据《工伤保险条例》第十八条的规定，在提出工伤认定申请应提交的材料中并未严格要求必须附有交通事故责任认定书，仅指出“工伤认定申请表应当包括事故发生的时间、地点、原因以及职工伤害程度等基本情况”。而这些材料，原告方均有提交。

盘县人民法院经审查后认为：对于原告方是否提交交通事故责任认定书，应当是在被告受理申请后所应审查的实体问题，而不是程序问题，因此被告应当先受理原告提出的申请，至于是否应当认定为工伤，应当是受理后的问题。为此，审判人员找到被告方，并就《工伤保险条例》中的相关规定与被告方进行探讨和交流，经过多次协调，转变了被告方的错误认识，促使被告在案件审理过程中受理了原告方提出的工伤认定申请，并在受理后经认真审查，作出了原告所受伤害属工伤的工伤认定决定。

在审理过程中，被告受理了原告的工伤认定申请，原告苟某某主动向人民法院撤回了对被告盘县人力资源和社会保障局的起诉。盘县人民法院依照《中华人民共和国行政诉讼法》第五十一条和最高人民法院《关于行政诉讼撤诉若干问题的规定》第二条（二）项之规定，准予原告苟某某撤回对被告盘县人事劳动和社会保障局的起诉。

（李学明）

【全市法院执行案件基本情况】 全年全市法院受理执行案件2611件，结案2495件，结案率为95.56%。其中，市法院受理执行案件52件，结案49件，结案率为94.23%。全年全市法院收案2530件，执结2429件，执结率为96%，其中，中院收案41件，执结40件，执结率为97.56%，高于全市平均水平。

强化执行兑现　全市法院执行兑现2.27亿元，强化执行服务。全市法院法官到权利人住地交付执行款物348件123.7万元，受到权利人和社会各界的好评；强化执行和解，减少不稳定因素。全年执行和解312件，全市法院未出现执行方法不当引发不稳定事件。

3月24日，贵州省委政法委下发了黔政法〔2010〕61号文要求全省继续开展清理化解执行积案活动，最高院在7月初提出了关于开展创建“无执行积案先进法院”活动的工作方案。中院迅速成立了以院长唐林为组长、副院长何勇为副组长的领导小组，负责全市的继续清理化解执行积案及创建“无执行积案先进法院”工作。全年全市338件“骨头案”已执结329件，执结率为97.34%，较好地完成了全省的工作部署。

（李学明）

【执行工作案例】 2008年2月22日，六盘水市中级人民法院依据已发生法律效力的(2007)黔六中民二初字第17号民事调解书，向被执行人六盘水市盛庆商贸有限公司、六盘水龙海工贸有限公司、贵州省威宁县乐园福利锌业有限公司发出执行通知书，责令被执行人在三日内履行生效法律文书所确定的尚未履行的欠款1798172.93元。但被执行人一直未履行。

法院在执行过程中查明，被执行人可供执行的财产仅有六盘水市盛庆商贸有限公司大河洗煤厂。为此，法院于2008年3月27日将被执行人六盘水盛庆商贸有限公司大河洗煤厂的厂房及机器设备进行了查封，经委托贵州惠仕资产评估有限公司对被执行人的资产进行评估、评估值为278.39万元。资产评估后法院委托贵州黔鑫拍卖有限公司进行拍卖，经三次拍卖未果，标的物三次拍卖下浮保留价为225万元。2009年5月4日，法院又将被执行人六盘水市盛庆商贸有限公司大河洗煤厂的资产进行变卖，发出变卖公告后仍无人报名参与竞买，标的物无法处置。2009年9月17日，申请人与被执行人双方达成以物抵债协议。被执行人六盘水盛庆商贸有限公司自愿将其所有的大河洗煤厂的机器、设备、厂房（含经营权）等抵偿本案和法院另一执行案件（申请执行人也系贵州贵铁物流六盘水分公司，执行标的为672343.23元。）的欠款。

经审查，该协议系双方真实意思表示，不违反法律、法规规定，应予以确认。为此，根据《中华人民人民共和国民事诉讼法》第一百四十条第一款第（十一）项及《最高人民法院关于人民法院民事执行中拍卖、变卖财产的规定》第十九条第一款之规定，六盘水市中级人民法院作出如下裁定：一、将被执行人六盘水市盛庆商贸有限公司所有的大河洗煤厂（机器、设备、厂房、经营权）抵偿所欠债务。二、将被执行人六盘水市盛庆商贸有限公司所有的大河洗煤厂（机器、设备、厂房、经营权）过户给申请执行人贵州贵铁物流六盘水分公司。

（李学明）

【涉法涉诉信访专项工作】 立案庭按照有关文件规定，认真开展了涉法涉诉信访专项工作。一是积极开展涉法涉诉信访积案排查化解工作，对通过“横到边纵到底”的方式全面排查出的122件法涉诉信访案件，按要求编制报表、建立台账报送有关单位。截至12月3日拟报结76件，其余的正在进一步的化解过程中。二是积极配合包案领导和承办人做好来访接待的工作。三是向省法院、政法委等报送报表（达100余次），及时书面报告工作开展情况。四是强化来信登记和来访接待工作，努力做到件件有登记事事有答复。2010年1～11月，共接待来访群众144人次，收到来信488件，接待查询案件及解答咨询700余人次。

（李学明）

【基层基础建设】 六枝特区法院审判综合大楼主体工程竣工，并已全面投入使用。实行电子监控，建立门禁系统，加强安全防范，开通三级专网，建立电子阅览室，整体上增强审判综合楼的科技含量，为发挥审判职能作用提供有力的物质保障。七个人民法庭中，除中寨人民法庭暂缓修建外，新场、堕却、岩脚人民法庭已投入使用，在建的新华、落别、郎岱人民法庭主体工程已完工；水城县法院加快院机关审判综合楼建设进度，完善巡回审判点建设，不断改善人民法庭办公办案条件，2010年12月开工建设龙场、蟠龙、阿戛三个人民法庭；2010年，盘县法院，鸡场坪、羊场、水塘、乐民、忠义5个新建法庭先后建成，基本完成了新建法庭建设任务；钟山区法院，2010年有3个人民法庭，即大河人民法庭、大湾人民法庭及老鹰山人民法庭。同时向省高院及有关部门申报准备拟建汪家寨人民法庭、月照人民法庭、德坞人民法庭、凤凰人民法庭。

（李学明）

【盘县法院建设“立案信访窗口”】 盘县法院狠抓“立案信访窗口”建设。一是切实抓好“立案信访窗口”建设，建立健全首问责任、服务承诺、办事公开、文明接待制度，强化立案信访窗口功能。二是设立诉讼知识服务栏，提供相关诉讼资料，方便群众查阅。三是设置休息座椅、饮水器具等服务设施，提供笔墨纸张等便民服务，方便来访群众及当事人。四是进一步规范立案工作，多数案件实现当日立案，切实解决诉讼难问题。

（李学明）

检　察

【概述】 2010年，六盘水市检察机关以围绕经济社会发展大局，推进“社会矛盾化解、社会管理创新、公正廉洁执法”三项重点工作为载体，全面履行宪法和法律赋予的职责，提高执法水平和办案质量，全年共立案查办国家工作人员职务犯罪案件62件109人，为国家和集体挽回直接经济损失1200余万元；依法审查批准和决定逮捕犯罪嫌疑人1740件2741人，代表国家提起公诉2031件3038人。依法开展刑事、民事、行政诉讼法律监督，全力维护司法公正。职务犯罪预防、法律政策研究、检察技术等各项业务稳步推进，为六盘水市经济又好又快发展提供了司法保障。

（严国八）

【打击严重刑事犯罪】 根据社会治安形势和犯罪控制的客观需要，以保平安、保稳定为重点，积极参加严打“两抢一盗”，“打黑除恶”等专项行动，始终保持了对严重暴力犯罪、“黑恶势力”犯罪、多发性侵财犯罪以及毒品犯罪的高压态势。全年，共批捕爆炸、故意杀人、故意伤害、强奸等严重暴力犯罪案件569件1022人，同比上升50.52%（件）和81.85%（人）；起诉679件1093人，同比上升68.48%（件）和100.18%（人）。批捕“两抢一盗”犯罪案件671件1162人，同比下降3.73%（件）和9.36%（人）；起诉751件1256人，同比上升8.99%（件）和7.99%（人）。批捕毒品犯罪案件301件364人，同比上升8.66%（件）和5.81%（人）；起诉308件366人，同比上升24.19%（件）和11.58%（人）。起诉“黑社会”性质团伙犯罪和恶势力犯罪案件13件67人，其中：“涉黑”犯罪案件8件44人，涉恶犯罪案件5件23人。

（严国八）

【查办职务犯罪大案要案】 全市检察机关共受理贪污贿赂、渎职侵权等职务犯罪案件线索76件，经初查后立案侦查贪污贿赂犯罪案件50件92人，其中：大案49件91人，要案3人；立案查办渎职侵权犯罪案件12件17人，其中重特大案件6件。

（严国八）

【强化诉讼监督】 立案监督方面，对公安机关应当立案而未立案的依法监督立案60件；侦查监督方面，对不符合法定逮捕条件的535人，不符合法定起诉条件的4件8人，分别做出不批捕和不起诉决定；对侦查机关漏移送提请批准逮捕的20人，漏移送审查起诉4人作出增捕和增诉决定，追诉漏罪和漏犯罪事实48起，被法院认定44起。审判监督方面，依法对法院的刑事判决和裁定提出抗诉15件；立案审查各类民事行政申诉案件35件，对生效的民事行政判决和裁定提请提出抗诉17件，再审检察建议7件；对38起侵害国家、集体和社会公共利益的民事行政案件支持和督促起诉。刑罚执行监督方面，开展看守所安全管理大检查、刑罚执行变更同步监督等工作，监督纠正违法情形47次；对全市辖区内监外执行罪犯625人进行回访考察跟踪监督，依法监督纠正监外执行罪犯脱管漏管174人。控申检察方面，共受理群众来信来访535件（次），其中：受理控告案件151件，申诉案件104件，各类举报线索280件，均按规定及时分流处理；立案复查刑事申诉案27件；受理并办结刑事赔偿案件1件。

（严国八）

【推进三项重点工作】 一是推进社会矛盾化解。开展涉检信访积案排查化解和案件质量评查专项工作，采取联合接访、带案下访、约访、领导包案、公开听证、司法救助等有效措施，排查出的11件信访积案已办结、息诉9件；评查控告申诉案件、普通刑事案件中的不批捕、不起诉案件、职务犯罪被判处缓、免刑的案件以及不服检察机关扣押款物案件40件，并提出整改对策建议；不断完善社会矛盾化解工作机制，出台《执法办案风险评估预警办法》，重点防范、妥善处置，减少涉检信访案件的发生；探索开展检调对接工作，促成民事申诉案件当事人双方达成和解协议，化解了社会矛盾。

二是推进社会管理创新。出台《关于保障和促进非公有制经济又好又快发展的意见》，参与网络虚拟社会的建设管理，批准逮捕了全市首例利用网络赌球案的2名犯罪嫌疑人；出台《涉检网络舆情引导应急处置办法（试行）》等制度，

营造有利于社会稳定的舆论环境；参加重点地区、重点领域社会治安综合治理，推进社会治安防控体系建设。

三是推进公正廉洁执法。抓好自身监督制约，执行职务犯罪案件由上级院决定逮捕制度，受理基层院提请逮捕职务犯罪嫌疑人 30 件 38 人，决定逮捕 28 件 36 人；规范执法行为，开展扣押冻结款物管理清理专项工作和检察官执法档案试点工作；深化“检务公开”，主动邀请部分人大代表、政协委员、人民监督员视察反渎工作，举办首次“检察开放日”活动。

（严国八）

【加强自身执法行为监督】 坚持把法律监督工作置于党的领导和人大监督之下。10 月，市人大常委会专题听取和审议了《六盘水市人民检察院关于开展诉讼监督工作的情况报告》，出台《六盘水市人民代表大会常务委员关于加强人民检察院对诉讼活动法律监督的决议》，为检察机关加强和改进诉讼监督工作提供了制度保障和有力支持。全面推行人民监督员制度，人民监督员监督检察机关直接立案侦查案件 3 件 3 人。全市两级检察机关通过开通“12309”网上举报电话、更新检务公开栏、邀请市人大代表、市政协委员、人民监督员、特约检察员视察反渎职侵权工作等形式，拓宽检务公开渠道。

（严国八）

【推进检察改革和工作机制创新】 机构设置方面：市检察院侦查监督处分设为侦查监督一处（普通刑事案件审查批准逮捕）、侦查监督二处（检察机关直接受理立案侦查案件审查决定逮捕）；公诉处分设为公诉一处（普通刑事案件审查起诉）、公诉二处（“两抢一盗”和“涉黑”犯罪案件审查起诉）、公诉三处（检察机关直接受理立案侦查案件和涉毒犯罪案件审查起诉）。

创新工作机制方面：围绕对适用简易程序审判活动的法律监督制度、依法明确和规范检察机关提出检察建议程序、改革职务犯罪审查逮捕制度的执行情况等 12 项重点课题，陆续制定出台反渎职案件线索集中管理综合评估指导、侦捕诉衔接、量刑建议等 10 余项规范化制度和机制。与市公安局联合制定《关于侦捕诉工作联动衔接的暂行规定》规范性文件，就公安机关侦查部门、检察机关侦查监督部门、公诉部门之间建立重大刑事案件提前介入制度以及另案处理、批捕在逃、附条件逮捕、捕后不诉、捕后撤案的信息通报气度等作出明确规定。开展量刑建议试点工作，全省检察机关量刑建议试点工作现场经验交流会在钟山区召开，钟山区院作现场交流发言。

（严国八）

【基层检察院建设和队伍建设】 规范和完善基层检察院检察业务工作考核评价体系，增强督促指导基层工作的针对性和实效性，基层基础工作进一步规范；争取中央专项转移支付资金，加快推进基层院经费保障改革和装备建设；推进从基层遴选优秀检察人员到市检察院工作、选派市检察院检察官到基层任职。

围绕群众反映强烈的执法不公、执法不严等突出问题，以深化集中清理直接立案侦查案件扣押冻结款物专项检查、办案活动安全防范专项检查等活动为契机，开展党性党风党纪教育、廉洁从检教育和检务督察工作，增强检察队伍管理工作成效；坚持从严治检，严肃查处检察人员违纪案件 2 件 2 人，分别作出党政纪处理，以铁的纪律维护检察官良好职业形象。2010 年，1 个办案集体被省检察院荣记二等功，4 个集体和 11 名个人被市检察院荣记三等功，1 个集体和 10 名干警受嘉奖，2 人获全省“十佳公诉人”称号，人民群众对检察工作的满意度测评中，名列全省检察机关第二名，执法公信力大幅提升。

（严国八）

公 安

【概述】 2010年，全市公安机关以维护稳定、服务发展、促进和谐为中心，以明显提升群众安全感和满意度为目标，狠抓队伍教育管理，深入开展平安工程建设，深入推进社会治安综合治理，依法严厉打击各类严重刑事犯罪活动，公安工作和队伍建设取得新成效。

严厉打击敌对势力、敌对分子的破坏活动 按照部、厅的统一部署，全面开展对“血水圣灵”邪教组织的专项调查及打击行动。

强化网上舆情控制工作 深挖网上情报，处置、删除有害信息。同时，针对六盘水市“1·12”事件、“豪龙水泥厂选址事件”、“维权活动”、“邪教组织”、“六盘水市公民周某某卧轨自杀”事件、“盘县警察枪击残疾人”事件等网上舆情和其它维权事件进行密切关注，主动开展引导控制工作。

做好信访工作 全市公安机关坚持局长接访、各警种各部门接访和责任追究等信访制度，出台了《六盘水市公安机关涉警信访源头过错处理暂行规定》，共接待群众来访622起、929人(次)，办理省公安厅与市委、市政府交办（督办）件23件，没有发生有案不查、压案不报的情况，办结率达90%以上，息访率达75%以上。

加大打击刑事犯罪的力度 以命案侦破和“打黑除恶”为龙头，严厉打击“两抢一盗”和各类严重暴力性犯罪活动。共立刑事案件13934起（同比上升2.22%)，破5594起（同比上升5.53%)。其中：立“两抢一盗”案件11278起(同比下降1.64%)，破3560起（同比下降1.08%)；立“八类”严重暴力性案件2512起(同比下降17.18%)，破1510起（同比下降8.65%)；查获犯罪团伙145个，涉案1258起、608人。

严厉打击毒品犯罪 全年共破获毒品案件591起（省厅下达任务数350起），缴获毒41.31千克（省厅下达任务数19千克）。继续加大对毒品问题重点整治县盘县的工作力度，以“摘帽”为工作目标，取得了明显的成效，盘县的外流贩毒人数逐年下降（2008年外流贩毒被打击252人，2009年170人，2010年102人)，无毒社区(村）比上年同期有所增加，已有3个乡（镇）在创建工作中因禁毒宣传预防教育到位、村民自治有力，吸（贩）毒问题得到较好遏制，达到了创建无毒社区条件。

严厉打击经济犯罪 先后组织开展了打击整治发票犯罪、银行卡犯罪、假币犯罪、传销违法犯罪等专项行动。全年破获各类经济犯罪案件64起，同比上升3.22%，抓获犯罪嫌疑人34人；共为国家、集体和个人挽回经济损失402.5万元，同比上升275.62%。

大力整治突出的治安问题 按照省公安厅的统一部署，加大了对卖淫嫖娼、聚众赌博等社会丑恶现象的打击力度；积极开展娱乐场所安全大检查，对歌舞厅、录像厅、音像店、网吧等公共娱乐场所和建筑工地进行了专门整治，受理治安案件17281起，同比上升26.18%；查处13935起，同比上升25.12%。查处违法人员11853人(次)，同比上升15.03%；治安处罚4508人(次)，同比上升20.63%。其中：警告456人(次)，罚款1390人（次)，行政拘留2662人(次)，其他处理7079人（次)。

认真做好出入境管理服务工作 进一步简化办证（照）手续，推行《支持个体私营等非公有制经济发展的七条举措》，放宽个体私营等非公有制企业人员赴香港从事商务活动多次有效签注的审批条件，缩短办证时间。共受理审批各类出国(境）申请12612人（次)，同比上升31%。其中：出国2593人（次)，赴香港5049人（次)，赴澳门4266人（次)，赴台湾地区705人（次)。

加强交通安全管理 全市发生道路交通事故81起，造成46人死亡，139人受伤，直接财产损失32.87万元。与上年相比，事故起数下降

24.3%；死亡人数下降 6.12%；受伤人数下降 25.27%；直接财产损失下降 68.44%。

加大消防安全检查力度　吉林、上海特大火灾事故发生后，按照省厅统一部署，在全市组织开展消防安全大排查、大整改专项行动，保持了全市火灾形势持续稳定。共发生火灾 54 起，死亡 4 人，无人受伤，直接财产损失 81.79 万元，与上年相比，火灾起数下降 31.65%，受伤人数下降，直接财产损失数下降 29.05%，死亡人数上升（2009 年为零，本年在控制指标数内）。

（郑鹏春）

【命案侦破】　成功破获“2·27”杀人案、“3·6”杀人案、信用社与牛马市场系列抢劫杀人案、“3·14”杀人碎尸案、“8·1”武警被杀案等一批群众关注、社会反响强烈的重大案件。共破命案 117 起（其中积案 21 起），命案破案率 92%。

（郑鹏春）

【“打黑除恶”】　坚持“打早打小，露头就打，除恶务尽”的方针，共打掉“涉黑”犯罪团伙 3 个、打掉恶势力犯罪团伙 9 个。钟山分局、水城县公安局联合侦破了长期在明湖路“八一”停车场的残疾人非法运营、扰乱社会经济秩序（“黑社会”性质）案件，抓获付某某、陈某某等犯罪嫌疑人 8 名。打掉了夏某某和何某某 2 个恶势力团伙，抓获犯罪嫌疑人 11 名，破获刑事案件 22 起，缴获自制枪支 1 支；破获韩某某、王某某等人为骨干的“黑社会”性质犯罪团伙，抓获犯罪嫌疑人 10 余名。

（郑鹏春）

【户口整顿】　结合第六次全国人口普查，从 6 月 29 日开始，先后组织 2 万余人参加，经过三个月的艰苦工作，全面完成了户口整顿工作。整顿中核对人数 3213519 人，比整顿前多 12 万人，户数多 3 万户。核出户口待定人员 95721 人，其中：出生未入户的 82492 人（已解决入户 30725 人），死亡未销 31484 人。同时，积极开展身份证重证号纠错工作，共纠正重证号信息 2043 余条，此项工作从全省排名末位跃居全省第一。

（郑鹏春）

【危险物品管理】　共检查涉爆单位 3632 家（次），发现不安全隐患 381 起，整改落实 374 处，排查重点人员 865 人，签订具结保证书 1749 份，签订安全管理责任书 1894 份；共收到和收缴炸药 54.8 公斤、雷管 183 枚、易制爆化学品 30 公斤；查处涉爆治安案件 7 起，行政拘留 5 人；破涉爆刑事案件 4 起 5 人；销毁废旧炸药 114.9 公斤、雷管 5610 枚、手榴弹 3 枚、TNT 块状炸药 200 克、黑索金 100 克、黑火药 100 克。

（郑鹏春）

【派出所等级达标】　经检查评比，上报钟山、纸厂作为一级派出所进行检查验收，荷城、木岗、平寨、玉舍作为二级派出所进行检查验收。经考核，钟山分局的巴西、煤厂，盘县公安局的英武、板桥，六枝特区公安局的箐口、新华，水城县公安局的比德、蟠龙、徒箐 9 个派出所被命名为三级派出所。年底全市有一级所 6 个，二级所 15 个，三级所 53 个，四级所 25 个，五级所 1 个。

（郑鹏春）

【校园周边治安整治】　全市 1394 个学校共聘请法制副校长或法制辅导员 429 人，在市中心城区 8 所重点学校建立警务工作站，派驻 8 名正式公安民警，派驻保安员 397 人。深入校园内外查找防范“盲点”及安全隐患，共检查整改隐患 140 余处。在主要路段设置 57 个治安岗亭，加大对学校附近巡逻防控力度。共投入警力 1450 余人（次）、车辆 340 余台（次），对全市 1394 所中、小学和幼儿园周边流动人口、出租房屋、网吧、电玩城等进行了全面清理，共排查校园及周边流动、暂住人口 3227 人（次），查获吸毒人员

11人，清查学校周边出租屋4297家，清查网吧180家，取缔违规接纳未成年人上网的“黑网吧”30家，查处和取缔学校周边无证经营、存在食品安全隐患的饮食摊点756家，收缴仿真手枪24支、钢珠子弹45000枚、各类管制刀具345把。共受理涉校刑事案件221起，破128起，刑拘35人，报捕37人；共查处涉校治安案件280起，治安处罚230人。

（郑鹏春）

【“两车”专项治理与警务督察】 对全市公安机关的683辆制式警车、40辆涉案车辆实行了“一车一档”规范管理，指定地点统一停放，同时完善审批、变更登记手续等车辆60余台，重新涂装统一外观制式、安装标准警用标志灯具、警报器150余辆。开展督察330余次，出动督察警力650余人（次），车辆380余台（次），发现和查纠问题181件，受理各类举报投诉67件。

（郑鹏春）

【新闻宣传与“大走访”活动】 不断加大公安新闻宣传力度，共发表宣传稿件1535篇（条、幅），其中：国家级媒体稿件1篇，省级媒体稿件78篇（条、幅）。在市局主页《六盘水公安新闻》中发稿137条，在《图片新闻》中发稿164条（大量内容被凉都网采用）。全市有2423名民警参与“大走访”活动，共走访群众24393人，为群众办实事991件，帮助困难群众747人（次），化解矛盾纠纷570次，抓捕在逃人员16人，收集到群众对公安工作的意见、建议1776条，发放慰问金58570元。

（郑鹏春）

【警衔晋升与人员招录】 共上报警衔238人（次），其中：2人选升三级警监，8人按期晋升一级警督，41人按期晋升二级警督，9人按期晋升三级警督，65人按期晋升一级警司，33人按期晋升二级警司，晋职晋升二级警督5人，延期晋升三级警督1人，延期晋升二级警司1人，首次授予二级警督的1人、三级警督的1人、二级警司的4人、三级警司的67人。完成2009年度招录警察164名的录用审批工作；完成2010年公开招录警察的报名审核，笔试、面试、体能测试、体检等工作；完成2010年度政法招录资格复审，政审等工作。

（郑鹏春）

【重大活动安保】 上海世博会、广州亚运会期间，共对226名相关人员进行了背景审查；“2010年凉都消夏文化节”期间，紧紧围绕“大事不出、小事避免、瑕疵减少”的工作目标，举全警之力进行各项安保工作，共完成各项安保任务30余项150场（次），投入警力14328人（次），调用警车5000余台（次），服务各国代表团、中外来宾及市民3500人（次）。市公安局被消夏文化节组委会评为“2010消夏文化节先进集体”，有10名民警被评为“2010消夏文化节先进个人”。

（郑鹏春）

【抗旱救灾】 2010年，全市遭受百年不遇的旱灾，全市各级公安机关共走访受灾群众13260余户，化解因争水源引发的矛盾纠纷136人（次），共参加森林火灾扑救83起，为群众送水9268吨。广大民警还积极捐款捐物、送水送粮，涌现出了水城县公安局果布戛派出所易进伟、六枝特区公安局中寨派出所龙启江等一批先进典型。

（郑鹏春）

司法行政

【概述】 2010年，普法工作以“法律八进”（即：法律进机关、法律进单位、法律进学校、法律进乡村、法律进社区、法律进家庭、法律进企业、法律进军营）为载体，全面开展了领导干部、公务员、青少年、企业经营管理人员、农民、城镇居民6类重点普法对象的法制宣传教育，圆满完成了对全市127家党政机关、人民团体、企事业单位“五五”普法工作的验收，顺利通过省“五五”普法依法治理工作的检查。

1至12月，六盘水戒毒劳教所依法收容劳教人员67人，解教1人，调所73人，在所3人；新收容强戒人员270人，撤销强戒转劳教3人，批捕2人，转社区戒毒27人，解除强戒131人，在册在所712人。对在所人员全部落实了教育管理措施，通过教育，劳教（强戒）人员守法守规率100%，政治思想教育合格率99%，文化教育合格率99%，心理咨询开展率27%，个别教育落实率100%，辅助教育落实率100%，难矫治人员转化率100%，解教人员出所评估率100%，教育工作保障达标率100%。

各级人民调解组织1至12月共排查各类民间纠纷6278件，调解成功6214件，调解成功率为99%。防止纠纷激化12起，防止群体性事件75件。

全市安置帮教组织共接洽刑满释放人员1698名，其中：刑满释放人员1377名，解除劳教人员321名；帮教870名，帮教率为51%；安置471名，安置率为28%。

全市13家律师事务所、118名执业律师共办理刑事案件355件，办理民事案件805件，担任法律顾问118家，办理行政案件32件，办理非诉业务49件，提供法律援助239件，参加公益事业和社会活动2346次（人）。

全市5个公证处、4名执业公证员和5名指定办证人员共办理公证业务2149件，民事类公证1761件，经济类公证234件，涉外公证132件，涉港澳台公证22件。

各基层法律服务所共代理各类案件601件，其中：诉讼案件544件，非诉讼案件57件，担任法律顾问64家，代写法律文书1121份，解答法律咨询7225人次。

全市受理承办法律援助案件770件，其中：刑事法律援助401件，民事法律援助367件，行政法律援助事项2件，代书160件，接待来电来访咨询1646人次，为受援人挽回各项经济损失268万余元。

（戴建旗）

【召开六盘水市第三届律师协会第一次代表大会】 1月10日，召开第三届律师协会第一次代表大会。37名代表和11名特邀贵宾参加了会议，省律师协会会长王心海、党委副书记孙忠仁等一行五人到指导会议。会上选举舒筱德为会长，吴邦义和卢成东为副会长，李宇为秘书长。并聘请方化为第三届律协名誉会长、夏生荣为名誉副会长。

（戴建旗）

【奖励100例优秀人民调解案例】 六盘水市司法局从2009年全市各级人民调解组织调解成功的6347件案例中精选出100例优秀案例，在全市司法行政工作会议上予以奖励，每例奖励现金100元，其中：六枝特区优秀案例20例，盘县优秀案例30例，水城县优秀案例20例，钟山区优秀案例30例。并将这100例优秀案例汇编成册，为基层各级人民调解组织提供交流和学习的工作平台。

（戴建旗）

【召开全市司法行政工作会议】 1月12日，六盘水市司法局在水城军分区大会议室组织召开了全市司法行政工作会议。会上，六枝特区、盘县、水城县、钟山区司法局和六盘水劳教（强戒）所所长先后报告了2009年度工作情况，所有与会人员现场进行了考核测评。通过测评，六枝特区司法局、盘县司法局、六盘水劳教（强戒）所、水城县司法局和钟山区司法局分别获2009年度司法行政工作考核一、二、三等奖，并进行表彰。同时，会议还对六盘水市评选出的人民调解100个优秀案例、市局机关6名优秀党员、1个文明科室、4个“五好家庭”进行了表彰。

（戴建旗）

【市司法局制作拍摄《法律援助案例》宣传片】 市司法局在开展“法律援助大回访”活动和“法律助便民服务”主题实践活动中，拿出2万多元制作、拍摄《法律援助案例》宣传片。宣传片长约1小时。

（戴建旗）

【“送法进校园”系列活动正式启动】 3月10日下午2点40分，由市司法局、市依法治市办牵头，市中级人民法院、市综治办、市教育局、团市委、钟山区人民法院、市律师协会等单位联合开展的以“加强青少年法制教育、提高全民法律素质”及“关爱自己、善待他人、珍惜生命、回报社会”为主题的“送法进校园”系列活动在六盘水职业技术学院正式启动。启动仪式上，活动组织赠送给职业技术学院的50本《青少年法制教育读本》、500册《六盘水市全民学法用法宣传手册》及30张附带光碟，市师范学院副教授周小桃为650名学生进行了法制讲座。

（戴建旗）

【开展“加强‘五五’普法”等系列宣传活动】 2010年是“五五”普法验收年。3月26日，市司法局、市依法治市办牵头，市综治办、市林业局、市气象局、市水资源局、市消防支队、市防汛抗旱办、市水利局、市民政局、六枝特区司法局、盘县司法局、水城县司法局、钟山区司法局、市律师协会、市县两级法律援助中心、市中心城区各律师事务所、市中心法律事务所等市县多家单位纷纷走上街头，开展“加强‘五五’普法宣传，促进社会矛盾化解”主题系列活动，宣传抗旱救灾和森林防火的相关法律法规，认真解答群众关心的节水、饮水、抗旱、防火和矛盾纠纷问题，营造了浓厚的法制氛围。

（戴建旗）

【做好150名农民工的稳控工作】 3月30日下午，薛某某等150名农民工诉中国电信六盘水分公司拖欠工资一案，经六盘水市劳动仲裁庭调解未果后，农民工情绪异常，声称将采取非法、极端的方式来处理此事。3月31日上午，由市司法局牵头，市维稳办、市信访局、市劳动仲裁委员会、电信六盘水分公司及顾问律师、农民工代表及代理律师参加的劳动仲裁协调会议召开。通过现场协调，双方当事人表示愿意继续走法律途径，薛某某等农民工情绪得到稳控。一场群体性上访极端事件被及时发现和控制。

（戴建旗）

【举行2010年度干部学法用法考试】 4月1日上午，2010年度全市干部职工学法用法开卷考试活动开考。全市200余家机关单位的5万余名干部职工参加考试。

（戴建旗）

【一堂特殊的法制教育课】 4月8日下午，市司法局、市依法治市办联合钟山区人民法院，就雷某、易某两名被告伙同多人持械故意伤害他人身体一案在市职业技术学院多功能大厅公开庭审。法官当庭依法判决被告人犯故意伤害罪处以有期徒刑四年。庭审过程中，公诉人及法官对两名被告人的犯罪原因进行了深入细致的分析，并依法给予了点评，给现场300余名学生上了一堂生动形象的法制教育课。

（戴建旗）

【江苏省盐城市司法局到六盘水市考察】 4月23日至25日，江苏省盐城市司法局局长李从洋带领所辖9个县区司法局局长一行12人赴六盘水市考察司法行政工作。考察团到六枝特区郎岱司法所进行实地考察，并举行了司法行政工作座谈，举办了两地文艺联欢晚会。4月24日下午，在夜郎酒肆召开两市司法行政工作座谈会。对两市司法行政系统工作情况进行了交流。

（戴建旗）

【市司法局、市人力资源和社会保障局建立法律援助与劳动人事争议仲裁联动机制】 4月，六盘水市司法局与市人力资源和社会保障局结合六盘水市实际，以积极化解社会矛盾，保护社会弱势群体合法权益，推动法制建设为目的，建立了法律援助与劳动人事争议仲裁联动机制。该联动机制的建立，在全省属首家。

（戴建旗）

【司法专题节目开播】 5月，由六盘水市依法治市办公室、六盘水市司法局、六盘水市电视台、六盘水市律师协会联合拍摄制作的六盘水市“五五”普法依法治理电视专题节目《律师说法》、《依法治市局长（主任）谈》第一期在六盘水市电视台第二套节目成功开播。

截至12月底，共播出节目10期，取得了良好的社会反响。

（戴建旗）

【举办2010年度律师培训班】 市司法局、市律协于5月15日至18日在市委党校举办了2010年度律师培训班，全市110名执业律师、实习律师和律师助理参加了培训。

（戴建旗）

【召开“五五”普法依法治理工作总结表彰大会】 2月26日，市委、市政府在市会议中心组织召开了全市“五五”普法依法治理工作总结表彰大会。会议宣读了司法部、民政部对全国民主法治示范村钟山区凤凰街道办明湖村的表彰决定以及六盘水市依法治市领导小组《关于对全市“五五”普法依法治理检查验收模范单位、先进单位、合格单位及法治创建先进单位的命名表彰决定》，举行了隆重的授牌仪式。获得全市“五五”普法依法治理模范单位称号的六枝特区、市财政局、首钢水钢（集团）公司和获得先进单位称号的市实验小学四家单位的代表在会上作了经验交流发言，市委副书记何冀作了讲话。

（戴建旗）

【市“五五”普法依法治理工作通过省级检查验收】 6月3日至4日，省“五五”普法依法治理检查验收组第四小组一行九人，在省人大常委会副主任、省依法治省工作领导小组副组长傅传耀带领下，对六盘水市“五五”普法依法治理工作进行全面检查验收，对六盘水市“五五”普法依法治理工作给予了高度肯定。

检查验收中，检查组一行还先后深入钟山区、六枝特区，对两地的“五五”普法依法治理工作情况进行了检查。

（戴建旗）

【举行“五五”普法依法治理工作成果巡回展】 6月4日至11日，市司法局、市依法治市办在全市四个县区及四个大企业举行了为期八天的市“五五”普法依法治理工作成果巡回展。

（戴建旗）

【市司法局到市一中举办“送法进校园”法制讲座】 7月8日下午，市司法局组织有关人员到市一中多功能厅举行了“送法进校园”法制讲座。讲座由六盘水中创联律师事务所敖显能律师主讲。

（戴建旗）

【六盘水市2010年国家司法考试再创新高】 2010年国家司法考试的报名分为网上报名和现场确认两个阶段。网上报名时间为6月5日0时至25日24时，现场确认时间为7月1日0时至7月20日20：00时。据统计，在网上报名阶段共有900名考生在六盘水考区报名，比2009年增长22%；在现场确认阶段共有650名考生通过了审核确认，比2009年增长了7%。

最终全市有480人参加了考试。11月22日，国家司法考试中心公布了考试成绩，并划定上线分数线仍然为360分的A证，315分的C证。经统计，六盘水市共有163人上线，其中：360分以上48人，315分至359分的115人，合格率为33.9%，比2009年上升11.1%。

（戴建旗）

【举办第六届“农行杯”农民学法用法知识竞赛】 8月8日，第六届“农行杯”农民学法用法知识竞赛在六枝特区郎岱镇华夏中学举行。四个县区的8支代表队参赛。其中：盘县柏果镇代表队获一等奖；水城县一队、六枝郎岱镇代表队分别获二等奖；钟山区大河镇、盘县红果镇、钟山区汪家寨镇代表队获三等奖；水城县二队、六枝洒志乡代表队获优秀奖；邓荣、杨艳等10人获得农民学法用法十大状元称号。

（戴建旗）

【市司法局深入开展“知输识理”专题调研活动】 中共六盘水市委政法委下发《关于在全市政法系统开展“知输识理”专题调研活动的通知》以及8月9日召开全市政法系统“知输识理”专题调研活动电视电话动员大会后，市司法局专门成立了5个调研组，于8至9月分别深入到市劳教所、六枝、水城、钟山和盘县，进行了调研。

（戴建旗）

【“恒远杯”促进非公有制经济综合知识竞赛成功举办】 9月29日，由市委宣传部、市人大财经委、市司法局等16家部门和单位联合主办，市工商联、市总商会、市司法局、市依法治市办公室承办，六盘水恒远房地产开发有限公司、水城县勺米弘财煤矿提供赞助支持，以“促进六盘水市非公有制经济又好又快、更好更快发展”为主题的六盘水市“恒远杯”促进非公有制经济发展综合知识竞赛决赛在市人大机关会场举行。全国工商联法律部、《人民政协报》，《中华工商时报》分别为该次大赛发来贺信，六盘水电视台对决赛进行了现场直播。

通过各赛区全市145个参赛队19场初赛、全市2场复赛，水城县地税局代表队获一等奖；市司法局、钟山区工商局获二等奖；六盘水恒远房地产开发有限公司、盘县安监局、盘县工商局获三等奖；市委办、六盘水市工商业联合会总商会、市国税局、六盘水安居医院、六枝特区司法局、六枝永康骨伤科医院、六枝特区雾峰纯天然食品厂、红果惠利经营部、水城县政协、水城县工商局、钟山区政协、钟山区地税局获优秀奖。

（戴建旗）

【深入开展“12·4”法制宣传日活动】 12月4日，全市有160余家单位在市依法治市办的组织下开展了宣传活动，向过往行人发放了《中华人民共和国刑法》《中华人民共和国物权法》《中华人民共和国治安管理处罚法》《中华人民共和国婚姻法》《中华人民共和国劳动合同法》《中华人民共和国禁毒法》《中华人民共和国人民调解法》《法律援助条例》《贵州省法律援助条例》《司法鉴定管理办法》、“法律援助明白卡”、以及各行业、各部门的法制宣传资料共16万余份（册），解答法律咨询6000余人次。

12月4日晚上，市委常委、市委政法委书记、市公安局局长徐立平作了电视讲话。

（戴建旗）

【召开人民调解工作总结表彰会议】 12月21日，全市人民调解工作总结表彰大会召开。会上，市人事局、市司法局对工作突出、成绩显著的20个先进人民调解委员会和42名先进人民调解员进行了表彰，六枝特区平寨镇人民调解委员会和盘县柏果镇镇调解员赵文分别作了经验交流发言。

（戴建旗）

经济管理与监督

宏观经济与固定资产投资管理

【全市经济平稳健康运行】 各主要经济指标保持较快增长。2010年全年完成工业总产值779.2亿元（部分市县国有企业没有统计在内），其中：中央省属企业完成399.5亿元，占51.3%；地方国有企业完成35.8亿元，占4.6%；非国有企业完成343.9亿元，占44.1%。全市完成工业增加值278.6亿元，其中：规模以上工业完成增加值197.54亿元，占70.9%；非国有工业完成增加值110亿元，占39.5%；全市财政总收入完成107.89亿元，其中非国有经济上缴税金45.6亿元，占42.3%。在全市工业总产值中，采矿业占23.4%，制造业占38.3%，电力、燃气、水的生产及供应业占17.9%，其他工业占20.4%。

（冷从向）

【主要工业产品产量】 2010年全市生产原煤6001.15万吨，洗煤2076.5万吨，其中：洗精煤1144.5万吨，焦炭496.73万吨，钢328.31万吨，钢材321.44万吨，生铁324.28万吨，水泥377.64万吨，砖7874.46万块，发电量319.67亿度，饮料酒56828000升，原铝124176吨，铝板56871吨。

（冷从向）

【重点企业调度】 全市纳入重点调度的中央省属企业16户，地方重点国有企业4户（缺少代表性，应把市国资委直属企业全部纳入），地方重点非国有企业12户，纳入统计监测的非国有工业企业140户（代表性不足，2010全市非公经济规模以上企业有497户，估计有450户是工业企业）。

（冷从向）

【电煤供应】 全年电煤供应完成1588.4万吨，其中：盘县电厂239万吨，盘南电厂562.4万吨，野马寨电厂243.6万吨，发耳电厂543.4万吨，确保了全年电煤供应，电力机组运行正常。

（冷从向）

【铁路货物运输】 六盘水车务段和水红铁路公司累计货物发送2568.64万吨，累计装车404174车，累计卸车166449车。其中原煤外运量1674.75万吨，同比增长23.23%，占货物发送量的65.2%。

（冷从向）

【抓技改，促升级】 全力做好企业技术改造工作，进一步促进产业升级创新。一是重点抓好水钢结构调整铁及铁前系统工程及公辅配套设施项目，水矿集团老矿区扩能技改项目等一批中央、省属企业重点技术改造项目以及双元铝业境外上市及铝深加工项目等一批地方重点技术改造项目的调度、协调、服务。二是积极争取上级部门各种专项资金对六盘水市技术改造项目的支持2010年组织企业申报各种专项支持，全年共获得各类省级扶持资金3535万元。建立企业技术改造资金项目库，安排市级技术改造资金1400万元。三是抓好技术改造项目前期工作，对符合规划的洗煤企业给予办理开展前期工作的相关手续，已办理54户；对六盘水老屋基选煤厂环境保护工程尾煤泥干燥技术改造项目、三山食品有限公司年产3000吨苦荞系列产品异地技改项目、六盘水恒远新型建材有限公司锅炉技术改造等6个项目进行备案。

（冷从向）

【抓节能，转方式】 认真开展各项节能降耗和循环经济发展工作，加快转变经济增长方式。一是强化目标管理，分解落实2010年全市节能工作目标，市政府与各县（特区、区）、市直有关部门、部分重点耗能企业签定节能目标责任书，安排节能工作专项经费，按照目标任务完成情况对各县（特区、区）进行表彰和奖励。二是加强对重点能耗企业进行监控，全市23户重点能耗企业29项能耗指标与上年相比，有2项上升，26项下降，1项持平，稳定降低率为92.86%。实现节能的21户企业共节约标煤121083吨，超耗的1户企业共超耗标煤3732吨，节超相抵共节约标煤117351吨。三是积极推广资源综合利用，以粉煤、煤矸石、矿山尾矿等固体废弃物利用为重点，做好资源综合利用企业的认定工作。其中申请续认企业4户，首次申请认证企业5户，已获得论证企业6户。四是加强监督检查，对单位产品能耗超过国家或者省规定的限定值的企业，按照权限予以责令整改、责令停产或关闭，并采取罚款、限电、差别电价等强硬措施限制生产，确保控制能源消耗总量。五是加强培训，举办工业能源统计人员、高耗能产品能耗限额国家标准等培训班，培训人员200余人次。六是加大资金扶持力度，全年实施节能减排项目7个，总投资14057万元，已完成投资9166万元。其中，申报国家和省级节能技改项目2个，获得资金463万元，安排市级财政节能减排项目资金60万元，扶持节能减排项目5个。

（冷从向）

【抓淘汰，调结构】 对新产品质量低劣、浪费资源、污染环境、不具备安全生产条件的企业继续采取关闭、停产等措施实施淘汰，严格控制低水平重复建设。全年分两批淘汰落后产能338.72万吨，涉及4个行业32家企业。对于关停企业，市经信委全年组织申报中央财政、省财政淘汰落后产能奖励资金3907万元，用于企业职工安置、转产、化解企业债务、更新设备等。为促进产业优化升级，增强发展后劲，全年新建贵州黔桂天能焦化有限公司年产130万吨焦化、贵州博宏实业有限公司水泥分公司日产2000吨水泥新型干法生产线、贵州六盘水双元铝业公司年产15万吨电解铝一体化等10余个循环经济项目。

（冷从向）

【抓非公，增活力】 大力发展非公有制经济，进一步增强发展活力。一是建立市非公有制经济领导小组及促进非公有制经济发展联席会议制度。二是举办企业管理、企业信用评级、创业辅导等培训11期，培训344人次。三是开展经济技术合作，先后组织20余家企业参加第十五届APEC中小企业博览会、第十四届中国东西部合作与投资贸易洽谈会、2010“多彩贵州”旅游商品两赛一会，提供招商引资项目20多个，参展产品30多种。四是建立市县两级投资项目库，定期发布大企业、企业集团配套协作、延伸加工与产业转移项目，储备项目22个。五是加强融

资服务，申办小额贷款试点公司 3 家，注册资金 8000 万元，有两家公司已正常开展小额信贷业务。与市邮政储蓄银行签订《六盘水市邮政储蓄银行向地方中小企业贷款授信协议》，授信金额为 50 亿元。六是加强项目扶持，为 16 个非公项目争得省级财政扶持资金 881 万元。七是有序推进“万户小老板工程”，已实施 240 余户。

（冷从向）

【抓信息，促发展】 一是积极推进两化融合试验区工作的深入开展，带动传统产业改造提升、特色优势产业发展、工业园区健康发展。钟山区成功申报为省级工业化与信息化融合试验区。二是积极推进地方性“三网”融合。省广电局已将钟山区列入“三网”融合试验区，现已铺设光缆 450 千米，双项改造 99360 户，覆盖率占主城区的 90%。三是联合市政府信息管理中心对驻市各通信运营商全力推进 3G 通信网络的建设与发展情况进行调研，并开展相关工作。四是积极做好信息化项目申报，组织申报各类信息化建设项目 25 个，为钟山区争取信息化建设资金 100 多万元。五是与省电信公司合作，以中小企业合作项目为载体，积极推进信息化建设。六是组织各方人员，对全市信息化建设情况进行调研摸底，编制完成《全市“十二五”信息化专项规划》及《全市信息基础设施“十二五”专项规划》初稿。

（孙　嵘）

物价管理

【概述】 六盘水市物价局始建于 1980 年 4 月，是市人民政府主管价格的职能部门。2010 年，市物价局变更为由市发展和改革委员会管理的副县级部门管理机构，下设办公室、价格管理科、收费管理科、价格监测调控科（市政府成立的市煤炭价格调节基金管理委员会办公室设在该科）、价格监督检查科（六盘水市价格监督检查局）5 个科室，以及 1 个下属单位价格认证中心（财政全额拨款事业单位）。有职工 40 人，其中：在职 29 人，退休 11 人。

2010 年，受生产流通成本上升、自然灾害较多、社会资金炒作、农副产品消费增长、国际市场大宗商品价格明显上涨等多种因素的影响，全市以农产品为主的生活必需品价格上涨较快，特别是粮食、食用油、猪肉、蔬菜等食品价格涨幅较大。1～12 月，居民消费价格指数与上年同期相比上涨 3.3%。食品类上涨 9.3%、医疗保健和个人用品类上涨 0.5%、交通和通信类上涨 1%、居住类上涨 0.6%；衣着类下降 2.5%、家庭设备用品及维修服务类下降 0.1%；烟酒及用品类、娱乐教育文化用品及服务类持平。

（贾应芳）

【保持物价稳定】 做好节日消费品和民生价格的监测。在元旦、春节、五一、十一长假期间，加强对节日市场上有关人民群众生活必需品和重要服务价格进行监测，并将每天的价格监测运行情况按时上报省、市有关部门。及时上报国家监测的 147 个品种、284 个规格和省监测的 22 个品种的价格采集和各类报表。

春节期间，会同财政局、商务局在市中心城区组织平价鲜猪肉 14.92 万斤、蔬菜 101.6 万斤供应市场平抑市场物价，实施政府补贴鲜猪肉、蔬菜、发放回民补贴总计达 68 万元；4 月 6 日至 5 月 13 日特大干旱期间会同财政局、商务局在市中心城区组织调运平价蔬菜 108.35 万斤供应市场，实施政府补贴 39.55 万元；12 月 1 日至 2011 年 2 月 1 日，为贯彻落实《国务院关于稳定消费价格总水平保障群众基本生活的通知》（国发〔2010〕40 号），按照市委、市政府的有关工作要求，会同财政局、商务局计划在市中心城区组织平价鲜猪肉 36 万斤、蔬菜 300 万斤供应市场平抑市场物价，12 月 2 日已经实施，在康乐、百姓、松坪、水钢、水矿、明湖六处设点供应，确保“两节”市场价格的基本稳定。

加强煤炭价格调节基金征管。根据省的安排，2010年煤炭价格调节基金征收任务为25000万元。全市全年征收煤炭价格调节基金39366.4万元，完成年计划的157%。切实做好农村困难群众民用煤供应补贴工作。省、市各1000万元补助资金已下达各县，并要求各县、区配套补助资金不低于上年，确保农村困难群众有煤烧，买得起煤。

（贾应芳）

【涉农价费监管】 制定了《六盘水市物价局关于开展涉农收费政策落实情况专项检查的方案》，加强农产品成本调查，按照全省农本调查工作的要求，督促指导六枝特区、盘县两个调查县按时完成了2010年农户种植意向调查，2009年度玉米、中籼稻常规调查品种汇总资料，2009年农户存粮、农资购买情况调查，2010年玉米、中籼稻成本预测等各项工作。

（贾应芳）

【资源性产品价格和环保收费管理】 1月，将六枝特区中心城区各类用水污水处理费征收标准统一调整为0.8元/吨；6月，将水城县中心城区各类用水污水处理费调整到0.7元/吨；7月调整了盘县红果、城关中心城区各类用水污水处理费为0.7元/吨。

开展了对盘县红果煤矿瓦斯发电电站、盘县楼下河水电站、水城县猴场水电站、盘县普田水电站等上网电价的实地审核工作，并将实地审核情况形成审核意见上报省物价局。

2010年，省物价局2次调高、1次调低成品油价格，市物价局及时组织人员开展执行情况督察，督促各经营单位认真落实到位。4月14日成品油价格提高后，及时与市交通局沟通，对市中心城区出租汽车开征燃油附加费提出了暂缓开征的意见，为应对燃油价格上调做好充分的准备。

（贾应芳）

【民生价格监管】 加强医药价格监管 贵州省物价局下发《关于核定公布2010年国家基本药物集中采购药品中标临时零售价格的通知》，市物价局严格按照文件要求，督促全市非营利性医疗机构及时贯彻执行；及时转发贵州省物价局制定的坤泰胶囊药品等4个药品价格文件，转发省物价局关于加强对第二类疫苗价格管理工作的通知，并深入相关医疗单位进行监督执行，规范了药品价格。

加强食盐价格管理 及时转发省物价局《关于调整典盐纸塑小包装规格的通知》，并督促盐业集团认真执行并做好同原来包装食盐的衔接工作，确保食盐价格的稳定。

加强监管规范教育收费 一是通过开展2009年度收费及“收费许可证”年度审验工作，继续规范全市教育收费。二是根据省关于完善幼儿教育收费管理的有关文件精神，会同市财政局、市教育局出台了《关于完善我市幼儿教育收费的意见》（市价费〔2010〕29号），对各级各类幼儿园、学前班违反规定自立收费项目、超范围或超标准收费、变相或重复收费的，未执行收费公示制度和公办幼儿园未申办“收费许可证”，跨月或跨学期向幼儿家长收费的，学前班招生与入学挂钩等违法违规行为，严格按照有关法律法规和政策依法查处。三是根据省物价局关于贵州省2010年春、秋两季学期中小学课本零售价格的有关文件精神，及时转发，并督促各县、特区、区严格执行省物价局核定的中小学教材价格。四是根据国家和省的有关要求，会同相关部门组成联合检查组，在春季入学时对全市范围内的各级各类学校240所进行了检查，秋季入学时在各县、特区、区自查的基础上检查和抽查了各县、特区、区的22所学校及市直12所中小学、幼儿园。确保教育收费各项工作不断规范。

进一步加强房地产价格及物业服务收费管理 一是根据3月19日市人民政府对水城矿业（集团）有限责任公司经济适用住房工作的相关指示意见，于3月22日至25日会同市房管局，

对其经济适用住房成本价格进行了审核和测算，形成价格方案上报市人民政府，根据相关政策妥善解决历史遗留问题，维护社会稳定。二是依据当事人申请，按照国家、省有关政策和管理权限的规定，适时核定和调整了天羿、润丰等物业服务公司“天羿栖凤苑”、“水木清华”小区等10家物业公司的14处物业公共性服务收费标准，以及人民中路转运巷粮食市场、钟山开发区爱心广场等5处停车场停车收费标准。

继续开展收费清理　一是严格按照省物价局、省财政厅《关于整顿规范对企业收费的通知》（黔价费〔2009〕165号）和《关于取消、降低部分行政事业性收费项目和标准的通知》（黔价费〔2010〕3号）的有关规定，对取消、降低的行政事业性收费项目和标准给予了及时的取消和降低，下证注销。二是会同市监察局分别在市中心城区、六枝、盘县召开3次座谈会，邀请了25个房开企业参加。针对反映出来的情况和清理中发现的问题，及时进行了规范和完善。三是规范行业协会服务和收费行为。认真组织开展专项检查工作，全市共检查行业协会及培训中心12家，对违规收费的三家行业协会三家培训中心进行了罚款处理，一家行业协会下发整改通知。

（贾应芳）

【价格监督检查】　全年全市查处各类价格违法案件20件，实施经济制裁43.262万元，其中：退还用户29.1万元，没收违法所得1.362万元，罚款12.8万元；查处明码标价违法案件302件，实施经济制裁21.4万元；查处价格举报案件15件，实施经济制裁17.224万元。

针对群众反映强烈的早餐价格普遍上涨的问题，及时成立了由职能科室组成的两个副食品价格专项治理检查组，市、县、区价格部门联合行动，于12月3日起分别对市中心城区的各大超市、菜场、早餐店进行巡查，防止串通涨价、哄抬价格等现象。对市中心城区主要供米商、米粉加工商进行电话提醒告诫，通过召开会议、签订承诺书等方式，从源头上防止串通涨价、哄抬价格等行为。

加强“12358”值守，认真受理价格举报案件。全年全市受理各种价格举报案件15件，办结15件，办结率为100%，在受理的举报案件中，来访举报2件，来信举报4件（其中上级部门交办1件），来电举报9件，实施经济制裁17.224万元，其中：罚款0.550万元，退还用户16.674万元。

（贾应芳）

【价格基础工作】　全市完成各种鉴证业务1287件，鉴证值4123万元。其中：刑事案件价格鉴定1199件，鉴定值3378万元；民事案件价格鉴定11件，鉴定值176.5万元；车损55件，鉴定值131.5万元；价格认证22件，认证值576万元；价格咨询服务50件，价格管理性事务100余起。认真做好全市季度价格运行情况分析和《六盘水主要物价》编印以及政务信息报送工作，切实为市委、市政府及各有关部门提供价格服务。

（贾应芳）

工商行政管理

【企业与农民专业合作社注册登记】　截止到2010年底，全市注册登记各类企业8130户，注册资本3531004万元。其中：内资有限责任公司1567户，注册资本2571219万元；内资法人449户，注册资金125889万元；内资营业344户；个人独资企业1723户，注册资金90571万元；合伙企业243户，注册资金23003万元；私营有限公司3418户，注册资本720320万元。其中2010年全市新注册登记各类非公有制经济主体4904户，注册资金91301万元。其中：个体工商户4510户，注册资金16582万元；私营企业394户，注册资本74719万元。

全市登记注册农民专业合作社284户，其中：种植业109户，养殖业171户，农产品加工3户，农产品销售1户。从业人员2439人，其中：农民人员2312个，非农民人员127个，出资总额31778，其中：货币出资31166万元，非货币出资612万元。

（詹　超）

【“三农”服务】　鼓励发展特色农业，绿色农业和生态农业、扶持现有农村私营企业做大做强，对农村流动小商小贩，农民在集贸市场销售自产农副产品的，免于工商登记，放宽市场准入，允许不办理执照进入市场经营的农村小商小贩及农民进入市场销售农副产品，免收市场管理费。对农村流动小商小贩、农民在集贸市场或者地方政府指定区域内销售农副产品的，免于工商登记和工商行政管理的各项收费。2010年办理从事农产品加工业、种养业、服务业等企业、个体工商户308户，免收工商登记费6160元。

（詹　超）

【消费者权益保护】　按照“三个确保”（即确保全市各级“12315”网络互通、确保“12315”人员落实到位、确保“12315”机构必要的办公设备、交通工具），及时接收和办理流转的申诉举报案件。2010年1～12月，全系统发布“12315”工作通报6期，发布消费维权警示6期，受理（处理）消费者申诉举报104件。其中：申诉73件，占申诉举报总件数70.19%；举报31件，占申诉举报总件数29.81%，为消费者挽回经济损失26.3446万元，加倍赔偿7.6442万元。

开展系列“3·15”主题宣传活动　共计发放宣传资料5万余份，受理咨询1230余人次，受理处理申（投）诉18起，与六盘水市电视台联办2期维权栏目，在《六盘水市日报》等媒体刊登稿件12条。

形成消费维权横到边、纵到底的格局　全市98个乡、镇、办事处普遍建立了消协分会，建立率100%，在1037个村（社区）建立了消费者投诉站和“12315”联络站，建立率为100%。

（詹　超）

【食品安全监管】　*开展季节性、节日性食品市场专项执法检查*　全系统共出动检查人员23067人次，检查食品经营户36267户次，检查批发市场、农村集贸等各类市场910个，查处食品无照经营户95户，查处不符合食品安全标准的食品案件45件，案值4.47万元，罚没金额8.66万元，查获不符合食品安全标准的食品1317.25公斤。

对问题食品进行及时清查　先后组织开展了对不合格白瓜子、问题乳粉、海南有毒豇豆和不合格果冻的市场清查，共出动执法人员2801人次，检查经营主体10907户，食品质量定向监测抽检230批次，取缔无证无照经营8户，出动执法人员1552人次，检查奶制品经营户5651户，开展乳制品质量监测抽样35批次，监测合格率100%。

（詹　超）

【广告市场监管】　全年开展专项检查5次，出动执法人员1480人次、车辆301台次、检查经营户301户、媒体和户外广告6624条（次），大型商场4家、超市9家、批发市场4家。查处各类广告违法案件44件，罚没款7.09万元。

（詹　超）

【整治黑网吧】　共开展打击黑网吧专项执法行动6次，出动执法人员1953人次，执法车辆501台次，检查已登记的网吧862户次，依法取缔非法经营的黑网吧14户，立案查处4件，罚没款1.5万元，对为无照经营黑网吧提供便利条件的盘县某电信网络商作出罚款3000元的处

罚，收缴从事互联网经营网吧的电脑133台。

（詹　超）

【打击“傍名牌”行为】 出动人员1248人次，出动车辆193台次。没收假冒的茅台酒396瓶、习酒127瓶，五粮液系列酒304瓶、泸州老窖酒28瓶、当场销毁商标侵权“劲”酒8瓶。没收侵权黄金搭档及维生素片47盒、脑白金及营养粉166盒、五星习酒36瓶、五粮液天贝春酒2瓶。没收假冒立白系列洗洁精589桶（瓶），立白系列洗衣粉226袋，三星习酒4瓶，五星习酒77瓶和铁盒青酒销售24瓶。没收“昆仑天昊”滑润油167桶，“昆仑飞天”CH－4n140滑润油2桶，GL－585n114滑润油113桶。同时开展涉及“三农”的“傍名牌”执法行动，没收“克无踪”百草枯农药114瓶，“克无踪”百草枯农药36瓶。全市查处傍名牌等商标侵权假冒案件和商标一般违法案件共65件，总案值达126.87万元，罚款45.7万元，有效打击傍名牌等商标侵权行为。

（詹　超）

【打击传销，加强直销监管】 全年制作禁止传销的广告、报刊11578份，邮政专刊6000份，张贴宣传画2200张，电视宣传30次，广播30次，发布短信15000条次。在加大宣传的同时，及时查处传销行为，共捣毁和取缔传销窝点11个，清查遣散传销人员197人。认真加强直销监管：六盘水市辖区只有安利一家直销企业，通过检查，其执行报备、计酬情况较好，没有违规培训、违规招募等情况发生。其他服务网点、专卖店的情况也较好。

（詹　超）

【治理商业贿赂】 立案查处商业贿赂案7件，已办结4件，涉案金额24.7万元，没收0.023万元，罚款5.85万元，涉及工程建设、资源开发及经销、其他等领域。通过查办案件，增强了监管的威慑力，促进了专项治理取得了实效。

（詹　超）

【“家电下乡”及涉车行业专项整治】 出动执法人员7806人（次），检查经营主体8922户，重点检查了辖区登记内的636户“家电下乡”销售网点，取缔无照经营15户，查处违法案件11件，案值9万元，处理申诉举报35件，为消费者挽回经济损失3.319万元，切实保障了广大农民消费者的合法权益。

开展汽车摩托车市场专项整治。对全市汽车租赁经营户进行检查，此次检查的主要内容是汽车租赁经营户的经营资格、超范围经营等。共出动执法人员260人（次），检查汽车配件、摩托车经营户307户（次），立案查处8件，罚款2.253万元。

（詹　超）

【抗旱救灾】 2009年入冬以来，六盘水市遭受大面积、长时间、高强度的干旱灾害。市工商局到距离市区160千米的盘县坪地乡莫西里村，送去了全局干部职工捐款5250元和价值1万元的矿泉水。水城县工商局深入到发耳乡偏坡村，与该村村委会主任一道寻找到水源后，购买了28圈，长3500米、重700公斤、价值7000元的水管送到偏坡村，与乡亲们一起铺设引水管道，彻底解决了该村群众生活用水问题。抗旱救灾期间，全市工商干部捐款37540元。

组织开展红盾打假护农保春耕行动。全面实施农药、化肥、种子“准入制”和种子留样备查公示制度等。组织开展对农机具、抽水机、水泵等商品的监管，防止不合格商品流入市场。

积极组织广大非公经济人士参与地方政府组织的捐款，开展生产自救等抗旱救灾活动，全市个私协会组织会员捐款247305元。

各级媒体纷纷报道六盘水市工商系统在抗旱救灾中发挥的积极作用，2010年3月16日，《中国工商报》头版报道了六盘水市水城县工商局深入基层，购买水管为老百姓引水的事迹。

（詹　超）

【廉政风险防范管理】　7月15日，全省工商系统党风廉政建设工作座谈会在六盘水市召开，六盘水市工商局介绍的廉政风险防范管理工作经验获得了省局领导的肯定。10月18日，省委常委、省纪委书记宋璇涛到工商局考察调研廉政风险防范管理工作，充分肯定了六盘水市工商局的做法；市纪委也对市工商局开展的廉政风险点防范管理工作给予认可并推荐市工商局代表六盘水市参加全省廉政风险防范工作座谈会；湖北省工商局、襄樊市工商局、黄石市工商局、广州市番禺工商分局等地的工商同仁先后来市工商局进行专题考察学习，市政府办、市委宣传部、市统计局、市国土局、市国资委、市民政局、市政府政策研究中心等近20家单位、部门到市工商局学习、借鉴廉政风险防范管理工作经验。

（詹　超）

国土资源管理

【保障发展与保护资源】　开展保障发展和保护资源的“双保工程”，健全完善耕地保护制度，完成第二次土地调查及上图。2010年年末全市耕地保有量4651159.95亩，基本农田保护面积3836404.8亩。开展建设用地代报件工作，代报件18个；报批建设项目用地12个，批准面积238.6186公顷。对市救护中心用地项目、市廉租房建设项目等用地项目选址工作和盘县坡上风力发电项目、盘县卡河水库等30多个项目建设用地预审；开展城镇土地调查，完成市中心城区293平方千米真彩色数字航空摄影；推进农村宅基地登记发证工作，完成农村宅基地登记发证1737户。

（杨普胜）

【矿产资源管理】　完成市级和4个县（区）县级发证矿业权实地核查野外验收和成果验收工作；完成本级发证采矿权许可证统一配号更新工作，换发采矿许可证19个，完成整合变更1个；开展矿产资源开发整合工作，编制整合矿区实施方案；开展稀土、坞、锡、锑、钼、高铝黏土、萤石等矿产开发秩序专项整治行动；全面启动矿山储量动态监测工作；严格执行矿产资源有偿使用制度，全市共征收入库矿产资源补偿费1.31亿元。

（杨普胜）

【地质灾害防治】　对全市地质灾害特别危险点制定防灾方案；对钟山区大河矿研石山滑坡进行治理；对水城县一中、段家寨小学、星光小学3所学校地质灾害影响搬迁项目争取省级以上资金进行治理；对六枝特区4个地质灾害点489户，盘县6个地质灾害点777户，水城县16个地质灾害点1087户全部进行搬迁；督促全市矿山企业足额缴存保证金82917万元，使用保证金10389万元，搬迁矿区受胁农户约700余户；2010年全市成功避让地质灾害4起，避免197人的伤亡事故，未发生因地质灾害造成的人员伤亡事故。

（杨普胜）

【测绘管理】　完成测绘资质复审换证，加强测绘市场监管，对全市持有“测绘资质证”的19家单位进行复审换证初审，复审换证单位13家，换证率100%，合格率100%；加强测量标志的保护，市级财政下拨测量标志维护、检查经费3万元，对全市测量标志进行维护、检查、委托保管；对“六枝特区木岗镇梁山煤矿”等6个申请采矿权的项目是否占用测量标志进行审核；截至年底，可利用的测量标志点107个，其中：三角点1个，水准点29个，GPS点77个。

（杨普胜）

【国土资源基础建设】　编制完成全市及4个县区土地利用总体规划文本、说明、图件及规划

数据库建设报省修编办规划成果评审委员会进行评审；委托贵州省有色和核工业地质勘查局二总队编制《六盘水市第二轮矿产资源规划》（初稿）。

（杨普胜）

【遏制国土资源违法违规行为】 全市各级国土资源部门共开展国土资源动态巡查8715次，投入人力26604人次，出动车辆8680台次，投入经费162.2504万元。巡查发现非法采煤窝点2505个次，全部进行炸封取缔，现场没收销毁矿产设备设施379件；下达行政处罚决定书35份，没收非法产品472吨，没收设施45件，罚款25.7423万元；移送司法、纪检部门刑事处罚20人，行政处分3人，行政拘留69人，劳教1人。巡查发现非法非煤采矿窝点59个次，现场没收销毁矿产资源设备设施34件；移送司法部门行政拘留6人；共立案查处各类国土资源违法案件175件，其中：土地违法案件68件，涉及土地面积53.64公顷，拆除建筑物8437平方米，没收构建物288平方米，收回土地0.82公顷，收缴罚没款共计489.89万元；矿产资源违法案件107件，收缴罚没款323.83万元；通过巡查发现新增地质灾害隐患点24处，挽回经济损失202万元；开展卫片执法检查工作，开展“未报即用”违法用地清理、查处、整改工作。

（杨普胜）

统　计

【经济发展数据】 2010年，六盘水市经济迅速发展，GDP增速居全省第一。

生产总值　地区生产总值完成500.64亿元，同比增长15.8%，比全省平均水平高3个百分点。第一产业实现增加值30.25亿元，同比增长6.2%；第二产业实现增加值303.22亿元，同比增长17.9%，其中：工业增加值278.58亿元，同比增长18.1%；建筑业增加值24.64亿元，同比增长15.4%；第三产业实现增加值167.17亿元，同比增长14%。三次产业对GDP的贡献率分别为5.4%、60.2%和34.4%，分别拉动GDP增长0.4、10.5和4.9个百分点。

农业　农林牧渔业增加值实现30.25亿元，其中：种植业19.16亿元，同比增长6.2%；林业0.98亿元，同比增长2.1%；牧业9.02亿元，同比增长10.54%；渔业0.08亿元，同比增长4.2%；农林牧渔服务业1.02亿元，同比增长10%。粮食播种面积270.6万亩，同比增长0.8%；粮食总产量到77.78万吨，同比下降9.6%；油料播种面积10.44万亩，增长3.3%，产量3590吨，同比下降57.2%。生猪存栏109.1万头，同比增长0.7%；牛存栏36.65万头，同比增长1.2%；肉类总产量10.88万吨，同比增长4%；禽蛋产量5576.9吨，同比下降4.6%。

工业　规模以上工业增加值比上年增长18.5%，增速比上年加快13.7个百分点。煤炭开采和洗选业增加值114.12亿元，同比增长33.3%；黑色金属冶炼及压延加工业增加值21.58亿元，同比增长16.8%；电力生产业增加值40.55亿元，同比增长5.02%。规模以上工业企业产销率95.83%，比上年提高2.6个百分点。

第三产业　第三产业实现增加值167.17亿元，同比增长14%，其中：交通运输、仓储和邮政业41.38亿元，同比增长14%；批发和零售业27.17亿元，同比增长24.2%；住宿和餐饮业16.34亿元，同比增长24.7%；金融业18.45亿元，同比增长5.9%；房地产业6.68亿元，同比增长1.6%；营利性服务业16.53亿元，同比增长13.9%；非营利性服务业40.62亿元，同比增长10.6%。

固定资产与消费品市场　固定资产投资完成335.51亿元，同比增长34.4%；其中：基本建设投资完成118.01亿元，同比增长15.2%；更新改造投资完成47.81亿元，同比增长28.8%。

社会消费品零售总额实现131.34亿元，同比增长18.7%，比2009年同期提高0.5个百分点，低于全省平均水平0.2个百分点。进出口总额实现3.17亿美元，同比下降15.77%，其中：出口50万美元，同比增长150%；招商引资到位资金85.68亿元人民币，同比增长14.98%；直接利用外资到位额1841万美元，同比增长161.9%。

财政与金融　地方财政一般预算收入完成49.31亿元，同比增长32.82%，增幅位于全省第4位，高于上年同期7.88个百分点，超出全省平均增幅4.62个百分点；其中各项税收完成35.41亿元，同比增长29.65%，占一般预算收入的比重为71.81%。金融机构各项存款余额499.05亿元，同比增长17.7%，比年初增加75.15亿元；各项贷款余额360.9亿元，同比增长17.1%，比年初增加52.64亿元。

居民收入与物价　城市居民人均可支配收入13918.98元，同比增长2.7%；农村居民人均纯收入3600.5元，同比增长13.8%。8大类价格指数为：食品类上涨9.3%，交通和通信类上涨1%，医疗保健和个人用品上涨0.5%，居住类上涨0.6%；衣着类下降2.5%，家庭设备用品及维修服务类下降0.1%。

国家统计局局长马建堂曾到六盘水市检查人口普查工作。市统计局“五五”普法通过验收，抗旱救灾时全局27名职工捐款2600元。

六盘水市2010年主要经济指标

地区名	地区生产总值（万元）	第一产业	第二产业	第三产业	比上年增长（%）	规模以上工业总产值（万元）	比上年增长（%）	全社会固定资产投资（万元）	比上年增长（%）	社会消费品零售总额（万元）	比上年增长（%）
六盘水市	5006419	302497	3032179	1671743	15.8	6365212.92	27.6	3355144	37.1	1313387	18.7
六枝特区	549096	57788	253257	238051	15.4	320483.2	22.9	285000	66.6	163288	18
盘　县	2103860	131968	1534417	437475	15.5	2512839.6	23.5	1180143	45.3	345829	18.2
水城县	702951	85092	437258	180601	17.3	919374.53	50.4	830001	28.1	77681	18
钟山区	1836497	17999	1021713	796785	16.7	2612515.6	25.6	1060000	29.8	726589	19.1

（邢轶男）

审　计

【概况】　2010年，市审计局人员编制49人，在编45人。全年完成审计项目123个，审计调查项目21个。具体情况为：财政审计项目34个，查出资金滞留闲置2984万元，违规改变资金用途1067万元，应上缴财政10824万元，已上缴财政10781万元；专项资金审及计审计调查项目54个，资金总额898431万元，查出应缴未缴专项资金645万元，违规改变项目计划3759万元，配套资金不落实11135万元，应上缴财政682万元，已上缴财政657万元；行政事业审计项目26个，查出应缴未缴预算收入5948万元，隐瞒截留收入26888万元，违规改变资金用途21929万元，未落实收支两条线和专户管理规定2498万元，应上缴财政4479万元，已上缴财政4306万元；企业审计项目5个，查出账外资产

548 万元，虚报或隐瞒转移收入 1804 万元，少记或虚列成本费用 1943 万元，损益不实 2751 万元，应上缴财政 251 万元，已上缴财政 251 万元。经济责任审计项目 25 个，查出违规金额 2858 万元（主管责任 2832 万元，直接责任 26 万元），管理不规范金额 327582 万元（主管责任 327140 万元，直接责任 442 万元），损失浪费 1494 万元（主管责任）；固定资产投资审计及审计调查项目 25 个，核减工程投资金额 2469 万元。

牵头起草并在全省首家出台了《六盘水市经济责任审计评价办法（试行）实施细则》；积极开展审计执法检查，促进制定、修改规范性文件及规章制度 16 个，停止各种收费 2 项、修改收费标准 1 项；提交审计报告、信息 215 篇，被采用 82 篇；获全省审计工作目标考核一等奖、市“五五普法”依法治理工作模范单位、市法治创建先进单位。

（高　赫）

质量技术监督

【提升产品质量】　2010 年，产品质量监督工作以“质量提升”为主线，加大产品质量监督抽查力度和风险监测，落实辖区执法打假责任制，整顿和规范市场秩序，开展专项整治。全年全市工业产品生产企业 53 家，工业产品生产许可证 58 个，产品质量综合合格率为 93.3%。办理各类行政案件 201 件，结案 201 件，结案率 100%，上缴罚没款约 150 万元，无一起行政复议、行政诉讼、行政赔偿案件发生。

（赵　寅）

【强化食品安全】　全年全市食品生产企业共 68 家，小作坊 193 家。通过建立健全食品安全动态监管系统，开展食品安全专项整顿，加大巡查、回访力度和频次，加大食品安全宣传培训，落实食品安全主体责任等措施，食品合格率明显提高，全年未发生一起食品安全事故。

全年巡查回访食品企业（小作坊）458 家次；食品生产企业（小作坊）100%建立食品添加剂使用管理制度；纳入监管的小作坊 100%签订承诺书、100%建立质量安全管理制度；召开 3 期食品安全从业人员和监管人员培训班，举办 7 次“质检邀您看企业·食品安全大家行”活动。全年监督抽查食品样 502 个，合格 484 个，合格率 96.4%。

（赵　寅）

【特种设备安全工作】　实现六盘水市特种设备连续 8 年未发生因质监监管不力造成的安全事故。

共检查特种设备使用单位 561 家（次），检查各类特种设备 1800 台（次），发出特种设备安全指令书 84 份，检查出不符合安全使用要求的特种设备 166 台，查出设备事故隐患 199 项，查处各类特种设备违法案件 12 起。

新注册特种设备使用登记 469 台，其中：电梯 199 台，锅炉 32 台，压力容器 124 台，压力管道 4 组，厂（场）内机动车 16 台，起重机械 88 台，游乐设施 6 台；培训特种设备作业人员 650 人，培训特种设备监管人员 70 人。

（赵　寅）

【标准化服务】　完成“六盘水马铃薯高产栽培标准化示范区”和“六盘水优质烤烟综合标准化示范区”项目建设任务。“马铃薯高产栽培标准化示范区”比项目实施前 2007 年平均亩产增加 447.4 公斤，增幅 42.73%；示范区户均年增收 5053.16 元，人均年增收 1262.34 元，是项目实施前的 4.45 倍，被国家标准委评为全国农业标准化工作优秀成果。“优质烤烟综合标准化示范区”烟叶亩产值增加 857 元、增幅 81.98%，户均增收 5495 元、增幅 64.75%。发挥标准化工作在节能减排和循环经济建设中的作用，帮助六盘水新蓝天科技有限公司开展COG（焦炉气）动力汽车专用装置企业标准的制修订，每年为国家提供营业税、企业所得税4.92亿元。帮助水钢制定《重矿渣砖》标准，每年还原土地约30亩，降低建筑材料成本1500～2000万元。

（赵　寅）

【计量工作】 在集贸市场、医院、眼镜店、加油站、餐饮业等与人民群众生活密切相关的重要场所推进诚信计量体系建设。对市中心区32家集贸市场进行重点治理整顿，免费检定在用计量器具及公平秤约3000台。加强对全市省级重点监控的耗能企业，督促其完善能源计量器具配备、能源计量管理制度建设、计量器具检定核准，为13家省级重点能耗企业培训能源计量管理人员（内审员）83名。

（赵　寅）

【基础设施建设】 市局2010年拟建的六盘水市质量技术监督检验检测中心项目经市长办公会研究同意，由红桥新区按成本价划拨土地（16.19亩）作项目建设用地，完成立项手续，进入施工设计施工阶段；盘县质监局检测综合楼项目，土地使用手续、立项、规划等所有前期准备工作已经办理结束；六枝质监局检验检测综合楼项目，政府已同意划拨土地拟建。

（赵　寅）

【提升检验检测能力】 检测所共投入技改资金180余万元，新建光干涉甲烷测定器检定、流量检定、温度仪表检定装置，以及室内洁净度检测及多项食品检测项目。锅检所新增起重机械、Ⅲ类压力容器、工业管道等21个检验项目资格。全市共检测各种计量器具7538台、检验特种设备2050台、压力管道560米。

（赵　寅）

【干部队伍、机关作风建设】 *开展机关效能建设* 建立《六盘水市质监局服务承诺制规定（试行）》等5项制度，通过《六盘水日报》、六盘水市质监网等媒体向社会进行公开承诺。

开展岗位风险防控工作 对质监局对内对外所有工作流程、岗位职责进行重新梳理，明确岗位风险点，并制定相关的措施加以防控。组织全市质监系统全体干部职工140余人到安顺太平监狱开展警示教育活动。

加强人员培训 选派多名年轻干部到湖南大学、清华大学、上海、深圳、成都、广州等地进行专业或公共知识培训。近100名人员参加省局组织的各类培训，并取得相关资质。对10名干部进行调整和交流，其中：挂职锻炼2名，调动人员3名，提拔干部2名。

（赵　寅）

【组织机构代码办理】 全市新办组织机构代码证906户，变更换证289户，正常换证468户，年检1985户，迁址10户，废置55户，电子档案扫描2700家，数据查询4300条。

（赵　寅）

贵州省煤炭产品质量监督检验所

【概况】 2010年，贵州省煤炭产品质量监督检验所根据《贵州省事业单位岗位设置管理实施意见》，完成岗位设置方案，并获上级有关部门审批。国家煤炭及煤焦化产品质量检验中心，已获国家质量检验检疫总局批准筹建。确保了年收入10%用于实验室设备更新，所有资料记录规范，保证报告的科学、准确。加强对服务对象的联系与沟通，采取多种形式征求服务对象意见。

完成煤炭质量检验3030批，其中：定期抽查1396批，委托检验1634批，抽查10%样品。完成煤炭质量检验收入105.76万元，其中：定

期抽查收入 83.76 万元，委托检验 22 万元。在省政府召开的电力企业协调大会上，获得 10 万元奖励。

存在的问题：一是产业结构调整影响任务完成，造成收入下降。二是抽样成本高，经费严重不足。

（煤监所）

安全生产监督管理

【概况】 2010 年，建立市、县、乡三级综合安全监管体系，拥有 47 个基层安监站，专职安全监管人员 353 名。成立市综合应急救援支队。建立应急预案 26 个，部门预案和子预案 526 个。

市、县（特区、区）两级财政共配套安全技改资金 3600 万元，企业投入安全资金 3.8 亿元。投入 2400 万元购置消防登高车、排烟车、多功能抢险救援车等消防车辆 27 台；投入 1300 万元建成全省第一家战勤保障基地和消防特勤站。投入 500 万元为安监、煤炭部门配备执法车辆和必要的仪器仪表；完成 888 辆 7 座以上客运车辆 GPS 安装、使用。

省委书记栗战书、省长赵克志、铁道部副部长卢春房、国家煤监局副局长王树鹤、铁道部安监总监耿志修、副省长王晓东、孙国强等领导先后到六盘水市检查调研煤矿安全生产。全年排查治理隐患 2.7 万条，隐患整改率 95%以上，重大隐患整改率 99.5%。关闭不具备安全生产条件的煤矿 19 个；整合技改关闭（保留一套独立生产系统）煤矿 128 个。地方煤矿由 560 个减少到 276 个，设计能力由年产 2472 万吨，提高到年产 5284 万吨。

（李清勇）

【指标完成情况】 省下达瓦斯抽采指标 64000 万立方米，实际完成 73851.37 万立方米，为任务的 115.4%；综合利用指标 9800 万立方米，实际完成 13948.83 万立方米，为任务的 142.3%。建成瓦斯发电站 11 座，装机容量 41700 千瓦。

全市发生各类安全生产事故 245 起、死亡 196 人，是省控制指标 197 人的 99.5%。与上年相比减少 4 起、少死亡 7 人，分别下降 1.6%和 3.4%。其中：发生较大事故 11 起，死亡 42 人（见表一），与上年相比减少 5 起，少死亡 12 人，分别下降 31.3%和 22.2%。

（李清勇）

六盘水市 2010 年较大伤亡事故明细表

事故发生时间	事故单位	事故地点	事故类型	事故死亡（人）	事故受伤（人）
1 月 26 日	贵州玉舍煤业有限公司	11021Ⅱ掘进工作面	煤与瓦斯突出	5	—
4 月 5 日	六枝工矿集团化处煤炭分公司	1477 综采工作面	煤与瓦斯突出	5	—
8 月 7 日	水城县都格乡河边煤矿	井下＋770 水平主井掘进头	煤于瓦斯突出	5	3
8 月 9 日	盘县淤泥乡昌兴煤矿	瓦斯抽放巷	煤与瓦斯突出	3	—

事故发生时间	事故单位	事故地点	事故类型	事故死亡（人）	事故受伤（人）
11月22日	水城县纸厂乡振兴煤业公司	水城县纸厂乡振兴煤业公司	顶板	3	—
11月22日	盘县石桥镇长田煤矿	盘县石桥镇长田煤矿	顶板	3	—
5月23日	钟山区	钟山区南环路4千米处	道路交通	4	3
7月25日	盘县	盘县212省道311+100米处	道路交通	3	—
10月31日	水黄高速	水黄高速公路109千米+850米	道路交通	4	2
11月18日	钟山区	钟山区102省道280千米+400米	道路交通	3	2
11月23日	水黄公路	水黄公路锅圈岩隧道	道路交通	4	10
11				42	20

财政·税务

财　政

【财政收支】 2010年，全市财政总收入完成1078917万元，增长28.34%，增收238266万元；上划中央和省增值税、消费税收入432926万元，增长17.29%，增收63809万元；地方一般预算收入完成493083万元，增长32.82%，增收121845万元；一般预算支出完成1111159万元，增长35.26%，增支289659万元。

市级财政总收入完成266159万元，增长36.12%，增收70628万元；一般预算收入完成120894万元，增长41.55%，增收35488万元；一般预算支出完成201659万元，增长12.07%，增支21713万元。

（余华健）

【非税收入】 非税收入收缴管理改革于6月23日启动，12月31日，纳入收缴系统的执收单位175家，执收1744笔，金额21943.02元。全年非税收入完成28.27亿元（含教育费附加收入1.85亿元），较上年同期增收9.7亿元，增长52%。其中：一般预算收入13.90亿万元，增长42%；政府性基金收入6.18亿元，增长160%；预算外收入8.19亿元，增长28%。市级非税收入完成8.27亿元，较上年同期增收3.5亿元，增长75%。

（周建碧）

【厉行节约成效明显】 全年车辆购置及运行费9825.86万元，同比减少1761.26万元，公务接待费6301.83万元，同比减少1610.30万元，电、油、水费3134.09万元，同比减少297.63万元，庆典、节会、论坛费241.42万元，同比减少11.34万元，会议费1814.53万元，同比减少383.57万元，通信费813.32万元，同比减少310.03万元。

（李平志）

【推进公务卡试运行】 工行与全额拨款的83家行政事业单位签订公务卡项目服务协议，发出公务卡2100张，公务卡报账457笔，报账金额为770万元。

（黄贵萍）

国　税

【概述】 2010年，全市国税系统共组织入库税收57.75亿元，同比增长20.76%，净增9.03亿元。全年共为17194户纳税人办理减免增值税 2807 万元；为 161 户纳税人办理减免企业所得税 4399 万元，为纳税人办理固定资产进项税额抵扣 3.64 亿元。

（贾实责）

【税收管理】 完善行业管理 完善和细化砂石、品牌服装、水泥、钢材、废旧物资等行业管理办法，规范纳税评估程序，对 363 户企业实施纳税评估，评估入库税款 1767.60 万元。

按季对纳税人开具和取得的各类发票进行审查 共审查出问题发票 2619 份，作进项税额转出和不予抵扣税额 2195.69 万元。全年有 104 人（次）受到执法责任追究，经济惩戒 15289 元，2 人接受书面检查。

强化煤炭行业税源管理 原煤、洗煤和焦煤的吨煤税负和税负率两项指标均位居全省前列。全年煤炭行业增值税实现 30.65 亿元，同比增收 9.46 亿元，增长 44.64％。

实施分类管理 企业所得税管理成效显著。全年完成企业所得税 4.46 亿元，同比增收 1.52 亿元，增长 48.71％。

组织开展纳税服务大讨论等 举办“假如我是纳税人”征文比赛，开展“纳税服务之星”评比。各县（特区、区）局实现境内涉税事宜“同县通办”业务，实施网上纳税申报和发票认证，全市有 1076 户纳税人实现网上税收申报，申报成功率达 98％以上。

（贾实责）

【开展特色宣传】 表彰纳税大户。由政府牵头，在《中国税务报》《六盘水日报》刊登纳税排行榜，彰显纳税大户为地方经济社会所做出的贡献。在《六盘水日报》《凉都晚报》等报刊上开辟《以案说法》、“稽查案例回放”栏目，达到教育广大纳税人，震慑违法犯罪分子的目的。

4 月 28 日举办了全市第二届“国税杯”依法治税辩论赛。共 12 支队伍参加了比赛。

4 月 8 日至 12 日，举办了以“税收·发展·民生”为主题的税收宣传月展板活动。市局和 3 个县（区）局精心制作的 20 余块展板，为期 5 天的宣传活动中，吸引 2000 余人驻足观看，发放税收宣传资料 5000 余册。

从 4 月 1 日开始，六盘水市电视台、六盘水日报对全市 8 户 A 级信誉企业进行访谈，内容包括企业生产经营情况介绍、结构性减税政策对企业发展的成效、落实税收优惠政策中的问题和建议、增值税转型的预期效应、企业对税务机关纳税服务的需求和评价、税务机关税收执法中存在的问题和建议等。

4 月 7 日，市局邀请水钢（集团）、水矿（集团）、发耳煤业等企业 80 余名纳税人代表召开“税企恳谈会”。“征纳双方”真诚沟通，相关处室对纳税人提出的问题一一做了解答。

由市局纳税服务科牵头，采取分场巡回授课的方式，在六枝特区国家税务局、盘县国家税务局、水城县国家税务局、钟山区国家税务局、钟山经济开发区国家税务局分别开办纳税人课堂，进行 3 期纳税人权利与义务宣讲。共 500 余人参加了听课。

（贾实责）

【税收调查】 根据财政部、国家税务总局对税收调查工作的文件精神和有关规定，开展了税收调查工作。

被调查企业基本情况 2010 年全市调查户数为 721 户，同比增加 121 户，增长 20％，其中：重点调查企业 643 户，同比增加 85 户，抽样调查企业为 78 户，同比增加 36 户。

重点调查企业的范围 全市将上年纳入重点调查的企业（除关、停、并、转和双定户企业以外）都纳入了 2010 年重点调查范围，确保了跨年度同户企业数据的连续性和可比性。重点调查的增值税一般纳税人 715 户（其中企业集团 4 户），占全市年末增值税一般纳税人总户数（1372 户）的 52.11％，同比增加 1.77 个百分点。2009 年度发生出口业务的增值税一般纳税人出口企业1户纳入了调查范围。全市外商投资企业24户，有14户纳入调查（其中生产性外商投资企业7户）。全市享受增值税减税、先征后退、即征即退优惠政策的一般纳税人为6户，全部纳入调查；再生资源（废旧物资）回收经营企业11户，纳入调查企业户数为1户。医药制造企业及医药销售一般纳税人18户，纳入调查户数为15户。独立核算电力企业32户，全部纳入调查。

抽样调查企业的范围　全市抽样调查企业82户，实际调查78户，处于暂停业、筹建、关闭、破产及其他状态而没有纳入调查的企业4户。

被调查企业的结构类型　按行业划分：采矿业313户，占被调查企业的43.41%；批发和零售贸易业248户，占被调查企业的34.39%；制造业106户，占被调查企业的14.7%；电力、燃气及水的生产和供应业42户，占被调查企业的5.82%；其他行业12户，占被调查企业的1.66%。按经济类型划分：内资企业706户，占被调查企业户数的97.93%，其中：国有企业60户，占8.32%；集体企业10户，占1.38%；改组的股份合作企业5户，占0.69%；股份有限公司17户，占2.36%；有限责任公司267户，占37.03%；私营企业335户，占46.46%；其他企业12户，占1.66%；港、澳、台投资企业和外商投资企业14户，占1.94%；个体户1户，占0.13%。

被调查企业的经营状况　全市纳入税收调查的增值税一般纳税人2009年度共实现营业收入6739120万元，利润总额701945万元，其中：赢利企业388户，占被调查企业总户数的53.81%，共实现销售收入5775198万元；亏损企业327户，占被调查总户数的45.35%；未在本地核算的企业6户，占被调查总户数的0.83%。

被调查企业的纳税情况　被调查企业2009年度实际缴纳增值税401318万元，占全市同期增值税入库数428053万元的93.73%，同比上升3.35个百分点。被调查企业2009年度实际缴纳消费税4819万元，占全市同期消费税入库数5891万元的81.8%。被调查企业2009年度国税部门征收的内、外资企业所得税已纳税额22903万元，占全市同期国税征收的内、外资企业所得税入库数的77.83%。

被调查企业税负情况　2009年度全市税收调查企业应缴的增值税为390398万元，企业应缴增值税税负为5.79%。其中市监控的重点行业平均增值税税负为：电力生产和供应7.24%、黑色金属冶炼与压延加工业2.97%、炼焦4.46%、有色金属冶炼与压延加工业2.4%、饮料制造业9.65%、非金属矿物制品业9.61%、煤炭开采和洗选业9.1%、批发业2.25%。

（贾实贵）

【税收执法督察】　严格按照国家税务总局《企业所得税核定征收办法》对不能正确核算收入总额和成本费用总额的277户企业，实行企业所得税核定征收，报批资产损失扣除12户，确认小型微利企业39户，审核报批9户享受西部大开发税收优惠政策企业，备案免征17户从事种植业所得税。

（贾实贵）

【税收专项检查】　根据省国税局专项检查工作的统一部署，2010年重点开展了对房地产及建筑安装业、药品制造及经销行业、交通运输业、煤炭行业、金融行业、水泥行业6个行业的专项检查，并确定以钟山区和钟山经济开发区为重点整治区域开展税收专项整治。截止到9月底，共进行自查和检查户数189户，查补收入6243.55万元。安排重点检查纳税户37户，有问题户数35户，查结户数21户，查补收入总额1234.48万元（增值税570.86万元，企业所得税164.11万元，加收滞纳金325.88万元，罚款173.63万元）；开展自查152户，自查有问题99户，查补收入总额5009.7万元。房地产及建筑安装业检查6户，有问题户数4户，查结2户，查补收入 104.82 万元，其中：企业所得税 102 万元、加收滞纳金 1.08 万元、罚款 1.53 万元；安排企业自查 57 户，自查有问题 20 户，缴纳税款及滞纳金 525 万元。药品制造及经销行业检查户数 2 户，有问题户数 2 户，查补收入 12.79 万元，其中：增值税 5.51 万元，加收滞纳金 1.77 万元，罚款 5.51 元；进行自查企业 15 户，自查有问题户数 5 户，查补增值税 9.2 万元。煤炭行业检查 16 户，有问题 16 户，查结 15 户，查补收入 853.62 万元，其中：增值税 406.5 万元，企业所得税 61.9 万元，加收滞纳金 283.24 万元，罚款 101.99 万元；安排自查企业 62 户，自查有问题 59 户，补缴税款及滞纳金 3171.59 万元。金融行业检查 4 户，有问题户数 4 户，检查应补企业所得税 764 万元。水泥行业检查、自查 2 户，查补税款及滞纳金 197.62 万元。自行开展项目安排自查 14 户，14 户均自查有问题，已查补税款及滞纳金 1215.17 万元；安排重点检查 9 户，有问题户数 9 户，查结 2 户，查补收入 263.24 万元，其中：增值税 158.85 万元，加收滞纳金 39.79 万元，罚款 64.6 万元。

（贾实贵）

【信息公开】 将信息公开工作纳入目标管理考核，并实行信息公开责任追究制度。通过六盘水市政府信息公开网站公布信息 89 条、市国家税务局内部网站公布信息 22 条、办税服务厅中的触摸屏查询系统公布信息 69 条、在政务服务中心公开栏公布信息 17 条，通过六盘水电视台、《六盘水日报》《凉都晚报》等新闻媒体、报刊杂志共公布信息 40 条。

（贾实贵）

【队伍建设】 全年共组织各类培训班 15 期，培训人数达 764 人（次）；联合市总工会在全市国税系统开展“管理先锋”、“征收先锋”、“稽查先锋”创建评比活动；全市国税系统自行开展“大练兵，大比武”活动。市局党组被省委授予“党建工作先进党组”称号；市局办税服务厅被授予全国“三八红旗集体”称号，该党支部被命名为“贵州省五好基层党组织”；水城县局玉舍分局获得“全国巾帼文明岗”称号，1 人获“全国三八红旗手”称号。

（贾实贵）

地　税

【概述】 从基层选拔 5 名干部到市局跟班学习，从市局机关下派 5 名干部到基层锻炼，推荐 1 名干部到省局机关学习锻炼。举办各类干部教育培训 40 余期，培训 900 余人（次），投入培训经费 300 余万元；培训纳税人 948 人。

募集救灾资金 200170 元；扶贫工作组深入扶贫点走访农户 500 余户，召开座谈会 80 余次，发放调查问卷 1500 人（次），投入扶贫资金 40000 元；举办各类培训班 20 余次；捐赠图书 500 册、书包 374 个、电脑 4 台。

全年完成地税收入 417740 万元，同比增长 33.65%，增收 105175 万元，为任务的 117.34%；市、县级收入 285805 万元，为计划的 108.33%，同比增长 31.87%，增收 69065 万元。营业税、企业所得税、个人所得税、资源税、城建税 5 个主体税种共收入 333501 万元，占总收入的 84%。完成涉外税收 6045 万元，占计划的 107%，同比增收 865 万元，增长 16.69%。2 个基层分局被继续认定为“省级青年文明号”；2 人分别获省级、市级先进工作者称号。

（吴兴化）

【税收宣传】 编印《凉都地税》3 期，编发地税信息 57 期 468 篇、地税简报 15 期 18 篇、情况通报 2 期 2 篇、情况反映 2 期 2 篇。在税收宣传月活动中，组成宣传服务队 59 个，200 余名税干走访企业、个体工商户 1472 户，了解企业生产经营困难22项，征求意见建议60条，回答反馈纳税人咨询、问题和建议102条、制定整改措施20项，帮助企业解决实际困难37件、协调贷款3412万元、退免税款167万元，帮助97户企业建立健全了账制；获2010年全省地税系统税收宣传月活动优秀项目一等奖和组织一等奖，被国家税务总局评为2010年全国税收宣传月活动优秀项目。

（吴兴化）

【税务稽查】 税务稽查中，自查和检查纳税户744户，查出应补地方各税（费）8155.69万元，加收滞纳金552.37万元（其中企业自查加收滞纳金451.75万元），罚款112.83万元，合计8820.89万元，入库税（费）和滞纳金、罚款7707.15万元，入库率为87.37%；受理举报案件11个、查结7个；查获制售假发票案件1件，涉案假发票2552份；查获非法取得发票案件1件，涉案假发票8份；查获提供假发票1户，追缴入库罚款3万元。税务执法检查时，追究过错责任人员383人（次），其中：给予经济惩戒379人（次），处罚金额41780元，对当事人进行批评教育4人（次）。

减免企业所得税2019.25万元，其中执行西部大开发税收优惠政策4户，减免企业所得税1915.24万元。备案类减免税企业45户，其中小型微利企业23户，减免企业所得税5.59万元。8户企业报批资产损失税前扣除，税前扣除金额191.15万元。企业自行弥补亏损89户，金额13002万元。新审批21户个体户享受下岗再就业税收优惠政策，减免地方税收74.69万元，免收税务登记证工本费420元。

（吴兴化）

金 融

六盘水银监分局

【概述】 2010年，六盘水银监分局紧紧围绕贵州银监局十大工作任务，引导辖区银行业金融机构深入贯彻落实国家宏观调控政策，强化重点风险管控，为维护辖区银行业机构稳健运行和经济平稳较快发展做出积极贡献。

截至年末，全市银行业机构资产总额541.63亿元，较年初增加80.64亿元；不良贷款余额16.97亿元，较年初减少4.47亿元，不良率4.65%，较年初减少2.30个百分点。各项存款余额491.23亿元；比年初增加74.19亿元，增长17.96%。各项贷款余额364.58亿元，比年初增加56.33亿元，增长18.27%，其中：小企业贷款80.39亿元，比年初增加11.03亿元，增长15.91%；涉农贷款余额171.53亿元，比年初增加72.29亿元，增长72.85%。

（张纯婷）

【市场准入情况】 全年办理各种准入事项75项。其中：办理各级各类高管人员任职资格核准34项，初审5项，备案5项；办理新建机构筹建初审11项（村镇银行1项，交行1项，中行1项，城商行3项，邮储代理营业机构5项），机构开业核准2项（城商行2项），机构各类变更8项，机构其他核准4项；办理自助银行核准初审1项（中行），离行式ATM准入备案4项（建行3项，中行1项）；办理其他准入初审1项（城商定向募股初审）。

（张纯婷）

【现场检查情况】 对全辖银行业金融机构分别开展企业社保基金（资金）风险情况抽查、政府融资平台贷款现场检查和“三个办法一个指引”落实情况现场检查；对辖内中小商业银行开展固定资产贷款办法执行情况现场检查；对辖内国有商业银行分别开展整顿规范网点营销平台督促检查和个人理财产品销售文本合规性专项检查；对六盘水市商业银行分别开展票据业务贸易背景真实性情况抽查、信贷资金流入股市和信用卡风险专项检查、落实“有保有压”宏观调控政策情况后续检查和2010年的持续跟踪检查；对辖内农业发展银行开展商业性中长期贷款现场检查；对六枝特区农村信用合作联社开展了监管指标真实性现场检查；对钟山联社5家基础社重要空白凭证管理使用情况进行了现场检查；对辖内工行、中行开展非现场监管信息系统运行管理现场检查。

（张纯婷）

【非现场监管情况】 强化对银行机构特别

是法人机构营运状况监测分析，及时提示和处置风险　制定农信社2011年至2013年达标升级规划，对未来三年各农信联社主要监管指标提出了定量约束要求；部署各农信联社签订2011至2013年贷款集中度达标目标责任书；督促六盘水市商业银行制定资本补充计划和集中度限期达标计划；四次向农村信用社下发监管意见书或风险提示，要求控制大额贷款投放，严格授信集中度管理；准确执行涉农统计口径，严控非农贷款增长，努力实现“三个高于”目标；约见部分农村信用联社高管，要求高度重视流动性风险管理，合理配置资产负债，防止少存多贷和短存长贷，确保流动性指标回归正常水平；

注重深查细析方法，强化监管的实效性　以非现场日常考核情况为依据，以非现场报表中反映的风险信息为重点，有针对性地选择相关银行业机构进行非现场监管信息系统运行管理现场检查，对检查中发现的问题及时发出《现场检查意见书》，责令被检查单位限期整改。同时要求非现场监管员充分利用现场检查获取的信息资源，进一步提高对各类风险的分析、识别、预警能力。

（张纯婷）

【开展“银行业公众教育服务日活动”】　六盘水市“2010年银行业公众教育服务日活动”于11月28日举行。此次活动为银监会统一组织，全国各银监系统分别在各地开展。以“和谐金融、美好生活”为主旨，以“多一份金融了解，多一份财富保障”为全国统一主题口号。分局参加公众教育服务活动的工作人员与统一着行服披绶带的各银行业机构工作人员80余人在集中宣传点进行宣传。

（张纯婷）

中国人民银行六盘水市中心支行

【概况】　中国人民银行六盘水市中心支行是中国人民银行的派出机构，与国家外汇管理局六盘水市中心支局为“两块牌子、一套人马”，主要工作职能为：认真贯彻执行国家有关法律、法规、方针、政策及上级行的有关规定；在辖区内贯彻执行货币信贷政策，监督管理金融市场，根据有关规定参与辖区系统性金融风险的防范化解，维护地区金融稳定；维护辖区支付结算系统的正常运行，指导、部署金融业反洗钱工作，负责反洗钱的资金监测；承担辖区内货币发行及人民币流通管理、外汇管理、经理国库、统计研究、征信管理等职责。

2003年银监机构分设后，人民银行职能进行了重大调整，工作重心、工作内容和工作方式发生较大变化。面对新形势和新挑战，人行六盘水市中心支行紧紧围绕“一个强化、一个转换和两个增加”新的央行职能，把握工作重点，在执行货币政策、维护金融稳定、提升金融服务质量水平等方面都取得了较为突出的成绩。

中国人民银行六盘水市中心支行围绕实施货币信贷政策的各个环节和辖区经济金融发展态势和特点，突出货币信贷工作重点，坚持有保有压、区别对待的政策，有针对性地贯彻落实货币政策，促进辖区产业结构调整，经济结构优化。积极推动落实中小企业再贷款、支农再贷款、国家助学贷款、下岗失业人员小额担保贷款等涉及民生的专项信贷政策。2010年，认真贯彻落实适度宽松的货币政策，加强信贷政策指导，坚持货币信贷总量调控与结构优化并重，充分发挥多种货币政策工具调控功能，推动和促进信贷政策与财政政策、产业政策协调配合。进一步优化信贷服务、探索新的融资模式、强化金融形势监测分析方式，建立金融支农新机制，不断改善辖区金融生态环境。截止到2010年12月末，全辖金融机构本外币存款余额500.8亿元，比年初增加76.75亿元，增长18.1%；本外币贷款余额361.68亿元，比年初增加53.43亿元，增长17.33%。

（姜　鸿）

中国工商银行六盘水分行

【概述】 2010年，中国工商银行六盘水分行各项存款余额106.17亿元，各项贷款余额91.68亿元。实现中间业务收入7300万元，增幅38.39%，实现人均中间业务收入13万元，同比增加4万元；网均中间业务收入315万元，同比增加106万元；同业占比排名第一。为扶贫点盘县保基乡陆家寨村争取项目7个，争取资金407万元，其中：自筹帮扶资金4.5万元，帮扶物资11万元，帮助该村培养入党积极分子56人，发展党员14人。员工为甘肃玉树地震灾区捐款5万余元。

（工商银行）

【工作措施】 积极捕捉信息，加大贷款营销力度，努力增加信贷投放、突出重点项目和重点客户带动战略，不断加大优质客户营销力度。对贷款潜力客户分类排队，确定营销方向，积极做好融资信息收集工作，在规模趋紧，还款压力较大的形势下新增贷款4.97亿元；拟定了大项目储备清单，每半个月要求责任人汇报营销进展及困难情况；形成了人人有指标，工作有目标的良性循环。密切关注银监会“三个办法、一个指引”的推进情况，高度重视“实贷实付”对派生存款的影响，推进信贷资金托管业务的发展，加强对客户资金运用分析、建立与完善相应的制度，扩大客户资金在系统内的留滞时间和份额。

（工商银行）

【提高服务质量】 开展汉字录入技能、营销技巧、服务礼仪等知识技能培训，提升营销队伍服务客户能力。推行和完善对不同层面人员的评价机制，按季开展业务能手、单项产品营销及全能冠军评比，开展业务拓展精英团队评比，营造人人奋勇争先的竞争环境；按季度对大堂、客户经理产品销售积分和日常履职行为评分排名，对评分未达到平均分70%且排位后两位的客户经理黄牌警告。全面梳理23个网点劳动组合情况、岗位职责及对外窗口开设数量，对贵宾理财中心、大型理财网点及处于人流量大、经济资源丰富的网点增加对外服务窗口；对业务高峰时段，要求网点理财师、网点负责人必须在大堂进行服务，切实解决客户排队难等问题；全面梳理、统计23个网点叫号机、打印机、传呼机、登折机及终端等设备的使用、运行情况，积极联系相关部门做好网点设备的维护。创办《服务专刊》，综合反映全行服务工作情况、服务亮点、服务故事及服务知识等，引导员工增强改进服务的主动性和积极性；将《员工服务行为规范手册》制作成光碟，从网点开门迎接客户到网点晚间照明等都设定明确的标准，从网点每类员工服务形象到网点整个服务流程都逐一规定，使网点执行服务细节和监督有统一的标准。指定专人每天调阅全辖网点的监控录像，监控网点、员工的精细化服务、VIP客户现场服务、柜面服务效率、窗口开设数量等，按周进行点评、通报，让员工自觉执行服务规范变成一种习惯，从本质上提升服务质量，全年共监测网点精细化服务执行情况25次；依托网点排队叫号系统，监测网点对前来办理业务的中高端客户，大堂、客户经理是否实时跟进维护，牢固优质客户关系。

（工商银行）

【风险管理】 建立不良贷款压降工作按旬报告制度，各部门之间实现信息共享，加快不良贷款压降工作的进程；采取“清防并举”的措施，加强个人不良贷款、银行卡不良透支管理，将个贷不良率和信用卡不良透支率控制在2%以内，全年累计实现清收转化不良资产2351万元。组织70余人到贵州太平监狱警示教育基地进行警示教育活动；对ATM机报警求助系统投入资金20多万元；夜间对各金库和所有存取款机实行远程视频监控巡视，确保金库和各存取款机的安全。

（工商银行）

中国农业发展银行六盘水分行

【概述】 2010年，中国农业发展银行六盘水分行各项贷款余额19.43亿元，较年初增加1.62亿元；月均贷款余额18.44亿元；各项存款余额8.97亿元，较年初增加4.35万元。

（邱　洁）

【清理政府融资平台】 作为银监局指定的各银行业机构清理规范政府融资平台牵头单位，对全市7个政府融资平台公司逐个清理，把清理后的平台公司分为三类管理，一是仍按平台类公司管理，不再与其发生新的融资业务关系。二是整改为一般公司类管理，按商业化原则继续给予信贷支持。三是保全分离为一般公司类管理。

（邱　洁）

【争取项目与中间服务】 全年获得现代农业发展项目5个，贷款金额12.05亿元。以贷款发放为依托，变“散打乱打”为“组合拳”，将中间业务开展的重心前移，变事中开展为事前开展，保险代理承诺和签订咨询服务协议与贷款申报同步进行。年末中间业务收入18.94万元。

与6家政府融资平台公司签订7笔共计15.75亿元贷款的咨询费协议。

（邱　洁）

中国农业银行股份有限公司六盘水分行

【概述】 2010年，各项任务指标全面超额完成。存款增量近五年来首次突破10亿元。截至2010年年底，各项存款余额70.2亿元，较年初增加12.5亿元，完成年度计划的125%。其中个人存款增量6.1亿元，是上年同期增量的2倍。各项贷款余额58亿元，比年初增加12.2亿元。存、贷款增量市场份额双双跃居四大行第一，创历史最好水平。实现中间业务收入4455万元，较上年增长1.7倍，完成全年计划的112%。实现拨备前利润1.7亿元，完成全年计划的109%。

（韩永生）

【服务“三农”】 以代理征地拆迁、移民补偿等方式为手段，以“公司+农户”为主要合作模式，做好惠农卡和农户小额贷款工作。

一是以煤炭产业为媒介工具，着力加大对地方经济的支持力度，积极介入对地方煤矿技改贷款。在大力做好煤炭行业支持的同时，积极支持县域优秀小企业，全年涉农贷款余额27亿元，较年初新增9.4亿元。

二是以项目为依托，找准发卡着力点。采取集中发卡、项目带动、集中连片的模式，拓展惠农工作。全年新增发行惠农卡10024张，激活率98.5%。

（韩永生）

【内控管理】 推行精细化管理，加强全面风险管理体系建设，全年实现平安经营。

一是不断完善科技支撑。充分利用网点签退监控网页和自助设备监控系统等平台，按时监控柜员签退及自助设备运行状况，详细记录系统运行日志，有效规避风险。完成了营业机构多媒体播放系统、柜员指纹认证系统、黄金实物买卖系统、现金调拨系统、综合办公信息系统（SOI）支行推广工作、C3 等的上线运行，确保了新业务、新系统的顺利上线。

二是做好安全保障工作。开展“一查二整三规范”专项教育活动，开展了保卫人员队伍建设及内务管理、电视监控操作、常见火灾预防及消防器材使用、九七式防暴枪实弹射击等相关安防工作培训，有效提升安防人员业务能力，消除了风险隐患。

（韩永生）

【经营转型】 紧紧围绕循环经济做文章，以倡导节能、减排为出发点，大力支持地方无污染的水电项目建设，先后向泥猪河、乌图河水电站发放项目贷款 6 亿元。在支持大项目建设的同时，以信贷支持、金融服务等举措，加大对地方中小企业扶持力度，支持符合循环经济政策的中小企业达 28 户，贷款余额 9540 万元，较年初增加 3600 万元，增幅达 37%。

根据地方资源禀赋，大力支持马铃薯、茶叶、药材等“零排放”的农产品企业发展。在市农行的支持下，水城姜业有限公司、六枝宏奇制药有限公司、水城茶叶有限公司、神驰生物科技有限公司等一批具有一定知名度和影响力的产业化龙头企业得到了快速发展。市农行向农业产业化企业贷款余额达 2100 万元，促进了企业快速发展的同时，也起到了以点带面的辐射作用，带动了农民增收。

（韩永生）

中国建设银行六盘水市分行

【概况】 2010 年，建行秉承“以市场为导向，以客户为中心”的经营理念，积极致力于服务六盘水经济社会发展，在改革创新中不断发展壮大，核心竞争力显著增强。截止到 12 月 31 日，全口径存款余额 70.75 亿元，各项贷款余额 40.26 亿元，实现税前利润 1.32 亿元。建行六盘水市分行作为六盘水市内大型国有控股商业银行二级分行，为六盘水市经济发展、社会进步和民生改善做出了积极贡献。

按照国家宏观调控政策要求不断深化结构调整，全面优化信贷结构，加大对符合国家结构调整要求的新兴行业客户、节能环保等领域优质客户（项目）的信贷投放。积极关注六盘水市循环经济发展总体规划以及煤炭、电力、钢铁、煤化工等重点产业专项规划，持续跟踪落实辖内重大项目立项、报审、落户、授信工作，全年共投放贷款 147941 万元，发行对公理财产品 7 亿元。

加大电子渠道和重点商业区的离行式自助设备的铺设工作，自助渠道区域和用卡、发卡环境得到进一步改善；积极推进网点转型，加大客户经理队伍建设力度，不断提升客户服务能力；稳步推进后台集中管理，通过营运体制的不断改革，初步构建了集中核算、集中配送、集中作业和集中管理一体化的综合服务平台；加强全面风险管理，切实提高风险管控能力，不断完善内控管理机制，实现信贷经理、产品经理和客户经理三岗分离。

（办公室）

中国银行股份有限公司六盘水分行

【概述】 2010 年，中国银行股份有限公司六盘水分行资产和负债总额减少。截止到 12 月末（以下数据口径采用 12 月 31 日数据），各货币折人民币资产总额 263748.66 万元，较年初减少 31014.46 万元，减幅 13.32%。各负债总额 257779.85 万元，较年初下降 34686.36 万元，减幅 15.55%。中间业务净收入上升 68.91%，完成省行下达全年计划的 109.31%。各项贷款持续增长。截止到12月末，六盘水分行各项贷款完成省分行下达任务的156%；零售贷款完成省行计划的184.27%。赢利能力继续提升。全行实现净利润5506.14万元。资产质量显著改善。截止到12月末，不良贷款余额较年初减少。不良率为0.51%，较年初不良率2.75%，下降2.24个百分点，实现了双降。

（林　锐）

【贷款平稳增长】 2010年，重点营销项目取得较大突破，择优储备了12.25亿元的优质项目。年初，分行认真分析已批未提的授信项目，切实开展已批授信向实质贷款新增的转化工作。同时，注重授信资产的结构调整，依托省行2009年向六盘水市人民政府重点推荐项目授信100亿元的历史机遇，将信贷投向适度调整到重点支持六盘水市采矿业和与之配套的相关产业以及城市基础设施建设项目和个人消费贷款上来。截止到12月末，公司贷款完成省行计划的103%。市场份额上升0.83个百分点。对公理财完成占省行总量的50%偏多，创历史新高。

（林　锐）

【加强风险管理和内部控制】 强化行业风险调研，积极与地方政府和贷款企业沟通协商，及时化解和防范风险。截止到12月末，实现不良贷款余额和不良率双降。

加大反洗钱工作检查力度，强化对社会化守押监管力度，控制守押风险。由于内控措施得力，确保了全年案件发案率为零目标的实现。

（林　锐）

【推进各项基础设施建设】 重视网点转型　分行在省行的大力支持下，完成了全省第一家县级支行——盘县支行的报批、选址、购置、转型装修进场等工作。完成新办公大楼大部装修工作。截止到12月末，已实现2010年5个网点转型计划中1个网点的竣工验收，3个网点转型项目全部进入施工阶段。

强化后线支持保障　制定了银企对账上收工作方案，以两个网点进行银企对帐上收计财部的试点工作，为保证分行2011年初的全行集中上收对账作好了前期准备。实现了网点大堂经理外包和网点营业环境保洁外包。完成聘请“服务专业技术培训”的准备工作。完善制定了《车辆管理办法》《低耗办公用品管理规定》《公房租住管理规定》等，强化后线支持保障。

切实做好信息科技安全保障的升级、更新工作及IT上线工作　完成了新办公楼网络布线工程、机房建设、财务系统上线、各项外围系统上线工作，为全行业务的快速发展提供有力的支持和保障。

（林　锐）

【着力提升员工整体素质】 通过“内聘骨干、外请专家”的方式，共举办各类业务培训班58期，培训员工1504人次。同时选送学员参加总、省行各类培训18期次。

积极参加省行各种活动，在省行“弘扬蓝图精神——核心价值观”演讲比赛活动中六盘水分行取得了1个第一名和1个第二名的好成绩，充分展示了六盘水分行员工良好的精神风貌。

（林　锐）

六盘水市商业银行

【概述】 2010年，六盘水商业银行资产总额68.97亿元，较年初增加9.1亿元，增幅15.21%。实现税前利润9345万元，完成全年任务（1.1亿元）的85%；资本充足率20.92%，资本利润率13.82%，利息回收率93.98%，流动性比例35.94%，人均资产2211万元。各项指标运行良好。

11月末，各项存款余额62.23亿元，比年初增加 6.4 亿元，增幅 10.81%，完成全年任务（增加 13 亿元）的 49.23%；其中：储蓄存款 12.76 亿元，比年初增加 5.44 亿元，增幅 63%；对公存款 47.22 亿元，比年初增加 1.46 亿元，增幅 3.01%。

各项贷款余额 39.6 亿元，比年初增加 8.28 亿元，完成全年任务（增加 7 亿元）的 118%；其中：中长期贷款 235321 万元，较年初增加 59965 万元，增幅 34.2%；票据贴现 53086 万元，比年初减少 8183 万元，降幅 13.36%。贷款结构仍以中长期贷款占较大比例，存贷比为 61.07%，受信贷规模控制，资金运营情况欠佳。全年信贷累放 486635.58 万元，累收 405910.31 万元。

不良贷款余额 7383 万元，按五级分类划分：次级类 5563 万元（占 1.47%）、可疑类 1512 万元（占 0.4%）、损失类 308 万元（占 0.082%）。不良贷款比率 1.95%，计提贷款损失准备金 2761 万，损失准备余额 11498 万元，风险拨备覆盖率 155.73%。不良贷款比率和数额较年初有所增加。

全行增资扩股募集 4.3 亿元资本金全部到位，股本总额增加为 5.92 亿元，完成注册资本变更。

核心业务系统于 5 月 1 日上线运行，其他渠道平台、支付系统、信贷系统、数据仓库、报表系统等重要系统同时上线运行。

组建贵阳分行，标志着走出跨区域经营的第一步，钢城支行开业，盘江支行筹建获批准，麒麟支行的筹建正在申报。

（姚　黎）

【经营效益显著提高】 增大银行卡营销力度，增加中间业务收入　截止到 11 月末，发卡总量为 91775 张，较年初增加 20003 张。银行卡中间业务收入实现 67.31 万元，较同期增长 25.67 万元。其中：pos 收单收入为 37.38 万元，ATM 收单收入为 29.93 万元。

大力拓展个人贷款业务　截止到 11 月末，个人贷款余额 49987 万元，较年初增长 5897 万元，累计发放个人贷款 13961 万元，较同期增加 5568 万元。个人贷款中间业务收入为 34 万元。

开辟银团贷款新业务　4 月发放 1.5 亿元的银团贷款，此银团贷款是由六盘水商业银行作为牵头行和代理行，与作为参加行的安顺市商行和遵义市商行共同对六盘水市交通建设公司建设“六盘水市大河经连山至董地运煤公路”项目发放的银团贷款，开创了省内银团贷款由城市商业银行发起和参与的先河。在此笔贷款中获取承诺费、管理费等中间业务收入 32.4 万元。

继续发行凉都财富系列理财产品　继“凉都财富 1 号”理财产品于 5 月完成兑付后，又继续发行“凉都财富 2 号”理财产品，金额 4000 万元。

综合调度，提高资金收益率　与国有商业银行办理结构性人民币理财产品，与中行和工行办理的 14 天滚动型定期存款；与建行办理的天天大丰收、周周大丰收、日新月异型理财产品；与民生银行重庆分行办理的 3～12 月理财产品；购买渤海国际信托有限公司巨鼎煤机项目信托产品 2 亿元。办理的各类结构性理财产品，最低收益率为 1.25%，最高为 1.8%，获取投资收益 537 万元。

（姚　黎）

【内部管理】 内控、结算等部门开展各类专项检查 20 余次，检查内容包括：财务专项检查、现金重空突击检查、信贷资金流入股市检查、银企对账管理检查等。检查处罚 73 人次，处罚金额 4125 元，对 6 家支行（部室）（凉都、黄土坡、六枝、盘县、荷城、营业部）和一家支行行长及综合科科长进行通报批评。

重新制定和修订《六盘水市商业银行违规处理办法》《六盘水市商业银行个人业务基本操作规程》等各项制度 20 余个。加强防卫设施的建设和管理，对各家支行的报警器、监控、联动门及相关安全线路及时进行检查维修，同时加强安保人员的管理，定期进行教育引导。加强了对违规违纪行为的处罚力度，对1名违规员工做出开除处理决定。

（姚　黎）

【干部队伍建设】　面向社会招聘36名大学生。制定《劳务派遣管理办法》，在城区支行使用7名劳务派遣用工。实行中层干部公开竞聘上岗，对钢城支行、黄土坡支行等3个中层干部管理岗位实行全行公开竞聘。组织参与“三个办法，一个指引”、“信贷产品管理培训班”、“信用风险管理培训班”等培训20余次，参训员工150余人次。

（姚　黎）

【企业文化建设】　组织召开2010年度职工代表大会，选举职工监事；开展“创优争先”活动，评选出20名三八红旗手，19名优秀员工，6个优秀集体，推荐的劳模刘明琴获全市五一劳动模范称号；青年女子队在全市“三八妇女风采大赛”中获一等奖；冠名赞助的“商行杯”全国桥牌邀请赛成功举行。

通过报纸、电台等新闻媒体进行企业宣传。关心社会慈善事业，建立分行“帮扶基金”，对残疾人安居工程捐献2000元人民币。

制定统一标准的员工服务规范，建立客户投诉处理机制。开展以“创建学习型组织、建设学习型银行、争当知识型员工”全员素质培训。

组织开展员工演讲比赛、爬山比赛、员工联欢晚会；参加银监局组织的银行业职工运动会。

（姚　黎）

六盘水市农村信用合作联社

【概述】　2010年，全市有4家农村信用合作联社，4个营业部（县级联社直属机构），71个信用社和25个分社，2个储蓄所，1263人。全年改造网点33个，投入资金4400万元，在各地（州、市）中率先完成网点改造达标计划；安装并上线运行36台ATM机具。年末，各项存款余额1262604万元，较年初增加234316万元，增幅22.78%，完成年计划的113.19%；各项贷款余额936386万元，较年初增加146831万元，增幅18.59%；涉农贷款余额791703万元，较年初增加157038万元，占贷款总额的84.55%；存款与贷款存量市场份额均为各地（州、市）首位；发卡95816张，完成年计划的144.08%；五级分类不良贷款余额94451万元，较年初下降21475万元，降幅18.52%；实现各项收入82340万元，比上年同期增加11963万元；实现经营利润38484万元，比上年同期增加4766万元。

（屈　怡）

中国人民财产保险股份有限公司六盘水分公司

【概述】　2010年，中国人民财产保险股份有限公司六盘水分公司的经营重点为车险赢利能力建设，实施“强化管控、分类指导、实时监控、适时调整”的经营策略，以手续费、费用差异化分配为抓手，推进车险精细化管理程度，通过制订业务政策、配置销售费用、进行承保控制等手段提高车险赢利能力。在非车险方面，认真做好大项目的服务工作，大力推广火灾公众责任保险、危险行业从业人员责任险、烟叶保险、校园责任险等。

2010年，完成保费收入21191万元，同比增加4919万元，增长30.41%，为年计划的119.79%，实现利润1832万元。

（孙　政）

【建立快速服务中心】　由市交警支队牵头，

分公司配合，一同到云南省考察昆明市道路交通事故快速处理保险理赔服务中心的相关模式和办法后，于年底建立市道路交通事故快速处理保险理赔服务中心，为客户提供快捷的事故处理及理赔服务。

（孙　政）

【举办客户节】　6月2日，公司邀请了市政府相关领导、四大班子的车队负责人、大企业车队、部分单位的客户代表等参加了人保财险六盘水分公司2010年客户节座谈会。结合公司的“新理赔无忧”项目，组织客户座谈、参观公司相关营业场所，宣传人保财险“关爱客户、回馈客户”的服务宗旨，得到了与会人员的肯定。

（孙　政）

【宣传活动】　一年一度的凉都消夏文化节期间，公司与市国际关系协会组织了“美术、书法、摄影精品展”，让更多的人了解了人保财险。在与交警支队共同宣传城市交通安全中，对公司“5·18新理赔无忧活动”、电销业务进行了宣传，结合远程定损的启动，公司优质、高效的服务得到客户的认可。公司积极参加市政府组织“加强效能建设，优化发展环境”活动，在《六盘水日报》上对服务项目、办理时限和严格收费标准等做出郑重承诺。

（孙　政）

中国平安人寿保险股份有限公司六盘水中心支公司

【概况】　2002年11月，中国平安人寿保险股份有限公司六盘水中心支公司成立。公司长期秉承“诚信第一，效率第一；客户至上，服务至上”的宗旨，在广大客户中建立了良好的信誉。2010年完成保费收入6086.97万元，同比增长35.7%，公司业务员397人，在当地市场的占有率为23.35%。

（胡　晨）

中国人寿保险股份有限公司六盘水分公司

【概况】　2010年，中国人寿保险股份有限公司六盘水分公司开展了“防范经营风险主题教育”、“内控合规教育”、“诚信教育”等系列教育活动，销售人员依法合规展业，诚信服务的意识得到了加强。加大了对柜员技能、技巧培训，积极利用总公司“助飞2010”活动契机，全面提升了业管人员的综合素质；利用回访系统、CC系统、VIP系统客户服务（客户管理系统）、短信服务（短信二期系统）等让客户享受附加服务。积极参与钟山区新型农村合作医疗的补偿工作和钟山区民政优抚“一站式”的服务工作。

全年实现保费收入15288.65万元，同比增长17.83%，其中：个险首年期交保费收入1397.26万元（10年期以下495.87万元，10期及以上889.39万元，短期意外险1032.78万元）；团险渠道保费收入1376.60万元，完成计划的93.01%；银邮渠道首年保费收入6080.87万元，其中：趸交5267.08万元，期交813.79万元，完成计划的87%；续收保费收入6329.24万元，同比增长10.39%。各项业务指标与上年同期相比，保费总量增长17.77%，首年期交同比增长55.84%，短期意外险同比增长52.93%，趸交保费同比下降9.51%。在上一年度转变业务增长方式后，逐步实现了业务增长由趸交向期交拉动增长，提高了公司持续发展能力，业务结构得到进一步优化，十年期及以上业务首年期交呈增长趋势，市场地位得到巩固。

（人寿保险）

中国太平洋财产保险股份有限公司六盘水中心支公司

【概况】 2010年，中国太平洋财产保险股份有限公司六盘水中心支公司累计完成保费收入8915.31万元，为年度计划的103.61%，比上年上升了21.44%。其中：商业车险的保费5521.03万元，同比上升了17.13%，占总保费收入的61.93%；交强险2250.3万元，比上年上升20.47%；非车险保费收入1143.98万元，同比上升了51.51%。赔款支出为3588.39万元，同比上升了8.16%，简单赔付率为40.25%，同比下降了4.94%。其中：商业车险赔款支出为2251.06万元，同比上升了6.62%，占总赔款支出的62.73%；简单赔付率为40.77%，比上年下降了4.02%；交强险赔款支出958.54万元，占总赔款支出的26.71%，赔付率为42.60%，比上年下降了6.74%；非车险赔款支出为378.8万元，赔付率33.11%，同比下降了4.34%个。费用总额为2317.48万元，费用率26%，同比上升0.24%。准备金提转差1262.35万元，其中：未决赔款准备金提转差606.56万元，未到期责任准备金提转差655.79万元。综合成本率87.43%，实现利润627.57万元。

（太保公司）

农林水·畜牧·气象

农　业

【概述】　2010年，农业农村经济运行总体太势良好。全市粮食作物播种面积18.04万公顷，粮食产量77.78万吨，比上年减产9.57%。由于特大干旱影响，夏粮大幅减产43.78%。全年农林牧渔总产值达49.95亿元，比上年增长8%。其中：农业产值28.26亿元，增长13.17%；林业产值1.13亿元，较上年持平；牧业产值19.16亿元，增长13.98%；渔业产值0.1亿元，增长4.09%。农民人均纯收入达3600元，比上年实际增长13.8%。

（张　勇）

【粮食增产工程成效显著】　粮食增产工程成效显著：完成工程有效面积62.36万亩，超计划3.93个百分点。经省、市、县农业部门组织测产验收，平均亩产491.38公斤，比实施区前三年平均亩产407.06公斤增产粮食84.32公斤，增产20.71%。工程粮食总产30642.45万公斤，新增总产5258.01万公斤。其中：水稻增产工程平均亩产521.23公斤，比实施区前三年水稻平均亩产439.19公斤增产82.04公斤，增产18.68%；玉米增产工程平均亩产480.85公斤，比实施区前三年玉米平均亩产395.73公斤增产85.12公斤，增产21.51%；优质粮食产业工程实施面积20.88万亩，占计划20万亩的104.4%。经市、县农业部门组织测产验收，工程加权平均亩产618.66公斤，比实施区前三年平均亩产466.74公斤增产粮食151.92公斤，增产20.71%。工程粮食总产12918.27万公斤，新增总产3172.26万公斤。

（张　勇）

【马铃薯产业发展迅速】　全市马铃薯完成播面208.31万亩，其中脱毒马铃薯完成播面166.65万亩，比2009年的140.44万亩增加26.21万亩，增18.67%。由于干旱影响，总产鲜薯218.38万吨，与2009年相比，总产、亩产分别减10.99万吨、204.29公斤，减产5%和19.5%。商品率达35%，比2009年增加7个百分点。全年微型薯完成230万粒，原种扩繁完成1700亩，一级良种扩繁完成1100亩。

（张　勇）

【畜牧生产呈良好态势】　全年肉类总产量达到10.88万吨，比上年增长4.06%。其中：猪肉产量8.88万吨，增长3.85%；牛肉产量0.83万吨，增长2.25%；羊肉产量0.2万吨，增长7.55%；禽肉产量0.84万吨，增长3.7%。禽蛋产量5577吨，增长9.12%。全年猪存栏109.9

万头、出栏102万头；牛存栏6.65万头、出栏6.55万头；羊存栏26.52万只、出栏13.14万只；禽存栏536.74万羽、出栏536.44万羽；渔业养殖水域面积达191公顷。

（张　勇）

【菜篮子逐步转向自给】　2010年全市完成蔬菜种植面积45.89万亩，总产量60.26万吨，总产值7.23亿元。其中：六枝特区完成8.2万亩，盘县完成13.21万亩，水城县完成18.73万亩，钟山区完成5.75万亩。全市计划新增和巩固商品蔬菜基地6万亩，完成面积6.0165万亩，总产14.26万吨，总产值2.29亿元。其中：六枝特区完成1.7065万亩；盘县完成1.3000万亩；水城县完成2.5100万亩；钟山区完成0.5万亩。2010年计划新增商品蔬菜基地1万亩，实际完成1.0165万亩，占任务数的101.65%。巩固2008、2009年新增商品蔬菜基地面积5万亩。

（张　勇）

【农业结构调整步伐加快】　全市新增猕猴桃种植1万亩；产业化扶贫项目完成核桃种植1.296万亩；全市茶园面积达到6.1万亩，比2009年增加1.85万亩，投产茶园约3.59万亩。全年茶叶总产295吨，其中：名优高档茶50吨，春茶产量约75.5吨；生姜种植完成7.3万亩；苦荞种植完成12万亩；中药材种植完成1.5万亩。

（张　勇）

【烤烟生产及收购完成】　全市种植烤烟10万亩，收购烟叶30.07万担，为计划的120.29%。其中：盘县收购18.07万担，为计划的124.73%；水城县收购12万担，为计划的114.16%。从烟叶质量看，上等烟占33.93%，中等烟占43.91%，下低等烟占22.16%。烤烟收购担均价为666.35元，较上年同期减少了67.17元，其中：盘县651.94元，水城县688.11元。

（张　勇）

【农业机械化程度提升】　实施机械化育插秧项目面积2800亩；实施机械化马铃薯收获项目20000亩；实施茶叶生产机械化项目2000亩；实施小型耕作机械作业（山地）项目旱地耕作28万亩。农机购机补贴共完成中央补贴资金1130万元，省级补贴资金303.41万元，市级资金145万元，县级资金356万元。引导农户和农机专业合作社投入购机资金2207万元，购置补贴农机具4965太（套），收益农户4866户，农机总动力达到144.87万千瓦，农机装备水平提升。

（张　勇）

【农业基础设施建设加强】　全市共整修山塘45处，渠道防渗及维修58千米，加高加固堤防10.92千米，新建水池水窖7587个，为新增节水灌溉面积2.24万亩，新增恢复改善灌溉面积6.78万亩，治理水土流失面积50平方千米。完成省级土地出让金基本农田建设400亩，配套小水池建设2720口；完成农村美好家园建设5200户，每户补助资金5000元，其中：六枝特区934户，盘县1690户，水城县1644户，钟山区932户。2010年，全市共完成农村户用沼气1.5万户，400～500立方米中温发酵大中型沼气池工程3处，200～300立方米常温发酵大中型沼气池工程8处。同时，完成第一次全国农业污染源普查数据更新工作。

（张　勇）

【农业资金投入加大】　2010年各级财政支农资金投入增幅均较2009年有一定增长，增幅都在10%以上。2010年市县两级财政预算农业专项投入1.53亿元，增长16.32%。其中：市级6230万元，增长13.3%；各县、特区、区的专项资金安排是，六枝特区586万元，增长15%；

盘县4300万元，增长16.7%；水城县2613万元，增长18.7%；钟山区1600万元，增长14.3%。资金重点用于保配套、保重点、保生产、保民生方面。

（张 勇）

扶贫开发

【完成减少贫困人口计划】 2010年全市计划减少农村贫困人口5万人，其中：六枝特区0.89万人，盘县2.01万人，水城县1.84万人，钟山区0.26万人。2009年秋冬至今春，全市发生百年不遇的干旱，各部门采取多种措施，及时应对，全力以赴，战胜百年不遇的干旱。粮食产量达84.23万吨，全市农民人均纯收入3640元，减少农村贫困人口5.0318万人，完成计划数的100.6%。

（汤 健）

【财政扶贫资金项目实施情况】 省2010年下达全市省级以上财政扶贫资金9005.2万元，养殖业、种植业等项目310个，全部启动实施，开工率100%。

省2010年投入草地生态畜牧业种草养羊项目资金2500万元，计划种草35062亩，建圈54775平方米，购种公羊1535只，购基础母羊35062只，实际完成种草50831亩，占计划的145%；建圈86220平方米，占计划的157.4%；购种公羊1503只，占计划的98%；购基础母羊46840只，占计划的133.6%。请畜牧业专家编撰了《六盘水市草地生态畜牧业产业化科技扶贫种草养羊项目技术操作规程》10000册和制作《六盘水市草地生态畜牧业种草养羊操作规程》视频课件光碟10000张发放给养殖户。

水城县猕猴桃产业化扶贫项目省2010年下达资金200万元，建设规模3120亩。落实土地1500亩，为计划的48.08%，完成整地500亩，为计划的16.03%。

2010年马铃薯大田推广项目任务95万亩，投入资金64万元，实际完成137.5365万亩，占任务数的144.78%，资金全部报账完毕。

（汤 健）

【完成雨露计划任务】 2010年全市贫困地区劳动力转移培训任务为：农民初级技工培训700人，农业产业化技能培训5950人，资助贫困户子女接受高等学历教育试点200人。完成了农民初级技工培训700人，是任务数的100%，其中：六枝特区150人，盘县100人，水城县450人。完成农业产业化技能培训5950人，是任务数的100%，其中：六枝特区1700人，盘县1200人，水城县3050人。共资助当年考取一本的重点农村贫困户子女接受高等学历教育200人，一次性每人资助4000元，其中：六枝38人，盘县87人，水城县63人，钟山区12人。

（汤 健）

【社会扶贫】 大连市对口帮扶工作　全市实施对口帮扶援建项目23个，总投资1531万元，其中：援建资金750万元，自筹资金781万元。在省定革命老区水城县、盘县实施整村推进4个村，实施农业产业化肉牛养殖项目建设3个，配套草地生态畜牧业种草养羊项目建设良种繁育场4个，实施社会公益事业项目建设12个，扩建村小学1所、村卫生室3所，乡镇文化中心建设1个，乡镇文化中心活动球场建设1个，村多功能活动室建设2个，村寨道路硬化4个。

“集团帮扶、整乡推进、连片开发”工作　省政府黄康生副省长在六枝特区陇脚乡挂钩扶贫，实施“集团帮扶、整乡推进、连片开发”4个产业项目。生态蛋鸭产业：规划养殖30万羽，涉及7个村；已养殖6.12万羽，完成鸭舍6000平方米，其中规模养殖户建圈舍2434平方米，种鸭场和育雏室建设正在筹备之中。生态养猪产业：规划养殖商品猪5260头，建10个养殖小区，修建圈舍6000平方米；能繁母猪从100头发展到160头，计划引进和培育能繁母猪250头左右，已建成2个养殖小区，其他小区在建设之中，完成商品猪饲养730头，其中野猪400头，新修圈舍2000平方米；印发《猪鸡鸭养殖及防治知识手册》500份，整合资金3483万元。无公害蔬菜产业：规划种植2000亩，涉及4个村，建大棚100个。已实施面积630亩，100个大棚已建成。优质米产业：规划种植6000亩，涉及7个村；与省农科院签订了种子合同，开展产业技能培训11期，培训农民1054人次。省政府禄智明副省长在水城县玉舍乡挂钩扶贫，以发展核桃和蔬菜种植为主，整合资金1.3亿元。核桃种植：采自云南的11万株“云新14#”核桃苗木已全部栽种，在本地育种的13万株核桃苗木已完成种植，达到第一期规划的1.2万亩。500亩蔬菜种植项目已完成。

党建扶贫工作　一是大力搞好与省直党建扶贫工作队的协调沟通。建立与省直工作队的工作信息沟通和服务工作，按照省要求做好省直工作队的年终总结考评工作。二是大力开展好市直党建扶贫工作。从103个市直单位中抽调400多人组成39只农村党建扶贫工作队，分赴39个扶贫开发重点乡镇开展帮扶工作；召开2009年党建扶贫工作总结表彰暨2010年党建扶贫工作会议(含对党建扶贫工作队员的培训会议)。加强对度党建扶贫工作队的跟踪管理和帮扶工作情况调度、年终总结考评工作。对无省、市帮扶的扶贫开发重点乡镇，要求各县（特区、区）组建农村党建扶贫工作队进行帮扶。

筹集社会帮扶资金　2010年全市共筹集社会帮扶资金2910万元。分别为：大连市对口帮扶资金750万元，大连市捐赠抗旱救灾和灾后重建资金200万元，大连市红十字会向盘县捐赠20万元抗旱救灾和灾后重建资金，曹氏父子捐赠慈善资金1940万元。

（汤　健）

【信贷扶贫】　扶贫龙头企业项目贷款　市扶贫局全年为14家企业申报项目贷款14个，共获得131.1万元贴息。其中：六枝2个，贴息15万元；盘县4个，贴息14.1万元；水城县4个，贴息56万元；钟山区4个，贴息46万元。

小额到户贷款　省下达全市小额贴息资金385万元，累计发放扶贫贴息小额贷款15807.2万元。其中：六枝1507.2万元，盘县11300万元，水城县2000万元，钟山区1000万元，覆盖全市90个乡镇823个贫困村，扶持农户13601户。

贫困村互助金试点工作　全市2010年贫困村互助金试点村为六枝特区陇脚乡新田村、新春村、大坝村、郭家寨村和牧场村5个村，资金已下达，并开始运行。

（汤　健）

【整乡推进项目】　盘县2010年整乡推进项目在四格乡实施，省扶贫办投入国家财政扶贫试点项目资金1000万元，整合部门资金4567.4万元。2010年9月资金文件下达，项目建设期限两年。资金已全部到位，使用率80%。已种植核桃8000亩，占计划13872亩的57.7%；购牛262只，占计划1760头的14.88%；部门整合基础设施建设已启动。

（汤　健）

【扶贫政策与农村最低生活保障有效衔接】
全面贯彻《省人民政府办公厅关于转发省扶贫办等部门贵州省农村最低生活保障制度和扶贫开发政策有效衔接扩大试点工作实施方案的通知》（黔府办发〔2010〕66号）等精神，2010年完成相关数据的采集录入工作，并逐级审核上报省办审批。市、县（特区、区）人民政府成立了“两项制度”有效衔接扩大试点工作领导小组，专门负责统筹建档立卡工作的调度和审核，并编制了《农村最低生活保障制度和扶贫开发政策有效衔接扩大试点工作实施方案》，经市、县“两项制度”有效衔接扩大试点工作领导小组审核上报省批复实施。对市、县、乡（镇、办）工作人员进行培训，通过召开村民大会，发放宣传资料宣传两项制度有效衔接工作的重要意义。认真填写“农村贫困农户申请书”和“农村贫困人口登记表”、“行政村登记表”和“县登记表”等资料，实行3榜公示，严格审核逐级上报。建档立卡情况：全市共有贫困人口208483户，465185人。其中：扶贫户25514户，72406人；扶贫低保户50876户，142703人；低保户127440户，244479人；五保户4653户，5597人。贫困人口比2009年统计部门公布数（460299人）多4859人，增加1.06个百分点；与2010年民政部门低保人口预计数相比，多34971人，增加8.13个百分点。7月14～16日，省扶贫办在六盘水市召开全省扶贫开发与农村低保两项制度有效衔接扩大试点工作培训暨现场会。参加会议的有省民政厅等省直部门及省扶贫办领导，市、州、地扶贫办领导及业务科长，及50个贫困县主要领导、扶贫办领导，省市各新闻媒体；省扶贫办主任叶韬出席现场会议并作重要讲话；会议代表现场参观了水城县纸厂乡。

（汤　健）

【机构改革】　2月26日，根据《中共六盘水市委六盘水市人民政府关于市人民政府机构改革的实施意见》（市发〔2010〕4号），“市扶贫开发办公室更名为市扶贫开发局。由市政府议事协调机构的常设办事机构调整为市政府工作部门”。行政编制10人（同时设置纪检监察机构，市纪委派驻市扶贫开发局专职纪检监察员），工勤编制2人。3月，根据市委要求，市扶贫开发局设置市扶贫开发局党组；9月，按照有关程序和要求成立了市扶贫局党支部。全局职工结对帮扶10户计生贫困户，在全市抗旱救灾中，职工捐款800余元。

（汤　健）

林　业

玉舍国家森林公园

【概述】　玉舍国家森林公园的前身是水城县玉舍国有林场，位于水城县南部，总面积50314公顷，最高海拔2503米，最低海拔1700米，离市区27千米。2002年经国家林业局批准建为国家森林公园，2004年成立六盘水市玉舍国家森林公园管理处；编制47人，现有干部职工51人，其中：管理人员14人，专业技术人员3人，工勤人员3人，生产工人21人，公益性岗位10人。建成乌蒙阁、乌蒙园、仙居楼等明清风格建筑群；植物种类多达1000多种，有国家一级保护植物珙桐、红豆杉等，二级保护植物直齿花；林间有保护动物红腹锦鸡、白腹锦鸡、白狐、香獐等；有始建于明初的2.5千米古驿道；有高山滑雪场，高山湿地草甸等。每年接待游客4万余人（次）；2010年7月，全国50家电台著名节目主持人来到玉舍森林公园参观采风，观看了苗族芦笙舞、布依族姑娘的敬酒歌等节目。

（黄厚涛）

【森林火灾】　2月8日下午2点5分，因玉舍乡甘塘村坡脚组村民烧地坎引起公园周边山林起火，由于枯草燃烧速度快，加之高温天气与极高风速，短短几分钟就烧到公园轿子山林地上。管理处立即组织人员扑救，并及时向上级部门汇报情况，市县领导迅速组织人员开展灭火工作。经过2000多人3天奋战，才将这场大火扑灭。森林过火面积4577亩（其中林场过火面积4142亩），林场受灾面积3859.31亩，受灾林木蓄积13621.83立方米，受害林木材积8173.1立方米，直接经济损失344.33万元，其中：林木损失

204.33万元，其他损失140万元。

（黄厚涛）

气　象

【气象服务】　对历史罕见的夏秋冬春连旱，制作发布决策服务通报、抗旱防火专题预报、森林火险、雨情通报、干旱监测报告、干旱短信预警等专题服务110期，制作《六盘水市干旱演变情况动画片》1部，发布干旱红色预警2次，橙色预警1次。

参加玉舍国家森林公园山林火灾抢险，现场气象服务小组每隔30分钟进行1次风向风速资料采集，市气象台利用手机短信发布临时气象预警信息，为扑灭山林大火提供气象保障服务。

5月27日0点30分首次发布暴雨黄色预警信号。27日8时至28日8时，盘县英武乡降水急增，市气象台再次发布暴雨橙色预警信号，及时提请各相关部门加倍防范地质灾害。每日上午8时将全市各乡镇降雨情况快速传递到市委、市政府，提前作好预防各类次生灾害准备。

（姚　敏）

【基础业务建设】　完成全市98个乡镇区域自动站覆盖建设任务。新建盘县红果、六枝郎岱自动站土壤水分观测站。建成六枝牂牁江和盘县老城关两个国家级无人自动气象站。所辖台站全部开展地面自动站实时资料异地存储备份和运行视频监控系统。

与市国土局合作研制地质灾害预报预警系统并投入试运行，首次以协议方式实现气象与国土两部门间联合发布地质灾害预报预警。完成气象灾害应急预案修订，组建“六盘水市气象应急救援队”。对市局网络体系进行升级改造，建成VLAN、防火墙、规范化布线、VPN服务器等。

（姚　敏）

【人工影响天气】　全市共投入作业高炮42门，车载火箭发射系统4套，实施防雹增雨作业399次，使用炮弹9021发，火箭弹178枚，防雹增雨效果明显，多次受到市委、市政府领导的表扬。

抓住冬季人影“休闲”时机在盘县举办“2010年六盘水市人影工作冬季民兵骨干培训班”，提高作业民兵的业务理论和实际操作水平。盘县全部作业民兵的人身保险和养老保险均纳入县级财政预算。水城县金盆炮站对厕所、炮库、围墙重新修建。盐井炮站作为全市最大烤烟生产乡，由于未受冰雹灾害危害，群众自发组织购买烟、酒和大公鸡到炮站与坚守岗位的作业民兵联欢。六枝特区政府下拨人影和抗旱经费46万元，确保人影工作顺利开展。

（姚　敏）

【农经网信息服务】　同市委组织部联合行文下发《关于在便民利民党务政务综合服务中心（站、点）开展气象防灾减灾和农经网信息服务工作的通知》，盘县、六枝、水城、钟山分别行文就乡镇及村级党务政务综合服务中心（站、点）相关事宜进行再落实，乡、村便民利民服务站（点）在市县两级农经网的指导下全面开展气象、农经网信息服务工作。全市98个乡镇均在便民利民服务中心设置了信息服务岗，并将气象、农经网信息服务工作职责融入到该岗位，把乡镇信息服务岗工作人员和村党支部书记作为乡、村两级信息员，遇有重大气象灾害预警免费发布预警信息。

完成15块气象、农经网电子屏的安装，第一批布设于水城县蟠龙乡法那村、沙坡村，玉舍乡俄脚村，钟山区凤办凤凰村、大河镇大桥村，于9月27日投入使用。第二批布设于六枝郎岱镇青菜塘村、岩脚镇金星村、陇脚乡月亮河村、折溪乡中寨村、堕却乡龙滩村、中寨乡新场村，盘县平关镇大箐村、火铺镇沙淤村、红果镇华屯村、城关镇大海村，于11月21日投入使用。

12月9日，由省气象局、省妇联、团省委联合组织开展的《贵州农村留守儿童关爱网》“爱心桥”——关爱“留守儿童”活动启动仪式在水城县蟠龙乡法那村农民多功能信息服务站举行，30名来自法那村百车河小学及法那小学的留守儿童与在外务工的父母利用网络视频通话、见面。

（姚　敏）

【新一代天气雷达建设】 完成新一代天气雷达选址报告撰写、论证等工作，雷达选址集中在市中心城区及附近共220平方千米的区域内开展，从海拔1840～2376米的18个山峰（坡）中优选出4个作为拟选站址，经综合对比，水城县滥坝镇严家寨村观音坡处于各种因素的结合点，推荐为首选站址，得到中国气象局批准。

按照省气象局关于六盘水新一代天气雷达建设要求，市局成立雷达建设项目领导小组，3月30日市局领导专程到市政府向市长何刚汇报雷达建设项目前期工作情况，得到市政府大力支持，并行文下达《关于加快推进红桥新区六盘水市新一代天气雷达项目建设的通知》。同时在市发改委行文下达的2010年基本建设项目市级建设资金投资计划中安排1300万元专项资金投入。市气象局明确相关科室人员组成技术、后勤及纪检监察三个部，分别负责雷达选址、图纸设计、雷达安装调试、相关证件办理、资金使用及工程质量监督等工作。年内雷达站修建地址、地质勘探、通讯等各项前期筹备工作完成，土地征用手续正在办理中，雷达塔楼设计方案初具雏形。

（姚　敏）

【防雷减灾】 完成144个“防雷设计审核”行政审批、166个“防雷装置竣工验收”行政审批、148个项目防雷技术评价、500多个项目的防雷检测技术服务、20个单位防雷工程设计施工服务，对45家单位开展防雷行政执法检查。同省防雷减灾中心一起完成3个重大项目雷电风评估，自主完成1个烟花爆竹厂异地改建生产项目的雷电风险评估。

（姚　敏）

【气象行政执法】 6月21至23日，由市安监局牵头，气象、安监、质监、消防等单位到水钢（集团）、中石化公司、滥坝油库、阳光乙炔厂等单位开展综合安全检查；7月6至8日，市政府重大办、市气象局、盘县气象局等到盘南电厂、恒鼎集团公司、盘江发电厂联合开展防雷安全检查；8月3至8日，市煤炭管理局、市气象局、水城县煤炭管理局在水城县联合开展煤矿防雷安全检查，坚决减少雷电事故的发生，有效消除雷灾隐患。2010年共开展联合执法14次。

市局法规科同业务科先后10余次深入盘县、六枝、水城，就廉租房建设、医院办公楼、太阳石建筑楼等可能影响气象探测环境的建筑物进行实地取证，同相关单位协调，确保气象探测环境不受破坏。

（姚　敏）

【人才队伍建设】 制定《六盘水市气象局科技创新工作奖励办法（试行）》和《六盘水市气象局关于加强气象人才体系建设的实施意见》，为“四个能力”建设提供保障。按照《中华人民共和国劳动法》《中华人民共和国劳动合同法》、中国气象局《气象部门编制外劳动用工管理办法》《贵州省气象部门社会聘用人员管理指导意见》等规定，开展编外用工管理，签订聘用合同，兑现工资待遇，缴纳社会保险，按时上报《六盘水市气象局关于编外聘用人员管理工作的报告》。

年内1人提拔为副处级领导，1人提拔为副科级非领导职务；2人获得中级技术职称；2名高级工程师在国家级核心刊物上发表科技文章各1篇。

（姚　敏）

【科研开发】 首次以协议方式实现气象与

国土两部门间联合发布地质灾害预报预警，该系统的预报预警区域精确到具体的乡镇和隐患点，能常年全天候自动运行。在8月14日水城县陡箐乡发生的山洪导致山体滑坡地质灾害中，危险区的22户88人被及时安全转移，未出现人员伤亡情况。

成立“六盘水市太阳能资源调查小组”，联合市发改委、能源局等单位共同开展全市太阳能资源普查，通过对日照时间、太阳能利用现状、喜光农作物种植分布、有关太阳能资源参数等的计算分析，得出盘县2000至2009年年平均日照时数为1609.8小时，位居全省第一，是唯一一个日照时数超过1600小时的县。同时对六盘水市的太阳能资源等级、光伏并网发电可能性等按照有关技术规定进行评估，一致认为全市太阳能资源等级总体上为“丰富”级，稳定性好，而目前全市对太阳能资源的开发利用主要表现在太阳能热水器的使用和野外小型电子仪器的光伏供电等。建议加快太阳辐射站建设，尤其是在西部太阳能和风能较好的县城开展太阳能路灯照明等的应用研究。

（姚　敏）

水　文

【水文基础设施建设及服务】　多层次、多渠道争取资金，进行基础设施建设。大渡口水文监测站珠委共建共管工程通过验收，工程质量、竣工资料等得到珠委和省水文局专家的一致好评；省中小河流（洪水易发区）水文监测一期工程建设任务完成，26个雨量投入运行；盘县水文监测站危房改造工程已初验；向阳水文监测站下迁项目完成地勘工作和改建方案；市水环境监测分中心围墙修复项目已竣工验收。完成了《六盘水市水文基础设施“十二五”建设规划》《六盘水市水文事业发展“十二五”建设规划》。由于持续旱情，全省大部分河流进入历史枯水阶段，为获得各河流枯水期的水文资料，根据省局安排，历时一个月，对全市20多条中小河流进行了全面调查，掌握了全市中小河流枯水期第一手水文资料。完成《六盘水市水资源公报（2009年）》的编制及《水城玉舍循环经济型煤焦化项目水资源论证报告书》《水城玉舍循环经济型煤焦化项目水土保持方案报告书》《六盘水市钟山区双洞水电站防汛抢险应急预案》《水城县鱼塘煤矿（整合）工程水资源论证报告书》《六沾复线六盘水市范家寨联络线特大桥防洪评价报告书》等论证工作。

（何　海）

【水情报汛及水环境监测】　根据辖区内各时段的雨、水情，及时编发《水情简报》86期，发送到市委、市政府及有关部门。水情报汛任务为：各水文站向省局和市局报汛，向阳水文站向国家防汛办和长江水利委员会报汛，大渡口站向珠江防总报汛。汛期全市5个基本水文站向省内外各防洪单位拍报了1813份。水环境监测：长江流域完成了白泥河向阳段12次水质监测，响水河金竹林段、三岔河龙场桥段6次水质监测，岩脚河高段、阿勒河保华机焦厂大桥段2次水质监测；珠江流域完成了拖长江土城段、北盘江大渡口段12次水质监测，亦资孔河火铺段、六枝河党校大桥段、乌都河三板桥段、月亮河凉风洞段、西冲河大洞入口段2次水质监测；完成了钟山区窑上水库，盘县哮天龙水库，水城县玉水库、六枝中坝水库4个集中式供水水源地全年12次水质监测工作。完成了全省水环境监测分中心的内审、交叉复审、全年水质资料整编、对103个对外水样水质化验分析等工作。

（何　海）

水　利

【抗旱救灾】　2009年8月至2010年5月，出现百年不遇的特大干旱，导致180万人、70万头大牲畜饮水困难。全市范围内供水工程可供水量不足的有1476处，供水工程水源枯竭的857处，水池水窖干涸的17086个，水井干涸的2397处。旱灾导致直接经济损失19.3亿元，其中农业损失15.1亿元。旱情发生后，各级党委、政府及时组织抗旱救灾，投入抗旱资金3100万元，完成应急打井630口，新建应急提水工程372处、引水工程504处、调水工程107处、“五小”工程270处，铺设输水管线2064千米。兴建抗旱应急水源工程及组织送水等解决了149.37万人、70万头大牲畜的饮水困难。

（水利局）

【水利建设】　组织实施2009年省级专项补助资金和2010年中央预算内投资农村饮水安全工程项目，总投资6500万元，共解决13万人的饮水安全问题。修复水毁工程21处，疏理河道33.096千米，整修山塘241处，渠道防渗及维修262.26千米，加高加固堤防77.02千米，新增节水灌溉面积10.31万亩，新增、改善灌溉面积24.7632万亩。实施病险水库除险加固工程，完成搭木桥、大滥滩、五星、龙滩口4座病险水库除险加固工程，完成投资908.81万元。完成小水电发电量8.8亿千瓦时，完成新增地方电力装机35600千瓦；争取到国家补助资金1077.5万元，其中：小水电代燃料资金600万元，电气化补助资金372万元，省定点补助105万元。完成世界银行贷款项目盘县重点小流域水土流失治理面积16.83平方千米（投资490万元），完成面上治理水土流失面积83.17平方千米。盘县白河沟水库工程非溢洪坝段1841米封顶，完成总投资23493.8万元。开工建设盘县鱼洞坝水库工程、六枝特区旧院水库工程、双桥水库工程。

（水利局）

【水源规划与水利执法】　完成六盘水市水源工程规划编制上报工作，规划建中、小型水库134座，总库容80250.17万立方米，总投资105.61亿元。开展关闭市中心城区地下水开采专项行动，关闭取水井18口；调解水事纠纷9起，查处水事违法案件48件；依法征收水利行政事业性规费4545万元。

（水利局）

工业·地勘

冶金工业

首钢水城钢铁（集团）有限责任公司

【基本情况】 2010年，有在岗职工1.97万人，资产总额115亿元，具备年生产生铁280万吨、钢300万吨、钢材300万吨的综合生产能力。主要设备有：788立方米、1200立方米和1350立方米高炉各1座，100吨转炉2座、35吨转炉3座，132平方米烧结机2台、265立方米烧结机2台，5.5米50孔焦炉两座、4.3米36孔焦炉两座，6000标立米/时制氧机组2套、15000标立米/时制氧机组和3200标立米/时制氧机组各1套，半连续式高速线材轧机1套，高速线材生产线1套，小型棒材连续轧机2套，7万立方米焦炉煤气柜、3万立方米转炉煤气柜、8万立方米转炉煤气柜、15万立方米高炉煤气柜各一座。主要产品有螺纹钢、棒材、高速线材、焦炭及焦化副产品等20余种。其中：螺纹钢连续获“国家免检产品质量证书”，高速线材多次获“全国冶金产品实物质量金杯奖”。

（顾怀丽）

【生产经营情况】 全年生产生铁292万吨、钢328万吨、钢材321万吨，同比分别降低1.02%、增长2.82%和5.94%；完成工业总产值47.8亿元，同比增加3.4亿元，增长7.74%；工业增加值28.8亿元，同比增加11.2亿元；实现营业收入129亿元，同比增加23.2亿元，增长21.85%；税金5.8亿元，同比增加9178万元；实现赢利8884万元。实现入炉焦比366千克/吨，同比降低11千克/吨；实现喷煤比160千克/吨，同比提高24千克/吨；实现钢铁料消耗1080千克/吨，同比降低5千克/吨。

完成固定资产投资20.4亿元，7#烧结机已于7月投产运行，完成对7万立方米曼式焦炉煤气柜的改造。推进建设500万吨钢规模的配套项目，4#高炉系统、3#转炉、新高棒线、15万力高炉煤气柜、3#焦炉大修、轻烧白云石、料场提升改造等项目建设。

生产“双高”产品132万吨、占钢材总量的40.92%。技术创新项目立项31项，申请国家和省级科技创新项目4项，获贵州省科技进步奖3项。获全国科协先进集体。水钢被中科协、国家发改委、科技部、国务院国资委授予2009～2010年度“全国‘讲理想、比贡献’活动先进集体”称号，是贵州省唯一受到表彰的企业。

（顾怀丽）

煤炭工业

地方煤炭工业

【机构改革情况】 六盘水市煤炭管理局（2002年元月前名为六盘水市煤炭工业局）于1984年3月成立。2010年，根据《中共六盘水市委六盘水市人民政府关于市人民政府机构改革的实施意见》（市发〔2010〕4号）精神，设立六盘水市能源局（六盘水市煤炭局），为市人民政府工作部门。主要职能是对全市能源（煤炭）实行行业管理，依法监督，实施宏观调控，引导能源（煤炭）行业结构调整，创造平等竞争的环境，为能源（煤炭）生产经营企业搞好服务，负责电力（含水电、火电、核电）、煤炭（煤层气、煤化工及煤炭加工转化为清洁能源产品）、新能源（风能、光能、生物质能）、石油、天然气和可再生能源等能源的行业管理；参与组织拟定能源行业标准，监测能源发展情况，衔接能源生产建设和供需平衡，指导协调农村能源发展工作，促进全市能源（煤炭）工业持续健康协调发展。市能源局下设办公室（政务服务科）、规划发展科、安全生产科、煤炭科、非煤能源科、能源科技装备培训中心、能源市场管理办公室、煤炭行政执法支队、纪检监察室、设计所10个科室。

（李　毅　梁卫华）

【主要经济指标完成情况】 全市原煤产量完成6000.70万吨，同比增长17.05%。其中：地方完成3335.67万吨，完成年计划的110.45%，同比增长26.94%；三家国有集团公司完成2665.03万吨，同比增长6.65%。

全市洗精煤产量完成1649.81万吨，其中地方洗精煤产量完成1176.57万吨，完成年计划的117.66%，同比增长24.14%。

地方焦炭产量完成348.40万吨，完成年计划的82.95%，受市场和淘汰关闭影响同比下降11.78%。

（李　毅　梁卫华）

【煤矿事故及安全生产情况】 先后开展了春节前后生产安全督察；元旦、五一、国庆等节假日督察；“雨季三防”、“一通三防”、煤矿隐患排查；安全生产月宣传活动及强化日常督察等工作，强化了安全生产基层和基础管理，立足于治大隐患、防大事故，有效遏制了重特大事故发生，促进了全市安全生产形势持续稳定好转。全市地方煤矿全年共发生事故48起，同比增加9起；死亡61人，同比减少1人；百万吨死亡率为1.83，同比减少0.53，下降22.46%，低于全省平均水平。全年地方煤矿没有发生重大以上煤矿安全事故，煤矿安全生产创近几年来最好水平。

（李　毅　梁卫华）

【整合煤炭资源和治理整顿洗选行业】 加强煤炭建设项目管理，出台多项管理措施，采取旬调度上报制度，及时掌握煤矿建设进度，督促煤矿企业加快建设，要求企业做到“三同时”。并对煤矿建设项目进行专项督察，为进一步规范煤矿建设项目联合试运转审批工作，指定专人负责，受理申请后及时作出安排部署，3个工作日内到煤矿井下进行现场复查验收，此项工作有较大进展。全年进入联合试运转煤矿有38个，其中：六枝4个，盘县20个，水城县8个，钟山区6个，新增设计生产能力991万吨，完成投资90.16亿元，完成概算总投资的62.59%。

积极引导煤炭企业做大做强，按省、市要求，引导煤炭企业以兼并、重组、收购等方式，逐步形成多元化企业集团化管理。年底已组建地方煤炭企业集团10家，组合管理煤矿53个，设计能力达1263万吨/年。

洗选行业第三阶段工作开展以来，市洗选行

业领导小组积极推进达到60万吨/年规模建设和手续完善工作，督促企业加快建设进度，各县区积极推动技改、整合和新建工作的开展，督促按明确的工期和治理整顿时限，加快技改、新建项目的建设进度，全市由原265家规划规范为138家，设计能力达10860万吨/年，生产能力核定达到60万吨/年的40家，60万吨/年以下的98家。到12月底，经相关部门同意开展技改、整合、新建前期工作备案的企业有79家。

（李　毅　梁卫华）

【能源（煤炭）行业管理】　加大新技术、新工艺、新设备和新材料的推广力度　主要表现在采用综合机械化采煤和综合掘进机械化掘进，综合机械化采煤在2009年实现零的突破的基础上，2010年发展综合机械化采煤5个矿，综合掘进机械化掘进4个矿；大功率主扇、新型瓦斯抽放泵、运输系统机械化设备和大功率局部通风机等新设备广泛用于建设项目，新型支护材料被广泛使用。

强力推进支护改革，推广先进的采煤工艺和设备　全市地方煤矿巷道支护全部非木支护；采煤工作面采用正规壁式采煤工艺，采煤工作面使用了单体液压支柱支护和柔性掩护式支架支护，部分煤矿采用综采支架支护，提高安全可靠性和生产效益。

严格贯彻落实国家、省、市关于煤矿安全质量标准化建设工作的有关要求和规定　积极部署，采取有效措施，推进煤矿安全质量标准化建设工作，年计划33个，完成62个，并对上年度42个市级安全质量标准化矿井转为省三级质量标准化进行了抽查。

认真贯彻落实国家、省《关于加强小煤矿安全基础管理的指导意见》及实施意见等文件精神，督促煤矿加强基层管理、基础管理、现场管理和技术管理，大力推广“白国周班组管理法”，将安全规程、制度、措施真正落实到位，最大限度地减少“三违”和习惯性违章。

积极开展“安全生产年、“安全生产月”、“安全生产宣传咨询日”活动，发放安全生产宣传资料7900册，开展“打非治违”专项督察，共检查20多个乡镇，40多矿次，下达执法指令书40多份，查出违法违规隐患460余条，均责令督促整改落实。

突出加强保留一套独立生产系统矿井的监管　为进一步强化全市地方煤矿整合技改煤矿保留一套独立生产系统的监管，市、县、区煤炭管理部门出台行之有效的措施，定期不定期组织开展专项检查，针对检查存在的问题，加大督促、调度和跟踪整改落实力度，确保了全市地方煤矿保留一套过渡生产系统的安全生产工作。

顺利实现煤矿双回路建设规划的调规工作　市能源局牵头对地方煤矿双回路建设进展程度进行多次专项督察，积极推进双回路建设。全市有地方煤矿供电点294处，其中：已建成双回路供电有155处，正在建设64处；未建设双回路供电有75处，煤矿双回路电源建设规划预计2011年基本完成，煤矿双回路供电建设工程总体实施进度基本与煤矿建设项目建设进度同步。

抓好煤矿挂牌监管工作　按省《关于进一步转变安全监管工作方式对全省合法煤矿实施挂牌监管的指导意见》（黔安监煤矿〔2010〕89号）和市政府要求，做好30万吨/年以上地方煤矿挂牌监管，全面按照文件要求进行挂牌监管督察，覆盖面达到了100%。

抓好“十二五”规划编制相关工作　基本完成“十二五”能源（煤炭）规划编制工作。完成全市煤焦化行业的调研工作，形成调查报告，对全市煤焦化行业的发展整体布局进行分析，给市政府提供决策参考。积极配合有关部门开展“十二五”煤焦化行业发展规划、工业废弃物综合利用规划、煤层气综合利用规划、科技发展规划编制的相关工作。开展全市煤质调查工作，收集了较为完整的煤质数据，为全市煤化工产业供煤工作奠定基础。

积极引导地方煤矿开展扩能　为使六盘水市

煤炭产业不受国家关闭政策影响，多次召开扩能工作专题座谈会，多次与省能源局协调，加大对煤矿企业的服务指导和协调，把全市30万吨以下符合条件的煤矿上报省相关部门，办理达到30万吨及以上扩能手续。全年上报扩能煤矿120个，省能源局已批复80个，新增设计能力2400万吨/年，其余的正在办理批复手续之中，同时督促推进扩能技改矿井办理完善相关建设手续，尽快启动项目建设。到目前为止，通过省能源局批准全市煤矿设计能力达1.1亿吨/年。

积极协调配合，大力推进非煤能源工作 配合做好中国煤炭科工集团到六盘水市的考察洽谈、战略合作等工作。配合有关部门做好上海宝钢资源有限公司在六盘水市考察煤化工产业项目以及中石化在六盘水市考察天然气管道项目等工作。配合市发改等部门完成南京玻璃纤维项目在六盘水市的考察调研工作，该项目已经落地钟山区老鹰山镇，正在建设之中。

（李 毅 梁卫华）

【煤炭人员培训】 全年培训煤矿管理人员1038人，完成年计划的173%；特种作业人员5060人，完成年计划的145%；从业人员36290人，完成年计划的151%，提升学历和技术培训共计773人。同时，组织煤炭管理部门工程技术人员进行专项培训。以学习煤炭安全生产相关法律法规、煤炭行业标准、执法程序、执法文书统一规范制作等业务知识为主，进一步提高了执法人员的业务素质和执法能力。

（李 毅 梁卫华）

【民用煤、电煤、燃气煤供应】 全年地方煤矿完成民用煤实物供应26.77万吨，全市发放民用煤补助资金10321.55万元；供市内电煤1585.5万吨，其中：地方煤矿供应907.65万吨；供水钢燃气煤和其他用煤260万吨。

（李 毅 梁卫华）

盘江精煤股份公司

【概述】 2010年，盘江精煤股份公司生产原煤1145万吨，同比增加13万吨，增长1.15%。生产商品煤747万吨，同比增加63万吨，增长9.21%。其中：精煤350万吨，同比增加18万吨，增长5.42%。混煤397万吨，同比增加45万吨，增长12.78%。掘进总进尺87650米（其中开拓进尺14688米），同比增加1915米，增长2.23%。发电4.53亿度。实现营业收入63.46亿元（含税），实现利润15.5亿元，上缴各类税费14.1亿元。公司市值330亿元，每股收益1.196元。职工人均薪酬43000元，同比增加7000元，增长19%。二氧化硫减排9.9吨，化学需氧量减排130吨。原煤百万吨死亡率为0.7%。

（王 龙）

【贵州盘江投资控股（集团）公司迁址贵阳】 9月13日，贵州盘江投资控股（集团）公司迁址贵阳峰会国际大厦办公，盘江精煤股份公司完全继承了原盘江煤电（集团）公司的煤炭生产经营主营业务。

（王 龙）

【项目开工】 11月30日，总投资超过40亿元的国家级贵阳经济技术开发区，小河孟关工业园区2010年第一批6个工业项目集中开工，由盘江投资控股集团公司与中煤能源集团公司合资成立的中煤盘江重工项目位列6个工业项目之首。12月20日，盘江精煤股份有限公司办公楼奠基仪式在干沟桥中心区举行。

（王 龙）

【金佳矿矿井通过竣工验收】 2月25日，由省能源局、贵州煤矿设计院相关领导和专家组成的验收组，对金佳矿矿井竣工验收暨“煤矿生产许可证”颁证现场复核通过。

（王　龙）

【抗旱救灾捐款】 3月24日，集团公司为黔西南州抗旱救灾捐款100万元；4月25日，集团公司为盘县抗旱救灾捐款200万元。

（王　龙）

【与毕节地区签订协议】 3月30日，盘江集团与毕节地区行政公署战略合作协议签字仪式在毕节洪山酒店举行。集团公司总经理周炳军，副总经理尹志华和毕节地区党委副书记、行政公署专员张吉勇、常务副专员吴勇及有关部门负责人出席签字仪式。

（王　龙）

【国务院第七督查组到盘江检查】 5月25日，国务院派出的安全生产第七督查组，到盘江矿区进行安全生产大检查，在肯定公司安全生产自查自纠的同时，对进一步抓好安全生产提出了要求和建议。

（王　龙）

【参与关岭县山体滑坡抢险】 6月28日下午2点30分，安顺市关岭县岗乌镇大寨村，因连续降雨引发山体滑坡，造成37户、99名村民被泥石流掩埋。建设工程公司组织救援队，赶赴现场参加抢险。

（王　龙）

【50家广播电台主持人与记者采访】 7月8日，全国50家广播电台著名节目主持人和省内外其他主流媒体记者共100多人，走进盘江矿区采访。采访团成员听取了周炳军的详细介绍后，徒步登上翠屏公园九重天安塔，击响平安钟，观赏公司干沟桥中心区全景；然后分别到响水煤矿、火铺矸石发电厂等实地采访。

（王　龙）

【技校成为省级重点学校】 8月23日，省人力资源和社会保障厅下发〔2010〕379号文件，批准盘江技校为省级重点技工学校。

（王　龙）

【省领导调研】 2月10日，副省长孙国强一行到金佳矿进行实地检查。10月1日，省委书记、省人大主任栗战书一行，到贵州盘南煤炭开发有限责任公司调研，看望国庆节期间坚守岗位的广大干部职工；市委书记刘一民、市长何刚等陪同。11月1日，省委副书记、省长赵克志一行，到盘江矿区进行安全检查和对工业发展进行专题调研，深入火铺矿井下看望矿工，并对盘江集团发展提出3个要求（一要加快发展，二要加快调整、加快转型，三要加快人才培养）。

（王　龙）

【获奖情况】 5月26日，在首届贵州慈善大会暨贵州省慈善总会第二届会员大会上，盘江获得“贵州省捐赠先进集体”称号。6月2日，集团公司获六盘水市“五五”普法依法治理工作先进单位和六盘水市诚信守法企业称号。盘江股份获“2010中国上市公司法律风险管理优秀企业”称号。机电分公司职工彭天文获“六盘水市道德模范”称号。

（王　龙）

水城矿业（集团）有限责任公司

【概述】 2010年，水矿集团公司生产原煤1068万吨，同比增长5.12%；洗精煤118.8万吨，同比增长177.76%；销售商品煤729.59万吨，同比增长6.20%；销售收入702167万元，同比增长39.64%（其中煤炭产品销售收入31.8亿元，同比增长19.24）；利润40700万元，同比增长849.16%；上缴税金58500万元，同比增长63.50%；在岗职工人均收入32275元，同比增长27.20%。

鑫晟煤化工项目一期工程基本建成，化工装置生产出合格甲醇，热电车间装置发电机组并网发电，2500吨/天水泥生产线生产出产品。老矿区千万吨技改工程和新矿区建设顺利推进，大湾中、西井及那罗矿一二采联合布置、老鹰山煤矿改建工程建设步伐加快；格目底矿区（玉舍中井已建成投产）玉舍东井、米箩井、马场井全部进场；文家坝一、二矿和肥田矿按计划推进建设进度。

加大安全投入力度，提取安全费用18094.58万元，使用16747.46万元。杜绝了较大以上安全事故，百万吨死亡率0.93人，安全形势总体稳定。

制定“十二五”发展规划，构建“1+5”的产业格局（“1”即煤炭生产及洗选加工1个主业；“5”即煤化工、电力、建筑建材及房地产、机械制修、物流5个相关多元产业），力争2015年煤炭产量达到3000万吨、销售收入超过200亿元，最终达到或超过煤炭产量5000万吨/年。

（葛志国）

【企业建设】 抓好省内电煤供应工作和节能减排和环保工作。2010年集团公司吨煤生产综合能耗计划为15.5公斤标煤，实际综合能耗为11.15公斤标煤；COD排放计划为359吨，实际排放190吨；二氧化硫排放计划619吨，实际排放320吨。推进采煤沉陷区综合治理、棚户区改造和廉租房建设等工作。

中国煤炭工业协会发布2010年全国煤炭企业100强和2010年全国煤炭企业产量50强名单，水矿集团公司分别排名第54位和第43位。

（葛志国）

【矿山救护】 水矿集团公司矿山救护大队通过国家矿山应急救援指挥中心《矿山救护队质量标准化》专家组的检查考核验收，达到特级标准化矿山救护大队要求，这是救护大队连续3年获此荣誉。

2月6日，水矿集团公司矿山救护大队成功将六沾复线铁路隧道塌方被困的8名施工人员救出。

（葛志国）

【捐赠抗旱救灾资金】 截至3月18日，全市有191万人遭受旱灾，57万人出现饮水困难，直接经济损失达4.1亿元，据可查资料，六盘水市部分地方的旱情达百年一遇。3月24日，集团公司经贵州省国资委同意，向六盘水市捐赠100万元抗旱救灾资金，用于帮助全市受灾群众。

（葛志国）

【调整岗位结构工资标准】 4月29日，集团公司对现行的岗位结构工资标准（基础工资、岗位工资）进行调整，人均每月提高300元，从5月1日开始执行。

（葛志国）

【领导调研、召开会议、媒体采访】 5月12日，中煤政研会党委书记第四学组2010年研讨会在集团公司召开，来自全国11个省14家会员单位的80名代表参加会议，市委书记刘一民出席会议。

6月10日，原省委常委、省委组织部部长、省政协副主席刘也强一行到鑫晟煤化工参观指导工作。

6月11日，由孙晓群任组长的中央第三地方巡视组到鑫晟煤化工检查指导工作。

6月22日，以中国煤炭工业协会副会长王广德为组长的中煤协会调研组，对集团公司“2010年煤炭行业经济运行情况”进行调研。

6月28日，副省长蒙启良率省经信委、商业厅、国资委、国土资源厅、证监局等省相关部门负责人到集团公司检查指导工作，听取集团公司改制上市等相关工作汇报。

7月6日，中国国际广播电台、贵州人民广

播电台等全国50家广播电台著名主持人组成采访团到鑫晟煤化工采访。

7月7日，副省长孙国强率省有关部门负责人到鑫晟煤化工视察。

7月7日，省人大常委会原副主任徐敬原率省人大代表专题调研组到大湾矿调研瓦斯发电项目。

8月31日，国家能源局副局长吴吟一行到集团公司汪家寨煤矿调研瓦斯防治工作。

10月3日，省委书记、省人大常委会主任栗战书，到水矿集团公司调研和指导工作，考察老鹰山煤化工基地，并到汪家寨煤矿井下检查指导安全生产工作。

10月25日，集团公司庆祝建局四十周年庆典大会在新落成的会议中心举行。省人民政府副省长蒙启良向集团公司发来贺电。

11月2日，省委副书记、省长赵克志到水矿煤化工基地调研指导工作。

（葛志国）

六枝工矿（集团）有限责任公司

【概况】 2010年，集团公司生产经营、改革发展各项工作均取得明显的效果。

经济运行取得明显成效 2010年1～5月份，煤矿井下连续发生安全事故，特别是玉舍"1·26"和化处"4·5"两起煤与瓦斯突出事故，造成较大人员伤亡。在安全生产形势极为严峻、生产经营遭遇沉重打击、干部职工的信心受到严重影响、企业工作极为被动的情况下，集团公司各级组织突出重点抓落实。一是抓信心的增强。二是抓安全整改落实。三是抓经济运行。四角田矿、马临矿、地宗矿圆满完成了安全、产量、进尺和利润4项指标，65处超额完成了生产经营任务。比德煤矿原煤产量突破80万吨。特别是运销公司在矿井产量低、煤炭资源少的情况下，完成煤炭销量403.5万吨，同比增销130万吨，实现利润3275万元，同比增加863万元。2010年，集团公司完成煤炭产量402.7万吨，同比增长43.36%，销售收入221131万元，同比增长42.79%，上缴税费18233万元，同比增长24.85%，实现利润1268万元。

黑塘矿区建设不断推进 由于发展环境和地质条件制约，黑塘矿区煤矿建设遇到一定的困难。集团公司及时召开煤矿建设工作推进会，成立了黑塘矿区建设工作协调领导组，并完善考核奖惩措施。黑拉嘎煤矿自9月份开工以来，完成进尺505米，完成投资7048.55万元。新华煤矿全年完成进尺2706米，完成投资7971.26万元。化乐矿一井区、三井区相继开工建设，完成投资11504.34万元。此外，国家能源局调整并已下达化乐矿300万吨路条，三个矿的项目核准有关工作得到了有效落实。

企业精简效能工作取得新突破 制定和落实了《六枝工矿集团公司定编定岗定员定责"四定"工作方案》，完成了集团公司机关和二级单位机构改革，共精简机构28个，精简分流安置管辅人员343人。同时不断完善考核办法和规章制度，进一步促进经营管理机制的转变。

在认真吸取事故教训中积极扭转安全生产的被动状况 一是在事故中深刻反思，吸取教训，制定有力措施，坚定抓好安全生产的信心和决心。二是突出抓"一通三防"、瓦斯治理。三是加大安全监管和隐患排查整改的频率和力度。四是突出抓好安全基础工作，推进安全质量标准化建设。经过努力，扭转了安全生产的被动状况。

职工切身利益得到有效落实 2010年，集团公司各级组织在解决职工切身利益上抓了4件实事：一是调整工资结构，职工工资平均每月增长417元/人，全年职工人均收入27354元，同比增长16.41%。二是积极创造条件安置好转岗职工。三是积极争取政策建设经济适用房，新建职工住房1367套，建筑面积11万平方米。四是认真落实扶贫济困长效机制，集团公司和各单位共筹措资金65.69万元，对困难职工家庭和工病亡遗属进行经济救助，筹措资金21.86万元，帮

扶困难学生 379 人。

加强和改进党建工作 一是领导班子建设得到加强。二是人才队伍建设效果明显，共接收录用煤矿专业大专以上毕业生 88 人，招收井下采掘机操作和地质测量技工 707 人，举办各类技术业务培训班 36 期，培训了 2306 人，还选拔一批煤矿生产技术工作骨干到高等院校进行专业和学历培训。三是不断加强企业党的建设，培训党员 1424 人，发展新党员 83 人；四角田公司党委被省国资委评为五好基层党组织，四角田公司胡孔勇被评为全国煤矿优秀特聘群监员，化处公司肖祥胜被评为贵州省劳动模范，地宗公司王建才等 11 人被评为六盘水市劳动模范，集团公司表彰了 50 个先进集体和 187 名劳动模范、先进个人；集团公司还召开了企业思想政治工作与企业文化建设研究会，评选出企业思想政治工作 10 项优秀成果，表彰了 22 篇优秀论文；通过了省级“五五”普法验收，并被评为六盘水市“五五”普法先进单位。四是廉洁从业工作得到落实，与二级单位党委负责人签订廉洁从业责任状，抓好警示教育、审计监督和小金库治理等工作，查处违纪案件 7 起，有 3 人受到党纪政纪处分。

（六枝工矿集团）

贵州发耳煤业有限公司

【公司（一期）一井煤炭生产许可证、项目档案通过验收】 3 月 31 日至 4 月 2 日，公司（一期）一井煤炭生产许可证通过省能源局组织的现场验收。公司矿井（一期）一井正式投产所需的“五证一照”（采矿证、矿长资格证、矿长安全资格证、安全生产许可证、煤炭生产许可证、营业执照）办理完毕，公司正式从基建矿井转为生产矿井。

发耳煤矿自开工建设即成立档案室，配置两名专职档案管理员。公司档案室项目档案划分为矿井建设、土建、安装等 11 个类别，其中：矿建 49 个单位工程，土建 70 个单位工程，安装 45 个单位工程，79 个招投标。共计 910 盒，5635 件。9 月 1 日，贵州发耳煤业有限公司发耳矿井一期项目档案专项通过由贵州省档案局组织的专家组的验收。

（况力子　杨宝海）

【矿山救护中队通过验收】 9 月 17 日，贵州省救援指挥中心专家组对贵州发耳煤业有限公司矿山救护中队质量标准化及资质认定专项进行验收，同意通过验收。

公司救护队于 10 月正式成立，属中队编制，共分为 3 个小队，现有队员 31 人，配有指挥车、救援车、急救车各一辆，其他装备、设施基本配备齐全。

（况力子　杨宝海）

【采煤二区生产一班、采煤一区工会小组获荣誉称号】 1 月、贵州发耳煤业有限公司采煤二区生产一班获“全国‘安康杯’竞赛优秀班组”荣誉称号。贵州发耳煤业有限公司采煤二区生产一班有职工 25 人，始终坚持“安全第一”的思想，刻苦钻研采煤专业知识，推行安全标准化作业程序，安全上杜绝了轻伤以上事故，月月完成各项任务指标，工程质量优良品率达 100%。在 2009 年度全国“安康杯”竞赛活动中，获中华全国总工会、国家安全生产监督管理总局颁发的“全国‘安康杯’竞赛优胜班组”称号。

5 月，采煤一区工会小组被中华全国总工会授予“模范职工小家”荣誉称号。采煤一区有职工 109 人，会员 109 人，党员 6 人，团员 29 人。工区车间工会以创建高标准模范职工小家为目标努力开展建家活动，安全上杜绝了轻伤以上事故，年年完成各项任务指标，工程质量优良品率 100%，多次被集团公司和能化公司授予“先进基层党支部”称号。工区先后获得兖矿集团“红旗”区队、“六好”区队、先进党支部等称号。

（况力子　杨宝海）

电力工业

南方电网六盘水供电局

【概况】 2010年，综合电压合格率99.45%，城市居民端电压合格率99.34%，城市供电可靠率99.827%，22千伏及以上继电保护正确动作率100%。

售电量69.4亿千瓦时，同比增长8.9%，为计划的100.6%；主营业务收入30.197亿元，同比增长20.51%；资产总额29.02亿元，同比增加24.34%。

完成固定资产投资15.83亿元，其中：电网建设14.76亿元，技术改造0.87亿元，小型基建2046万元，为电网建设投资历年最高，未发生责任事故。

线损“四分”管理通过网级验收；500千伏六盘水输变电工程管理职能移交六盘水供电局，8月18日，500千伏六盘水变电站开始启动；220千伏北郊输变电工程和2#主变扩建工程达标验收，12月15日，220千伏黄家山变投运成功。

完成广州亚运会铁人三项赛场保电工作。

邀请市保密局局长李玮为职工做保密知识专题讲座；举行“发扬艰苦奋斗，重走长征路”、“同心结南网，携手迎亚运，健步走”活动；举办“创先与青年发展”论坛；职工向玉树地震灾区捐款10万余元；获“2010年中国凉都六盘水消夏文化节先进单位”称号；“五五”普法依法治理工作通过验收。

（雷彩虹）

贵州黔桂发电有限责任公司

【概况】 贵州黔桂发电有限责任公司由广西投资集团有限公司和贵州省开发投资有限责任公司出资组建。由单一的发电产业发展为具有电力、焦化、水泥建材、贸易、房地产等多个产业的企业，基本形成“煤—焦化—电—水泥建材”为主的循环经济产业链。建成发电总装机100万千瓦燃煤发电机组（其中2台机组因实施“上大压小”项目已关停）；黔桂天能年产70万吨煤焦化及煤气净化生产线；盘县三合年产120万吨水泥生产线，修文金久年产200万吨水泥生产线；参股建设贵州松河煤业、六盘水市商业银行、贵州首黔公司等企业；投资房地产、贸易等产业。

2010年：主动关停了2台发电机组，年产130万吨煤焦化扩建项目获得批复；注册成立拓达房开公司，并拍得2宗土地；金久水泥生产线建成投产；三家寨铁路战略装车线建成开通；兴义年产200万吨新型干法水泥项目前期工作开展顺利；注册成立黔桂拓达商砼公司，并基本完成商砼项目并购，建成朱昌站、龙洞堡站生产线；公司上市工作稳步推进。

全年累计发电44.73亿千瓦时，生产焦炭71.91万吨，生产水泥177.95万吨，销售原煤53.68万吨，营业收入31.53亿元，上缴税金2.22亿元，资产总额51.82亿元。各产业实现200天安全生产；二氧化硫、烟尘、氮氧化物均达标排放，建成投产的水泥生产线，消耗工业废渣约100余万吨，其中，消耗公司发电产业粉煤灰渣约70余万吨；各产业还开展丰富多彩的企业文化体育活动。

（田　宇）

贵州金元发电运营有限公司盘南分公司

【概况】 2010年，贵州金元发电运营有限公司盘南分公司（盘南电厂）领导班子调整3次；多渠道全方位拓宽收煤半径，保证了电煤的质量和稳定供应；完成了3次临修，1次A修及3次B修；4台机组进行了脱硫增容改造第一次接口工程，节能减排目标完成；发电量115.95亿千瓦时，上网电量109.76亿千瓦时；上缴国税、地税3.02亿；未发生一般及以上人身和设备事故。

（盘南电厂）

野马寨发电厂

【概况】 2010年，野马寨发电厂5月份共采购电煤31.3876万吨，日均进煤量1.01万吨，其中5月18日单日进煤1.521万吨，创建厂以来最高记录。截至11月21日，厂实现连续安全生产1000天。

获得市2007～2009年度文明单位称号，通过市“五五”普法依法治理验收，厂工会获2009年度贵州电力系统“先进工会”称号。

（野马寨电厂）

建材工业

贵州水城瑞安水泥有限公司

【概况】 贵州水城瑞安水泥有限公司是由原贵州水城水泥股份有限公司与香港瑞安集团共同投资组建，注册资本2亿元，总投资额4亿元人民币；2005年11月，公司又与世界500强之一的拉法基集团再度合资合作，成为拉法基瑞安水泥旗下的合资企业。公司有一条干法生产线，年生产能力100万吨，在岗员工445人。2010年生产水泥1000656吨，销售水泥1006541吨，实现工业总产值320684060元，主营业务收入323570560元。10月，在贵州省水泥生产企业“质量对比提升”活动中，以第一名的成绩获得全省水泥行业“标杆企业”称号。

（赵海翔）

食品工业

重庆啤酒集团六盘水啤酒有限责任公司

【概况】 重庆啤酒集团六盘水啤酒有限责任公司前身为六盘水市啤酒厂，始建于1985年元月，初期设计能力为年产10000吨啤酒、3000吨干麦芽。1990年5月与重庆啤酒厂结成跨省（市）经济联合体（松散型），实现了横向联合。1997年11与重庆啤酒（集团）公司实现资产一体化（紧密型），形成二元投资主体的国有股份公司，并挂牌运行。公司拥有固定资产近1.2亿元，年产能已达10万千升，有“山城”、“贵星”两大品牌系列产品投放市场。

2010年，公司先后对两条包装线的洗瓶机、酒机、二氧化碳回收系统及制氮机、麦芽粉碎机、15吨锅炉等设备进行大修和改造，生产效率、产品质量、成本控制等均有了较大的改观。二氧化碳回收系统的改造，改变了以往公司长期外购的局面，节约了大笔费用。尤其是生产效率的提高，解决了产销矛盾，保证了市场需求，8月份突破了几年来不能达到的5500余吨的产量记录。

（周　毅）

地　勘

贵州省有色金属和核工业地质勘查局二总队

【概况】 2010 年，根据（黔府办发〔2010〕9 号）省人民政府《关于印发贵州省有色金属和核工业地质勘查局二总队名称变更的通知》，原贵州省有色地质勘查局二总队更名为贵州省有色金属和核工业地质勘查局二总队。

职工队伍结构及资质情况　全队有职工 773 人，其中：在岗 101 人，待岗 92 人，内部退养 119 人，离休干部 5 人，退休 456 人。现有资质：1. 固体矿产勘查乙级资质；2. 水文地质、工程地质、环境地质调查丙级资质；3. 岩矿鉴定与岩矿测试丙级资质；4. 测绘丙级资质；5. 地质灾害评估丙级资质；6. 贵州省民用建筑工程室内环境检测甲级资质。

经济运行情况　省局下达计划产值 1331 万元，收入 1210 万元，实际完成产值 2183.11 万元，收入 2034.11 万元。

完成项目任务　完成省国土资源厅矿产资源利用现状调查工作和道真县浣溪向钭铝土矿整装勘查项目的年度任务，完成社会地质的云南省富源县兴建煤勘和毕节大丰铁矿详查工作，完成柏果铅锌矿、赫章江子树毛姑铅锌矿等 28 个商业地质项目类的矿权详查延续资料编制提交工作；完成对队现有矿权年检、核查、延续（赫章县耗子洞铅锌矿、威宁县铜厂河铜矿、威宁县滥箐铅锌矿、水城县仰天窝铅锌矿，完成各类地质资料上报、资质年检。

获奖情况　七一期间，机关党支部被市委党建办命名为“五好先进基层党组织”。

10 月 8 日至 14 日，组队参加市国土资源系统职工体育运动会，组织篮球、羽毛球、拔河、田径等代表队参加竞赛活动。通过活动的开展，沟通思想情感，激发职工士气，增进友谊，弘扬地勘二队传统。在该次竞赛中二总队代表队获优秀组织奖、女子篮球队竞赛获第二名、羽毛球获男子单打第二名和第三名。

（党委办公室）

贵州省煤田地质局水源队

【概况】 2010 年，贵州省煤田地质局水源队完成安顺市西秀区 17 个煤矿的水文地质调查报告和织金县上寨硫铁矿水资源论证报告、金沙县东风煤矿和普安县褚宝煤矿勘查项目的野外施工、7 个大型矿区和 5 个小型矿区的储量核查报告的编制工作、地下水勘查凿井 4 口（进尺 603.3 米）。抗旱凿井 8 口（进尺 1212.89 米），获国土资源部西部抗旱救灾先进集体和先进个人表彰。电煤勘探完成钻孔 13 个（甲级孔 2 个，乙级孔 11 个），钻探进尺 7138 米。完成水源井施工 10 口、工程地质勘查 3 项。

（地质水源队）

贵州省煤田地质局一四二队

【概述】 贵州省煤田地质一四二队隶属于贵州省政府直管全额拨款的正县级事业单位，单位组建于 1957 年 12 月 30 日，地处六盘水市境内，是我国建队较早的专业地勘单位。主要从事煤田地质钻探、固体矿产勘查和工程勘查施工，现拥有固体矿产勘查甲级资质证书和勘查工程施工甲级资质证书。2010 年 5 月，本队依据 GB/T190012008/ISO90012008《质量管理体系要求》和 GB/T28001～2001《职业健康安全管理体系规范》的要求，对本队的“质量管理”和“职业健康安全管理”两个体系文件进行了换版升级，并通过了中国质量认证中心年检审核。

截止到2010年12月，有职工784人。其中：在册职工276人，离退休职工508人（离休职工4人，退休职工504人）。

积极开展“创先争优”活动，完善各项工作制度和工作机制，队党委先后被六盘水市委和局党委评为“党建工作先进单位”。

（陈居华）

【生产和经营指标完成情况】 全年开动钻机10台，参与施工局管项目和自找项目共计13个，完成钻探进尺32139.01米（含外协钻机），终孔61个，抽水2段。完成抗旱找水打井1口。全年共承担13个地质勘查项目技术管理工作，设计钻探工作量55000米，已提交地质勘查报告4个，编制并通过评审的资源储量核查单元报告26个。完成煤矿扩界可研论证报告、矿产压覆评估报告、生产地质报告、地质勘查设计等项目10余件。全年无重大伤亡和安全责任事故，实现了安全生产。

全年实现经营总收入2821.8万元，其中：煤田地质勘探主业经营收入2451.8万元，队各经营实体经营收入370万元；总支出2670.4万元（含宝森项目费用）；实现利润151.4万元。新增固定资产109.8万元。全年局预算拨款1999.21万元，实际到位1999.21万元，实际支出1999.21万元，收支持平。全队在职职工年均收入2.3万元，增长5%。

（陈居华）

【强化钻探生产管理】 按照精干高效的原则，压缩钻机生产规模。加大宝森项目工作力度，积极引进外协钻机协助施工，积极寻求妥善的解决办法。推行内部钻机风险抵押承包责任制，提高职工的工作责任心，增加职工收入。设立供销科，对钻探生产材料的进、销、存建立和完善相应的规章制度，有效降低了生产成本，提高了管理效益。

（陈居华）

【强化地质勘查项目技术管理】 3月将地质科迁往贵阳，组建地质工程中心，加大市场开发力度，先后承接大方县兴达煤矿、水城新发锰矿、赫章水塘隧道等13个地质勘查项目。实施了《贵州省毕节大河、燕子口、大方张家湾、凉水井煤炭普查》《贵州省赫章县财神、法冲、烂木桥、德卓、海雀煤炭普查》等项目的野外地质监理和管理工作，提高地质技术人员的专业素养。同时，还编制了《大方东风永跃煤矿扩界可行性论证报告》《水城岩脚田煤矿工业广场压覆报告》《大方马干山煤矿可行性论证报告》等技术资料。积极参与省国土厅矿权储备交易局公布的《贵州省息烽县苦菜坪铝土矿普查》《德江县野马青勘查区煤炭普查》《沿河县梁家定勘查区煤炭普查》《普定县猫洞勘查区煤炭普查》《紫云县猫营勘查区煤炭普查》等项目的投标工作，进一步培养专业技术人员的综合素质，为今后的地质项目管理进一步奠定基础。

（陈居华）

【推进经营实体发展】 地质灾害防治公司在完成12个工程勘察项目的基础上，积极介入煤田地质勘探，更新了部分钻探装备，全年完成煤田地质钻探进尺2520.59米，煤田钻探工作量与2009年相比增加了95%，终孔2个，完成产值172.2万元。机修厂以生产各种型号的钻塔、加工各类钻探工具及用具为主，并对外承接了吊鱼台、大门安装、卷管及装卸车等小型项目，全年完成产值147.5万元，回收资金147.3万元，继续保持了平稳的生产经营状况。

（陈居华）

贵州省煤田地质局一五九队

【概况】 2010年，焦化厂因国家政策性关闭，全队经营总收入锐减，仅实现经营收入2800万元。全年开动钻机38台，完成煤炭勘探26000米，提交了《盘县三官营详查地质报告》，煤矿动态管理报告18个，贵州省矿产资源储量核查报告40个。

（159队）

贵州省地矿局一一三地质大队

【概述】 2010年，贵州省地矿局一一三地质大队有职工901人，其中在职职工367人，占职工总数的40%。在职职工中各类专业技术人员144人，其中：高级职称14人，中级职称57人，初级以下职称58人。全队2010年创收3241万元，较2009年增长13%，完成局下达年计划的103.%。其中：地勘主业完成收入2007.09万元；工勘施工业完成收入780万元；多种经营完成收入241.2万元，完成利润389.21万元，新增固定资产投入1205.5万元，在岗职工收入较2009年增长10%，安置定向招聘及下岗职工11人，培训职工150人次。

通过勘查合作获得了省矿权交易局盘县金田项目60%的控股权、获得了省矿权交易局钟山区扁担湾项目45%的参股权。

全年签订各类社会地质勘查项目合同141个，合同额630.33万元。完成130个合同，占已签订合同的92%，完成产值580万元；正在实施合同10个，合同额50.33万元。

（高　荣）

【开展抗旱打井】 2010年初，贵州省出现百年不遇的秋冬春连旱，一一三队按照局的统一安排部署，积极投入到抗旱救灾工作中。经过三个多月的工作，在六盘水地区共施工5口供水井，为当地百姓解决1万余人、4000余头大牲畜的饮用水问题，因此一一三队被国土资源部授予“西南抗旱打井先进集体”荣誉称号，3号机被省总工会授予“工人先锋号”称号。

（高　荣）

建设·环保

城乡建设

【组建市住房和城乡建设局】 2010年3月，六盘水市级政府机构改革，将原市建设局、市城管局、市房管局合并组建市住房和城乡建设局，将原市规划局作为副县级二级局，归市住房和城乡建设局领导。2010年5月21日，市政府办印发《六盘水市住房和城乡建设局主要职责内设机构和人员编制裁定的通知》，将原城管局、房管局、建设局的职责整合归市住房和城乡建设局，将城市客运管职责理调到市交通运输局；将城市管理的具体职责交由钟山区政府负责。

（张忠胜）

【红桥新区建设】 4月，《六盘水市委、市人民政府建设红桥新区的决定》提出组建红桥新区，以进一步强化城市产业支撑，完善城市功能，丰富城市内涵。红桥新区（此名称目前不是行政区划和机构名称，为红山、石桥片区的简称），主要由水城县承建的红山工业集中区、钟山区承建的石桥工业集中区构成，总面积约55平方千米，可建设用地约20平方千米，目前人口约1.5万人。六盘水市决定把红山工业集中区、石桥工业集中区合并、扩展建设红桥新区，使原来两个单一的工业集中区上升为一个多功能的城市新区。红桥新区将依托铁路编组站和杭瑞高速公路过境段等重大基础设施以及该区域在市中心城区的区位条件，以轻工业及食品加工业、矿山机械及机电产品装备制造业、高新技术产业、物流业及其他服务业等为重点建设新型产业园区，配套完善教育、文化、卫生、商贸办公、住宅等设施，推进区域综合发展。新区将按照“一年打基础，三年见成效，五年基本建成”的目标，在2010年内基本建成新区内的主次干道，并有部分企业入驻；到2013年，新区内的企业绝大部分开工建设；到2015年，新区内基础设施基本建成，企业建成投产，力争新区内人口达10万人左右，成为比较成熟的产业园区和城市新区。

（张忠胜）

【人民西路一标段建成】 5月20日，由水城矿业集团建业公司机械化项目部负责施工的人民西路延伸段一标段工程全线贯通，人民西路延伸段一标段工程东起市动物园大门右侧，西至德月路，长1.92千米。

（张忠胜）

【凉都体育中心开工建设】 7月20日，六盘水市凉都体育中心正式进场动工，凉都体育中心是2007年市政府十件实事之一，工程采用BT投融资方式进行建设，确定贵州建工集团第三建

筑工程有限责任公司作为BT方，该项目总投资46496万元，占地34公顷。其中：体育场面积29443平方米，设计24148座；体育馆21313平方米，设计6344座，预计工期为两年。

（张忠胜）

【水城河综合治理一期工程（明湖湿地公园）】 9月初，水城河综合治理一期工程开工。水城河景观综合治理一期工程位于钟山区明湖村，主要包括窑上水库大门至两水线桥头的河道治理工程及明湖湿地公园建设两部分。

明湖湿地公园西起窑上S212公路以东，南抵自然山体，西至六盘水师院二期用地规划红线，北抵明湖路人行道边缘。该项目建设用地458亩。其中：湖区水面290亩，湿地168亩，包括“水舞钢城”景观飘带桥、栈道、园路、自行车道、游园步道以及小品建筑等多种风格的游园设施。湿地范围内采用种植常绿乔木、灌木、地被植物、水生植物等进行绿化，以达到净化水质、营造景观的目的。

（张忠胜）

【六盘水火车站改造工程】 总投资18346万元的六沾铁路六盘水火车站改扩建工程12月2日开工。工程主要包括站房、站台、进站天桥、出站地道和站台无柱雨棚。新建站房主体采用钢筋混凝土框架结构，中央大厅屋顶为钢网架结构。站房地上二层，其中：地面一层与站台面基本齐平，地面二层与进站天桥平接。建成后候车厅可同时容纳2000人候车。改扩建的六盘水火车站设计采用现代手法，严整的柱廊、挑出的屋顶在表现传统文化的基础上运用现代的材料和结构建造方式对其重新诠释，塑造出六盘水新时代经济发展、工业进步的现代城市形象。

（张忠胜）

【康乐北路延伸段工程开工】 康乐北路延伸段工程9月开工建设，共分为A、B两段。A段道路全长约1.6千米，双向四车道，道路宽20米，含桥梁一座。计划投资约3000万元，B标段工程合同金额7052.9万元。该工程属于六盘水市规划中的城市道路，西与康乐北路延伸段A标段工程接壤，东至六盘水汽车运输公司后交汪水路。康乐北路延伸段建成后，过境六盘水市区的车辆将实行分流，将有效缓解六盘水市区的交通压力，减轻过往车辆尾气给城市带来的环境污染，属于市政府的民心工程。

（张忠胜）

【城乡规划稳步推进】 2010年组织编制水城河综合整治规划，松坪凤凰山片区控制性详细规划、钟山区老城改造规划编制已通过初审；六枝县城总体规划修编，完成规划方案编制，已经省住房和城乡建设厅审查；六枝郎岱历史文化名镇保护规划修编已提交规划成果，成果论证即将进行；完成水月片区详细规划编制，已提交成果；德坞片区控制性详规修编已交由钟山区政府编制；完成市中心城区路网规划编制工作并修改完善；市中心城区南北互通联络线规划编制，已完成道路线型走向初步设计；编制完成了《六盘水市“十二五”城镇化发展专项规划》及《六盘水市建筑材料科技发展专项规划》。下达小城镇规划补助资金100万元，用于六枝特区郎岱镇古镇规划修编、盘县城关镇古镇规划编制、水城县村镇规划及大湾镇总体规划修编和详细规划编制。

（张忠胜）

【人民路改造】 人民路改造工程新建东段（水城县段）3.5千米基本完成路面工程，钟山区段3.27千米车行道通车，西段94处大门至德宏路基本完工，钟山路至德坞段1.92千米建成。

（张忠胜）

【六枝特区、盘县生活垃圾卫生填埋场工程】 六枝特区垃圾卫生填埋场工程，累计完成投资约4200万元；盘县生活垃圾卫生填埋场工程，累计完成投资约6000万元。2座填埋场年内建成投入试运行。

（张忠胜）

【水西路、麒麟路改造工程】 改造工程于10月中旬开工建设，建设内容为：拆除水西路、麒麟路与钟山中路交叉口处两座环岛，拆除水西路、麒麟路车行道上混凝土隔离带，将车行道由4车道改为6车道，铺设沥青砼路面，增设交通管制设施及道路照明工程。工程12月全面完成。

（张忠胜）

【农村危房改造工程】 2010年全市农村危房改造工程任务为20028户（盘县自行增加茅草屋改造2户），其中：茅草屋为18816户，五保户一级危房1212户。六枝特区任务数4752户，盘县任务数1020户，水城县14173户，钟山区任务数83户。截止到12月8日，全市开工率100%，竣工率98.41%。六枝特区竣工数4717户，竣工率99.26%，盘县竣工数992户，竣工率97.26%，水城县竣工数13918户，竣工率98.16%，钟山区竣工数83户，竣工率100%。年底前，农村危房改造工程将全面完成。

（张忠胜）

【美好家园建设】 2010年，全市在水黄公路、镇胜高速等沿铁路、高速或高等级公路、风景名胜区等地域建设推进农村美好家园，对农房进行外装改造，实施亮丽工程，全年共实施美好家园建设2500户。

（张忠胜）

【水城“水彩荷城”改造】 5月10日，市委常委会召开专题会议，听取水城老城改造设计单位的改造设计方案汇报，提出老城改造不仅要恢复古城风貌，还要具有现代化城市气息，要按照“生态、和谐、休闲、宜居”的要求，尽快完善设计方案。设计方案始终以“水、彩、荷、城”为主题（“水”——以自然山水格局为荷城重要图底；“彩”——以农民画为代表的多彩民俗风格；“荷”——规划充分尊重古城荷叶状的空间肌理；“城”——改善古镇风貌，规划宜居古城）。

（张忠胜）

市开发投资公司

【概况】 2010年有在职职工26人，其中：高级职称4人，中级职称6人；硕士研究生1人，研究生2人，在读研究生2人；党员13人。完成水城河综合治理一期项目融资4.4亿元；完成市三中凤凰校区一期工程（科技图书楼、行政楼主体、BOT二栋、室外及绿化工程），约2.883亿元；完成市地震指挥中心大楼工程（投资223万元）。开工建设汪水路下穿铁路桥工程（净长34.4米，净宽14.7米，净高9.8米），总投资1459万元；开工建设康乐北路延段改造工程（长2.8千米，宽20米，位于市面粉厂至大丫口），概算1.65亿元。

（开投公司）

城市管理

【燃气供应概况】 2010年，市燃气总公司大力开展“双创双建”工作和机关效能建设，重点抓好办事公开、亮证经营，按照收费标准和服务承诺，进一步强化首问首办负责制、限时办结制和服务承诺制，进一步强化廉洁自律保障措施，着力促进公司服务工作优质、高效，真正做到“安全供气让政府放心，优质服务为人民满意”，全面完成了预定的各项目标，保障向煤气用户安全供气，全年无安全责任事故。

公司全年实现总收入10390.12万元；发展

煤气用户9677户；完成煤气管网安装26千米；销售煤气3638万立方米；国有资产保值增值率141.62%；净资产收益率14.66%。加快同步敷设人民路东、西延伸段煤气主管道工程和红桥新区煤气主管网规划并分段逐步实施；着力改造铁路、水矿集团、黄土坡等老片区水堵、萘堵、老化锈蚀严重的庭院4.1千米，保证楼栋管网输送畅通；维修维护室内燃气设施及燃具15057次，更换坏表、死表1956块，消除了隐患；对公园路DN200中压主管道进行技术改造，并增设DN200阀门和绝缘头，为平衡片区供气提供了控制措施，保障了客户的正常安全用气。

（秦国亮　聂应权）

【供排水概况】　六盘水市水务有限责任公司由原市给排水公司、市玉源供水公司、市窑上水库管理所于2009年7月市中心城区第一轮水务体制改革中合并组建而成，注册资金1亿元人民币。2010年12月市中心城区第二轮水务体制改革又将水城县双水供水公司、钟山区德坞供水公司并入市水务公司。截至2010年年底，公司总资产51216.4万元，其中：流动资产6575.21万元，固定资产净值26575.78万元。负债总计31055.14万元，其中：实施玉舍供水工程发生借款18762.5万元，其他负债主要为财政拨付的在建工程款，尚未决算转为固定资产。在建工程8052万元，无形资产9236万元。在册职工总数398人，其中：在岗人员378人，内退职工3人，请长假职工12人，安置残疾人5人，另有退休人员36人。公司领导6人，中层管理干部20人，专业技术人员60人。现有水库4个，总库容4067万立方米，供水水厂4个，日供水能力16.1万立方米，供水管网覆盖东至双水，西至德坞，南至铁路编组站，北至水矿中心医院、建安处，供水管网总长884.3千米；现有污水处理厂3个，日处理生活污水能力7.5万吨，污水处理后达国家二级排放标准。

市水务公司内设办公室、人事教育科、财务科、生产技术科、武装部、客户服务中心等科室部门，公司党委设纪委、党办，同时选举成立公司工会。公司另有供水总公司安装公司、污水处理厂、水厂、玉舍水库管理所、窑上水库管理所、双水供水公司、钟山供水公司等下属单位。

全年完成供水量2173.7万吨，售水量1898.8万吨，污水处理量1602.8万吨，营业收入5946.15万元，上缴税金623.16万元，支付贷款利息1330.23万元，赢利352.5万元。理顺供排水体制，水厂、水源统一调度，市中心城区供水水质、水量得到保障。管网覆盖范围没有发生过大面积、长时间停水现象，水质完全达标。

（王　芳）

房地产业

【住房公积金管理概况】　2010年，市住房公积金中心归集全市住房公积金83093.13万元，完成年计划的175%；共发放公积金贷款45106.79万元，完成年计划的101%；公积金增值收益2609.78万元。

（朱海鸥）

环境保护

【环境污染治理】　拟订市政府《2010年主要污染物总量减排目标责任书》，将2010年重点减排目标任务分解至各县、特区、区政府及各重点减排企业。对六盘水市4家燃煤电厂和6家污水处理厂开展驻厂监督工作。对各火电企业实行二氧化硫减排放的总量控制，要求发耳电厂2010年二氧化硫排放总量控制在2万吨以内，野马寨电厂2010年二氧化硫排放总量控制在0.8万吨以内，盘南电厂2010年二氧化硫排放总量控制在 2.3 万吨以内，盘县电厂 2010 年二氧化硫排放总量控制在 0.7 万吨以内，积极督促野马寨电厂、发耳电厂、盘南电厂加快脱硫设施增容改造进度。盘南电厂脱硫设施的增容改造已完成。针对发耳电厂部分机组脱硫系统存在缺陷，外排烟气中的二氧化硫多数时间超标排放的情况，向省厅提出了对发耳电厂 3 号机组停止生产进行脱硫系统改造、4 号机组进行脱硫系统改造后再进行脱硫设施增容改造已完成，野马寨发电厂 3 号机组脱硫设施的增容改造已完成，1 号机组脱硫设施的增容改造仍再进行试生产的建议。

经省厅核算，2009 年六盘水市 COD 排放量为 2.23 万吨，二氧化硫排放量为 11 万吨，两项指标均完成年度目标计划。

督促水城县编制《六盘水市玉舍水库水污染防治规划》，该规划市政府常务会议已原则通过；与市水利局联合制定的《六盘水市城区和较大乡镇集中式饮用水源地保护与治理方案》已经市人民政府同意实施；出台《六盘水市跨区域水污染协调处理办法》。

开展专项整治　对全市焦化企业开展专项整治，对 41 家焦化厂进行全面检查，其中：水城县责令限期改正 3 家，立案查处 1 家；六枝特区责令限期改正 1 家，并将 4 家焦化厂列入 2010 年淘汰落后产能名单；钟山区对 1 家实施限期治理；盘县责令限期改正 3 家、立案查处 1 家。

下达三批市级限期治理项目，分别为水矿（集团）公司红旗煤矿新建矿井废水处理设施，水矿（集团）公司汪家寨洗煤厂原煤车间噪声治理；水钢炼铁片区烧结成品库矿槽和焦化成品矿槽治理，水钢 1、2 号高炉贮矿槽除尘治理，市污水处理厂建设消毒杀菌设施；水钢 1、2、3 号 3 座 35 吨转炉及配套设备（混铁炉、连铸机等）废气治理，水钢动力车间 8 台锅炉废气治理。

组织开展全市沿江沿河化工石化企业环境污染隐患排查整治工作；开展重点行业企业环境风险及化学品检查工作、重金属污染防治工作，致函钟山区政府，取缔大湾镇 3 家非法洗铅点，向省环保厅上报 12 个重金属污染治理重点项目。

联合市财政局从市级排污费中安排 1453.7 万元对盘江煤电（集团）公司瓦斯综合利用替代燃煤锅炉等 17 个项目予以补助。

联合市建设局等单位对各城镇污水处理厂进行 4 次检查，对盘县红果污水处理厂和水城县双水污水处理厂运行不正常的情况下达预警通报。六枝污水处理厂、水城县双水污水处理厂已通过省环保厅的竣工环保验收。

加大执法力度，认真做好环境污染信访投诉案件办理。全年，共接投诉案件 153 件，均已回复投诉人，回复率 100%。

全年出动人员 2726 人次，检查企业 1034 家次，共处罚环境违法企业 95 家次，处罚金额 374.67 万元。

开展提案办理及其他工作　对“九三学社”六盘水市委员会提出的《关于进一步加强全市环境监管能力建设的建议》（市政协六届四次会议党派团体提案第 11 号），及时将环境监管能力薄弱的情况向市政府进行报告，机构改革后，环境监管能力得到了明显加强。对政协委员刘铁军《关于设立废旧电池专用回收箱，减少环境污染的建议》（六届四次会议委员提案第 158 号），已结合实际进行答复并报市政府办。

委托省环境科学学会编制的《六盘水市三岔河流域环境保护河长制具体实施规划》已完成；制定《六盘水市三岔河流域环境保护河长制实施情况考核办法（试行）》。

2009 年环境保护目标责任书考核六盘水市得 925 分，城市环境综合整治定量考核得分为 79.64 分，在 9 个市（州、地）中分别排名第四、第三。针对 2009 年度环境目标责任书及城市综合整治定量考核中发现的问题，积极督促有关单位进行整改，并对 2010 年环境目标责任书任务进行了分解。

（李湘宏）

【建设项目环保审批】　全年受理项目环评

申报162个，其中：市级审批项目65个，审批项目38个，其中编制报告书项目13个，编制报告表项目19个，编制登记表项目6个。环境影响评价执行率100%。对14个达到环保要求的建设项目进行了环保验收。开展了建设项目“三同时”执法检查，对23个未执行环评和“三同时”制度的违法建设项目责令限期改正。

（李湘宏）

【开展环保专项行动】 对三岔河流域部分支流进行整治。督促钟山区环保局解决大河镇白岩脚小河河道淤塞问题，协调水矿（集团）公司及水城县沿河企业参与河道清理；对市中心城区非法配煤场和非法钢渣洗选厂进行取缔；对月照片区和响水河流域的排污单位进行了全面清查，对违法排污的3家洗煤厂进行停产治理，对4家小洗煤厂进行取缔，并督促相关企业对月照片区响水河下游受污染河道进行彻底清理。2010年，全市共征收解缴排污费8644.61万元，其中市局1789.81万元。

（李湘宏）

【城市环境综合整治】 印发《2010年“整脏治乱”和“双创双建”环境保护工作方案》，就有关工作向各县区环保局明确了时间步骤和有关要求。将“双创双建”与环保专项治理、宣教、减排等工作相结合，组织市环保专项行动领导小组成员单位和钟山区环保局、钟山区城管局对市中心城区沿街饮食油烟、商业噪声、社会生活噪声等进行专项整治。牵头组织市公安局、市安监局、市建设局等单位对钟山大道沿街商户进行了环保法律法规宣传和执法。

出台《六盘水市机动车辆排气污染防治办法》（市府办发〔2010〕135号），盘县永治公司、天鹏驾校、六枝运通公司的手续已完善并取得省环保厅的检测委托书，凤骐公司环评已委托编制，环保检验合格标志已印制完成。

（李湘宏）

【加强环境监测、监察】 加强干旱期间水污染防治，强化对玉舍水库等各集中式饮用水源地的巡查力度，市环境监测站无偿为木果乡杨家寨村等4个饮用水源进行全面的水质检测。

完成2009年度环境监察考评工作，2009年度环境监察考评市环境保护局获优秀奖。加强放射源管理，开展放射源检查工作。按时完成2009年环境统计工作和2009年污染源普查动态更新工作。认真做好地质灾害挂钩督察工作，两次到水城县化乐乡滑石村对地质灾害挂钩督察点进行现场督察。

加大对国控、省控重点污染源及减排工程的监督性监测工作，对25个国控和3个省控重污染防治设施进行一次检查。重点污染源每季度监测一次、对污水处理厂每月监测一次，并及时上报监测数据。

完成饮用水源地、主要河流跨界断面、三岔河河长制水质监测、国控断面水质监测、“城考”地表水监测、枯水期地表水监测、重点污染源监督性监测等各项监测工作。完成中心城区功能区、区域、交通噪声监测各2期。完成中心城区环境空气自动监测365天，空气质量优的天数为166天，良的天数为199天，优良率达100%；空气质量预报运行365天，优占全年监测天数比例45.48%；良占全年监测天数比例54.52%。

完成国控重点污染源在线监控系统212协议改造内容的验收，辖区内国控重点污染源除六枝矸石发电厂外，全部安装污染源在线监控系统，部分非国控企业也安装了污染源在线监控系统，全市共有51家企业安装了污染源在线监控系统。

（李湘宏）

【加强队伍建设】 认真做好机构改革的各项工作，增设政策法规科、辐射管理科、污染物排放总量控制科和市环境工程评估中心，增加机关行政编制2名，市环境监察支队增加参公管理编制6名，市环境监测站增加事业编制15名，市环境工程评估中心设事业编制5名。为切实提高业务技能，邀请了省环境监测总站的专家到市环保局讲课，全年共派出103人次到外地参加业务培训，开展了对市、县两级共37名环境监察干部的培训，举办了全市第一届环境监测技术大比武，并选拔人员参加贵州省第一届环境监测技术大比武。

（李湘宏）

【环保宣传教育】 开展“六五”世界环境日宣传活动。“六五”当天组织县区环保局、企业和相关单位在钟山大街进行宣传，发放环保宣传挂图、《贵州省生物多样性读本》宣传册、《贵州省环境保护行政处罚自由裁量权细化标准》等宣传资料5000多份。市政府副市长陈少荣在电视上发表“推进污染减排，践行绿色生活”的讲话。市环保局在《六盘水日报》上刊登“六五”世界环境日宣传专版。与市妇联、市教育局联合举办“迎世博、促环保、爱生活”儿童绘画比赛活动，并组织儿童绘画比赛获奖同学到六盘水市岔河垃圾填埋场、市污水处理厂开展“自然之旅”实践活动。利用村民赶场的机会，在玉舍水库开展了以饮用水源地保护为重点的环境宣传活动。举办了市、县（区）环保局，水钢，各大煤炭集团公司，各火电企业，高校和部分社区参加的“践行宗旨推进双创双建，保护环境建设和谐凉都”演讲比赛和知识竞赛。

积极开展“绿色小区”、“环境优美乡镇”、“绿色学校”创建工作。6所学校被命名为贵州省第八批“绿色学校”；命名15所学校为六盘水市“绿色学校”；命名水城县“东方锦秀名门小区”等4个小区为“绿色住宅小区”。天羿栖凤苑小区和钟山区凤凰街道办事处八一社区凉都花园被命名为贵州省第六批“绿色社区”。

向水城县比德乡中学捐赠了一批图书。图书共164套600多册。这次捐赠活动是格平绿色助学行动的一部分，由中华环保基金会提供资金，省环境宣教中心和市环保局联系和办理。

参与省环保厅组织的《贵州省生物多样性摄影比赛》活动，市摄影家协会张三都拍摄的《会写字的蜘蛛》获优秀作品；在全省环保系统“环保杯”摄影大赛中，六盘水市多项作品获奖，市环保局获优秀组织奖。

（李湘宏）

【开展全市环境监察培训】 市环境监察支队、水城县环境监察大队、钟山区环境监察大队、六枝环境监察大队、盘县环境监察大队共5家环境监察机构的37名环境监察干部参加培训。培训针对如何开展现场执法检查，怎样对污水处理厂、燃煤电厂实施监管，在线监测（监控）运行监督管理，行政执法等环境监察工作中常见的问题开展专题讲座，并就环境监察考评、行政执法案卷评查工作中存在的问题进行讲解。

（李湘宏）

【环境污染事件应急演练和处置】 制定2010年度六盘水市环境污染事故应急预案演练计划。市环保局、水城县环保局在水城县泓权化工有限公司组织突发环境污染事件应急演练。演练模拟粗苯运输车辆行驶至水城县泓权化工有限公司厂门口时因碰撞发生泄漏事故，粗苯向外泄漏，无人员伤亡，泄漏粗苯流至厂外小河沟，并威胁下游水环境安全。市环保局接到报告后，立即会同水城县环保局赶赴事发地点，对事故进行处置。

成功处置重庆啤酒（集团）六盘水啤酒有限责任公司液氨泄漏事故、水黄路加开营隧道煤焦油运输车辆交通事故致使煤焦油泄漏事故。

（李湘宏）

交通运输

民　航

月照机场

【概况】　2010年1月21日，省第二测绘院到现场确定征地界限；4月9日，机场路竣工验收，水城县范围内征地相关工作结束；4月21日，省国土资源厅发出关于《六盘水机场土地复垦方案的批复》；4月23日，民航总局下发关于《新建六盘水机场可行性研究报告的意见》；8月4日，环保部以环审〔2010〕241号文件，对贵州六盘水民用机场工程环境报告书予以批复；12月8日，取得《国家发改委关于六盘水机场可行性研究报告的批复》。

民航贵州空管分局王局长一行13人到市开展雷达站选址工作；中国民航建设集团公司西南分公司第二设计所所长王睿及工程师杨虎到月照机场现场解答有关施工问题。

市及水城县、钟山区有关部门，对机场范围内小煤窑私挖乱采进行打击，抓捕盗采人员4名，收缴运煤汽车1辆、电机1台、水泵2台。

（刘燕超）

铁　路

贵州水红铁路有限责任公司

【概况】　2010年，水红线货物发送612万吨，同比增加14.6万吨，增长2.4%；直通日均装车179车，同比增加4.5车，增长2.6%；货物周转量12.6亿吨千米，同比增加2.1亿吨千米，增长20%；旅客发送181万人，同比增加40.3万人，增长28.6%；经营收入完成39788万元，同比增加4938万元，增长14.2%；上缴税金1210万元；公司实际减亏177万元。

6个缓开站于2010年1月27日开通后。护路宣传小分队深入水红线境内的14个乡（镇）演出20多场（次），发放宣传单8000张、宣传画册2000本、《知路、爱路、护路》学生用作业本3000本、爱路护路小黄帽2000顶、路外宣传画500张、《安保》条例宣传扑克牌200副、环保袋2000个。共发生铁路交通路外伤亡事故33件，其中：伤15件15人，同比上升1件1人；死亡18件18人，与上年持平。投入防洪预抢资金950余万元，为计划625万元的192%；防洪期间，有关部门冒雨巡查设备727人（次）；公司协助或参加抢险14次。

抗旱救灾期间，向水城县俄脚中学、盘县雨格中学赠送矿泉水2000件，投资8万元为水城县都格乡垭口、马龙2村修建人畜饮水工程。

（殷鸿声）

成都铁路局六盘水车务段

【概况】 六盘水车务段管辖沪昆线六枝至徐屯、内昆线凉水井至昭通南、水大支线裕民至大湾共43个车站，其中：一等站1个，二等站1个，三等站7个，四、五等站34个，1个乘务车间；管辖里程538.35千米；段机关设8个科室，年末在册职工1431人。

2010年运输收入完成211712.8万元，为计划的116.7%，较上年增长31%，是建段44年来最好成绩；发送货物1954.5万吨，为计划的110.1%，较上年增长13%；发送旅客610.4万人（次），为计划的101.7%，较上年增长16%；装车307575车，卸车131176车。

实现无责任行车特别重大事故11918天，无责任一般D类事故301天；无责任职工因工死亡事故1380天，无责任职工因工重伤事故81天，无责任职工轻伤事故1019天。未发生责任旅客伤亡事故、责任行包事故、责任货运事故。

（席　玲）

成都铁路局六盘水工务段

【概况】 六盘水工务段由原六盘水工务段与自贡工务段整合成立，担负沪昆线、内六线、六盘水南环线、水大线、曹六联络线、六南联络线、水柏引入线、水柏客联线、宜珙线桥路设备维修保养工作。共管辖正线985.798千米、站线404.699千米、道岔1507组，桥梁663座90065米，隧道432座298690米，涵渠1815座49755米，最大坡度为23.2‰，最小曲线半径300米。固定资产总值为174.45亿元；设8个职能科室、2个线桥车间、1个综合机修车间、1个宜宾检查监控车间、2个线路重点维修车间、5个桥路车间、7个线路车间；2010年在岗职工2263人，非在岗职工74人（长病6人、长学复退军人68人）。

全年完成起道修432.95千米，大机捣固587.11千米，列车打磨钢轨38.4千米，切边清筛69.7千米，更换长轨131.812千米，完成换轨94.7千米，钢轨复焊1872个头，应力放散123千米，换枕75438根；线路平推改道131.15千米；道床病害整治199千米；道岔跟进145组；长轨跟进160.657千米；整理道床315.407千米；安设线路反光标志4344个；安设地锚拉杆418根。另外完成大修项目80件，投资4995.9万元。防洪工作完成45座跨江河扩大基础桥梁检测工作；整治隧道漏水113座，安设排水板608处，打减压孔314个；处理陷穴、滑坡、开裂等56处病害。班组长参加培训166人，培训防护员396人，资格性培训613人，适应性培训4562人。截止到12月31日，实现无行车重大（特别）事故13988天，无行车较大事故13988天，无行车一般A类事故512天，无行车一般B类事故13988天；无行车一般C类事故7687天，无行车一般D类事故170天；无职工因工重伤事故1255天，无职工轻伤事故189天。

（李　丽）

公　路

【公路建设】 2010年，交通基础设施建设共完成固定资产投资32.23亿元，其中：地方交通固定资产投资完成7.13亿元，均超过计划目标；水盘高速公路完成投资25.01亿元，六枝至

镇宁高速公路完成投资 3.1 亿元，杭瑞高速公路市内段和水城至六枝高速公路开工；玉舍至马场桥和柏果至火铺二级公路建成通车。通乡油路在建项目 10 个，共计 335 千米，已完成 7 个项目；完成通达工程 15 个项目 124 千米，完成渡改桥 3 个项目共 213 延米；运煤公路 33 个项目 493.5 千米，总投资 90364 万元，完工 7 个项目，完成投资 42800 万元。完成 10 道渡口修建任务；建成中寨码头，基本建成野钟码头。建成 10 个乡（镇）客运站；南环路收取车辆通行费 700 万元。

（于　健）

【公路养护】 地方管养公路总里程 10078.732 千米，其中：县道 1970.883 千米，乡道 2398.757 千米，专用公路 49.871 千米，村道 5659.811 千米；县公路好路率 77.6%，乡公路好路率 53.4%。完成油路大中修 6 个项目 39.5 千米；完成都格大桥等 8 个危桥改造任务。按“BT”方式实施了马场桥至盐井波型护栏 4000 米，投资 94 万元；六枝至晴隆（六枝段）波型护 7400 米，投资 176 万元。

（于　健）

【运输管理】 完成客运量 8718 万人，旅客周转量 175236 万人千米；完成货运量 4343 万吨，货物周转量 382203 万吨千米。县乡公路超限运输整治投入稽查人员 15557 人（次），检测车辆 81413 辆（次），收取公路赔（补）偿款 830 万元。查处非法营运车辆 3658 辆，超越经营范围的车辆 191 辆，未取得相应从业资格而擅自从事营运的驾驶员 77 人，客货运输经营者擅自改装营运车辆 8 辆，无客运标志牌营运 113 辆（次），客运班车不按批准站点停靠或不按规定线路、班次行驶 80 辆（次），客运包车不按规定起始地、目的地和线路行驶的 7 辆次。收到涉及城市公交、出租车的投诉 1200 余次，批评教育 800 余起，处罚 402 起，罚款 72200 元，投诉处理率为 100%。开展交通安全生产执法行动 294 次，查处无证或证照不全从事交通建设、生产经营的 214 起；查处不按规定进行安全培训或无证上岗的 21 起；查处其他违法的 69 起。完成了全市 7 户客运企业，其中：3A 级 3 户，2A 级 4 户，139 户维修企业的质量信誉考核。完成驾驶员从业资格培训考试 5500 人，初培驾驶员 16000 人，组织了 10 期出租汽车从业人员岗前培训，参训 1112 人。排查治理隐患企业和单位 152 家，查出一般隐患 410 条。全年未出现重大质量事故和重特大施工安全事故。海事机构共出动巡航船艇 82 艘（次），航程 2980.4 千米，出动执法车辆 102 辆次，出动海事执法人员 610 人（次），检查船舶 325 艘（次），查处船舶违法行为 25 艘（次），水上交通无人死亡。

（于　健）

【公路管理】 全年完成投资 12043.2 万元（小修养护 2100 万元，大、中修工程 9077 万元，水毁抢修 320 万元，安保工程 158 万元，危桥加固 266.2 万元，过境路段排水整治工程 102 万元，公路绿化 20 万元）。

新增机械设备 40 台（套），增值 430 余万元，机械设备完好率 95%以上。总投资 120 余万元的超限运输远程监控系统投入使用。

油路中修 55.6 千米、大修 109.9 千米，验收合格率 100%，在省公路局路况考核中名列第二。使用沥青再生技术节约资金 800 余万元。报送信息 57 次，传达信息 26 次。

（张忠平）

水城汽车运输公司

【概况】 贵州省水城汽车运输公司始建于 1972 年，系贵州省交通厅直属的全省九大国有运输企业之一。中国道路运输协会成员单位，1992 年 4 月，公司随建制划归地方管理，是六盘水市最大的一家具有二级客运资质的国有专业运输企业。2010年，公司有职工总数1244人，其中：在册职工726人，离退休人员518人，党员106人，8个党支部。公司下辖水城汽车站、盘县汽车站、六枝汽车站、汽车维修中心、客运二公司、货运公司和多经公司等生产经营单位，六盘水宏运达交通机动车检测鉴定有限公司、六盘水谊通汽车修配有限公司和六盘水健麟驾驶培训有限公司等控股子公司，六盘水凉交汽车运输有限公司参股公司，六盘水易泰旅游客运有限公司、六盘水天南海北旅行社有限公司全资子公司。

公司2010年实现多元化的资源整合，与六盘水路桥发展总公司、六盘水市交通建设公司组建六盘水金钱豹客运有限公司。投入180万元建设盘江汽车站。接管郎岱汽车站经营管理，打造凉都旅游客运新品牌。新增大高一级旅游车12辆，新增省际班线六枝至无锡1辆，市际班线水城至晴隆1辆，新增区内班线8辆，退出新增16辆。加大安全管理工作，全年未发生一次事故死亡3人以上较大交通事故，一般性安全责任事故控制在公司目标范围内，车辆运行负全责轻微事故控制在目标范围内。全年实现产值7100万元，实现收入4300万元，比2009年同期增加20%，实现利润45万元，上缴税费813万元。

（丁　燕）

六盘水市公共交通总公司

【概况】　2010年，六盘水市公共交通总公司逐步转换经营机制，有序推进国有公营。为满足市民出行需要，不断适应城市发展，缓解中心城区公共交通发展中积淀的矛盾和问题，做好公司公交车个人承包经营转换为公车公营管理模式的改革试点，公司于2月9日率先开通13路（火车站至双戛）公车公营线路，改变原有“以包代管”的经营模式，填补了该片区无公交车的空白。

清洁燃料公交车扮靓城市　12月29日、30日，20辆清洁燃料新公交车分别投放在1路、15路、16路线营运，该车使用LNG（液化天然气）作为动力燃料，其排放的尾气对空气未造成污染。清洁燃气公交车与普通公交车相比，具有环保性高、安全性能好、动力强等优点，更有利于城市环境质量的改善和城市品位的提升。

做好“十二五”公交发展规划编制工作　总公司及时召集相关部门，对公交“十二五”发展规划组织讨论，要求大家在“壮大企业发展规模、转变经营机制、加快公交基础设施建设、提升公交服务水平等方面提出阶段性目标任务，科学制定“十二五”规划，使编制出台的“十二五”发展规划具有较强可操作性。

开展“双创双建”活动，提升公交服务水平　通过开展“双创双建·满意在公交”专项行动，着力整顿与“双创双建“不相适应的突出问题，进一步完善公交行业的管理制度，提高管理人员的责任意识，增强驾驶员规范操作的自觉性；同时，注重资金投入，改善公交基础设施建设，提高公交车辆档次，逐步形成管理规范、卫生整洁、服务优质的公交营运新局面。

加强职工礼仪培训，提高整体综合素质　公司对职工、驾驶员进行“从我做起”精神文明规范服务礼仪培训，主要从职工商务交往礼仪、职场礼仪、司乘人员工作态度、服务礼仪等客运服务技巧进行培训，为构建和谐公交、提供文明礼貌服务奠定了基础。

（王雪勤）

信息产业

邮 政

【概述】 2010年，全市邮政业务总收入10625万元，增长168%，年均增幅33.6%，其中：企业完成6962万元，完成年计划的103.1%，分行完成2326万元，速递完成1337万元；邮政邮储余额从10亿元上升到22亿元。全市邮政收支差额控制在省公司计划之内。

（陈玉娅整理）

【邮务类业务】 函件业务　突出重点，开发商函、账单等新型信函，并打造DM中邮专送广告品牌；以精品数据库建设为着力点，逐年对数据库建设进行更新和维护，发挥数据库营销在函件业务发展中的作用；坚持发展中国邮政贺卡项目，自2006年以来，逐年推出“舞动·凉都六盘水”、“领舞·凉都六盘水”、“领秀·凉都六盘水”、“传递·凉都六盘水”、“唱响·凉都六盘水”系列主题贺卡。2010年全市函件业务收入895.16万元，较2005年增长134%。

报刊业务　重视党报党刊发行工作，在抓好年度大收订的基础上，以重点畅销报刊、教辅图书发行等为抓手，全年实现业务收入790.75万元，较2005年增长68.2%。依靠党委和宣传部门，将属财政拨款的市直单位的党报党刊收订全部实现集中订阅，由财政统一付款。

集邮业务　在做好每年新邮预订和邮品销售的同时，把集邮协会的建设当作一项重要工作来抓。一是通过项目拉动，将集邮真正做成一种礼品文化、一种被各行各业认可和接受的新型宣传媒介。二是集邮协会活动有序开展，支撑业务发展。定期开展集邮沙龙活动、如期举行集邮理事年会等活动，发挥集邮活动的宣传教育功能。三是抓好历史库存邮品销售盘活等基础管理工作，2010年实现收入553.83万元，较2005年增长298%。

包裹业务　在做好窗口服务工作的同时，引导用户使用快包业务。以当地土特产、药材等为切入点，开发“家乡礼包”业务；以奉献爱心为题材，开发“爱心包裹”等营销项目，实现包裹业务稳步增长。2010年包裹业务实现收入68.36万元。

代理和信息类业务　完善网络平台支撑和渠道建设，通过综合网与各电信运营商和税务等部门合作的方式，树立“缴费一站通”品牌，方便市民代缴电费、通信费、税费等费用，丰富邮政业务种类，提高“代”字号业务的市场占有率，成为一项便民利民的惠民工程；通过社会资源整合，发展社区、村级邮政服务站；通过EPOS和商易通的布放，使渠道建设更加优化；短信业务、航空机票业务等从无到有。全年代理和信息业务实现收入 800.4 万元，较 2005 年增长 179%。

（陈玉娅整理）

【代理金融类业务】 一是在“城市抓大客户、农村抓入账汇款”，加大对大客户的维护、开发力度，推进存款的快速增长。2010 年邮储余额突破 22 亿元，较 2005 年增长 120%，代理网点余额从 2008 年 5 月末的 67482 万元增至 139550 万元，增长 106.8%。二是中国邮政储蓄银行六盘水市分行挂牌成立后，转变经营模式，做好服务城市社区和“三农”金融工作，相继建设“绿卡村”、“绿卡校园”75 个，促进储蓄业务的发展。三是在维护好汇兑集团大客户的基础上，以发展商务汇款、账户类汇款为切入点，实现汇兑业务的持续发展。2010 年汇兑业务实现收入 460.2 万元，较 2005 年增长 176%。四是代理保险业务通过强化窗口人员营销意识，加大对零出单网点的考核力度，调动窗口人员销售保险的积极性，实现保险业务的稳步发展。

（陈玉娅整理）

【速递物流业务】 速递物流业务保持好发展势头。一是发展单、证、照类高端业务，加大与公安部门的沟通联系，开发二代身份证快递业务，开发票据、法院专递和录取通知书等速递项目。二是以建设速递专营店为基础，优化同城快递网络，开展同城限时递业务。至 2010 年全市共建邮政速递业务专营厅 4 个，提升了 EMS 品牌形象。三是发挥营业窗口的作用，向客户宣传速递和快包业务，使代理速递快包业务得到回升。四是“思乡月”项目连年增长，2010 年完成“思乡月”663.96 万元，较 2005 年增长 205%。

（陈玉娅整理）

【重点工程建设】 完成一、二、三批西部网点改造和国债项目，争取省公司批准的 39 个空白邮政网点建设项目，总投资 2000 余万元，实现全市 98 个乡镇办事处邮政网点全覆盖。打造精品网点 5 个，建成社区邮政服务站 26 个、报刊亭 114 个，新增金融网点 9 个。

（陈玉娅整理）

【信息化建设】 全市邮政所有自办网点都实现电子化，有电子化网点 142 个，综合服务平台 218 个。完成综合网、绿卡网、电子汇兑系统、监控系统、信息技术系统建设；完成储蓄统一版本 2.0 改造、网运信息系统三期改造、商函制作、自邮一族等多个系统建设；实现投递管理信息系统与营业信息、网运信息、名址库等系统的互联互通，信息共享；完成航空客票系统的上线，对缴费 1 站通系统进行升级改造，确保缴费业务正常开展。全市邮政系统共安装 ATM 机 33 台，EPOS193 台，布放商易通 228 台，所有自办支局所具备代收交通罚款功能，全市有 11 个网点可办理非现场业务。

（陈玉娅整理）

【参加全省“思乡月”劳动竞赛活动获奖】 2010 年，市邮政系统参加全省“思乡月”劳动竞赛活动，盘县邮政局获活动优胜单位第一名，六枝特区邮政局获第三名，水城县邮政局获第九名；徐亚兰获市州地局专业个人组第三名；卢贵获县局专业个人组第一名；刘洪获县局业余个人组第一名。

（陈玉娅整理）

电　信

【概况】 六盘水电信公司利用强大的网络优势，实施包括农村信息化、“电子政务”信息化、“数字城市”信息化、社区信息化、中小企业信息化为主要内容的信息化工程。本地交换设备容量47万门、无线小区数量近2000个、LAN用户端口容量3万多个、ADSL端口容量10多万个；农村400多个行政村光缆覆盖率40%以上，无线信号覆盖近500个行政村，覆盖率70%以上，村通电话达70%，村通宽带65%左右。移动业务CDMA基站500多个，实现了3G网络在水黄与镇胜高速公路及乡镇以上区域100%覆盖。带宽网络接入能力：乡镇2M以上、县城4M以上、市区8M以上，城区10多个小区达20M。2010年度服务等级提升了3位；C网业务连续10个月优于省公司下达的标准；装（移）机准时率一直保持在98%以上；宽带及固话障碍处理及时率超过95%。六盘水电信网络监控维护中心、六枝分公司监控中心、中心营业厅等多个部门仍保持国家及省、市级“青年文明号”；公司保持了市级“文明单位”，并被市工商局连续第5年评为“重信用守合同”单位。

（王　燕）

中国铁通集团有限公司六盘水分公司

【概况】 2010年，中国铁通集团有限公司六盘水分公司发展互联网宽带用户3679户，固定电话用户2941户。

受治安环境影响，用户铜缆被盗情况频繁，严重影响用户正常通信，在给分公司造成严重经济损失的同时，给用户造成铁通形象的负面影响。为解决电缆被盗，用户通信不畅的难题，分公司在用户集中，施工难度小的片区和小区逐步采用光纤接入对铜缆进行改造。

提高用户服务质量 开展“为民服务、‘创先争优’”和用户满意度测评活动。抽调业务技能好、服务水平高的员工组建宽带专家坐席客户服务机构，为用户第一时间解决非网络问题发生的通信故障。全年未发生服务质量越级投诉事件。

抓好员工队伍建设 累计对员工进行各种培训420人次，开展“五五普法”教育工作，多年来无一人违反国家法律法规，未发现任何员工具有不良倾向和不良嗜好。

（孙　奇）

中国移动通信集团六盘水分公司

【概述】 2010年，中国移动通信集团六盘水分公司坚持“抓项目促发展，抓基础筑和谐，抓服务优环境，抓作风强素质”的工作思路，狠抓工作落实，积极为六盘水市的基础通信工作保驾护航。

夯实网络基础，全面提升网络质量 1. 深化基础网络建设。全年启动22个工程建设项目，新建基站352个，新增载频2091块，新建传输2512千米；实现了农村、地下室、高速公路、高等级公路、铁路的无缝覆盖。全面启动3G网络建设，新建TD基站142个，室内分布系统102个，实现了市区和县城区的3G网络覆盖。

2. 优化网络覆盖质量。启动网络维护项目22个，涵盖了无线网络优化、传输网络优化、数据网和配套类优化等。

以服务促发展，保持行业领先优势 多重营销活动回馈客户。六盘水移动公司先后开展了入网三重礼、交费优惠多、购机实惠多、惊喜多打多送、新业务订购有礼、一村一家亲等多重营销活动，通信市场占有率高达86%，移动客户普及率达到52.33%。

多种新业务丰富客户生活。结合不同客户群体不同的业务需求，开发并推出多种新业务和数据多媒体业务，为客户提供免费体验和试用。同时，与六盘水日报社、贵阳世纪恒通公司共同创办了第一份本土手机报，宣传报道六盘水本土资讯信息。

多渠道方便客户办理业务。全年新增社会渠道36个，自办营业厅6个，在酒店、营业厅及人流量较大的地方设置自助缴费设备61台，引导客户使用网上、电话营业厅办理业务，为党政军部门及重要客户、集团客户配备客户经理，提供面对面的上门服务。

多手段提升客户消费感知。创建服务标杆厅，对钟山路营业厅和人民路营业厅进行重点监管，强化服务标准，提升营业厅人员素质，并通过标杆厅的示范带动作用，引领和影响其他营业厅。积极接受来自社会各界的约束和监督，不断完善消费者投诉处理机制，参与市政府“政风行风”上线工作，常态化开展流程穿越活动，邀请第三方及客户代表实施明察暗访。

作行业先驱，勇于承担社会责任 1. 积极投身社会公益事业。春运期间，在火车站、客车站的候车厅、售票处、出站口等人员密集区域设立“返乡接待站”，提供免费亲情电话、送茶水、缝布包等服务；全市“两会”期间，做好会场区域通信保障的同时，还提供“会务通”业务，助推政务信息化。在玉舍森林公园发生火灾时，及时出动，全力抢通火灾现场的通信网络，为指挥抢险救灾提供了畅通的通信服务；积极投身2010年春季抗旱救灾工作，在六枝特区岩脚镇新寨村建“爱心泉”泵房一座，组织开展“旱逢及时雨、移动送甘霖”送水下乡活动。6月，积极开展无预通知防汛应急通信保障演练，多方着手，从巡检、监测、应急抢修等方面强力保障了整个汛期的通信网络安全和畅通。

2. 助推地方信息化建设。与六盘水市合医办联合启动“新农合”项目，在全市范围内建成开通198个业务点，极大地方便了广大农户看病难和跨区看病问题。完成农村信息化工程8个业务点建设和285个集团客户数据传输接入的调查摸底工作，开通63条集团专线、4个小区和2个酒店的WALN数据业务，开通钟山、水城、盘县VPN远程抄表专线服务的4000个客户端。

3. 积极倡导绿色发展。先后启动并完成了核心机房空调整改项目，开启开关电源休眠功能，安装空调节电器，蓄电池在线修复，智能通风系统整治，办公照明节能系统改造等项目，有效降低了单位能耗，实现绿色发展。

创新管理，促进企业健康发展 创新体制对原营销中心根据行政区划进行折分，组建水城分公司，将原营销中心更名为钟山分公司，使公司组织机构进一步细化、优化和规范化。

创新内容，深化思想建设。

创新形式，提升综合能力。开在全省班组建设评比中，六盘水移动公司营销中心钟山厅被评为“2010年度卓越班组”称号。

创新载体，健全预警机制。全年配合公安机关破获基站盗窃案件170余起，挽回经济损失203万多元。先后被授予“平安单位”和“五五普法依法治理模范单位”称号。

（封美术）

【《六盘水手机报》正式上线运营】 3月3日，六盘水移动与六盘水日报社、贵阳世纪恒通合作推出的第一份本土手机报——《六盘水手机报》正式上线运营，该手机报共分彩信版和文字版，包括《今日特别关注》、《地方新闻》、《本地要闻》、《社会聚焦》、《图说凉都》、《股票彩票信息》、《天气预报》等栏目。

（封美术）

【启动片区化工作】 9月30日，启动片区化工作，在原有18个片区的基础上，新增落别、板桥、两河、滥坝、顺场、黄土坡6个片区。

（封美术）

【全面推广“排号通”】 10月，与六盘水市工商银行合作推出的金融信息化精品工程“排号通”在工行市内营业网点全面推广。

（封美术）

【完成“新农合”专线网点建设】 11月，六盘水移动公司全面完成全市243个“新农合”专线网点的建设。

（封美术）

【水城分公司、钟山分公司成立】 12月30日，启动县级机构调整，成立水城分公司，市营销中心更名为钟山分公司。12月30日上午10时，水城分公司正式挂牌成立。

（封美术）

【欣欣花园基站的调测成功】 12月31日23时，随着六盘水欣欣花园基站的调测成功，贵州移动2010年TD基站全部开通。其中：六盘水移动共计新建TD基站142个，室内分布系统102个。

（封美术）

中国联通六盘水市分公司

【概述】 2010年，中国联通六盘水市分公司有员工290余人，设有12个部门、4个县级分公司。

全年完成通信服务收入1.2亿元，发展用户28万户。开工建设GSM2010年一、二期工程、WCDMA2009年预安排及2010年工程，新建GSM基站102个、WCDMA基站128个、室内分布站点33个、光缆线路715千米。

开展服务短板整改活动，加强VIP客户经理队伍建设，深入开展“零容忍”服务整改活动，对影响窗口服务的突出浅表性问题进行整治。

（王廷荣）

【省互联网协会六盘水代表处挂牌成立】 5月27日，省互联网协会六盘水市代表处在中国联通六盘水市分公司挂牌成立，分公司总经理邱万军任代表处第一届主任。省互联网协会是由贵州省从事互联网及相关产业以及关心和推动省互联网事业发展的企事业单位、个人和社会各界人士自愿结成的地方性、行业性、非赢利性的社会团体。

（王廷荣）

【抗旱保通信畅通】 2009年7月到2010年春，六盘水市发生特大旱灾，导致山林火灾频发，给中国联通六盘水市分公司野外基站设施带来严重损害。自旱灾发生以来，公司野外基站共发生山火32起，部分光缆线路及基站通信设施严重受损，直接经济损失33.8万元，其中：线路损失18.2万元，移动网络设施损失15.6万元。公司一方面严格值班制度，加强网络监控，及时发现网络故障告警，同时，备足备品备件，以备不时之需。另一方面，开展对核心机房、枢纽节点及重点基站的预防巡检工作，对火灾隐患及时进行整改，最大限度地预防和控制野外火灾给通信网络造成的破坏。在火灾造成网络故障发生后，立即组织维护人员赶赴基站进行抢修，第一时间恢复系统。共出动抢修车辆32车次，出动抢修人员98人次。

（王廷荣）

贸　　易

商务和粮食

【概述】　2010年，全市商务粮食经济取得新成绩。全社会消费品零售总额完成131.32亿元人民币，增长18.66%；进出口总额完成4.325亿美元，增长28.37%。其中：进口完成4.32亿美元，出口完成0.0054亿美元；新批外商投资项目2个，合同利用外资金额2980万美元，实际利用外资金额1841万美元，增长227.28%；社会各类粮食经营企业共购入粮食183428吨，共销售粮食148585，新增市级救济储备粮3000吨，县级储备粮6610吨，建立市县两级成品粮储备制度，市级储备500吨，县级储备600吨。家电汽车摩托车下乡、“万村千乡”、“双百市场”、“农超对接”、“放心肉”、“放心粮油”、农户科学储粮等各项惠民工程稳步实施，市粮油储备中心、市粮油质检中心、3000吨蔬菜高温保鲜库、3000吨猪肉低温储备库等重点项目建设有序推进，成品油、二手车、拍卖、典当、药品流通、再生资源利用等行业监管进一步加强，国有商贸流通企业改革脱困有新突破。

（黄照开）

【组建市商务和粮食局】　2010年2月26日，根据《中共六盘水市委六盘水市人民政府关于市人民政府机构改革的实施意见》组建市商务和粮食局，将市商务局、市粮食局职责和市招商引资局（市对外经济协作办公室）对外经济协作职责，整合划入市商务和粮食局，不再保留市商务局、市粮食局。

5月5日，正式设立六盘水市商务和粮食局，为市人民政府工作部门。原市商务局、市粮食局的职责整合，划入市商务和粮食局。同时增加进出口经营企业资格备案的职责；划入原市劳动和社会保障局境外就业职业介绍机构资格认定、审批和监督检查等职责；划入原市经济贸易委员会商务贸易和口岸管理的职责；划入原市经济贸易委员会整顿规范市场秩序、成品油及散装水泥流通、商务举报投诉、典当等商务贸易管理的职责；划入原市招商引资局（市对外经济协作办公室）对外经济协作的职责；加强对粮食（含食用油）战略性问题的研究，进一步深化粮食流通体制改革，完善粮食储备体系，健全粮食监测预警体系和应急机制，加强对粮食购销和地方储备粮管理的指导协调，提高市级粮食供应的保障能力。

（黄照开）

【内贸流通情况】　全市社会消费品零售总额完成131.32亿元，增长18.66%，高于年初目标2.66个百分点，增幅居全省第三。以家电、汽车摩托车下乡和家电、汽车以旧换新4大惠民政策为突破口，着力激发城乡消费潜能，全年累计销售家电下乡产品9.2万台，实现销售额1.7亿元，分别增长120%和203%，家电下乡获全省二等奖。

（黄照开）

【对外贸易情况】 全年进出口总额完成4.325亿元（企业数），增长28.37%。其中：进口4.32亿美元，增长28.30%；出口0.0054亿美元，增长260%。

注重外贸主体培育，新增进出口企业10家。加强出口产品基地，新建干姜、苦荞等农产品出口基地2个，补助资金30万元，为培育新的出口增长点发挥了重要作用。加大出口企业宣传、市场考察等工作，安排中小企业国际市场资金和西部外贸发展资金项目54个，支持资金283万元。组织六盘水市参加2010年上海世博会贵州馆六盘水活动周的各项工作，圆满完成任务。

（黄照开）

【利用外资情况】 全年新批外商投资项目2个，增资项目1个，主要投资现代农业、煤炭洗选、物流等行业。合同利用外资金额为2980万美元，增长41.9%；实际利用外资金额为1841万美元，增长227.28%。积极协助抓好面向央企招商引资工作，签约资金117亿元。积极组织企业参加厦洽会、西博会、中博会，推介六盘水市一批招商引资项目，签订意向性合作项目1个，合同金额1863万美元，协议项目2个，签约金额为2.04亿元。

（黄照开）

【便民化流通体系建设】 鼓励大型商贸流通企业参与“万村千乡”市场建设，着力提升农家店统一配送率和存活率，全年新增农资和日用消费品连锁农家店300个，消费品配送中心1个，下乡产品配送中心3个；社区“双进”工程进一步深入。钟山区广场社区获国家级商业示范社区。家政服务体系建设进一步完善，确立家政培训机构5家，培训家政服务人员600名。

（黄照开）

【积极探索农产品流通模式】 积极组织“农超对接”、产销对接活动，在市中心区蔬菜批发市场专设本地蔬菜销售区。六枝特区好万家超市“农超对接”项目顺利实施；引导2家农产品批发市场和5家农贸市场实施升级改造，总投资2500万元；完成8家社区菜市场标准化改造；积极争取国家支持六盘水市3000吨蔬菜高温保鲜库和3000吨猪肉低温储备库等项目，总投资1.2亿元，已到位国家支持资金400万元，市级财政资金2000万元；市中心区机械化屠宰厂被商务部确定为“放心肉”服务体系项目，钟山区恒麟牛羊屠宰场纳入省级“放心肉”标准化改造项目。

（黄照开）

【全力保障市场平稳运行】 市场信息服务体系建设成效明显，样本监测企业优化调整后增加到36个，投资16万元配备监测设施；市场应急调控能力显著增强，率先在全省地级城市实施猪肉储备，储备冷冻肉100吨、储备生猪活体600头；积极应对特大干旱、雪凝灾害和价格上涨，共组织猪肉45.21万公斤、蔬菜454万公斤平价供应市场；做好应急成品油保障工作，特别是保证油荒期间的柴油供应，全年销售成品油27.85万吨，增长17%，中石化六盘水市分公司成为全省标杆企业；加强对二手车、拍卖、典当等行业管理，全年二手车交易量达4017辆，增长22.6%，拍卖成交额9325.9万元，增长53.5%；积极推进“放心肉”、“放心酒”示范工程，先后开展流通领域食品安全、生猪屠宰专项整治、酒类流通专项整治、家电下乡产品专项整治和商务领域信用建设等专项活动。

（黄照开）

【粮食流通情况】 全市社会各类粮食经营

企业共购入粮食183428吨，增长26.8%，共销售粮食148585吨，增长9.12%，弥补了市内粮食缺口，保障了市场供应和粮食安全。

（黄照开）

【粮油储备体系建设】 面对2010年百年不遇的旱灾考验，进一步完善地方粮食储备制度。新增市级救济储备粮3000吨、县级储备粮6610吨；市县建立成品粮储备制度，市级储备500吨、县级600吨；制定粮食应急预案和工作方案，全年确定粮油应急供应网点和加工店103个，旱灾和冰灾期间共发放救灾救济粮2292吨，供应平价粮食1015吨，菜油60吨。

（黄照开）

【粮食流通基础设施建设】 新建或改建“放心粮油工程”27个，争取配套资金56万元；全面启动农户科学储粮专项工程建设，为农户配送新型储粮设备3000个，争取上级补助资金85.9万元；申报粮食现代物流项目9个；加快发展粮食产业化经营，完成订单种植计划4万亩。

（黄照开）

【开展粮油安全大普查】 全市参加春夏两季普查人员累计达423人次，普查仓库总容量338945吨，查储粮累计总数142245吨。

（黄照开）

供　销

【概述】 六盘水市供销社是市人民政府领导下的参照公务管理事业单位，对六枝特区、盘县、水城县、钟山区4个县级供销社行使指导、协调、监督、服务职能。2010年，市供销社机关科室由8个调整为6个，中层领导职数由10个缩减为7个。市供销社机关内设办公室、人事教育科、合作指导科、经济发展科、资产管理科、财务科，行政编制27人。

全年全系统有社属企业29个，其中：市属企业11个，县属企业18个；基层社41个，其中：六枝特区10个，盘县17个，水城县10个，钟山区4个，村级综合服务站（点）806个，覆盖全市78%的行政村。农产品市场9个，其中：农贸市场8个，农产品批发市场1个，农产品市场总面积29400平方米、门面230个、摊位1675个，年市场交易额近14650万元。全系统在册职工2090人，离退休职工1549人。

全年全系统资产总额35110万元，同比增长8.61%；流动资产27058万元，同比增长4.19%；固定资产净额为4795万元，同比增长17.27%；资产负债率82.35%，较2009年减少了1.23个百分点，所有者权益6198万元，同比增长16.81%。

（郭　丽　王　俭）

【目标任务完成情况】 全年全市供销系统完成利润总额229万元，实现所有者权益6198万元，同比增长16.81%；税费总额585万元，同比增长164.71%；商品购进总额32889万元，同比增长20.08%；商品销售总额38969万元，同比增长33.54%；消费资料零售10426万元，同比增长13.91%；商品交易（批发）市场交易额18466万元，同比增长16.62%；资产经营总额686万元，同比增长18.69%；实现总营业额5.74亿元，同比增长23%。累计销售化肥10.54万吨，同比下降5.49%。超额完成市人民政府下达的化肥淡季储备3.5万吨任务，实际完成淡储4.13万吨。农资连锁经营得到进一步的巩固，基层网点设施的改造、村级综合服务站（农家店）建设、专业合作经济组织建设有新突破，各项工作得到进一步的夯实。获贵州省供销合作社联合社颁发的“2010年度全省供销社目标考核一等奖”、在六盘水市目标管理考核中获97.87分。

（郭　丽　王　俭）

【"新网工程"建设】 新农村现代流通服务网络工程（简称：新网工程）是国务院于2006年6月同意全国供销合作总社实施的一项为农服务的重要工作，按照"新网工程"的发展战略，结合市供销系统实际，全系统从"大市场"上下功夫，打造农产品市场购销网络、农资现代经营服务网络、烟花爆竹经营服务网络。建立起以配送中心为龙头（盘县农资配送中心、水城县土产公司农资配送中心、市农资公司农资配送中心和盘县联销公司日用品配送中心4个区域性配送中心），以基层社为中介，以村级综合服务社（农家店）为基础的新农村现代流通服务网络。2010年，全市供销社系统完成4个村级综合服务社的改造提升和挂牌工作，巩固和建成村级综合服务站（农家店）806个，覆盖全市78%的行政村。

（郭　丽　王　俭）

【改造基层社和直属企业】 用改革创新的思路寻求发展之路是基层社探索前进的新举措。一是全市供销社系统建成农副产品市场9个，市场总面积29400平方米、门面230个、摊位1675个，年销售额近14650万元。主要经营品种有水果、蔬菜、畜禽产品等农产品和日用消费品。二是对六盘水市果品冷冻厂果品蔬菜批发市场和盘县乐民农产品交易市场实施升级改造工作。三是重视基地建设工作，继续巩固六枝特区郎岱供销社、盘县忠义供销社2个农产品基地，带动2080余户农民种植小麦、糯稻、薏仁米，基地面积达8000余亩。

（郭　丽　王　俭）

【农业生产资料供应社会效益突出】 各级供销社全力以赴做好抗旱保春耕工作。发挥全市供销社系统500多个农资村级综合服务站（农家店）的作用，加大对各级供销社化肥经营、储备的检查和调度，督促各级农资经营企业做好化肥等农业生产资料的储备和供应。各农资配送中心通过增加工作人员、配送车辆，加大配送能力及时把优质的化肥、农膜等农资及时调运到急需使用的农业生产大户和农民手中。全年全市供销社系统累计购进化肥9.09万吨，同比下降10.29%。其中：尿素4.6万吨，同比下降19.52%；碳酸氢铵1.65万吨，同比下降14.82%；磷肥1.13万吨，同比增长23.43%；复合肥1.69万吨，同比增长18.38%。销售化肥10.54万吨、农膜375吨、农药13吨。

（郭　丽　王　俭）

【以项目兴社促发展】 全年全市供销社获得项目资金和各级政府化肥淡储贴息574.1万元，其中：系统外项目资金228.1万元，系统内项目资金128万元，各级政府化肥淡储贴息218万元。

（郭　丽　王　俭）

【维护企业职工稳定】 全供销系统企业在册职工1996人，其中：在岗职工仅有653人，占在册人数的33%，有67%的职工没有岗位，就业难度大，有的每月只能领200～300元的生活费，生活和医疗无法保障。市直企业在册职工中，困难职工151人，其中：因重大疾病或家庭变故造成极度贫困29人，因双下岗或单亲造成特别困难52人。市供销社采取各种方法，做好职工稳定工作。一是抓社有资产的有效管理增加收益发放基本生活费。二是根据"退一补一"的政策，协调解决职工退休养老保险金的缴纳和退休人员的医疗保险问题。三是帮助协调解决困难企业职工关心关注的热点、难点问题。四是抓项目促发展，通过发展维护职工队伍的稳定大局。全年市供销社从财政借到"退一补一"养老金64636.8元，医疗保险金168266.3元；2009至2010年，总共借到养老金1124032.55元，医疗保险金168266.3元。

（郭　丽　王　俭）

【市果品冷冻厂冷库维修改造】 2009年3月24日，市政府第28次市长办公会议确定，将市果品冷冻厂改造为全市重点农产品专业批发市场。2010年12月1日，六盘水市果品冷冻厂1500吨冷库技术改造工程正式启动技术改造工作，该工程总建筑面积 3296 平方米，总造价 5151451.32 元。

（郭 丽 王 俭）

烟草专卖

【概述】 2010 年，市烟草专卖局（贵州省烟草公司六盘水市公司），下辖六枝特区、盘县、水城县烟草专卖局（分公司）、钟山区烟草专卖局；全市设 13 个业务科（室）、1 个营销中心、1 个现代卷烟物流配送中心；共有从业人员 1056 人。为企业困难职工捐款 119560 元，抗震救灾捐款 69891 元。

（唐 琴）

【专卖管理】 全面加强内部管理监督，始终保持打假高压态势，全年查办案件 1083 起，涉案资金额 227 万元，查获卷烟 521.3 万支，烟叶 429 担；查办假烟网络案件 2 个，抓捕犯罪嫌疑人 8 人，判刑 6 人。全市 183 人（次）通过参加 2 次专卖管理员技能鉴定，110 人合格，合格率 60.1%。全面梳理专卖管理各项制度，制定和修改专卖管理文件 20 个。

（唐 琴）

【烟叶产销】 面对百年不遇的旱情，全力开展抗旱救灾保生产。全市提灌水 19221 吨，投入人力 23021 人（次）、出动车辆 1447 车（次）、运水 10276 吨，投入抗旱资金 211.7 万元。全市 30 个种烟乡（镇）、142 个种烟村、6268 个生产主体，种植烤烟 104837 亩，收购烟叶 30.073 万担（1.5 万吨），烟农总收入 20941.41 万元，实现烟叶税收 4408.63 万元。收购总量自 1998 年以来首次突破 30 万担、烟农总收入首次突破 2 亿元。

（唐 琴）

【烟叶生产基础设施建设】 完成 2010 年度 8 个烟水配套工程项目批复，灌溉面积 2 万亩，有 5 个工程在 12 月底前完工；完成 124 座大型密集烤房建设和 46 千米机耕路的设计工作；完成 159 台（套）农机具配置（总功率 1049.4 千瓦）；完成 34560 平方米育苗大棚建设，覆盖面积 1.84 万亩，共投入资金 3827.5 万元。盘县保田基地建设育苗工场 3 个，3.2 万平方米，供苗面积 1.7 万亩；注册盘县荣华烤烟综合服务专业合作社，组建机耕专业队 2 支，开展服务 4052 亩；植保、烘烤、分级各组建 1 支专业队。基地内共落实种烟主体 392 个，户均面积 50.64 亩；成立并注册 6 个专业生产合作社，种植面积 1849 亩。

（唐 琴）

【卷烟营销】 以“卷烟上水平”为目标，按照国家局提出的“532”和“461”品牌发展规划，积极构建“调控有力、服务到位、流程优化、运转顺畅”的卷烟营销体系，加快营销网络体系和电子商务网络体系建设；充分发挥“六盘水烟草在线”网络平台的作用，准确、全面反映“两烟”生产经营情况、企业改革与发展现状。全市开展“自助通”订货客户 5013 户，占零售客户的 42.50%，其中自助结算客户 2081 户，占电子结算户的 19.03%。在全市开展“精益配送”线路 78 条，共辐射服务零售客户 6850 户，户均约定到货时间与实际到货时间相差基本保持在 10 分钟以内。全年销售卷烟 100395 箱，比上年增加 5107.4 箱，增幅 5.36%。

（唐 琴）

【支援对口帮扶点】 全年支援对口帮扶点（盘县四格乡）修建公路、学生宿舍、村容村貌与核桃基地建设、节前慰问等共投入 82 万元；“送温暖、献爱心”活动捐赠 55210 元；对水塘村五保户、孤儿、孤寡老人、特困户捐赠食用油、大米及衣物价值 5000 元。帮助发展党员 2 名、培养入党积极分子 5 名、培养村级后备干部 3 名，帮扶贫困党员 9 名、困难户 125 户，帮助培训村干部、党员和群众 600 余人（次）。

（唐 琴）

石 油

中国石油股份有限公司贵州六盘水石油分公司

【概述】 2010年，六盘水石油分公司全年资产总额1.04亿元，登记在册员工共计184人。

全年油品销量4.09万吨，同比增长0.29万吨，增幅7.5%；价格到位率100%；销售收入2.74亿元，同比增长23%；平均单站日销量9.05吨，同比增长1.64吨，增幅22%，市场份额为12%，同比提高1%。发行IC卡1.2万张，充值2419.18万元，完成公司任务4000张的300%；实现非油销售收入83.73万元，同比增加78.23万元。全年在营加油站16座，新开发加油站8座，投用加油站2座，上报15座，政府规划自建站点5座。全年安全生产责任事故为零。

零售业务　采取“点对点”、“一站一策”等促销策略，提高加油站纯枪量。开展小额配送业务，拓展小额配送市场，抢占电厂、水泥厂、煤矿、工地用油市场。开展“促发展、上规模、增效益”劳动竞赛活动。推广加油IC卡，对各发卡点进行设备配置并对相关人员进行培训，宣传IC卡，提高单卡充值金额，增加沉淀资金。全面拓展非油业务。开辟商品上岛销售新途径，新增燃油清洁剂、润滑油、香烟等销售业务。

（黄云尚）

【安全生产】 将安全生产指标纳入业绩考核指标，把安全目标和责任分解到各加油站，严格考核兑现。全年查出安全隐患117条，自行整改102条。对分公司级别不能整改的隐患制定出防范措施，落实监护人，并向上级主管部门报告。

（黄云尚）

【企业改革与管理】 提升加油站现场服务水平和各项基础管理工作。按照2008版《加油站管理规范》的要求，对加油站基础管理的各个环节狠抓落实，加强考核。进行“加油十三步曲”、“收银六步曲”等服务标准规范的培训，每季度由加管部、财务部和安全部联合组织对加油站进行综合检查。

在六盘水市开展的“双创双建”活动中，鑫源、南城、新生3个加油站卫生间按“双创双建”标准改造。

2010年的重大旱灾，海子站、纸厂站为当地群众免费供水。

（黄云尚）

中国石油化工股份有限公司贵州六盘水石油分公司

【概述】 六盘水石油分公司是中国石油化工股份有限公司贵州石油分公司的下属地市分公司，主要从事汽油、柴油、煤油、润滑油（脂）及非油品业务经营，承担六盘水辖区、毕节地区威宁、纳雍、赫章及周边地区的油料供应、便民服务。2010年4月1日，中国石化贵州石油分公司再次按照地方行政区域进行机构调整，实行属地管理，调整后，辖钟山、水城、盘县及六枝4个县区公司72座在营加油站。拥有在营油库3座（即滥坝油库、盘县油库、机务段油库），库容4.88万立方米。现有员工655人，在全年生产经营管理中无上报等级事故。

全年成品油销售36.48万吨，同比增长16.08%，其中：零售完成25.83万吨，同比增长17.23%；直销完成10.65万吨，同比增长13.39%。非油品业务累计实现营业额1487.86万元，完成年度计划的159.98%。

全年成品油总量、零售量、非油品的增长率、完成率与直销绝对量全省系统排名第一位。在绩效考核、三基工作方面获得销售系统先进，被省公司评选出市场占有率、商品安全管理、企业文化传播等5个先进集体和17个先进个人，被评为全省2010年度标杆企业称号，同时还被评为全国石化销售企业先进地市公司和“四好”班子，获中国石化集团公司“三基”工作先进基层单位称号。

（陈　实）

【企业文化主题活动】　在抓好加油站“五小”建设、落实员工十项优惠政策的基础上，利用每月办公会、经营分析会人员比较集中的机会，安排一次文体活动。举办“我心中的朝阳”演讲比赛。围绕“做精做强贵州”开展读一本书活动。开展以“健身、健康、和谐、团队”主题的篮球体育竞技活动，在全省竞技中获第一。举办文艺汇演，在省公司“做精做强贵州成就企业辉煌”主题文艺汇演中获得优秀奖。

加快人力资源的开发和管理，配套和完善人才管理机制。面向社会自行组织5次公开招聘，录用上岗94人。继续实施好青年成才项目工作。针对不同对象设定不同核心课程并编制企业文化教材进行培训，开展培训10个班次，培训315人，实现全区加油站站长的“回炉培训”，组织在站培训7期，片区培训人数280人，一线员工培训率100%。

完善制度建设，出台、修订完善各项考核、经营管理制度办法，理顺和建立健全规范的管理制度，并印制成《制度汇编》。自办期刊《石油动态》。

（陈　实）

【零售行业】　针对大型货车辆夜间出行率高的特点，整合加油站现有人力资源，对中心城区、国省道、进出城要道加油站实行两班倒、24小时营业的排班制度，提升夜间销量；明确并执行站长、计量员、加油员工作基准线，加强各个岗位人员标准、规范的履职能力和执行力；以“零售打翻身仗”为抓手，聘请内退ME作为分公司“神秘顾客”，把“加油现场、营业间办公室、厕所、便利店和员工开口率”五个项目作为整治重点进行检查，同时对全省排名靠后的30位加油站站长进行“回炉提高熔炼”，员工开口率60%以上，神秘顾客检查指标排名向上。

多渠道应对资源紧张期间的销售工作。11月以来，通过设定绿色通道站、IC卡快捷通道岛、汽油站、柴油保供站和灌桶站的方式在有效缓解车辆排队拥挤现象的同时保障量效。

（陈　实）

【加强集团化运作，实现优势互补】　加强对区域内水钢、水矿、电厂等国有大型企业的纵深合作，通过组织乒乓球、羽毛球比赛和联欢会等多种形式的交流，建立“朋友式”的情感营销模式，对水钢就实现润油销售800多吨。加强对水钢、水矿等企业IC卡的宣传，全面推行石化IC卡服务；连续两年与六盘水移动公司合作，开展“手机交话费送油卡、充值卡”活动。

（陈　实）

【加强企业基础管理】　开展岗位技能培训和安全知识竞赛，与地方安监部门联合完成安全管理人员培训共计116人次，并取得合格证。组织库站员工400余人次参加学习标准化操作。组织对加油站站长及计量人员的计质量培训工作。组织安全知识的学习和竞赛活动。

强化HSE建设，健全组织机构，把HSE工作延伸到每个加油站、油库的具体岗位。

（陈　实）

【加强油品数质量管理】　加强对油品质量的监察力度，各类质量检测800余次，加大对油库入库油品及加油站罐装油品的抽样检查。严格按照体积交接办法的规定，推行卸油12步法。打击8次油罐车盗油事件，涉及油料处罚金额4.85万元，对承运公司累计处罚15万元，损耗排名全省第一。

（陈　实）

教 育

综 述

【教育发展基本情况】 2010年，全市各级各类学校（不含技工学校，下同）1306所，比上年减少了9所；教学点157个，比上年减少了21个；在校生697858人，比上年减少了12230人。其中：幼儿园165所，比上年增加了12所，3~6岁在园（班）幼儿51641人，比上年增加了2530人；小学901所，比上年减少了19所，小学教学点157个，比上年减少21个，小学在校生355085人，比上年减少27319人；初中186所（其中九年制学校65所），比上年减少了1所（其中九年一贯制学校减少1所），在校生194806人，比上年增加了9578人；高完中31所，其中：完全中学21所，高级中学10所，比上年减少了1所，在校生51292人，比上年增加了3487人；中等职业学校16所，在校生33338人（含师专、职院、电大中专部学生）；大专院校3所，在校生10413人，比上年增加了3972人；特殊教育学校3所，在校学生1097人，比上年增加了299人；工读学校1所，在校学生186人，比上年减少了24人。

全市3～6岁幼儿入园（班）率44.8%，比上年提高了16.17个百分点；小学适龄儿童入学率99.70%，与上年持平；初中阶段毛入学率102.54%，比上年降低了2.09个百分点；高中阶段毛入学率47.74%，比上年提高了0.15个百分点；小学在校生辍学率0.52%，与上年持平，初中在校生辍学率1.4%，比上年降低了0.94个百分点。

全市各级各类学校教职工30572人，比上年增加了34人，专任教师27470人，比上年减少了947人，代课教师565人，比上年减少了81人。其中：幼儿教育专任教师1132人，比上年增加121人；代课教师17人，比上年增加了6人；小学专任教师14430人，比上年减少了1279人，代课教师489人，比上年减少了94人；初中专任教师8294人，比上年减少了173人，代课教师53人，比上年增加了1人；高中专任教师2382人，比上年增加了338人；大专学校专任教师531人，比上年增加了7人。

全市小学专任教师学历合格率97.74%，比上年提高了0.43个百分点；初中专任教师学历合格率98.50%，比上年提高了0.87个百分点；普通高中专任教师学历合格率93.91%，比上年提高了1.93个百分点。

各级各类学校校舍3421699方米，比上年增加了137360平方米。其中：幼儿园校舍135219平方米，比上年增加了25444平方米；小学校舍1426679平方米，比上年增加了2281平方米；初中校舍846499平方米，比上年增加了37667平方米；普通高中校舍607870平方米，比上年增加了19488平方米；中等职业学校校舍130661平方米，比上年增加了7590平方米；大专院校校舍266352平方米，比上年减少了59452平方米；特殊教育学校校舍8419平方米，与上年持平。

中小学在校贫困学生159585人。其中：小学在校贫困学生82241人，初中在校贫困学生67912人，普通高中在校贫困学生6790人，职业中学在校贫困学生2642人。

2010年，全市共完成扫盲巩固提高人数达14518人，超省下达任务数4518人。完成农村实用技术培训171138人（次）。

（李德文）

【学生资助情况】 2010年，六盘水市发放“深圳——贵州助学金”26万元，资助普通高中一、二年级贫困学生260人。发放普通高中困难学生国家助学金354.3万元，资助普通高中困难学生4724人。发放技工学校学生国家助学金197.18万元，资助技工学校困难学生2855人。发放中等职业学校学生国家助学金947.76万元，资助中等职业学校困难学生12944人。发放高等学校国家助学金371.43万元，资助六盘水师范学院和六盘水职业技术学院困难学生5337人。全年，免除5722名中等职业学校学生学费452.982万元，为8091名大专院校学生发放生源地信用助学贷款4211.08万元。

3月17日，香港慈恩基金会义工黎月英、刘材君到市八中，给市八中、市四中等7所学校的256名优秀贫困学生发放了106200元资助金；给水城县发箐小学、钟山区汪家寨双龙小学等5所学校发放了27000元的卫生健康活动费。

5月10日，中国扶贫基金会组织中国人寿贵州分公司及支付宝网友捐款，支持贵州旱灾严重地区的贫困学生就学，水城县500名中小学学生获得9万元资助。

10月25日，中央财政从彩票公益金中安排专项资金，用于资助中西部县镇和农村公办普通高中家庭经济特别困难学生完成学业。六盘水市的1309名普通高中学生获得130.9万元资助。

11月1日，市实验二中举行香港小平教育基金助学金发放仪式，香港小平教育基金贵州省办事处主任王吉勇给受资助的50名学生发放了5万元助学金。市实验二中小平助学金项目受资助的50名学生持续三年享受资助，直至该批学生高中毕业为止，每名学生每年可获得1000元小平助学金，学校按照一比一匹配资金，每名学生一年可获得2000元资助，三年共计6000元。

11月9日，市妇联儿童部向市实验一中、市四中学发放中国石化春蕾高中生助学金10万元，资助100名品学兼优、家庭贫困的在读女高中生完成高中1～2年级学业。

12月25日，省教育厅组织专家评审会，对各高等学校初评、公示、上报的2010年度国家励志奖学金学生进行评审，六盘水师范学院和六盘水职业技术学院的208名学生获得评审通过。每人获励志奖金5000元。

2010年春季，为501636名中小学生免费提供价值2504.06万元的教科书。2010年秋季，为489581名中小学生免费提供价值为2470.51万元教科书。春秋两季，为特殊教育学校348名残疾学生免费提供价值为3.13万元教科书；免费发放价值为124.58万元地方课程教科书393401册；免费发放价值为116.07万元的民族团结教材194842册。

（李德文）

【全市教育工作会议召开】 12月23日，市委、市政府在市机关会议中心召开全市教育工作会议，贯彻落实全国、全省教育工作会议精神和国家、省的《中长期教育改革和发展规划纲要（2010～2020年）》精神，部署实施《六盘水市中长期教育改革和发展规划纲要（2010～2020年）》，谋划六盘水市未来十年教育发展蓝图。

（李德文）

【教育系统文明单位和精神文明建设先进单位】 3月8日，市委、市政府表彰2007～2009年度文明单位、精神文明建设工作先进单位、文明村镇、创建文明村镇工作先进村镇。六盘水师范学院、六盘水市第一中学、六盘水市第三中学、六盘水市实验小学、六盘水市第二实验小学、六枝特区第二小学、盘县第二中学、水城矿业（集团）公司技工学校获文明单位称号；六枝特区第二中学、六枝特区第三中学、六枝特区第四中学、六枝特区大用镇第一小学、盘县教育局、盘县金港幼儿园、水城县教育局、水城县猴场乡猴场中学、水城县杨梅乡杉林希望小学、钟山区实验小学获精神文明建设工作先进单位称号。

（李德文）

【教育系统市劳模和市先进工作者】 4月22日，市委、市政府表彰六盘水市劳动模范和先进工作者。盘县红果服装学校校长严丰奇获六盘水市劳动模范称号；六枝特区梭戛乡中学教师张连凤（女）、盘县教师进修学校办公室主任包继华、水城县木果乡蒿枝学校校长黄佑富、六盘水市第五中学教研组组长张一雷（女）、六盘水市委党校教师谢俊、六盘水师范学院副校长彭望书（女）、盘县第二小学校长麻安举、六盘水市第十二中学教务处主任周守均、六盘水职业技术学院副教授王三宁、六枝特区第二小学教师付敏（女）、六盘水市第一实验中学党委副书记兼纪委书记杜虹洁（女）、水城县滥坝镇中心学校校长赵猛、六盘水市第三实验幼儿园园长何云莲（女）获六盘水市先进工作者称号。

（李德文）

【六盘水市教育学会音乐教学专业委员会成立】 3月24日，六盘水市教育学会音乐教学专业委员会第一次代表大会在市八中召开，选举产生了第一届理事会，理事会选举产生了理事长、副理事长、秘书长、副秘书长。选举结果：理事长：李跃；副理事长：王星治、张瑛（女）、吴娅（女）、余俊、张驰（女）、张德姮（女）、龙盘华（女）、支红（女）、何开莉（女）；秘书长：黄舫（女）；副秘书长：张兴惠（女）、张琳清（女）、邓欢（女）、杜蕾（女）、田建红；理事：黄真峰（女）、褚小明、许蓉（女）、聂萍（女）、洪冬、张光舰、李常荣（女）、张丽（女）、黄承信（女）、黄贵、尚永林、马庆红、杜傲蕾（女）、谢明茨（女）。

（李德文）

基础教育

【第八批贵州省“绿色学校”】 8月20日，省环境保护厅和省教育厅联合行文公布第八批贵州省“绿色学校”，盘县盘江镇中心小学、盘县响水镇中心小学、六枝特区岩脚镇第一中学、钟山区实验幼儿园、盘县乐民镇第二中学榜上有名。

（李德文）

【六盘水市第九批绿色学校】 11月16日，六盘水市环境保护局和六盘水市教育局命名盘县华厦中学、盘县保基乡中心小学、盘县平关镇中学、盘县盘江镇第二小学、盘县盘江镇中学、盘县西冲镇中心小学、盘县西冲镇中学、盘县洒基镇迤民小学、盘县板桥镇板桥小学、盘县响水镇汤章小学、盘县保基乡中学、盘县石桥镇中学、钟山区荷城办事处中心学校、六枝特区实验小学为第九市级绿色学校。

（李德文）

【普通高中“省级优秀学生”】 1月20日，省教育厅公布了经过严格审查和评议，并在网上公示后的2010年度全省普通高中“省级优秀学生”名单，六盘水市第三中学学生李奥林和盘县第二中学学生黄维永榜上有名。

（李德文）

【六盘水市兴华中学成立】 12月2日，市教育局同意杨淋在钟山区老城和平路122号开办“六盘水市兴华中学”，明确该校为民办普通中学，归属钟山区教育局管理。

（李德文）

【六盘水市第十三届中学生田径运动会】 5月11日至13日，六盘水市第十三届中学生田径运动会在市体育场举行。钟山区代表队以316分获团体总分第一名，市三中代表队以212分获团体总分第二名，盘县代表队以207分获团体总分第三名，水城县代表队以172分获团体总分第四名，市二中代表队以143分获团体总分第五名，市实验二中代表队以122分获团体总分第六名。市一中代表队、市民中代表队获优秀组织奖，市六中代表队、六枝特区代表队、市十一中代表队获体育道德风尚奖。

（李德文）

【三民办学校获省表彰】 12月1日，省教育厅对经过认真评审的办学特色突出、教学质量好、社会公认度比较高的民办学校进行表彰，六盘水市钟山区新世纪荷城小学、六盘水市天羿幼儿园、钟山区幼儿园获省“2010年度先进民办学校”奖牌和改善办学条件补助专项经费。

（李德文）

【钟山区一批中小学更名】 8月，经钟山区机构编制编委员会研究，钟山区人民政府常务会议研究同意，钟山区35所中小学更名：水矿实验小学更名为钟山区第三实验小学，钟山区川心小学更名为钟山区第四小学，钟山区黄办中心校更名为钟山区第五小学，钟山区黄办丫口小学更名为钟山区第六小学，钟山区荷办中心校更名为钟山区第七小学，钟山区荷办场坝小学更名为钟山区第八小学，钟山区荷办教场小学更名为钟山区第九小学，水钢第二小学更名为钟山区第十小学，水钢第四小学更名为钟山区第十一小学，水钢第一小学更名为钟山区第十二小学，水钢第三小学更名为钟山区第十三小学，水钢第六小学更名为钟山区第十四小学，钟山区凤办中心校更名为钟山区第十五小学，钟山区凤办松坪小学更名为钟山区第十六小学，钟山区凤办双龙小学更名为钟山区第十七小学，钟山区凤办石桥小学更名为钟山区第十八小学，钟山区凤办石龙小学更名为钟山区第十九小学，钟山区职中附属小学（窑上小学）更名为钟山区第二十小学，钟山区德坞办第二小学更名为钟山区第二十一小学，水矿汪家寨小学更名为钟山区汪家寨镇西山小学，水矿那罗学校（小学部）更名为钟山区汪家寨镇那罗小学，水矿那罗学校（初中部）更名为钟山区汪家寨镇那罗中学，水矿汪中更名为钟山区汪家寨镇西山学校，水矿老鹰山矿小学更名为钟山区老鹰山镇老鹰山小学，老鹰山镇小河学校更名为钟山区老鹰山镇小河小学，水矿老鹰山镇小河学校更名为钟山区老鹰山镇中坡小学，水钢白云石子校更名为钟山区老鹰山镇白云石小学，水钢金河子校更名为钟山区老鹰山镇金河中学，水矿老鹰山中学更名为钟山区老鹰山镇老鹰山中学，水钢观矿子校更名为钟山区老鹰山镇观音山学校，水矿大湾学校更名为钟山区大湾镇幸福学校，水矿木冲沟学校更名为钟山区大湾镇木冲沟中学，水矿大河学校更名为钟山区大河镇裕民学校，钟山区杉树林学校更名为钟山区老鹰山杉树林小学，钟山区汪家寨镇纳福学校更名为钟山区汪家寨镇纳福小学。

（李德文）

市一中

【概况】 2010年8月，全校有78个教学班，其中双水校区36个班，在校生5800人。其中：初一年级8个班，初二年级9个班，初三年级7个班，高一年级19个班，高二年级17个班，高三年级18个班。教职工258人。

学校设有办公室、教研处、现教科、人事科、计财科、政教处、总务处、教务处、保卫科，除老校区外，8月起增加双水校区建设的日常事务。

双水校区计算机教室、实验室全部正式投入使用；社会化的后勤服务基本完成；图书科技楼、行政办公楼、校门桥开始施工。着手改造老校区的规划工作。

2010年六盘水市教育局对全市普通高中的教育教学质量评估的工作中，市一中完成了市教育局下达的“教学质量监测指数”的356%；在普通高中“学校管理质量”项目检查评比中，市一中获得901分，获优秀等次，获得2010年六盘水市普通高中的教育教学质量评估奖金65700元，获奖金额列市直属中学第一。

学校获得“诗教先进学校”、“法治示范校”、“法治先进单位”等荣誉称号；《流星雨文学生活报》在全国评选活动中获得“优秀校刊校报”一等奖，“创新写作”和“主体阅读”课题获国家级一等奖。

（杨系祥）

市二中

【概述】 2010年，六盘水市第二中学学校占地面积300余亩。新教学楼投入使用增加36个教室。运动场竣工使暂停近10年的田径运动会得以重新启动。

按照市机编发〔2010〕61号文件精神，我校事业编制增加66名，达到224名。全校有在编在岗教职工151人，空编73人，非在编教师34人。有6名教师晋升到中教一级；有高级职称教师36名，中级职称教师36人，占专业技术人员的50%以上。其中：研究生2人，国家级优秀教师2人，全国模范教师1人，省级骨干教师5人。发展党员6名（其中2名学生党员），党总支部共有65名党员。

10月，建立“中继教”成果陈列室，对在2006～2010年“中继教”过程中取得的成绩和成果进行展示，完善教师个人业务档案。顺利通过省市的“中继教”验收工作。

学校实行封闭式管理，95%以上为住校生。坚持班主任跟班辅导制度、早操制度、班主任“三到”制度，学校领导24小时值班制度等优良传统，使教育教学质量持续、稳定、发展、提高。

9月，招收高一年级新生1425人，超额完成市教育局下达的招生计划。共有65个高中教学班，学生人数达到4400余人。

2010年高考报考人数1297人，高考录取本科以上730人，其中：一本266人，二本464人，录取率为56.3%。各科及格率、平均分都超过省市。

积极响应市委市政府和市教育局的号召，教职工生共为“抗旱救灾”捐款16820元人民币；为青海玉树地震灾区“抗震救灾”捐款25000元人民币。

学校2010年获中国地理学会“全国地理教学先进集体”、六盘水市教育局“诗教先进学校”、六盘水市“‘五五’普法依法治理工作先进单位”称号。教师发表论文24余人次。学生参赛有82余人获全国物理、化学、生物大赛贵州省和六盘水市赛区一、二、三等奖。

（韦忠宁）

【加强队伍建设】 先后派出8名骨干班主任和新任教师到重庆三立学校参加培训，70人次到贵阳和市委党校参加新课程培训，75人次参加新课程远程网络培训，15人次参加教研组长培训；派出2名中层干部到市委党校学习；派出2009年招考的5名教师到市委党校参加初任培训，10名2010年参加职称评审的教师参加综合知识培训；对专业技术人员进行创新知识培训并参加考试，对全校教职工进行政治理论学习培训，并参加上级部门组织的各种考试测试。

2月，召开校七届一次教代会，选举新一届

工会委员13人和工会主席和副主席，制定、修改并通过一系列事关学校改革与发展的12个规章制度和规定。4月，兑现岗位工资，完成自2009年9月开始的岗位设置工作。10月召开校七届二次教代会，审议通过学校《中层干部竞聘方案》，对现有中层干部进行民主测评，对中层干部进行竞聘和各科室正职进行轮岗工作。

（韦忠宁）

市三中

【高考、中考概况】 2010年，市三中高考取得突出成绩，一本上线301人，二本及以上上线804人。闫峻以优异的成绩被北京大学数学学院录取。2010年中考：录取人数348人，其中本校录取278人。钟山区700分以上59人中，市三中有14人，占23.73%。

（王加龙）

【开展贵州新学校计划（GZNSP）项目】 3月，贵州新学校计划（GZNSP）项目新周期联盟成立，市三中校长桂斌选任为第二周期联盟理事长。4月，贵州省新学校计划（GZNSP）项目英语学科高峰论坛在市三中举行，研讨同课异构和星级备课组的建设。4月至5月期间，组织语数外等10个学科的教师33人参加了GZNSP项目办组织的全省学科高峰论坛。同时，还选派两位教师参加赴山东省淄博市重点中学语文、数学学科新课程教学交流活动。

（王加龙）

【教研教改活动】 举办第十七届教育教学及管理研讨会青年教师教学大赛和第十七届教育教学及管理研讨会青年教师成长论坛。选送了21件作品参加六盘水市青少年科技创新大赛。教师开展课题研究成果较显著：教师课题《创设课外写作情境，激发学生写作兴趣》获一等奖；课题《高中英语课程资源促进阅读有效教学实验研究》获一等奖；课题《初中历史教学课堂观察研究——有效调动学生的主体作用》获二等奖；课题《课堂师生互动和学习动机的激发——初中语文课堂提问教学的探索》获三等奖。

（王加龙）

【推进学校特色教育建设】 开设小语种教学。2008年引进日语教师，开设日语小语种课程。2009年，日语小语种教学实验班发展到5个，在此基础上开设了俄语、法语、韩语课等小语种学习兴趣班，2010年小语种班级学生已达到500多人。

2010年4月成立国际部，开办3个国际实验班，实行小班制教学，聘用4名外教，分别来自法国、比利时、菲律宾和日本，每个班外语均有2名外教1名中教教学。7月英国贝勒比斯学院学术主管到校访问并开展优秀学生选拔活动；5名同学获贝勒比斯学院奖学金；8月15名学生自美国游学回校；9月两名教师在英国学习归来；10月英国丽晶语言学校到校访问；11月美国哈町大学副校长及亚洲项目部主任一行到校交流访问，达成初步合作协议，12月日本学校来访。

实施捡回“珍珠”计划。2010年开办了“珍珠班”。学校免除“珍珠班”学生高中三年学费、住宿费，赠送水电使用费，给予每位学生生活补助，珍珠班学生毕业考取大学，可申请“爱心奖助学金”。

（王加龙）

【凤凰校区建设取得较大进展】 凤凰校区有高中三个年级76个教学班级的4500多名学生，近300名教职员工。校区有功能先进、完善的教学系统控制中心，全省一流的实验室28间，9722平方米的图书科技大楼。采取BOT模式的后勤服务项目，总投资7300万元，后勤服务设备设施配置15年不落后，可容纳5000人同时就餐。

（王加龙）

市十中

【概况】 六盘水市第十中学（原钟山一中）位于六盘水市钟山凤凰新区凤凰大道东段，西依钟山区人民政府，东临规划中的六盘水市人民政府行政中心。校园占地面积约150亩，校舍总建筑面积27200平米，其中：9600平米的教学区，6700平米的实验区，3500平米的办公区已于2008年8月竣工投入使用，后勤服务中心、篮球场、400米运动场、科技综合楼等二期工程已动工兴建。学校语音、电教设施设备齐全完善，理、化、生实验室均按国家一类标准配备，图书藏量35760册。

学校2008年9月开始招生，2010年有初一到高三6个年级共33个班级，在校学生3100人，在岗教职工100人。高级教师8人，一级教师18人；国家级骨干教师1人，省级骨干教师2人，高级心理咨询师2人，省级普通话水平测试员1人；初高中教师合格率100%。教师分别毕业于华中师大、西南大学、四川外语学院、广西师大、西北师大、哈尔滨师大以及贵师大等省内外师范院校。

学校以“崇德、砺志、笃学、敏行”为校训，坚持“以人为本，遵循学生身心成长规律，促进学生自主理性地多元化发展”的办学理念，着眼“规范＋特色，合格＋特长”的办学宗旨，力争在较短的时间内办成一所有规模、上档次、教学质量上乘、办学特色鲜明的完全中学。

2010年，六盘水市第十中学被确定为六盘水师范学院实习基地。

（徐　捷）

市第一实验中学

【概况】 2010年，六盘水市第一实验中学申报省级示范性普通高中，举办建校四十周年庆典。引入局域网络评卷系统，提高评卷效率。强化保卫措施，办公楼及电梯间安装监控，修建隔离门。完成一期绿化工程。拆除初中楼外玻璃窗及其维修喷白。修建“四合院”50立方米化粪池，12个乒乓球台。满足“申示”要求购置电脑、打印机、复印机；进行108个班多媒体招标。修建新的升旗台。协调各级财政拨款，得到市政府40万元、市财政局10万元、区教育局20万元赞助支持。

市机构编制委员会重新确定学校机构编制，定为正县级事业单位，内设11个二级管理部门、22个中层管理岗位的职数。解决2006～2008年新进126名教师的编制。

加大教职工的培训力度 截至6月27日，派出82名教师到课改实验区学习取经。上半年，职工教育经费支出同比增加51763.10元。

重视在职培训 开展岗位练兵，优质课评比、“创优争先”活动。其中：教师袁媛获区英语优质课评比一等奖；赵卫红获贵州省高中化学录像课说课比赛一等奖；林文忠获市一等奖；黄松、张静获区一等奖。

开展校本培训和校本教研活动 被列为全国教育“十一五”规划教育部课题的子课题《课堂教学中自主学习策略研究》，经过2年研究，取得阶段性成果，2009年7月由课题主持人教师唐莉莉撰写的《子课题中期报告》被教育部总课题组评为一等奖；学校获全国“十一五”教育科研先进集体。校本教材完成初稿，包括教师赵贤凯的《历史与生活》、丛振江的《新兴运动项目教学化研究》、刘玉萍的《心理健康教育》、卢平的《新课程高中英语词汇手册》等。20人次、19个市级课题立项：教师丛振江的“新编体育教学游戏研究”、唐莉莉的“拉近数学与生活的距离”、主任袁诚的“新课程背景下高中生物教材与教学辅助手段优化整合方法研究”等。

完善管理制度 制定《教师量化考核实施细则》（暂行）、《新课改工作方案》《学分认定管理办法》《新课程教学管理制度》等。

加强高、中考教学组织工作，提高考试成绩分析会的方法与效率。高、中考取得双丰收。高考一本上线 349 人、二本 758 人，一本比 2009 年多 44 人，北大、清华 4 人，占全市 4/7。全市理科实考分、总分均列第一，理科四科中有 3 科第一，文科四科中有 2 科第一。中考：钟山区前 10 名占 7 人。其中：1、2、3、5、6、7、8 名；学科：语、数、英，理综、文综名列钟山区第一，高分段人数：钟山区 700 分以上 59 人，占 23 人，650 分以上有 87 人，600 分以上 186 人。初三 1064 人有 1036 人报考，474 人考入。补习生报名势头良好。

强化校园环境管理　针对学生较普遍的早餐进校园污染环境的状况，相关人员实施拦截、劝阻，降低校园白色垃圾出现率，规范学生的饮食习惯。结合“双创双建”活动，教育学生勿乱丢乱吐，养成良好的行为、卫生习惯。安排落实专门人员，查处不穿校服、留长发、戴首饰、抽烟等与学生身份不符的行为举止。重视后进生转化工作，举办 4 期学习班。政教处组织学生开展义务劳动。发挥学生会、志愿者的作用，引导学生自我教育、自我管理、自我监督。组织“让生命充满爱”教授邹越的大型素质教育专题演讲。

体育工作　组织开展师生课外活动，举办六盘水市中学生篮球运动会并获得冠军；组织学生参加钟山区第三套中小学广播体操比赛获二等奖；完成钟山区中考体育考试的考务工作；新奥俱乐部获省体育局赞助活动经费 10 万元。

校园文化建设　兴建文化墙；建起校史馆和资料室；拍摄专题片。配合校庆四十周年活动和“申示”工作，向师生员工征集 160 多幅绘画、摄影作品，选用 150 幅进行装裱，在综合楼内悬挂。

宣传工作　扩建 1 个固定宣传栏，4 个活动宣传架；利用大型喷绘美化运动场；校园网更新及时。

开展“手拉手、献爱心”为内容的扶贫帮困活动　争取社会团体、个人支持，困难学生的受助面进一步扩大，社会、团体、个人、基金会捐助 398490 元，受助学生 339 人。

（周念军）

市民族中学

【概述】　2010 年，市民族中学在编教职工 96 人，专任教师 81 人，高级教师 22 人，中级教师 31 人，管理人员 13 人，工勤 8 人，代课教师 13 人。教学班共 27 个（初一：8 个，初二：4 个，初三：2 个，14 个班；高一：7 个，高二：3 个，高三：3 个，共计 13 个班），学生由上一年底的 768 人增加到 1690 余人。

组织全校师生为抗旱救灾捐款、三八妇女节拔河比赛、住校学生中秋文艺演出、教师节座谈会、老年节退休教职工座谈会。举办“扬青春风采，展民中形象”广播体操比赛、第一届校运会暨第一届少数民族传统体育项目运动会；进行高一、初一新生入学教育和军训；开办法制教育、消防安全讲；进行学生消防安全疏散演练。

组织学生参加市中学生运动会，获四个第一名；参加市中学生舞蹈大赛和中学生广播体操比赛，分获三等奖，教职工参加市直教育系统“教师节诗朗诵比赛”，获优秀奖。学生排练节目参加市教育局纪念“12・9”文艺演出。

举行庆祝建党 89 周年大会，党员参观市廉政教育基地。开办“青年党校”并培训了第一期 32 名入党各级分子，发展新团员 230 人，承办市直属中学学生十八岁成人宣誓仪式。

为六盘水市 2010 年市、县、乡公务员招考考试及面试、选聘大学生到村任职考试提供全面服务，共计 51 场，1510 人次。为市彝学会、苗学会、布依学会提供会务服务。抽调人员参加市、社区人口普查工作。

完成 100 多万元投资，改造校门、计算机房、校园广播等，改善学校办学条件。

引进贵州凯新源公司资金 100 万元，改建学生食堂、澡堂、超市。

自筹并发放助学金 74126.4 万元。另有 4 名学生各获 1000 元“深圳——贵州贫困学生助学金”，15 名学生各获 1500 元“建设未来——中国建设争先资助贫困高中生成长计划”助学金，70 名学生各获 700 元马来西亚《星洲日报》贫困生资助金。

2010 年高考，4 名学生上二本线，实现了零的突破。

全年教师获省优质课评比一等奖 1 人，市优质课评比二等奖 3 人、三等奖 1 人；说课省一等奖 1 人，市一等奖 1 人，市二等奖 2 人；获科研论文评比一等奖 2 人，二奖 3 人，三等奖 5 人；学科竞赛辅导市级一等奖 1 人，二等奖 1 人，三等奖 1 人；全国地理科技大赛优秀辅导员 5 人；圣陶杯作文竞赛辅导奖 2 人。学生获市级一等奖 1 人，二等奖 3 人，三等奖 1 人；圣陶杯作文竞赛一等奖 1 人，三等奖 1 人；全国地理科技大赛一等奖 1 人，二等奖 2 人；市实验技能大赛一等奖 1 人，二等奖 1 人，三等奖 1 人。

高中教师新课程培训，参加国家级教师培训 47 人，省级教研组长培训 15 人。参加“三立”培训 10 人。教职工全员参加继续教育培训。

（左经辉）

【完成转型】 历经一年的努力，完成了与市民族职业学校的人员、财产分割和经费核销工作，建立了学校党、团、工会组织，调整了学校中层干部，理顺了学校管理体系，使市民中彻底转型，成为一所大型完全中学。

（左经辉）

【清退门面集资股份】 由于权属有争议，市民族中学在将门面上缴财政管理过程中，受到原来修建门面参与投股的教职工中部分人员抵制。经民族中学、市教育局、市财政局多次召开会议，进行协调、解释，宣传政策，完成了股份清退。

（左经辉）

【成功处理学校围墙垮塌事件】 市民族中学发现恒远地产“城市先锋”楼盘施工队向学校排放污水，浸泡围墙 200 多米，预警围墙可能倒塌。学校提前采取了防范措施。在围墙分两次倒塌 40 多米的情况下，没有发生人员伤亡，并及时向有关部门报告，收集材料。经市政府、市教育局、市住建局、市安监局、钟山区有关部门协调处理，由恒远地产公司将市民族中学 200 多米围墙全部按要求重修。

（左经辉）

职业教育与成人教育

【六盘水市西南计算机学校校企合作签约】 6 月 24 日，民办的六盘水市西南计算机学校与上海广达集团展运电子公司举行校企合作签约会，签订校企合作协议，并举行了授牌仪式。

（李德文）

【六盘水电大附属中等专业学校成立】 市政府经研究并征求贵州广播电视大学意见，同意设立六盘水电大附属中等专业学校，设置幼儿师范教育、计算机网络、旅游服务与管理、物流管理、市场营销、电子商务、酒店服务与管理、物业管理 8 个专业。

（李德文）

【六盘水理工职业技术学校成立】 2 月 1 日，市机构编制委员会同意成立“六盘水市理工职业技术学校”。明确该校与贵州水城矿业（集团）有限责任公司技工学校实行“两块牌子，一套人员”，经费渠道（自筹经费，市政府给予补贴）、机构规格、隶属关系（隶属贵州水城矿业（集团）有限责任公司）不变，业务受市教育局指导。

（李德文）

【六盘水市中小学生社会实践学校成立】 市教育局同意肖华在水城县双戛乡天生湖马姚公路边设立“六盘水市中小学生社会实践学校”。该校为独资民办学校，招生对象为中小学生，在校生控制在500人以下。按属地管理的原则，综治安全等工作在接受市教育局直接管理的同时，接受水城县教育局及其他部门的监督管理。

（李德文）

【六盘水市华晨贝恩培训学校设立】 4月20日，市教育局同意侯学琴在钟山区钟山中路汇盛大厦设立“六盘水市华晨贝恩培训学校”。该校为独资民办学校，层次为中等培训教育，按属地管理的原则，综治安全等工作在接受市教育局直接管理的同时，接受钟山区教育局及其他部门的监督管理。

（李德文）

六盘水职业技术学院

【概述】 2010年止，六盘水职业技术学院占地552亩，建筑面积6.5万平方米，藏书23万册，电子图书23万册，教学计算机800余台，大、小实验室100余间，实验实训设备5000余万元。学校校园信息化建设发展迅速，教学设施先进，各种现代化教学手段广泛应用，各类专业实验室数量充足，设施完备，实现了教学、图书检索和办公管理的网络化。

学院自成立以来，注重师资队伍建设和内部管理体制改革。现有全日制在校生5000余人，教职工378人，专兼职教师282人，其中：教授、副教授65人，讲师、实验师等中级职称119人，“双师型”教师57人，硕士研究生44人，基本形成一支结构合理、业务精湛、治学严谨、热爱职业教育事业的师资队伍。

学院实行高职、中职、继续教育、联合办学、短期培训及职业技能鉴定并存的多层次、多形式的办学机制，设有护理系、临床医学系、财经系、商务管理系、生物工程系、工业系、信息工程系、社会科学系8个系，学科门类齐全，涵盖了医学、工业、财经、商务管理、电子信息、人文社科、农林7大门类，开设有23个大专专业，38个中专专业。

学院紧紧围绕以人为本的育人理念，创新办学思路，紧贴市场。近年来，学院建立了完善的毕业生就业服务体系，积极稳妥地做好毕业生就业推荐工作，毕业生就业率保持在85%以上，许多毕业生已成为各单位的高级管理人员和技术骨干。为区域经济建设培养了许多专业知识扎实，综合素质高，实践和就业能力强的应用型、实用型人才。

（赵 健 刘荣辉）

【思政评估顺利通过】 全省高职高专院校思想政治教育工作评估专家组对我院大学生思想政治教育工作进行评估，专家组成员肯定了学院在大学生思想政治教育工作上的一些独特做法和取得的成绩。10月，在全省加强和改进大学生思想政治教育工作座谈会上，学院获得全省高职高专院校思想政治教育工作评估良好奖励，顺利的通过了全省高职高专院校思想政治教育工作评估。

（赵 健 刘荣辉）

【强化领导干部作风建设】 围绕“忠实践行宗旨勤政廉政为民”教育活动、效能建设和岗位腐败风险防控管理，强化领导干部作风建设，组织多次专题学习，院党委书记杨兴祥带领中层干部到六盘水市党风廉政建设教育基地进行参观学习，邀请市委常委、市纪委书记黎平作“廉政勤政与教书育人”的专题报告。9月，教师代表队在参加“六盘水市学习贯彻《中国共产党党员领导干部廉洁从政若干准则》知识竞答赛”决赛中获得第二名的好成绩。

（赵 健 刘荣辉）

【党员帮扶工作成效明显】 学院作省直党建扶贫单位之一，利用职业技术教育科技优势，继续抓好六枝特区陇脚乡的党建扶贫工作，效果明显，特点突出，获贵州省委组织部、中共贵州省直属机关工作委员会、贵州省扶贫开发办公室颁发的“2010 年度省直单位赴农村党建扶贫”先进工作队称号。4 月，青海玉树发生地震，全院教职工为灾区人民捐款 2.62212 万元。面对西南地区百年难遇的干旱，深入钟山区德坞办事处乌砂寨村、水城县玉舍乡甘塘村，为两个贫困村的父老乡亲送去了 1 吨大米和 360 瓶饮用矿泉水。在全院范围内开展“党员干部帮扶帮教困难后进学生”主题实践活动，187 名党员对 111 名家庭经济困难、学生困难、思想后进的学生进行结对帮扶。

（赵　健　刘荣辉）

【校园文化活动】 通过开展校园文化月活动、文艺系列活动、体育活动、社团建设、宿舍文化、墙报评比、校园广播站建设、专题讲座、科普展览等丰富多彩的校园文化活动，推动了校园文化的整体建设。6 月，学院“四下乡”暨“春晖行动——我与家乡共发展”活动在钟山区石桥村凤凰敬老院举行。同时组织学院青年志愿者“双创双建”服务队将新科技、新知识、新技术传递给附近的村民。利用“12·9”爱国运动 75 周年纪念日，举行了第二届“红歌进校园·爱国歌曲大家唱”学生歌咏比赛，广大师生齐声唱响红色爱国歌曲，重温经典记忆，弘扬爱国主义精神。

（赵　健　刘荣辉）

【开展学生心理健康咨询】 设立学生心理健康咨询中心，开展学生心理知识讲座 10 次，学生人数达 4000 余人次，通过面对面谈话、QQ 热线、电话咨询等方式及时与学生进行沟通，杜绝了因心理问题而引起的安全事故的发生。

（赵　健　刘荣辉）

【教育教学水平】 将提升教师教学水平和科研能力作为长期工作主抓，全年共投入院级精品课程建设资金 3.3 万元，结题验收“图形图像制作”、“病理学”、“财务会计”、“作物病虫害防治”、“煤化工”、“导游业务”等 11 个院级精品课程。在国家级、省级期刊上发表专业文章 42 篇，其中核心、双效期刊有 12 篇。教师队伍职称结构比例逐步合理，教授、副教授 65 人，双师型教师达到 57 名，中级职称 119 人，引进专业教师和辅导员 37 名。

将教学工作作为中心工作主抓，针对存在的问题，修订 2010 年各专业人才培养方案，不断加强实习实训基地建设，到 12 月 30 日止，建立校外实训基地 61 个；不断完善教学质量监督体系和教学评价体系，学校 ISO9000 管理体系得到认证和推广，认真做好教学任务的审核、落实和安排工作，加强教材选择使用的管理与征订工作，全面推行教学规范运行机制，确保全院 100 多个教学班的教学有序进行。建成会计电算化室、财会模拟室、微机组装专修室、网络实验室、显微镜室、工业基础实验室和医护基础实验室，保证了教学工作需要，学生实践能力得到提升。

（赵　健　刘荣辉）

【职业技能教育】 强化学生实践和职业技能的培训，学生的动手能力得到明显的提高。5 月，商务管理系 2008 级中职计算机专业学生在贵州省职业院校技能大赛暨全国职业院校技能大赛选拔赛中职学生组比赛中分别获数字影视后期制作技术（单人项目）的一等奖和三等奖、工业产品设计（CAD）技术（单人项目）二等奖和三等奖。6 月，财经系学生获贵州省第五届大学生校园文化月活动之经典诵读大赛三等奖。

（赵　健　刘荣辉）

【教学科研成果】 积极开展科研申报，组织项目论证，“高寒山区杂交玉米新组合选育”

课题通过市科技局立项，《贵州黑山羊高繁殖率后选基因 ESRR 的研究》《漂浮育苗在蔬菜基地的推广应用》《苦荞品种品质资源征集及新品种选育》三个市级科研课题通过市科技局结题验收，反响良好。玉米新品种“荷玉一号”通过贵州省农作物品种审定委员会审定通过，并成功地实现成果转化。

（赵　健　刘荣辉）

【招生就业工作】　2010 年，完成 1063 名高职、1436 名中职学生的录取工作；完成 1248 名应届毕业生就业。截止到 11 月 30 日，2010 届高职大专生的就业率为 88.8%，中职的就业率 91.5%，毕业生受到用人单位的好评和欢迎。

（赵　健　刘荣辉）

【成人教育与培训】　同省内外五所高校联合办学，共开设 16 个本、专科专业，学习形式以函授为主。完成春季学生 365 人的录取工作，共完成 4 类（会计电算化、会计人员继续教育、会计从业资格考前、普通话测试）短期培训 9 期，计 2142 人次。

规范管理，做好职业技能鉴定工作。已完成 6 个批次 5 个工种，共 1174 人次的职业技能鉴定工作。“第九十国家职业技能鉴定所”被贵州省人力资源和社会保障厅授予“贵州省 2009～2010 贵州省职业技能鉴定所先进集体”称号。

（赵　健　刘荣辉）

【体育教师吴红萍获表彰】　7 月 30 日，贵州省第二届大学生运动会组织委员会对高等学校的体育工作先进单位和先进个人进行表彰，六盘水职业技术学院教师吴红萍获体育工作先进个人称号。

（李德文）

六盘水市广播电视大学

【概况】　2010 年 5 月，为理顺六盘水市成人学历教育的隶属关系，根据省编委办《关于贵州广播大学六盘水市分校更名的批复》（省编办发〔2010〕57 号）、市编办发〔2012〕20 号文件精神，同意将“贵州广播电视大学六盘水市分校”更名为“六盘水市广播电视大学”。学校性质、管理体制等不变。

办学宗旨：通过广播电视为社会成员提供高等（中等）学历教育服务。业务范围：哲学、经济学、法学等学科等（中等）学历教育。相关科学研究；专业培训；学术交流；相关社会服务。2010 年，完成本、专科招生 875 名，全年本、专科学生共计毕业 802 人。中职秋季完成招生 70 人，毕业 137 人。

（章　赞）

高等教育

【普通高校优秀毕业生表彰】　省教育厅经过评选，对 2010 届普通高等学校优秀毕业生进行表彰，六盘水师范学院的谢玲、周柳、陈曦、谯程、朱艳、胡恋、张瑞英、吴波、张贺、赵智娜、蔡桃花、王梅、王富露、杜诗秀、胡利民、敖国維、肖青、蒋俊、张静、刘云、肖建峰、朱东、姚桂玉、唐良露、陆元仙、肖华、杨婷、魏国兵、张茜、晏安琴、李建军、邓芬、李欣、申琳、蔡培、张朝文、王明坤、刘万武、刘雪琴、毛莉、吴道海、杨光勇获优秀专科毕业生称号。

（李德文）

【省高等学校三好学生、优秀学生干部、先进班集体表彰】　省教育厅对组织专家评审并公示的全省普通高等学校 2010 年三好学生、优秀学生干部、先进班集体进行表彰。六盘水师范学院的王荣超、许婷玉、王侥、吕学品、缪希仁、刘邦飞、付东梅、程雪、王琴、李艳娇、饶应东、孔亮、王雪松、叶发虎，六盘水职业技术学院的彭冲、张青、郑雄、刘欢、刘玉佩、袁贵红、唐玮获省普通高等学校“三好学生”称号；六盘水师范学院的代昌福、张堂、彭泉忠、沈宽林、余厚伟、胡延鑫，六盘水职业技术学院的王洪、杨永树、陈中刚获省普通高等学校优秀学生干部称号；六盘水师范学院政治教育与法学系 2008 级法律文秘专科班、六盘水职业技术学院护理系 09 高三助产班获省普通高等学校先进班集体称号。

（李德文）

六盘水师范学院

【概述】 六盘水师范学院是教育部 2009 年 3 月批准建立的一所本科层次的全日制普通高校。学院设有 17 个教学系（部），2 个研究所，建成 4 个省级合格实验室，1 个动（植）物标本展室，正在建设 1 个国家煤炭检验中心。在水城矿业（集团）公司、首钢水城钢铁（集团）公司等国有大型企业以及玉舍国家森林公园、六盘水市中小学建有实习、实训基地 52 个。办有《六盘水师范学院学报》《六盘水师范学院报》2 种报刊。开设有 14 个全日制本科专业，27 个全日制专科专业，26 个成人教育专业，涉及理学、工学、文学、法学、历史学、教育学 6 大学科门类。面向全国 10 个省（直辖市、自治区）招生，同时招收外国留学生，现有在校学生 5200 人。

现有教职工 487 人，其中：教授 24 人，副教授 105 人，博士 3 人，硕士 117 人。全校教师承担省、市、校级科研课题 100 余项；建有省级精品课程 3 门，校级精品课程 32 门；出版专著、主编教材 42 部；在国内外公开刊物上共发表论文 2100 篇，其中核心期刊 260 篇；学院大学生“三下乡”社会实践活动多次受到中宣部、教育部、团中央表彰。

根据《中共六盘水市委、六盘水市政府关于表彰 2007～2009 年度文明单位、精神文明建设工作先进单位、文明村镇、创建文明村镇的决定》（市发〔2010〕6 号）文件精神，六盘水师范学院被评为“2007～2009 年度文明单位”。

6 月，六盘水师范学院获得六盘水市依法治市领导小组颁发的六盘水市“五五”普法依法治理“模范单位”。

（卢香宇　张武桥）

【田应洲获“省管专家”称号】 2 月 15 日，六盘水师范学校长院田应洲出席在贵阳举行的贵州省第五批省管专家表彰大会，获省委、省政府颁发的“省管专家”证书，成为六盘水市至 2010 年为止仅有的 4 名省管专家之一。此次受表彰的省管专家共 100 名，系 2009 年 7 月由省委、省政府评定，六盘水有 2 名专家入选。

（卢香宇　张武桥）

【举行“青春动力·201 爱心卡”发放仪式】 2 月 20 日，学院团委举行 2010 年“青春动力·201 爱心卡”发放仪式，50 名寒假期间留校护校的贫困学子获得爱心资助。该次“201 爱心卡”由共青团贵州省委联盟贵州电信六盘水分公司友情资助，总价值 5000 元，每位受助学生将获得价值 100 元的电信卡。

（卢香宇　张武桥）

【开展大学生校园文化活动月活动】 组织学生参加第五届“多彩校园·闪亮青春”全省大学生校园文化活动月的主题活动，即大学生经典诵读大赛、优秀大学生心理健康教育主题活动评选、第二届贵州省高校“感动校园十大人物”评选、“我的祖国·美丽家乡”——西部大开发十周年 Flash 动画创作大赛、爱国主义优秀影视剧展映及影视剧评征文大赛、优秀大学生社团评选、“我的校园文化活动月”征文比赛7项系列活动。六盘水师范学院获得“先进集体”荣誉称号，组织奖1个，先进个人1个，集体组二等奖1个，个人组一等奖14个，二等奖15个，三等奖16个，优秀奖31个。

（卢香宇　张武桥）

【青年教师张龙获两项国家专利】 4月15日，六盘水师范学院青年教师张龙在国家专利申请中，经国家知识产权局依照国家专利法进行审查，成功获得两项实用新型专利，分别是：一次性充气多气囊球（专利号：ZL200920125207.6）和充气式多胆球（专利号：ZL200920125208.0）。该专利实用于所有充气式球体，从而延长其使用时间。

（卢香宇　张武桥）

【开展抗旱救灾和向玉树灾区捐献爱心活动】 4月15日，举行“抗旱救灾”系列活动启动仪式。各系学生分别打出“抗旱、救灾、绿色、环保、节能、减排、节水、低碳”等口号，截至5月6日，全院师生共为青海玉树地震灾区捐款35464.2元。

（卢香宇　张武桥）

【新增五个本科专业】 4月20日，2009年高等学校专业设置审批结果公布，六盘水师范学院英语、思想政治教育、采矿工程、化学、化学工程与工艺5个本科专业顺利通过教育部审批，于2010年9月开始招生。至此，六盘水师范学院本科专业总数达到9个，涵盖文、理、工3大学科门类。根据2010年招生计划安排，9月六盘水师范学院招生总数2200人，本科750人，专科1450人，其中省外260人，分别面向河南、河北、四川、湖北、广西、云南6个省份招生。

（卢香宇　张武桥）

【同济大学陈洪斌教授到学院作学术报告】 4月21日，同济大学环境科学与工程学院教授陈洪斌到六盘水师范学院作题为《水体富营养化及生物脱氮除磷》的专题讲座。环境与化学工程系、化学系、生地系等200名学生到场聆听。

（卢香宇　张武桥）

【举办六盘水高校青年教师岗前培训班】 来自六盘水职业技术学院、六盘水广播电视大学及六盘水师范学院的79名青年教师参加在六盘水师范学院举行的六盘水高校青年教师岗前培训班。培训内容根据教育部《高等学校教师岗前培训教学指导纲要》的要求，涵盖《高等教育学》《高等教育心理学》《高等教育法规概论》《高等学校教师职业道德修养》等4门课程。另外，还安排了1次科研讲座，促使大家尽快掌握科研的有关知识和方法。

（卢香宇　张武桥）

【首届全国英语写作大赛获佳绩】 4月27日，由学院大学英语教学部指导并选送的计科系2008级专科班丁春梅以公共英语组二等奖的成绩进入全国决赛；由外语系选送并指导的2008级专科班彭露同学获得英语专业组三等奖；计科系2009级专科班杨婷婷和外语系2009级专科班赵蕾分别获公共英语组和英语专业组优秀奖。

（卢香宇　张武桥）

【招募“西部计划”志愿者】 6月15日，校团委举行大学生西部计划、“三支一扶”岗前面试。共有来自14个系共有300名学生参与报名，经初步审核，有70名学生适格进入岗前面试。40名学生获通过，成为六盘水师范学院派遣的2010年“西部计划”、“三支一扶”志愿者。其中：西部计划志愿者10名，“三支一扶”志愿者30名。40名志愿者将赴六盘水市盘县、六枝和遵义市红花岗区、务川、汇川、余庆、湄潭等地开展支农、支教和远程教育服务。

（卢香宇　张武桥）

【举办非物质文化遗产的抢救保护与开发利用讲座】 6月17日，六盘水市民族民间文化保护促进会常务副秘书长余漫江来六盘水师范学院作题为“非物质文化遗产的抢救保护与开发利用”的讲座，200名同学到场聆听。

（卢香宇 张武桥）

【举办小提琴协奏曲音乐会】 6月20日，在六盘水师范学院艺术系的邀请下，贵州省“德艺双馨”艺术家、贵州省高校名师姜筑，贵州大学艺术学院钢琴专业讲师、贵州省音乐协会会员、贵州省钢琴协会会员岳磊在六盘水师范学院综合楼多功能厅举办了以“巴洛克·古典主义”为主题的小提琴协奏曲音乐会。500人到场欣赏音乐会。

（卢香宇 张武桥）

【在贵州省高校英文读报大赛中获佳绩】 7月5日，贵州省高等院校外语教学研究会2010年会暨第二届贵州省高等院校英文读报大赛在黔南民族师范学院举行，六盘水师范学院获优秀组织奖，外语系费婕获得“优质课教学录像”评比三等奖，外国语言文学系李刚、王兴江二位获英语专业组二等奖，计科系黄丽梅获公共英语组三等奖。

（卢香宇 张武桥）

【哈尔滨工业大学教授刘耳谈明代小说韵文】 7月8日，哈尔滨工业大学教授刘耳到六盘水师范学院作了题为“明代小说韵文的特点”的讲座，共310名同学到现场聆听。

（卢香宇 张武桥）

【举行六盘水第三届青少年写作交流会】 7月12日，由六盘水师范学院夜郎谷文学社主办的主题为“诗意青春，夜郎寻梦”的六盘水市第三届青少年写作交流会在该院综合楼学术报告厅举行。有来自六盘水日报社、六盘水文学院、永明中学及六盘水师范学院16个社团代表共215人参加交流会。

（卢香宇 张武桥）

【教师蒋芳赴美学习归来】 8月20日，六盘水师范学院教师蒋芳赴美国加州圣何塞州立大学培训学习结束，并获得赴美国中长期培训学习结业的合格证书。该次参加培训学习是贵州省委组织部举办的第五期贵州省领导干部现代管理赴美国中长期培训班，培训学习时间从2010年1月27日至2010年7月27日，历时6个月。

（卢香宇 张武桥）

【中期选拔成绩显著】 学院2008级共有720名学生报名参加贵州省中期选拔考试，49名学生分别被贵州师范大学、黔南民族师范学院、安顺学院和毕节学院录取。其中：贵州师范大学26名，黔南民族师范学院1人，安顺学院7人，毕节学院15人，较2009年有大幅度提高。

（卢香宇 张武桥）

【13名教师入选六盘水市高中新课程改革专家组】 9月，贵州省普通高中新课程改革全面启动，六盘水市教育局成立普通高中新课程改革实验专家指导组，六盘水师范学院13名教师入选，涉及语文、数学、物理、化学、生物等12门学科。

（卢香宇 张武桥）

【新图书馆投入使用】 建筑面积1580平方米的学校新图书馆于9月6日向师生开放。图书馆采用全自动化，电子化管理。馆内配置12台查询机器，只需输入书名，即可显示该书的详细位置。馆内藏书48万册。可容纳1780人。

（卢香宇 张武桥）

【参加欧洲国际教育协会（EAIE）第22届年会暨教育展】 9月，田应洲校长率六盘水师范学院外事办人员赴法国参加欧洲国际教育协会（EAIE）第22届年会暨教育展，宣传六盘水师范学院招收国际留学生的项目，扩大学院国际影响力，并与美国加利福尼亚州立大学、美国波士顿大学和澳大利亚 Griffith 大学等国外院校达成师生交流等方面的合作意向。

（卢香宇　张武桥）

【刘晓凯副省长到学院调研】　11月5日，副省长刘晓凯率省教育厅副厅长王碧海等省直部门相关负责人到六盘水师范学院调研，强调高等教育要强化服务社会、服务发展的理念。

（卢香宇　张武桥）

【参加全国高师英语技能大赛】　外语系学生在贵州师范大学参加的第五届全国高师学生英语教师职业技能贵州赛区决赛中表现出色，七名学生入围决赛一级组一等奖，其中：袁媛、杨福莲、陶露、何岑四名学获得此次比赛一级组全国一等奖；鄢亚军、戴爱玲、张美等六名学生获一级组全国二等奖。

（卢香宇　张武桥）

【在全国数学建模大赛中再获佳绩】　六盘水师范学院学生在全国数学建模大赛比赛中再显风采，李英英、伍美、刘影三位同学获得全国二等奖；李小龙、张龙应、金光烈、孙跞、张杰获得全省一等奖；丁前军、胡联术、雷雪梅、江丽丽、汪洪兰、沈宽林、张戎、肖长欢、吴成利获得全省二等奖；宋乃华、申华、王仁权、刘和荣、宋会、周丹获得全省三等奖。

（卢香宇　张武桥）

教　师

【市教育局开展师德教育巡回报告活动】　3月31日至4月7日，市教育局组织了从全市26000多名中小学教师中遴选出来的师德高尚、工作优秀、工作业绩突出的市第一实验中学数学高级教师唐莉莉，六枝特区一中物理高级教师孟繁国，六枝特区四中副校长、中学语文高级教师曾启芳，六枝特区二小副校长、小学语文高级教师张桂菊，盘县响水中学校长、中学化学高级教师左相平5人组成的师德教育报告团，到各县（区）开展中小学教师师德教育巡回报告活动，共开展巡回报告5场，2000多名中小学教师听取报告。

（李德文）

【普通高中课程改革新教材培训】　7月21至8月14日市教育局在市委党校举办普通高中高中课程改革上岗培训班，对即将担任高一各学科的1300余名教师进行岗前培训。担任培训的教师都是根据六盘水市选用教材的版本，相应的邀请了各学科编者和课改区一线优秀教师，培训采用专家对教材解读、课改区一线优秀教师对教材分析以及现场研讨课“三位一体”的模式进行。

（李德文）

【首期中小学定向运动师资培训】　8月6日至8日，市教育局举办全市首期中小学定向运动师资培训班，各县区以及市直中小学校的体育骨干教师和各县区教育局体育专干70余人参加培训。

（李德文）

【市幼儿教育工作会议暨幼儿园教学观摩活动】　11月11日至12日，市教育局召开幼儿教育工作会议暨幼儿园观摩活动，各县、特区、区教育局分管局长及幼教干部、各类幼儿园园长及骨干教师147人参加了会议。会议总结交流一年到幼儿教育工作的工作经验，对2011年幼儿教育进行了部署。并分别到市实验幼儿园、钟山区新世纪幼儿园、水钢机关幼儿园、市二幼、市三幼观摩“神奇的手影”、“夜空中的访客”、“快乐的面条”、“赶走坏心情”、“金箍棒变变变”的教学活动，分组讨论，就课说课，探讨教学理念及理论依据、活动目标、活动重点、活动准备等。

（李德文）

【六盘水市“十一五”中小学教师继续教育工作通过省评估验收】 省“十一五”中小学继续教育评估验收组在组长赵廷昌（贵州省教育厅机关党委书记），副组长崔华（贵州教师教育学校党委书记）带领专家组一行8人对六盘水市“十一五”中小学教师继续教育工作进行评估验收。评估验收组认为：六盘水市高度重视中小学教师继续教育工作，中小学教师继续教育做到“五个到位”（认识到位、制度到位、措施到位、经费到位、行为到位）、“四个结合”（与校本研修相结合、与新课程改革相结合、与高中课改相结合、与骨干教师引领相结合）、“三个统一”（统一培训教材、统一考试、统一发证），参培率高，各类培训的参培率都达100%，培训内容丰富，档案管理规范。整个工作有“四大亮点”：一是高度重视中小学教师继续教育评估工作。二是全员培训和送出外培力度大。三是组织师德巡回演讲团在全市进行演讲。四是在全市开展心里咨询师培训。评估验收认定为合格。

（李德文）

【教师资格认定】 2010年，全市有2756名教师申请认定教师资格，通过评审，认定2695人，其中：认定幼儿园教师51人，认定小学教师981人，认定初级中学教师1140人，认定高级中学教师454人，认定中等职业学校教师66人，认定中等职业学校实习指导教师3人。

（李德文）

【教师职务评审】 全年有1567人申报评审教师职务，其中：申报中学高级教师职务241人，申报中学一级教师职务904人，申报小学高级教师职务406人，申报幼儿园高级教师职务17人。通过评审，中学高级职务通过134人，通过率为57.2%；中学一级职务通过639人，通过率为70.45%；小学高级职务通过345人，通过率为88%；幼儿园高级职务通过15人，通过率为88%。

（李德文）

【市政府表彰市人民教育基金优秀教师及优秀教育工作者】 9月1日，市政府对2010年度市人民教育基金优秀教师及优秀教育工作者进行表彰，六枝特区的吴永红、索碧琴、李康波、喻孟德、王岗、尚世罡、刘明河、伍永英，盘县的张建梅、范军、余荣江、黄浩、温荣伟、肖万艳、代志英、李秀英、李本金、袁玉能、肖播、陈桂兰，水城县的曾灵、陈永兰、李庆芬、瞿娇、李武相、张鹏、李玉恒、肖兰，钟山区的杜敏、于俊辉、李桃、张克玲、刘红霞、陶泽茂，市直单位的王道珍、郭太鸾、迟艳凤、蔺太平、李学兰、林长松等40人获优秀教师称号；六枝特区的曾启芳、蔡洪江，盘县的李敏岩、陈明亮、李荣华，水城的刘撑、李登平、李文方，钟山区的朱玲，市直单位的余茜10人获优秀教育工作者称号。

（李德文）

【144名教师在2010年全国中小学说课电视展示活动中获奖】 7月20日，中国教育电视台、中国教育电视协会公布了2010年中小学说课电视展示活动评选结果，六盘水市144名中小学教师分别获得一、二、三等奖，六盘水市教育局获优秀组织单位称号。

（李德文）

教育基础建设

【中小学校舍安全工程】 2009年6月，省人民政府决定用3年时间首先集中力量在受地震高烈度、洪涝、地质灾害威胁的地区实施中小学校舍安全工程，六盘水市的盘县被列为首批中小学校舍安全工程项目建设县。盘县2010年实施的“中小学校舍安全工程”，一是2009年度建设计划，计项目学校21所，单体项目31个，中央投资4402万元，建筑面积40034平方米，年底竣工。二是2010年度的建设计划，计新建92所，加固61所，资金安排共计3.5697亿元，其中：中央投入1.33亿元，省投入1.355亿元，市配套投入0.3538亿元，县配套投入0.5309亿元。计划新建和改造校舍建筑面积64.95万平方米，其中：新建15.3万平方米，加固49.65万平方米。年底完成项目初步设计评审，进行招投标前期工作。

（李德文）

【农村义务教育阶段薄弱学校改造工程】 2010年，六盘水市“农村义务教育阶段薄弱学校改造工程”建设项目20个，改造面积27040平方米，总投资2545万元。其中：中央财政专项补助资金1287万元，省级财政补助资金459万元，县级财政配套资金160万元。截止到11月20日，已开工项目14个，其中：竣工项目6个，主体完成一半工程的6个，其余项目正在紧张施工。

（李德文）

【大班额工程】 2010年，六盘水市在钟山区实施2009年度“大班额工程”计划建设项目10个，总投资1953万元，其中：省级补助资金586万元，钟山区自筹资金1367万元，竣工1个。

（李德文）

【地质灾害威胁学校搬迁工程】 2010年，六盘水市在水城县实施2009年度计划“地质灾害威胁学校搬迁工程”建设项目3个，计划总投资2394万元，资金来源为省级财政补助。年底全部竣工。

（李德文）

【农村初中校舍改造工程】 2010年，六盘水市实施2009年度计划“农村初中校舍改造工程”建设项目1个，总投资223万元，资金来源为中央专项资金。现厕所、宿舍、食堂已竣工。

（李德文）

【新农村卫生新校园建设工程】 全年全市实施“新农村卫生新校园建设工程”建设项目27个，总投资410万元，资金来源为中央专项资金，建筑面积3180平方米。年底，开工项目25个，其中竣工项目16个。

（李德文）

【省级示范性中等职业学校项目建设】 4月盘县职业技术学校申请到省级示范性中等职业学校项目建设专项资金2715万，县级配套资金1200万元。用于修建培训大楼10000平方米、学生宿舍10000平方米、综合食堂2000平方米，用于购设备、设施等职业教育基础能力建设。

（李德文）

【市直中小学改造工程】 2010年，六盘水市教育局对部分市直中小学的旧校舍进行改造。1. 市一中老校区，安排2009年市级教育费附加700万元，其中：600万元用于新建1栋5000平方米教学楼，100万元用于危房改造。正在进行校园规划和设计工作。2. 市三中老校区，安排2009年市级教育费附加700万，其中：300万元用于新建一栋3000平方米办公楼，150万元用于三用堂危房改造，250万元用于其他项目维修改造。办公楼设计完成，正在办理规划手续；三用堂和其他项目维修改造正在进行之中。3. 市十一中，安排市级教育费附加450万元，新建成1栋3750平方米的综合楼。4. 市六中，安排市级教育费附加480万元：建成4000平方米的教学楼。5. 市实验二小，安排市级教育费附加500万元用于综合教学楼建设，建设规模3527平方米。完成地勘，正在进行招投标工作。6. 市实验三幼：安排市级教育费附加500万元、市级财政基建资金480万元用于建筑面积6030平方米的综合楼建设，初步设计完成评审，老教学楼已拆除，正在进行项目招投标前期工作。7. 安排市级教育费附加264万元，用于市特殊教育学校的室外工程，计划建设150米环形跑道1个，篮球场1个，羽毛球场1个及一些体育设施。正在施工中。

（李德文）

招生考试

【普通高考录取】 2010年，全市共有17587人人应往届普通高中毕业生报名参加普通高考，比上年减少1046人，共有12959名考生被大专院校录取，比上年增加了2154人。其中：第一批本科院校录取1390人（理工1175人，文史215人；其中：北大3人，清华5人，空军航空大学2人），第二批本科院校录取3741人（理工2186人，文史1555人），第三批本科1934人（理工766人，文史1168人），高职专科5415人（理工2610，文史2805）。

（李德文）

【中职单报高职录取】 2010年，全市共有772名中等职业学校毕业生报考高等职业院校，比上年减少261人，被高等职业院校录取430人（本科6人，专科424人）。

（李德文）

【高校在校生中期选拔录取】 2010年，全市共有718名高校专科二年级在校生报名参加中期选拔，比上年增加63人，被本科院校选拔录取49人（理工18人，文史17人，艺术3人，体育1人）。

（李德文）

【普通高考录取率】 第一批本科院校录取率为7.9%，其中：理工类为11.94%，文史类为2.77%；第二批本科以上录取率为29.17%，其中：理工类为34.16%，文史类为22.84%；本科以上（含三本）录取率为40.17%，其中：理工类为41.95%，文史类为37.91%；专科以上录取率为70.96%；中职单报高职录取率84.15%，中期选拔录取率6.82%。

（李德文）

【成人高考】 全市成人高考报名人数为3353人，比2009年增加996人，其中：专升本1597人，比2009年增加181人；高升本273人，比2009年增加66人；高升专1483人，比2009年增加了595人。被各成人高等学校录取2567人，比2009年增加656人，录取率76.56%，比2009年下降了4.52个百分点。其中：专升本录取1276人，比2009年增加342人，录取率79.9%，比2009年增加了3.94个百分点；高升本录取230人，比2009年增加了39人，录取率84.25%比2009年下降了8.02个百分点；高升专录取1061人，比2009年增加275人，录取率71.54%，比2009年下降了16.97个百分点。

（李德文）

【初中升学统考】 全市31978名初中毕业生报名参加升学统考，136人被5所五年制专科校点录取，17401人被普通高中录取。

（李德文）

【高考资格审查】 市、县两级招生监察办公室共完成了4616名高考外省籍考生和享受政策性照顾的考生的资格审查。其中：审查外省籍考生243人，审查享受政策性照顾少数民族考生4000人，审查享受政策性照顾贫困县的汉族考生303人，审查享受政策性照顾省级优秀生2人，审查享受政策性照顾国家二级运动员2人，审查享受政策性照顾归侨和侨眷考生3人，审查享受政策性照顾农村独生子女和考生63人。

（李德文）

教育教学

【开展教学交流活动】 5月6日至7日，市教育局组织市实验小学、市实验二小，钟山区实验小学，水城县一小四所学校的10名教师到钟山区月照乡开展送课下乡交流活动。共带去在省、市优质课评选活动中获奖的袁野、吕敏敏、陈茜、支兰、杨旭的语文、数学、英语、音乐、科学5节课，月照乡也认真组织了语文、数学、英语3节课在活动上交流。月照乡及被邀请的附近乡镇的300余人次的教师参加了活动。

5月17，市教育局组织部分优秀教师到水城县果布戛乡进行教学交流活动。市实验二小、钟山区实验小学、水城县果布戛乡中心小学、水城县二小、水城县杨梅小学、水城县野钟乡小学、水城县野钟乡常明小学等学校共60余名教师参加活动。

12月7日，市教育局带队到六枝特区折溪乡开展教学交流活动。活动分两处进行，共开展教学交流课8节。一处由六盘水市实验小学校长方德顺、六盘水市实验二小副校长廖哲金带队到六枝特区折溪乡小学；另一处由市十二中副校长胡浪萍带队到六枝特区折溪乡中学。活动先由折溪乡的老师上汇报课，再由市里去的老师上示范课。

（李德文）

【第三届全国、全省中学理科实验教学与小学科学教研优秀论文评选】 7月28日，省教育厅公布“第三届全国中学理科实验教学与小学科学教研优秀论文”及“贵州省第三届中学理科实验教学与小学科学教研优秀论文”评选结果，市民族中学教师李莉的《乙醇化学性质研究》和市第十一中学教师杨红梅、邢文黔的《探究实验——初中化学教学永恒的魅力》获全国二等奖和省二等奖；盘县普田中学教师杨锐的《对“探究物质熔化、凝固温度变化规律”实验的改进》获省二等奖；钟山区荷城办事处中心学校教师聂晓勇的《初中生物学教学中开展德育教育浅析》和钟山区大湾中学教师谭友福的《制约农村中学物理实验教学的主要因素浅析》获省三等奖。

（李德文）

【省基础教育科研课题立项】 11月19日，省教育厅公布2010年贵州省基础教育省级立项教育科研课题，盘县一中教师陆艳的“让评课促进广大青年教师专业化发展”、市第十六中学教师李凤仙的“提高中学数学课堂教学有效性的策略与实践研究”、钟山区水钢二小教师苏其勇的“结构与选材促小学作文‘快’、‘乐’起来”、六盘水师范学院教师张龙的“新课程背景下高中体育与健康课程有效性教学实验研究”、六盘水师范学院教师杨永贵的“高中学生课外阅读活动现状调查与指导研究”获2010年贵州省基础教育重点教育科研课题立项；市民族中学教师何莉的“高中新课程改革背景下乡土地理的开发与应用研究”、六盘水师范学院教师伍友琴的“贵州省中学生诚信教育机制研究”、市三中教师潘虹的“对话教学在初中历史课堂教学中的实效性研究”、盘县一中教师王文兰的“大班额背景下有效提高课堂学习质量的研究与实验”、盘县一中教师翟春晖的“学生小组讨论对提高政治课堂教学有效性的实践研究”、市十六中教师宋鹏“‘先做后说，先学后教，当堂训练’的研究与实验”、市十六中教师周想红的“提高作业有效性的实践研究”、盘县六中教师蒋护国的“初中英语词汇拓展教与学教学法研究”、市十中教师牛红玲的“英文歌曲在初中听力课堂教学中应用研究”、盘县职业技术学校教师马显艳的“中等职业教育中基础课的情境创设教学与课堂效率的关系的实验与研究”、盘县六中教师曾双成的“初中英语听力学法研究”、钟山区教育局教研室教研员孙国典的“中小学学生作文难的原因研究”获 2010 年贵州省基础教育一般教育科研课题立项。

（李德文）

【市三中学生闫峻获全国高中数学联赛银奖】2009 年，闫峻以六盘水第一名的成绩进入贵州赛区参加复赛，2009 年 11 月 16 日，闫峻在复赛中以贵州省第一名的成绩被选拔参加全国决赛，2010 年 1 月 20 日，在重庆南开中学举行的决赛中，闫峻一路过关斩将，以 81 分的成绩获国家银牌。这是贵州省中学生首次在这一赛事上获得的最好比赛名次和成绩，改写了贵州在全国高中数学联赛中奖牌为零的历史。

六盘水市 2010 年各类教育情况统计

类别	幼儿园			
类型	公办	民办	企办	合计
学校数（个）	45	110	10	165
教学点（个）	379	90	—	469
班数（个）	587	573	58	1218
毕业生数（人）	14915	6242	635	21792
招生数（人）	23352	16719	2052	42123
在校生数（人）	26085	23252	2304	51641
入学率（%）	—	—	—	44.8
教职工数（人）	506	1188	160	1854
专任教师数（人）	372	666	94	1132
教师学历合格率（%）	—	—	—	96.29
代课教师数（人）	17	—	—	17
校舍（立方米）	—	—	—	135219
备注	教学点为小学附设学前班			
类别	小　学			
类型	公办	民办	企办	合计
学校数（个）	845	56	—	901
教学点（个）	155	2	—	157
班数（个）	7643	593	—	8236
毕业生数（人）	71967	4330	—	76297
招生数（人）	46425	4159	—	50584
在校生数（人）	327310	27775	—	355085
入学率（%）	—	—	—	99.70
毛入学率（%）	—	—	—	108.72
辍学率（%）	—	—	—	0.22
教职工数（人）	—	—	—	15097
专任教师数（人）	—	—	—	14430
教师学历合格率（%）	—	—	—	97.74
代课教师数（人）	454	35	—	489
校舍（立方米）	—	—	—	1426679
类别	初　中			
类型	公办	民办	企办	合计
学校数（个）	162	24	—	186
教学点（个）	45	20	—	65
班数（人）	3133	149	—	3282
毕业生数（人）	50454	1802	—	52256
招生数（人）	69826	2997	—	72823
在校生数（人）	186533	8273	—	194806
入学率（%）	—	—	—	85.18
毛入学率（%）	—	—	—	102.54
辍学率（%）	—	—	—	5.27
教职工数（人）	8611	391	—	9002
专任教师数（人）	7991	303	—	8294
教师学历合格率（%）	—	—	—	98.07
代课教师数（人）	50	3	—	53
校舍（立方米）	—	—	—	846499
备注	教学点为九年一贯制学校			
类别	高（完）中			
类型	公办	民办	企办	合计
学校数（个）	25	6	—	31
教学点（个）	10		—	10
班数（个）	750	14	—	764
毕业生数（人）	14533	164	—	14697
招生数（人）	20137	306	—	20443
在校生数（人）	50732	560	—	51292

毛入学率（%）	—	—	—	33.88
教职工数（人）	2614	54	—	2668
专任教师数（人）	2340	42	—	2382
教师学历合格率（%）	—	—	—	93.91
校舍（立方米）	—	—	—	607870
备注	教学点为高级中学			
类别	中　职			
类型	公办	民办	企办	合计
学校数（个）	5	10	3	18
毕业生数（个）	—	—	—	4870
招生数（个）	14538	1117	311	15966
在校生数（人）	28101	3903	1334	33338
毛入学率（%）	—	—	—	14.15
教职工数（人）	—	—	—	858
专任教师数（人）	387	283	188	858
校舍（立方米）	—	—	—	113661
备注	含师专、职院、电大中专部学生			
类别	高　校			
类型	师院	职院	电大	合计
学校数（个）	1	1	1	—
毕业生数（人）	1265	692	—	1957
招生数（人）	1692	823	—	2515
在校生数（人）	4620	2238	—	6858
教职工数（人）	456	380	38	863
专任教师数（人）	295	215	34	525
校舍（立方米）	141863	121332	3157	266352

类别	特殊学校			
类型	公办	民办	企办	合计
学校数（个）	3	—	—	—
班数（个）	31	—	—	—
毕业生数（人）	113	—	—	—
招生数（人）	190	—	—	—
在校生数（人）	1097	—	—	—
教职工数（人）	93	—	—	—
专任教师数（人）	77	—	—	—
校舍（立方米）	8419	—	—	—
类别	工读学校			
类型	公办	民办	企办	合计
学校数（个）	1			
班数（个）	7			
毕业生数（人）	211			
招生数（人）	397			
在校生数（人）	186			
教职工数（人）	57			

类别	合　计
学校数（个）	1308
教学点（个）	157
在校生数（人）	694303
教职工数（人）	30503
专任教师（人）	27753
代课教师（人）	559
校舍（立方米）	3404699

（李德文）

科学技术

【概述】 2010年，六盘水市市级科技工作管理人员16人；县属研究机构2个，科技人员45人；科学技术信息与文献机构1个。

全年储备科技计划项目库115项，安排实施市级科技计划项目49项，安排计划经费700万元。其中：科技攻关计划9项57万元、节能减排计划5项94万元、科技成果推广计2项划16万元、科技合作计划6项250万元、星火计划3项28万元、重点新产品计划1项10万元、科技扶贫计划2项10万元、社会发展及软科学计划14项111.5万元、县区科技计划1项10万元，其他计划6项113.5万元。

全市共安排应用技术研究与开发资金（原科技三项费）6184万元，比上年增长37%。其中：市级安排700万元，比上年增长25%；县区共安排5484万元，比上年增长39%。

全面完成并形成了《六盘水市“十二五”科技发展战略研究》审议稿和《六盘水市“十二五”科技发展规划》审议稿。

六盘水市党风廉政教育基地落户在由市科技局立项支持建成的水城县百车河农业科技示范园，示范园已被确立为贵州省矿区无公害农业科技示范园。

经贵州省科技厅考核，市科技局获全省科技工作绩效考评三等奖。

（鲁　娇）

【争取国家、省级科技计划项目】 市科技局组织力量，积极向上争取资金，组织申报省级以上项目50项，获国家级、省级科技项目立项23项，资金总计1097万元。其中包括：(1)“真空脱羧发焦性没食子酸生产工艺”项目获国家创新基金支持60万元；(2)“‘雾峰’苦荞有机食品产业技术应用推广”项目获国家星火计划支持30万元；(3)“利用粒化高炉矿渣、粉煤灰废渣开发新型建材关键技术研究”项目获省级重大专项支持440万元；(4)“贵州典型鲕状高磷赤铁矿选矿产业化关键技术研究”项目获省级工业攻关计划支持100万元；(5)“煤矿井下大倾角带式输送机关键技术的研究”获省级工业攻关计划支持40万元等。

（鲁　娇）

【高层次人才培养】 六盘水市科技局坚持开展高层次人才（学科带头人）培养工作，年内受理和确定了6名培养对象列入培养计划，支持经费11.8万元。自2000年开展学科带头人培养工作以来，共选派了76名培养对象分赴各高等院校学习深造，资助培养经费96.9万元。

（鲁　娇）

【钟山区建设国家科技惠农先进科普基地】 六盘水（钟山）现代农业科技园通过市级、省级评审，上报国家审核被命名为国家科技惠农先进科普基地。9 月 12 日，全市基层组织“创先争优”工作现场会于 2010 年在科技园区内召开，全市 100 多名基层组织负责人到会，并在园区内进行了参观学习。园区内开展了机耕道路硬化、人行便道建设、排水沟清理、电源设施改造等项目，完成了 4000 米的机耕道路硬化，2000 米的人行便道土方挖掘，500 米排水沟的清理及电源设施改造。果树新品种引种试验园已引进梨、苹果、桃、葡萄、李、樱桃、杏、核桃等 13 个大类 123 个品种，面积 120 多亩，已初步筛选出部分适宜钟山区发展的优质果树品种。

（鲁　娇）

【六枝科技局开展抗旱救灾工作】　六枝科技局支持全区抗旱救灾工作：安排 3000 多元资金，对新窑乡鸭塘村两个水井进行改造及修复，基本解决部分村民的饮水问题；积极协调特区消防大队，为大用镇葡萄种植大户谭友才送水进行葡萄苗的种植；组织职工捐款，全局职工共 9 人捐款 520 元。

（鲁　娇）

【推进民营科技企业健康发展】　截至年底，全市经各级科技行政管理部门认定登记注册并通过年审的有 18 家民营科技企业，分别从事计算机、建材、精细化工、农业技术的开发、农产品加工、种养业、中医药研究等，初步形成了具有地方特色的民营科技企业技术开发与创新体系。

（鲁　娇）

【焦炉气新能源汽车试运行】　5 月 19 日，由六盘水新蓝天科技有限公司自行研发的焦炉气汽车在六盘水市中心城区开始运行，标志着焦炉气汽车示范运行工作正式启动。

六盘水新蓝天科技有限公司是一家从事汽车新能源开发的公司，长期从事焦炉气在汽车上应用的关键技术研究，目前在国内尚属首创，符合国家建设绿色、生态、循环、环保型国家的产业政策，拥有自主知识产权，并已通过六盘水市及贵州省的科技成果鉴定。其成果的推广应用，对未来六盘水节能减排、环境保护将起到积极的促进作用。

（鲁　娇）

【“车用焦炉气系列企业标准”通过专家论证】　市科技局、市质量技术监督局组织召开评审会，对六盘水新蓝天科技有限公司车用焦炉气系列企业标准的标准条文、技术要求和检验方法等进行审查和讨论，以相关国家标准为编制依据，按 GB/T1.1《标准化工作导则》要求编制了车用焦炉气 6 项企业标准，编写格式和内容符合规定，各项指标的设置基本符合引用标准及企业生产实际，与国家法律、法规及相关标准的要求相吻合。为该公司产品的生产及销售、质量监督与检验及市场准入提供了一项可遵循的技术要求，同时填补了中国在焦炉燃气使用方面的一项空白。

（鲁　娇）

【3 项科研成果获省科技进步奖励】　全市 2010 年有 3 项科技成果获省科技进步奖，分别是由首钢水城钢铁（集团）有限责任公司承担的《含铁资源的循环利用技术的开发与应用》《ER70S－6 气体保护焊丝钢的研制与开发》《含铁资源的循环利用技术的开发与应用》三个项目。

（鲁　娇）

【10 项科研项目通过市级科技成果鉴定】按照国家科技成果鉴定管理办法的规定，经六盘水市科学技术局组织专家鉴定的科技成果项有 10 项，分别是：《焦油扩能技术研究》《水钢 1 号高炉大渣量喷煤的研究与实践》《加工材品种钢生产平台的建立》《无槽轧制技术的开发与应用》《“三网合一”的研究与应用》《高碳钢盘条的研究与开发》《高性能 SWRH82B 盘条研发与产业

化》《抗震钢产业化生产综合技术攻关》《心率变异性分析在高血压中的应用》和《右侧颈内静脉长期血液透析导管植入在临床中的应用》。

（鲁　娇）

【节能减排经费逐年增加】　市科技局将节能减排作为科技项目计划的一项重要工作纳入市级科技计划体系中，共安排节能减排资金94万元，比上年增加了27万元。市科技局向省科技厅争取节能减排项目，六盘水智力达科技发展有限公司“废旧沥青青改性技术示范与推广”项目得到省科技成果推广计划20万元支持，六盘水恒远新型建材有限公司“利用粒化高炉矿渣、粉煤灰废渣开发新型建材关键技术研究”项目获得省科技厅重大成果专项资金440万元的支持。

（鲁　娇）

【市一家民营科技企业通过质量管理认证】　2010年，六盘水市民营科技企业六盘水金星机电设备有限公司通过GB/T19001－2008和ISO9001：2008标准质量管理体系认证。该企业生产的“节能自适应恒流充电机”拥有自主知识产权及多项国家专利及新型实用专利，曾获国家、省、市中小企业技术创新基金和专利产业化资金的支持。

（鲁　娇）

【知识产权工作规划部署】　市安排部署六盘水市知识产权事业“十二五”规划编制工作，完成了《六盘水市知识产权事业十二五发展规划》（初稿）。

下发《关于印发《六盘水市实施知识产权战略2010年度推进计划》的通知》（市府知办通〔2010〕3），对2010年六盘水市旅游业、农产品加工业以及宣传培训等知识产权重点工作进行了安排部署。

全省知识产权工作会议在贵阳召开，副省长孙国强代表省政府与各市（州、地）政府（行署）分管负责人、实施知识产权战略省直重点职能部门负责人签订2010年实施知识产权战略责任书，副市长范三川代表六盘水市人民政府签订了责任书。

（鲁　娇）

【专利申请及专利转化资助】　2010年，六盘水市专利申请70件，同比增长11.1%，占全省专利申请总量的1.6%，其中：发明专利17件，实用新型专利48件，外观设计专利5件；六盘水市专利授权56件，同比下降93.1%，占全省授权量的1.8%，发明、实用新型和外观设计分别授权7件、41件、8件。市知识产权局继续开展“六盘水市知识产权专项资金”资助工作。根据有关文件精神，2010年共资助15个专利申请，总计1.02万元。

（鲁　娇）

【县域经济知识产权试点工作有序开展】　六枝特区是全省首批10家县域经济知识产权试点县之一。六枝特区积极落实试点工作的“八个一”工程，做好六枝特区知识产权现状及对策调研，为六盘水其他县区知识产权工作开展发挥示范带头作用。

（鲁　娇）

【知识产权培训及宣传活动】　市科技局邀请贵州省知识产权局机关党委书记安守海到六盘水开展“十二五”实施知识产权战略专题培训，各县（区、特区）人民政府分管领导，全市科技（知识产权）、农业、质监、工商、文化、经贸、旅游系统的分管领导及具体工作人员共90余人参加培训。

在市知识产权局的统一安排下，盘县科技和知识产权局、六枝局、水城局、钟山局分别组织有关单位在盘县响水镇、六枝特区街心花园、双水、人民广场开展集中宣传咨询活动，共发放知识产权宣传资料12900多份，接受群众咨询360

余人次；六枝特区科技局、工商局还联系贵州省德华商标事务所现场为全区9家企业的12件商标申请办理商标注册手续，并对现场注册成功的6件商标注册费给予全额资助。

（鲁　娇）

【知识产权执法检查】 市知识产权局邀请省知识产权局，联合市工商局、市质监局、市食品药品监督管理局等单位到六枝特区和市中心区开展了4次知识产权专项执法检查，检查超市、药店8家，食品和儿童玩具、日用品和药品12300余种，立案17起。

（鲁　娇）

【举办知识产权宣传周和科技活动周】 4月20～4月26日，六盘水市组织开展形式多样的知识产权宣传周活动，全市共发放知识产权宣传资料22900多份，接受群众咨询460余人次；开展知识产权知识答题活动；开展知识产权现场办公活动；举办知识产权讲座；积极开展知识产权专项执法行动，重点查处侵犯“贵州茅台”、“神奇”、“益佰”、“陶华碧老干妈”、“习酒”、“黄果树”贵州省6件知名商标专用权行为，立案调查涉嫌侵犯“青岛啤酒纯生”注册商标专用权1起，暂扣啤酒共计400余件。

5月15～21日，市科技局组织开展2010年科技活动周，各相关单位累计投入资金10.5万余元，共开展技术培训145人次，发放技术宣传册1500册，展示宣传挂图330幅，发放知识产权、节能减排、防震减灾、科学抗旱、科普等方面的宣传资料11480份，接受咨询280余人次，防震应急演练1次，参加人数1276人，参加活动群众2.6万余人次。

（鲁　娇）

【市2家企业获贵州省首批中小企业知识产权战略推进工程实施单位】 经市知识产权局和市经信委推荐，贵州宏狮煤机制造有限公司和六盘水神驰生物科技有限公司获得批准，成为贵州省首批中小企业知识产权战略推进工程实施单位。实施周期为两年，实施期满后，省知识产权局、省经济和信息化委将对实施单位进行考核验收。

（鲁　娇）

【2项专利实施转化项目通过验收】 经考核，贵州省六枝特区宏奇制药有限公司和贵州宏狮煤机制造有限公司圆满完成了项目合同签订的各项任务及考核指标，2个项目均通过验收。

（鲁　娇）

【扎实开展马铃薯专项科技合作】 六盘水市2010年度省地科技合作马铃薯专项第一批项目共立项8个，项目资金160万元。分别为：“马铃薯淀粉废水臭氧降污及微孔、抗性淀粉的中试示范”、“六盘水马铃薯安全生产关键技术研究”、“六盘水市马铃薯种植区地质环境特征及其对马铃薯品质产量的影响”、“加工型专用马铃薯生产基地建设”、“马铃薯原地留存保鲜的环境因子剖析及品质跟踪”、“马铃薯实生籽育种及引种（续建）”、“马铃薯主要病虫害综合防治技术研究（续建）”、“脱毒种薯繁育基地建设（续建）”。第二批项目立项项目1个，项目资金200万元，用于“贵州六盘水马铃薯科技示范园建设”。

（鲁　娇）

【调研地质灾害隐患点】 市科技局局长刘开全、副局长蒲毅蕻在水城县科技局有关人员陪同下，到水城县果布戛乡枫香村大水井官寨地质灾害崩塌隐患点进行实地调研，并与水城县果布戛乡国土所就地质灾害崩塌隐患点签订了监测协议，补助2010年监测费5000元。

（鲁　娇）

【高寒山区杂交玉米新品种选育又获新成果】 由六盘水市科技局立项支持、六盘水职业技术学

院历经10年选育的玉米新品种荷玉1号通过贵州省农作物品种审定委员会审定。该品种适宜于在海拔1600米左右高寒山区种植，平均亩产达619.78千克，是高产稳产、耐低温、抗病、抗倒、优质的杂交玉米组合。

（鲁　娇）

【星火培训暨妇女培训】　全市2010年星火培训暨妇女培训工作完成培训12期，共培训学员519人，占任务数500人的103.8%，超额完成培训任务；其中培训妇女124人，占培训总人数的24%。

“十一五”规划以来，六盘水市获得国家级星火计划一般项目4个；获省级星火计划的立项项目16个，获星火计划资金89万元；市级安排星火计划项目18个，安排资金108万元。项目承担单位及企业自筹资金340万元，新增产值629万元，建立农业创新示范基地22个，示范种植面积8500亩，种养示范品种63个。

（鲁　娇）

【地震监测防震减灾工作】　国家“十五”项目安排的六盘水市地震观测点已运行了3年多，通过不断的完善和调试，现记录的数据已稳定。6月，六盘水市地震应急指挥中心大楼建设开工，地震台现有监测仪器将搬迁于此，预计2011年7月投入使用。

利用“5·12”和科技宣传周，在城市主要社区、街道和学校宣传防震减灾知识。5月12日在市科技局的领导下组织协同市应急办、市安监局组织了17家单位共同开展“防灾减灾日”有关活动，活动共发放由市科技局、市地震台汇编的《防震减灾宣传手册》1万余份。

5月12日下午，在市实验一小成功举办了地震应急演练活动，市实验一小2968名教职工参加了演练。演练结束后，六盘水市副市长范三川作了重要讲话，对该次实战演练取得的成绩给予了肯定。

（鲁　娇）

【编辑出版《六盘水科技》】　全年编辑出版《六盘水科技》4期，刊登学术论文49篇。在编辑出版的4期《六盘水科技》中，安排节能减排专刊2期，刊登论文20篇。

（鲁　娇）

【六盘水市生产力促进中心运行情况】　2010年，六盘水市生产力促进中心完成了113家生产型中小企业的摸底调查（六枝特区17家，盘县23家，水城县47家，钟山区26家）；完成省科技厅下达的创业风险投资调查的上报工作。

年内完成招考1名经济类专业人员的报名、初审工作；14人次参加了各级部门组织的各种培训；中心质量管理体系改版顺利完成，并通过专家审定。

完成2011年度市级项目申报的组织、审查、受理、查新工作，网上受理项目89个。代理申报省级以上项目13个（任务数7个），其中国家级项目4个：国家中小企业创新基金项目3个，国家星火计划项目1个，得到国家中小企业创新基金项目资助1个，企业获得无偿资金资助60万元；省级项目9个：重点成果转化项目2个，省跋涉企业创新基金项目1个，星火项目2个，专利转化推广项目2个，社发项目2个，得到立项6个，企业获得无偿资金资助84万元代理申报2011年市级项目22个。

（鲁　娇）

文化·体育·艺术

文化与体育

【机构改革】 2010年，原市文化局（市新闻出版局、市版权局）与市体育局合并为市文化体育局（市新闻出版局、市版权局）。将原市文化局（市新闻出版局、市版权局）、市体育事业局的职责和原市广播电视局的广播电视机构记者证和动漫（不含影视动漫和网络视听中的动漫节目）的管理职责划入市文化体育局（市新闻出版局、市版权局）；电影发行、放映、市场管理等职责划给市广播电影电视局；增加拟定文化市场发展规划和指导文化市场综合执法、对从事演艺活动和出版活动的民办机构进行监管的职责。人员编制：行政编制20名（含纪检监察1名）。领导职数为：局长1名、副局长3名、专职纪检监察员1名（副县级）、正副科长（主任）8名。工勤人员编制3名（含聘用1名）。局所有科室负责人均实行竞聘上岗。将原市文化局下属的市电影公司与钟山影剧院划入市广播电视局，将原市文化市场稽查支队更名为市文化市场综合执法支队，原市文物管理所更名为市文物局，原市少体校更名为市竞技体育管理中心，市体育场馆所更名为市体育场馆服务中心。新成立市非物质文化遗产保护中心和全民健身指导中心。市综合执法支队、市文物局、市图书馆升格为副县级单位，其中市综合执法支队、市文物局为参公单位。

机构改革后的市文化体育局下属事业单位有市文化市场综合执法支队、市文物局、市演出管理所、市图书馆、市文化创作室、市群众艺术馆、市体育彩票管理中心、市全民健身指导中心、市竞技体育管理中心、市体育场馆服务中心、市老年体育服务中心等，代管市新华书店。除市新华书店外，其余均为市财政全额预算管理的事业单位；市文工团转企改制工作稳步推进。市图书馆设岗位28个，其中：管理岗位4个，专业技术岗位22个（含双肩挑2个），工勤技能岗位2个，单位领导岗位3个，高级专业技术岗位7个，中级岗位8个，初级岗位9个。由固定用工制变为全员聘用制，由身份管理变为岗位管理。市群众艺术馆设置岗位9个，其中：管理岗位1个，专业技术岗位7个，工勤技能岗位1个，于5月完成所有岗位竞聘工作。

各县、特区、区通过机构改革后，把原文化、体育、广播、电视、旅游等职责职能整合为一处，设立新的各县、特区、区文体广电旅游局。

（余漫江）

【群众文体活动】 2010年全市文化体育系统组织了丰富多彩的文体活动。一是春节系列文体活动。市文体局举办了“健康春节·快乐家庭”春节健身活动；六枝特区举办了歌手大赛、广场文艺演出、猜灯谜、元宵晚会等系列活动；盘县举办的“盘州春韵”，开展了春联进万家、民族民间文体活动、民族民间文化展示、激情大舞台、戏曲文艺演出、“青春动力”新春演唱会、社区秧歌、舞龙表演、元宵晚会等系列活动；水城县和钟山区分别开展了春节慰问演出、春节文体活动、迎春晚会及迎春音乐会等形式多样的春节系列文体活动。二是在少数民族传统节日节会上开展各类丰富多彩的文体活动。有农历正月初十，六枝特区梭戛乡苗族同胞举行的“跳花节”；农历二月十五，水城县苗族同胞在南开三口塘举行一年一度的苗族跳花节；农历三月十五，水城县青林乡举行的“第三届苗族芦笙艺术节”；农历六月六布依族同胞举行的“六月六布依族歌舞节”；农历六月二十四日，境内彝族同胞的彝族火把节等。三是部门文体活动形式多样，主题鲜明。2010 年，市级各部门开展群众文体活动 30 余次，参与人数上万人，主要有市委宣传部、教育局等多家单位联合举办的“祖国好、家乡美”主题实践活动，市文化体育局和市直机关工委、水盘高速公路公司、国土局等单位联合举办的职工运动会等。

（余漫江）

【凉都消夏文化节】 2010 年“中国凉都·六盘水消夏文化节”的主题是：“欢快和谐、运动健康，活力凉都、宜居宜业”。7 月 28 日至 8 月 18 日的集中活动时间内，共举办了涉及 4 大类的 24 个文体项目。文艺演出类主要举办了由“中国煤矿文工团”承担的大型文艺演出暨开幕式、中国歌剧舞剧院的交响音乐会、第二届全市少儿艺术节、中国京剧票友“相聚凉都消夏艺术节”、大型广场文化周文艺展演、六盘水首届原创歌曲大赛和在双水举办的大型文艺演出暨闭幕式活动等。体育竞技类主要举办了 2010 中国凉都杯全国业余围棋赛、“商行杯”第七届全国桥牌邀请赛、健身项目大型展示活动、中国凉都全国武术散打邀请赛、六盘水高原半程马拉松比赛、全国业余网球精英大赛、全省男子业余足球邀请赛、沙滩排球赛等活动。文化展览类主要举行了 2010 年中国凉都赏石博览会、城市建设展示会、六盘水民间收藏品展览、盆景园艺交流展览、书法、美术、水城农民画、摄影作品精品展等活动。商贸旅游类主要举行了“‘绿色·发展’六盘水大型车展”、“中国凉都休闲体验游”、“2010 年中国凉都招商贸易洽谈会”等活动。在消夏文化节期间还举办了第三届“听多彩贵州之声，说魅力贵州”——全国 50 家广播电台著名主持人走进六盘水大型采访直播活动以及邀请到全国近 50 家城市门户网站走进六盘水体验凉都魅力，全面报道“凉都”品牌和旅游资源。8 月 8 日，在黄土坡体育场展示了“凉都第一套腰鼓”、“二十四式太极拳”、“职工大众广播操”、“健身气功八段锦”、“功夫扇”、“第四套健身秧歌”等，吸引了数万观众到场观看。

（余漫江）

【水城农民画再创佳绩】 5 月份，“水城农民画”获中华人民共和国第十五届群星奖的群星项目奖；6 月份，文化部在浙江省举办的第四届秀洲·中国农民画艺术节上，水城县选送的 10 幅农民画作品全部入展，并获得“3 金 1 银”的好成绩；6 月底，在中国文学艺术界联合会、中国美术家协会、中共浙江省委宣传部、浙江省文学艺术界联合会主办的“农民画时代”全国美术展览上，水城县选送的《暖风吹过山梁》等 7 件美术作品全部入选。

（余漫江）

【民间艺人上海世博会展演】 8 月 22 日至 26 日，在上海世博园区内的贵州文化活动周上，盘县花苗支系的大筒箫演奏在世博园区宝钢舞台亮相，演出获得观众一致好评。六枝梭戛长角苗刺绣、蜡染，盘县淤泥乡彝族歌手演唱的原生态民歌《山歌出在淤泥河》，水城农民画、苗族芦笙舞等也参加了此次展示活动。

（余漫江）

【文物与第三批特色文化村寨】 全市继续开展第三次全国文物普查工作，全市不可移动文物总量由过去的210处，增加为621处，总量翻了3番。各县（特区、区）都有大量新发现，其中盘县李氏院落、红果小冲碑林为全国文物普查重大新发现。

9月1日下午，市文化体育局组织召开了全市第三批“中国凉都·六盘水特色文化村寨”评审会。各位专家对4个县（特区、区）申报的近20个村寨进行认真评审，最终六枝特区新窑乡桥梁村、盘县乐民镇普彝村、盘县西冲镇小河村、水城县金盆乡大寨村以及钟山区凤凰街道广场社区5个村寨（社区）入选。

（余漫江）

【乡镇综合文化站建设】 水城县24个乡镇第4批新增中央投资乡镇综合文化站建设项目中，有金盆乡、勺米乡、都格乡、果布戛乡、野钟乡5个竣工验收，有青林乡、发箐乡、双戛乡、玉舍乡、杨梅乡、新街乡、营盘乡、顺场乡、红岩乡、蟠龙乡、盐井乡、比德乡、化乐乡13个基本竣工等待验收，有阿戛乡、坪寨乡、南开乡3个正在施工建设，有董地乡、纸厂乡、鸡场乡3个因变更修建地点，正在进行基础建设。六枝特区平寨镇、新华乡、毛口乡、洒志乡4个已开工建设。全市41个乡（镇）综合文化站的建设项目已全部投入建设，完工率达83%。

（余漫江）

【文化工程】 截止到2010年，全市文化信息资源共享工程，完成了4个县级支中心及947个村级基层点的建设任务。在5月份召开的全省社文工作会上，省文化厅对评为先进集体的盘县支中心、水城县双戛乡中箐村和钟山区老鹰山镇陆家坝村基层点进行了表彰并授牌。作为贵州数字图书馆10个试点之一的六枝特区图书馆，正式免费面向读者开放。2010年，全面完成了上一年申报的180个“农家书屋”的物资接收和转运工作，6月底以前确保了外版图书的全部到位。全年完成了300个“农家书屋”建设项目的申报工作。市新闻出版局又组织各县（特区、区）新闻出版局开展了以“我的书屋，我的家”为主题的演讲比赛等活动。

（余漫江）

【非物质文化遗产保护与文化遗产宣传】 在2009年非物质文化遗产普查工作全面结束的基础上，2010年非物质文化遗产工作进入申报和保护阶段。一是完成了第二批省级项目代表性传承人推荐工作，有12名传承人（梭戛箐苗彩色服饰艺术与传统美术传承人熊光珍、布依盘歌与民间文学传承人吴庭贵、苗族芦笙舞与传统舞蹈传承人王贵民、彝族古歌与民间文学传承人车秀花、苗族三眼箫与传统音乐传承人王兴洪、姊妹箫与传统音乐传承人伍荣林、布依族吹打乐与传统音乐传承人王仕飞、羊皮鼓舞与传统舞蹈传承人夏成权、芦笙制作技艺与传统技艺传承人王海生、苗族服饰与传统技艺传承人熊兴兰、土法造纸工艺与传统技艺传承人何联庆、布依服饰与民俗传承人白永秀）列入第二批省级非物质文化遗产代表性传承人名单。二是积极制定名录项目保护规划，完成了盘县“布依族盘歌”、六枝“梭戛箐苗彩色服饰”、水城“苗族芦笙舞”3个国家级项目的“十二五”保护规划编制工作。三是认真组织了“文化遗产日”期间的宣传活动，共展出展板20块，接待群众咨询近100条。四是开展非物质文化遗产名录申报工作，盘县“淤泥彝族山歌”列入了第三批国家级非物质文化遗产代表作名录。五是推进文化生态保护区工作，完成了全市自然遗产和文化遗产的总体规划，初步规划文化生态保护区11个。六是推进非物质文化遗产传习所和生产性示范基地的建设，完成了梭戛箐苗彩色服饰生产性保护规划。七是做好非物质文化遗产研究工作，对“盘县马场大花苗支系民族器乐调查研究”课题进行了资料搜集。八是对全市苗族各支系服饰艺术进行了录音、录像等资料搜集。

5月18日、6月12日，市、县文化部门在市中心城区、六枝特区、盘县等地分别开展了文化遗产保护集中宣传活动。共展出展板20块，内容概括了六盘水市文化遗产、省级以上文物保护单位与典型民族文化村寨、全市文物保护工作现状、境内出土文物、省级以上非物质文化遗产代表作名录等200多幅图片。活动中还向群众宣传了第三次文物普查工作，展示了六盘水市文物普查新发现，传授文物保护法律、法规和文化遗产保护知识。

（余漫江）

【文化产业经营及管理】 2010年全市从事文化产业的个体工商户547家，从业人员1902人，固定资产原价12309万元，营业收入9947万元，营业支出7099万元，缴纳税费574万元；企业225家，从业人员1146人，固定资产原价9375万元，营业收入5120万元，缴纳税费91万元；执行行政事业会计制度的单位146家，从业人员606人，固定资产原价2382万元，营业收入2611万元。全市共有综合性歌舞娱乐场所86家，音像制品出租零售共计315家，大型电子游戏机（电玩）107家，棋牌室198家、文化艺术培训班15家、互联网上网服务营业场所194家，近12000余台电脑，全市文化市场从业人员约有4600余人，年创税900余万元。

按照文化部和省文化厅的有关文件精神，全市开展了多次网吧专项整治行动，各级文化行政主管部门共出动执法人员3400多人（次），检查网吧经营场所1533家（次），查处违法经营网吧41家（次），处1500元以上罚款的13家，停业整顿6家，吊销“网络文化经营许可证”1家。经过整治，基本杜绝了网吧接纳未成年人的现象。

为规范音像市场，市新闻出版局、版权局开展了多次集中整治行动。一是在“4·26知识产权宣传周”活动中，分组对全市音像市场进行了检查，共检查音像制品经营单位232家（次），收缴盗版DVD音像制品1900余盘，淫秽色情光盘180余盘，非法刻录光盘200余盘，非法电脑软件2800余盘，共销毁违法音像制品15000余盘。二是明确重点整治区域，以明湖高架桥、建设路、老城等音像制品批发、零售经营单位为重点，严厉打击盗版、侵权等违法行为。三是对大中型超市、商场经营的音像制品进行认真清查，有效杜绝了非法音像制品流入。四是加大对游商、地摊经营非法音像制品的打击力度，在全市城区开展大规模检查，对火车站、客车站、大中型商场旁的游商予以查处，共取缔非法经营盗版音像制品的地摊、游商21个。

市文化体育局多次会同公安、工商、消防等部门联合对六枝特区、盘县、水城县、钟山区娱乐场所经营情况进行了督察。检查人员采取明察暗访等方式对娱乐场所进行了检查，并就消防通道检查、新型毒品的识别方法、毒品的危害等向娱乐场所从业人员进行了详细讲解，要求各经营场所负责人切实抓好娱乐场所的禁毒宣传等工作。全年共检查歌舞娱乐场所60余家（次），电子游戏（艺）厅148家，限期整改歌舞娱乐场所7家，停业整顿1家，配合公安部门销毁赌博游戏机13台。

市文体局文化市场执法支队于2010年10月底组织各县（特区、区）开展交叉执法检查工作。通过督察和与各县（特区、区）之间交叉检查相结合的形式，为全市文化市场执法人员提供了交流的平台，创造了相互学习，取长补短的好机会。

市文化市场综合执法支队依法对市内5家涉嫌网络侵权、盗版的网站（服务器）进行检查，关停4家盗版、侵权网站，依法扣押服务器2台，有效打击了网络侵权、盗版行为，有力配合了国家新闻出版总署“2010剑网行动”。

市“扫黄打非”办制定了全市的“扫黄打非”专项行动方案，并联合公安、工商、城建等相关部门，严格坚持“六查”行动。一查政治性非法出版物，共计收缴4个品种政治非法出版物17册；二查淫秽色情出版物，重点查缴淫秽色情“口袋本”图书、有害卡通画册和淫秽色情光盘，收缴各类非法出版物150余册；三查盗版游戏软件和盗版的教辅读物，收缴盗版教辅读物1250余册，收缴非法出版物13260余册；四查报刊经营点，共收缴非法报刊600余份，并依法对其进行了处理；五查无证经营出版物地摊、游商，查处了非法经营出版物游商1个，取缔了非法经营出版物活动地摊7个；六查非法出版物源头印刷企业，重点检查有违法违规记录的印刷企业。

（余漫江）

【文体活动】 6月9日晚，由市文化体育局承办的“全国15煤城人大工作会议文艺晚会”在市明湖宾馆举行。晚会上，文艺工作者精心编排的极具地方特色的文艺演出博得观众阵阵掌声，民间艺人们表演的《彝族铃铛舞》《彝族酒令》《苗族芦笙舞》《山歌出在淤泥河》以及添丽舞蹈学校的孩子表演的《花场苗童》等节目充分向外界展示了凉都多彩的民族文化。

7月29日晚，由市委、市政府主办的“2010年中国凉都·六盘水消夏文化节‘凉都之夏交响音乐会’”在市人民广场旁的凉都影城举行。中国歌剧舞剧院的刘凤德（指挥）、刘振兴（钢琴独奏）、张航（首席）等参加演出。演奏了《红旗颂交响序曲》《茉莉花》《卡门》序曲、《匈牙利舞曲第5号》《雷电波尔卡》《蓝色多瑙河》圆舞曲、《二泉映月》、钢琴协奏曲《黄河》等10余首曲目。

消夏文化节期间，由市文化体育局承办的“2010大型广场文化周文艺展演”于7月30日至8月5日在市人民广场举行。来自4个县（特区、区）和驻市工矿企业、民办教育协会的7支参演代表队为市民带来了精心组织编排的7台文艺演出。消夏文化节组委会向各参演单位分别授予了“‘双创双建’优秀节目奖”和“文艺展演奖”。

2010年消夏文化节期间，市文化体育局组织了“全市第二届少儿艺术节”。来自4个县（特区、区）的文化、教育部门以及市直代表队的80多个涵盖舞蹈、歌唱、器乐、小品等形式的节目，以5台少儿综合文艺晚会呈现给凉都市民。其中，《梦之瑶》《飞吧，小海鸥》《西域小天使》《花裙子飘起来》《小小丫》《花场苗童》《欢乐牧童》《蓝天下》《快乐女孩》《爱我家园》等节目获得了2010年消夏节组委会颁发的“优秀文艺节目”展演奖。

为配合“多彩贵州·戏剧小品大赛六盘水选拔赛”，市文化体育局组织、联络全市戏剧创作人员开展剧本创作与表演辅导等工作。征集到剧本70余个，遴选出40个下发各县（特区、区）相关部门组织排演。

全年市文化体育局开展“文化三下乡”活动10余次，各县（特区、区）文体局也相应开展了该项活动，场次达30余场。

2010年，市老体协共组织门球、网球、乒乓球、柔力球、象棋、钓鱼、健身球、桥牌等22个项目的比赛，参加的老年人达2800余人（次）。9月上旬，市老体协承办了滇桂黔3省（区）9市（州、地）老年体育协作赛，共有来自云南曲靖、广西百色、贵州安顺等10支代表队160多名老年运动员参加了门球、象棋等项目的比赛。

市文体局与德坞镇德宏社区开展“互助共建”活动，拟定了涵盖党建联席会议、主题实践、关怀和帮扶、文化娱乐、文明共创等方面内容的互助共建计划，为德宏社区配置了计算机、传真机、乒乓球等办公设备、体育器材以及配送了图书，为社区培训文化体育人才、文化体育骨干，联合开展了禁毒宣传、文化联谊等活动。

（余漫江）

【文体培训】 9月27日至29日，市文化体育局举办了“2010年全市戏剧创作、导演、表演培训班”。邀请到了贵州省戏剧创作中心主任、一级编剧马军，贵州大学艺术学院戏剧系副主任张海冰，贵阳市群众艺术馆戏剧编导、2010年“多彩贵州”小品大赛专业组金奖获得者邹海莲3位老师到场授课。共培训来自4个县（特区、区）和驻市大企业的学员60余人。10月28日，市文化市场综合执法支队组织全市23名文化市场执法骨干进行业务培训。就执法过程中存在的突出、疑难问题和相关业务知识进行详细讲解。

2010年，市直文化体育系统共开展了游泳救生员，田径裁判，门球裁判、教练等培训工作，有80余人参加了培训；组织了一期网吧业主培训班，全市有194家网吧业主或负责人参加培训，学习了网吧管理的法律法规及网吧管理规定；举办一期全市二级社会体育指导员及健身气功新功法（马五堆导引术）的培训班，来自各乡（镇）及各健身活动站（点）的近100人参加了培训；市群艺馆、市文工团等常年开展器乐、舞蹈、美术、音乐、戏剧等少儿文化艺术培训工作。

（余漫江）

【体育设施建设】 黄土坡体育中心改造一期工程包括体育场改造和灯光球场改造2个标段，总投资556万元，投资来源于体育彩票公益金，不足部分257万元借用财政资金，然后用未来2年的体育彩票公益金偿还。工程于2010年消夏文化节开幕前完成并投入使用。截止到2010年，全市共修建了“农民体育健身工程”70个，涉及全市52个乡（镇），场地面积达4万平方米，受益人群达10万人以上。建成8条“全民健身路径”，总投资40万元。

（余漫江）

【全市竞技体育创佳绩】 在2010年贵州省第二届青少年运动会上，全市运动员在体操、田径等13个项目中取得金牌10枚、银牌28枚、铜牌16枚、第四名17个、第五名20个、第六名26个、第七名14个、第八名16个；在省民运会上分别在押加、射弩2个项目获得金牌；在省残运会上分别获乒乓球、飞镖、羽毛球、射击4个项目金牌4块、银牌2块、铜牌1块；在贵州省越野锦标赛上分别获第四名、第五名、第七名；在2010年中国贵州黄果树国际半程马拉松赛上，分别获乙组半程马拉松接力第七名、女子半程马拉松第六名；在重庆南滨路半程马拉松邀请赛中，分别获女子10千米比赛第一名、第三名和第六名，男子10千米第三名、第八名，半程马拉松赛第四名、第七名。

（余漫江）

【老王山运动训练基地前期工作】 副省长、省863专家谢庆生和省体育局根据在全省范围内开展的高原运动训练和各类高原赛事实践，经过在全省范围内多次走访、考察，最终选定六枝特区老王山与清镇市作为国家多梯度运动训练基地项目的建设地点。老王山拟建为“聚合式生态型水陆多梯度运动训练基地”。省委书记栗战书和省长赵克志均要求省体育局按照评审意见，尽快以省人民政府和体育总局的名义向国家发改委申请立项。该项目各项前期准备工作进展顺利，计划投资4亿元，建筑面积约15万平方米，占地约103公顷，预计两年内完成。

（余漫江）

【体育协会与体育彩票】 2010年市文体局对全市体育单项协会、俱乐部进行检查调研，并与民间组织管理局协作完成了对协会、俱乐部的年度检查。全市有体育单项协会和俱乐部18家。截止到2010年10月底，全市体育彩票共计销售6571万元，其中：电脑彩票销售5259万元，“顶呱刮”即开型体育彩票销售1312万元，为国家筹集体彩公益金2300万元。与2009年同期销售的5523万元相比，增加1048万元，增长率为

19%，位列全省前3位。

（余漫江）

文学艺术

【“三下乡”活动】 2010年2月1日，由市委宣传部、市文联主办的“科技、文化、卫生、法律”下乡文艺演出，在水城县蟠龙乡发那村拉开序幕，市文联组织音乐、舞蹈、曲艺协会的文艺家为老百姓献上了丰富多彩的文艺演出；书法家现场为老百姓书写春联800余幅。2月3日，在水钢进行慰问活动，市书协的书法家现场为水钢职工义务书写春联500余幅。2月4日，在钟山区汪家寨镇进行慰问活动，市书协的书法家现场为村民义务书写春联800余幅。市文联曲艺家协会组织创作的相声《双创双建好》等节目，于11月19日，参加了市委宣传部在盘县平关镇举办的“文化、科技、卫生”三下乡文艺演出活动。

（敖　波）

【市文联第五届代表大会】 6月24～25日，市文学艺术界联合会第五届代表大会在钟山区会展中心举行，大会选举了市文联新一届文联委员会领导班子及所属各协会理事会、主席、副主席等。徐永俊当选为第五届文联委员会主席，吴学良、方坤、石忠华当选为副主席。

（敖　波）

【小品剧本创作】 6月中旬，市委宣传部开展了“多彩贵州小品大赛”小品剧本创作，市文联组织市作家协会与戏剧家协会负责创作，共收集了70余件小品剧本。经过选拔，有39个小品剧本进入全市比赛。

（敖　波）

【市曲协指导和表演节目】 6月24日，市曲艺家协会会员朱鸿宝帮助凤凰中心学校编排的群口快板《凤凰中心学校赞》，在贵州省语言文字委员会对钟山区教育系统语言文字工作检查中，受到省语委会专家好评。6月27日，由市曲艺家协会策划，钟山公安分局和钟山区教育局联合举办，首钢水钢集团公司与市曲艺家协会协办的共建平安校园授牌仪式暨文艺演出在水钢俱乐部举行。市曲协组织12个节目参加演出。

（敖　波）

【快板《腾飞图》参加全国少数民族曲艺展演】 由中国文联、国家民委、贵州省人民政府、中国曲艺家协会联合主办的“第四届全国少数民族曲艺展演暨贵州曲艺文化周”活动，于7月11日至16日在贵阳举行；来自全国15个省、市、自治区的36个少数民族曲艺节目参加展演；市曲艺演员朱鸿宝表演的快板《腾飞图》受邀参加演出，并获“第四届全国少数民族曲艺展演”荣誉演出证书。

（敖　波）

【抗旱救灾活动】 4月14日，市文联曲艺家协会联合六盘水心连心艺术团、水城县广辉砖厂、精彩庆典公司，到水城县双戛乡进行抗旱救灾捐助暨送文化下乡活动；为灾区捐助大米5000斤，矿泉水10000瓶，并献上1台精彩的文艺节目。4月22日，市文联舞蹈家协会与共青团水城县委在水城县阿戛乡小学举办了抗旱捐赠暨送文化下乡活动；为灾区捐助善款5300元，矿泉水10000瓶，书包40余个，并组织小演员在阿戛小学表演舞蹈。4月24日，市文联曲艺家协会与水钢报社等单位联合，到水城县猴场乡格支村开展抗旱救灾慰问暨送文化进村活动；捐助大米2500斤，市曲艺家协会的25名演员为格支村老百姓送上了15个精彩的文艺节目。

（敖　波）

【美术、书法、摄影精品展】 7月30日，“2010年凉都消夏文化节——美术、书法、摄影精品展”在凉都宫开展，展出国画、书法、油画、摄影、版画、农民画6个艺术种类的200余幅作品受到广大市民和文艺爱好者的热情关注。

国庆前夕，庆祝中华人民共和国成立61周年水钢职工书画、摄影展分别在水钢机关橱窗和宣传部橱窗展出，展出作品37幅。

10月11日，水城县教育局与市书法家协会、水城县书法家协会举办金秋书画笔会，与会的10余位书画家挥毫泼墨，留下了数十幅书画作品。

10月13日，由市委宣传部、市文联主办的“聚焦六盘水——六盘水市实施西部大开发十周年暨‘十一五’建设成果大型图片展览”在人民广场开幕，市委副书记何冀，市委常委、宣传部部长袁仁庆等市领导出席了剪彩仪式，展出150块展板，1500余幅图片，让参观群众较为全面地了解全市实施西部大开发10年和“十一五”期间各行业取得的成就。

（敖　波）

【《新都市文学》改版】 7月中旬，改版后的第四期《新都市文学》与观众见面，杂志从原来的64页，增加到96页，提高了设计与印刷质量，同时增加了创作稿费。

（敖　波）

【音乐考级与讲座】 8月22日，市文联和市音乐家协会主办的“中国音乐家协会音乐考级六盘水考点”拉开序幕，分为钢琴、古筝、电子琴、打击乐、声乐5个艺术种类，考生突破1200人，是历年报考人数最多的一次，考试于8月23日结束。应市音协的邀请，中央音乐学院教授、著名音乐作曲家安平，于10月23日至24日进行了题为“世界音乐与音乐创作”的专题讲座，近500人聆听了讲座。

（敖　波）

【高守亚、袁仁庆的作品】 11月6号，六盘水市作家高守亚作品研讨会在钟山区会展中心召开，市委常委、宣传部部长袁仁庆在开幕式上作了讲话，市文联主席徐永俊等21人出席。《人民文学》刊发了六盘水市作家袁仁庆的报告文学《品味茅台》。

（敖　波）

【六盘水市文艺作品获奖】 8月，在中国民协和宁夏回族自治区主办的2010年全国农民画展上。六盘水市选送的参展作品获奖情况为：徐承贵的《摘毛栗》获一等奖，杨明英的《夺爱》、熊兴兰的《井水》获二等奖，徐承波的《彝族抢亲》、杨明芬的《出嫁》三等奖，董成等5位作者的作品获优秀奖。

9月，在省“多彩贵州小品大赛”决赛中，六盘水市胡鹏、杨果等表演的小品《旱井》获铜鼓奖。

10月9日，在省交通运输厅和省文联举办的“首届交通运输杯多彩贵州书画人赛”上，六盘水市画家李雷的油画作品获油画类金奖，书法家吴勇的书法作品获书法类优秀奖。

12月，在省“多彩贵州音乐作品创作大赛”中，六盘水市张戈作曲、张先宇作词的《醉在凉都》获优秀奖。

六盘水市书法家吴勇在省第四届政府文艺奖评选中获得书法作品一等奖，其作品入展全国首届篆书展、全国著名中青年书法家50人手卷精品展。陈侃、易晓亮的作品入展中国书协主办的“第二届西部书法大展”，陈侃获省“黔冠杯”首届书法篆刻精品展三等奖。

王如柏的七律诗《全民抗旱颂》，在贵州省第二届“福彩杯”老年文化艺术节上获一等奖；传记文学《我从白丁走来》，在北京举办的“中国作家金秋笔会”上，被评为传记文学类一等奖；贵州老年书画研究院授予王如柏“突出贡献奖”。

在第三届“神州风韵”全国剪纸大赛暨首届

全国剪纸创意大赛中，六枝特区平寨镇中学教师陈文洪创作的作品《开关》获三等奖，其作品《苗乡嫁女》在“中国婚俗剪纸大赛中”获三等奖。

（敖　波）

2010年六盘水文艺书籍出版情况

作者	书名	体裁	出版社
杨小天	《金永福作品评论集》	文艺评论	
杨小天	《吴学良作品评论集》	文艺评论	
祝发能	《祝发能短诗选》	诗集	大众文艺出版社
祝发能	《存在与虚无》	文艺评论	
祝发能	《钟山文丛》		内蒙古人民出版社
张嘉谚 祝发能	《鹰行大地》	诗集	
姜金亮	《境界》	长篇小说	
陈再高	《流星拾韵》	诗集	
赵平湘	《早飞的鹰》	诗集	
李恒	《日子深处有阳光》	散文	西南交通大学出版社
胡红莲	《家里家外》	小说	作家出版社
何爱蓉	《我是仁者》	散文	中国文联出版社
张美祥	《老农心血》	散文	云南省新闻出版局出版
吴先济	《城南草堂》	散文	中国文联出版社

（敖　波）

卫生·旅游

卫　生

【概述】　2010年，全市有卫生机构1465个，其中：医院44个，社区卫生服务机构59个，乡（镇）卫生院97个，村卫生室1054个，疾病预防控制机构6个，卫生监督所5个，妇幼保健机构4个。有卫生技术人员8667人，其中：职业（助理）医师3520人，注册护士3119人；每1000人有卫生技术人员2.79人，执业（助理）医师1.13人，注册护士1人；乡村医生中专学历教育招生378人、培训全科医生60人和社区护士70人。

县级以上中医院2所，省级重点中医专科2个、农村中医特色专科专病项目2个、针灸理疗康复特色专科项目2个、急诊急救能力建设项目1个，中药房项目2个；中央投入50万元建设水城县中医院中药房、投入30万元建设六枝平寨镇卫生院农村针灸理疗康复特色专科。

盘县、水城县、钟山区人民医院均进行改扩建，总投入19210万元，建筑规模达85600平方米；3个乡卫生院建设规模1380平方米，总投资300万元；年内建成标准村卫生室250所，总投资1402.6万元。

建立城镇居民健康档案19.8万份，建档率30.96%；建立农村居民健康档案26.4万份，建档率10.9%；完成100例白内障免费复明手术；完成12.4万户地氟病改炉改灶项目任务。检查各类医疗机构824户（次），给予警告处罚187户（次），取缔无证行医23户（次），给予罚款50户（次），罚款总金额10万余元，责令限期改正违法行为282户（次），没收非法广告牌匾200余块。农村卫生厕所建设17.0813万户，普及率32.61%；项目改厕任务0.4万户，中央、省投入资金167.2万元；78个水质监测点的312份样品，合格率29.5%。“降消”项目住院分娩率85.86%，孕产妇系统管理87.17%，产后访视率89.82%，3岁以下儿童系统管理率87.14%，7岁以下儿童保健覆盖率86.14%。

水钢医院引进了最新款的美敦力起搏器程控仪，填补了全市心血管医学领域的重要空白；市人民医院引进奥林巴斯XP－260N型超细鼻胃镜。市人民医院成功为一位腰5骶1椎间盘突出症伴腰椎管狭窄症的患者进行了腰椎间盘摘除、椎管扩大、Cage（椎间融合器）椎间融合术。

（赵　青）

【疾病防治】　常规免疫报告接种率为：卡介苗99.52%，脊灰苗99.55%，百白破99.44%，麻风99.43%，乙肝苗99.44%，均超过省控目标。完成81153人的监测，占任务数的241.68%；发现艾滋病感染者和病人161例，比上年增加28例；美沙酮维持治疗2404人，在治828人。全市无甲类传染病病例报告，乙类传染病报告7400例，死亡59人；5起丙类传染病75例，无死亡病例。甲型H1N1流感确诊3例，均居家治愈；免费治疗肺结核病人2897例，占任务的93.72%，新途阳肺结核发现率101.08%，超出国家要求31.08%。

诊疗575.6万人（次），比上年增加14.5万人次；入院人数31.6万人，比上年减少6985人；出院人数达31.1万人，比上年减少1.8万人；病床使用率80.9%；门诊次均费用93.11元，比上年增加4.4元；住院病人平均每人（次）费用2244.1元，比上年增加546.7元。

（赵　青）

【新型农村合作医疗】 建设254个参合点，完成220.27万参合农民的信息审核导入。参合农民2202721人，参合率97.71%，"新农合"筹资30838.7万元，其中：参合农民每人缴费20元，筹资标准提高到每人140元。125.87万人获门诊补偿，补偿金额3137.84万元；获得住院补偿的参合农民25.57万人，住院补偿比例58.7%。"新农合"基层支出金额26235.34万元，受益151.44万人次。补偿封顶线均高于农民人均纯收入的6倍，允许参合农民在县内自主选择点医疗机构，实现了医疗费用即时结报。

（赵　青）

六盘水市红十字会

【召开六盘水市红十字会第三次会员代表大会】 11月，市红十字召开六盘水市红十字会第三次会员代表大会，完成了换届选举工作，市红十字会升为正县级单位。

（李建华）

【成立红十字社区服务站】 市红十字会以钟山区为试点，组织成立了黄土坡办事处人民中路社区和二屯社区红十字服务站、荷城办事处中环社区和荷城社区红十字服务站、凤凰办事处怡景社区和广场社区红十字服务站。

（李建华）

【开展春节送温暖活动】 2010年元旦至春节期间，市红十字会以受灾困难户、农村极贫户、下岗特困户、农村和企业生活困难的老党员及老劳模为慰问对象，开展慰问活动。共发放大米12450公斤，慰问群众416户，受益1248人。

（李建华）

【开展健康援助进农家，防灾减灾进社区活动】 5月9日至14日，市、县（区、特区）红十字会分头开展健康援助进农家，防灾减灾进社区活动。先后到了水城县双水黄家桥社区老年公寓、玉舍乡海坪村、木果乡、平寨乡箐马村、南开乡浑塘村、六枝特区木贡村、钟山区黄办二屯社区和曹家湾社区开展活动。盘县红十字会参加了省红十字会、国务院国资委、中国红十字基金会举办的"春雨行动""央企援助基金"抗旱救灾活动，先后到了盘县两河乡两河村、平关镇大庆村、乐民镇巴山村及磨王岗村、断江镇水银厂村开展援助活动。活动期间共发放大米65.31吨、矿泉水1032件、食用油600件、饮料600件，药品7箱、棉被2床、衣服10件、现金500元。

（李建华）

【学生何玉砷捐献造血干细胞成功】 5月13日，六盘水市师院资源环保系，到湖南长沙为15岁的刘鹏捐献造血干细胞成功，使全省突破第12例捐献，全市突破第2例捐献。

（李建华）

【组织无偿献血宣传】 6月14日，市红十字会组织市中心血站、水城县红十字会、钟山区红十字会分别在易通商场门口和凤凰新区广场，开展无偿献血宣传活动。六枝特区红十字会、盘县红十字会也相应组织当地血浆站开展无偿献血宣传活动。共发放宣传资料7000余份、测血压200余人、血型初筛150人、无偿献血27400毫升、采集造血干细胞血样30份。

（李建华）

六盘水市中心血站

【概况】 2010年，市中心血站按照《血站管理办法》《血站质量管理规范》和《血站实验室质量管理规范》的要求开展采供血工作，全市临床用血100%来自自愿无偿献血，确保了全市临床用血的安全和需要。

全年共采集血液10232人次，采集全血2883400毫升，采集机采血小板35个单位，采血量比2009年同期增长9.6%。临床用血100%来自自愿无偿捐献，建立并逐渐完善了Rh（-）稀有血型库，建有稀有血型献血者档案57份。供应临床红细胞悬液15315个单位，比2009年同期增长16.2%，冰冻血浆1359140毫升，比2009年同期增长13.5%，手工浓缩血小板1820个单位，比2009年同期增长62.5%，机采血小板20个治疗量，比2009年同期增长17.6%。成分输血比例超过了99.8%。与市红十字会合作，继续开展造血干细胞样本采集工作。

2010年血站开始使用国产第四代HIV检测试剂进行检测，由过去的抗体检测转为抗原抗体检测，提高了HIV检测的灵敏度，缩短了“窗口期”，确保了血液质量。

以“献血无损健康，救人功德无量”、“无偿献血——人献血，全家受益”等为主题，大力开展多种形式的无偿献血宣传教育活动。在“5·8”世界红十字日、“6·14”世界献血者日等组织职工积极上街进行无偿献血宣传，现场设立咨询台开展献血、输血知识咨询、答疑以及免费为市民验血型、测血压等活动。在《六盘水日报》、电台、电视台等媒体刊播无偿献血公益广告。与六盘水日报社合作建立“六盘水市献血网”，与六盘水市人民广播电台合作建立无偿献血专栏节目。

为改变城市献血农村用，农村无偿献血知晓率、参与率长期偏低的局面，充分开放农村血源，鼓励更多的农民加入到无偿献血者的队伍，实现卫生部无偿献血从城市向农村延伸的战略目标，大力开展无偿献血进农村、进社区活动。全年共开展活动5次，发放资料5000多份，免费检测血型、体检400多人次。

2010年，六盘水市再次被卫生部、中国红十字总会、总后勤部卫生部评为“2008～2009年度全国无偿献血先进城市”，成为贵州省唯一连续9年被评为“全国无偿献血先进城市”的城市。市中心血站被评为“2007～2009年度六盘水市文明单位”、血站党支部被评为六盘水市直机关“2008～2010年度五好基层党组织”。

（汪　军）

市人民医院

【概况】 2010年，六盘水市人民医院有编制668人，核定床位1132张；占地面积20300平方米，建筑面积20514平方米，开设病床606张；在编职工509人，聘用职工305人，见习人员152人；专业技术人员占76%以上，正高职称12人，副高职称78人，中级职称127人，硕士研究生10人，省管专家1名，硕士生导师1名；设21个临床科室、11个医技科室、15个职能科室、6个后勤科室。全年门诊20万人（次），住院病人1.6万人（次），业务收入近2亿元。

新成立体检科，42个中层干部职位通过竞争上岗，制定《六盘水市人民医院创建三级乙等综合医院实施方案》。市直机关工委授予3个

"五好"党支部、4名"优秀党务工作者"、3名"优秀共产党员"称号。"五五"普法通过验收。

邀请省核心医学专家、省管专家团教授程明亮一行15人进行大型学术报告会，全院200余人参会。组织科室负责人30人到市第一看守所接受警示教育；请市检察院预防职务犯罪处长葛俊琴到单位讲警示教育课。

在省卫生厅举办全省卫生系统"三基"知识竞赛活动中，获集体二等奖，3人获个人三等奖，2人获个人优秀奖。在市卫生局市和市护理学会举办该活动时，获集体一等奖；3人分别获得个人一、二、三等奖；给六枝特区梭嘎乡安柱村送现金5000元和价值5000元的猪肉；为该村所属2所小学，送去价值2700元的文体用具；在梭嘎乡卫生院为群众义诊数十人，免费发放价值700余元的药品。外科党支部10名党员到水城县都格乡开展义诊活动。抗旱救灾捐款20500元。

（张应会）

市二医

【概况】 2010年，市第二人民医院有职工402人，其中：具有高级职称18人，中级职称82人，初级职称283人；占地面积41600平方米，固定资产4651万元；有14个临床科室，8个医技科室，病床360张。是遵义医学院教学医院和贵阳医学院、贵阳中医学院、六盘水职业技术学院的教育实习基地。全年业务收入4200万元，同比增长14%，门诊病人75944人（次），同比增长10%，住院人数9831人（次），病床使用率85.41%，病床周转率29.81%，治愈率52.39%，抢救危重病人1371人（次），病人平均住院9.5日。

（冯建元）

市四医（钟山区人民医院）

【概述】 2010年总诊29037次，急诊人数1766人，出院总人数2353人，出院患者平均住院日12.62天，治愈率76.16%，出院诊断符合率97.02%，住院三日确诊率99.45%，为重病人抢救成功率65.52%，平均床位使用率64.28%，病床周转次数18.1，手术789例。

9月，医院新区新院址初评方案在贵阳通过省级专家评审。10月3日，新医院开工建设。

全年接到患者投诉4起、经过调查和患者本人沟通，均得到妥善处理。

（马　遂）

【新建妇产科取得效益】 5月建立妇产科，诊疗病人960人次，住院病人57人，其中：产科20人，妇科37人。手术16例，其中：剖宫产11例，妇科手术5例，子宫全切术1例，腹腔镜下卵巢囊肿切除术1例，宫外孕手术3例。成功抢救宫颈重度裂伤大出血1例，新生儿重度窒息1例。胎盘粘连植人1例。

（马　遂）

【依法执业】 按照法律法规及时办理各项执收证照和物价收费证照，2010年上半年完成放射科诊疗许可证的办理，为全院200余名医护人员执业机构名称进行变更。

（马　遂）

【应急管理工作】 落实《中华人民共和国突发事件应急法》，制定完善各项应急预案，加强急诊科能力建设，急救药品、器材做到"三无"、"四定"，每班交接，完好率为100%。按时上报各种监测、处置信息，作为"钟山应急救护大队"参加救护演练，固定1名"120"救护车司机，完善急诊病人的绿色通道，完成甲型

H1N1 流感、手足口病的诊治、抗旱救灾及消夏文化节“沙滩排球”卫生应急等工作。

（马　遂）

【职工队伍建设】 贯彻落实《医生考核制度》和《护士条例》，上半年开展心肺复苏、糖尿病专题讲座、甲型 H1N1 流感预防与治疗等培训。护理部结合“5·12”护理技能比赛，结合“三基”知识开展智力抢答竞赛。12 月，医院与第二军大新桥医院、贵州省人民医院取得协作医院称号，每年定期选派买护人员进修学习。

（马　遂）

【健康教育工作】 完成适龄儿童的建证建卡工作，建证建卡预防接种率 98%以上，预防接种注射 7500 余人次；收缴二类疫苗款 18000 余元；收报转诊处理各种传染病 55 例，传染病报告率 100%，传染病处理率 100%，传染漏报率为 0；发热门诊感染科诊治肠道病即肝炎、结核等病人 360 余人；组织参加市卫生局、钟山区卫生和食品药品监督管理局大型卫生与健康育传活动 2 次，院内主办卫生与健康宣传栏 2 期；院内感染发病率控制在 7%以下（院内感染发病病例多为上呼吸道、消化道疾病）、经有关部门检查各项技术指标均为 90%以上。

（马　遂）

【完善专科建设】 为腹腔镜专科购置主镜、摄像系统等价值 20 余万元的设备更换，9 月 18 日开展全市首例经腹腔镜腹膜外疝修补手术；下半年完成常规体检、钟山区招考副县级领导干部体检、秋季征兵体检期共计 1000 余人次；全区 9 个乡镇（街道）卫生院共 31 名学员参加为期 1 个月的基层中医药适宜技术椎广培训班。

（马　遂）

市妇女儿童医院

【概况】 2010 年，腹腔镜下子宫全切术、子宫次全切除术、子宫肌瘤剥除术与宫腔镜下输卵管插管术及卵巢囊肿 B 超下穿刺抽液术，均达市内先进水平；率先在全市范围内开展了宫颈 TCT 及 DNA 检测；放射科在全市首创妇科介入治疗。

全年收治门诊病人 191324 人（次），同比增加 52%；住院病人 14485 人（次），同比增加 6.5 %；收入 5959 万元，比上年增加 36%。孕产妇死亡率 27.707/10 万，住院分娩率 85.86%，5 岁以下儿童死亡率 12.47‰，新生儿破伤风发病率 0.277/‰，婴儿死亡率 10.15‰，均在规定指标范围。完成妇女健康体检 1694 人（次），产后 42 天随访 601 人；儿童健康体检 10886 人（次），预防接种 9549 人（次），听力筛查 3054 人（次），智力测定 178 人（次），新生儿疾病筛查血片管理 2862 人。

产后康复中心与病理科相继成立。组织全院性培训 14 次，二基考试 1 次；选拔业务骨干到各大医院长期进修 8 人（次），短期学习 30 余人（次）。利用节假日，向广大市民发放各种健康教育资料 15000 余份，免费为妇女儿童体检 80 余人（次）。

对口帮扶水城县化乐乡化启村，慰问困难农户 30 户，发放慰问金 8200 元。在抗旱救灾期间，捐助水泵 3 台（约合人民币 26000 元），现金 5000 多元。多次组织医护人员前往化乐乡卫生院义诊，援助该卫生院部分医疗设施及药品，并免费为其培养临床专科医师。获“五五普法”先进单位称号。

（费庆娣）

市传染病医院

【概况】 市传染病医院（市精神病医院）位于距水黄路收费站200米处，占地面积28亩，建筑面积4365平方米。2010年编制人数78名，核定床位60张；现有60人（医生8名、护士25名、医技人员11名、后勤管理人员14名、领导2名）。在正常开展医疗工作的同时，进行市精神病医院建设项目前期工作，先后与10家单位签订了项目建设合同，合同金额达860万元。

（杨蒙萌）

水矿集团总医院

【概述】 2010年，水矿集团总医院结合三级医院等级评审标准，加强药品管理和药品不良反应的监测与反馈，全年上报药品不良反应登记表50余份；完善非医疗因素意外伤害防范措施。凝冻期间接诊电话51次，派出车辆23次，处置车祸医疗救护25人次；拓展分院多元化发展道路，进一步强化分院“责、权、利”相统一的管理模式。目前，钟山区各镇与分院资源整合正在调研中，水城县卫生局初步达成联办格目底分院的意向，精神病院被确定为六盘水市精神疾病管理医院，“寿星”老年公寓与市残联积极探索联办六盘水市残疾人托养机构等；医院综合大楼建设工程建设正按照预定进度，全面、高效、有序地推进。

截至2010年11月底，医院先后在市内、矿区及边远贫困地区举行义诊20余次，共免费诊治患者近700人次，健康咨询2万余人；全年完成9742人次的健康体检工作。此外，医院启动了对施秉县人民医院、三穗县人民医院、德江县人民医院的对口支援工作，赠送了电脑，并为其安装了价值7万余元的电子图书馆系统；继续与国际奥比斯组织合作，并争取到其慈善基金组织33万元的援助；眼耳鼻喉科积极帮扶部分省内二级贫困县医院，助其提高医疗技术水平。

（李　康）

【六盘水首台医用电子直线加速器和模拟定位机投用】 水矿集团总医院医用电子直线加速器和模拟定位机等大型设备正式投入使用，此设备为六盘水市首台。

（李　康）

疾病预防控制

【概述】 2010年1～12月，全市无甲类传染病报告，共报告乙类传染病17种，报告发病7379例，死亡59例，报告发病率为244.57/10万，死亡率为1.96/10万，病死率为0.80%。发病数与2009年同期（8340例）相比下降11.52%；共报告丙类传染病7种，报告发病2950例，死亡2例，报告发病率为97.78/10万，发病数与2009年同期（2585例）相比上升14.12%。

截至12月31日，全市累计发现艾滋病病毒感染者/病人793例。

全市“五苗”累计报告接种率分别为：卡介苗99.52%，麻苗99.43%，糖丸99.55%，百白破99.44%，乙肝苗率99.44%。

到9月底完成两个县区地氟病项目的基线调查。共调查项目23个乡镇208个村459260人，8～12岁儿童氟斑牙人数19532人，氟斑牙率51.7%，氟骨症人数7591人。

1～12月全市共报告新涂阳病人839例，完成全年任务的101.08%；复发涂阳病人78例，复发以外涂阳病人37例（复治涂阳总计115例），完成全年任务62.84%；涂阴病人1692例，涂阴完成率89.48%；重症涂阴病人204例，重症涂阴完成109.68%；未查痰病人10例，结胸病人39例；合计报告项目病人2897例，总结核病人2897例，完成项目任务的93.72%。

（肖琼珍）

【“世界防治结核病日”宣传】 3月24日是第15个“世界防治结核病日”，3月27日，市疾控中心联合钟山区疾控中心、汪家寨镇卫生院，在汪家寨镇人群较集中地段开展了大规模的宣传活动。

（肖琼珍）

【抗旱救灾科普知识下乡】 3月28日，市疾控中心、市预防医学会组织专业人员参加市科协在水城县发耳乡开展的抗旱救灾科普知识下乡活动，向群众大力宣传抗旱救灾防病知识。

（肖琼珍）

【市预防医学会三届二次会员代表大会召开】 3月31日，六盘水市预防医学会三届二次会员代表大会隆重召开。按照《六盘水市预防医学会第四届理事会选举办法》，民主选举产生了学会第四届理事会理事长1人、副理事长3人、秘书长1人、副秘书长2人，常务理事25人，理事40人。

（肖琼珍）

【市预防医学会获目标考核优秀奖】 2月2日至3日，六盘水市科学技术协会对市直18个学（协）会2009年工作进行了目标考核，共评出优秀奖7个，市预防医学会获优秀奖。

（肖琼珍）

【送传染病防治知识到双戛】 “全国科普日”是全国上下联动、同步开展的一项大型科普宣传活动。以此为契机，市疾控中心党总支书记王咏梅、水城县疾控中心副主任胡庭刚亲自带队，于9月17日组织了健教科及相关人员共9人在水城县双戛乡马戛村开展了甲肝疫苗、乙肝疫苗接种、儿童免疫、狂犬病、碘缺乏病、结核病、艾滋病等传染病防治知识的宣传活动。现场发放相关宣传资料2000余份。

（肖琼珍）

【省专家组开展绩效考核考评】 10月14日，省卫生厅疾病预防控制绩效考核专家组一行5人在省卫生厅疾控处处长童亦滨的带领下，到六盘水市开展绩效考核考评工作。市疾控中心主任倪荣中、副主任付文建、丛旭滋，党总支书记王咏梅等陪同检查。

（肖琼珍）

【副省长刘晓凯检查指导工作】 11月5日下午，贵州省副省长刘晓凯在省卫生厅厅长王建富、六盘水市副市长范三川、市卫生局局长马军等领导的陪同下，到市疾控中心视察指导工作。

（肖琼珍）

卫生监督

【概述】 2010年，全市有卫生监督员124人，大专以上学历的占94.7%，年龄45岁以下的占70%，有卫生监督专用车辆6台，电脑及影像设备110件。全年派出53人（次）参加全省传染病防治监督、公共场所卫生监督等项目培训。

（吴学开）

【行政执法】 餐饮消费专项整治，出动卫生监督执法人员1700余人（次），检查餐饮单位3824户（次），违规284户（次），给予警告、罚款等处罚184户；检查学校食堂及周边餐饮单位56户，与学校签订“食品卫生安全责任状”20余家。盘县卫生监督所开展打击违法添加非食用物质和滥用食品添加剂专项整治，出动卫生监督人员125人（次），检查餐饮单位528家；六枝、水城卫生监督所开展专项检查，共出动卫生监督人员400余人（次），检查餐饮服务单位200家；钟山区卫生监督所对辖区内6家宾馆、酒店使用的18种化妆品进行抽查，其中5种属“三无产品”。

（吴学开）

【行政处罚】 按市卫生局《2010年六盘水市规范和整顿医疗服务市场秩序专项行动工作方案》，共检查医疗机构824家，警告178家，取缔13家，限期改正165家，拆除不规范广告牌匾60余块，查处药店非法坐堂行医18家，罚款9万余元。对30家有医疗广告的医院进行检查，发现取得《中华人民共和国医疗广告审查证明》，但未按批文发布和擅自篡改审批内容在电视报纸上广告的12家，违规发布小册子的24家，分别依据《医疗广告管理办法》处理。

（吴学开）

【质量评比】 修订了“公共场所量化分级管理分评分标准”，盘县卫生监督所对辖区内153家住宿业中的125家进行量化测评，量化率81.07%，其中：A级2家，B级7家，C级5家，达不到标准的进行整顿；钟山区量化测评209家，量化率93.5%，评出A级5家，B级6家，C级2家；六枝量化测评出B级3家，C级15家。市卫生监督所抽查公共场所经营单位55户，其中：住宿业47户，游泳场所4户，沐浴业3户，电影城1户，对达不到量化分级评分标准的22户下达了监督文书，提出整改意见。

（吴学开）

【职业病危害专项检查】 市卫生监督所对89家厂矿企业开展职业病危害专项检查，其中：市中心城区汽车修理厂58家，盘县厂矿企业6家，水城5家，六枝4家，钟山16家，都不同程度存在职业健康危害，其中3家的危害较重，被罚款4.2万元，其余给予警告或限期改正。钟山、水城、盘县、六枝4个县（特区、区）卫生监督所共检查职业病危害企业59家，罚款2家，督促相关企业完成24546名职工职业健康体检；水城县卫生监督所还完成职业病危害预评价13家、控制效果评价3家，盘县、水城、钟山卫生监督所分别对辖区内共计1261家企业进行了职业病防治摸底调查，并举办职业卫生培训班7期，受训人数超过800人（次）。

（吴学开）

食品药品监督管理

【整顿和规范药品市场】 2010年，全市食品药品监督管理部门出动执法车辆2462台次，参与执法人员7764人次，检查药品生产、经营、使用单位4036户次，查获假劣药品35批次，标示价值2.50万元，立案12件，结案12件，没收违法所得及罚款8.32万元，没收假劣药品标示价值2.50万元。

（禄　勇）

【药品、医疗器械抽验】 全市食品药品监督管理系统抽样药品602批次，检出不合格药品24批次，不合格率为3.99%。在17家医疗器械经营、使用单位，其中：经营企业15家，医疗机构2家，抽样医疗器械40批次送省医疗器械检测中心检验。在完成全市药品检验工作的基础上，市食品药品检验所为贵阳市食品药品监督管理局检验了210批次药品。

（禄　勇）

【药品快检】 制定实施了快检车管理制度，对71家涉药单位进行了药品快速检测，其中：医疗机构24家，药品经营单位47家，涉及33个乡镇的涉药单位。快检药品1000批次，快检筛查到可疑品种57批次，抽样57批次，不合格22批次，阳性率38.9%。

（禄　勇）

【不良反应监测】 全市上报药品不良反应监测报告599例、医疗器械不良事件报告2例、药物滥用监测调查表1030份。

（禄　勇）

【药品、医疗器械广告监督】 全年监测违法药品电视广告844条次（含重复播放数），移送工商行政管理部门13起；监测违法保健食品电视广告共355条次（含重复播放数），移送工商行政管理部门10起；没收违法药品宣传小报50余份。

（禄　勇）

【涉药人员培训】 全市举办6期药品零售企业药学从业人员继续教育培训班，培训涉药人员1200人，培训内容为涉药法律法规、药学知识和药学职业道德。

（禄　勇）

【市场准入】 对4家药品生产企业进行“药品生产许可证”换证现场检查验收，对2家医疗机构制剂室进行“医疗机构制剂许可证”换证现场检查验收，共受理、核发药品零售企业（含连锁门店）“药品经营许可证”79件、“医疗器械经营企业许可证”16件，变更药品零售企业（含连锁门店）“药品经营许可证”62件，换发到有效期药品零售企业（含连锁门店）“药品经营许可证”60件，对83家药品零售企业（含连锁门店）进行GSP认证，依法注销5家药品零售企业（含连锁门店）“药品经营许可证”。

（禄　勇）

【药品生产监督检查】 对全市5家药品生产企业进行监督检查（其中六盘水药业公司从2007年5月停产至今未生产），检查覆盖率达到100%。

（禄　勇）

【医疗器械监督检查】 全年共出动执法人员1011人次，检查医疗器械使用单位201家次，检查医疗器械批发企业15家次，医疗器械经营企业检查覆盖率100%。

（禄　勇）

【基础设施建设工作】 市食品药品监督管理部门共六个子项目。市局项目、六枝局项目、水城局项目、钟山局项目基本完成。盘县局项目已通过招投标，项目总投资190万，目前已开工建设，预计2011年1季度完工。市药检所改扩建项目已办理设计审查、规划、消防、人防，工程预算，正在办理招投标手续，预计工期为半年。

（禄　勇）

【食品安全】 市食品安全协调委员会组织开展了20多项食品安全专项整治行动，全市未发生重大食品安全事件。

（禄　勇）

【餐饮服务监管】 积极开展餐饮服务食品安全专项整治和学校食堂专项整治工作，强化承包宴席饭店、学校食堂等重点餐饮单位的检查和监督，加强节假日、重大活动期间餐饮服务食品安全监管，防止群体性食物中毒事故发生；把餐饮服务环节食品安全整治工作与“双创双建”工作相结合，进一步规范餐饮服务单位经营行为；配合省食品药品监督管理局，对全市餐饮服务食品安全进行监督抽检，抽检13个品种共85个样品；全市餐饮服务食品安全监管中下达监督意见书98份，提出整改意见244条。

（禄　勇）

【食品药品安全宣传】 共印制发放宣传册3.3万册，在新闻媒体网站发布信息352条，其中：国家食品药品监管局网站3条，省食品药品监管局网站20条，市政府网站85条，市政务信息公开网86条，《六盘水日报》及《凉都晚报》

56 条，市局网站 102 条。

（禄　勇）

【获省表彰】 2010 年，市食品药品监督管理局获贵州省食品药品监督管理局 2010 年度工作目标、行政执法和党风廉政建设等三项目标考核二等奖。

（禄　勇）

旅　游

【主要指标完成情况】 2010 年市外侨旅游局以开发城郊农家乐为主的乡村旅游为工作重点，全市实现旅游接待人数 275.98 万人次，同比下降 4.13%，完成旅游总收入 10.64 亿元，同比增加 5.45%。

（刘　巍）

【乡村旅游】 加大对农家乐及乡村旅舍经营户的指导和扶持力度，引导和规范乡村旅游建设。9 月及 11 月，对盘县、六枝、水城、钟山 4 个县、特区（区）2009 年申报的 80 家乡村旅舍及农家乐经营示范户进行现场检查。33 户农家乐及乡村旅舍经营户被评为示范户，挂牌并获补助资金 15 万元。

（刘　巍）

【旅游行管】 对 2 家拟申报四星级及 1 家拟申报三星级酒店的企业提供咨询及现场指导。对符合规定的 5 家旅行社分社及 3 家旅行社服务网点设立予以备案登记。

继续宣传、贯彻旅游标准和《旅行社条例》，配合做好国家旅游局新版星级饭店标准的宣传贯彻和培训，并指导申星的酒店进行整改、完善，指导现有星级酒店及旅行社进行经营情况的统计及报送。

加强监督管理，规范旅游市场　结合全市“双创双建”活动要求，继续在全行业组织开展“整脏治乱”专项行动和“满意在贵州、满意在六盘水”主题活动，加强旅游景区（点）、饭店、旅行社环境重点整治，督促旅行社、旅游星级饭店、旅游定点单位、已挂牌农家乐等做到规范管理和文明服务。

开展旅游市场综合大检查　分别于 4 月底、9 月中旬集中开展旅游市场执法专项检查，对旅游企业的安全和旅游服务质量开展明察暗访及专项整治工作，重点查处旅游企业欺客宰客、虚假广告、强迫或变相强迫消费、不按约定提供服务等违法违规行为。

做好“黄金周”及小长假综合工作　市、县（区）旅游局分别于春节黄金周、五一小长假、消夏文化节及国庆节前，以假日办名义牵头，组织安监、公安、消防、交通（海事）、物价等假日领导小组相关成员单位及新闻媒体对全市旅游景区（点）、星级酒店、农家乐及旅行社等旅游企业进行综合大检查。

做好旅游安全生产工作　根据省、市安全生产工作的部署和要求，继续在全市开展安全生产年活动，市、县（区）旅游局平均每月 1 次开展安全生产综合大检查，重点开展安全生产隐患排查和专项治理行动，全年未发生旅游安全事故年度。

（刘　巍）

【旅游宣传促销】 围绕“参观世博，旅游中国，相约贵州”主题，加大宣传力度，组织指导各种节庆活动。按照国家旅游局、省旅游局安排，组织各特区旅游局、旅游企业参加了在台北举办的“2010 台北两岸观光博览会”和“2010 中国国内旅游交易会”。在推介会上，各特区、县、区旅游部门，围绕中国凉都、夜郎文化、乌蒙山国家地质公园、山地运动城市及多姿多彩的民族风情，进行宣传、推介，共发放宣传资料 1000 余册。

与各新闻媒体加强联系，组织参加全省在中央电视台1、4套节目宣传集群展示活动；借助贵州旅游在线、局门户网站等网络资源宣传六盘水丰富的景区、景点；借助《凉都晚报》、《六盘水日报》等传统媒体进行旅游的动态报道；坚持“走出去、请进来”的原则，邀请主要客源地重庆长江、山水等旅行社负责人到市进行为期4天的民族风情、工业旅游、生态旅游、汽车自驾游线路的踩点、推介工作，开展与市中心区旅游企业的座谈，共同进行凉都旅游线路的整体包装和推介；消夏文化节期间，组织全国12家旅行社开展中国凉都体验游活动；11月，组织各县区旅游局赴云南、四川开展中国凉都冬季旅游宣传促销工作，发放各种宣传资料2000余份；在各新闻媒体上发表六盘水旅游报道共计60余条。

（刘　巍）

【旅游规划】　启动《六盘水市十二五旅游发展规划》编制工作。加强与省、市发改、旅游等部门的对接，争取将市重大旅游项目列进全省旅游业十二五发展规划、全省2011年旅游发展重大项目、全省冬季旅游产品开发实施意见、全市十二五经济社会发展规划等。启动《中国凉都六盘水굴洞湖旅游区环湖控制性详细规划》的编制，已完成编制单位的采购工作。指导《天生桥景区修建性详细规划》《南开苗族文化园修建性详细规划》编制并通过评审，指导《凉都温泉总体规划》开展修编工作。配合市国土局开展乌蒙山国家地质公园修编工作，对调整北盘江大峡谷等景区范围提出意见、建议。

（刘　巍）

【项目储备与申报】　进一步加强和完善旅游项目库建设，结合《六盘水市十二五旅游发展规划》编制工作，再次对市重大旅游项目进行了梳理上报。结合消夏文化招商洽谈会，编制10余个旅游项目报送。上报争取2010年省旅游发展专项资金项目、2011年市级前期工作经费项目等。与市林业局协商，争取并落实30万元资金用于牂牁湖区生态植被恢复建设。

（刘　巍）

【旅游教育培训】　举办2010年全国旅游饭店服务技能大赛贵州选拔赛六盘水初赛，并组织获奖选手参加贵州省选拔赛。组织辖区星级饭店的部门经理参加全省旅游饭店与文化专题培训、新的旅游饭店划分与评定标准培训。

（刘　巍）

【宣传、评选活动】　3月，组织各县、特区（区）旅游局分别在市中心区、六枝、盘县开展“文明旅游、理性消费”3·15公益宣传活动，宣传旅游法规，为游客提供旅游知识讲解、回答游客提问并发放有关资料。全市共20多家旅游企业参加活动，发放相关宣传资料5000余份，并为游客提供咨询服务。

4月，举办2010年全国旅游饭店服务技能大赛贵州选拔赛六盘水初赛，全市9家星级酒店的28名选手参加中式铺床、中餐宴会摆台、西餐宴会摆台及鸡尾酒等4个项目的竞赛，红果人酒店及时代假日酒店的选手分获4个项目的第一名。

6月，开展“安全生产月”相关活动，开展安全宣传咨询，安排各星级饭店、旅游景区、旅行社在市区主要建筑物和公共场所悬挂活动横幅。

8月，在“消夏文化节”期间，联合市商务局、市活动办在中心城区评选出10家酒店作为节日期间第一批接待酒店并举办授牌仪式。

9月5日，2010“国酒茅台杯”多彩贵州旅游商品能工巧匠选拔大赛暨旅游商品设计大赛六盘水市赛区决赛落幕。全市各县、特区、区通80名选手及其60余件（套）设计作品入围决赛，评选出14名能工巧匠和14件套旅游商品设计作品代表市参加月底在贵阳举行的全省决赛。

9月，组织全市旅游企业负责人采取以会代

训的方式进行安全培训，共30余家企业40人参加。培训主要传达相关法律法规和《国务院关于进一步加强企业安全生产工作的通知》和《贵州省生产经营单位安全生产主体责任的规定》等文件。

11月，组织县、区旅游局赴云南、四川开展中国凉都冬季旅游宣传促销工作，发放各种宣传资料2000余份。

11月，省农委、省旅游局联合对15个全省第一批省级休闲农业与乡村旅游示范点进行命名，水城县百车河现代高效农业生态园入选。

12月11～12号，完成2010年导游资格考试六盘水分考点考试工作。

（刘　巍）

新闻·广播电影电视

新 闻

【概述】 2010年，出版《六盘水日报》365期，约2200万字；出版《凉都晚报》347期，约3300万字；中国六盘水网站出版365期，更新文图33000余篇，并刊发了大量的原创新闻和视频新闻；开通《六盘水手机报》（3月份起天天出版）；出版《凉都印象》杂志4期。

（胡 媛）

【贯彻省委书记栗战书讲话报道】 根据省委书记栗战书的讲话精神和市委要求，除报道动态消息外，结合六盘水实际，《六盘水日报》刊发2组共8篇系列评论员文章；对县（特区、区）、大企业和部分市直部门的主要领导，就贯彻落实栗战书的讲话精神，加速转型，实现更好更快发展的工作思路、具体举措等进行访谈；开设栏目“加快经济发展方式转变”和“加速发展加快转型实现跨越”，在重要版面集中刊发与贯彻落实讲话精神相关的新闻稿件。

（胡 媛）

【抗旱救灾报道】 2010年，全市遭遇了百年难遇的干旱天气，《六盘水日报》《凉都晚报》、中国六盘水网站及时报道了市委、市政府的有关决策、全市各地受灾情况、受灾群众的生产生活情况以及各级各部门抗旱救灾的情况。《六盘水日报》在一版开设《全力以赴打好抗旱救灾硬仗》、《抢栽抢种争分秒，春耕生产掀高潮》等栏目，及时刊发市委、市政府主要领导到各地调研抗旱救灾的稿件，以通信、消息、组照、图片新闻等形式集中刊发各地区抗旱保春耕稿件，营造出全市上下同心抗旱救灾保民生保生产促发展的良好舆论氛围。

（胡 媛）

【重大决策报道】 市委、市政府出台“统筹城乡、跨越发展”3大战略决策（千名机关干部到村任职、组建并加快红桥新区建设、开展“双创双建”活动）。《六盘水日报》《凉都晚报》集中优势版面，大张旗鼓地报道3大举措贯彻落实情况。推出了统筹城乡、跨越发展”、“村官的故事”、“掀起双创双建新热潮”等栏目，刊发了大量相关的稿件。《六盘水日报》组织业务骨干，撰写了5篇贯彻落实3项重大决策的评论员文章。

（胡 媛）

【项目报道】 对城市建设项目和省市重点工程项目进行动态报道和阶段综述，推出《加快经济发展方式转变》、《走进水盘高速公路建设工地》等栏目，刊发了《六沾铁路鏖战急》《循环经济之路越走越宽——探寻我市经济发展转型升级路径》《我市超额完成淘汰落后产能计划》《六枝至镇宁高速公路调整为国家级》《奋战骄阳下》等来自建设一线的稿件。

（胡　媛）

【网站与手机报】　中国六盘水网站投入近20万元，添置部分硬件设备，除每日发布《六盘水日报数字报》《凉都晚报数字报》外，还摄制了100余条视频新闻，并为近30家单位设计制作了二级网站，开设了14个频道375个栏目，每天24小时滚动更新各类新闻200条以上，点击率逐渐上升。3月，报社自筹资金，推出了《六盘水手机报》，填补了六盘水市没有手机报的空白，使六盘水对外宣传又多了一个新的阵地和窗口，市民每天都能第一时间阅读到六盘水新闻。《六盘水手机报》订户逐日递增。

（胡　媛）

【报社控股的公司】　报社控股的六盘水神行文化产业公司针对市场变化，在原有基础上进行了整合调整，创收1000多万元用于保证办报费用，成功出版了《凉都骄傲——新中国成立60周年献礼》，创办了《凉都印象》画刊，并与北京合记广联会展有限公司合作举办了贵州优势团购网大型汽车展销会。

（胡　媛）

【报社建设】　六盘水日报社进一步深化宣传、经营“两分开”，推进文化体制改革，筹建集团公司，拟与毕节日报社合作创办《乌蒙时报》。向中央财政申请到100万元专项技改资金的同时，自筹资金340多万元，购买高速轮转印刷机和CTP制版设备。2次派人到广东东莞日报报业集团和山东烟台日报传媒集团跟班学习。

（胡　媛）

【获奖情况】　在（2010年度）中国地市报新闻奖评选中：赵芳写作、刘黔与秦海峰编辑的《爱的接力情的传递》和李佳写作、李曼与严显艳编辑的《玉舍乡“电脑农业”助农增收》获一等奖，另有9篇作品获二等奖、6篇作品获三等奖；黄蜀锦的摄影作品《官兵抗旱保民生》和《水盘高速公路建设掀高潮》分别获一等奖和三等奖。在（2010年度）中国地市报论文奖评选中，有3篇论文分别获二、三等和优秀奖。在（2010年度）贵州新闻奖评选中：居应兰与崔银平写作、刘黔与邓俭编辑的《堕却乡农户博弈马铃薯市场》获一等奖，另有9篇作品获三等奖。

（胡　媛）

广播电影电视

【概述】　2010年，全市广播影视系统实现收入5968万元。全市有市级电视台1座，市级广播电台1座；有县级广播电视台（站）4座，其中2座为新建，即水城县电视台（试播）和钟山区广播电视站（试播）。全市自办广播节目5套，广播覆盖人口294.25万人，广播综合覆盖率94.86%；自办电视节目4套，电视覆盖人口299.54万人，电视综合覆盖率为96.56%。全市数字电视用户突破14万户。有市级电影企业3家，即六盘水市电影公司、六盘水市影剧院、六盘水新视界影业有限公司。市中心城区建成影城3座，分别为凉都影城、星空影城、大地影城。

（易昌宁）

【新闻宣传报道】　坚持正确导向，全面完成宣传报道任务。一是上半年六盘水市遭受严重旱灾，广播电视集中力量对各级党委政府采取强有力的应对措施及全市人民抗旱救灾工作情况进行宣传报道。二是重点报道市委市政府积极应对

金融危机，加快新增中央投资重大项目建设进度，扩内需，保增长，保民生，保稳定，促就业等方面工作。三是及时对全市召开的重大会议进行报道。四是对“双创双建”、“忠实践行宗旨、勤政廉政为民”、“凉都消夏文化节”、“机关作风建设”等重大活动和重要工作进行宣传报道。五是全面报道社会主义新农村建设、安全生产、平安创建、整脏治乱、禁毒、扫黄打非、环境保护等各项工作。

（易昌宁）

【网络整合工作取得突破】 网络整合工作取得突破，首钢水城钢铁（集团）公司、六枝工矿（集团）公司和水城瑞安水泥公司等大中型企业自建网络的整合工作已全部完成。

（易昌宁）

【完成“十一五”期间“村村通”建设任务】 全年全市完成7033个20户以上通电自然村建设任务，安装地面卫星接收设施176673套。“十一五”期间，全市共建成“村村通”地面卫星接收设施195472套，圆满完成国家下达给六盘水市的“村村通”建设任务。

（易昌宁）

【电影事业得以发展】 4月29日，投资600余万元的全市首家城市影院——凉都影城建成开业。凉都影城的建成，结束了六盘水市无数字影院的历史，标志着六盘水市电影业发展水平跃升到了一个新的层次。

（易昌宁）

【农村公益性电影放映实现数字化】 广电总局于5月配发给六盘水市53套农村数字电影放映设备。6月市广播电视局举办一期农村数字电影放映培训班，参加培训人员60余名。从7月份起，全市农村公益电影放映全部实现数字化。全年完成“2131”农村公益电影放映13128场。

（易昌宁）

【县级版“新闻荟萃”建成播出】 根据省广电局的统一安排，2010年在全省数字电视基本节目包中新开办县级版“新闻荟萃”节目。11月1日，全市县级版“新闻荟萃”正式开通。为此，水城县投入400余万元新建了水城电视台，钟山区投入120余万元新建了钟山区广播电视站，两个县区结束了无电视新闻节目的历史。

（易昌宁）

【大力推进“村村响”调频（应急）广播建设】 乡镇调频（应急）广播工程，也称“村村响”工程。年初，全市争取到54个乡镇调频（应急）广播建设任务。其中：六枝10个，盘县20个，水城19个，钟山5个。总投资620多万元，全部工程于年底建成。

（易昌宁）

【CMMB各项建设工作进展顺利】 1月中旬，俗称“手机电视”的移动多媒体广播电视——CMMB在六盘水市试播。市中心城区用户可收看4套电视节目，收听2套广播节目。为进一步扩大信号覆盖面，市广播电视局又投资140万元在水钢片区和盘县红果各新建一个基站。全部工程预计在2011年年初完成。

（易昌宁）

【体制改革取得进展】 六盘水人民广播电台4月份完成六盘水天波文化发展有限公司注册工作，任命了公司班子。9月15日正式挂牌成立六盘水天波文化发展有限公司。同时，该台的《萧然夜话》、《我行我诉》、《早安六盘水》等二十余档栏目节目实行了制播分离。

六盘水电视台于5月完成制播分离改革试点工作，“家园”栏目的制作已完全交由视觉新野文化传播公司负责。5月9日零时，综合频道和公共频道节目进行改版。6月，完成对金光广告有限公司2003年3月至2009年12月经营承包费收入情况清理决算工作。7月，六盘水新视屏文化传媒有限公司登记注册并正式运营。

（易昌宁）

【乡镇数字电视整体转换工作正式启动】 全市数字电视整体转换工作自2008年9月正式实施，经过两年时间，市中心城区、六枝特区平寨镇、盘县老城及红果镇的数字电视整体转换已结束。在市广播电影电视局的主导下，省广电网络公司六盘水市分公司经过近一年的精心准备，于2010年11月23日正式启动了全市乡镇数字电视整转工作。公司计划用3年时间全面完成91个乡镇数字电视整体转换工作。此项工作预计共需投入资金3亿元，届时全市数字电视用户总数将突破20万户。

（易昌宁）

六盘水人民广播电台

【概况】 全年播发本地新闻稿件4000余条，新华电讯3800余条，整点新闻5000余条，专题新闻930余条，在节目中开辟各类专栏及专题讲座563期。保质保量完成了中央人民广播电台13600余小时、贵州人民广播电台28800小时的转播任务及市台三个频率21000余小时的发射任务；还完成了CMMB手持电视7套、DTMB国标高清电视5套节目的发射转播和代理维护任务；交通广播（第二套节目）开通。举办“政风行风热线”节目46期，50余家单位、160余人（次）走进电台直播间；接听热线120余个，解决问题40余个。协办并直播了全国50家广播电台著名主持人走进六盘水活动；与文山人民广播电台等10多家电台联合直播了“八方名嘴话名城”。广告创收37万元，播出公益广告120余条，5500余次。

获奖情况　选送的新闻专题《盘县“1+11”文件让群众不再上访》获贵州新闻一等奖、贵州省广播好新闻一等奖、贵州省播音（主持人）作品三等奖；消息《国内焦炉煤气代替汽车燃料应用技术首次试验成功》获贵州新闻二等奖、贵州省广播好新闻一等奖、贵州科技新闻奖；《六盘水市荣获全国“十佳绿色环保标志城市”称号》《贵州省最大循环经济项目正式开工建设》获贵州省广播好新闻二等奖；《洪灾中，那群坚挺的脊梁》等4篇作品获得贵州省广播好新闻三等奖；《平凡生命塑警魂》获贵州省政法新闻三等奖。

（汤智华）

六盘水电视台

【概况】 六盘水电视台于1992年10月15日经广播电影部批准成立，1993年3月1日正式开播。2003年2月18日，原六盘水电视台与六盘水有线电视台合并为新的六盘水电视台，为财政定额拨款的正县级事业单位，每年财政定额拨款130万元。

2010年，六盘水电视台内设机构为9部2室1科1中心。宣传系列有6部1室1科1中心，分别为：总编室、策划科、新闻中心、经济部、社会生活部、专题部、文艺部、影视节目部、广告部；技术系列有3个部，分别为：技术部、播控部、电视发射部；后勤管理系列有1室，即办公室。编制85人，其中：党政管理12人，专业技术人员70人，工勤人员3人。领导职数为：台长1人，副台长3人，总编辑1人、总工程师1人，正科级领导职数13人，副科级领导职数10人。专业技术岗位职数：高级（正、副高级）岗位17个，中级岗位28个。实有职工112人，其中：在编人员71人，聘用人员41人。在编人员中：管理人员28人（台长1人、副台长3人，总编辑1人；内设机构部室主任12人、副主任10人；其他1人。）；专业技术人员总数59人

（专业技术人员中有23人是管理人员、有4人是工勤编制人员）；工勤技能人员5人（已聘高级工2人，中级工2人，初级工1人）。

开设频道及栏目　开办有自办节目频道3套，分别是：综合频道（六盘水电视台第一套节目）、公共频道（六盘水电视台第二套节目）、影视频道（六盘水电视台第三套节目，试播）。

开设有自办节目10余个，每天新自制节目超过1小时。分别为：时政新闻栏目《六盘水新闻联播》（每天1期，每期15～17分钟）；民生新闻栏目《都市生活》（每周5期，周日回放1期，每期14～16分钟）；法治新闻栏目《法治在线》（每周3期，每期15～17分钟）；新闻专题栏目《话说凉都》（每周1期，每期14～16分钟）；人物访谈栏目《凉都讲述》（每周1期，每期14～16分钟）；地方文化栏目《造星俱乐部》（每周1期，每期14～16分钟）；专题访谈栏目《乌蒙之星》（每周1期，每期14～16分钟）；"三农"服务栏目《凉都"三农"》（每周1期，每期14～16分钟）；生活时尚栏目《时尚生活风》（每周1期，每期14～16分钟）；家居消费栏目《家园》（每周1期，每期14～16分钟）

（高其林）

贵州省广播电影电视局896台

【概述】　广播电影电视896台是隶属于贵州省广播电影电视局直属管理的（正处级）中波发射台，负责中央人民广播电台一套（AM981千赫兹）贵州人民广播电台一套（AM765千赫兹）和实验频率（AM1143千赫兹）的转播发射任务。2010年，896台转播贵州广播一套节目（765千赫兹）总时长5145.76小时，台外停播45小时，台内停播为零，停播率3148秒/百小时，转播中央广播一套节目（981千赫兹），总时长5144.54小时，台外停播45.15小时，台内停播为零，停播率3166秒/百小时，未发生任何播出事故。

（林　杰）

【新机房建成搬迁】　2010年，896台经过5年建设的新发射机房建成搬迁。新建机房及职工值班住房建筑面积为1800多平方米，占地面积10亩。新机房的建成搬迁，标志着事业建设取得了跨越式发展。

技术设备得到改善和提升　播出实现了自动化控制：自动开关机，自动倒换主备机，自动切换信号源，自动倒换供配电系统。自动监测发射前及发射后信号质量，异常情况自动报警，自动记录三个月内播出情况。

管理智能化：自动化播出系统进行分级管理，可自动记录该周或该月发射机的工作状态。当发射机出现故障时，自动向台管理人员发送报警信息。

增加了贵州人民广播电台一套节目的数字调频发射机。

职工工作条件得到较大改善　新发射基地的发射机房与职工值班住房分属不同的建筑，改变了过去工作区和生活区功能混用，发射噪音及电磁辐射对职工休息的干扰，给职工提供了功能更加完备、设施配套齐全、服务更为人性化的工作环境。

安全优质播出得到有力保障　在新机房建设的同时，利用有限的搬迁资金，建成了一套24小时安全监控、自动化报警的安保系统，通过技术防备，安全优质播出得到有力保障。

（林　杰）

【职工素质不断提高】　"十一五"期间，896台通过外出学习培训，台内每年的培训考试及不断完善日常技术实践活动等，职工的业务水平和动手能力得到较大提高。全台24名职工中有14名取得中级职称资格，14名取得大专学历，5名取得本科以上学历。

（林　杰）

【技术维护管理上台阶】 “十一五”期间，896台不断完善技术管理和各项规章制度，在全省的技术维护评奖中两次获三等奖。由该台职工撰写的论文《10千瓦全固态中波广播发射机特殊故障的分析处理及改进》被评为2007年度贵州省广播电视局“科技论文”二等奖。

（林 杰）

【优质完成上海世博会、国庆和广州亚运会等重要任务转播】 在全力以赴开展搬迁工作的同时，台内先后召开会议专题研究，根据新机房搬迁后内外环境的变化及时修改完善应急预案。并积极与当地供电部门、警务部门等有关部门取得联系，寻求帮助支持确保。保证了上海世博会、重大节假日和广州亚运会等重要保障期转播任务的安全、优质完成。

（林 杰）

贵州省广播电影电视局794台

【概况】 2010年广播电视播出情况：中央人民广播电台第一套节目播出4974小时、贵州人民广播电台第一套节目播出5067小时、中央电视台第一套节目播出4807小时、贵州电视台第一套节目播出4915小时。没有发生人为停播事故和重大安全事故，全台职工及家属无人违反计划生育政策，也没有人参与吸毒贩毒。

国庆61周年期间，多次召开了各科室主任会议和职工大会，传达了省局关于国庆61周年活动期间安全播出的部署和要求，进一步明确工作任务和强调工作纪律。副台长、机房主任、保卫科各负其责，挑选政治上可靠、业务上熟练的工作人员驻守机房值班，同时加强机房的安全保卫工作；与当地供电部门进行沟通并得到了大力支持，及时向省局技术中心和省局安全指挥中心汇报和咨询最新情况，顺利完成了任务。

（安金龙）

社会生活

人口与计划生育

【概述】 2010年，六盘水人口计生工作以加强“三基本”（基本网络、基本能力、基本职责）建设、综合治理出生人口性别比失衡和加强流动人口计生服务管理工作为重点，提高技术服务水平，改善技术服务条件，创新目标管理考核工作机制，健全和完善利益导向工作机制，加强计生协会组织建设，动员全社会力量，建立统筹解决人口问题的决策机制和调控机制。全市人口出生率10.96‰，同比上升0.71个千分点。常住人口符合政策生育率95.98%（六枝93.84%、盘县98.16%、水城93.31%、钟山94.84%），高于责任目标3.48个百分点。流动人口符合政策生育率65.13%（六枝53.61%、盘县73.23%、水城64.59%、钟山84.90%），高于责任目标3.13个百分点。出生婴儿性别比117.14，同比下降5.73%。

（赵　健）

【奖励扶助政策落实到位】 钟山区2010年完善奖励扶助规定。规定农村独女户、二女绝育户家庭子女可享受12年义务教育；规定农村、城镇独生子女因病或意外死亡的，对不能再生育的家庭给予3万元一次性补助；每年为农村独女户、二女绝育户家庭夫妻双方每人缴100元参保金。六枝将关爱女孩家庭奖提高到720元。全市共落实农村“两户”各种奖励扶助对象14148户（人），兑现奖励扶助金728万元，年内安排计生户建房1060户，市委市政府利益导向“六项承诺”等工作措施得到省计生委充分肯定。

（赵　健）

【综合治理出生人口性别比偏高】 6月，市委、市政府从有关部门和单位抽调近40人组织开展综合治理出生人口性别专项督察和联合办案活动，对市内大型民营医院及县（区）医疗机构和药店进行为期1个月专项检查，共检查清理医疗机构及药店共200多家。年内，全市共查处有关“两非”等违法案件60多件，查实非医学需要的胎儿性别鉴定并选择胎儿性别终止妊娠的典型案件5件。盘县侦破故意致死亲生女婴死亡案件6起，依法批捕9名犯罪嫌疑人，追究刑事责任5人。

（赵　健）

【宣传教育】 市人口计生委严格按照《六盘水市人口计生宣传工作标准》，每3个月编印1期《凉都人口》、每2个月编印1期《凉都人口画报》发放到村级，全年在《中国人口报》《贵州日报》《人口与家庭》《六盘水日报》《六盘水人口》、六盘水电视台、六盘水广播电台等报纸杂志发表反映六盘水人口计生文章 154 篇；开展以“婚育新风进万家”为载体的新型生育文化进入农村千家万户活动，组织婚育新风进万家暨纪念《公开信》发表 30 周年文艺汇演，发放价值 20 余万元的各类人口计生宣传品。

（赵 健）

【抓好“两节”期间流动人口服务管理】 “两节”期间，市人口计生委为 280 户流动人口计划生育困难家庭送去大米 14000 斤，御寒衣被 280 套，慰问金 5.6 万元，把党和政府的关怀送到自觉自行计划生育政策的流动人口家中。

（赵 健）

【开展全市人口和计划生育科技大练兵活动】 2010 年 7 月 16 至 18 日，市人口计生委组织 100 人参加“全市第三届人口和计划生育科技大练兵活动决赛暨总结表彰会”，对评选出的 17 名全市计划生育技术服务“岗位标兵”称号和获优胜奖的 47 名的技术人员及县区进行表彰。选拔出董贵宁等 4 名队员组队代表六盘水市参加 9 月 18 至 19 日在贵阳市举办的全省首届科技大练兵决赛，获得全省二等奖。

（赵 健）

【获表彰情况】 2010 年，钟山区计划生育宣传技术指导站等 3 个站获全国首批“全国计划生育优质服务示范站”称号。钟山区妇幼保健站（计划生育宣传技术指导站）、大河镇和六枝特区郎岱镇人口和计划生育技术服务站 3 个站被国家人口和计划生育委员会首批命名为“全国计划生育优质服务示范站”。市计划生育技术服务人员获“全国计划生育科技大练兵先进个人”称号。12 月，钟山区妇幼保健站（计划生育宣传技术指导站）董贵宁、水城县计划生育宣传技术指导站吴洪艳及六枝特区大用镇人口和计划生育技术服务站朱玉敏 3 名技术服务人员获“全国计划生育科技大练兵先进个人”称号。

（赵 健）

老龄事业

【全市老龄工作会议召开】 2010 年 5 月 19 日，全市老龄工作会议召开。会议通过了《六盘水市居家养老服务工作实施方案（征求意见稿）》和《六盘水市加快发展养老服务业的实施意见（征求意见稿）》。出席会议的有各县、特区、区分管领导，老龄办专职副主任及工作人员、市老龄委全体成员共 38 人。

（王 娟）

【开展春节、老年节慰问活动】 春节期间，全市慰问 90 岁以上高龄老年人、特困老人、老复员军人 791 人，发放慰问金 18.9 万元；慰问光荣院 6 所、敬老院 21 所、居家养老服务等养老机构 3 所，发放慰问金 13.4 万元，发放粮油、肉等物资折合人民币 27.1 万元。钟山区老龄办与老百姓大药房、广汇超市等企业，出资 7700 元，对辖区 21 名老党员、困难户、残病人购买年货和送慰问金，为老年太极队解决音响、平整场地，依托社区服务中心为 3000 多人次老年人开展代缴电话费、电费、办理邮政服务等服务，代办金额达 130 余万元。

老年节期间，市、县、乡（镇）党委、政府领导及有关部门人员，对全市百岁老人、特困老人、敬老院及老年公寓进行了慰问，共发放慰问金 20 万余元。10 月 10 日，市老龄办、市老年基金会一行对水城县的部分百岁老人及民办黄家桥养老公寓进行慰问。10 月 11 日，市委常委、市委宣传部部长袁仁庆带领联合慰问组对钟山区空巢老人、民办老年公寓、敬老院进行走访慰问，为老人们送去节日的祝福。在老鹰山敬老院，敬老爱老绿丝带志愿者还为入住的老年人们表演了

歌舞、诗歌朗诵等精彩节目。

（王　娟）

【为基层老年协会订《晚晴》杂志】　市老龄办协调市老年基金会，为全市100个基层老年协会订《晚晴》杂志，每份60元，合计6000元。

（王　娟）

【全面办理老年优待证】　全年办理老年优待证3000余本，让老年人外出旅游、上公园、公厕、乘坐公交车得到优惠。盘县老龄办已于2010年4月份开始为全县老年人免费办理老年优待证，获得老年人一致好评。截止到10月16日，全市六枝特区、盘县、钟山区均已免费为老年人办理“老年优待证”。

（王　娟）

【做好老人来信来访工作】　市老龄办接待老年人来信来访45人次。针对老年人反映的问题，一方面耐心细致地做好解释工作，另一方面及时与有关部门沟通协调，尽快地给老年人答复，做到不回避、不拖延，使老年人的来信来访，件件有回音、事事有着落。

（王　娟）

【开展老年人旅游活动】　市老龄办联合贵州海外旅游总公司、贵阳原野旅游有限公司驻六盘水市公司、贵州凤凰假期国际旅行社有限公司，开展老年人出境旅游活动。近百名老年人赴泰国、韩国旅游。六枝特区组织老年旅行团200余人，分别赴港澳台、北京、上海等地旅游。

（王　娟）

【开展老年人文体活动】　春节、五一节等节日，市直机关，各县、特区、区老龄办组织老年人开展丰富多彩的文体活动，市老体协组织贵阳、安顺、凯里和六盘水4地共24支队伍参加的门球邀请赛，努力倡导社会和谐。六枝城乡老年文体团体在全区开展各种演出达35场。

（王　娟）

【帮助老年人维权】　盘县老龄办向县司法局申报成立老年人法律维权援助站的请示已获批复。至此，六盘水市所辖四个县区老龄办全部成立老年人法律维权援助站，使广大老年人能更方便、更快捷地获得法律服务。钟山区大河镇五组郭某某不赡养并虐待其母，经多次批评教育仍不悔改，村老年协会就作为其母代理人寻求司法保护，使郭某某受到法律制裁，使其他人受到警示教育。

（王　娟）

【基层老年协会建设方兴未艾】　全市基层老年协会建设取得进展，各县、特区、区涌现老年协会工作典范，如六枝特区平寨镇那固坝社区，盘县的红果社区、板桥镇龙硐村、民主镇小白岩村，钟山区大河镇的渡口村等老年协会。上半年，市老龄办拨款10000元支持1个基层老年协会建设。盘县老龄办安排8万元的经费对8个老年协会进行软硬件设施建设。拨款20000元加强板桥镇龙硐村老年活动场设施改造，并报审老年度假山庄项目建设。

（王　娟）

【协调解决老年人免费乘车问题】　11月30日，经六盘水市市人民政府同意，《六盘水市中心城区优待老年人等乘坐城市公共汽车实施方案》（市府办发〔2010〕148号）正式出台。实施方案中明确规定，“市中心城区60周岁以上的老年人乘坐市中心城区城市公共汽车，可享受免费优待”。实施方案将于2011年1月1日起执行。

（王　娟）

【开展城市社区居家养老服务工作】　8月，

市老龄办专职副主任韩绍美参加省老龄办举办的老龄工作培训班，赴厦门等地参观学习先进地区的老龄工作及居家养老服务工作经验。

为全面推动六盘水市城市社区居家养老服务的开展，市老龄办于10月25日至10月30日，组织所辖4个县、区老龄办工作人员及街道办事处、乡镇负责人共计23人，赴上海、遵义等地学习考察。10月30日，考察团在遵义市老龄办及红花岗区老龄办工作人员的陪同下，参观了该区万里路街道办事处社区居家养老服务中心。

为开展城市社区居家养老服务工作解决工作经费。市老龄办积极向省老龄办、与市民政局申请，省老龄办支持了30万元，市民政局从市福利彩票公益金中解决了50万元。目前，所有扶持经费均已下拨至各县区。

11月8日，《六盘水市居家养老服务工作实施意见》（市府办发〔2010〕133号）和《六盘水市加快发展养老服务业的实施意见》（市府办发〔2010〕134号），经市人民政府办公室正式批转执行。

按照省老龄办提出“确保全省县（市、区）和50％的城市社区开展居家养老服务工作”的要求，六盘水市采取多模式形式开展居家养老服务工作，一是整合“星光计划”资源，开展居家养老服务。二是拓展服务方式、拓宽服务内容。三是为老服务同时兼顾留守儿童。四是利用地域优势，开展片区服务。五是利用国债资金项目，开展居家养老服务。六是组建信息网络，搭建居家养老服务的空中平台。七是积极培育和发展居家养老服务服务组织。目前，全市共有59个城市社区挂牌开展居家养老服务工作。

（王　娟）

【开展农村居家养老服务试点工作】　经过对六盘水市农村老年人及敬老院情况调研，确定六盘水市农村居家养老服务工作依托乡镇敬老院开展。最终确定六枝特区平寨镇敬老院，盘县羊场乡敬老院、乐民镇敬老院，水城县杨梅乡敬老院，钟山区大湾镇敬老院、老鹰山敬老院六家敬老院作为此次农村居家养老服务工作的试点单位。

（王　娟）

【组织老年节各项活动】　贵州省第21个老年节期间，六盘水市老龄办组织各地开展了丰富多彩的文娱活动，庆祝老年人的节日。

各涉老部门深入开展“敬老三个一”活动　团委组织志愿者到敬老院看望老人并与他们联欢，共度老年节；卫生局组织医务人员为老年人免费体检；各乡、镇、街道组成慰问组，对辖区内的退休干部、百岁老人、孤寡老人、高龄特困老人进行走访慰问，帮助解决老年人特别是特困老人的实际困难和问题；老年大学、老年体协等部门组织辖区老年人开展文体活动，全市近万名老年人参加了此类活动。

各县区、街道、乡镇开展了丰富多彩的文体活动　其中：盘县举办了首次盘县乡镇老年运动会，全县机关老年人重阳节运动会；水城县委宣传部、文明办、县民政局、县老龄办、团县委联合开展“三关爱”绿丝带志愿服务活动，对敬老院、贫困老人、空巢老人及留守儿童进行慰问；市老龄办带领3支老年文艺队赴铜仁地区参加第二届贵州省老年文化艺术节。其中：独唱《我属于你，中国》获金奖，舞蹈《欢腾》获三等奖，《京剧串演联唱》获优秀奖。在书画比赛环节，市老年书画获2个一等奖、3个三等奖、6个三等奖，1个特殊贡献奖。

（王　娟）

【清理整顿“星光计划”项目】　市老龄办、市民政局联合对“星光计划”项目进行清理整顿，清理出能正常开展工作的六枝特区社会福利院、钟山区凤凰街道明湖社区星光老年家等8家。经考察筛选，六枝特区社会福利院、盘县城关镇星光老年之家、钟山区凤凰街道明湖社区、广场社区、怡景社区星光老年之家列入2010年省级福利彩票公益金资助项目库。

（王　娟）

【完成“五五普法”验收工作】　为完成全市“五五普法”的验收工作，市老龄办积极向各县、特区、区广泛征集“五五”普法以来老龄工作依法治理工作图文资料，并进行整理归档，在接受市检查组检查时获得好评。

（王　娟）

【召开六盘水市老年基金会第三届理事会全体会议和六盘水市老年学会年会】　12月10日上午，六盘水市老年基金会召开了第三届理事会全体会议，审议通过了第二届理事会的工作报告、财务工作报告与基金会《章程》，通过了第三届理事会建议名单。全体理事及媒体共21人参加会议。

下午，六盘水市老年学会年会召开。会议增补了市老年学会有关人员建议名单；安排了2011年老年学会的相关工作。

（王　娟）

【老年教育概况】　2010年，全市在校老年学员人数4550人。其中：县以上五所老年大学共1991人（市454人，六枝200人，盘县1168人，水城127人，钟山区42人），比2009年同期增长14.7%，开学的各基层校23所，在校学员人数2559人（六枝493、盘县653、水城259、钟山区1154），比2009年同期增长14.1%，老年教育覆盖面占全市老年人口总数的1.4%左右。新建基层校2所（水城1所，钟山区1所）。县以上教办、老年大学自办或参与各类大型文体活动、纪念活动、公益活动共27场（次）。

市老年大学有教学活动场地230平方米，人员编制6人，其中：干部编制5人，工勤人员编制1人，在编6人，在岗4人（2人改非）。开设有16个专业，23个教学班，常年在校学员450人左右。

截止到2010年12月底，全市新建老年大学（学校）15所，其中：基层校14所，县级1所，超《全市老年教育事业十一五规划》目标3所；各级老年大学（学校）常年在校学员4550人，比2006年增长3.5倍。在校学员人数占全市老年人口总数约为1.4%，超《全市老年教育事业十一五规划》目标4个百分点。市、县（特区、区）、乡（镇）三级老年教育网络工程已初步形成。

创新教学模式　市老年大学、盘县老年大学近年来采取集中办学和分散办学相结合、室内办学和室外办学相结合的方式，突破了室内教学场地不足的瓶颈制约，学员人数增长迅猛。市老年大学已超过450人，盘县已接近1200人。六枝老年大学积极争取领导和有关部门的负责人，实现了远程教育与老年教育的整合，成立了老年教育远程教育中心站，改善了办学条件，提升了办学档次，丰富了办学内容，优化了办学资源。

充分发挥老年教育服务社会的功能　市老年大学提倡以专业、班级为单位组织活动，舞蹈、体育等专业每年都自办小型联欢联谊活动，校合唱团于年末自办了一场比较大型的迎春演唱会。六枝老年大学提倡康乐型教学和精品教学相促进，校长带头创作地方花灯剧，鼓励师生创作高质量文艺、书画作品等都是对创新教学模式的有益探索。各级老年大学（学校）利用教学成果，结合党委政府的中心工作、重大事件和重大节假日组织丰富多彩的服务性、纪念性及公益性第二课堂活动，使教学突破了自娱自乐的范围，在服务社会的同时还展示自己的风采，树立了学校形象。

贯彻落实省市老年教育工作会议精神有新成果　六枝的办学经费有较大幅度的增加，由3.9万元增加到5.7万元，增长33%；水城2011年的老教办工作经费有了着落；钟山区的校舍问题得到了解决等。

（何发建）

民族·宗教

【机构体制改革】 2010年3月，市人民政府行文撤销“六盘水市民族宗教事务局”，重新恢复“六盘水市民族事务委员会”和“六盘水市宗教事务局”名称，两块牌子，合署办公，民族、宗教工作领导体制和工作机制得到进一步理顺。

（张雪梅）

【少数民族发展资金和民族经费】 争取投入中央少数民族发展资金170万元，帮助民族地区实施37个基础设施、增产增收等项目。争取投入省级少数民族发展资金231万元，实施专项扶贫、民族建房、计生专项补助等大小项目117个。其中：专项扶贫资金195万元，落实项目7个；少数民族建房补助资金30万元，落实项目60个，补助60户建房；计生专项补助资金6万元，落实项目50个。争取投入省级民族经费35万元，落实项目7个。安排市级少数民族发展资金55万元，落实项目18个。安排市级民族工作经费50万元，落实项目16个。

（张雪梅）

【民族贸易和民族特需商品生产】 开展民贸民品企业“十一五”期间政策落实情况和“十二五”相关政策建设的调研工作，撰写调研报告报省民委。完成六盘水市2010年民族特需商品生产补助资金项目的申报工作。对市3家“十一五”期间全国民族特需商品定点生产企业进行审核，贵州省六枝特区宏奇制药有限公司符合申报条件，向省民委、省财政厅报送相关材料，申报补助资金100万元，争取民族特需商品生产补助资金35万元。做好“十二五”民族特需商品定点生产企业的普查和申报工作，对照《少数民族特需商品目录》，向省民委、省财政厅、中国人民银行贵阳中心支行推荐申报市贵州省六枝特区宏奇制药有限公司、六盘水市民艺苑商贸有限公司2个企业为“十二五”民族特需商品定点生产企业。

（张雪梅）

【计生帮扶与民族调研统计】 制定帮扶少数民族计生户优惠政策、措施，完成计生“三结合”帮扶任务180户、686人，帮扶资金55.06万元，年内脱贫147户。完成民族团结进步示范村、科技农业示范推广点、少数民族和民族地区行政村基本情况、棋林村贫困状况、六山民族地区等专题的调研。完成2009年度民族乡统计报表工作。

（张雪梅）

【民族文化教育】 加强对2009年度省级民族教育经费57万元和实施的23个项目的监督管理。行文下发2010年省级民族教育专项补助资金和省级民族经费民族体育专项补助资金51万元，落实项目21个。下拨省级民族教育专项补助资金10万元，补助在市一中举办的民族寄宿制高中班。安排2010年市级少数民族教育专项资金55万元，落实项目15个。其中：安排7万元，对杨津等36名当年考上大专院校的符合条件的少数民族贫困大学生给予补助；安排12万元，对被评为省级民族文化进校园项目学校的六枝特区陇脚布依族乡陇脚中学等4所中学进行重点扶持；安排16万元，对市民族职业技术学校等6个省、市、县三级民族体育基地进行重点扶持。

（张雪梅）

【开展全市重点古籍普查工作】 基本摸清了市境内重要古籍散存情况。民族古籍传承人600多人，毕摩138人，彝文古籍7680余册，苗文古籍164册，汉文记布依语1000多册，仡佬族原生态古籍1件，苗族原生态古籍1件，阿文碑68通，满汉文碑1通。

（张雪梅）

【组团参加全省第七届少数民族传统体育运动会】 组成218人的代表团，参加8个竞赛项目、4个表演项目的竞赛。在竞赛项目“押加”比赛中夺得1枚金牌，武术比赛中夺得2枚金牌、1枚银牌、1枚铜牌；表演项目中白族“斗鸡”、彝族“耍海马”获得金奖，苗族芦笙“翻旮旯”、彝族“羊皮鼓技巧”获得银奖。共获5金3银1铜，是六盘水市参加历届民族运动会取得的最好成绩。

（张雪梅）

【少数民族干部培训】 10月，与市委组织部联合在中央民族干部学院举办1期全市少数民族干部（全市民族宗教干部）培训班，来自民族宗教系统的干部和市直有关部门的23名民族宗教工作干部参加学习培训。选派14名少数民族干部参加由省委组织部、省民委、省公务员局在中央民族干部学院、上海经济党校、贵阳花溪等地举办的民族干部培训班学习。

（张雪梅）

【宗教教职人员教育培训】 市宗教事务局在钟山区黄土坡基督教礼拜堂举办1期全市宗教教职人员政策法规培训班；在钟山区大湾镇大庆基督教礼拜堂举办1期全市创建和谐寺观教堂暨信教群众学习时事政策培训班。对市县基督教“两会”副秘书长以上人员、重点基督教堂负责人、大湾片区7个基督教活动场所的负责人和部分信徒进行培训，培训人数260余人。

（张雪梅）

【办理宗教方面行政许可事项】 受理六盘水市基督教两会“设立六盘水市基督教教牧义工培训中心”和贵州省道教协会“设立盘县普古乡七一克村道教活动点的”申请，根据《中华人民共和国行政许可法》《宗教事务条例》等有关政策法规规定，按程序在许可期限内对两项申请作出行政许可决定，解决了市基督教教牧人员培训基地和道教无固定处所的问题。

（张雪梅）

【推荐市创建和谐寺观教堂先进集体和先进个人】 考察推荐先进集体5个（市伊斯兰教协会、六枝基督教礼拜堂、盘县伊斯兰教协会、岩头上基督教活动点、黄土坡基督教会）、先进个人5名（杨明祥、释悟禅、唐明道、陶军国、王克珍）报省宗教局。

（张雪梅）

【完成两个宗教团体的换届工作】 指导六盘水市基督教“两会”、六盘水市伊斯兰教协会分别召开六盘水市基督教第五次、伊斯兰教第三次代表会议，完成会议的各项议程，选举产生“两会”新一届领导班子。

（张雪梅）

县区概况

钟山区

【概述】 2010年，全区地区生产总值完成183.65亿元，同比增长16.7%；规模以上工业增加值增长18.5%；全社会固定资产投资完成106.5亿元，同比增长30.6%；财政总收入和一般预算收入分别完成14.04亿元和8.56亿元，同比增长44.31%和37.97%；社会消费品零售总额完成72.66亿元，同比增长19.1%；城镇居民可支配收入和农民人均纯收入分别完成14428元和4607元，扣除物价因数实际同比增长6.2%和18.92%；居民消费价格总水平上涨3.1%，控制在4%以内。

（马永超）

【工业结构调整】 整合和技改煤矿30对，累计关闭30家洗煤企业。“省级信息化与工业化融合试验区”正式挂牌，获批信息化项目4个，建成专用信息化平台、行政办公传输系统、中心城区两侧光缆工程及3G网路工程。水月循环经济试验园区、老鹰山重化工业园区等产业园区申报工作开展顺利，水月循环经济试验园区完成规划编制，招商引资工作加快推进。完成野马寨电厂粉煤灰循环经济项目选址，以煤气为能源生产玻璃纤维棉洁源废气利用项目开工建设，老鹰山煤化工项目一期工程完工，年产200万吨水泥生产线完成土建工程。加快鼓励中小企业转型，争取上级中小企业转型技改补助、扶持和贴息资金总计1048万元。

（马永超）

【新农村建设】 全年投入水利抗旱资金834万元，启动36个抗旱应急水源工程。安排支农资金308万元。新增商品蔬菜基地1015亩，产量达到9.8万吨，同比增长9.5%。优质和良种猪推广、石漠化牛羊养殖、生猪标准化养殖等畜牧产业化项目顺利实施，全年肉类总产量达到1.2万吨，同比增长11.33%，畜牧业产值占农业总产值比重达到55%。

19个新农村建设项目稳步推进，建成农村沼气池2667口，完成农村沼气乡村服务网点13个；农村生活环境得到明显改善，改造农村危房660户，实施“美好家园”建设项目800户，实施易地扶贫搬迁129户。深入实施“万村千乡市场”工程，基本实现镇乡、街道和行政村全覆盖；新阶段扶贫开发有序推进，突出抓好整村推进、贫困劳动力转移、产业化扶贫三项重点工作，统筹安排扶贫项目32个，扶贫资金429.75万元，有效减少贫困人口2830人。

（马永超）

【推进项目建设】 在中央扩大内需项目方

面，争取项目总计 43 个，总投资达到 8.35 亿元，累计完成投资 6.4 亿元，完工项目 33 个。其中：保障性住房项目 5 个，累计完成投资 5.94 亿元。农村民生工程和基础设施建设项目 17 个，累计完成投资 3005 万元。医疗卫生、教育等社会发展项目 21 个，累计完成投资 1607 万元；在中央预算内投资项目方面，争取项目 47 个，总投资达到 9.03 亿元，累计完成投资 4.98 亿元，完工项目 10 个；在重大项目方面，全年安排重点项目 19 个，总投资达到 72.06 亿元，累计完成投资 46.53 亿元。

（马永超）

【招商引资】 全年完成招商项目 18 个，招商引资到位资金共计 21.8 亿元，项目总投资达到 84.17 亿元，其中新增签约项目 7 个，投资达到 31.85 亿元。

（马永超）

【城市基础建设】 人民路西段基本建成，川心南路、碧云路东延伸段、水西南路延伸段、金水路改造、36 条小街小巷改造等城市道路建设有序推进。红山石桥 1 号路主干道工程基本完工。城市扩容加快推进，完成老城改造及周边用地规划方案编制。月照机场可研已获批复，前期工作进入实质性阶段。市政基础设施不断完善，中心城区 10 千伏电缆入地工程基本完工。排污管网前期工作稳步推进。龙井路人行天桥工程进展顺利。深入实施“双创双建”活动，继续实施中心城区绿化工程，完成公园、广场、干道等绿化养护面积 218.6 万平方米，新建社区垃圾收集点 100 个。拆除“两违”建筑 388 户，建筑面积 3.76 万平方米。城市功能不断完善，夜郎文化广场、麒麟公园和德坞儿童乐园二期、明湖湿地公园、凉都森林公园、凤凰山文化广场稳步实施。钟山区农村体育建设场地和残疾人综合服务设施主体工程基本完工。

（马永超）

【社会事业】 完成农村学校补助公用经费 1458.56 万元，减免学杂费 1506.77 万元，减免农村学校教科书本费 437.3 万元，补助农村寄宿制贫困学生 39.9 万元；中小学校舍安全工程和义务教育阶段薄弱学校改造工程正加快实施，老鹰山中心校、水钢金河小学教学楼开工建设；职业教育、学前教育步伐加快。钟山区职教中心行政教学楼投入使用。

第六次全国人口普查工作开展顺利，全区总人口达到 52 万人，人口出生率为 8.7‰，自然增长率为 6.09‰，符合政策生育率为 94.84%，三项指标均完成年初既定的目标。男女性别比达到 117.6%，控制在目标 120%以内。

举办“亚洲沙滩排球巡回赛”、“凉都消夏·印象钟山”等系列活动。加快推进广播电视“村村通”工程建设，完成广播电视村村通工程 199 座，基本实现乡镇数字电视全覆盖的目标。大力实施“2131”放映工程。正式启动钟山区文化馆建设前期工作。

（马永超）

【环境建设和节能减排】 加快落后生产企业淘汰步伐，关闭拆除“第一批”和“第二批”落后产能企业 7 家，淘汰落后产能 22.7 万吨。深入实施环保专项行动，取缔非法炼锌 12 家，配煤厂 25 家；加强林业和园林保护，治理石漠化面积 24.93 平方千米。完成退耕还林补植补造面积 1.7 万亩，森林覆盖率达到 32.9%。建成中心城区垃圾收运系统渗滤液工程，岔河垃圾填埋场渗滤液处理场。德坞污水处理厂建设项目二标段管网安装工程正抓紧实施，西洋焦化脱硫设施安装基本完成；节能减排成效明显，完成 12.6 万支节能灯推广工作，淘汰高能耗落后机电设备 71 台，全年二氧化硫排放量达到 24430 吨，在 2009 年基础上削减 3713.5 吨，削减率达 2%；化学需氧量排放量达到 6931.4 吨，在 2009 年基础上削减 204.6 吨，削减率达 2%。

（马永超）

【改善民生】 新增城镇就业7808人，转移农业劳动力3120人，农业劳动力技能就业培训1240人。城镇登记失业率控制在4.2%以内；城镇居民基本医疗保险的扩面工作进一步加强，新型农村合作医疗参合率达到98.06%；新型农村养老保险试点启动实施，参保人数完成4.2万人，参保率达到69.96%；基本建成汪家寨、老鹰山等5个中心卫生院，完成黄办、荷办卫生服务中心主体工程，汪家寨和老鹰山镇医院规范化建设项目竣工验收；廉租房、农村危房改造等保障性住房加快推进，100套兴民小区廉租房建设项目竣工验收，3198套廉租房基本建成，1459套廉租房正式对外租售；继续实施采煤沉陷区治理工程，大河花苑、老鹰山和大湾花苑等主体工程完工。启动煤炭棚户区改造工程，完成800户煤炭棚户区改造工程方案编制。

（马永超）

六枝特区

【概述】 2010年，六枝特区总面积为1792平方千米，耕地面积2.59万公顷；辖14个乡（其中9个民族乡），5个镇，220个村民委员会，25个社区（居民委员会）。2010年年末总人口（常住半年口径）61.11万人，其中：少数民族21.37万人，非农业人口13.59万人，人口出生率8.59‰，自然增长率3.03‰，计划生育率94.85%，人口较多的少数民族有彝、苗、布依、仡佬、回等30多个民族。主要矿藏有煤炭、铁、铝、硅石、萤石、冰洲石、重晶石、石膏、石灰石等。森林覆盖率33%。

2010年，全区生产总值54.91亿元，比上年增长15.4%。其中：第一产业增加值5.78亿元，比上年增长6.1%；第二产业增加值25.33亿元，比上年增长18.6%；第三产业增加值23.81亿元，比上年增长14.9%；财政总收入47814万元，比上年增长25.53%，其中：一般预算收入29562万元，比上年增长27.04%；总支出171243万元，其中：一般预算支出158226万元，比上年增长32.60%。受特大干旱灾害影响，全年粮食产量18.67万吨，比上年减产1.34万吨，比上年下降7.7%。油料产量1202吨。全区共有经济林面积1830公顷，比上年增加54公顷；封山（沙）育林面积9533公顷；幼林抚育面积1474公顷。全年肉类总产量19350吨，比上年增长1.28%，其中：猪肉产量15214吨，牛肉产量1734吨，羊肉产量291吨，禽肉产量1649吨，分别比上年增长2.17%、−11.3%、6.59%和4.43%。水产品产量408吨，比上年增长7.94%。全区固定资产投资30亿元，比上年增长75.40%，其中：基本建设投资13.27亿元；更新改造投资1.08亿元；房地产开发投资0.98亿元。全年社会消费品零售总额16.33亿元，比上年增长18%。全年接待旅游总人数25.82万人次，同比下降7.52%，其中：外国游人564人次，同比下降26.27%；旅游接待收入1.2亿元，同比下降10.53%。

年内共引进招商引资项目61个，总资35.93亿元，实际到位资金4.56亿元。交通运输及邮政业完成增加值68892万元，增长16.70%。完成道路货物周转量56774万吨千米，比上年增长27%；完成道路旅客周转量9770万人千米，比上年增长30%。完成邮电业务收入总量12306万元，比上年增长9.85%，其中：邮政业务收入702万元，比上年增长2.18%；电信业务收入11604万元，比上年增长10.35%。有城乡固定电话用户34626户；移动电话用户148269户；互联网用户8953户。电话普及率达30部/百人，每百人拥有电话比上年增加2倍。全区金融机构人民币各项存款余额为541600万元，比年初增加102835万元，同比增长23.44%；各项贷款余额323884万元，比年初增加65761万元，同比增长25.48%。全年商业保险保费收入5887.85万元，比上年增长19.15%；各项赔款和给付

2604.70万元，比上年增长13.34%。有各类学校299所，教职工4873人，专职教师4648人，在校学生122450人，适龄儿童入学率达99.20%。全区共有科教文化服务中心19个，图书馆1个。完成广播电视“村村通”工程42372户，实施数字电视工程2.56万户，广播综合人口覆盖率达98.33%，电视综合人口覆盖率达97.87%。全区共有卫生机构80个，其中：医院10个，卫生院19个，社区卫生服务中心（站）14个，采血机构1个，计生妇幼保健服务中心1个，疾病预防控制中心1个，卫生监督所1个，个体诊所33个。共有床位1237张；卫生技术员1336人，其中：执业医师342人，执业助理医师170人，注册护士710人。有贫困人口8万余人，比上年减少8944人；完成省级财政扶贫资金500万元，完成“雨露计划”培训1850人。2010年城区居民人均住房面积达25.26平方米。新型农村合作医疗参合人数达46.5万人，参合率达96.59%。城镇居民基本医疗保险参保达7万人。年末共有10098户18256人享受城镇居民最低生活保障，发放低保金3347.61万元，同比增长25.45%；有45732户87625人享受农村最低生活保障，发放低保金4304万元。2010年全区共发生各类安全生产事故23起，死亡18人，同比事故减少3起，死亡人数减少4人。

（罗道勇）

【九龙酒业有限公司异地技改】 1995年10月，六枝特区酒厂破产重组成立六枝特区九龙酿造厂，后因各种原因停产。为做大做强白酒产业，加快区域产业结构调整，特区党委、政府决定对该公司进行重新选址异地技改。2010年11月，六枝特区九龙酿造厂通过改革改制后，重组为贵州省六枝特区九龙酒业有限责任公司。六枝特区九龙酒业有限责任公司异地技改年产5000吨项目，位于落别乡牛角村，占地113亩，项目总投资9917.30万元，项目建设期为2年，投资回收期为3.75年。项目建成投产后，年销售收入3.85亿元，年利润7508万元，年上缴税金1.3亿元，增加就业900余人，拉动主要生产原料高粱、小麦、大米、糯米等共15000余吨。

（罗道勇）

【日本驻华使馆到六枝考察】 6月2日，日本驻华使馆利民工程项目官员池田千亚到六枝考察日本政府在六枝无偿援助实施的六枝特区梭戛乡饮用水改善工程（梭戛日元改水工程），并参观了梭戛生态博物馆。在深入工程点实地查看，听取特区水利局、梭戛乡关于工程建设、使用、管理、维护等情况介绍后，池田千亚对工程管护和发挥解决人畜饮水困难的功效给予肯定。梭戛日元改水工程距六枝约40千米，位于六枝特区西北部少数民族群居地梭戛乡中心区。该工程于2004年6月开工建设，2004年11月30日竣工。总投资171.56万元，其中：国内资金104.39万元，日援资金67.17万元。工程选用2个供水水源，主要解决附近5个村1660户6621人及1700头牲畜饮水困难，工程设计使用期限20年。

（罗道勇）

【湖南省娄底市涟源企业家捐助六枝抗旱救灾】 4月7日，湖南省娄底市涟源企业家“心系西南灾区”抗旱救灾爱心捐赠仪式在六枝桃园广场举行，娄底市涟源企业家现场捐赠40万元现金和40万元的抗旱救灾物资，支持六枝灾区困难群众抗旱救灾。2009年10月15日始，区境内持续干旱，导致农作物干旱、枯萎、萎缩，大面积减产；干旱造成人畜饮水困难，地表严重开裂，水源枯竭，人民生产生活遭受严重影响。全区19个乡镇不同程度受灾，涉及220个村、2449个村民组，130467户、521861人。灾害造成农作物受灾27681公顷，成灾21267公顷，绝收8406公顷，45万人和11.8万头牲畜饮水困难，直接经济损失达39339万元。捐助仪式上，湖南宏腾集团、湖南省涟源市丰华煤业公司、湖南省涟源市斗笠山煤业公司、湖南省涟源市胜利煤业公司，湖南省涟源市杨木冲煤业公司现场捐赠40万元现金和40万元的大米和矿泉水，支持六枝灾区困难群众抗旱救灾。

（罗道勇）

【深圳·六盘水劳务合作招聘会举行】 3月5日，深圳·六盘水劳务合作招聘会在六枝特区桃园广场举行。来自深圳的55家企业，为六枝城乡富余劳动力、下岗失业人员和大中专毕业提供19137个就业岗位。招聘会达成录用意向1400多人，现场录用780人。

（罗道勇）

盘 县

【概述】 2010年，全县总面积4056平方千米，耕地面积4.54万公顷，辖17个乡（11个民族乡）、20个镇和450个村民委员会、52个社区居委会；2010年总人口117.99万人，其中：少数民族22.2万人，非农业人口23.34万人，人口出生率10.74‰，自然增长率5.33‰，计划生育率97.18%，人口较多的少数民族有彝族、苗族、白族、布依族。探明的矿产资源有煤、铁、铜、黄金、锰、锌等20余种，其中煤炭资源储量大、品种全、质量优。森林覆盖率39%。

经济 2010年全县生产总值完成210.39亿元，比上年增长15.5%；农林牧渔业总产值21.32亿元，比上年增长8.90%；工业总产值354.29亿元，比上年增长17.35%；财政总收入58.64亿元，同比增长29.78%，其中：地方财政收入21.03亿元，同比增长30.93%；财政总支出40.47亿元，同比增长48.25%；年内固定资产投资118.01亿元，比上年同期增长45.27%；社会消费品零售额34.58亿元，同比增长18.24%；农民人均纯收入3529元，比上年增长16.16%；金融机构存、贷款余额分别为174.49亿元和95.79亿元，比上年分别增长20.29%、12.20%。

重大项目建设 有重大建设项目46个，总投资584.97亿元。其中：在建项目31个，涉及煤炭开采、煤化工、建材、电力、交通、物流、水里、生态治理、市政基础设施等方面，总投资296.99亿元，累计完成投资73.03亿元；拟建项目15个，涉及煤炭开采、煤化工、电力、交通、农产品加工、市政基础设施等，总投资287.98亿元。在建项目中，首黔煤（焦化）钢—电一体化循环经济，总投资135.87亿元，累计完成投资5.59亿元；红果循环经济型煤焦化项目一期总投资30.6亿元，累计完成投资9亿元；万家口子水电站总投资16.4亿元，累计完成投资7.81亿元；松河煤业总投资19.5亿元，累计完成投资16.59亿元；红果环城东线总投资4.59亿元，累计完成投资2.4亿元。拟建项目中，黔桂发电公司上大压小机组改造总投资42亿，累计完成投资4.8亿元；盘南煤化工总投资143亿，累计完成投资0.085亿元。

公路建设 全县通车里程5449.64千米，其中：二级油路214.89千米，通乡油路329.7千米。有营运车辆14397辆，其中客运519辆，货运车辆13878辆。年货运量1826万吨，货物周转量203168万吨千米，客运量1039万人，客运周转量37743万人千米。有本地电话用户10万户，宽带用户2.5万户，移动电话（移动、联通、电信）用户69.34万户，手机网络及电话覆盖37个乡镇、400多个行政村。

小城镇建设 规划编制城镇发展总体部署，推进城镇基础设施建设。全年完成红果中心城区总规、近规及城郊《亦资孔片区控制性详细规划》《沙坡片区及旧铺工业集中区控制性详细规划》《城关、刘官、西冲统筹规划》等11个局部区域规划；完成保田、乐民、洒基、断江、板桥、滑石、大山、石桥、马场乡总体规划编制和四格乡修建性详细规划编制；计划总投资5.89亿元，对东湖大道、胜境大道延长线、东湖大

桥、东湖公园、红纱路1、2号大桥、文体活动中心、和鸡场坪小城镇道路进行建设，全年累计完成投资0.92亿，各项目都在实施中。

建廉租住房2250套，总投资9060万元，建筑面积为112500平方米，完成工程量的76%；建经济适用房91套，投资1000万元，建筑面积为8966.36平方米；全年共办理房改房市场准入许可证245户，共收取补交土地收益金17705元。

产业收入　有乡镇企业23937个，从业人员151553人，全年完成乡镇企业总产值245.19亿元，工业增加值61.45亿元，实现营业收入262.45亿元，利润总额36.01亿元，上缴税金24.20亿元。招商引资完成到位资金27.03亿元，同比增长33.15%；旅游业收入1.59亿元，同比增长33%；接待游客61.2万人次，同比增加37%；海外旅客接待人数54人次，同比增长9%。

全县规模以上工业增加值完成140.09亿元，增长17.1%；规模以上工业总产值（现价）完成250.28亿元。主要工业产品中，原煤完成3326.89万吨，同比增长15%；发电量完成175.02亿度，同比下降14.36%；水泥完成103.10万吨，同比增长1.92倍，其中地方水泥产量102.58万吨，同比增长4.77倍。社会消费品零售总额完成34.58亿元，同比增长29.78%。

教育　有幼儿园45所，学前班172班，在园（班）幼儿15467人；全县有小学410所，在校生108290人，入学率99.73%，辍学率0.07%；初中70所，在校生83531人，入学率126.70%，辍学率1.53%；普通高中3所，在校生17696人；职业教育技术学校4所，在校学生6226人；参加普通高考有理科考生3672人，录取2816人，文科考生3001人，录取2350人；全年共投入资金41597万元对基础设施薄弱的学校进行新建、扩建、维修、校园美化及滑坡治理等，新建、扩建教学楼和学生宿舍共620000平方米；投入资金2090万元新建幼儿园12所，面积12968平方米；县职中被评为国家中等职业教育改革发展示范学校；全年共支出“两免一补”资金1.53亿元，同比增长15.04%；落实免费教科书2405.15万元，补助公用经费10138.34万元，寄宿生生活补助3071.6万元。

文化　完成红果、城关数字电视整体平移及柏果、盘江、淤泥、刘官等乡镇1324户数字电视整体转换工作。全县有数字电视用户19860户，年收视费500余万元，电视广告收入260余万元。落实“村村通”工程，共建广播电视“村村通”2470个项目村，覆盖用户60474户，改善了人民群众收看电视收听广播难的现象。举办盘县2010“多彩贵州”小品大赛。对60件作品进行评选，《映山红》《哭坟》《亲人》等8件作品获创作奖。反映抗旱题材的小品《看到银子化成水》获一等奖，红色题材的小品《映山红》等5个节目分获二、三等奖。城关、羊场乡、华夏中学获组织奖。选送精品节目参加六盘水市选拔赛和上海世博会贵州展区表演，获市选拔赛三等奖2名，优秀奖4名，获旅游商品能工巧匠优秀奖3名。

科技　一是支持科技项目建设，全年共投入应用技术研究与开发经费2080万元，重点支持茶叶产业、医院设备、学校安全、紫茎泽兰防治、农产品加工等项目。各项目全部实施完成。二是加快知识产权建设。出台《盘县知识产权专项资金管理办法》。全年专利申请量11件，其中：发明1件，实用新型8件，外观设计2件。授权12件，其中：实用新型9件，外观设计3件；授权同比增加71.43%。商标注册45件，同比增加7.14%。全年盘县资助专利申请5项，4200元；资助商标注册45件，131500元。三是加强地震监测工作。多渠道多形式进行宣传，使防震减灾科普进农村、进社区、进工厂、进机关、进学校，提高广大干部群众防震减灾意识。结合“科技三下乡”活动等，全年累计发放《地震科普知识宣传资料》《防震减灾挂图》和宣传光碟等宣传资料5万多份，开展地震科普咨询5期；加强地震监测保护体系建设。坚持合理布点，邀请贵州地震局专家为盘县选址建站，在保基、洒基、珠东建立3个地震观测站，监测范围涵盖全县。实现监测信号与省地震局联网。

卫生 围绕服务广大民众健康的宗旨，加大基础设施建设的投入，建立健全医疗服务体系。投资1.4亿元新建县人民医院，投资690万元新建138个村卫生所；培训乡镇卫生人员605人，村卫生员468人；定点新农村合作医疗机构51家，分布在县、乡（镇）、社区；全县农村居民合作医疗参合人数954757人，参合率98.96%；共筹集资金1910万元，资金支出12147万元，受益人次809048人；其中：门诊补偿1449.23万元，县内医疗机构住院补偿7705.56万元，县外转诊转院补偿2037.23万元，外出务工补偿954.80万元。办理卫生许可证1356户，办证率95.7%，食品卫生监督覆盖率100%，食品卫生许可证发放合格率97%。

禁毒 全县登记在册吸毒人员共7165人，2010年有吸毒人员4190人，登记在册贩毒人员4490人，其中：本地贩毒人员1282人，外流贩毒人员3208人，新查获吸毒人员共794人。全年打击贩毒人员337人，同比下降7.5%；其中外流贩毒人员108人，同比下降32%。共破获毒品案件276起，完成市局下达年任务235起的117%；抓获犯罪嫌疑人307人，缴获各类毒品16.7千克，完成市局下达年任务11千克的151.8%；收戒吸毒人员1611名（强制隔离戒毒1025人、责令社区戒毒530人、美沙酮药物维持治疗56人），完成市局下达年任务1010名的101%。由于工作成绩突出，中央电视台、中工国际广播电台到盘县进行禁毒工作专题采访报道，安徽临泉、四川金阳等省外10余个县市分别到盘县考察学习。

安全生产 全县共发生各类生产安全事故87起（不含消防事故），死亡67人，同上年相比，事故起数减少1起，死亡人数减少1人，分别下降1%和2%。其中：煤矿共发生事故33起，死亡39人，同比，事故起数增加4起，上升14%，死亡人数减少1人，下降3%；金属与非金属矿山发生事故4起，死亡4人，同比，事故起数增加2起，死亡人数增加2人，分别上升100%；工商企业共发生事故10起，死亡10人，同比，事故起数增加4起，死亡人数增加2人，分别上升67%和25%；道路交通共发生事故40起，死亡14人，同比，事故起数减少11起，死亡人数减少4人，分别下降22%。

计划生育 在推行计划生育"村（居）民自治"和坚持计划生育工作"四会三查"制度的同时，采取一系列利益导向工作，初显成效。一是贯彻落实上级计生优先优惠政策，开展"少生快富"工程，发放放弃政策内二孩生育一次性奖励24户7.6万元；为农村计生"两户"全额代交新型农村合作医疗参合费34655人69.31万元；开展"关爱女孩——扶助十佳自强女孩"活动，根据当年女孩就读情况进行帮扶，全县10人帮扶0.73万元。二是兑现国家奖励扶助政策和市委、市政府"六项承诺"。发放农村独生子女家庭办理"独生子女父母光荣证"一次性奖励5.16万元，发放独生子女月保健费2147人共20.6万元；兑现农村部分计划生育家庭奖励扶助制度，全县奖励扶助对象376人发放奖励扶助金33.99万元；全县特别扶助对象43人发放特别扶助金5.16万元。三是开展"三结合"帮扶工作。继续做好对农村"两户"女孩家庭"关爱女孩家庭奖"的登记和发放，全县7707户共发放奖励金253.8万元；参与农村"两户"女孩高考加分照顾的审核和申报工作，发放高考奖学金12人6万元；做好农村独生子女户、二女户家庭养老保险制度试点工作，全年发放养老保险金476人19万元；民用煤补助全县8580户补助资金411.8万元；开展春节、六一儿童节、"7·11"世界人口日慰问共1000户、28人、19户共10.58万元；开展送温馨9683户共29.05万元。全年累计发放利益导向资金共1274.9万元，惠及27716户33916人。

（李招尚）

【文化市场管理】 加大常规检查和重点检查力度，对网吧实施检查1200余家（次），出动车辆130余台（次）、人员400余人（次），共查处33家违规经营网吧，其中：2家接纳未成年人，22家未按规定登记上网人员有效身份证件，9家擅自更改设备数量经营的网吧受到处罚，1家因距离校园周边不足200米范围经营而被责令限期搬迁整改。清查含有不良信息和未设置防沉迷系统的网络游戏，清除淫秽色情、格调低下的网上垃圾信息。销毁盗版光碟13000余张，盗版书籍3000余册、淫秽光碟126张（盘）、非法山歌碟3000余张（盘）、赌博游戏机47台，配合了全县“扫黄打非”工作的开展。

（李招尚）

【鱼洞坝水利工程大坝基础通过验收】 为保障首黔“煤（焦、化）—钢—电”一体化循环经济工业基地供水，并兼顾周边农田灌溉、旅游，鱼洞坝水利工程总投资47214万元，库容总设计2610万立方米，年总供水量2833.7万立方米，为中型水库，于2010年4月开工建设，至年底，累计完成投资1.705亿元，其中征地拆迁补偿费1.2413亿元。完成大坝左岸、河床以及右岸的基础土石方开挖，省水利厅及相关部门组织验收，根据声波测试资料，该层坝基1651.5米以下为Bm2类岩体，其物理力学参数满足设计建坝要求，达到设计提出的建基面要求和建基面抬高条件，同意通过验收。

（李招尚）

【启动拖长江流域生态修复治理工程】 为加大拖长江流域及松官水库老龙潭水源点环境保护，推进节能减排和生态文明建设步伐，制定《盘县拖长江流域及松官水库老龙潭水源点环境保护暨生态修复治理工程实施方案》并组织实施。投入经费5377.57万元，种植总面积14078亩，其中：生产性投资833.97万元，补助农户现金4543.60万元。工程涉及柏果镇、盘江镇、断江镇、刘官镇4个乡镇23个村。造林占用农民耕地补助：生态林补助16年（前8年每年每亩补助300元，后8年每年每亩补助150元），经济林补助10年（前5年每年每亩补助300元，后5年每年每亩补助150元）。至年底，完成种植面积14078亩；其中：种植马尾松、柳杉、栾树、湿地松等生态林9553亩，苗木230万株；种植核桃、红梨、李子、杨梅、枇杷等经济林4525亩，苗木15.6万株。

（李招尚）

【“家电下乡”】 2010年备案审核通过“家电下乡”、“汽车摩托车下乡”39家销售网点，对35家下乡流通中标企业收集309个备案销售网点进行备案，这些网点遍布全县37个乡镇，便于农民领取补贴。组织中标负责人和销售网点业主进行培训，简便了补贴程序，提高补贴率。全年销售家电下乡产品46854件，政府发放补贴32757台（件）、补贴资金合计880.79万元。汽车摩托车销售累计7929台，销售额累计1.622亿元，补贴金额累计1504.38万元。

（李招尚）

【保障性住房工程】 一是完成农村危房改造任务1022户（市级下达任务1020户，县自行增加2户），其中：茅草房改造177户（含县另增加2户），五保户一级危房改造845户。二是完成美好家园（民居）建设工程为2020户，其中：市级安排建设任务1690户，县自行安排330户。三是廉租住房项目建设全年任务2250套，建筑面积112500平方米，总投资9060万元，全部进入主题工程施工，完成总工程量的76%。四是完成经济适用房建设91套，建筑面积8966.36平方米，总投资1000万元，工程正在进行综合验收。

全年共办理房改房市场准入许可证245户，收取补缴土地收益金17705元，发放廉租住房租赁补贴10848户，发放租赁补贴1493万元；其中：新增廉租住房租赁补贴3880户，发放租赁补贴金额528万元。

（李招尚）

【加大环保执法力度】 县政府围绕主要污染物总量减排这一中心，多举措加大环境执法监督力度。一是借“整脏治乱”与“整治违法排污企业保障群众健康环保专项行动”的契机，加强对各业企的监督检查。全年共出动执法人员700余人（次），检查企业641家（次），立案查处违法排污企业9家（次），共处罚金45万元。违法案件查处率100%，结案率100%。二是淘汰浪费资源、污染严重、工艺设备落后的企业。全年依法关闭手续不全、工艺落后、规模小、无配套环保设施的火铺矿北山选煤厂等16家洗选企业。上报申请关闭10家焦化企业和1家化工厂；淘汰年产量165万吨焦化的落后产能企业；淘汰10000千伏安化工电石炉和2.3万吨电石产能。三是加大对“12369”环保热线的管理力度，接待环保投诉37件，对每个案件进行调查处理并回复，处理率达100%。

（李招尚）

【扶贫工作】 一是搞好“县为单位，整合资金，整乡推进，连片开发”的前期工作。实施四格乡“整乡推进”项目，组织相关部门编制规划，共整合部门资金4560.42万元，报国务院扶贫办审批，争取到项目资金1200万元，省批复下达，正在组织实施中。二是核桃干果种植。实施核桃种植1.78万亩，完成项目资金600万元。由于旱灾影响，苗木成活率低，采取补植工作。三是做好整村推进。分别在红果、两河、滑石、马场、保基5个乡镇的21个村实施，落实扶贫项目51个，投入资金628.16万元。到年底各项目相继竣工。四是做好产业化扶贫项目规划、申报工作。对中药材种植、蔬菜基地建设2个产业化项目进行规划编制，按要求申报。五是做好小额信贷发放，全年累计发放小额信贷1.06亿元，覆盖36个乡镇437个行政村，扶持贫困农户8995户3.78万人。六是完成市下达的减少贫困人口任务数2.1万人。

（李招尚）

水城县

【概述】 2010年，水城县全年生产总值70.30亿元，比上年增长14.28%；财政总收入13.47亿元、一般预算收入6.16亿元，分别比上年增长36.16%和36.70%，年均增长27.81%和30.15%；固定资产投资83亿元，比上年增长28.11%，年均增长27.33%；社会消费品零售总额7.41亿元，比上年增长18.30%，年均增长14.68%；农民纯收入3274元，实际增长12.40%，年均增长13.62%。

产业结构逐步优化 工业总产值129.22亿元，比上年增长46.87%，年均增长34.52%。粮食生产基本稳定，“十万个”工程建设有序推进，七大重点农业产业规模逐步扩大，农业综合生产能力增强。农业生产总值15.35亿元，比上年增长11.1%，年均增长11.15%。获全国粮食生产先进县、全省“三增一减”工作先进县称号和全市“三农”工作目标考核第一名。金融、物流、信息、旅游等服务也加快发展，第三产业增加值年均增长12.79%。节能减排目标基本完成。

基础设施日趋完善 以交通、水利、电力为重点的基础设施建设取得进展。交通方面：协助推进六盘水月照机场建设；配合杭瑞、水城至六枝高速公路建设；水盘高速公路建设顺利；建设运煤公路130千米、通乡油路385千米、通村公路2039.6千米，完成通村油（水泥）路试点工程55千米，基本实现“乡乡通油路、村村通公路”，建成12个乡镇客车站。水利方面：统筹考虑农村安全饮水和农业灌溉，累计解决15.15万人/4.32万头（匹）达牲畜饮水困难，完成10个

病险水库治理，建设“三小“等水利工程12处。电力方面：累计解决3847户无电通电问题，户通电率为100%，农网改造率达82.3%；建成220千伏变电站1座、110千伏变电站3座、35千伏变电站3座；完成玉舍、鸡场、化乐等片区的煤矿双回路建设。

改革开放深入推进　完成“三改革一化解”为主要内容的农村综合改革、集体林权制度改革、政府机构改革，化解农村债务。财税、价格、投融资、行政审批等改革推进。文化体制、医药卫生等改革不断深化。运用BT、BOT模式建设一批基础设施。全面规范政府性投资项目和资金的审批监管程序，统一国家机关事业单位公出、加班等补助标准，对小型汽车车辆编制、配置标准进行明确。加强招商引资，五年累计引进项目135个，实际到位资金184亿元，是“十五”的5.26倍。

人民生活水平明显提高　投入财政扶贫资金12.37亿元，减少农村贫困人口6.7万人。投入资金3.1亿元，完成20557户农村危房改造；投入资金930.96万元，完成1644户美好家园建设。加快完善社会保障体系，新型农村合作医疗制度实现全覆盖，城镇居民医疗保险制度全面推行，城镇职工基本医疗、基本养老、失业、工伤和生育保险覆盖面不断扩大，高龄老人养老补助标准和城乡居民最低生活保障标准全面提高，城乡低保实现应保尽保。强化措施控制失业，积极扩大就业，城镇登记失业率控制在4.47%以内。全县干部职工的工资福利待遇大幅度提高。

社会事业全面发展　教育实现历史跨越，全县适龄儿童入学率99.4%，初中入学率达105.92%，分别比2005年上升0.44和5.04个百分点，教育实现省级“两基”复查与“普实”验收双合格。计生工作整体推进，2010年人口出生率12.59%，人口自然增长率6.79%。合理配置医疗卫生资源，覆盖城乡的公共卫生和医疗服务体系逐步建立，完成县人民医院门诊楼建设，累计建成33个卫生院、266个村卫生室。文化体育广播电视事业继续发展，《水城快讯》创刊，水城电视台试播，33个乡镇视频会议系统开通，广播电视入户率96.81%。安全生产不断加强，亿元生产总值死亡率下降到0.584%，道路交通万车死亡率下降到2.345%，煤矿百万吨死亡率下降到3%，工矿商贸10万从业人员死亡率下降到16.74%。开展“平安水城”建设，开展“反邪教”和“反渗透”工作，依法打击以“黑恶势力”犯罪为重点的各种违法犯罪活动，禁毒工作有序推进，社会治安综合治理各项措施进一步落实，群众安全感大幅度提升，名列全市第一。“五五”普法工作顺利通过省、市验收，开展“整脏治乱、双创双建”活动，“整脏治乱”工作排名全省第十五、全市第一。做好矛盾纠纷排查调处，预防和妥善处置各种群体性事件。其它社会事业全面发展，精神文明建设和民主法制建设不断推进，民主团结、社会稳定局面更加巩固，科技、审计、统计、气象、档案、侨务、民族宗教、史志等工作取得新成绩，妇女、儿童、老龄、残疾人事业继续发展。

（罗兰慧）

【“春晖行动”受到省级表彰】　水城县把春晖行动作为全县共青团工作的重中之重、品牌工作来抓。至2010年共礼聘春晖使者1093名，累计筹资790余万元，投入项目涉及农村教育、医疗卫生、基础设施建设、畜牧养殖等领域。其中：落成春晖小学1所，实施“春晖家园计划”项目4个，累计建成通村、通组及村民硬化道路50余千米；通过春晖助学活动走进大学的贫困学子120余人，捐赠的图书、学习用品、体育器材覆盖10所以上乡村点校，惠及5000余名农村中小学生。水城县33个乡镇均成立春晖行动工作领导小组和村级春晖理事会，并建立在外人员人才库和农村项目库，拟定适宜本地发展的计划。

12月3日，在中共贵州省委组织部、贵州省文明办、贵州省农委、贵州省教育厅、共青团贵州省委等几家单位联合举办的“春晖行动”工作表彰大会上，共青团水城县委获“春晖行动工作先进集体”称号，水城县阿戛乡团委获“春晖行动贡献奖”，水城县阿戛乡通寨村杨家寨煤矿业主田维礼、水城县春晖使者李瑜、龙挺3人获“优秀春晖使者”称号，团县委谢梦杰获“春晖行动工作先进个人”称号。

（罗兰慧）

【干部人事档案管理工作通过验收】 抽调16名政治素质好的党员具体负责干部人事档案的清查、收集、整理和装订工作。加大硬件设施投入，实现档案库房、阅档室、办公室“三室”分开，档案库房面积约80平方米，安装新型档案密集架和防盗门窗，购置WL－50型打孔机、红紫外线扫描消毒器、微波灭菌杀虫机、空调机、灭火器、温湿度计、除湿机、防腐防虫物品、切纸刀、电钻等，“八防”措施得到落实，配齐办公用品、档案整理工具及各项硬件设施，配置专用电脑、复印机、碎纸机、打印机、照相机等，所有干部人事档案都使用新型专用档案卷夹。建立干部人事档案材料收集归档联系制度和收集网络，并要求各单位在材料形成1个月内送交水城县人力资源和社会保障局人事档案室。使用计算机建立干部人事档案信息库，将所管干部档案的有关信息录入计算机，进行信息化管理。

10月12日，通过贵州省委组织部和六盘水市委组织部干部人事档案达标检查验收专家组的验收。

（罗兰慧）

【公路建设力度加大】 截至8月底，水盘高速水城县境内已完成投资83985万元，累计完成165751万元，全线路累计完成263845万元；玉舍至坪寨通乡油路完成投资530万元，累计完成投资1880万元，完成总投资的76.5%，沥青路面摊铺完成30千米；蟠龙至小马场通乡油路完成投资654万元，累计完成投资1648万元，完成总工程量的63.43%；马场桥至盐井运煤公路，完成投资1730万元，累计完成投资3830万元，完成总投资的78%；大河至木果运煤公路完成投资1018万元，累计完成投资2520万元，完成总投资的79.42%；立火至化乐运煤公路完成投资1195万元，累计完成投资1855万元；鸡场至龙场通乡油路、龙场至顺场通乡油路在5月开工建设，分别完成投资565.4万元和159.04万元，鸡场至龙场工程路基土石方开挖完成100%，龙场至顺场工程路基土石方开挖完成80%；姬官营至龙场通乡油路，完成投资620.11万元。

（罗兰慧）

【水黄公路入城段改造工程开工】 9月4日，水城县县举行水黄公路入城段改造工程开工典礼。工程西起钟山大道与凉都大道交叉口，东至红山1号大道接口，全长3.22千米，道路等级为城市主干道二级，路宽36米，双向6车道，总投资6820.91万元。

（罗兰慧）

【林业工作成效明显】 完成2009年石漠化治理营造林任务3.4万亩，2010年营造林任务7.68万亩；完成2009年巩固退耕还林成果补植补造8.69万亩、用材林建设493亩，占任务的100%；集体林权制度改革发放林权证12855本，发放股权证293180本，确权发证率87%。林改主体改革已通过市级验收，总评分96.7分。

（罗兰慧）

【红山经济区开发建设】 1月15日，红山1号主干道完成挖方38234立方米，完成填方77456立方米，房屋拆迁基本结束。招商引资方面，准备入驻红山工业区的企业在市县发改、经贸部门备案的40户，意向性35户，预计签约资金约8.5亿元。正式签约入驻的企业17户，签约资金约6.5亿元，交纳土地保证金3283万元，项目涉及轻工机械、食品加工、新型建材、化工制品、饲料生产等行业。

（罗兰慧）

【水城县广播电视台试播】 7月初，水城县投入500余万元资金筹建水城县广播电视台，11月1日21时调整试播。

（罗兰慧）

【双桥水库供水工程开工建设】 11月29日，双桥水库供水工程开工建设。双桥水库供水工程总投资14.018亿元。工程主要任务是城市供水，兼有灌溉及人畜饮水。建成后的水库总容量为9140万立方米，主要向钟山、石龙、柏杨坡、德坞、水钢、月照、双水和老鹰山7大片区供水。向市中心城区年供水8889万立方米，解决下游保华2万人及3000头大牲畜饮水，承担下游左岸保华乡1600亩耕地灌溉。

（罗兰慧）

【首座煤矿专用变电站建成投运】 12月3日，由志鸿煤矿、攀枝花煤矿和发耳新龙煤矿5家煤矿自筹资金2500余万元修建的志鸿变电站正式投入运行。变电站包括35千伏出线间隔2个，110千伏杨梅变至志鸿35千伏供电线路及志鸿变至各矿的10千伏供电线路，其中：35千伏供电线路18千米，10千伏供电线路40千米。是水城县首座自筹资金建成的煤矿专用变电站。

（罗兰慧）

【杭瑞高速公路六盘水境段暨水六高速公路开工】 12月21日，杭瑞高速公路六盘水境段暨水六高速公路开工典礼在水城县滥坝镇法都村贵烟公路鱼塘垭口举行，2个项目投资逾124亿。杭州至瑞丽高速公路是《国家高速公路网规划》（7981网）中的第十二横的重要组成部分，起自浙江省杭州市，经黄山、景德镇、九江、威宁、岳阳、吉首、遵义、毕节、六盘水、曲靖、昆明、大理，止于云南瑞丽市，全长3405千米。其中六盘水境内段是六盘水市北上入川，西接昆明的重要通道，全长64.57千米。水城至六枝高速公路时贵州高速公路网规划中的“第七联”的重要组成部分，线路起于水城县东侧滥坝镇法都村接杭瑞高速公路，经观音山，在老街跨贵昆铁路与省102国道相接，经陡箐乡向南进入六枝特区境内，止于那玉村六枝至镇宁高速公路，是六盘水市连接六枝通往贵阳的重要通道。其技术标注为每小时80千米，全长60.067千米。工程总投资558408.3万元。

（罗兰慧）

开发区建设

钟山经济开发区·红桥新区

【概述】 1992年5月7日，钟山经济开发区经省人民政府批准建立。1995年9月，省政府明确钟山经济开发区为省级开发区，明确开发区的管理范围为东起大烟公路与南环路交汇处，西至明湖路、八一路，南起水城坝子南部边缘，北至大烟公路、人民路，规划面积为10平方千米；城市总体规划面积127.7平方千米。

由于钟山经济开发区10平方千米的土地基本开发完毕，为加快城市拓展和产业聚集，六盘水市将水城县的红山工业集中区和钟山区的石桥工业集中区合并开发建设，同时将这2个片区的行政和社会事务交给钟山经济开发区来管理，于2010年4月26日正式组建红桥新区。

红桥新区东西长约14千米，南北宽约6千米，规划面积59.4平方千米。南北两侧均为海拔较高的山地丘陵。地形呈两边高中间低，南部山脉呈东西走向。属北亚热带高原山地季风湿润气候区，整体气温变化幅度小，年平均气温13.7℃，无霜期230至300天，冬无严寒，夏无酷暑。

红桥新区紧靠中心城，地理环境属山地丘陵地带，生态物种较为丰富。成片的经济林和低矮的灌木林构成规划编制区域的生态景观，同时受地理环境条件的影响，形成了许多的沟壑、峡谷，具有“水、山、林”等自然景观。新区居住人口分布于白泥村、付家营村、红山村、石龙村、石桥村等几个村，居住相对集中，有人口16316人。规划编制区内大部分用地为农业用地，还未进行开发建设；村镇建设用地分布零散、类型多样，但主要为村民居住用地，集中在石龙村、双龙村、石桥村、红山村、白泥村、付家营等村，总用地面积444.34公顷。

中共六盘水市钟山经济开发区工作委员会、钟山经济开发区管理委员会是六盘水市委、六盘水市人民政府的派出机构，在红桥新区内行使市委、市政府的相关管理权限。管委会下设党政办公室、组织人事部、监察室、经济发展局、财政局、住房与城乡建设局、社会事务局等职能机构和工商分局、国土分局、地税局、国税局等省、市直职能部门的派出机构以及贵州钟山经济开发区建设服务中心。同时，成立“贵州新红桥开发投资有限公司”，由工委书记担任董事长，管委会主任担任总经理，以法人资格进行招商开发。开发区下属两个国有企业分别为：开发区公用事业公司、开发区基础设施建设有限公司。

开发区土地由市人民政府授权管委会统一规划、统一征用、统一开发、统一出让、统一管理，并收取相关基础设施配套费，根据不同等级、不同行业和用途收取土地出让金，2002年7

月1日后，经营性土地一律采用招拍挂方式出让。

（青　勇）

【红桥新区规划概况】　根据中共六盘水市委对新区的初步功能定位，新区专门委托规划设计部门对原红山和石桥片区的规划进行修编，新区控制性详细规划成果通过评审。规划近期建设重点包括以市民中心、滨水商业区、商业金融区为核心的城市公共中心以及双龙社区、严家寨社区、石桥社区等拆迁安置区。依托凉都大道、红山路周边地势平坦和可达性好的优势，进行开发建设，提升新区形象、拓展新区功能。远期开发以凉都大道和红山路向南北两侧纵深发展，全面建设现代物流区、轻工业区、矿山机电园区、商业金融区、汽车商贸城、创新服务区、循环经济发展区等七大产业园区。在逐步完善城区公共服务功能的同时，开发建设石龙社区、凉都社区、红山社区等特色居住片区，以容纳产业扩展所吸纳的职住人口，提高新区产业集聚力，完善新区城市功能。

（青　勇）

【开发建设情况】　钟山经济开发区平移至红山、石桥片区组建红桥新区，根据六盘水市城市总体规划及柏杨坡片区（红桥新区）控制性详细规划，结合发展经济的需要，以基础设施建设为先导，大力发展第二、三产业，利用能源原材料和国有大中型企业的优势，致力于初级产品的深度加工和高新技术产业的开发，使红桥新区成为六盘水市经济繁荣、市场活跃的城市新区、产业园区和经济新生长点。

各项经济指标　2010年，财政总收入完成2735万元，为年度任务880万元的310.79%，增长210.79%，增收1855万元。其中：国税完成729万元，为年度任务的182.25%，地税完成1801万元，为年度任务的473.95%，财政部门完成205万元，为年度任务的205%；一般预算收入预计完成2145万元，为年度任务540万元的397.22%，增收1605万元。融资贷款到位资金5700万元。

基础设施建设　2010年，完成新区道路建设总里程18.14千米，总投资约10.34亿元。

招商引资　制定和出台《项目准入和退出办法》《招商引资奖励办法》《招商引资优惠政策》等相关文件，推行首问责任制、限时办结制，落实一次性告知，减少办事环节。全年接待考察投资客商200余批次，组织外出招商7次，洽谈项目近60个。一年来，新区备案项目77个，计划总投资79.4亿元；签约项目29个；开工建设11个，协议投资额16.7亿元。新签项目中，生产加工项目16个，汽车销售服务项目7个，协议投资额15.6亿元；商贸物流项目6个，协议投资额14.48亿元；检测检验项目1个，协议投资额1000万元。有7家企业入驻新区并投入生产，新增税收250万元。与中城建第二工程局集团有限公司（央企）签订基础设施建设项目合作框架协议，预计总投资20亿元；与中国煤炭科工集团有限公司达成矿山机械设备产品制造项目意向性协议，预计总投资30亿元；与六盘水市总商会签订代理招商引资项目合作框架协议，预计总投资10亿元。同西南家居等企业签订投资开发协议，总投资18.42亿元。

（青　勇）

【重点工程项目建设】　2010年在建的基础设施项目主要有红桥路、12号路、8号路和2纵线等，总投资约5.38亿元。红桥路是市重点调度的建设项目，总长约16千米，工程建设投资约4.74亿元。全年完成工程建设投资3.65亿元，完成土石方开挖约92万立方米，完成路基回填45万立方米，完成水稳层约1.9万立方米，完成雨、污水管铺设约6800米。

12号路、8号路和2纵线是红桥新区内南北向的主干道，总长2.14千米，工程建设投资0.64亿元。全年完成工程建设投资约0.42亿元，完成土石方开挖约6.2万立方米，完成路基回填约1.7万立方米，完成水稳层约0.35万立方米，完成雨、污水管铺设约1400米。

全面启动双龙新苑、石桥兴城、严家寨和红山安置小区项目建设，计划总建筑面积约76.16万平方米，计划总投资约20064万元。

电力、通信、供水等公共设施项目推进。完成石桥片区供水管网。

双龙河改造、市民中心项目正在实施中，计划总投资约35056万元。

（青　勇）

红果经济开发区

【概述】 2010年，红果经济开发区坚持以规划为先导，以路网建设扩大城市规模和带动城市发展，盘活土地资产，不断加快城市建设步伐。

（陇　惠）

【城市规划建设】 完成红果系列规划　完成《盘县（红果）九头山片区控制性详细规划》《红果南湖公园修建性详细规划》《红果月亮山公园明月寺片区修建性详细规划》《红果墓园修建性详细规划》。

规划指标审查　共审查方案80个，通过65个，办理“建设用地规划许可证”44个，用地面积372228平方米。办理“建设工程规划许可证”58个，建设规模839124平方米。

城市路网建设　累计完成各类路网路基土石方挖方82.67万立方米，填方46.54万立方米，完成路网、桥基等市政工程投资额4892万元。

公益设施和公共配套服务设施　月亮山休闲购物广场及河道景观工程竣工验收并投入使用。东湖公园人工湖防渗蓄水工程湖堤碾压结束。污水处理厂投入使用。

工程质量　新建项目15个，房屋建筑面积143095平方米，市政工程93898平方米，总投资16774.8万元，竣工验收项目28个，合格率100%。

招投标管理　应招标项目16个，招投标率百分之百，总投资31779.52万元，中标金额31511.99万元，节约投资267.53万元。

（陇　惠）

【国土工作】 共上报土地2批次，面积13.9127公顷。其中农用地10.8306公顷，均已通过省国土资源厅审查。

共征地856.554亩，支付征地补偿款、地上附着物款3190.26万元。确保了50米大街延伸段、东湖大道、红果镇行政办公等用地需要。

挂牌出让国有建设用地使用权22宗，成交面积216986.9平方米，成交金额13784.17万元；拍卖国有建设用地使用权2宗，面积4883.8平方米，成交金额2563.68万元；协议出让国有建设用地使用权3宗，面积4806.14平方米，出让金额98.41万元。办理国有建设用地划拨手续5宗，面积4.8329公顷。

（陇　惠）

【城市管理】 加大城管执法力度，加强夜市摊点管理，落实“门前三包”。2010年共处理市容环卫、市政公用、城市绿化、占道经营等方面案件8960余宗。受理各类举报案件线索102余起。

城区主次干道近70万平方米环境卫生保洁工作实现全天候，全年累计出动人员600余人次，出动垃圾收运车90余车次，清除存放垃圾220余吨，对城区生活垃圾做到日产日清。

完成江源路、环湖路、王家大山1号4号路的行道树种植施工，完成镇胜高速公路红果北站引线3.06千米绿化改造；完成鸿雁路、丹霞路人行道绿化施工任务；完成盘县生态园绿化工程施工；完成月亮广场及景观河绿化施工；开工建设胜境大道人行道绿化改造工程。

（陇　惠）

【招商引资】 全年引进规模以上项目32个，协议总投资8.8亿元，实际到位资金5.1亿元。审批备案项目22个，其中以房开项目为主，总建成面积近40万平方米，投资7亿多元。

全区共有个体户4824户，从业人员9420人，注册资金22463万元；国有企业内资营业单位8户；集体企业3户；股份合作企业1户，注册资金1449万元；国有独资有限公司5户，注册资金5843万元；有限责任分公司44户；个人独资企业97户，注册资金4428万元；合伙企业11户，注册资金871万元；有限责任公司102户，注册资金31023万元。全年共完成各类主体开业登记1346户。

（陇　惠）

【资金投入】 做好2010年开发区各种资金的预算，为开发区的城市化建设提供充足的资金保障，共安排预算外基础设施建设专项支出资金9627.4万元。

（陇　惠）

社会经济发展统计资料

表1 六盘水市近六年国民经济与社会发展主要指标

指标	单位	2005年	2006年	2007年	2008年	2009年	2010年
从业人员	万人	152.72	153.01	156.83	156.69	168.28	167.02
职工人数	万人	17.19	17.77	17.52	16.7	18.78	18.15
职工平均工资	元	16747	18815	22537	25785	28424	33983
城镇登记失业率	%	4.2	4.3	3.7	4.2	4.1	4.16
生产总值	亿元	209.03	256.89	305.91	400.57	431.03	500.64
第一产业	亿元	18.73	20.12	22.25	24.86	26.50	30.25
第二产业	亿元	119.05	151.21	178.36	249.2	261.31	303.22
工业	亿元	105.79	136.01	162.05	230.57	237.47	278.58
第三产业	亿元	71.26	85.56	105.31	126.5	143.22	167.17
人均生产总值	元	6892	8729	10356	13493	14452	16775
全社会固定资产投资	亿元	121.46	145.8	170.22	197.7	249.25	335.5
财政总收入	亿元	27.39	37.17	46.08	61.41	74.04	107.89
一般预算收入	亿元	13.23	16.85	21.61	29.71	37.12	49.31
一般预算支出	亿元	27.60	34.90	42.91	63.11	82.15	111.11
金融机构存款余额	亿元	196.39	226.83	270.27	341.68	424.05	500.81
城乡居民储蓄存款	亿元	95.64	110.93	127.34	160.12	186.87	229.57
金融机构贷款余额	亿元	139.55	167.73	200.40	223.47	308.25	361.68
农林牧渔业总产值	亿元	29.28	31.61	36.86	40.68	44.13	50.07
社会消费品零售总额	亿元	58.06	66.58	77.59	93.81	110.88	131.34
进出口总额	亿美元	1.38	3.5	4.07	4.25	3.75	3.16
实际利用外资	万美元	1872	460	1040	1410	703	1841

指　标	单　位	2005年	2006年	2007年	2008年	2009年	2010年
境内旅游人数	万人次	136.80	201.37	231.95	195.33	287.75	275.89
旅游总收入	亿元	1.91	5.79	9.86	11.74	10.08	10.61
城镇居民人均可支配收入	元	8032	9201	11115	12142	13116	13918.98
农民人均纯收入	元	1863	2004	2348	2736	3083	3600.50
城镇居民消费价格指数	%	100.1	101.2	105.8	104.86	100.8	103.30

表2　六盘水市生产总值

单位：万元

指　标	2009年	2010年	增长（%）
全市生产总值	4310338	5006419	16.1
第一产业	265014	302497	14.1
第二产业	2613093	3032179	16
工业	2374740	2785750	17.3
建筑业	238353	246429	3.4
第三产业	1432231	1671743	16.7
交通仓储及邮电通信业	350500	413823	18.1
批发和零售业	211688	271678	28.3
批发业	137598	182347	32.5
零售业	74090	89331	20.6
住宿和餐饮业	129892	163420	25.8
住宿业	10894	13271	21.8
餐饮业	118998	150149	26.2
金融业	168983	184492	9.2
房地产业	61745	66781	8.2
营利性服务业	144316	165324	14.6
信息传输、计算机服务和软件业	61756	65262	5.7
其他营利性服务业	82560	100062	21.2
非营利性服务业	365107	406225	11.3
公共管理和社会组织	188472	229949	22
其他非营利性服务业	176635	176276	−0.2
人均生产总值（元）	14452	16700	15.6

表3 历年农林牧渔业总产值

单位：万元

年 份	农林牧渔业总产值	农业	林业	牧业	渔业
1991	82108	56707	2619	22744	38
1992	83712	55300	3285	25075	52
1993	92768	57378	3223	32054	113
1994	114173	70825	3880	39320	148
1995	140910	89136	4052	47544	178
“八五”时期	513671	329346	17059	166737	529
1996	169214	115249	4689	49061	215
1997	176723	120224	5183	51062	254
1998	187866	126357	5077	56109	323
1999	197596	137421	5121	54711	343
2000	203361	141634	6034	55250	443
“九五”时期	934760	640885	26104	266193	1578
2001	207819	144329	4882	58396	212
2002	213790	141638	8784	62924	444
2003	229790	142075	10283	70453	356
2004	268332	160946	8881	90866	478
2005	292756	170221	8725	105740	488
“十五”时期	1212487	759209	41555	388379	1978
2006	316146	179985	7429	120096	515
2007	368645	195041	7672	155587	589
2008	406778	232814	9701	152473	900
2009	441341	249492	11397	168145	978
2010	500725	293125	13381	179369	1142
“十一五”时期	2033635	1150457	49580	775670	4124

表4 社会消费品零售总额

单位：万元

指　标	2009年	2010年	2010年比2009年增长（%）
社会消费品零售总额	1106760.1	1313387.3	18.67
1. 按销售地区分			
城镇	900442.5	1072924.2	19.16
其中：城区	803307.3	982599.3	22.32
乡村	206317.6	240463.1	16.55
2. 按行业分			
批发业	6708.9	5288	−21.18
其中：限额以上	3586.4	1520.8	−57.60
限额以下	3122.5	3767.2	20.65
零售业	1016790.3	1211938.4	19.19
其中：限额以上	289318.4	367545.8	27.04
个体户	2738	3135	14.50
限额以下	727471.9	844392.6	16.07
住宿	3403	3350	−1.56
其中：限额以上	1432	1171	−18.23
限额以下	1971	2179	10.55
餐饮业	79857.9	92810.9	16.22
其中：限额以上	3686.8	3877.3	5.17
个体户	871	989.2	13.57
限额以下	76171.1	88933.6	16.76

表5 主要工业产品产量（一）

单位：万吨

年　份	原煤	洗煤	焦炭	钢	钢材	生铁
1991						
1992						

年　份	原煤	洗煤	焦炭	钢	钢材	生铁
1993	1663.12	314.26	40.03	31.05	85.77	
1994	1907	375.6	269.76	40.96	33.61	90.48
1995	1765	349	263	44	31	82
“八五”	5335.12	1038.86	532.76	124.99	95.66	258.25
1996	1879.46	331.29	286.28	38.37	30.98	69.11
1997	1979	337	310	57	40	81
1998	2097.99	286.61	77.18	58.13	88.09	
1999	1513.51	242.99	113.48	92.75	121.64	
2000	1506.5	428.88	203.4	147.37	134.02	133.49
“九五”	8976.46	1097.17	1329.28	433.4	355.88	493.33
2001	1533.47	466.23	252	127.29	124.97	129.58
2002	2078.07	504.78	301.56	175.21	170.37	159.64
2003	2685.5	615.98	391.69	172.37	169.46	149.04
2004	3179	773.71	221.22	183.19	179.45	163.09
2005	3846	881.28	242.21	201.59	183.56	183.9
“十五”	13322.04	3241.98	1408.68	859.65	827.81	785.25
2006	4583.26	1024.57	631.15	289.28	220.09	278.99
2007	4396.82	1202.59	621.47	303.52	286.81	278.53
2008	4478.59	1443.25	581.73	307.12	299.1	284.81
2009	5126.57	795.3	562.5	319.2	308.4	326.3
2010	6001.15	2103.8	496.73	328.31	321.44	324.28
“十一五”	24586.39	6569.51	2893.58	1547.43	1435.84	1492.91

表6　主要工业产品产量（二）

单位：万吨

年　份	水泥（万吨）	砖（万块）	发电量（亿千瓦时）	饮料酒（千升）	铝（吨）	化肥（吨）
1991						
1992						
1993	69.44	13900	10.86	11900		
1994	72.69	16524	23.96	16027		

年　份	水泥（万吨）	砖（万块）	发电量（亿千瓦时）	饮料酒（千升）	铝（吨）	化肥（吨）
1995	73	9705	35	18062		
“八五”						
1996	85.8	16463.98	35.97	14771.88		
1997	90	15694	42.45	20466		
1998	105.85	17916	48.07	24640		
1999	128.12	32965.4	49.12	27554		
2000	129.59	22646.95	44.59	33643	10151	
“九五”	539.36	105686.33	220.2	121074.88	10151	0
2001	136.2	44650	60.36	39202	5295	13877
2002	143.38	48064	85.31	35089	29850	12998
2003	151.29	49470	97.02	35197	39306	15020
2004	147.16	2602.53	87.77	31261	40479	8964
2005	166.34	2599.17	99.2	48112	44331	17452
“十五”	744.37	147385.7	429.66	188861	159261	68311
2006	216.35	9641.35	169.13	52016	25848	11343
2007	216.46	4882.06	195.43	50180	20382	8526
2008	186.77	4398.86	257.56	43950	53830	7896
2009	282.3	6231.11	319.61	46274	175143	4125
2010	377.64	7874.46	319.67	56828	124176	
“十一五”	1279.52	33027.84	1261.4	249248	399379	31890

注：2001 年及以前，饮料酒单位为吨。

附　录

中共六盘水市委主要文件目录

【市发文件】

中共六盘水市委六盘水市人民政府关于加大统筹城乡发展力度进一步夯实农业农村发展基础的实施意见（市发〔2010〕1号）；

中共六盘水市委关于围绕统筹城乡跨越发展建设高素质干部队伍的意见（市发〔2010〕2号）；

中共六盘水市委六盘水市人民政府关于市人民政府机构改革的实施意见（市发〔2010〕4号）；

中共六盘水市委2010年工作要点（市发〔2010〕5号）；

中共六盘水市委六盘水市人民政府关于表彰2007～2009年度文明单位、精神文明建设工作先进单位、文明村镇、创建文明村镇工作先进村镇的决定（市发〔2010〕6号）；

中共六盘水市委六盘水市人民政府关于表彰六盘水市劳动模范和先进工作者的决定（市发〔2010〕7号）；

中共六盘水市委六盘水市人民政府关于建设红桥新区的决定（市发〔2010〕8号）；

中共六盘水市委六盘水市人民政府关于开展“双创双建”工作的意见（市发〔2010〕9号）；

中共六盘水市委六盘水市人民政府关于开展岗位腐败风险防控管理工作的实施意见（市发〔2010〕10号）；

中共六盘水市委关于坚持深入学习和长期实践科学发展观的实施意见（市发〔2010〕11号）；

中共六盘水市委关于制定六盘水市国民经济和社会发展第十二个五年规划的建议（市发〔2010〕12号）；

中共六盘水市委六盘水市人民政府关于开展作风建设年、环境建设年、项目建设年的实施意见（市发〔2010〕13号）；

中共六盘水市委关于在全市领导干部中深入开展“四帮四促”活动的实施意见（市发〔2010〕14号）。

（市委办）

【市通字文件】

中共六盘水市委关于印发《六盘水市开展“忠实践行宗旨、勤政廉政为民”教育巩固和扩大深入学习实践科学发展观活动成果的实施方案》的通知（市通字〔2010〕2号）；

中共六盘水市委六盘水市人民政府水城军分区关于深入贯彻落实《中共贵州省委贵州省人民政府贵州省军区关于加强国防后备力量建设意见》的通知（市通字〔2010〕3号）；

中共六盘水市委六盘水市人民政府关于公布六盘水市第三批爱国主义教育基地的通知（市通字〔2010〕4号）；

中共六盘水市委关于进一步明确县（特区、区）党委专职副书记抓基层党建工作的通知（市通字〔2010〕5号）；

中共六盘水市委关于认真学习贯彻党的十七届五中全会、省委十届十次全会和全省工业发展大会精神的通知（市通字〔2010〕6号）。

（市委办）

【市办发文件】

中共六盘水市委办公室关于深入学习贯彻《中国共产党党员领导干部廉洁从政若干准则》的通知（市办发〔2010〕2号）；

中共六盘水市委办公室六盘水市人民政府办公室关于印发《六盘水市2010年“整脏治乱”专项行动方案》的通知（市办发〔2010〕8号）；

中共六盘水市委办公室六盘水市人民政府办公室关于印发《六盘水市2010年机关效能建设实施方案》的通知（市办发〔2010〕9号）；

中共六盘水市委办公室六盘水市人民政府办公室关于印发《六盘水市“双创双建”工作问责办法（试行）》和《六盘水市“双创双建”问责工作联席会议制度》的通知（市办发〔2010〕10号）；

中共六盘水市委办公室六盘水市人民政府办公室关于印发《六盘水市人民政府驻北京联络处履行信访工作职责的暂行规定》的通知（市办发〔2010〕11号）；

中共六盘水市委办公室六盘水市人民政府办公室关于印发《六盘水市村（社区、居委会）干部养老保险试行办法》的通知（市办发〔2010〕12号）；

中共六盘水市委办公室关于印发《市直机关（中央省驻市单位）党组与钟山区党组织开展“互助共建”活动方案》的通知（市办发〔2010〕14号）；

中共六盘水市委办公室六盘水市人民政府办公室关于印发《中共贵州钟山经济开发区工作委员会贵州钟山经济开发区管理委员会机构编制方案》的通知（市办发〔2010〕15号）；

中共六盘水市委办公室六盘水市人民政府办公室关于印发《2010年中国凉都·六盘水消夏文化节活动总体方案》的通知（市办发〔2010〕16号）；

中共六盘水市委办公室六盘水市人民政府办公室关于印发《市委农村工作领导小组市精神文明建设指导委员会关于推进农村美好家园（民居）建设的实施意见》的通知（市办发〔2010〕18号）；

中共六盘水市委办公室六盘水市人民政府办公室关于切实加强舆论监督工作的意见（市办发〔2010〕21号）；

中共六盘水市委办公室六盘水市人民政府办公室关于印发《中共六盘水市委常委会开展“忠实践行宗旨、勤政廉政为民”教育方案》的通知（市办发〔2010〕22号）；

中共六盘水市委办公室关于印发《六盘水市纪念中国人民抗日战争胜利65周年活动实施方案》的通知（市办发〔2010〕23号）；

中共六盘水市委办公室印发《关于推进全市学习型党组织建设的实施意见》的通知（市办发〔2010〕25号）；

中共六盘水市委办公室六盘水市人民政府办公室关于印发《六盘水市深入推进社会矛盾化解、社会治安创新、公正廉洁执法实施意见》的通知（市办发〔2010〕26号）；

中共六盘水市委办公室六盘水市人民政府办公室关于印发《六盘水市受党纪政纪处分人员管理办法》的通知（市办发〔2010〕27号）；

中共六盘水市委办公室六盘水市人民政府办公室转发《六盘水市公安局关于强化公安特巡警和社区（农村）警务工作的意见》的通知（市办发〔2010〕28号）；

中共六盘水市委办公室六盘水市人民政府办公室关于印发《六盘水市贯彻落实全民健身条例实施意见》的通知（市办发〔2010〕29号）；

中共六盘水市委办公室六盘水市人民政府办公室关于印发《六盘水市创建省级创业型城市实

施意见》的通知（市办发〔2010〕30号）；

中共六盘水市委办公室六盘水市人民政府办公室转发《六盘水机构编制委员会关于乡镇机构改革指导意见》的通知（市办发〔2010〕31号）；

中共六盘水市委办公室六盘水市人民政府办公室关于印发《六盘水市社区矫正工作意见（试行）》的通知（市办发〔2010〕32号）。

（市委办）

【市办通字文件】

中共六盘水市委办公室六盘水市人民政府办公室关于重申对公务用车配置情况进行清理统计的通知（市办通字〔2010〕2号）；中共六盘水市委办公室六盘水市人民政府办公室关于印发《六盘水市社会治安重点地区大排查大整治工作实施方案》的通知（市办通字〔2010〕7号）；

中共六盘水市委办公室六盘水市人民政府办公室关于印发《六盘水市建立乡镇（街道）村（社区）便民利民党务服务综合服务中心（站、点）工作实施方案》的通知（市办通字〔2010〕10号）；

中共六盘水市委办公室六盘水市人民政府办公室关于印发《六盘水市钟山区人民政府机构改革方案》的通知（市办通字〔2010〕11号）；

中共六盘水市委办公室六盘水市人民政府办公室关于印发《六枝特区人民政府机构改革方案》的通知（市办通字〔2010〕12号）；

中共六盘水市委办公室六盘水市人民政府办公室关于印发《盘县人民政府机构改革方案》的通知（市办通字〔2010〕13号）；

中共六盘水市委办公室六盘水市人民政府办公室关于印发《水城县人民政府机构改革方案》的通知（市办通字〔2010〕14号）；

中共六盘水市委办公室关于转发《中共贵州省委办公厅关于认真贯彻落实石宗源同志对全力做好当前抗旱救灾工作的重要批示精神的通知》的通知（市办通字〔2010〕16号）；

中共六盘水市委办公室六盘水市人民政府办公室关于2010年全市经济工作会议主要目标任务进行分解督办的通知（市办通字〔2010〕14号）；

中共六盘水市委办公室六盘水市人民政府办公室关于切实做好上海世博会期间信访维稳工作的通知（市办通字〔2010〕24号）；

中共六盘水市委办公室六盘水市人民政府办公室关于印发《公民道德建设工程——“满意在六盘水”主题活动2010年实施方案》的通知（市办通字〔2010〕26号）；

中共六盘水市委办公室六盘水市人民政府办公室关于印发《六盘水市直机关2010年度目标管理办法》的通知（市办通字〔2010〕29号）；

中共六盘水市委办公室六盘水市人民政府办公室关于对2010年党风廉政建设和反腐败各项工作任务进行责任分解的通知（市办通字〔2010〕34号）；

中共六盘水市委办公室六盘水市人民政府办公室关于切实做好预防和处置信访突出问题和群体性事件的紧急通知（市办通字〔2010〕47号）；

中共六盘水市委办公室六盘水市人民政府办公室关于调整市直机关及有关事业单位纪检监察机构和人员编制的通知（市办通字〔2010〕50号）；

中共六盘水市委办公室六盘水市人民政府办公室关于切实做好“2010年中国凉都·六盘水消夏文化节”期间社会稳定工作的紧急通知（市办通字〔2010〕58号）；

中共六盘水市委办公室六盘水市人民政府办公室关于切实抓好党政机关厉行节约工作的通知（市办通字〔2010〕60号）；

中共六盘水市委办公室六盘水市人民政府办公室关于做好人民网地方领导留言板网民留言办理工作的通知（市办通字〔2010〕70号）；

中共六盘水市委办公室转发《中共六盘水市委党的建设工作领导小组关于在全市党的基层组织和党员中深入开展“创先争优”活动的实施方案》的通知（市办通字〔2010〕72号）；

中共六盘水市委办公室六盘水市人民政府办

公室关于印发《六盘水市非正常上访专项治理方案》的通知（市办通字〔2010〕74号）；

中共六盘水市委办公室六盘水市人民政府办公室关于印发《六盘水市信访问题源头预防及过错处理暂行规定》的通知（市办通字〔2010〕75号）；

中共六盘水市委办公室六盘水市人民政府办公室关于印发《六盘水市信访工作督查督办暂行办法》的通知（市办通字〔2010〕77号）；

中共六盘水市委办公室关于认真组织学习省委书记栗战书、省委副书记赵克志重要讲话的通知（市办通字〔2010〕80号）；

中共六盘水市委办公室六盘水市人民政府办公室关于进一步加快矿井建设的通知（市办通字〔2010〕83号）；

中共六盘水市委办公室关于认真做好学习宣传贯彻两项法规制度的通知（市办通字〔2010〕85号）；

中共六盘水市委办公室六盘水市人民政府办公室关于进一步精简会议、文件和领导事务性活动的通知（市办通字〔2010〕98号）；

中共六盘水市委办公室六盘水市人民政府办公室关于认真做好2011年元旦春节期间有关工作的通知（市办通字〔2010〕101号）。

（市委办）

六盘水市人民政府主要文件目录

【市政府文件】

市府发〔2010〕1号《关于印发政府工作报告的通知》

市府发〔2010〕3号《关于做好2010年安全生产工作的意见》

市府发〔2010〕4号《关于机构设置的通知》

市府发〔2010〕6号《关于印发六盘水市建设工程消防监督管理办法的通知》

市府发〔2010〕9号《关于在市中心城区规定范围内开展丧葬秩序整治的通告》

市府发〔2010〕10号《关于严禁在市中心城区违法占地违法建设的通告》

市府发〔2010〕12号《关于加强督查工作的意见》

市府发〔2010〕13号《关于成立六盘水市综合应急救援支队的通知》

市府发〔2010〕14号《关于六盘水市明湖湿地公园工程建设征地拆迁的通告》

市府发〔2010〕16号《关于优先发展城市公共交通的意见》

市府发〔2010〕17号《关于加强殡葬改革促进殡葬事业科学发展的意见》

市府发〔2010〕19号《关于印发六盘水市建设用地管理若干规定的通知》

市府发〔2010〕20号《关于表彰2010年度优秀教师及优秀教育工作者的决定》

市府发〔2010〕22号《关于进一步加强全市企业安全生产工作的实施意见》

市府发〔2010〕27号《转发省人民政府关于耕地占用税征收管理有关问题通知的通知》

（缺号文件均为秘密文件）

（吴定勇）

【市政府办文件】

市府办发〔2010〕1号《关于转发市发展改革委六盘水市国民经济和社会发展十二五规划编制工作方案的通知》

市府办发〔2010〕2号《关于印发六盘水电网大面积停电事件应急预案的通知》

市府办发〔2010〕3号《关于规范向市政府报送公文和承办工作有关事项的通知》

市府办发〔2010〕4号《关于调整六盘水市城镇居民基本医疗保险有关政策的通知》

市府办发〔2010〕5号《关于印发六盘水市中心城区污水处理费征收使用管理办法的通知》

市府办发〔2010〕7号《关于切实加强灾害性天气应对防范工作的通知》

市府办发〔2010〕8号《关于切实做好春节两会期间安全生产工作的紧急通知》

市府办发〔2010〕11号《关于兑现2009年度全市社会消防工作目标考评及表彰先进单位和先进个人的通报》

市府办发〔2010〕14号《关于2009年度全市社会消防工作目标责任考核情况的通报》

市府办发〔2010〕15号《关于印发六盘水市2010年消防工作实施意见的通知》

市府办发〔2010〕18号《关于做好2009年度政府信息公开工作年度报告有关事项的通知》

市府办发〔2010〕21号《关于印发六盘水市科学技术局（六盘水市知识产权局）主要职责内设机构和人员编制规定的通知》

市府办发〔2010〕24号《关于明确在机构改革过渡期间国有企业主管部门的通知》

市府办发〔2010〕28号《关于印发市两会期间市人大代表政协委员所提意见和建议的通知》

市府办发〔2010〕29号《关于做好2010年全国省市劳动模范和先进工作者推荐评选和表彰工作的通知》

市府办发〔2010〕32号《关于印发六盘水市国土资源局主要职责内设机构和人员编制规定的通知》

市府办发〔2010〕33号《关于印发六盘水市人口和计划生育委员会主要职责内设机构和人员编制规定的通知》

市府办发〔2010〕34号《关于印发六盘水市民政局主要职责内设机构和人员编制规定的通知》

市府办发〔2010〕35号《关于印发六盘水市水利局主要职责内设机构和人员编制规定的通知》

市府办发〔2010〕36号《关于印发六盘水市广播电影电视局主要职责内设机构和人员编制规定的通知》

市府办发〔2010〕37号《关于印发六盘水市民族事务委员会（六盘水市宗教事务局）主要职责内设机构和人员编制规定的通知》

市府办发〔2010〕38号《关于印发六盘水市交通运输局主要职责内设机构和人员编制规定的通知》

市府办发〔2010〕39号《关于印发六盘水市审计局主要职责内设机构和人员编制规定的通知》

市府办发〔2010〕40号《关于印发六盘水市人民防空办公室（六盘水市交通战备办公室）主要职责内设机构和人员编制规定的通知》

市府办发〔2010〕41号《关于印发六盘水市统计局主要职责内设机构和人员编制规定的通知》

市府办发〔2010〕43号《关于明确雷平等十一名同志为市人民政府第三批禁毒督导员的通知》

市府办发〔2010〕44号《关于开展2009年度平安畅通县区创建评价工作的通知》

市府办发〔2010〕45号《关于印发六盘水市中心城区污水处理费征收使用管理实施细则的通知》

市府办发〔2010〕47号《关于办理市六届人大五次会议人大代表建议和市政协六届四次会议政协提案的通知》

市府办发〔2010〕48号《关于印发六盘水市信访事项复查复核暂行办法的通知》

市府办发〔2010〕49号《关于印发六盘水市预拌商品混凝土管理办法（暂行）的通知》

市府办发〔2010〕50号《关于印发六盘水市继续深入开展“安全生产年”活动实施方案的通知》

市府办发〔2010〕53号《关于印发六盘水市财政局主要职责内设机构和人员编制规定的通知》

市府办发〔2010〕54号《关于印发六盘水市人力资源和社会保障局主要职责内设机构和人员编制规定的通知》

市府办发〔2010〕55号《关于印发六盘水市农业委员会主要职责内设机构和人员编制规定的通知》

市府办发〔2010〕56号《关于印发六盘水市扶贫开发局主要职责内设机构和人员编制规定的通知》

市府办发〔2010〕57号《关于印发六盘水

市国有资产监督管理委员会主要职责内设机构和人员编制规定的通知》

市府办发〔2010〕58 号《关于印发六盘水市司法局主要职责内设机构和人员编制规定的通知》

市府办发〔2010〕59 号《关于印发六盘水市文化体育局（六盘水市新闻出版局六盘水市版权局）主要职责内设机构和人员编制规定的通知》

市府办发〔2010〕60 号《关于印发六盘水市外事侨务旅游局主要职责内设机构和人员编制规定的通知》

市府办发〔2010〕64 号《关于印发六盘水市地质灾害应急预案（修订）的通知》

市府办发〔2010〕65 号《转发市国土资源局关于六盘水市 2010 年度地质灾害防治方案的通知》

市府办发〔2010〕69 号《关于印发六盘水市商务和粮食局主要职责内设机构和人员编制规定的通知》

市府办发〔2010〕70 号《关于印发六盘水市卫生局主要职责内设机构和人员编制规定的通知》

市府办发〔2010〕71 号《关于印发六盘水市林业局主要职责内设机构和人员编制规定的通知》

市府办发〔2010〕72 号《关于印发六盘水市安全生产监督管理局主要职责内设机构和人员编制规定的通知》

市府办发〔2010〕73 号《关于印发六盘水市环境保护局主要职责内设机构和人员编制规定的通知》

市府办发〔2010〕74 号《关于印发六盘水市水利水电工程移民局主要职责内设机构和人员编制方案的通知》

市府办发〔2010〕75 号《市人民政府办公室关于印发六盘水市人民政府办公室主要职责内设机构和人员编制规定的通知》

市府办发〔2010〕76 号《关于印发市安委会及各成员单位安全生产工作职责的通知》

市府办发〔2010〕78 号《关于印发六盘水市发展和改革委员会主要职责内设机构和人员编制规定的通知》

市府办发〔2010〕79 号《关于印发六盘水市城乡规划局主要职责内设机构和人员编制规定的通知》

市府办发〔2010〕80 号《关于印发六盘水市教育局主要职责内设机构和人员编制规定的通知》

市府办发〔2010〕81 号《关于印发六盘水市食品药品监督管理局主要职责内设机构和人员编制规定的通知》

市府办发〔2010〕82 号《关于印发六盘水市经济和信息化委员会主要职责内设机构和人员编制规定的通知》

市府办发〔2010〕84 号《关于印发六盘水市水库库区水域安全生产管理办法的通知》

市府办发〔2010〕85 号《关于印发六盘水市政府性投资项目招标投标管理暂行办法等七个工作制度的通知》

市府办发〔2010〕86 号《关于进一步加强公益性岗位管理工作的通知》

市府办发〔2010〕87 号《关于印发六盘水市能源局（六盘水市煤炭局）主要职责内设机构和人员编制规定的通知》

市府办发〔2010〕88 号《关于印发六盘水市住房和城乡建设局主要职责内设机构和人员编制规定的通知》

市府办发〔2010〕90 号《关于印发六盘水市构筑社会消防安全“防火墙”工程实施方案的通知》

市府办发〔2010〕91 号《关于印发六盘水市物价局主要职责内设机构和人员编制规定的通知》

市府办发〔2010〕92 号《关于印发六盘水市档案局（六盘水市档案馆）主要职责内设机构和人员编制方案的通知》

市府办发〔2010〕93 号《关于印发六盘水市供销合作社联合社主要职责内设机构和人员编制方案的通知》

市府办发〔2010〕94 号《关于印发六盘水市应急救援队伍建设管理办法（试行）的通知》

市府办发〔2010〕100 号《关于印发六盘水市土地储备管理办法（试行）的通知》

市府办发〔2010〕103 号《关于进一步加强全市公共机构节能工作的通知》

市府办发〔2010〕107 号《关于印发进一步加强消防工作和消防部队建设实施意见的通知》

市府办发〔2010〕109 号《关于印发六盘水市 2010 年公共机构节能工作实施方案的通知》

市府办发〔2010〕113 号《关于印发六盘水市 2010 年打击发票违法犯罪活动工作方案的通知》

市府办发〔2010〕116 号《关于印发六盘水市创建平安畅通县区工作实施方案的通知》

市府办发〔2010〕121 号《关于切实做好中秋节国庆节期间安全生产工作的通知》

市府办发〔2010〕122 号《关于印发六盘水市森林火灾应急预案的通知》

市府办发〔2010〕123 号《关于印发六盘水市农村饮水安全工程运行管理办法的通知》

市府办发〔2010〕126 号《转发市公安局市社会治安综合治理委员会办公室关于加强城市报警与监控系统建设工作方案的通知》

市府办发〔2010〕127 号《关于印发全市道路交通安全秩序专项整治行动工作方案的通知》

市府办发〔2010〕131 号《关于印发六盘水市医疗废物管理暂行规定的通知》

市府办发〔2010〕133 号《转发市老龄办关于推进六盘水市居家养老服务工作实施意见的通知》

市府办发〔2010〕134 号《关于印发六盘水市加快发展养老服务业实施意见的通知》

市府办发〔2010〕135 号《关于印发六盘水市机动车辆排气污染防治办法的通知》

市府办发〔2010〕136 号《关于加强市级行政机关管理五项要求的通知》

市府办发〔2010〕137 号《关于印发六盘水市市级行政审批电子管理暨电子监察系统使用和维护暂行办法的通知》

市府办发〔2010〕138 号《关于印发六盘水市行政审批电子监察暂行办法的通知》

市府办发〔2010〕139 号《关于印发 2010 年全市冬季防火安全工作实施方案的通知》

市府办发〔2010〕140 号《关于切实做好今冬明春安全生产工作的通知》

市府办发〔2010〕号 144 号《关于印发六盘水市安全生产工作绩效考核奖惩实施细则的通知》

市府办发〔2010〕145 号《关于印发六盘水市科学技术奖励办法的通知》

市府办发〔2010〕148 号《关于印发六盘水市中心城区优待老年人等乘坐城市公共汽车实施方案的通知》

市府办发〔2010〕148 号《关于印发六盘水市打击侵犯知识产权和制售假冒伪劣商品专项行动实施方案的通知》

市府办发〔2010〕149 号《转发省人民政府办公厅关于切实加强突发事件信息报送工作的通知》

市府办发〔2010〕150 号《关于印发六盘水市安全生产委员会议事规则的通知》

市府办发〔2010〕151 号《关于印发六盘水市摩托车管理办法的通知》

（缺号文件均为秘密文件）

（吴定勇）